U0418981

中等职业学校
管理制度选辑

邬宪伟　孙文平　史晓鹤　等编

化学工业出版社
·北京·

本书以规范性、工具性、代表性、有效性和时代性为编写原则，以教育部《中等职业学校管理规程》为编排格局，共设有学校章程、教职工管理、教务管理、专业建设、教育研究、校企合作和产教融合、德育管理、学生管理、招生与就业、安全管理、国际交流、信息网络管理、附录等部分，每部分设“导读”，结合具体制度，解读、梳理《中等职业学校管理规程》要义。

本书中的管理制度主要采编于示范校建设中比较典型的学校，所采选的制度以教学管理为主，且经历过办学历史的考验。同时在资料选取的过程中，也兼顾不同地区、不同专业类别的中等职业学校的管理制度，供相关学校借鉴、学习、参考。

本书供中等职业学校的管理者借鉴、学习使用，也可供关注职业教育的人士阅读参考。

图书在版编目(CIP)数据

中等职业学校管理制度选辑／邬宪伟等编.—北京：化学工业出版社，2018.9

ISBN 978-7-122-32472-6

Ⅰ.①中…　Ⅱ.①邬…　Ⅲ.①中等专业学校-学校管理-制管-中国　Ⅳ.①G718.3

中国版本图书馆CIP数据核字(2018)第138675号

责任编辑：王文峡

责任校对：王　静　　　　装帧设计：韩　飞

出版发行：化学工业出版社(北京市东城区青年湖南街13号　邮政编码100011)

印　　刷：三河市延风印装有限公司

装　　订：三河市胜利装订厂

787mm×1092mm　1/16　印张46¾　字数1050千字　2018年8月北京第1版第1次印刷

购书咨询：010-64518888(传真：010-64519686)　　售后服务：010-64518899

网　　址：http://www.cip.com.cn

凡购买本书，如有缺损质量问题，本社销售中心负责调换。

定　　价：198.00元

编审委员会

前言

为推进职业教育现代化，助力职业学校依法治校，回应中等职业教育战线对制度建设的需求，全国中等职业学校校长联席会和中国职业技术教育学会中等职业技术教育分会决定组织力量编辑中等职业学校管理制度辑，以供全国中等职业学校交流和参考。由此，校长联席会和中职分会秘书处经过商议，拟订了编辑方案。《中等职业学校管理制度选辑》的编辑出版被列入中职校长联席会议和中职教育分会2018年的工作任务。

《中等职业学校管理制度选辑》的主要依据是教育部制定颁发的《中等职业学校管理规程》(教职成〔2010〕6号)。中等职业学校在依法办校、依规治校过程中，把学习、执行《中等职业学校管理规程》视作促进学校制度建设和提高学校管理水平的一项重要任务。近年来，在完善教育质量保障体系和管理提升中，教育部相继发出重要文件：关于印发《职业院校管理水平提升行动计划(2015—2018年)》的通知(教职成〔2015〕7号)，完善职业教育质量年度报告制度；《关于建立职业院校教学工作诊断与改进制度的通知》(教职成厅[2015]2号)、《关于做好中等职业学校教学诊断与改进工作的通知》(教职成司函〔2016〕37号)等重要文件，这项“诊改”工作的推进和实施是学校管理制度建设的升级版。

为了使《中等职业学校管理制度选辑》的编写工作有序进行，2018年经中职校长联席会和中职分会主席(会长)会议决定建立《中等职业学校管理制度选辑》组织委员会等工作机构。

1.《中等职业学校管理制度选辑》组织委员会

由上海信息技术学校、北京市商业学校、大连市轻工业学校、开封市卫生学校、南京高等职业技术学校、厦门信息学校和新疆化学工业学校组成。

2.《中等职业学校管理制度选辑》编审委员会组成人员

主任：邬宪伟；副主任：孙文平、史晓鹤；委员：李新春、张荣胜、庄铭星、葛亮、陈强、侯光、张吉林、周健、张紫芳、蒋国民、郑兴华、胡健梅。

《中等职业学校管理制度选辑》的宗旨是助推全国各地中等职业学校更好地贯彻落实教育部的《中等职业学校管理规程》，完善学校制度建设，促进职教同行进行制度建设和管理经验的交流，成为中职学校校长依法治校的“益友”。因此，编审委员会对《中等职业学校管理制度选辑》的选材提出了四项基本要求。

第一，规范性。制度案例的采集选录原则上以《中等职业学校管理规程》为依据，突显制度文本在推进执行《中等职业学校管理规程》时保持应有的严肃和认真。

第二，工具性。作为一本制度选集，让读者既有参考价值，又有可操作性。因此制度案例的选择要能接基层学校制度建设之“地气”,在编选安排上也要方便读者查阅借鉴。

第三,代表性。中等职业学校门类多、地域和行业领域分布较广,所涉及制度量大面广。故而在制度案例选择上必须尽量顾及代表性,既反映职业教育基本制度,也体现行业制度特色和地域职教学校特点。

第四,时代性。制度案例的选录尽可能选择近 10 年的,并适合职业教育国际化、信息化和教学诊改工作等的发展需要。

根据编审委员会的安排,上海信息技术学校、大连市轻工业学校、北京市商业学校、南京高等职业技术学校、厦门信息学校、开封市卫生学校 6 所联席会议主席和副主席学校作为本次《中等职业学校管理制度选辑》的制度选录主体单位。选录的制度是这些学校制度建设长期以来的实践总结,有较好的可操作性。制度内容较详实,与职业教育特点较贴近,与职业教育活动较贴切。呈现给读者的制度附录表格,颇有参考价值。

《中等职业学校管理制度选辑》内容侧重学校的“教和学”两部分。学校章程的制定,是《中等职业学校管理规程》在第一章总则中提出的一个十分重要的要求,因此把学校章程安排在全书的第 1 部分。全书共 12 部分,其余 11 部分分别是教职工管理、教务管理、专业建设、教育研究、校企合作和产教融合、德育管理、学生管理、招生与就业、安全管理、国际交流、信息网络管理。

《中等职业学校管理制度选辑》的编排基本按照《中等职业学校管理规程》的顺序。为了便于读者检索阅读,本书的 12 个部分中还分列出 34 个小节,每个小节安排了相对应的制度案例,全书共有 200 个制度案例。为了加强与读者的交流和沟通,方便了解制度案例的相关资料,在每一个部分制度之下,我们撰写了一段类似导读的编者的话以方便读者迅速了解本部分制度的概况。为了便于读者快速查阅制度依据的政策法规,附录选取了 22 个教育部近期的有关政策法规文件全文。

一个好制度的制定一定是既遵从政策法规的原则,也与学校自身实际情况相结合。每个学校的地域文化和行业特点都会存在着差异性,不平衡性,这种特点可能也会在制度上有所印记。制度的制定和实施也是一个不断实践、不断总结、不断完善的动态过程。因此本书出版的目的和愿望只是为大家在学校制度建设的路上分享成果、提供借鉴。

鞋,合不合脚,只有自己知道。这个道理看似通俗浅显,却一定是个真理。呈现给读者的这本管理制度选辑,其作用也概莫如此。

《中等职业学校管理制度选辑》编审委员会

2018 年 5 月

目 录

第3部分 教务管理 151

第1部分 学校章程

章程，是组织、社团经特定的程序制定的关于组织规程和办事规则的规范性文书，是一种根本性的规章制度。学校章程，就是学校举办规程和行事规则的根本性的规章制度，因此也有学校内部的“宪法”之称，它是具有一定法律效力的治校总纲领。

《中华人民共和国教育法》第二十七条：设立学校及其他教育机构，必须具备下列基本条件：(一)有组织机构和章程……。第二十九条：学校及其他教育机构行使下列权利：(一)按照章程自主管理……。此后，教育部印发《中等职业学校设置标准》教职成〔2010〕12号，其中第五条：设置中等职业学校，应具有学校章程。学校章程包括名称、校址、办学宗旨、学校内部管理体制和运行机制、教职工管理、学生管理、教育教学管理、校产和财务管理、学校章程的修订等内容。再后，教育部在《全面推进依法治校实施纲要》教政法〔2012〕9号和《依法治教实施纲要(2016—2020年)》教政法〔2016〕1号中提出“加强章程建设，健全学校依法办学自主管理的制度体系”。指出：“学校起草制定章程要遵循法制统一、坚持社会主义办学方向的基本原则，以促进改革、增强学校自主权为导向，着力规范内部治理结构和权力运行规则，充分反映广大教职员工、学生的意愿，凝练共同的理念与价值认同，体现学校的办学特色和发展目标，突出科学性和可操作性。”“中等职业学校章程，由主管教育行政部门核准。到2015年，全面形成一校一章程的格局。”“大力推进学校依章程自主办学。健全章程核准后的执行和监督评价机制建设，督促学校以章程为统领，完善内部治理结构和规章制度。到2020年，全面实现学校依据章程自主办学。”

既然章程具有校内“宪法”之权威，其制定的规范性和程序性不言而喻。章程制定应遵循的原则、基本内容和完成程序都必须严格执行《中等职业学校管理规程》和教育行政主管部门颁发的制定章程的有关规定。

中等职业学校从坚持改革发展、实现依法治校的高度来认识并制定学校章程这样一件十分重要的制度建设工作，不少学校已经开展了这项工作的探索和实践，并取得了一定的经验和成效。

学校应当依法制定学校章程，按照章程自主办学。学校实行校长负责制，聘任具备法定任职条件、熟悉职业教育规律、敬业创新、管理能力强的人员担任校长。新任校长应当经过岗前培训，持证上岗。学校章程中应当明确校长在学校发展规划、行政管理、教育教学管理、人事管理、财务管理等方面的责任、权利和义务。

——摘自《中等职业学校管理规程》第六条

制度案例

上海信息技术学校章程

南京高等职业技术学校章程

上海信息技术学校章程

第一章　总　则

第一条　为规范本单位行为，确保公益目标的实现，根据《事业单位登记管理暂行条例》《事业单位登记管理暂行条例实施细则》《上海市事业单位登记管理若干规定》、国家有关法律法规及其他有关规定，制定本章程。

第二条　本单位名称是上海信息技术学校。中文简称为“上海信校”，英文全称为“Shanghai Information Technology College”，英文缩写为“SITC”。

第三条　本单位住所是上海市真南路1008号。

第四条　本单位经费来源是上海市财政全额拨款。

第五条　本单位开办资金为人民币××××万元。

第六条　本单位的举办单位是上海华谊(集团)公司。

第七条　本单位的登记管理机关是上海事业单位登记管理局。

第二章　宗旨和业务范围

第八条　本单位的宗旨和业务范围是培养中等专业技术人才。

第九条　本单位为非营利性事业单位，具有独立法人资格，依法享有办学自主权，独立承担法律责任。校长是学校的法定代表人。

第十条　本单位坚持社会主义办学方向，贯彻党的方针、政策，遵守国家的法律、法规，执行上级主管和教育行政部门的决定，坚持学历教育与职业培训并举，为社会进步和经济发展培养受社会欢迎的知识型、发展型技能人才。

第十一条　本单位坚持并弘扬建校五十年来形成的“艰苦奋斗、锐意改革、创新发展、追求卓越”的“上海信校”精神。遵循教育规律，突出办学特色，确立“教师乐于教、学生乐于学、社会乐于用”办学愿景，“学习型、教研型、数字型”学校品牌内涵，“就业有优势、创业有能力、升学有希望、终身学习有基础”学生成才目标，“让学生有更好的发展、让员工有更好的生活”办学宗旨，团结和谐、奋发努力，把学校建设成为“中国著名、世界先进”的职业教育品牌学校。

第十二条　本单位实行全日制和非全日制相结合的教育形式。实施学历教育，主要招收初中毕业生和具有同等学历的人员，学制以三年为主；招收相当于高中毕业生，学制以一年为主。学校在对学生进行高中层次文化知识教育的同时，根据职业岗位的要求实施职业道德教育、职业知识教育和职业技能训练，培养与我国社会主义现代化建设要求相适应，具有综合职业能力，在生产、管理、服务一线工作的高素质劳动者和技能型人才。

第十三条　本单位实行学历教育和职业培训相结合，职前教育和职后教育相结合。为企事业单位员工的上岗转岗和继续教育、再就业人员、农村劳动力转移人员等社会群体开展职业技能培训。

学校面向社会开放教育培训资源。向中小学生开放实训基地，为他们接受职业意识、职业规划、职业启蒙教育服务。

第十四条　本单位根据社会需要和办学条件，根据教育行政部门的学校设置标准，合理确定办学规模。学校依法自主招生，自主调节专业招生比例。

第十五条　本单位根据人才培养目标，按照教育管理部门规定，区别不同专业特点，自主制定教学计划、选编教材、组织实施教学活动。

第十六条　本单位实行学分制。依法颁发学历和学业证书。

第十七条　本单位采取多种形式，例如建立职业教育集团，参加职教协会和行业协会等。加强与政府部门、企事业单位、行业协会、相关院校的合作，努力提高办学水平、质量和效益。

第十八条　本单位实行开放办学，按照国家有关规定，自主开展与国内外、境外合作教育，加强学习和交流，参与国内、国际竞赛，促进职业教育国际化。

第三章　内部管理体制

第十九条　本单位建立校长全面负责行政工作、党组织政治领导和保障监督、教职工民主参与管理的内部管理体制。

校长负责制，是在上级党组织和教育行政部门领导下，校长对学校的教育教学和行政管理工作全面负责。

校长应熟悉职业教育规律、敬业创新、管理能力强。校长应接受岗位培训、持证上岗。

校长实行任期制，任期一般三至五年，或者由上级主管部门按干部管理权限的规定和程序进行聘任。

第二十条　校长主要职权

(一)行使对学校教育教学和行政管理的决策和指挥权。

(二)根据工作需要，在核定的编制内，按照精简效能的原则，决定学校内部机构和岗位设置，聘任行政中层干部。中层干部的聘任在民主推荐基础上听取党组织意见后由校长提名，学校党组织考察，校务会议讨论决定，校长任命(聘任)。

(三) 根据政府有关部门以及教育行政部门规定，结合本校实际，制定学校内部劳动、人事管理和分配制度改革方案，按规定程序组织实施，实行教师聘用合同制，与教师订立聘用合同。

(四)根据国家和市教育行政的有关规定，制定学校的课程方案和教学计划，设置开发校本课程，确定教学进度，选用教材，组织教学活动，对教师和学生进行考核评价。

(五)按财务制度和教育行政部门的有关规定，对上级的拨款、学费和社会赞助等各项收入及校舍设施、仪器设备等，合理安排使用。

（六）按照有关规定和程序对教职工进行奖惩。对工作成绩显著的教职工给予奖励；对严重违纪或给学校工作造成重大损失的教职工给予行政处分、解聘或辞退。

（七）按规定履行国家和教育行政部门授予的其他职权。

第二十一条　校长主要义务

（一）必须坚持社会主义办学方向，全面贯彻党的方针、政策，遵守国家的法律、法规，认真执行上级党委和教育行政部门的决定，承担管理学校的责任，依法自主办好学校。

（二）校长要依靠学校党组织，支持和配合党组织开展工作，确保党组织职能机构，专兼职工作人员以及工作经费的落实；要尊重教职工主人翁地位和行使民主管理、民主监督的权利，支持教代会和工会依法行使职权。

（三）认真听取学生意见和要求，推进学生参与学校管理和监督；主动争取家长和社会各方对学校工作的支持和监督，推进学校参与社区教育工作。

第二十二条　学校党委在学校发挥政治核心作用。要坚持围绕中心，服务大局，把做好思想政治工作，促进学校改革发展贯穿始终。支持校长依法行使职权，积极参与学校重大问题决策，保证监督党和国家的教育方针、政策的贯穿执行；坚持党管干部和党管人才的原则、做好干部和人才教育培养等工作；负责学校领导班子思想政治建设、作风建设和能力建设，做好教职工思想政治工作；抓好学校精神文明建设，全面加强党的自身建设，不断提高党的建设的科学化水平；深入开展创先争优活动，带领党员成为学校发展的骨干；支持校长依法行使职权；全心全意依靠教职工，领导和支持教代会开展工作。领导和指导学校共青团组织积极发挥作用，当好党的助手。

第二十三条　教职工代表大会，是学校实行民主管理、民主监督的基本形式，教代会要团结引领全体教职工，努力完成教育教学任务；引导教职工正确处理国家、集体、个人三者关系，提高工作的积极性、主动性；关心教职工生活、维护教职工合法权益。教代会接受学校党组织的领导，支持校长依法行使职权。

学校工会委员会是教代会的工作机构，负责教代会的日常工作，会同有关方面做好相关工作。

第二十四条　本单位工作实行民主决策、依法决策。对于学校的重大问题，校长应主动征求校党委意见，坚持走群众路线，按照议事决策程序，在充分发扬民主的基础上进行决策，保证决策的民主化、科学化。学校党委、教代会和广大教职工应支持校长的正确的决策，以保证学校各项工作正常开展。

第二十五条　本单位建立重大问题校务会议决策制度。校务会议成员为正副校长、党委正副书记和工会主席等。会议由校长主持。重大问题决策贯彻民主集中制原则，会前个别酝酿，会上充分讨论，民主集中，校长决策。根据管理权限，必须报上级有关部门批准的重大问题应按规定程序报批后方可实施。

第二十六条　学校重大问题包括：

修订和修改学校章程；

修订学校发展规划、年度与学期工作计划；

重大改革措施及规章制度；

学校精神文明建设实施方案；

校内机构及岗位设置；

中层干部任免及重要人事安排；

师资队伍建设实施方案；

教职工收入分配和考核奖惩制度；

年度经费预算、决算及大额度经费支出安排；

重大基建项目计划；

其他重大问题。

第二十七条　学校实行校长领导、副校长分工负责、职能部门组织实施的行政工作机制。

校长办公会议是校长行使职权的基本形式，研究处理学校行政日常重要事项。

第二十八条　校长考核和奖惩

(一)校长任职期间应参加年度考核和任期届满考核，考核的结果作为对校长奖惩和任免的主要依据。

(二)上级主管部门定期对校长进行全面考核。对群众肯定、成绩显著的予以奖励。对群众意见大的，予以批评教育；工作严重失误的，视情节轻重予以相应的党纪政纪处分。对不胜任或不宜担任职务的，及时予以罢免。

第二十九条　本单位根据国家有关政策，结合自身发展实际，设置组织机构，决定其职权职责。

学校设置若干专业系(部)，实行校、系(部)二级管理。

第四章　教职员工管理

第三十条　本单位教职员工由教师、其他专业技术人员、管理人员和工勤人员等组成。

第三十一条　本单位对教职员工实行聘用合同管理。学校依照上海市人民政府关于印发上海市事业单位聘用合同办法的通知(沪府发〔2003〕4 号)要求，制定学校教职员工聘用合同管理办法。

学校按照上级有关专业技术职务评定和聘用的政策，制定和实施学校专业技术职务的评定和聘任制度。

第三十二条　本单位按照人事管理规定，科学设置各类岗位，公共基础课教师和专业技能课教师保持合理比例，实行固定岗位和流动岗位相结合、专职岗位和兼职岗位相结合的岗位管理办法，逐步提高同时具有教师资格证书和职业资格证书的“双师型”教师比例，不断优化教职工队伍结构。

学校建立有利于引进企业优秀专业技术人才到学校担任专、兼职教师的聘任制度。学校可以根据需要通过“特岗、特聘、特邀”等形式，向行业组织、企业和事业单位聘任专业课教师或实习指导教师。

学校建立教师到企业实践制度。鼓励教师参加高一级学历进修或提高业务能力的培训。加强班主任队伍建设，建立健全班主任业绩考核和激励约束机制。

第三十三条　教职员工享有下列权利：

(一)公平获得自身发展所需的相应工作机会和条件；

(二)在职业道德、能力和业绩等方面获得公正评价；

(三)公平获得各种奖励和荣誉称号；

(四)知悉学校改革、建设和发展及关涉切身利益的重大事项；

(五)参与民主管理，对学校工作提出意见和建议；

(六)就职务、福利待遇、评优评奖、纪律处分等事项提出异议或申诉；

(七)法律、学校规章制度和聘约规定的其他权利。

第三十四条　教职员工履行下列义务：

(一)维护学校声誉和利益；

(二)遵守学校的规章制度和教职工行为规范；

(三)恪尽职守，勤勉工作；

(四)参与全员育人，促进学生综合素质提高；

(五)践行“上海信校校训”，弘扬“上海信校精神”；

(六)树立良好的道德风尚，为人师表；

(七)法律、学校规章制度和聘约规定的其他义务。

第三十五条　本单位关心教职员工的切身利益，逐步提高与学校发展水平相适应的福利待遇。学校依法建立教职员工权利保护和互助机制，切实保障教职员工的合法权益。

第三十六条　本单位鼓励教职员工教研和工作创新活动，依法依规为他们提供必要的条件和保障。

第三十七条　本单位对在工作中获得优异成绩的教职员工予以表彰奖励，对于违反学校规章条例、聘用合同的教职员工给予相应处分。

第五章　学生管理

第三十八条　学生是指被学校依法录取、取得入学资格，具有学校学籍的受教育者以及依法依规经过注册取得接受培训资格的学习者。

第三十九条　学生享有下列权利：

(一)公平接受学校教育，使用学校公共教育资源；

(二)按规定条件和程序选择专业，选修课程；

(三)达到规定标准后，取得学历证书及培训资格证书；

(四)依照法律和学校规定组织和参加学生社团；

(五)公平获得奖学金、奖励金、助学金等申请资格；

（六）公平获得各级各类荣誉称号和奖励；

（七）公平获得就业推荐资格；

（八）知悉涉及个人切身利益的事项，对教学活动及管理、校园文化、后勤服务、校园安全等工作提出意见和建议；

（九）对纪律处分和涉及自身利益的相关决定提出异议和申诉；

（十）法律和学校规定的其他权利。

第四十条　学生履行下列义务：

（一）珍惜和维护学校名誉，维护学校利益；

（二）自觉遵守学校规章制度和学生行为规范；

（三）按规定交纳学费及有关费用，履行获得资助所承诺的相关义务；

（四）爱护并合理使用教育设备和生活设施；

（五）努力学习文化知识，掌握专业技能，完成规定的学业；

（六）营造和维护校园安全环境，既保护自己，也不伤害他人；

（七）诚实守信，团结同学，尊敬师长；

（八）践行"上海信校校训"，弘扬"上海信校精神"；

（九）法律和学校规定的其他义务。

第四十一条　本单位建立和完善学生民主管理的组织形式，支持和保障学生依法参与学校民主管理，对学校工作提出意见和建议。

第四十二条　本单位为学生提供心理健康教育、公共卫生健康教育。

第四十三条　本单位为学生提供勤工助学、社会实践、就业指导和就业推荐等服务，以保障学生健康成长。

第四十四条　本单位对取得突出成绩和为学校争得荣誉的学生集体或个人进行表彰奖励，对违纪学生给予相应的纪律处分。

第六章　教育教学管理

第四十五条　本单位设立教学管理机构，制定教学管理制度，建立健全教学管理运行机制，保证教学计划的实施。

第四十六条　本单位实行理论与实践相结合、课堂教学与实习实训相结合工学结合的人才培养模式。

第四十七条　本单位根据经济社会发展和劳动力市场需求，按照教育行政管理部门颁发的《中等职业学校专业目录》设置专业，并按国家相关规定备案。

第四十八条　本单位保持与行业企业紧密合作，用好职业教育集团等合作平台，建立专业教学指导委员会，加强专业建设和教学指导。

第四十九条　本单位根据国家教育行政部门发布的指导性教学文件，制定实施性教学计划。

学校依据国家教育行政部门发布的教学大纲或教学指导方案组织教学、检查教学质量、评价教学效果、选编教材和装备教学设施。加强课程管理，严格执行国家教育行政部门设置的公共基础课程和专业技能课程，设置必修课和选修课。

第五十条　本单位建立严格规范的教材管理制度。优先选用国家规划教材。根据培养目标和产业发展需要，开发使用校本教材。

第五十一条　本单位加强教学过程管理。建立健全教学质量监控与评价制度，建立教学督导小组，专门负责教学督导工作，定期组织实施综合性教学质量检查。

第五十二条　本单位加强校内外实习实训基地的建设，加强对实践性教学环节的管理，保证实践教学的质量。建立健全学生实习就业管理制度，有专门机构负责学生实习就业工作，加强对学生的安全教育，增强学生安全意识，提高学生自我防护能力。学校负责做好学生实习责任保险工作。

第五十三条　本单位积极推行学历证书与职业资格证书并举的“双证书”制度。专业技能课程的教学内容与职业资格标准相结合，突出职业技能训练。学校组织学生参加职业技能鉴定，开展技能竞赛活动。

第五十四条　本单位设立教学研究室，加强教研工作，积极组织教师参与国家和地方的有关教研活动。

第七章　德育管理

第五十五条　本单位将德育工作放在首位，遵循学生身心发展规律，增强德育工作的针对性、实效性、时代性和吸引力，把社会主义核心价值体系融入职业教育人才培养的全过程，逐步实现学校全员育人的良好局面。

第五十六条　本单位建立德育工作委员会，制定学校德育工作规划和具体实施计划。加强校园文化建设，优化校园人文环境和自然环境，完善校园文化活动设施，注重汲取产业文化的优秀成分，发挥文化、环境育人作用。充分发挥共青团组织及其指导下的学生会以及学生社团组织在校园文化建设中的独特作用，开展丰富多彩的校园文化。

第五十七条　本单位建立德育学分和诚信档案等学生思想道德评价制度和考核办法。发挥德育课在德育工作的主渠道、主阵地作用。加强其他课程教学和实习实训等环节的德育工作，强化职业道德教育。加强学生的心理健康教育。

第八章　招生管理与就业服务

第五十八条　本单位按照教育行政部门和招生管理部门的要求，明确学校市场部职责，做好招生工作，严肃招生纪律，规范招生行为。学校发布招生简章，按照有关规定报教育行政部门备案。

第五十九条　本单位设立市场部，会同系部学生管理部门加强职业指导工作，做好毕业生就业推荐创业服务等工作。制定招生管理和就业推荐的规章制度，对违反规定的，应当追究相关部门和人员的责任。

第九章　安全管理

第六十条　本单位制定安全预防、日常安全管理、应急处理等安全管理制度，落实安全责任制。学校建立安全工作委员会和职能部门，配备安全管理人员，全面组织和协调全校安全管理工作。

第六十一条　本单位保证校内建筑物及其附属设施、教学设备、道路、绿化设施、交通工具等学校设施设备符合安全标准，定期检查、消除安全隐患。

第六十二条　本单位加强学生的法制、安全、卫生防疫等教育，开展逃生避险、救护演练消防演练等活动，增强学生的法制意识、安全意识、卫生意识。

第六十三条　本单位保障校内活动中的学生和教职员工的安全，保障经由学校组织或批准的校外活动中学生和教职工员工的安全。加强学生实验、实习实训安全管理。

第六十四条　本单位加强与公安机关和社区的联系，建立校园安全联防制度和安全工作协调机制，加强学校周边环境综合治理。

第十章　资产管理与后勤服务

第六十五条　本单位的合法资产受法律保护，任何单位、个人不得侵占、私分、挪用。

第六十六条　本单位的经费使用应符合本单位的宗旨和业务范围。

第六十七条　本单位执行国家统一的事业单位会计制度，依法接受税务、会计、审计等主管部门监督。

第六十八条　本单位财务人员按照有关法律法规和会计制度的规定配备、管理。

第六十九条　本单位的人员工资、社保、福利待遇按照国家有关规定执行。

第七十条　本单位法定代表人离任前，应当进行经济责任审计。

第七十一条　本单位依法建立健全财务、会计制度和资产管理制度，做好规范收费和财务公开，建立健全会计账簿，加强内部控制和审计制度。实行“统一领导、集中管理”的财务管理体制，建立健全经济责任制度和审计监察制度，完善监督机制，保证资金运行安全。财务部门负责做好年度资金预算，提交校长办公会议讨论通过。

第七十二条　本单位依照国家有关规定，加强和规范对国家助学金和免学费补助资金的管理，健全资助体系和监管机制，防范和杜绝违反国家有关规定骗取国家助学金和免学费补助资金等违规违法行为。

第七十三条　本单位做好校园总体规划，做到功能分区合理，满足发展要求，体现职业教育特色。加强校园建设和管理，建设安全、整洁、文明、优美、和谐的学习、工作和生活环境。

第七十四条　本单位做好资产的登记、使用、维护、折旧和报废等资产管理工作。

第七十五条　本单位按照规定，建立和完善设施设备采购、管理和使用制度。加强教学设施，实习实训设施的管理。

第七十六条　本单位加强后勤管理工作，创新后勤服务管理机制，促进后勤服务社会化，提高服务质量和效益。

第七十七条　本单位依照有关规定，做好膳食、宿舍管理等后勤保障工作，为师生提供优质服务。

第十一章　剩余资产处理

第七十八条　本单位在申请注销登记前，应该在举办单位和有关机关的指导下，成立清算组织，开展清算工作。清算期间不开展清算以外的活动。

第七十九条　清算工作结束，形成清算报告，报举办单位审核同意，向事业单位登记管理机关申请注销登记。

第八十条　本单位终止后的剩余资产，在举办单位和有关机关的监督下，按照有关法律法规和本单位章程进行处置。

第十二章　校训、校标、校歌

第八十一条　本单位校训为：“树信、乐业”。

第八十二条　本单位校标图案及文字诠释。

4根流畅的蓝色线条汇集并画出一个英文字母“e”，表示学校确立的信息技术应用为核心，覆盖现代资讯、现代化工、现代检测和现代维护4个领域专业的发展定位；Shanghai Information Technology College-SITC四个红色英文缩写，凸现学校青春和活力。

第八十三条　本单位校歌是《放飞梦想》，徐恬恬作词，周强作曲。

第十三章　信息披露

第八十四条　本单位承诺按照国家法律法规和事业单位登记管理机关的规定，真实、完整、及时地披露以下信息：本单位年度报告。

第十四章　章程修改

第八十五条　本单位有下列情形之一的，应当修改章程：

（一）章程规定的事项与修改后的国家法律、行政法规的规定不符的；

（二）章程内容与实际情况不符的。

第八十六条　本单位决议通过的章程修改案，经举办单位审核同意后，报登记管理机关核准备案。涉及事业单位法人登记事项的，必须向登记管理机关申请变更登记。

第十五章　附　则

第八十七条　本章程内容如与法律法规、行政规章及国家政策相抵触时，应以法律法规、行政规章及国家政策的规定为准。涉及事业单位法人登记事项的，以登记管理机关核准颁发的《事业单位法人证书》刊载内容为准。

第八十八条　本章程由本单位制定并负责解释。

第八十九条　本章程自事业单位登记管理机关核准备案之日起生效。

南京高等职业技术学校章程

第一章　总　则

第一条　为适应科教兴国战略和社会主义现代化建设的需要，培养高等职业技术人才，促进地方经济发展，根据《中华人民共和国教育法》《中华人民共和国高等教育法》《中华人民共和国职业教育法》《中华人民共和国教师法》《中华人民共和国未成年人保护法》及有关法律法规和政策制定本章程。

第二条　学校中文校名为“南京高等职业技术学校”“江苏联合职业技术学院南京分院”，英文校名为“NANJING TECHNICAL VOCATIONAL COLLEGE”，德文校名为“BERUFSAKADEMIE NANJING”。校址为南京市黄山路58号，邮编：210019。

第三条　学校为公立全日制高等职业技术学校，招生对象为参加当年地方中等学校统一考试的初中毕业生，实行全日制五年一贯制高职教育，三年制中职教育形式。学校现设有土建类、制造类、电子信息类、环保类、财经类、艺术设计类等多个专业，在校全日制学生5000人左右，每年招生人数根据省、市教育主管部门下达的计划确定。学校还承担多种类岗位培训、继续教育等职前职后岗位培训。

第四条　学校围绕本市及本省主导产业和支柱产业发展需要，以设置培养生产、经营、管理和服务等第一线应用型人才的专业为主，经广泛的市场调研和科学论证适时调整专业结构，加快办学条件建设进程，合理确定办学规模，不断满足地方经济发展对应用型人才的需求。学校坚持为本市及本省经济结构调整、产业优化提升和科技进步服务，为发展开放型经济服务，为促进就业和再就业服务，为农业、农村和农民服务，为推进区域间同发展服务。

第五条　校风：唯实、尚真、强能、创特；

教风：身正、业精、善教、创新；

学风：立德、乐学、巧为、创造。

第六条　学校于2000年由原南京建筑职业技术教育中心（建于1958年）和原南京市建

筑工程学校(建于1924年)合并成立。每年5月28日为校庆日。

第二章 管理体制

第七条 学校隶属于南京市人民政府教育主管部门，举办者为南京市教育局。学校在教育教学和学生管理等方面接受江苏联合职业技术学院的管理与指导。

第八条 充分发挥学校与德国汉斯·赛德尔基金会、德国工商行会及德资企业联合办学的优势，引进先进的教学理念、现代化的教学模式及新技术，培养与国际接轨的高素质技术技能人才。

第九条 在南京市教育主管部门的领导下，学校实行以校长负责制为主，校务委员会和教职工代表大会为补充的“一主两翼”现代学校管理制度。在常规管理方面，实行校、系部两级管理。校务委员会委员、教职工通过校委会和教代会直接参与学校的民主管理和监督工作。

第十条 校长由南京市人民政府教育主管部门任免。

第十一条 校长是学校的法定代表人，校长有如下权利：

(1)全面负责学校行政、教育、教学及其他行政管理，在广泛听取各方面意见的基础上，对学校重大问题有决策权利。

(2)根据学校有关中层干部管理的规定和工作需要，任免校内中层干部；对教职工择优聘用并依据相关规定实行奖惩。

(3)依法管理使用学校的财产和经费。

(4)按照上级有关招生计划和规定，招收初中毕业生和其他人员。

(5)对受教育者进行学籍管理，实施奖励或者处分。

(6)对受教育者颁发相应的学业证书。

第十二条 校长应履行下列职责：

(1)贯彻执行国家教育法律、法规、方针、政策，执行上级主管部门的指示。完成教育、教学和其他工作，依法维护教职工和学生的合法权益。

(2)制定和组织实施学校发展规划和工作计划，领导和组织学校教育、教学和后勤工作，并进行改革，不断提高教育教学质量，努力发挥国家重点职业学校的骨干、示范作用。

(3)贯彻民主集中制，发挥领导班子整体功能作用。认真听取党委的建议，充分尊重党委的意见。广泛听取民主党派、工会、共青团、教职工代表大会、校务委员会、离退休教职工协会和学生会等组织的意见和建议，发挥其应有的作用。实行校务公开，民主治校，努力实现学校管理的民主化、科学化、规范化。

(4)加强教职工队伍建设和管理，不断改善教职工的工作、业务进修和生活条件，做好教职工思想政治工作，努力发挥教职工工作的主动性、能动性、积极性和创造性。

(5)领导和组织各方面力量，对学生实施德育、智育、体育、美育、心理健康教育、专业技术教育和创造教育。努力培养和提高学生的全面素质，注重发展学生个性特长，向社会输送合格的毕业生。

(6)不断改善办学条件，搞好校舍修建，逐步实现办学条件现代化。

(7)落实学校安全工作责任制和社会治安综合治理责任制，保障学校师生和财产的安全。组织力量做好教学安全、实训安全、生活安全、饮食、饮水等各方面的安全保卫工作。

第十三条　学校设副校长3～4名，由校长提名或有关部门征求校长意见，由上级教育主管部门任免。副校长受校长委托分管教育、教学科研、行政管理、后勤服务等职能部门的工作。

第十四条　学校根据编制部门、上级教育主管部门的规定和学校实际，实行二级管理，设校务工作部、教学科研部、学生工作部、后勤服务部、招生就业培训部等职能部门，土木工程系、电气工程系、环境艺术系、计算机管理系、基础教育部等教学系部，这些系部均在校长室的统一领导下，由部门负责人主持开展工作。

第十五条　学校各专业学科设有教研室，由各系部门负责人聘任教研室主任。各专业学科教研室要贯彻执行有关教育、教学、教科研、培训的工作计划和要求。

第十六条　班级是学校最基本的教育教学单位。各班由学校聘任班主任或辅导员。班主任、辅导员负责组织本班级学生的思想教育和管理工作。

第十七条　中国共产党南京高等职业技术学校委员会在学校发挥政治核心作用，保证顺利完成党和政府交给学校各项任务。其主要职责和任务是：

(1)抓好党组织思想、组织和作风建设，在工作中发挥党组织战斗堡垒和党员模范带头作用。

(2)负责学校精神文明建设和教职工思想政治工作。

(3)参与学校发展规划、工作计划、改革方案、人事安排等重大问题的讨论、决策、监督。

(4)加强民主党派、工会、教职工代表大会、共青团和离退休教职工协会的政治领导。

(5)建立党、政、工、团齐抓共管的思想政治工作体制，协调、检察、监督各党支部做好师生思想政治工作。

(6)做好对学校干部的教育、管理和监督工作。

第十八条　教职工代表大会是学校民主管理的基本形式，是广大教职工行使民主管理权力的机构。每三年为一届，遇到特殊情况可提前或延期换届。每年至少召开一次代表大会。根据有关法规，其主要行使以下职权：

(1)听取校长的工作报告，讨论学校办学指导思想、发展规划、工作计划、改革方案、财务预决算、教职工队伍建设等重大问题，提出意见和建议。

(2)审议通过学校提出的岗位责任制、考核办法、奖惩条例以及其他与教职工权益相关的规章制度，由学校颁布施行。

(3)讨论有关教职工福利待遇事项。

(4)评议监督学校干部，同时可以建议上级教育主管部门或校长予以奖励、处罚、晋升或任免。根据上级主管部门的部署，参与民主推荐学校行政干部的人选。

(5)工会是教职工代表大会的日常工作机构。

第十九条　学校工会委员会由全体教职工会员选举产生，任期三年。遇有特殊情况可提前或延期换届。其主要任务是：依法维护和保障教职工的合法权益，听取和反映教职工的意见、建议和要求。开展思想教育、计划生育和福利工作。

第二十条　校务委员会是学校管理体制的组成部分，重点在协调学校、家庭、社区(社会)之间关系、维护学生权益、营造有利于教育发展的良好环境方面发挥作用，是“校长负责制”的补充和完善。其主要权利与义务有：

(1)知情权。听取学校学期和学年工作报告，了解学校办学基本情况和重大发展规划、决策。

(2)参与权。应邀参加学校相关会议和重大活动，提出所代表方的意见和建议。

(3)提案权。在遵循法律法规和政策规定的前提下，提出有关学生管理、学生发展相关事项的议案。

(4)表决权。参加校务委员会工作例会，审议有关事项并进行表决。

(5)监督权。听取校务委员会工作汇报，对学校办学和管理、有关法律法规和政策规定的落实等情况进行监督。

(6)按时参加校务委员会工作例会，遇有特殊情况不能参加时，履行请假手续。

(7)主动加强与所代表方的联系，收集和提出有关意见和建议，并及时向学校反馈。

(8)宣传学校办学成果、发展规划和重大决策等，协调学校、家庭、社区(社会)之间的关系，以多种方式支持学校办学。

(9)根据校务委员会的安排进行有关调研，提出有代表性的议题，切实维护学生权益。

(10)完成校务委员会安排的其他工作。

第二十一条　校务委员任期一般2～3年，其中学校领导随任职变动，家长委员随学生毕业升学而调整，学生代表随学生实习及毕业调整。每学期至少集中开会两次，会议除通报学校办学、管理和发展情况、听取委员的意见和建议外，重点是在遵循法律法规和政策规定的前提下，审议有关学生管理、学生发展的相关事项。

第三章　教育教学管理

第二十二条　认真贯彻《中共中央关于进一步加强和改进学校德育工作的若干意见》、教育部《中小学德育工作规程》和《江苏省中等职业学校德育纲要》，不断加强和改进德育工作，坚持育人为本，发挥学生主体作用。

(1)建立健全以学校德育工作领导小组、学工部、团委、班主任为主线的德育工作体系，实行干部和教职工全员德育工作岗位责任制，加强以班主任为主体的德育队伍建设。认真建立和执行德育工作评估、检查、评比和奖惩制度。

(2)努力组织学生开展社会实践、科技发明创造、技能竞赛等活动。设立奖学金，鼓励企事业组织、社会团体以及其他社会组织和个人按照国家有关规定设立各种形式的奖学金，对品学兼优的学生进行奖励。

(3)定期召开家长会、举办家长学校，充分发挥校务委员会家长委员的作用。积极参加社区教育网络工作，建立校外德育基地，开展各种类型的社会实践活动，形成学校、家庭和社会三结合的教育体制。

第二十三条　学校设立教学指导委员会，审核各专业的人才培养方案和实施性教学计划，指导开展教科研活动，积极推进职业教育课程改革，改革课程教学模式，推行理实一体化、行动导向、项目教学、合作学习等课程教学方式，增强课程教学的针对性和实效性。积极推进学分制和弹性学制，实施分层教学、因材施教，培养学生特长和技能，促进学生全面发展。

(1)建立以校长室领导下的督导室、教科室、教研室齐抓共管的教学管理体系。

(2)学校按照上级教育主管部门关于课程标准、教学计划和教材的统一要求实施教学，加强德国“重实践、重技能、重能力、重企业”的“双元制”职教模式的实践。

(3)按照素质教育要求，努力改革课程结构。在发挥教师主导作用的同时，注重发挥学生的主体作用，调动学生学习的主动性、积极性和创造性。

(4)执行国家教育考试制度，按照上级教育主管部门规定，认真组织期中、期末、毕业、升学考试。执行学分制，不断改革考试方法和评价制度。

(5)认真执行《江苏省职业学校教学管理规范》《江苏省职业学校学生管理规范》《江苏省职业学校后勤管理规范》，建立健全对教师教学质量全面、客观、科学的评估制度。

(6)根据产业发展前瞻性的需求，向教育主管部门申报，与时俱进地增设能够较好服务于地方经济发展的新兴专业，通过“专业方向设置”“专业内容更新”“专业名称更换”等方式，增进专业与产业发展的吻合度。

(7)通过一年一度的“技能节”“课改论坛”“校本培训”与常态的教研活动、评比督导等方式，稳步推进学校课程改革。同时，严格实施《南京高等职业技术学校教科研工作管理条例》与《南京高等职业技术学校教科研奖励办法》，提升教产学研的整体水平。

(8)坚持“重实践、重技能、重企业、重能力”的办学核心理念，与合作企业保持良好的合作关系，做好重点校企合作项目的经验总结和推广，建立切实可行的校企联动机制，严格执行教师定期下企业实践、实习指导教师与企业定期沟通制度。

(9)贯彻落实好主管部门关于学生实习、就业的有关规定，做好五年一贯制高职第十学期，三年制中专第六学期的顶岗实习的管理工作，探索工学结合、教学性顶岗实习的新模式。

第二十四条　加强对外交流，与全国有关中等职业学校以及高职院校等建立信息交流网络。继续做好教师培训、进修选拔、派遣和交流工作。

第二十五条　认真执行《学校体育工作条例》《学校卫生工作条例》，贯彻“普及与提高相结合”和“预防为主”的方针，制定并实施阳光体育一体化方案，保证学生每天在校锻炼时间不少于一小时，执行《国家学生体质健康标准》，抓好学校的体育传统项目，坚持卫生保洁制度，严防重大食物中毒和传染病暴发流行事件发生。

第二十六条　重视艺术教育和国防教育，开展课外艺术、国防教育活动和比赛，培养学生正确的审美观念、健康的审美情趣，提高学生艺术鉴赏能力和国防意识。

第四章　后勤服务、财务管理

第二十七条　后勤服务工作坚持为教育、教学和科研服务，为师生生活服务，为学校发展服务的原则，贯彻讲究实效、勤俭办学的方针。逐步推进后勤服务社会化。

第二十八条　学校经费来源以国家拨款为主，多渠道筹措为辅。学校按照上级主管部门和物价、财政部门规定的收费项目和标准向学生收取费用。学校可向多方募集办学资金，接受社会组织和个人对学校的赞助和捐赠，设立奖学、奖教基金。

第二十九条　学校可兴办校办企业，其盈利用于扩大再生产、弥补学校办学经费不足的问题，提升教职工福利水平。

第三十条　按上级主管部门规定和要求，合理、节约地使用经费，搞好经费预算、执行和决算，做到"收支两条线"，坚持统筹计划、保证重点、照顾一般、严格把关的原则，提高经费使用效率。财务会计档案工作专人负责，妥善保管，及时归档。认真执行政府采购制度。

第三十一条　贯彻执行《中华人民共和国会计法》，严格遵守国家财经制度和财经纪律，接受政府监督部门和上级教育主管部门监督。建立健全财务制度。经费开支在民主管理的基础上实行统一审批制度。

第三十二条　严格校产登记、保管和使用制度，切实加强校产管理，严防公物损坏、浪费和流失。

第三十三条　制定学校建设发展总体规划，有计划有步骤地进行基本建设。搞好校园建筑的维修和管理，搞好校园绿化、净化和美化工作。

第五章　教师、职员和工人

第三十四条　学校教师、职员和工人必须遵守宪法和其他法律法规，遵守职业道德，遵守学校章程和规章制度。

第三十五条　学校教师享有《中华人民共和国教师法》规定的权利，必须履行《中华人民共和国教师法》规定的义务。自觉遵守"敬业爱生、明礼诚信、平等合作、勤学乐教、廉洁奉献"的职业道德规范。

第三十六条　学校执行国家教师资格制度和教师专业技术职务评聘制度。

第三十七条　学校根据南京市人民政府教育主管部门有关规定，实行聘用合同制。教师、职工、工人受聘后必须履行聘约，完成教育教学和各项工作任务。

第三十八条　学校鼓励教师开展教育、教学改革和实验，鼓励和支持教师从事教育教学研究、学术交流和参加培训进修。

第三十九条　学校实行事业单位工资制度。

第四十条　学校每年对教师、职员和工人政治与业务水平、工作态度和工作业绩，进行全面、客观和公正考核。加大"双师型"教师的培养培训力度，通过引进、帮扶、培训、考证、实践等，打造既具有"双师结构"，又具备"双师素质"的优秀教师团队。以实施"教学名师培养工程""专业带头人培养工程""双师型教师培养工程"等为重点，努力建立一支师德高尚、业务精湛、结构合理、富有活力的师资队伍。

第四十一条　学校对在教育管理、教学改革、教科研、基本建设和行风建设等方面成绩优秀的教师、职员和工人予以表彰、奖励；对有突出贡献的教师、职工和工人，按程序上报上级部门给予表彰和奖励。

学校对违反学校章程和规章制度，在工作中犯有错误的教师、职工和工人予以教育、批评和处罚；构成犯罪的送公安、司法部门处理。

第四十二条　学校的教师、职工和工人认为其合法权益受到学校的侵害或对所受处罚不服的可提出申诉。

第六章　学　生

第四十三条　被本学校录取的学生在三个月内经复查合格者即可取得本校学籍。学校按照上级教育主管部门的规定管理学生学籍。

第四十四条　学生享有《中华人民共和国教育法》规定的受教育的权利，必须履行《中华人民共和国教育法》规定的受教育者的义务。

第四十五条　学生必须遵守法律法规和学校规章制度。遵守学生行为规范，尊敬师长，养成良好的思想品德和行为习惯。努力学习，完成规定的学习任务。

第四十六条　学校应与学生家长保持经常性的联系，争取家长的有效配合，共同教育学生。

第四十七条　学生会是学生的群众性组织，由全体学生或学生代表大会直接选举产生，每届任期一年。学生会的任务是经常反映学生的意见、建议和要求，动员学生积极投入到教育教学改革中去，组织学生开展学习技能、知识、艺术、体育等方面的活动，丰富学生课余生活，促进其身心健康发展。

第四十八条　学校共青团组织是在学校党组织统一领导下，协助学校党政对青年学生进行教育的重要力量，要配合党政全面贯彻教育方针，搞好自身建设；协助党组织办好学生业余党校，在教育教学改革中发挥积极作用。

第四十九条　学校对提高全面素质、发展个性方面成绩突出的学生，应予以表彰。

学校对违反学生守则、学生日常行为规范和学校规章的学生予以批评教育或处分。构成犯罪的送公安、司法部门处理。

第五十条　学生认为自己合法权益受到侵害或对所受处分不服的，可依法提出申诉，学校应受理申诉事项。

第七章　附　则

第五十一条　本章程必须经学校教职工代表大会讨论通过，并报南京市人民政府主管部门核准。

本章程的修改须经过学校教职工代表大会讨论通过，并报南京市人民政府主管部门核准。

第五十二条　学校依据本章程建立、健全各项规章制度。

第五十三条　本章程如与国家法律法规和上级有关政策相悖之处，一律以国家法律法规和上级有关政策为准。

第五十四条　本章程的解释权属南京高等职业技术学校。

第五十五条　本章程自核准之日起施行。

第2部分　教职工管理

“教师是履行教育教学职责的专业人员，承担教书育人、培养社会主义事业建设者和接班人、提高民族素质的使命”(摘自《中华人民共和国教师法》)。师资管理，往往是一所学校的举办者和管理者关注和解决的首要问题之一。

教职工管理制度所涉及的政策性强。教育部等五部门关于印发《教师教育振兴行动计划(2018—2022年)》的通知(教师〔2018〕2号)、教育部关于印发《中等职业学校教师专业标准(试行)》的通知(教师〔2013〕12号)、教育部关于建立健全中小学师德建设长效机制的意见(教师〔2013〕10号)、教育部人力资源和社会保障部关于加强中等职业学校班主任工作的意见(教职成〔2010〕14号)等重要文件都是教职工队伍管理制度建立和完善的依据。

教职工管理制度是为规范学校教职工管理工作而制定，其目的为稳定教学秩序，提高教学质量，提升教职工队伍可持续发展水平。一般由学校校长办公会提出，人事主管部门起草，党委扩大会审核，教职工代表大会批准，由人事部门归口并负责解释。

本部分选编的教职工管理制度侧重师资管理，包括教师聘任(含外聘教师)管理、教师职务管理、师德建设管理、教师企业实践管理和班主任队伍建设管理等。

随着我国人事制度的改革，教师也同社会上许多职位一样，从单位人转换为社会人。教师在一个单位，可能会不再“终身制”，而是“聘用制”下的双向选择。因此，教师的管理与传统的管理方式不同，如果沿袭计划经济条件下的管理思路和模式显然是不行的。与时俱进，以人为本，以现代职业教育制度管理思维和方式，充分调动教师教书育人的责任心，践行产教融合的积极性、主动性和创新性，让教师真正成为学校职工队伍的主力军，莘莘学子的良师益友。

2.1 教师聘任

学校实行教师聘任制。根据《中华人民共和国教师法》和国家关于事业单位人员聘用制度的有关规定，科学制定学校教师聘任管理制度和具体管理办法。按照公开、平等、竞争、择优的原则，在定员、定岗、定责的基础上聘任、解聘或辞退教职工。学校应当建立健全保障教职工合法权益的程序和制度。

——摘自《中等职业学校管理规程》第十一条

制度案例

上海信息技术学校公开招聘人员实施办法
南京高等职业技术学校聘用人员管理暂行办法
北京市商业学校教师队伍建设规划管理办法
南京高等职业技术学校专职聘任教师管理实施办法
大连市轻工业学校教师培养与培训制度
南京高等职业技术学校首席实训教师评聘方案
南京高等职业技术学校人才培养方案管理办法（试行）
大连市轻工业学校人才培养方案制定及管理办法
大连市轻工业学校关于管理人员聘课的有关规定
南京高等职业技术学校非学历进修审批办法
上海信息技术学校新教师带教暂行办法
北京市商业学校新教师培养管理规定
大连市轻工业学校关于新教师培养与使用的暂行规定
南京高等职业技术学校“优秀青年教师”评选办法
南京高等职业技术学校新任教师培训方案
南京高等职业技术学校教坛新秀评选办法
北京市商业学校教师业务档案管理办法
上海信息技术学校教师工作室暂行办法
开封市卫生学校教师教学工作规范
开封市卫生学校教师日志管理与检查
上海信息技术学校教师学年任职情况评价暂行办法
大连市轻工业学校教师考核制度
南京高等职业技术学校专任教师教学工作年度考核方案
南京高等职业技术学校优秀教学团队建设管理办法

上海信息技术学校公开招聘人员实施办法

为了贯彻执行《上海市人力资源社会保障局关于印发〈上海市事业单位公开招聘人员暂行办法〉的通知》(沪人社专发〔2009〕45号)精神，规范做好本校人才引进工作，特制定本实施办法。

一、学校公开招聘人员，应当贯彻公开、平等、竞争、择优的原则，按照德才兼备的用人标准和岗位所需的专业、技能、资格等条件择优聘用。

二、每年十一月，各部门应向校人力资源部上报次年所需引进的专业技术人员数量和招聘条件。

三、人力资源部负责汇总，并根据学校编制数和次年退休的专业技术人员岗位，提出次年招聘初步方案报校务委员会审批。

四、经校务委员会审批同意，由校人力资源部填写《上海市事业单位公开招聘工作人员计划核准备案表》附各招聘岗位的招聘范围、对象、基本条件、招聘方式、确定进入面试人员的条件等，每年十二月上报上海华谊(集团)公司和市人力资源社会保障部门审批。

五、经上海华谊(集团)公司和上海市人力资源社会保障局事业单位人事管理处审批同意，由校人力资源部在上海职教在线(www.shedu.net)和我校校园网(www.shitac.net)等有关媒体上发布招聘启事。

六、校人力资源部负责参加市级专门人才公开招聘会(如上海市教育人才交流服务中心举办的长三角联合师资招聘专场和上海市人才服务中心举办的人才交流洽谈会暨长三角地区高校毕业生就业招聘会等)和通过其他渠道广泛获取人才信息。

七、学校建立人才招聘工作领导小组和专家组，负责学校人才招聘工作。

八、人力资源部将收到的简历(含通过E-mail发送的简历)分发至各部门主管和有关专家。通过各部门和专家组遴选，确定初试名单。通过初试确定复试名单，然后安排试讲。试讲由专业教师、教研组长、教学督导和专家组成员共同参加。

九、专家组负责会同有关部门综合试讲情况，确定拟录用人员，上报人力资源部。

十、学校招聘工作领导小组会同人力资源部审核材料，并与拟录用人员进一步沟通。在双方达成一致后，签署引进意见，报校务委员会讨论审批。

十一、校务委员会审批同意后，人力资源部在校园网(www.shitac.net)上公示七天。

十二、公示后无不良反映，由人力资源部填写《上海市事业单位录用人员备案表》并附招聘情况说明，上报上海华谊(集团)公司和上海市人力资源社会保障局事业单位人事管理处审批。

十三、经上海华谊(集团)集团公司和上海市人力资源社会保障局事业单位人事管理处审批同意后，由校人力资源部通知应聘者到市级医院或区中心医院参加体检。

十四、体检报告由医务室医生审阅。若合格，应聘者可回原单位办理退工手续。应届毕业生由人力资源部签订就业协议书。

十五、应聘者凭退工证明，应届毕业生凭报到证，由校人力资源部负责办理录用手续。

十六、本实施办法由人力资源部负责解释。

十七、本实施办法若与上级部门精神不符，以上级部门规定为准。

南京高等职业技术学校聘用人员管理暂行办法

为了更好地适应学校快速发展的需要，深化学校内部管理体制改革，规范聘用人员的聘用程序与管理，保证学校各项工作的正常运行，现依据国家相关法律、法规的规定，结合学校实际，特制定本办法。

一、基本原则

(一)坚持学校宏观调控和用人系、部的微观管理的原则。

(二)坚持“总量控制、按需聘用、公开、竞争、择优”的原则。

(三)坚持“平等自愿、协商一致”的原则。

(四)坚持“动态管理、优胜劣汰、能进能出”的原则。

二、聘用人员的实施范围

(一)聘用人员

指我校因教学、教育、教辅及工勤管理等岗位的需要，从社会上公开招聘的具有一定知识和技能，未列入事业编制管理的人员(不含兼职教师)，实行劳务派遣制。

(二)聘用人员的分类

1. 聘用专职教师：专门从事教育教学的专职教师。

2. 聘用专职班主任：专门从事学生教育管理的班主任。

3. 教辅人员：主要包括实验员、一般行政人员。

4. 实训教师：从事实训教学工作的指导教师。

5. 工勤人员：从事后勤服务工作的人员。

(三)聘用人员聘用基本条件

1. 热爱教育事业，有较强的敬业精神。

2. 遵纪守法，无涉嫌政治、经济、刑事及其他问题。

3. 年龄18至55周岁，退休返聘人员不得超过65周岁，身体健康，能胜任本职工作。

4. 具有履行所聘岗位职责的资格和能力。

5. 具备身份证、就业证、暂住证、流动人口计划生育证及餐饮人员健康证等相关证件。

6. 教辅人员和实训教师必须具备大专及以上学历，并具有一定的工作经验或专业技能。

7. 聘用专职教师必须具备教师资格证，具体条件参照《聘用教师梯度管理办法》。

8. 聘用专职班主任必须具备一定教育管理水平。

(四)岗位的核定

原则上严格按学校对各用人系、部岗位核定的编制及实际工作需要的情况核定。

三、聘用程序

(一)申请。各系、部根据工作需要和编制数，在学校核定的岗位总量范围内，核定所需聘用人员的岗位、数量及岗位职责，提出用人申请，报人事处审核后呈校长办公会审批。

(二)招聘。人事处通过一定的形式发布招聘信息，配合各系、部按照公开、平等、竞争、择优的原则进行招聘。各系、部对外聘人员进行面试、筛选，确定拟聘用人员，报校领导审批，同时在人事处备案：

(1)填写《外聘人员聘用登记表》；

(2)提供就业证并已失业登记，以及身份证、学历证书、技能等级证书、暂住证、流动人口计划生育证、餐饮人员健康证等证书复印件。

(三)试用。试用期间用人部门对试用人员进行考核，并填写试用期考核表，试用期结束将此表上交人事处备案，试用期1个月。

(四)签约。试用期考核合格者，正式聘用，并与学校指定的劳务派遣公司签订劳动合同，并按规定办理各项手续。对试用期考核不合格者，应及时停止使用。

四、工资与待遇

(一)聘用人员的岗位工资标准由学校统一核定。

(二)聘用人员的岗位类别由校务工作部人事处会同用人系、部根据聘用人员的条件、能力和所承担的任务确定，并在合同或协议中约定。首次聘用人员的工资标准，根据其工作岗位、学历及专业技术职务由人事处会同用人系、部共同认定。对于学校引进的特殊人才，其岗位工资标准及绩效工资可以双方商定，不受本办法确定的工资类别、档次的限制。

(三)根据《中华人民共和国劳动法》及其他相关法律法规，学校承担受聘人员在聘期内单位应缴纳的社会保险，受聘人员本人承担个人应缴纳社会保险部分(退休人员、已享受社会保险的各类人员除外)。

(四)所有人员岗位工资按月发放。寒暑假期间，签劳动合同人员应正常上班。但考虑到学校寒暑期学生放假的特殊性，按实际上班天数发放工资，若超过国家规定上班天数的部分按加班费标准发放，但签劳动合同人员每月发放的工资不得低于南京市最低工资标准。

（五）绩效考核奖按月发放，每学期发放 5 个月。聘用人员的发放依据参照上年年度考核结果发放，考核优秀的按优秀标准发放，考核合格的按合格标准发放；聘用专职教师的发放依据参照上学期教学质量考核结果发放，考核优秀的按优秀标准发放，考核良好的按良好标准发放；考核合格的按合格标准发放。

（六）聘用人员经本人申请，经部门负责人同意，学工部或教学科研部审批合格后，可以兼任班主任或兼课。班主任考核及待遇参照在职人员，兼课费参照学校外请代课教师。

（七）学期中聘用人员加班，一般以调休的形式给予补偿，如有特殊需要，应事先报用人部门分管校长批准，按加班费标准发放。

（八）建立聘用人员岗位工资正常增长机制：年度考核合格及以上者。每年 9 月按一定的标准增资一次。

（九）年度考核合格的聘用人员给予一定生活补贴和交通补贴。

五、考核与管理

（一）聘用人员考核

1. 试用期考核。主要由用人部门考核拟聘人员是否符合录用条件，试用期考核合格者将继续留用，不合格者将不再留用。

2. 月考核。主要由用人部门对聘用人员的出勤、病假、事假、加班情况进行统计及对其工作质量的考核，每月经本人签字确认后上报人事处。校务工作部对聘用人员每月参加升旗活动等学校集体活动进行考勤和每月不定期的查岗。

3. 年度考核。考核分为优秀、合格、基本合格和不合格四个档次，考核结果作为下一聘期是否续聘与绩效考核奖发放的依据。考核合格及以上的如工作需要可予以续聘，考核基本合格和不合格的将予以解聘。

4. 聘用专职教师的教学质量考核。考核分为优秀、良好、合格、基本合格和不合格五个档次，考核结果作为下一聘期是否续聘与绩效考核奖发放的依据。考核合格及以上的如工作需要可予以续聘，考核基本合格和不合格的将予以解聘。

5. 聘用专职班主任的月考核。班主任的月考核按学工部班主任管理规定执行。

（二）聘用人员考勤管理

1. 聘用人员旷工半天扣发一定的岗位工资，并扣发当月绩效考核奖的 1/2；旷工一天扣发一定的岗位工资，并扣发当月绩效考核奖全额；旷工 3 天及以上，扣发当月岗位工资及绩效考核奖，且不得参加评优。学校重大活动缺勤的每次按标准扣发。

2. 聘用人员原则上不准请事假，如特殊情况请假的，事假 3 天及以内的，每天扣发一定的岗位工资；事假 3 天以上，5 天及以内的，每天扣发一定的岗位工资；事假 5 天以上的，每天扣发一定的岗位工资，并扣发当月绩效考核奖的1/2；一个月事假累计达10天以上的，每天扣发一定的岗位工资，并扣发当月绩效考核奖全额。

3. 聘用人员病假5天及以内的，每天扣发一定的岗位工资；病假5天以上，10天及以内的，每天扣发一定的岗位工资，并扣发当月绩效考核奖的1/2；病假10天以上的，每天扣发一定的岗位工资，并扣发当月绩效考核奖全额，扣完为止，但不得低于南京市最低工资标准的80%。但对患重大疾病(癌症)的将全额发放岗位工资。

4. 聘用人员婚假、直系亲属丧假按国家规定休假3天，晚婚休假15天。按公假处理，过期不补假。如超假，超过的天数算事假。凡符合晚育年龄的夫妻，女方可享受产假128天(含法定产假98天)，剖宫产顺延15天。男方可享受护理假15天。产假期间按南京市最低工资标准发放基本工资。

(三)聘用人员责任事故处理

1. 实训指导教师及聘用专职教师：凡学期内累计发生3次一般教学违纪，扣发一定的绩效考核奖；凡发生严重教学违纪，每次扣发一定的绩效考核奖；凡发生重大教学违纪，每次扣发一定的绩效考核奖，扣完为止。且不得参加评优。

2. 教辅及工勤人员：

(1)每迟到、早退一次，扣发一定的绩效考核奖。学期累计达5次及以上的不得参加评优。

(2)因工作中出现差错、服务态度差等，被群众举报并查证属实的，每次扣发一定的绩效考核奖；出现较大责任事故者，每次扣发直接责任人一定的绩效考核奖；出现重大责任事故者，扣发当月一定的绩效考核奖，扣完为止。出现以上情况的不得参加评优。

3. 聘用班主任责任事故处理按学校班主任管理的相关规定执行。

六、聘用合同管理

(一)聘用人员与劳务派遣公司签订劳动合同，合同书中明确聘用期限、聘用期间双方的权利、义务、争议的处理及违反合同所应承担的责任。一次聘用期限为2年(含试用期)；已有劳动关系人员与学校签订劳务协议，一般一年一签。

(二)续聘与解聘。聘用合同期满，用人部门根据工作需要决定是否续聘，如需续聘的，经用人部门提请校领导批准，方可续签聘用合同；有下列情形的将解聘。

1. 各系、部与外聘人员协商一致不再留用。

2. 考核基本合格、不合格的及旷工达3天及以上。

3. 脱产进修。

4. 严重违反学校规章制度，或不服从工作安排。

5. 严重失职，营私舞弊，造成重大经济损失。

6. 突发疾病，不能胜任本职工作。

7. 在校内外违反相关法律的或被劳动教养或被追究刑事责任。

本办法经校长办公会讨论通过后于2012年2月起实施，由校务工作部负责解释。此外建材实验中心，学生宿舍，培训中心根据自身实际制定办法，报校长室审批后执行。

北京市商业学校教师队伍建设规划管理办法

第一章　总　则

第一条　目的

教师队伍建设是学校建设的核心内容，是推动学校专业建设和发展、实现学校培养目标的重要保障。应以全面提高教师素质为中心，以培养中青年骨干教师、学科带头人和“双师型”教师为重点。为建立促进教师可持续发展的有效机制，逐步形成一支素质优良、理念先进、业务过硬、数量充足、结构合理、适应职业教育发展的高质量的专兼职教师队伍，特制定本管理办法。

第二条　适用范围

本管理办法适用于学校教师队伍建设管理。

第三条　规范性引用文件

北京市商业学校《教师队伍建设管理制度》。

第四条　术语和定义

无。

第五条　职责

(一)督导室

负责制定学校教师队伍建设规划及日常管理工作。

(二)各系部

在学校教师队伍建设规划指导下，负责制定本系部教师队伍建设计划及日常管理工作。

第二章　制定教师队伍建设规划的依据

教师队伍建设规划是根据学校发展规划的需要，为提高教师队伍的整体素质，优化教师队伍结构，创新教师队伍建设机制，全面提升职业教育办学水平和影响力，所制定的三至五年的建设规划。教师队伍建设规划的制定应以教育部及北京市教育委员会颁布的有关规定精神为主要依据，并在学校总体规划和专业建设规划的框架下，具体制定学校的教师队伍建设规划。学校教师队伍建设规划的制定应注意教师队伍总量与学校发展规模相适应，保证合理的师生比，专业教师与学生之比不低于教育部的要求；要构建教师队伍合理的职称结构；专业课教师在教师总量的比例要与学校专业的规模和发展相匹配。

第三章　教师队伍建设规划的主要内容

第六条　根据教育部及北京市教育委员会对职业教育学校的具体要求和学校教师队伍的现状以及未来发展趋势，研究确定学校教师队伍建设的指导思想。

第七条　结合学校专业发展的需求，对相关产业结构变化和技术发展对教师素质的要求进行调研；分析学校现有专业建设、课程改革及专业发展变化对教师素质的要求；分析学校教师队伍的数量、结构、比例、综合素质等方面与和学校专业发展要求的契合情况，找出存在的主要问题，提出学校教师队伍建设的总体目标和具体目标。

第八条　将总体目标分解为阶段目标或年度目标，根据学校的具体情况，制定实现各阶段目标的具体措施和步骤。

第九条　根据学校的具体情况，建立并制定科学、合理、有效的组织、制度以及经费等方面的保障措施。

第四章　专任教师的培养

第十条　根据学校教师队伍建设的总体规划，制定学校年度教师培养计划和实施方案，形成合理的教师梯队培养体系。

第十一条　制定专任教师年度校本培训计划，确立培训形式和培训内容，使专任教师达到国家规定的各项要求，不断提高专任教师的职业道德、实践能力和教学水平。

第十二条　重点加强教师的思想道德建设，努力提高教师的思想道德水平。

第十三条　要使教师不断拓展和更新知识，学习专业新技术，提高教育教学和管理水平以及现代教育技术能力的业务进修，并要建立教师定期参加企业实践的机制，创造教师企业实践的机会，提高教师的实践能力；鼓励教师结合教学实际，参与课题研究和专业交流活动。

第十四条　专任教师要根据学校的要求，制定个人的职业生涯规划，达到国家规定的学历层次要求，努力取得更高一级的学历学位层次水平，努力完成上级规定的五年一轮的继续教育任务，并取得相应的学分和继续教育合格证书。

第十五条　建立学校教师业务档案，记录教师的成长过程。

第五章　新教师的培养

第十六条　学校建立新教师培养制度，明确新任教师的指导教师的任职资格及职责，使新任教师指导工作制度化、程序化、科学化，确保新教师的培养工作质量。

第十七条　凡新参加教学工作的教师，必须参加学校及上级师资培训部门组织举办的新教师培训工作，并取得教师资格证书。

第十八条　指导教师负责传授教书育人经验，培养新教师热爱本职工作，树立良好师德，指导新教师学习教育理论，进行教学实践，使其掌握教学规律和教学方法，不断提高教学水平。

第六章　骨干教师及学科带头人的培养

第十九条　学校实行骨干教师与学科带头人培养与管理制度。制定骨干教师与学科带头人培养计划和具体实施方案。

第二十条　学校将有计划地选择思想品质优秀、业务能力较强、发展潜力较大的中青年教师，作为骨干教师和学科带头人培养对象，兼顾不同学科、不同专业需要，使各学科、各专业都有自己相应的骨干教师和学科带头人，特别是学校的重点专业、骨干专业、特色专业，要重点培养一批、一定数量的骨干教师和学科带头人队伍。

第二十一条　学校严格执行骨干教师和学科带头人的选拔、培养和考核程序，按照培养目标定期进行考核，并实行动态管理和培养机制，积极创设有利于骨干教师和学科带头人成长和才干发挥作用的氛围，促使其健康快速成长。

第七章　“双师型”教师的培养

第二十二条　学校明确确立“双师型”教师的培养目标和培养计划，建立“双师型”教师培养的有效途径，制定出台相应的制度和措施，以充分保证“双师型”教师对专业建设和课程改革的支撑作用。

第二十三条　积极落实教育部关于专业教师每两年到企业实践两个月的要求，努力保证专业教师能够定期深入与专业对应的行业企业一线，系统掌握专业技术流程，强化操作技能，不断提高“双师型”教师的专业能力与技术水平。

第二十四条　积极拓宽“双师型”教师的引进渠道，根据学校专业建设的发展和实际需要，有计划、有目的地从企业生产一线聘请一定比例的专业技术人员作为学校的专职或兼职教师。

第八章　教师考核

第二十五条　学校建立教师工作的考核制度。对教师的考核内容和要求以教师的职业道德要求及工作规范、各级教师的职责为主要依据。

第二十六条　学校成立以校长为主任的学校教师考评委员会，并由相关职能部门负责，按照教师任职条件，制定考核指标体系和考核办法，对全体教师进行年度考核。

第二十七条　教师考核评价材料纳入教师业务档案，考核评价结果作为教师评选先进、晋升、聘任的重要依据。

第九章　附　则

第二十八条　制度的起草与归口管理

本管理办法由教育督导室负责起草，报教职工代表大会批准后正式下达，教育督导室归口管理。

第二十九条　制度的修订

本管理办法根据需要不定期进行修订。各系部处室均有权根据业务需要对本管理办法内容提出修改意见，并提交督导室。教育督导室负责收集整理各系部处室提出的修改意见，并安排有关人员进行专题讨论，对修改信息进行全面评估后组织修订本管理办法及相关文件。

第三十条　本管理办法由教育督导室负责解释。

第三十一条　本管理办法自2013年2月1日起实施，原管理办法同时废止。

南京高等职业技术学校专职聘任教师管理实施办法

随着学校快速发展的需要，聘用教师已成为学校教师队伍的重要组成部分，建立起一支高素质、高技能、高水平的、长期稳定的聘用教师队伍，有利于进一步调动和发挥聘用教师的积极性，有利于确保学校教育教学秩序的稳定和教育教学质量的提高。依据国家有关法律、法规，并结合学校实际情况，学校经研究决定拟建立专职聘任教师队伍，采用劳务派遣制，在校管理暂行办法具体如下。

一、适用范围

本办法所称专职聘任教师，系指在学校以承担课程教学工作为主，适当承担学生管理工作，未列入学校事业单位编制管理的劳务派遣人员。

二、任职基本条件

1. 拥护党的路线、方针、政策，热爱社会主义祖国，热爱教育事业，遵纪守法，无犯罪前科；

2. 有较强的事业心、责任感，身心健康，能够履行岗位职责。

3. 具有本科及以上学历，研究生学历的或有相关技能证书的可优先考虑。对紧缺专业的实训教师学历大专及以上，待遇参照本科生员级待遇。

4. 原则上具备中专或高校教师资格证。

5. 年龄在45周岁以下，紧缺专业的专职教师年龄可以适当放宽到50周岁。

6. 有一定的教学经历和教学能力，专业知识水平较高，能胜任所教学科的教学工作。作为外聘教师在学校代课至少一学期。

三、梯度管理办法

学校对专职聘任教师的梯度管理通过两个方面的梯度来实现：第一，条件梯度。学校根据专职聘任教师的教育教学能力、工作年数等情况实行分层管理。第二，待遇梯度。学校根据学历、职称、工作年限、双师素质不同，对专职聘任教师的福利待遇实行分层管理。将以上二者结合，形成学校管理梯度，由低到高具体分为以下三个层次。

1. 试用层：各系部会同教学科研部、督导室对此层教师教学情况负责督导。试用考查期至少为一学期。作为外聘教师在我校已经代课的，可以优先考虑。此层人员要求及待遇参照《南京高等职业技术学校代课教师管理制度(试行)》。

2. 应用层：试用层考查期满后，经教学科研部及各系部考查合格的，或各系部直接公开招聘的紧缺的专业教师经过试用期考核合格的，将正式录用，与劳务派遣公司签订劳动合同，办理社会保险等相关手续，进入学校专职聘任教师阶层。

3. 选拔层：即最高层，专职聘任教师在学校连续工作 5～10 年，将从中选拔特别优秀的教师，进入学校教师队伍。此层要求及待遇将结合上级要求另定。

四、专职聘任教师录用办法

1. 申请。各系、部根据学校确定岗位职数和本部门长远发展的需要，核定所需的专职聘任教师的数量及岗位职责，在学期末提出申请。经教务处和人事处共同审定后，呈校长办公会审批。

2. 招聘。

(1)校务工作部人事处对外公开发布招聘信息，配合各系、部按照公开、平等、竞争、择优的原则进行筛选。已在我校代课的外聘教师督导结果为优良的，可以优先考虑。

(2)各系、部根据应聘材料筛选确定面试人员，并进行试讲、技能等教学能力和专业能力的测试。

(3)人事处根据面试成绩，会同各系部确定拟聘用人员名单，呈报校长室审批。

(4)经学校研究决定录用的拟聘人员提供学历、学位证书、教师资格证、技能等级证书、健康证等复印件，在人事处进行备案。

3. 试用。即进入试用层。用人系、部负责填写试用期考核表，试用期结束将此表交人事处，报校长室，确定正式录用人员。对试用期考核不合格者，不得聘用。

4. 签约。试用层考核合格者，与劳务派遣公司签订劳务派遣合同，并按规定办理相关手续。

五、专职聘任教师待遇

1. 基本工资：寒暑假正常按月发放。

(1)本科学历的专职聘任教师基本工资起点由学校统一制定，每月工资总额不低于南京市最低工资标准。

(2)研究生学历的专职聘任教师基本工资起点在本科学历基础上增加 100 元，每月工资总额不低于南京市最低工资标准。

(3)建立基本工资增长机制，在校工作满一年，经考核合格的每年增资 50 元/月，每年 9 月增资一次。

2. 绩效工资：包括课时工资和教学质量考核奖。

(1)课时工资：按上课月发放。

注：基本工作量的核定参照学校在职教师标准，专职聘任教师必须达到基本工作量要求，达不到的将不予聘用。

(2)教学质量考核奖：考核结果作为下学期发放绩效考核奖的依据，按月发放，每学期发5个月。

学期结束时，专职聘任教师由用人系、部会同教学科研部、督导室，结合其本学期工作量，教学业务情况等方面进行考核，并评出等第，学校根据考核等第发放对应的教学质量考核奖。对于考核结果为基本合格或不合格的不予发放教学质量考核奖，并及时予以解聘。

3. 学期考核合格的上班期间每月补助一定的交通费和生活补贴。

4. 依法纳税，每月应上缴国家的个人所得税从工资中代扣。

5. 其他待遇规定参照《南京高等职业技术学校聘用人员管理暂行办法》执行。

六、专职聘任教师管理

1. 专职聘任教师按学校作息时间坐班，并参加学校组织的各项活动。

2. 专职聘任教师应遵守《南京高等职业技术学校教学管理制度》相关规定，积极参加学校校本培训，继续教育等。对工作表现优秀、成绩突出的，学校可推荐参加学科、专业的省、市级教师培训。

3. 专职聘任教师在学历上如需要继续深造，脱产学习的，经学校同意，可解除聘用合同；在职学习的，必须由本人提出申请，经学校同意，在完成本职工作的前提下安排学习。学校不为聘用专职教师提供学历教育进修经费。

4. 专职聘任教师在符合专业技术职务评审条件的，可参加劳务派遣公司组织的专业技术职务的申报评审，专业技术职务实行评聘分开。

5. 专职聘任教师出现下列情形之一的，学校可予以解聘：

(1)因学校专业调整、教学计划变更等原因，各系、部与聘用人员协商一致不再聘用的；

(2)教学质量考核基本合格及不合格的；

(3)出现教学违纪，经教育不改的或出现严重教学违纪的；

(4)严重违反学校规章制度，不服从部门工作安排的；

(5)脱产进修的；

(6)突发疾病，不能胜任本职工作的；

(7)聘期内，在校内外违反相关法律的或被追究刑事责任的。

6. 其他管理参照《南京高等职业技术学校聘用人员管理暂行办法》执行。

7. 如学校分配制度发生重大变化，经学校批准聘用专职教师待遇标准可予以调整，调整办法另定。

七、说明

1. 对已被学校聘用的教辅人员，若符合条件经批准同意且考核合格的可转为专职聘任教师的，参照本办法执行。

2. 如今后国家有重大政策调整，聘用专职教师管理办法将进行相应调整。

3. 本办法由校长室授权人事处负责解释。

4. 本办法教代会通过后从2015年2月4日开始实施。

大连市轻工业学校教师培养与培训制度

一、学校应根据办学规模、专业设置、教师结构等因素制定教师培养、培训规划和实施计划，教师应按照学校的规划和计划，结合本人情况制定个人进修计划。

二、学校应重视教师的思想政治工作，有计划地采取各种形式对教师进行师德教育、爱岗敬业教育、教育理念和观念的更新教育。

三、教师业务能力的培训与进修，主要应以自学、互学、帮带和校内培训为主。每学年各教研室、各教学科应根据教师结构情况结合教学需求，制定出本教研室(科)教师自学、互学等形式的业务进修计划，并制定具体措施，确定具体时间期限，做到有计划、有落实、有考核、有总结。

四、学校要重视教师知识更新，要有计划地举办各种学习班，帮助促进教师学习新知识、新技术、新工艺、新材料，提高教学水平。教师本人要有紧迫感，凡是课程目标、课程设计、毕业设计规定采用的新知识、新技术、新工艺和新材料，教师必须尽快掌握，及时运用到教学中去。

五、学校应鼓励教师积极参加教育科研和学术交流活动，努力提高教师的教育教学水平。

六、学校鼓励教师从事教育教学改革，从资金保障、教学任务安排等提供必要的支持。

七、学校要有计划地安排专业课和专业基础课教师到工厂、企业中去，参与专业实践，学习操作技能，丰富专业实践知识，提高实践教学水平。专业课教师要逐步达到中高级工技能等级要求，专业基础课教师要逐步达到初级工以上技能等级要求，并参加劳动局组织的统考，取得相应的技术等级证。

八、学校要重视实习指导教师操作技能培训，使之逐步达到高级工技术等级要求，有条件者应达到技师和高级技师技术等级要求。

九、凡进修提高学历的教师，必须个人提出申请，学校根据本人表现和教学任务，经校长批准后方可进修，学费原则上自付。

十、因教学需要外出培训进修的教师，由教学科推荐，教务科提名，报主管校长批准，学费先自付，考试合格或取得结业证后，再部分或全部报销。

十一、教师学习进修，不得影响教学任务的完成，凡因进修影响教学及教学质量者，学校可取消其进修学习资格。

十二、凡外出进修的教师，必须填写进修培训申请表，进修培训结束后要在教学科室或全校进行交流，并认真写好进修总结，交教务科存档。

南京高等职业技术学校首席实训教师评聘方案

为贯彻落实学校《关于加强教师队伍建设实施意见》的精神，进一步激发实训教师钻研业务，全面提高学校实训教学水平，逐步建立一支教学水平较高、有一定影响力的高素质的实训教师队伍，特制定本方案。

一、参加人员

学校正式在编在岗实训教师。

二、评聘条件

(一)具有良好的师德素养和行为规范，身体健康；

(二)连续 3 年以上担任实训教学工作，工作量饱满，在实训教学上起示范带头作用；

(三)能够胜任本专业主干课程中至少一门理实一体化课程教学工作，或承担学校课改实验班教学工作，或单独承担 2 个以上工种实训教学工作；

(四)本人或指导学生参加省级以上技能竞赛(含学院)获得二等奖及以上奖项，或参加市级技能竞赛获得一等奖，或所任教班级有 50% 以上学生通过德国行会考试；

(五)担任本专业校本技能培训工作中的培训教师，或参与青蓝工程对青年教师进行专题技能培训，并有一定的成效；

(六)实训教学过程中教学讲义、教学工作页、实训教学手册等教学资料完整并上交科研处，作为校本实训课程资源。

三、评聘程序

(一)个人申报

参加首席实训教师评聘的教师从教科部网页“下载中心”下载申报表，如实填写并和其他申报材料一起按时上交科研处报。

(二)民主测评

由人事科会同相关系部召开民主测评会，申报人进行述职。参加民主测评的教师人数不少于申报人所在系部教师总人数的 2/3。

(三)评审小组评议

由人事科、教科部牵头组成评审小组，对申报人的申报材料和民主测评情况进行综合评议，确定初步人员名单并上报校长办公会。

(四)校长办公会审批、校内公示

校长办公会研究确定名单后，由人事科组织进行为期 7 天的校内公示。

（五）颁发聘书及津贴

对公示无异议者，由校长室颁发聘书，并于当学期结束开始发放津贴。

四、申报材料

（一）申报表一式两份；

（二）近3年实训教学工作情况（本项由申报人所在系部提供、教务处核实）；

（三）理实一体化课程、课改实验班或工种实训的相关教学资料；

（四）本人或指导学生参加市级以上技能竞赛获奖证书复印件或所任教班级参加德国行会考试的相关资料；

（五）进行校本技能培训或参与青蓝工程的相关资料（本项由申报人所在系部提供、科研处核实）；

（六）实训教学过程中的教学讲义、学生工作页及实训教学手册等教学资料。

五、本次评聘时间安排

（一）12月1日前进行个人申报，上交申报表和其他申报材料；

（二）12月7日前完成民主测评；

（三）12月中旬评聘小组进行综合评议，上报初选名单到校长办公会；

（四）12月下旬进行校内公示；

（五）次年元月初颁发聘书。

六、任期及待遇

（一）首席实训教师任期为3年，每3年评聘一次；

（二）经评聘小组考核合格后于每学期末按学期发放津贴；

（三）任期内有以下情况之一者，取消"首席实训教师"称号并停发津贴：

1. 违反国家法律法规等行为；
2. 有重大教学违纪或其他严重违反学校规章制度的行为；
3. 年度考核不合格。

七、其他

（一）所申报资料为3年以内；

（二）本方案自下发之日起实施，由教学科研部负责解释。

南京高等职业技术学校人才培养方案管理办法（试行）

人才培养方案是学校根据人才培养目标制定的教学工作指导性文件，是学校实现培养目标和组织教学过程的重要依据。人才培养方案的制定、修改和执行必须按照严格的规范和程序进行。为了加强和完善对人才培养方案的管理，进一步规范我校的教学工作，特制定本管理办法。

一、人才培养方案的制定

（一）教务处提出制定各专业人才培养方案的指导意见，经学校审议批准后，以文件形式发至各系。各系根据文件要求，由各专业负责人在充分听取专业建设指导委员会专家意见的基础上，按专业培养目标拟定专业人才培养方案。

（二）各系组织相关教研室教师、教学管理人员和行业、企业专家对本部门拟定的人才培养方案进行审议、论证、修改，由系主任审定后报教务处。

（三）教务处对各系递交的人才培养方案组织审核后，提交学校专业建设指导委员会或其委托的专家组进行审议；各系根据审议意见修改定稿后报教务处，教务处将人才培养方案报主管教学校长审批。

（四）经主管校长批准后的人才培养方案，由教务处按相关要求程序上报市教育局备案；经市教育局备案后的人才培养方案即为学校法定教学文件。

二、人才培养方案的执行

（一）经批准的人才培养方案，由教务处和各系负责组织执行。

（二）人才培养方案中规定的教学任务，必须严格执行。教学任务按专业和课程类别，由相关的系部归口承担，教务处负责协调并落实。特殊情况下，可由相关的系部在教务处主持下协商解决教学任务的归口问题。各系部根据课程归类组织制定课程标准。

（三）执行人才培养方案的工作程序。

1. 教务处在每学期开学后第5周，组织各系根据各专业的人才培养方案提出下一学期教学任务计划的初步方案。

2. 各教学单位负责复核，并提出实施建议，于2周内将意见反馈到教务处。

3. 教务处审核后，于第10周将教学任务计划下发至各系部。

4. 各系部应于第14周前返回填写好任课教师和相关信息的教学任务书。教务处据此编写下学期全校教学行政历，安排各课程的教学时间和地点，形成下一学期课程表。

5. 任课教师根据课程标准（或教学大纲），在正式上课前编制好本课程的授课计划，经教研室主任、系主任、教务处批准后执行。在人才培养方案执行过程中，各教学单位必须根据人才培养方案落实每一门课程的教师、课程标准、教材及必要的教学条件，安排好各教学环节，并据此进行教学管理。人才培养方案中设置的课程和环节名称、学时、开课学期及课程编号等，任何单位和个人未经教务处同意不得变更。

三、人才培养方案的修改与调整

人才培养方案必须具有相对稳定性。对已经批准并正在执行的人才培养方案，要严格执行，不得随意修改和变动（“订单式”培养除外）。在实施过程中，有时也会根据就业市场需求变化和职业岗位能力结构变化，适时进行修订和调整。若人才培养方案确需修改与调整，按下列办法进行。

1. 各教学单位在人才培养方案执行过程中，若需对个别课程或环节进行调整，如个别课程或环节的学时变化、课程顺序的调整等，必须在前一学期第4周前提出申请，填写教务处统一印制的《课程(计划)调整申请表》，说明调整的原因和调整的方案，并由系主任签字和系签章后报教务处，教务处审核签署审批意见后，方可按审批意见进行调整。《课程(计划)调整申请表》的填写需一式三份，由教务处、系、教研室各自留存一份。

2. 各教学单位若对人才培养方案做较大范围的调整，如课程设置、学时分配、课程顺序的全面调整，课程的删减、增加，局部课程间的整合，一般必须在确定执行前两个月，由教学单位组织论证并提交书面论证报告，经教务处和主管教学校长批准后方可生效并执行。

3. 为保证综合教务系统的顺畅，在递交人才培养方案修订报告的同时，要递交《课程(计划)调整数据对照表》一份。

4. 因调整人才培养方案涉及其他教学单位或环节的有关问题，由提出计划调整的系部负责联系解决，并将有关解决方案报教务处备案。

对随意变动、更改人才培养方案及未履行相应的变更手续而自行变动教学安排的，按系部教学事故处理。

本办法自下发之日起实施，由教学科研部负责解释。

大连市轻工业学校人才培养方案制定及管理办法

第一章　总　则

第一条　人才培养方案是实现专业培养目标、安排教学内容、组织教学活动的总体设计和实施计划，是学校培养专门人才的主要依据，是实现人才培养目标的重要环节。为加强和完善中职专业人才培养方案的制定及管理，进一步规范学校的教学工作，特制定本办法。

第二条　人才培养方案是学校开展教学工作的基本文件，应依据教育行政部门的指导意见，结合学校人才培养的实际进行编制。其制定、修订、执行必须按严格的规范和程序进行。

第三条　各专业人才培养方案一经确定，应保持一定的稳定性，各教学单位必须严格遵照执行。在人才培养的一个培养周期(即一届学生从入学到毕业)内，一般不得变更；确因特殊原因需要调整或修改的，要按照严格的程序和要求办理。

第二章　基本原则

第四条　以就业为导向，以促进学生职业生涯发展为目标，明确专业定位。

第五条　以技术领域和职业岗位(群)任职要求为依据，以工作过程为导向，构建课程体系。

第六条　以职业能力为依据，组织课程内容。

第七条　以典型工作任务为载体，设计教学活动。推广使用"项目驱动、行动导向教学法"，积极推行"教、学、做"一体化教学。

第八条　以职业技能鉴定和职业资格标准为参照，强化技能训练，实现"双证"融通。

第三章　人才培养方案的主要内容

第九条　人才培养方案应包含以下内容：人才培养目标；人才培养模式；课程体系；"证书"制度；典型工作任务及职业能力要求；核心课程设置及教学计划；实施条件；实施保障；教学评价；实训实习环境；专业师资；编制说明等。

第十条　人才培养方案的具体要求。

1. 人才培养目标

人才培养方案应以教育部相关文件为依据，结合专业设置，具体明确该专业培养的具体素质目标、综合能力目标。

2. 人才培养模式

"人才培养模式"是指在一定的现代教育理论、教育思想指导下，按照特定的培养目标和人才规格，以相对稳定的教学内容和课程体系，管理制度和评估方式，实施人才教育的过程的总和。具体可以包括四个方面：培养目标和规格；为实现一定的培养目标和规格的整个教育过程；为实现这一过程的一整套管理和评估制度；与之相匹配的科学的教学方式、方法和手段。

3. 课程体系

在人才培养目标、人才培养模式的指导下，明确文化基础课及专业技能课的具体构成，及其在人才培养中的作用。

4. "证书"制度

明确该专业取得的职业资格证书种类、名称、发证机关及鉴定等级。

5. 典型工作任务及职业能力要求

典型工作任务，是职业行动中具体工作领域，其工作过程具有系统的完整性和职业的代表性，所完成的任务具有综合性，并能反映职业的典型工作内容和工作方式。通过提取典型工作任务，明确培养人才的职业能力要求。

6. 核心课程设置及教学计划

依据课程体系，具体明确核心课程的设置及实施性教学计划。

7. 实施条件

明确有利于人才培养方案实施的校企合作、师资队伍、实习实训、教学资源等方面的内容。

8. 实施保障

明确保障人才培养方案实施的科研导向、制度保障、经费保障等方面内容。

9. 教学评价

明确专业课程、实习实训课程的考核评价方式、标准。

10. 实习实训环境

本专业应配备的校内实训室名称及主要工具和设施设备种类、数量；校外实训基地的名称及实习项目。

11. 专业师资

本专业师资的配置情况，含企业兼职教师情况。

12. 编制说明

应包含人才培养方案编制的依据、指导思想、适用范围、实施建议等内容。

第四章　人才培养方案的制定、修订

第十一条　申报新专业前，应制定出该专业人才培养方案。

第十二条　人才培养方案的制定或修订，应在主管校长领导下，充分发挥学校专业建设委员会的作用，由教务科组织进行，各专业教学科具体负责。

第十三条　人才培养方案的制定，应遵循以下程序：

首先，进行专业立项，由专业教学科或招生就业部门向学校专业建设委员会提出专业立项申请。由专业建设委员会组织召开专业设置答辩会、评议会，进行表决；

其次，经专业建设委员会批准设立的专业，由学校委托专业教学科组成由专业负责人、骨干教师、行业企业专家为成员的专业建设机构，进行人才培养方案的制定；

再次，专业建设机构应在广泛调研的基础上，提出该专业人才培养方案草案；

最后，人才培养方案草案经专业建设委员会批准后，主管校长签署，由教务科会同专业教学科具体实施。

第十四条　人才培养方案的修改，应遵循以下程序：

由教务科或专业教学科提出修改申请，并向学校专业建设委员会进行说明，经学校专业建设委员会批准后，由主管校长签署，教务科会同专业教学科具体实施。

第十五条　人才培养方案的制定、修订，应广泛征询用人单位、教师、学生意见，并在充分的市场调研的基础上进行。

第十六条　各专业人才培养方案原则上应在人才培养的一个培养周期后，根据需要做一次全面修订；学校也可以根据国家或社会发展的要求，适时提出全面修订各专业人才培养方案的意见。

第五章　人才培养方案的执行

第十七条　各教学科必须严格执行学校批准的人才培养方案，任何教学科、教师和教学管理人员，都不得拒绝完成培养方案规定的教学任务。教务科负责协调、监督各专业人才培养方案的执行。

第十八条　各专业课程和实践环节的教学任务安排由相关教学科承担，并负责组织教师制定各门课程计划和教学进度计划。

第十九条　每学期各专业人才培养方案的执行按以下程序进行：

(一)每学期第8~9周，教务科组织各教学科、确认下一学期各专业教学执行计划；

(二)每学期第10~12周，教务科组织各教学科落实课程和实践环节的教学任务；

(三)教务科于第17周期末考试前完成下一学期排课、选课等工作，形成课程表，印发各教学科，并由各教学科及时通知有关教师和学生；

(四)任课教师根据课程计划，在正式上课前编制好本课程的教学进度计划。

第二十条　在人才培养方案执行过程中，各教学科必须根据人才培养方案落实每一门课程的教师、课程计划、教材及必要的教学条件，安排好各教学环节，并据此进行教学管理。

第六章　人才培养方案的调整、修改

第二十一条　在人才培养方案执行过程中，凡更改课程名称、增减授课学时，更改课程的开设时间，增开、停开课程以及变更课程性质(课程的必修和选修属性)而导致课程结构的变更等情况，均属调整和修改人才培养方案。

第二十二条　调整和修改人才培养方案应在新一届学生专业人才培养方案印发之前，或执行人才培养方案时间的前一学期第6周之前进行；其他时间不得变更。修订部分一般不能超过原教学时数的10%。

第七章　附　则

第二十三条　本办法适用于本校普通全日制中专各专业。

第二十四条　本办法的解释权属教务科。

第二十五条　本办法自公布之日起施行。

大连市轻工业学校关于管理人员聘课的有关规定

为加强教师队伍建设，提高教育教学质量，根据有关文件精神，结合学校实际，聘任管理人员上课规定如下。

一、管理人员聘课的基本条件

(一)具有教师资格，具有任教课程的教学经历且教学效果良好者；

(二)全日制大学本科毕业，在学校管理岗位工作两年及以上(研究生学历一年半及以上)，年度考核胜任，热爱教学工作，具有教师资格，且学校试讲通过者。

具备上述条件之一即可。

二、申请试讲程序

(一)个人提出申请

经本部门领导同意，个人向学校提出申请并填写《上课申请表》。

(二)教学科室为其选派指导教师，进行传帮带培养

培养期限至少半年。培养期间要求申请者至少听一门完整课程，在教学科(室)内上三次以上汇报课，做一门课程的教学设计，参加教研活动和相关教师业务培训不少于10次。

(三)参加学校组织的试讲

培养结束经学校教师聘用办公室考核合格者，学校安排其试讲。

三、管理人员上课基本要求

(一)管理人员(上课)必须遵守学校教学管理规章制度及有关规定；

(二)管理人员上课期间(指上课的学期)，必须按时参加教研活动(因工作或个人原因请假，次数不能超过总活动次数的二分之一)；

(三)管理人员须加强学习，积极参加各类教学活动，不断提升教育教学能力。

四、几点说明

为更好地做好管理人员聘课工作，学校成立教师聘用领导小组，负责管理人员申请上课的审核、试讲及聘课期间的考核工作。

(一)学校教师聘用领导小组

组长：校长

副组长：书记、副校级领导

成员：校办主任、教务科长、教学科长、教研室主任

教师聘用办公室设在教务科，主任由教务科长兼任。

(二)教师聘用办公室建立管理兼职教师业务档案，学期考核合格者可继续安排任课，否则重新申请试讲(视情况再次培养或直接进行试讲)。

南京高等职业技术学校非学历进修审批办法

为进一步规范全校非学历进修工作，不断提高教职工专业理论、技能和教学水平，提高进修工作的成效，根据学校《关于教职工参加业务进修的规定》，特制定非学历进修审批办法如下。

非学历进修是指学历进修以外的各种进修，包括教师继续教育(与职称评定有关的继续教育除外)、各类短期业务培训等。

一、进修条件

(一)专业需求对口：进修方向必须与学校发展需求一致，与目前承担工作或今后拟承担工作对口。

(二)进修形式与次数：以业余进修为主，短期脱产进修为辅，连续脱产时间一般不超过2周。同一学期内进修次数一般不超过2次。

(三)在校工作年限：到本校工作满1年，且不在脱产学历进修期间。

(四)工作表现

1. 对教师(含实训教师)的要求

(1)服从学校工作安排，能圆满完成学校临时交办的工作任务。

(2)一年内教育教学工作量饱满，无重大教学事故，教学质量考核良好。

(3)自觉要求与服从安排担任班主任工作，一年内班主任工作考核不在本系后10%。

(4)一年内无经常性病事假。

2. 对行政人员的要求

(1)服从学校工作安排，能圆满完成学校临时交办的工作任务。

(2)一年内工作量饱满，无重大责任事故。

(3)服从安排担任班主任工作，一年内班主任工作考核不在后本系后10%。

(4)一年内无经常性病事假。

二、进修管理

(一)同等条件下，优先考虑业务骨干和承担教学工作量较多的教师的申请。

(二)进修申请一经批准必须参加。无故缺席者三年内不得参加任何形式的进修。

(三)进修期间必须遵守主办方教学管理规定，认真学习，不得无故迟到、早退缺勤。

(四)进修结束后，经签批的审批表、进修通知、证书、费用报销凭证等复印件交教务处存入个人业务档案，作为年终考核的依据。

(五)进修后必须服从学校工作安排，否则全部费用个人自理。

(六)必须确定服务年限5年的承诺，否则赔偿全部费用。服务年限自费用报销之日起计算。

三、审批程序

(一)申请人在报名前两周提出申请，填写《非学历进修审批表》，附进修通知，报部门负责人(需赴外地调研、考查的另行研究)；

(二)部门负责人会同有关处室审核、签署意见后报分管校长；

(三)校长室批准、校长签字后方可办理进修手续。

四、费用报销方法

(一)培训费、考试费、证书费、教材费、上机费、赴外地进修的路费和住宿费等予以报销。进修期间不计加班费。因脱产进修而影响的课务，调课者计算课时费，请其他教师代课者不再计算课时费。

(二)经签批的审批表个人保管，作为进修结束后费用报销的依据。参加专业技能或职业资格证书考核等培训班，还必须凭考核合格证报销，考核未通过者全部费用个人自理。

五、说明

(一)假期内不享受学校费用报销的个人进修，不需按上述办法审批。

(二)计算机、外语、普通话、继续教育公共课等职称考核培训由人事部门负责，不需按上述办法审批。

(三)本办法自下发之日起实施，由教学科研部负责解释。

上海信息技术学校新教师带教暂行办法

为进一步加强教师队伍建设，更好地适应职业院校为社会培养高素质应用技术型人才这一根本任务的要求，根据国家和学校有关文件精神，结合学校自身实际，特制定本办法。

一、适用对象

新进入学校的教师。新教师与带教教师名单和带教时间由教务例会确定。

二、带教时间

无教育工作经历的新教师或教育工作经历不足 1 年的新教师：1 年；

有教育工作经历 1 年(含)及以上的新教师：6 个月。

三、带教内容

1. 带教教师帮助新教师熟悉任教课程教学标准。

2. 带教教师教会新教师正确编写任教课程授课计划。

3. 带教教师帮助新教师熟悉学校各项教学制度和教师手册中的各项内容、要求，例如教学事故认定处理暂行办法、考务管理办法、课堂考勤等。

4. 带教教师教会新教师编写教案[包括教学对象、授课日期、课题、教学目标、重点、难点、教学活动流程(教学过程设计)、作业布置等]和授课笔记，以及在校园网中进行“授课日志” 填写和考勤维护。

5. 带教教师帮助新教师如何备课、如何上好一堂课，根据教学内容的重点和难点运用不同的教学方法和教学手段组织教学，加强课堂调控能力的培养，不断提高业务能力和水平。

6. 带教教师帮助新教师在教研活动中，积极开展教学内容和教学方法的讨论和改革。

7. 带教教师教会新教师能根据课程教学标准独立确定考核方式和评分标准，能完成命题、评分和考核成绩分析。

8. 带教教师对新教师听课指导每月不少于4节。

9. 带教教师指导新教师进行每学期1次系部公开课。

10. 新教师全程听课，参与带教教师所任课程授课每学期4～8节，参与带教教师所任课程作业批改不少于50%。

四、带教考核

1. 带教教师：根据上述带教内容，对新教师是否达到要求作出总体评价，并对带教过程中的带教活动作出全面、客观小结，编写"带教教师带教小结"，在带教结束后，与听课记录一起上交教务处。

2. 新教师：通过带教教师的带教指导，分析自己在教学实践中主要收获、业务能力和业务水平的提高，提出今后的努力方向，并对带教教师的带教指导情况，作出全面、客观小结，编写"新教师带教小结"，在带教结束后，与听课记录一起上交教务处。

3. 教务处、系部主任、督导组等共同听新教师系部公开课，听课评价表交教务处。

4. 上述材料提交教务例会审议，确定是否合格。

五、基本待遇

1. 带教教师：×××元/月。

2. 新教师：岗位绩点3.2。第一学期不排课，第二学期排课每周不超过4节，不计课时津贴。

六、附则

1. 新教师与带教教师签订带教协议书，此协议书一式四份，带教教师、新教师、系(部)和教务处各一份。

2. 本办法自2015年9月1日起执行。

3. 本办法由教务处负责解释。

北京市商业学校新教师培养管理规定

第一章　总　则

第一条　目的

为全面提高学校教师整体素质与教学水平，规范新教师的培养和管理，使新教师尽快掌握教学方法与技巧，熟悉教学规律，胜任教学工作，提高教学、教研水平，特制定本办法。

第二条　适用范围

本管理办法适用于学校当年(或聘用)的高校毕业生；因工作调动从普教、中职学校及行业、企业等新调入本校工作，未满一年的教师。

第三条　规范性引用文件

北京市商业学校《教师队伍建设管理制度》。

第四条　术语和定义

无。

第五条　职责

(一)督导室

督导室负责组织进行新教师的入职培训工作，及时建立新教师业务档案登记注册工作。

(二)教务处

教务处应会同有关系部及指导教师对新教师撰写的学期授课计划、教案进行评定，并将评定结果送交主管校长审核。

(三)各系部

各系(部)负责指定专人具体负责新教师的培养工作，培养工作要结合具体情况有计划、分步骤、分层次地组织实施，并定期组织检查和督导。

第二章　新教师培训

第六条　培训内容　入职培训是新进各类教师进校的必修课，通过参加学校组织的入职培训，了解学校的校情校史及发展概况、学校的办学定位、办学思想及发展规划、学校机构设置及专业建设改革情况；教师的师德师风教育与要求；教师的基本业务要求；班主任工作要求；观摩示范教学等。

第七条　培训时间　培训时间为期2～3天。

第三章　新教师培养实行培养导师制

第八条　学校对新教师培养工作实行全程指导、全程参与、全程考察。由新教师所在教学系(部)选定责任心强、有丰富教学经验的教师作为新教师培养导师，报学校督导室批准备案。一位培养导师同时培养的新教师原则上不得超过2人。

第九条　指导教师条件

(一)忠诚于党的教育事业，熟悉党和国家有关教育工作的政策规定和法律、法规，师德高尚，为人师表；

(二)熟悉教育学、教育心理学基本理论，有较好的教学技巧，具备指导新教师的业务能力与语言表达水平；

（三）有较为丰富的教学经验；

（四）上一年度教学评估平均得分达优秀水平；

（五）为学校二级以上教师。

第十条　指导教师职责

（一）以高度负责的精神，在职业道德、专业素养和业务能力等方面，对新教师做好传、帮、带工作；

（二）帮助指导新教师，了解掌握教学工作全过程，熟悉备课、上课、作业、辅导、答疑、考试、实验、实训及顶岗实习教学等各个环节的规范和要求；

（三）指导新教师深入钻研教材及教学大纲、制定授课计划、撰写教案，并审阅全部教案；

（四）鼓励和支持新教师参加各级教研活动，撰写教学论文；

（五）通过听课等方式，掌握新教师的授课情况，并做出具体评价与指导，每学期听课次数不少于5次/人；

（六）通过交流、谈话等方式，全面了解新教师在教学、教研等方面的基本情况，并提供相应的指导意见；

（七）每学期提交《指导新教师情况总结》，接受学校培养情况考核。

第四章　新教师的基本要求

第十一条　在指导教师指导下，努力完成学校、系（部）和教研室安排的各项工作任务。

第十二条　尊重并自觉接受指导教师的指导、帮助和检查，每月主动向指导教师汇报教学、教研等方面的工作情况不少于一次。

第十三条　虚心向指导教师和其他具有丰富教学经验的教师学习，主动求教，积极进取，勇于创新，主动听取指导教师或其他教师授课，并认真做好听课记录，未安排教学任务的新教师每周听课的时数不得少于12节，承担教学任务10课时（包括10课时）以下者每周听课的时数不得少于2节，承担教学任务10课时以上者每周听课的时数不得少于1节。

第十四条　培养期内，承担教学任务1至2门，原则上周课时不应超过12课时，教研室内说课不少于4次，系（部）内公开课不少于2次（要有详案）。

第十五条　教师正式任课前需进行试讲。试讲分两次进行，第一次由教师自己选定题目，第二次由系（部）指定试讲内容。参加试讲听课的人员，包括主管校领导、教务主任、督导室督学等。试讲结束后，由系（部）组织相关教师进行评议，就教师的授课方法、授课技巧及理论联系实际能力进行分析指导。

第十六条　积极参加学校、系（部）教研活动和实验室工作，年终积极撰写教学论文不少于一篇；每学期提交一份2000字左右的教学工作总结，经指导教师审阅签字后，连同听课记录一并交所在系(部)审核、存档，作为培养考核的依据。

第十七条　参加校级基本功比赛(如多媒体课件制作等)或市级各类学科竞赛。

第五章　其他问题

第十八条　新教师的培养时间一般为一年，培养期间实行坐班制。

第十九条　培养期间，学校听课组对新教师进行不定期听课考核，考核成绩在 80 分及以上者视为合格，考核结果报送督导室备案。

第二十条　关于专业实践。无行业企业工作经历的新教师，在实习期内须到校外参加专业实践，累计时间不少于一个月。

第二十一条　新教师培养期满，考核合格者，其指导教师按有关规定计发津贴。

第二十二条　新教师培养考核不合格者，其指导教师不享受津贴待遇，相关系(部)重新推荐培养指导教师，重新进行培养。

第二十三条　重新培养期间，暂不受理被培养者晋升高一级专业技术职务的评审申报。

第二十四条　其他需要进行培养的青年教师，由各系(部)确定，报督导室批准备案，参照本办法执行。

第六章　附　则

第二十五条　制度的起草与归口管理

本管理办法由教育督导室负责起草，报教职工代表大会批准后正式下达，各系部归口管理，并报督导室备案。

第二十六条　制度的修订

本管理办法根据需要不定期进行修订。各系部处室均有权根据业务需要对本管理办法内容提出修改意见，并提交教育督导室。教育督导室负责收集整理各系部处室提出的修改意见，并安排有关人员进行专题讨论，对修改信息进行全面评估后组织修订本管理办法及相关文件。

第二十七条　本管理办法由督导室负责解释。

第二十八条　本管理办法自 2013 年 2 月 1 日起实施，原管理办法同时废止。

大连市轻工业学校关于新教师培养与使用的暂行规定

改进和加强对新教师的培养，是学校强化师资队伍建设的一项长期而重要的工作。为使学校新教师培养与使用工作规范化、科学化、制度化，促进新教师健康成长，特制定本规定。

一、新教师的培养周期

高校应届毕业生，或者从其他单位调入我校任教，此前职业学校工作经历不足两年或无教师资格证及专业技能资格证(指专业技能课教师)的新进教师，视为新教师。

新教师的培养周期为2年，结合教学能力和班主任工作能力分两个阶段组织实施，教学能力阶段培养考核合格后进入班主任工作能力培养阶段。对提高幅度不明显，不能很好胜任教学及班主任工作的新教师，培养时间要适当延长至3年。

二、新教师的培养目标

(一)熟悉国家的教育政策法规，熟悉学校的教学规章和相关制度。

(二)了解学校的发展历史，认同学校的办学指导思想和人才培养目标，熟悉学校人才培养模式。

(三)树立教书育人、为人师表的职业理想以及关爱学生、严谨笃学的职业作风。

(四)熟悉教学的基本环节，掌握教学的基本方法，能够独立承担教学任务及相关教学工作。

(五)熟悉班主任的日常业务，掌握学生教育管理的基本方法和规律，有责任心、爱心，具备一定的组织、协调和沟通能力，能独立承担班主任工作。

(六)取得教师资格证、专业技能证(指专业技能课教师)。

三、培养途径及方法

(一)指导科室的主要职责

指导科室为实施新教师培养的具体职能部门。教学能力培养阶段的指导科室为新教师所在教学(实训)科室，班主任工作能力培养阶段的指导科室指学生科。不同培养阶段各指导科室需履行下列职责。

1. 组织制定和指导实施培养计划

指导科室负责组织、指导新教师根据学校及科室的具体要求以及新教师的个人特点制定学期培养计划，在思想、教育教学、科研、实践技能等方面，对新教师进行具体的、有针对性的指导。

2. 选派指导教师

指导科室负责为新教师选派1名师德高尚、责任心强、教育教学水平高、业务能力强的指导教师，对新教师进行全过程、全方位的指导。

3. 考核评价

指导科室的负责人是新教师培养和使用第一责任人，负责对新教师培养工作的全程指导、参与及考核。以学期为单位，对本部门的新教师及其指导教师作出客观的评价。并结合部门工作需要，根据指导教师工作情况、新教师成长进步情况，调控培养进程。

(二)相关职能部门的主要职责

新教师的培养实行学校与指导科室齐抓共管，以指导科室为主的原则。相关职能部门协助配合制定新教师培训方案，培训期结束后上交学校办公室培训评价表。各职能部门的主要职责如下。

1. 学校办公室负责组织开展国家教育发展形势、学校发展形势、学校办学指导思想和人才培养目标等专题教育活动。

2. 学校办公室组织开展教育政策法规、学校规章制度等集中教育培训活动。

3. 教务科及教育研究与督导室负责对教学基本要求、教育思想、教学方法和教学手段、科研与教研方法等，组织开展集中教育培训活动，并负责对培养过程的监督管理。

四、有关规定

(一)指导教师的条件、任务、待遇及选聘程序

1. 指导教师的条件

指导教师须具有副高级以上专业技术任职资格；师德高尚、责任心强；教育教学水平高(工作效果好，同行认可，学生欢迎)；教研能力较强，专业课教师须具有较强的专业实践经验。

指导教师可以在本教研室教师中选派，也可以在科室领导、其他教研室教师以及校内兼职教师中选派。教学能力培养阶段的指导教师与新教师应该属于相同或相近学科。

2. 指导教师的工作任务

指导教师要根据学校及职能科室的要求，结合培养目标，制定有针对性的，涵盖思想、教育教学(研)、实践技能等各方面内容的学期培养计划，并按计划进行具体的指导并及时、详细填写《指导教师工作手册》。

3. 指导教师的考核

以学期为单位，对指导教师的工作进行考核。教学能力指导教师的考核由教学(实训)科室组织实施，报教务科审核；班主任指导教师由学生科负责考核。考核内容包括学期培养计划、培养过程及培养效果，考核结果分优秀、胜任、不胜任三个等级。

4. 指导教师的待遇

根据考核结果，对于优秀和胜任的指导教师按学校相关规定兑现课时津贴。

5. 一名指导教师最多同时指导两名新教师，分别考核，工作量分别计算。

(二)对新教师的管理要求

1. 培养期内，新教师实行坐班制。

2. 新教师要虚心接受指导教师的指导，主动争得指导教师及其他人员的帮助，积极承担工作任务。

3. 新教师要认真填写《新教师学习手册》。

4. 第一阶段，新教师要为指导教师助课。帮助指导教师批改作业、上习题课、指导学生实训等，并就指导教师指定的课程全程听课，培养期内必须考取教师资格证和专业技能资格证(指专业课教师)；第二阶段，新教师全程配合指导教师按学生部门的要求做好

学生管理的各项工作。

5. 新教师要提前完成拟开课程的教学设计，有实训的课程，要提前完成相关实训，并撰写实训报告。

6. 专业及实训教师第一年需到实训中心或相关专业岗位实训。

(三)对新教师使用的要求

1. 关于新教师的教学工作安排

有教学或工作经历的新教师，视具体情况适当安排教学工作，但第一年内，每学期任课不得超过1门，且要尽量为其安排熟悉的课程；没有教学经历的新进教师，第一学年不能安排课程主讲任务。

每学期期末由校办组织教学科室，会同指导科室对新教师进行考核，评定结果分为优秀、良好、合格、不合格四个等级。

前两学期考核结果均为良好以上的新教师，第二年可以安排适当的教学工作任务，但任课不能超过一门。

前两学期考核结果合格的新教师，第二年尽量不要为其安排课程主讲任务。确需承担课程主讲任务的，只能安排1门课程的授课任务(或每周不能超过6学时)。

2. 关于新教师的其他工作安排

新教师在教学能力培养期内，若没有教学工作任务或教学工作量较少，科室可为其安排适量的实验室建设、课程建设等业务性工作以及教学管理等事务性工作；新教师在班主任工作能力培养期内，应按学生科要求承担副班主任工作或学生日常管理等事务性工作，考核期满合格后，方可承担班主任工作。

3. 特殊情况的处理

个别课程因科室无人胜任教学工作，又无法聘任到校内外兼职教师，确需新教师(指无教学或工作经历的新教师)上课的，经科室申请，校办、教务科审批，在对新教师进行集中强化培训(不少于8学时)、试讲通过后，第一年可以适当为其安排1门课程的授课任务。

4. 培养期满，经考核不胜任教学及班主任工作的新教师，学校不再续签合同。

五、附则

本规定由学校办公室负责解释。

南京高等职业技术学校“优秀青年教师”评选办法

为进一步加强学校师资队伍建设，创设青年教师健康成长的有效激励机制，鼓励学校青年教师认真学习职业教育教学理论，钻研教学业务，积极开展教科研，不断提高教学质量和水平，特制定本评选办法。

一、评选对象与名额

凡年龄在35周岁以下的专职专任教师均可参加评选。评选名额不限，上不封顶，下不保底。

二、评选条件

1. 热爱祖国，拥护中国共产党的领导，热爱职业教育事业，热爱学生。具有较强的敬业精神和创新意识，具有良好的师德修养，受到教职工和学生的好评。遵守教师职业道德规范，遵守“三要八不准”的规定。

2. 具备本科(含)以上学历，具有中等学校(含)以上教师任职资格和初级(含)以上职称，在本校任教满2年，担任班主任或其他教育教学管理工作4年(含)以上，专业教师还必须具备中级(含)以上专业技能证书或非教师系列中级(含)以上专业技术职称。

3. 教育教学思想端正，具有现代教育观念，能按照教育教学规律和职业学校学生的特点教书育人，具备较扎实的教学基本功和较强的教学组织能力，熟悉并能较好地把握本课程的教学大纲、教学要求和教材，专业教师还必须具有较高的专业素养和较强的专业技能。掌握必要的现代教育教学技术，教学能力较强，教学效果较好，教学实绩在同年级、同专业名列前茅。

4. 积极参加各种形式的继续教育和技能培训，具备较宽厚的专业知识和较系统的职业教育教学理论水平。积极参加教育教学改革、教科研工作和教研活动，积极参加课题研究。评选周期内撰写并发表论文至少每年1篇，或参编公开出版的教材或全校范围使用的校本教材至少每年1本；参与学校教改实验；每学年至少开设1次系级以上公开课。

5. 工作量饱满，主动承担学校安排的工作，评选周期内每年承担的教育教学工作量符合学校关于教师工作量的有关规定，且无教学事故和其他违纪行为。班主任月考核不在后三分之一。

三、评选程序

1. 个人申报

个人对照评选条件和要求，认真填写申报表，并提交主要实绩材料、证书复印件。

2. 材料审核

由科研处、教务处、系(部)组成评审组审核申报材料，进行初评。主要审核申报者是否符合申报条件，有无工作量不满情况，有无教学事故和其他违纪行为，有无违反教师职业道德规范的行为，有无材料不全或失实情况。初评合格者进入下一轮评选。

3. 评审

由科研处组织评审组从以下方面进行评审。

(1)材料评审(50%)

从工作态度(5%)、教学工作量(5%)、教学研究和教学改革实践(30%)、教育教学工作绩效(40%)、继续教育和技能培训(5%)、论文论著(15%)等方面综合评定。

(2)教学能力考核(50%)

从说课(10%)、现场教学(50%)、现代教育教学技术(10%)和专业技能(30%)等方面综合评定。

在以上评审的基础上，评审组给出书面评审意见。

4. 公示

科研处将拟订的初步名单在全校公示。

5. 审批

科研处将初步名单和公示结果报校长办公会研究批准后公布。

四、奖励办法

1. 对获得“学校优秀青年教师”称号者颁发荣誉证书，并一次性奖励×××元。职称评定教学考核等级记为优秀，当年度学校各类教学检查免检。

2. 只有获得“学校优秀青年教师”称号者才能推荐参加省、市“优秀青年教师”的评选。

3. 同等条件下，优先推荐参加校级及以上其他各级各类评选、培训。

五、其他

1. 评选每2年进行一次，符合条件者可以连续申报。

2. 被授予“学校优秀青年教师”称号者应在学校教育教学工作中起模范带头作用，如开设校级及以上示范课、公开课和讲座，指导学生活动，参加教科研等。

3. 对已获得称号者，若其年度教学工作考核不合格、发生重大教学事故或其他严重违纪行为、因个人原因而不履行与所获荣誉相关的工作职责或工作量不满，经评审组复议评定，报校长办公会研究批准，可取消其荣誉及待遇。

本办法自发布之日起实施，由教学科研部负责解释。

南京高等职业技术学校新任教师培训方案

为使新任教师能够尽快适应职业教育教学岗位的需要，促进新任教师的成长，根据新任教师和职业教育的特点，特制定本方案以便进一步加强对新任教师的培养。

一、参加对象

新任教师是指在全日制高中或中专以上学校连续担任教育教学工作不满1年，到校后将承担教育教学工作的人员，包含在编及聘用制教师。

凡学校新任教师均需参加培训。

二、培训目标

新任教师经过系统培训，在教育教学工作方面须达到以下要求：

（一）第一年

1. 具备良好的职业素养，包括从事教育工作的人士所必须具备的思想、精神和心理等方面的优秀素质；

2. 对职业教育及新课改理念有一定的理解，树立正确的课堂观、学生观、教师观和评价观，尽快适应职业教育教学；

3. 教学常规工作能够基本过关；

4. 能够熟练进行操作本专业的相关实验设备，能够胜任实验教学项目；

5. 能够基本胜任见习班主任工作。

（二）第二年

1. 能够胜任正常的教育教学工作；

2. 具备本专业相应的专业实践操作技能；

3. 能够进行教育教学的总结和研究工作；

4. 能够在本专业领域开展初步的专业研究。

三、培训内容

（一）教育素养方面

1. 科研处进行有关师德修养、健全人格、人文精神、心理调节、师生沟通技巧等方面的培训与引导；

2. 科研处组织有关职业教育文件政策的学习，明确教师职责和教学管理的要求。

（二）教学素养方面

1. 科研处组织进行教学常规、教学基本功、课程改革理论、项目教学、课题研究等专题培训；

2. 各系组织实验实训设备使用、专业技能操作等专题培训；

3. 科研处新教师培训组提供即时诊断式指导。

（三）学科素养方面

1. 科研处组织进行有关个人专业成长规划方面培训；

2. 专业指导教师进行一对一的专业指导；

3. 科研处会同相关部门进行专业工种或职业资格培训考证；

4. 科研处及各系提供各类市、省、国家级专业进修、培训、企业实践的机会；

5. 科研处及各系组织参加各级各类技能学科比赛机会。

（四）班主任工作方面

1. 学生工作部组织进行暑期班主任培训；

2. 学生工作部确定班主任指导教师，并进行相关培训考核；

3. 学生工作部组织观摩1～2次优秀主题班会；

4. 学生工作部每学期组织两次与指导班主任的工作体会交流会。

四、培训形式

第一年由科研处组织培训组，采取专家讲座、新教师主题沙龙、即时诊断式指导、教学观摩、课例、课案的微格研讨等形式，通过培训、实践、对话互动的模式进行跟踪性培训管理，并根据培训对象的接受情况调整、完善培训计划和方案，实现培训效果的最大化和可持续性。

第二年确定“青蓝工程”指导教师，举行师徒结对仪式，由指导教师对新任教师进行一对一指导。

五、考核要求

（一）第一学年

1. 每天上午7：50～下午4：30坐班；

2. 学期初制定一份所教课程授课计划；

3. 根据学期授课计划每两学时写一个详案，至少有一门课程教案为手写并按规定时间及要求上交新教师培训组；

4. 建立个人资料模块；

5. 除教学开放周及培训组指定观摩课、优秀主题班会外，每周听课不少于1节；

6. 每学期开设2次系级汇报课(第一学期获督导优秀的第二学期只开设一节)；

7. 每月写1篇教学手记，记录教学工作流程、教学中遇到的问题、处理结果与反思、教学体会、读书笔记等；

8. 每学期末写1篇教学总结交教学科研部；

9. 每月阅读至少三种教育教学期刊和一种专业期刊；

10. 第一学期末根据学校发展规划和本人工作实际制定本人教师职业发展三年规划并上报教学科研部；

注：新任班主任按照学生工作部要求上交各类材料。

（二）第二学年

1. 每天上午7：50～下午4：30坐班；

2. 经指导教师考核，教学科研部批准后备课可以写简案；

3. 新任教师听课要求同第一学期，指导教师每学期听课不少于5节；

4. 每学期开设2次系级汇报课(前一学年曾获督导优秀的只开设一节)；

5. 制作1份2课时的网络版或单机版多媒体教学课件；

6. 专业教师进行相关工种技能训练，并取得至少一个工种高级工技能等级证书或职业资格证书；

7. 在指导教师的帮助下制定一个教育或教学研究主题，开展行动研究；

8. 每月阅读至少三种教育教学报刊和一种专业期刊；

9. 班主任独立组织一次主题班会，自主制作主题班会课案。

注：新任班主任按照学生工作部要求上交各类材料。

本方案自下发之日起实施，由教学科研部负责解释。

南京高等职业技术学校教坛新秀评选办法

为进一步加强我校师资队伍建设，创设青年教师健康成长的有效激励机制，鼓励青年教师钻研教学业务，不断提高教学质量和水平，特制定本评选办法。

一、选对象与名额

凡教龄在2~5年的专职专任教师均可参加评选。评选名额不限，上不封顶，下不保底。

二、评选条件

1. 热爱祖国，拥护中国共产党的领导，热爱职业教育事业，热爱学生。具有较强的敬业精神和创新意识，具有良好的师德修养，受到教职工和学生的好评。遵守教师职业道德规范，遵守“三要八不准”的规定。

2. 具备本科(含)以上学历，具有中等学校(含)以上教师任职资格。在本校任教满2年，每年均承担班主任工作。专业教师还具备中级(含)以上专业技能证书或非教师系列中级(含)以上专业技术职称。

3. 教育教学思想端正，具有现代教育观念，能按照教育教学规律和职业学校学生的特点教书育人，具备一定的教学基本功和教学组织能力，能较好地把握本课程的教学大纲、教学要求和教材。掌握必要的现代教育教学技术，教学效果较好。

4. 积极参加各种形式的继续教育和技能培训。认真学习职业教育教学理论。积极参与教育教学改革、教科研工作和教研活动。每年撰写教学心得。

5. 工作量饱满，评选周期内每年承担的教育教学工作量均符合学校关于教师工作量的有关规定，且无教学事故和其他违纪行为。班主任月考核不在后三分之一。

三、评选程序

1. 个人申报

个人对照评选条件和要求，认真填写申报表，并提交主要实绩材料、证书复印件。

2. 材料审核

由科研处、教务处、各系(部)会同有关部门组成评审组审核申报材料，进行初评。

主要审核申报者是否符合申报条件，有无工作量不满情况，有无教学事故和其他违纪行为，有无违反教师职业道德规范的行为，有无材料不全或失实情况。初评合格者进入下一轮评选。

3. 评审公示

(1)材料评审(50%)

从工作态度(10%)、教学工作量(10%)、教学研究和教学改革实践(10%)、教育教学工作绩效(50%)、继续教育和技能培训(20%)、教学心得(5%)等方面综合评定。

(2)教学能力考核(50%)

从说课(10%)、现场教学(50%)、现代教育教学技术(10%)和专业技能(30%)等方面综合评定。

在以上评审的基础上，评审组给出书面评审意见。科研处将拟订的初步名单公示。

4. 校长办公会审批

科研处将初步名单和公示结果报校长办公会研究批准后公布。

四、奖励办法

1. 对获得“学校教坛新秀”称号者颁发荣誉证书。职称评定教学考核等级记为优秀，当年度学校各类教学检查免检。

2. 只有获得“学校教坛新秀”称号者才能推荐参加省、市“教坛新秀”的评选。

3. 同等条件下，优先推荐参加校级及以上其他各级各类评选、培训。

五、其他

1. 评选每2年进行一次，符合条件者可以连续申报。

2. 被授予“学校教坛新秀”称号者应在学校教育教学工作中起模范带头作用，如开设校级及以上示范课、公开课和讲座，指导学生活动，参加教科研等。

3. 对已获得称号者，若其年度教学工作质量考核不合格、发生重大教学事故或其他严重违纪行为、因个人原因而不履行与所获荣誉相关的工作职责或工作量不满，经评审组复议评定，报校长办公会研究批准，可取消其荣誉及待遇。

本办法自发布之日起实施，由教学科研部负责解释。

北京市商业学校教师业务档案管理办法

第一章　总　则

第一条　目的

为合理界定教师业务文件材料的归档范围，便于教师业务档案的收集整理、归档使用、保密保存，特制定本管理办法。

第二条　适用范围

本管理办法适用于学校专任教师及复合岗教师的业务档案管理。

第三条　规范性引用文件

北京市商业学校《教师业务档案管理制度》。

第四条　术语和定义

教师业务档案是学校教育督导室按照学校教育教学管理工作需要，在工作中形成的记载个人经历、思想品德、业务能力、工作表现、工作业绩、培训考察、进修培训等内容的文件材料。

第五条　职责

(一)教师业务档案管理部门

集中统一管理专任教师及复合岗教师移交的各种业务档案材料，并提供利用。

(二)各系部和教师个人

按照教师业务档案管理要求定期或及时移交业务档案材料。

第二章　教师业务档案归档范围

第六条　反映教师基本情况、职务职称变化、晋级获奖、教研成果等具有利用价值的文件材料。

第七条　电子文件的元数据及纸质文件材料一并归档。

第三章　教师业务档案保管期限

第八条　教师在校任职期间的业务档案材料永久保存。

第四章　教师业务档案归档内容

第九条　教师业务档案归档内容

(一)教师基本情况登记表。此表主要记录教师个人的基本情况；

(二)教师课堂教学工作登记表。此表分学期记录教师在学校任职期间，历年所承担并完成的课堂教学工作任务；

(三)教师其他工作登记表。此表分年度记录教师在校完成班主任工作、专业建设工作、教辅工作及教学管理工作等的情况；

(四)教师考核考评登记表。此表分年度记录学校对教师教育、教学工作等的考核、考评结果及奖惩情况；

(五)教师科研学术成果登记表。此表记录教师历年取得的教育、教学与教研成果、科学研究成果、技术研究成果、发表论文、获奖论文、编写教材与教学辅助材料、指导学生技能竞赛及其各种比赛的获奖成果等。在学术团体中的兼职情况；

(六)教师进修培训登记表。此表记录教师历年接受培训、进修和自修的情况；

（七）教师社会兼职及学术团体任职登记表。此表记录教师在社会上的各种兼职情况和在各种学术团体中的任职情况等；

（八）教师其他情况登记表。此表记录教师上述情况所不能涵盖的其他应该登记的相关内容。

第五章　教师业务档案归档管理

第十条　教师业务档案管理的具体要求

（一）教师业务档案的相关内容、材料的获取，由学校教务处、人事处、学生处、各系部等按照管理分工，每学期、学年，定期提供，教师管理部门（督导室，下同）负责统一汇总登统，教师个人学术成果、各种获奖及个人掌握的相关需要登记的情况材料，由教师个人随时提出登记申报，并提供相应的复印证明材料留存备案。

（二）教师业务档案应由学校教师管理部门设专人负责保管。档案管理人员应严格执行学校的相关管理制度和保密纪律。

（三）对教师业务档案的内容要经过严格认真审核，以保证各项内容的真实性和准确性。教师业务档案的登记，要及时、系统和全面，不得缺项，以保证档案材料的完整性和可靠性。

（四）调任教师的业务档案随教师人事档案一并转走。

第六章　教师业务档案的查阅及借用管理

第十一条　一般人员不得查阅教师业务档案，如必须查阅有关人员的情况，需经教师业务档案管理部门领导批准并填写《教师业务档案查阅、借用审批单》，由教师业务档案管理人员协助查阅。

第十二条　查阅档案，必须严格遵守保密制度，严禁在档案卷内涂改，圈划及撤换档案材料，不得向泄漏被查档案内容，违者应追究责任。

第十三条　档案、资料只能在室内查阅，如特殊情况需要借出时，必须经借用已经督导室领导批准并填写《教师业务档案查阅、借用审批单》后方可借出，要求按期归还，不得遗失。

第十四条　归还档案时，须经档案管理岗检查清点清楚，核对无误后，档案放回原处。

第七章　附　则

第十五条　制度的起草与归口管理

本管理办法由教育研究督导室负责起草，报教职工代表大会批准后正式下达，教育研究督导室归口管理。

第十六条　制度的修订。

本管理办法根据需要不定期进行修订。各系部处室均有权根据业务需要对本管理办法内容提出修改意见，并提交教育研究督导室。教育研究督导室负责收集整理各系部处室提出的修改意见，并安排有关人员进行专题讨论，对修改信息进行全面评估后组织修订本管理办法及相关文件。

第十七条　本管理办法由教育研究督导室负责解释。

第十八条　本管理办法自2013年2月1日起实施，原管理办法同时废止。

上海信息技术学校教师工作室暂行办法

社会进步和经济发展为职业教育提供了广阔的舞台，也对职业教育提出了更高的要求，为了顺应这种不断变化的新趋势，使职业教育更具有活力和创造力，鼓励教师创造性工作，同时探索品牌教师的培养方法，经学校研究决定建立教师工作室制度，探索教师教学工作新平台、新机制。为使教师工作室有特色、能示范，特制定教师工作室暂行办法。

一、建立教师工作室目的

1. 针对专业(学科)特点和教育教学改革重点，创新教学组织过程新形式；
2. 按照教师专业(学科)特长，在专项领域探索进行校企合作和教学资源开发；
3. 探索某一专门技术(学科)领域培养精品学生的机制和方法；
4. 鼓励教师创造性工作，搭建舞台塑造品牌教师。

二、教师工作室工作目标

1. 按工作室的专项技术(学科)或教学特色定位，牵头组织承担教育教学研究课题，进行职业教育教学的实践或典型试验，形成对其他专业(学科)有指导性、可借鉴的成果；

2. 按工作室的专项技术特色定位，与行业协会或代表发展趋势的典型企业进行紧密的校企合作，跟踪行业和专业领域新技术发展、开展技术合作、合作技术培训、宣传企业文化；

3. 结合工作室的专业(学科)功能定位，按专业(学科)要求独立或联合开发教学与培训项目和课程，探索多种媒质教学资源开发，形成个性化、创新型的教学典型案例；

4. 按工作室的专项技术和教学项目特色，进行专门化的精品学生培养探索，形成机制性、模式化精品学生培养方法，供其他专业项目(学科项目)借鉴，形成职业教育学生分类指导的良好氛围。

三、教师工作室负责人的条件

1. 热爱职业教育事业，遵纪守法、爱岗敬业，有良好的师德。
2. 在专业(学科)中的某一领域有明显的业务专长，在教学实践中胜任双师要求。

3. 具有一定的教育教学研究能力，能组织工作室其他师生进行专业技术研究和课题研究。

4. 近两年担任如下至少一项工作：

(1)担任市级工作室负责人；

(2)经市级职教名师基地培养结业；

(3)担任上海市或全国技能竞赛项目指导教师；

(4)教学系部确定的专业(学科)专门化方向负责人；

(5)教学系部确定的专业校企合作负责人。

四、对教师工作室负责人的授权

1. 教师工作室实行负责人责任制，负责人可自行选择教师、学生助手，制定工作室工作流程，每学年制定具体工作目标，设立特色项目和项目学分规格。

2. 教师工作室可优先申报课题、申请课题经费，研究中取得重大突破，对学校教育教学工作具有示范、推广意义，学校优先推荐申报各级各类创新成果奖。

3. 教师工作室可在其功能对应的专业(学科)领域，聘请行业、企业专家在工作室兼职，安排学生在工作室进行不同形式的专业项目实践，研究或实践内容可以但不局限于学校教育教学内容范畴。如涉及工作室建立培训、技术服务、产品研发实体，按学校有关规定进行管理。

4. 教师工作室可向教学系部提出因工作需要专业设备设施要求、管理组织要求，在同等条件下学校予以优先考虑。

5. 教师工作室可选择校内工作地点，也可结合专业设施设立工作地点，学校优先为之配备软硬件设备、设施。

五、教师工作室的管理

1. 教师工作室作为一种探索性组织形式，其建设与管理由学校统一规划，由符合条件的教师自行申报，教务管理部审核、校长室批准，其功能特色定位由教师提出、教务例会讨论确定，具体协调工作由教务管理部负责、教师工作室所在系部主任进行业务指导。

2. 教务管理部代表学校公布设立教师工作室的标准、组织申报，颁发教师工作室铭牌。教学研究室组织进行工作成果鉴定，并提出奖励建议。

3. 为使教师工作室在运作中取得更好成果，其激励采用成果导向的课题奖励形式，成果申报、中途检查、成果鉴定和奖励标准按《上海信息技术学校教育教学研究项目管理暂行办法》进行。

4. 教学系部为每个教师工作室建立独立的数字资料档案，重要活动除文字记录外，还包括录音、录像档案。

六、其他

1. 本暂行办法自2012年5月1日起试行。

2. 解释权归教务管理部。

开封市卫生学校教师教学工作规范

一、教学准备工作

（一）发放任务通知单

开学前任课教师由教学秘书处领取教师任务通知单，认真核对、履行签字手续并进行相关教学准备。

（二）教材

教师应根据教师任务通知单到教材科领取教材和教学参考书。在落实课程表及上课地点的同时，要检查教材到位情况，有异常情况及时与教材科联系，以免影响学生使用。

（三）上课资料

教师应在开学前3天在教学秘书处领取教师日志、听课笔记和学生名单等，教师日志按所授课的课程、专业分别填写。教师有责任主动了解教室所处的位置，为上好第一节课做好充分准备。

（四）授课进度表

教师在授课前，应根据人才培养方案、校历规定的教学周数认真填写授课进度表，合理安排上课学时和教学内容，同时应考虑学期内节假日的调课和补课安排。学时应以每2学时为单位填写教学内容，并预留2学时复习课时间。授课进度表一式两份，自己留存一份，教学秘书或教研室一份存档备查，校领导、教务科和督导室人员将不定期抽查或听课。

二、课堂教学工作

（一）备课

认真备课是上好课的基础，是保证教学质量的关键环节。任课教师必须认真备课，根据专业人才培养方案、课程教学标准的要求，写出内容充实、重点突出、方法得当的教案，不上无准备之课。具体要求：

1. 任课教师要按照学校制定的说课要求及说课标准认真撰写第一节课的教案。

2. 任课教师应根据人才培养方案、课程教学标准认真编写教案，做到“吃透教材”。

3. 在每单元授课内容中，必须提出本单元授课具体的教学目标和要求、重点和难点、能力训练任务及案例分析、教学方法设计、教学组织形式、教学条件、作业布置、及向学生提供的参考书目和网上资源等。

4. 结合学生的实际情况和因材施教的原则，设计启发学生学习兴趣、加强学生能力培养和提高教学质量的具体措施和方法。

5. 体现教学内容的改革，充分吸收与本课程相关的最新科研成果，密切注意科技发展动态，不断充实和更新教学内容。

6. 根据职业岗位能力要求的变化，及时补充、修改教案，以保证教学内容的先进性和适用性。新学期上课时不应使用旧教案，更不得无教案上课。

7. 教师备课进程应有提前量，新学期上课时应有上课超前四周以上的备课内容，平时应有超前一周以上备课内容。

（二）教师日志

教师日志是检查教师授课情况（内容、进度、作业布置及考核学生出勤及成绩等）的原始记录，要求任课教师认真对待，做到及时而正确地填写。教师日志的填写方法及要求如下：

1. 教师日志的内容包括上课日期、教学主要内容，布置作业情况、学生考勤情况、学生作业批改记录情况，其中学生考勤情况，任课教师必须当堂填写，做到不错不漏。

2. 授课内容栏中，填写本节新课的主要章节名称和主要内容。如遇复习、讨论、测验、实验等亦需填明。

如临时聘请兼职教师来院讲课，应由有关教研室代为填写，新教师上课前，教研室主任应讲明教师日志的填写方法。

3. 各教研室主任应两周检查一次本教研室所有教师的教师日志，认真负责地填写教研室查阅记录，掌握教学进度和有关情况，发现问题及时研究解决。教务科也应经常随机检查、监督。

4. 存档。每学期教学工作结束后，任课教师应将《教师日志》送交教研室主任，经教研室主任审阅签字后交相关教研室存档，并作为教学资料归档，保存期 4 年。

5. 教师不填、少填教师日志，应视为教学事故。

（三）授课

授课是教师引导学生学习知识、掌握技能和提高素质的主要形式之一，是直接关系教学质量的重要环节。教师应在备好课的基础上，遵循教学原则和规律，运用有效的教学方法和手段，讲好每一节课。具体要求：

1. 在充分备课的基础上，要准备好教材、教案、教具等有关教学材料。

2. 课堂教学要做到讲授准确，条理清晰，重点突出，板书规范，语言简练生动。既要传授基本知识、基本理论，更要注意学生智力的开发和能力的培养，提高学生就业需要的职业岗位能力。

3. 运用多媒体讲课，必须能够熟悉操作程序，多媒体课件应做到图、文、声、像并茂，达到增大课堂信息量，提高教学质量的目的。

4. 上课必须使用普通话，仪表端庄，衣着整洁。课堂上严禁吸烟，不允许坐着讲课（操作电脑除外），上课时间不准接打手机电话。

5. 教师应按照课程标准和教案的内容进行授课，不得脱离课程标准和教案随便讲与本课程无关的内容。

6. 要按时上、下课，严禁提前下课离岗。因病、因事需请假者，应按有关规定办理调(停)课手续。

(四)课堂纪律

为了保证良好的教学秩序，树立良好的学风，努力提高课堂教学质量，保证课堂教学任务的顺利完成，任课教师应对课堂纪律进行严格的监督和管理，具体要求：

1. 按时上课。任课教师应提前5～10分钟进入教室 。

2. 作好课堂考勤。任课教师课堂讲授之前，首先对班级的出勤情况进行认真检查并记入教师日志，对缺课时数超过本课教学时数三分之一的学生，期终不得允许参加本门课的考试考查。

3. 抓好课堂纪律。任课教师上课应认真抓好课堂纪律，对上课迟到、不注意听课、接听手机等违反课堂纪律的现象和行为应进行必要的批评教育并记录在案。

4. 对多次迟到、旷课的学生要及时向教务科反映，了解其中的原因，采取相关措施，以保证教学效果。

(五)作业

学生作业是教师了解课堂教学效果的重要途径，教师应及时布置并认真批阅作业，使作业收到预期的效果。具体要求：

1. 教师应根据课程标准的要求及课程的特点及时精选布置作业，做到每个教学单元结束之后均有课外训练，以拓展学生的学习空间，进一步提高学生的学习质量。课外作业布置要目的明确、难度适当。

2. 作业应采取多种形式，以利于学生能力培养。

3. 教师要及时、认真批改作业。作业应全部批改，课程教学学时在34学时以下的，批改作业次数最少不得少于四次，课程教学学时在34学时以上的，批改作业次数最少不得少于六次。

4. 教师批改作业之后，作业成绩应有级差。

5. 教师应重视学生平时作业成绩的记录，教师将平时成绩折合总评成绩的过程应该有理有据、科学严谨，以体现教学的严肃性以及对学生的公平公正。

(六)辅导

辅导答疑是授课教师了解学生学习情况、不断积累教学经验的重要环节，教师必须做好辅导、答疑。具体要求：

1. 教师应认真研究学生所反映的较为普遍的问题并予以解答，不断提高教学质量。

2. 辅导和答疑要遵照因材施教的原则，对学习有困难的学生应给予更多的指导，进行具体帮助，以达到课程标准的基本要求。

3. 辅导可随堂进行，也可固定时间进行。固定时间的辅导，教师应向学生公布具体的时间和地点。

（七）调停课

为加强教学管理，维护正常教学秩序，教师应认真执行调停课制度，具体要求：

1. 教师必须按照课程表按时上、下课，不得无故或不办理手续私自停课、调课。如需调停课时，应至少提前一天向学校提出调课申请，认真填写调停课单，并履行相关签字手续，经学校批准之后方能调停课。秘书接到院里签字同意的调停课单，应及时通知学生调停课。使用多媒体教室的教师要通知到多媒体教室管理员。否则将按教学事故追究责任。

2. 教师因公外出(含专业会议、学术活动)需停课的，少于4节(含4节)停课审批权归教研室。4节以上的应由教研室经教务科上报主管校长审批，教研室应及时通知教务科(提前三天办理手续)。

3. 教师因病需停课的，要及时办理手续(应持有关证明)，少于三天审批权归教务科。超过三天手续同上，如需更换教师的，应由教研室办理相关手续后安排本教研室或外聘教师顶替上课。

4. 教师事假从严控制，基本原则同上办理。

5. 教师调停课后应及时补课，教务科管理部门应抽查调停课教师的补课情况和教学日志的记录。

6. 教研室定期公布本教研室教师调停课的情况，教务科定期公布各教研室的调停课情况，

(八)试题(卷)库

试题(卷)库是对课程教学进行综合性评价的有效工具之一，试题(卷)库建设是推动教考分离，提高教学质量的重要教学改革项目，具体要求：

1. 试题的命题原则

试题内容必须按照课程标准，并覆盖课程标准所规定的内容。

(1)试题应具有科学性、准确性。

(2)试题应注重于应用，考核学生知识掌握的程度及应用知识解决问题的能力，尽量减少机械记忆性题目。

(3)试题答案必须有明确定论，不得有争议。

(4)试题力求文字简明、用词准确。试题形式尽量多样化。

2. 试卷的套数、格式及使用方法

(1)每门课程试卷库试卷份数应在8套以上，授课学期更新试卷应不少于4套。各套之间试题的重复度不得超过30%。同时给出各套卷的标准答案及有关评分的说明，以便规范评卷时的流水作业和最后的合分。

(2)试卷库中的所有试卷统一采用标准格式。任何部门和个人，不得擅自采用不符合规定的试卷形式。开卷考试应在试卷上标注“开卷”字样。

(3)实践性考试的形式及试卷格式由各教研室根据考试课程的不同要求自定。调整和

更新。

(4)任课教师试卷库建设完成后，由教研室组织专家进行初步验收，验收合格后交付使用。

(5)试卷入库后，试卷内容可根据使用情况和课程标准的变化不断地补充、调整和更新，但不得随意变动，以保持试卷库的相对稳定。

(6)试卷印刷前必须经所在教研室主任审核，教学副院长签字同意。

(7)未经学校许可，任课教师不得从试题库中调题作为学生平时练习使用。

(8) 考试实行教考分离，凡建设了试卷库的课程均应使用试卷库试卷进行课程考核。今后，随着条件的不断成熟，将逐步向试题库过渡和发展。实践性考试也应逐步采取相应的措施。

3. 试卷的批改与装订

(1)任课教师在考试结束后从教务科领回试卷、考场记录，同时核对试卷份数。

(2)试卷批改一律用红色笔，应明确标示出得分和扣分。

(3)试卷批改完后，应根据学校要求填写考场记录表、试卷分析表、成绩登记册、教学总结表等，并在教务科规定时间内将学生成绩输入教务管理系统。

(4)试卷的装订应按学校统一要求，试卷封面要字迹清晰，填写完整，不得涂改。

三、教学资料存档工作

(一)教师日志、听课笔记

教师结束教学工作后，应整理教师日志、听课笔记等教学资料，送交教研室主任查阅、签字后交相关教研室存档。

(二)试卷

试卷批改完成后，按要求装订成册，和相关表格一起交相关教研室验收存档。

(三)教师完成教学工作后，要填写期末工作总结，按照其中的要求汇总有关数据，总结教学工作，提出改进措施，由教研室主任、教学副院长审阅后，存入相关教研室。

开封市卫生学校教师日志管理与检查

教学日志是记载教师课堂教学内容、教学进度和学生课堂基本情况的重要资料、是日常教学管理中的重要环节、是教学质量监控和保障体系的重要组成部分，更是教务科及各教研室进行教师课时和教学检查核算和了解学生学习基本的重要依据。为规范班级教学日志的填写，加强对教学日志的管理，特作以下要求。

一、教学日志的印制和发放

教学日志采用教务科统一印制的格式。

二、教学日志的填写

1. 教学日志以班级为单位填写，每1学时填写一次，如果同一位教师同门课程连续2学时只填写一次，合堂课按班级分别填写。

2. 教学日志填写的基本要求是填写及时、内容完整；填写统一用蓝、黑笔填写，书写要规范。逐项填写要求如下：

(1)“年、月、日、星期、周次；专业，班级 ；节次”一栏都要填写清楚。

(2)“课程”填写一栏应与课程表一致。

(3)“授课内容”填写所授课程的章、节、目名称，一门课的教学日志填完后是一个完整的课程目录。

(4)“班级学生数”填写本班实际总人数。

(5)“学生到课情况”中的“实到”“缺课”“迟到”“早退”学生在表后写写上姓名。

(6) “授课类型”是指讲授、实验、实训、理实一体教学、项目化教学等，按实际授课情况填写。

(7)“作业完成情况”填写实际数或者无。

(8)“老师签字”下课时交任课教师签字方可有效。

(9)教师上课情况如迟到、早退，缺课，或调课、停、补课应在“备注”栏内予以注明，要如实记载，如有补课并注明补何时的课。

(10)若某节课为自习课时，要在“备注”栏内标注“自习课”。

三、教学日志的管理

1. 教学日志由级班长或学习委员负责填写保管，下课后交任课教师填写并签字，将填写好的班级教学日志及时返还班长或学习委员。每周五下午由班长或学习委员将本周教学日志交至教务科。再领取下周的表格。不按时送领取、送日志的班级将扣除本班综合考评分数。

2. 各教研室要督促授课教师、各教学班级按照要求填好班级教学日志。应指定专人对教学日志的填写情况，每周定期对班级教学日志进行整理、统计。根据汇总结果反馈给教务科情况。

3. 辅导员要随时关心班级教学日志的记载情况，及时处理有关问题。

4. 各教研室主任应经常检查教学日志的填写情况，如发现问题应当及时处理。教务科队各教研室的教学日志填写情况进行不定期抽查，并及时通报检查情况。

5. 教学日志是教师教学工作量统计、学生课堂考勤的重要参考依据。学生旷课、迟到、早退、请假等要从平时考核成绩中予以适当扣分(特殊情况下例外)，并及时向学生管理部门通报学生课堂出勤情况。

6. 每学期末，教务科将班级教学日志收齐、整理装订并归档。

上海信息技术学校教师学年任职情况评价暂行办法

为适应学校发展的新要求，探索更有效的评价内容和方法，在已实施多年的《上海市中专教师任职情况考核指标体系》基础上听取各方面意见进行修订，顺应新的形势对师资队伍建设要求，进一步提高教学质量，创建职业教育品牌，特制定上海信息技术学校教师学年任职情况评价指标办法如下。

一、目的

以教学质量、教研发展能力评价为核心，突出主体，突出发展性评价理念，使教师发展符合学校“数字型、学习型、教研型”的要求。评价指标设置的原则如下。

1. 内涵：具有学校发展目标的导向性，教学质量和教育能力发展并举。

评价：以教学效率和教育教学成果为主线，学生、主管部门领导评价为主体进行评价。

2. 结构：结构简单、便于操作、突出重点。

二、评价的组织领导

1. 教师学年任职情况由校长室负责，教务管理部具体组织，确定要求和进度，教务例会确定评价内涵的组成和修订并协调各部门工作。

2. 组成由主管校长、学生代表、系(部)主任、督导组代表、教研主管、教研组长、学生主管组成的考核工作组具体实施考核工作。

3. 每学期期中测评一次，每学年第二学期期末一个月内汇总评价最终结果，作为评选教育质量奖及其他教师评选的重要依据。

4. 督导组对测评班级的成绩进行有效性认定，评价结果采用分值制，相同的等第可给出不同的分值，最后评价数据采集和汇总由教务管理部负责。

5. 教师学年任职情况等级评定由主管校长负责。

三、其他

本暂行办法自2012年9月起实施，解释权归教务管理部。

大连市轻工业学校教师考核制度

教师考核是指学校根据有关规定对教师的思想品质、履行岗位职责、工作能力、工作态度、工作成绩等方面进行考察作出评价。

一、思想政治表现

主要考核教师的思想意识、政治表现、道德品质及工作态度。

二、教学水平和能力

主要考核教师的教学水平和创造精神及其能力，如：掌握本专业基础理论和专业知识的广度和深度；分析问题和解决问题的能力；教育、教学的组织能力与工作方法，进修提高的自学能力，编写教材、论著的水平，科学研究的水平与能力水平等。

三、专业技能水平和能力

主要考核教师所从事的专业技能水平和能力，以及学习、提高情况。如：实训教学效果；专业技能学习、培训情况；取得职业资格情况；企业实践时间和效果等。

四、工作绩效

主要考核在教学、科研等各项工作中的贡献。如：完成教学工作量等情况，教育教学的效果，学生的全面发展情况，编写教材、教学设计、论著、论文、教育与教学经验总结成果发表情况，及其对教学与社会的影响；实验实训工作取得成绩或成果，进修学习的成绩和其他工作成绩。

（一）考核方式

1. 平时考核：主要对教师的日常教学活动进行抽查，做好记录，保存原始材料，作为学年考核的主要依据，主要有：审定教师制定的教学文件和学期授课计划完成情况和质量情况；教研室每月利用业务活动时间检查教师教学设计一次，并将检查情况记录在案，教务科每学期至少抽查一次；教师听课按学校听课制度执行，并认真记录听课笔记；定期和不定期地检查教师按时上下课，课后辅导，批改作业，各班教室日志记录情况；抽查教师指导学生实验、实习、实训、设计等情况；教师参加政治学习、教学活动和各种例会情况；抽查教师对学生成绩考核情况；教师进修、科研、编写著作情况；座谈和了解学生对任课教师的反映；对教师的兼职工作考核；督导人员对教师的上课情况进行随机听课检查和评价反馈。

2. 学年考核：学年考核应本着实事求是、客观公正、一分为二的精神。先由教师对自己一学年工作进行自我总结，在教研室、教学科考核的基础上，由学校组成考核小组，对全校教师结合平时考核情况进行全面综合考核。

（二）考核评定的方法包括过程评定与效果评定

1. 过程评定法：以教育、教学过程的行为活动为考核评定的对象，效果评定法是以教育、教学的效果为考核评定的对象，在考核评定时既要重视效果，又要重视行为和过程，把二者有机地结合起来，以求评定结论更全面，更正确地反映客观实际。

2. 考核评定采取自我评定，学生、同行、教研室评议，并按照定期和不定期检查情况、平时考核情况、任职期满考核情况相结合的原则，对全体教师进行评定。

3. 学校应建立考评领导小组，认真做好各项考评工作，考评结束要确定教师考核成绩，并与被考核者见面，考核评定结果及有关材料归入教师业务档案，作为评选先进、晋升和评聘业务职称的依据。

南京高等职业技术学校专任教师教学工作年度考核方案

为进一步激励督促学校教师提高自身素质，认真履行岗位职责，正确评价教师的德才表现和工作实绩，并为晋升、聘任、奖惩、培训提供依据，特制定本考核方案。

一、考核对象

学校所有专任教师，包括文化基础课教师和专业教师(含实验实训指导教师)。

二、考核内容

包括德、能、勤、绩四方面，重点考核工作实绩。

（一）工作态度 15%

1. 遵纪守法，严格执行教师职业行为“三要八不准”，无服务对象的有效投诉，得 5 分；有重大违法乱纪及严重的有效投诉，该项为 0 分。

2. 服从工作安排，积极主动接受工作任务，能够按照要求担任班主任工作，服从课务安排，参与所在系或任教系的早锻炼、晚自习值班安排，关心集体，团结同志，有较强的团队协作精神，得 5 分。

3. 完成与学生谈话任务，每学期 20 人次，每次谈话不超过 3 人，得 5 分；未完成者得 0 分。

（二）劳动纪律 15%

1. 调课情况，因私调课全年累计 4 节以内得 5 分，超过 4 节未达到 14 节的每节扣 0. 5 分，超过 14 节得 0 分。

2. 出勤情况，病事假全年累计不超过两周得 5 分，超过两周未达到 4 周的，每天扣 0. 5 分，4 周以上得 0 分。

3. 参加升旗、政治学习、业务学习、教研活动、运动会、集会等学校及系部组织的各项活动，无迟到、早退和缺席得 5 分，迟到或早退一次扣 0. 5 分，缺席一次扣 1 分，扣完为止(公假、2 天以上连续病假除外)。

（三）教学工作 40%

1. 完成课程教学工作，每学期 10 课时/周，得 25 分。

2. 完成学生课后辅导工作，每学期2人，每人3次，得5分；未完成者得0分。

3. 完成听课任务，每学期15节（必须含不少于5节实验实训课和5节公开课），新任教师30节，听课记录齐全，及时上交得5分；未完成者得0分。

4. 参加各类继续教育，经校人事部门审验，验证合格者得5分，不合格者得0分。

5. 加分项目：

（1）超过10课时/周，按周课时数计算，每1课时加1分，加满5分封顶。

（2）担任教研室主任3分，班主任6分，实习班主任2分，实训教师3分，督导员、备课组长、青蓝工程指导教师1分。只担任一个学期的加分减半。可以累积加分。

（3）兴趣小组、学生社团等课外活动、任选课每1课时加0.1分；校级讲座3分/次，系（部）讲座1分/次。加满4分封顶。

（四）教学规范10%

1. 教学材料（授课计划、公开课教案、学生点名记分册、试卷、质量分析表、登分、实验计划、实验记录、教师业务档案、任选课材料、课外活动记录、师生谈话记录、学生课后辅导记录、听课记录、多媒体课件讲义稿等）齐全，填写规范，按时上交，得5分；未完成者得0分。

2. 教学违纪：以《南京高等职业技术学校教学违纪的认定及处理办法》规定为准，无教学违纪得5分；出现1次一般教学违纪扣1分，出现一次严重教学违纪扣3分，扣完为止；出现重大教学违纪得0分。

（五）教科研20%

1. 基本目标：所有初级及以上职称教师每年必须完成的教科研工作，完成者得10分，缺一项得0分。

（1）教学、德育论文各1篇，教学课件3个（6课时）。

（2）1次系部级公开课。

（3）服从教研室主任的各项工作安排，参加专业（学科）建设、教研室资料建设、担任集体备课主讲等工作。

（4）参与实验实训基地建设工作。

（5）按照要求参加系部及学校组织的各项竞赛。

2. 分层次目标：不同职称类型教师每年应完成的教科研工作，完成者得10分，未全部完成者按项得分。

（1）初级职称教师

① 担任课题组或课改项目组工作，得4分。

② 参加学校及其他行政主管部门组织的论文、课件评选，得3分。

③ 完成所任教1个班级学生的学习情况调查，填写1份调查表，得3分。

（2）中级职称教师

① 作为系部课题组核心成员参与研究工作或进行教改实践，得4分。

② 有教学或德育论文1篇在刊物(含内刊)上公开发表或获得校级及以上三等奖，得3分。

③ 专业教师走访相关企业或用人单位，填写1份调查表；文化基础课教师完成所任教课程与专业教学有关的1份调查表，得3分。

(3)高级职称教师

① 作为系部课题组核心成员参加研究工作，得4分。

② 有教学或德育论文1篇在刊物(不含内刊)上发表或在校级及以上获二等奖，得3分。

③ 专业教师撰写1篇行业调查报告；文化基础课教师完成所任教课程与专业教学有关的1份调查报告，得3分。

3. 加分项目：计算教科研加分时扣除教师必须完成的基本目标，超过部分进行相应的加分。各项目加分可以累计，不封顶。相同内容不得重复加分，以最高分计1次。

(1)进行教学改革，有方案、有计划，有实施，有总结者加2分。

(2)进行新开设专业调研，有调研报告者加2分。

(3)进行专业教学计划的制定，材料齐全者加4分；修订者加1分。

(4)进行课程教学要求的制定，材料齐全者加1分；修订者加0.5分。

(5)教学竞赛(含论文、课件评比，指导学生竞赛必须有优秀指导教师奖)，校级三等奖加0.5分，二等奖加1分，一等奖加1.5分；市级乘以系数2；省级以上乘以系数3。

(6)论文在正规刊物(不含内刊、港刊)发表，市级每篇加1分，省级及以上每篇加2分，核心期刊加3分。

(7)参与学校及教育行政主管部门立项的课题研究，有立项材料、开题报告及结题报告者，在开题年度和结题年度课题主持和副主持校级加3分，市级加5分，省级加8分，国家级加15分；课题核心组成员加分减半。

(8)编写国家规划教材、校本教材，主编、主审加4分，参编加2分；编写非国家规划教材、校本实验实习指导书，主编、主审加2分，参编加1分；编写课程设计指导书、毕业设计指导书加1分；新任实验班教师编写教学工作页每学期加2分。修订均减半加分。

三、说明

1. 有以下情况之一者，当年度考核为不合格，下年度不得晋升职称和参加各类进修或培训，属于连续进修或培训项目者当年度费用自理：

(1)遵纪守法，执行“三要八不准”中有重大违法乱纪及严重有效的投诉；

(2)经认定属于重大教学违纪；

(3)参加学校和系部组织的活动缺勤达10次以上(连续病假除外)；

(4)未完成教科研基本目标；

(5)年度考核总分低于70分。

2. 有以下情况之一者，当年度不得评优评先，下年度不得参加各类进修或培训，属于连续进修或培训项目者当年度费用自理：

(1)无正当理由不服从担任班主任工作；

(2)经认定属于严重教学违纪；

(3)累计因私调课达14节以上；

(4)累计事假超过4周以上；

(5)有一个学期教学工作量没有达到10课时/周。

(6)年度考核总分低于80分。

3. 有以下情况之一者，当年度不得评优评先：

(1)经认定属于一般教学违纪达2次；

(2)累计病假超过4周以上；

(3)年度考核总分低于90分；

(4)班主任工作考核位于所在系后20%。

4. 有以下情况之一的者，可以按照相应办法处理：

(1)孕期、哺乳期女教师及两年内退休的教师，听课、继续教育、教科研项目可以不作为考核内容，但也不参与评优。如果参加正常考核，同等条件下优先评优；

(2)连续病假4周以上8周以内的教师，课程教学工作量、听课量以及继续教育课时作相应折算；

(3)连续病假8周以上1个学期以内的教师，课程教学工作量、听课量以及继续教育课时作相应折算，教科研项目不作为考核内容。

5. 课程教学工作量的计算按照《关于教学工作量计算的若干规定》执行。

6. 教科研项目的年终考核以科研处登记为准，未登记者不得分。教师应及时到科研处登记，并按要求交论文、课件、教学竞赛、教材、课题的相关复印件，编写的教材必须交一本到科研处备案。

7. 需要晋升职称的行政兼课人员，除参加所属行政部门的年度考核外，还需参加所任教系的教学工作考核，考核内容为工作态度(15%)、劳动纪律(15%)、教学工作(40%)、教学规范(10%)、教学和德育论文(10%)、公开课(10%)等方面，其中与学生谈话量、课程教学工作量、课后辅导学生量、听课量、继续教育课时减半。年度考核总分低于70分者下年度不得晋升职称。

南京高等职业技术学校优秀教学团队建设管理办法

为进一步提高学校教学质量，深化教育教学改革，提高人才培养质量，根据《江苏省教育厅关于启动高等学校省级优秀教学团队建设工作的通知》(苏教高〔2008〕9号)和《江苏联合职业技术学院关于加强师资队伍建设的意见》(苏联院〔2010〕1号)的文件精神，学校将启动校级优秀教学团队建设工作，具体办法如下。

一、建设目的

1. 结合精品课程建设工作，重点遴选和建设教学质量高、结构合理的优秀教学团队，努力构建国家级、省级、市级和校级优秀教学团队体系。

2. 进一步发挥专业(学科)带头人与骨干教师的传帮带作用，加强青年教师培养，加强学科专业的交叉融合，形成教师队伍的团队合力与整体优势，系统地推动教学内容、教学方法和人才培养模式的改革创新。

3. 进一步推进教学改革经验的交流共享，为提高学校人才培养质量、提升学校办学质量内涵奠定坚实的基础。

二、建设内容

1. 依据《江苏联合职业技术学院关于加强师资队伍建设的意见》和学校发展规划，从2010年起三年内在全校重点遴选建设5～10个教学质量高、群体结构优、团队效益突显的校级优秀教学团队，并在此基础上积极培育一批南京市、联技院、江苏省乃至国家级教学团队。

2. 学校将重点支持开展教学研究、课题立项、编制校本教材、推广教学成果、推荐教师进修培训等工作，促进优秀教学团队的建设。

3. 通过高效的团队合作机制，充分发挥示范引领作用，系统地推动教学内容、教学方法和人才培养模式的改革创新。

三、评选条件

优秀教学团队应紧密结合学校的办学定位与人才培养特色，以专业系(部)、教研室、教学实训基地等为建设单位，以精品课程建设为平台进行组建，并具备以下条件：

1. 教学团队一般由6～12人组成，年龄、职称、学历等结构合理，具有高尚的师德风范、优良的专业(学科)素质和良好的合作精神，有较强的科研能力，整体优势突显。近3年所有成员均完成学校规定教学工作量和其他教育教学工作，积极参加专业(学科)建设和课程改革工作，考核合格。

2. 团队负责人：具有本科及以上学历、副高级专业技术职称，专业教师还须具备技师及以上职业资格，长期致力于本团队专业(学科)建设、课程建设，具有较高的学术水平和研究能力，有较强的文字表达能力，具有团结、协作精神和相应的组织、管理和领导能力。近3年有省级及以上公开发表或获奖论文2篇。取得以下成果，可视同论文1篇：本人或指导学生在主管部门举办的专业技能、创新创业、教学基本功等比赛中获市级一等奖，作为主编或副主编编写正式出版教材且本人编写4万字以上，作为核心组成员参与市级课题研究。

3. 团队成员：专业理论教师和文化课程教师应具备本科学历，其中35岁以下教师具有硕士研究生学历(学位)比例不少于50%，专业教师还须具备高级工及以上职业资格。

实训教师应具备大专学历和技师及以上职业资格。团队成员中，高级职称教师不少于20%，中级职称教师不少于60%；50岁以上和30岁以下均不超过30%。

4. 教学成绩显著：教学与经济社会发展紧密结合，及时跟踪产业行业发展与学科专业前沿，与时俱进，更新教学内容，深化教学改革，创新培养模式。高度重视实践教学、研究性教学和信息化教学。注重培养分析解决问题能力与实践创新能力。

5. 教研成果丰富：结合教育教学改革工作，深入研究创新人才培养与高等教育发展过程中的新情况、新要求，以理论指导实践，将教研成果应用与人才培养紧密结合，不断深化教育改革，推进教育创新。

6. 资源建设到位：高度重视教学资源建设，资源建设与评价机制规范，确保高质量资源进课堂，能够及时反映当代国内外课程建设与学科发展最高水平的新成果，体现现代教育思想，充分运用现代教育技术、方法与手段，教学改革实践效果显著。

四、建设程序

1. 教学团队以教研室为基础架构，各教研室根据发展实际申报组建，也可根据实际需要，跨教研室或系组建。

2. 申报建设优秀教学团队，需填写《南京高等职业技术学校优秀教学团队申报表》和《优秀教学团队建设方案》，并报所在系部。

3. 相关系部听取有关教师的评价与意见，签署意见后报学校科研处。

4. 科研处受学校委托，聘请校内外有关专家，组织优秀教学团队建设评选工作，并将评选意见上报校长办公会。

5. 校长办公会经过审议，确定评选结果，并向全校公示。

五、建设管理

1. 校级优秀教学团队每2年评选一次，评选数量根据申报情况本着宁缺毋滥的原则确定，有效期为2年。对评选出的优秀教学团队，颁发聘任证书，并择优推荐参加上级组织的“优秀教学团队”评选。

2. 优秀教学团队建设是动态和持续的过程。对于评选出的各级优秀教学团队，上级或学校将划拨团队建设专项经费，用于支持优秀教学团队的建设和发展。优秀教学团队应根据建设方案的要求，促进本团队持续健康发展，并发挥示范引领作用，促进学校教师素质的整体提升。对于未完成建设目标或其他违反学校制度的教学团队，应予以解聘，并追回相关建设经费。优秀教学团队负责人及成员的工作情况作为主要教学业绩计入本人业务档案，并作为职称晋升与岗位聘任的重要依据。

3. 团队负责人是团队的第一负责人，全面负责本团队的建设工作，包括参与申报、制定计划、组织实施、人员管理、目标考核、经费管理等具体事项。原则上，团队自立项建设后，每月召开一次工作例会、每学期开展一次展示活动、每学年进行一次成果汇报。团队应注重积累建设过程中工作资料，完善过程管理。

4. 教学科研部科研处代表学校负责管理各级教学团队的建设过程，包括建立制度、组织申报和评选、择优推荐、经费审核、考核督察、奖惩落实等具体管理工作。

5. 学校财务审计科负责制定学校团队专项经费使用办法，负责各团队经费的财务管理和会计核算工作，协助各团队负责人编制项目预算，审查项目决算，指导、监督团队负责人在其权限范围内科学、合理地使用专项经费。

六、经费管理

1. 根据《南京市职业教育优秀教学团队建设经费使用暂行办法》及《南京高等职业技术学校财务管理办法》，教学团队建设经费围绕专业课程建设、提高教师专业教学能力和水平展开，实行专款专用。

2. 教学团队建设经费开支范围

(1)差旅费和会务费。用于团队成员参加与团队建设有关的各类教学研讨交流会议、举办与团队课程有关的各类教学研讨交流会议等(按照学校财务制度实行)。

(2)图书资料费、课件制作费、实验耗材费。用于购买团队课程教学所需的图书资料、办公材料、实验耗材，查询文献、专利信息、课件制作(含电子课件)、信息化教学资源等，所购买的图书资料，实验耗材，办公材料、软硬件等分别归入教学单位资料室、实验室、办公室等掌管，团队及团队教师具有优先使用权，使用按借阅或借取制。

(3)教师培训费。用于团队成员参加校内外各种类型的教育教学培训活动。

(4)专家咨询费。用于聘请或咨询国内外专家(优秀教师)开展与团队建设有关的学术活动。

3. 教学团队建设经费使用规定

(1)各教学团队根据建设计划制定项目经费预算，预算一经批复，必须严格按预算规定的开支范围和项目进度执行，不得超预算开支费用。批复后的预算一般不作调整，确需调整的应按规定程序报批后方可调整使用。

(2)教学团队建设资金到账后，学校提取实到资金的35%作为综合管理费(含绩效考核奖)，提取实到资金的5%作为资源占用费，其余经费由各项目组包干使用。

(3)经费审批报销流程。经办人填制学校包干经费资金使用申请单→团队负责人审核→教科部审核→财务处审核(涉及差旅支出)→分管校长审批→校长审批。

(4)教学团队专项经费按团队设立专门代码，具体代码由财务处负责编制。

(5)对每个教学团队的经费收支实行两级核算。学校财务处建立明细账目，报销凭证应至少包括日期、金额、费用事项、费用具体内容、支款人等。各教学团队由专人负责登记明细账目。在每学年结束之后，各教学团队明细账目正本一份存学校归档，副本一份交市教育局职社处备案。

(6)教学团队专项经费使用必须严格执行《中华人民共和国政府采购法》等相关财经法律法规。涉及资产购置，相关资产必须计入学校资产账目。

本办法解释权归教学科研部科研处。

2.2 教师职务

学校实行教师职务制度。逐步提高同时具有中等职业学校教师职务和职业资格证书的专业课教师比例，实习指导教师应当具有相当于助理工程师及以上专业技术职务或者中级以上工人技术等级。

——摘自《中等职业学校管理规程》第十二条

制度案例

上海信息技术学校双师型教师培养与认定办法
北京市商业学校“双师型”教师培养方案
上海信息技术学校导师负责制管理办法
上海信息技术学校学科带头人管理暂行办法
南京高等职业技术学校专业技术人员岗位晋升实施办法
南京高等职业技术学校专业（学科）带头人评选办法
上海信息技术学校骨干教师管理办法
大连市轻工业学校专业带头人培养选拔暂行办法
南京高等职业技术学校骨干教师认定办法

上海信息技术学校双师型教师培养与认定办法

为切实加强"双师型"教师队伍建设，更好地适应职业院校为社会培养高素质、高技能应用型人才这一根本任务的要求，根据国家和学校有关文件精神，结合学校自身实际，特制定本办法。

一、"双师型"教师的条件

（一）取得讲师或实验师及以上教师任职资格的专职教师。

（二）结合专业课任教情况，具备下列条件之一者。

1. 通过国家组织的中级以上（含中级）专业技术职务考试，取得国家承认中级以上（含中级）专业技术职务任职资格（如会计师、统计师、工程师等）。

2. 通过国家组织的各类职业资格考试或评审取得二级以上（含二级）以上国家职业资格证书（技师、高级技师等）和中级以上（含中级）执业资格证书（如国家注册珠宝玉石质检师、软件设计师、3D 动画设计师、物流师等）。

3. 近五年中有两年以上（可累计计算）在企业第一线本专业实际工作经历且取得一定的技术成果。

4. 参加教育部组织的教师专业技能培训并获得合格证书，能全面指导学生专业实践实训活动。

5. 近五年内在校内或校外主持或参与了某个地市级以上工程项目或技术开发工作，并在其中发挥骨干作用，成果已被企业使用且效益良好（应提交法人单位开具的证明文件以及表明本人所完成工作的技术文件）。

6. 具备本办法第四部分第（五）条 1、2 款其中之一者。

二、"双师型"教师资格的认定程序

（一）凡符合"双师型"教师资格条件的教师，应于评定年度向所在系部提出申请，并提交相应的证明材料。

（二）各系部在初评的基础上，将申报材料送交学校人力资源部，由人力资源部会同教务管理部组织初审。

（三）学校学术委员会组织评审，每年 6 月份评审一次，并将评审通过的教师名单报校长室，由校长室聘任。对取得"双师型"教师资格的教师，学校发给"双师型"教师资格证书和聘书。

（四）"双师型"教师资格一般 5 年内有效，5 年后需重新评审确定。

三、“双师型”教师的培养途径与措施

各系部应加强对“双师型”教师的培养工作，根据发展需要制定3～5年的“双师型”教师培养计划，报学校审定后组织实施。根据“双师型”教师的具体要求，可以结合实际采取以下具体措施：

（一）组织教师参加国家组织的各类职业资格、执业资格和职称资格的培训考试。

（二）各系部应充分利用学校已有资源进行“双师型”人才培养，可通过科研、技术服务、技术开发、产学结合等方式组织教师参与工程实践和科技开发活动，提高教师的实践技能。

（三）拓宽引进人才的渠道，增加从企事业单位引进高层次人才的比重。

（四）实施“访问工程师、技师”进修制度。每3年为一个周期，每年集中4个月，通过挂职、合作研发、中短期专业培训等多种形式，深入到专业对应的行业企业一线，系统掌握业务技术流程，强化操作技能，提高“双师”素质。各系均要建立“访问工程师、技师”进修基地，制定本系专业教师实施“访问工程师、技师”进修计划，切实改变重学历教育轻实践能力培养的做法。每年安排一定量的专任教师（重点是中青年教师）实施“访问工程师、技师”进修计划。计划须事先报学校审批，学校将根据各系师资队伍的实际情况确定进修对象。

四、“双师型”教师的奖励及有关待遇

（一）对受聘担任学校双师型教师实行双师津贴。其标准为：

1. 两个职务资格均为高级者，每月×××元；

2. 一个职务资格为高级，一个职务资格为中级者，每月×××元；

3. 两个职务资格均为中级者，每月×××元。

（二）教师实施“访问工程师、技师”进修计划的时间一年可安排4个月，抵算一学年教学工作量的三分之一（如因工作需要进修时间超过或不足则按比例增减）。进修时间的岗位津贴经教务管理部、所在系考核计算，经教务管理部和人力资源部对其进修完成情况考核后予以确认和发放。

（三）“双师型”教师本学年期间在实践教学环节或指导学生提高动手能力，参加全国、省、市组织的各类技能大赛、比赛等方面取得较好成果，其本学年岗位津贴提高10%，具体评定标准和认定办法由教务管理部牵头，人力资源部配合制定。

（四）对“双师型”教师，各系部应优先安排参与教材编写、科研项目开发，主持或参与本专业范围的实训项目，实训装置开发、负责相关仪器的维修、保养或解决较为复杂的技术问题，指导培养年轻教师提高实践能力。学校在职称评审、骨干教师培养等方面要向“双师型”教师倾斜。

（五）为鼓励尚未具备中级职称的年轻教师积极提高自身双师素质，对本人教学效果好，且取得了一个以上中级执业资格或二级职业资格证书，同时具备以下条件之一者，可认定为“准双师型”教师。

1. 作为主要指导教师，指导学生参加各类技能竞赛并获得市级一等奖，或省级二等奖，或全国三等奖以上奖励。

2. 作为主要培训教师，指导学生获取职业资格证书，近三年内所指导的2个以上班级学生的职业资格获取率在90%以上。

被认定为“准双师型”教师，获取讲师或实验师职称后，可直接取得“双师型”教师资格。

本办法从颁布之日起执行，解释权归人力资源部。之前有相关制度与本办法不一致者，以本办法为准。

北京市商业学校“双师型”教师培养方案

第一章　总　则

第一条　目的

为了加强我校“双师型”教师队伍建设，不断提高教师的专业技术水平以及教师的职业技能，尤其是教师的社会实践能力和实际动手能力，加快“双师型”教师的培养，特制定本方案。

第二条　适用范围

本方案适用于学校各专业在职专任教师。

第三条　规范性引用文件

北京市商业学校《教师队伍建设管理制度》。

第四条　术语和定义

无。

第五条　职责

（一）督导室　负责制定学校“双师型”教师整体培养方案，及日常管理工作。

（二）系部　各系部在学校整体方案指导下，负责制定本系部“双师型”教师的培养计划及日常管理工作。

第二章　要　求

第六条　专业教师应按教育部每两年到企业实践两个月的要求，努力保证定期深入与专业对应的行业企业一线，系统掌握专业技术流程，强化操作技能，不断提高专业能力与技术水平。

第七条　各系（部）应合理安排每学期的教学工作，有计划地组织开展教师社会实践、挂职锻炼及企业调研活动。

第八条 学校教育督导室应会同有关系(部)及教务、人事部门对社会实践、挂职锻炼及企业调研的教师加强管理，定期进行检查，并经常和接受社会实践、挂职锻炼及企业调研部门取得联系，共同做好管理工作。

第九条 学校批准参加社会实践、挂职锻炼及企业调研的教师，必须严格遵守所在单位或企业的各项规章制度，接受所在单位领导的管理，不得以任何理由和借口做出危害学校利益和损害学校声誉及形象的事，如有违犯，一经发现，将严肃处理。积极承担学校安排的教育、教学及教科研任务，具有较强的教育、教学与教科研工作能力，综合素质较高，能使用先进教学手段和设备，有一定的外语水平，在学校教书育人、教科研工作等方面成绩显著。

第三章 待 遇

第十条 参加社会实践、挂职锻炼及企业调研的教师，实践、锻炼及调研期满，需提交所在单位出具的在岗期间的考勤表(考勤证明)、综合鉴定表以及个人总结，经学校教育督导室等师资管理部门审核同意后，方能享受学校规定的有关待遇。社会实践、挂职锻炼及企业调研不符合要求及手续材料不齐备者，不报销有关费用，不享受有关待遇。

第十一条 脱产参加社会实践、挂职锻炼及企业调研的教师其工资待遇按有关规定执行。业余时间参加社会实践、挂职锻炼及企业调研的教师各项待遇不变。

第十二条 参加社会实践、挂职锻炼及企业调研的教师的其他有关费用报销需根据有关财务制度规定，由主管校长审批。

第十三条 参加社会实践、挂职锻炼及企业调研的教师，在实践、锻炼、调研期间不影响正常职务晋升、工资级别晋升、技术职称评定、中青年骨干教师选拔等应当享有的待遇。

第四章 附 则

第十四条 制度的起草与归口管理

本方案由教育督导室负责起草，报教职工代表大会批准后正式下达，教育督导室归口管理。

第十五条 制度的修订

本方案根据需要不定期进行修订。各系部处室均有权根据业务需要对本方案内容提出修改意见，并提交教育督导室。教育督导室负责收集整理各系部处室提出的修改意见，并安排有关人员进行专题讨论，对修改信息进行全面评估后组织修订本方案及相关文件。

第十六条 本方案由教育督导室负责解释。

第十七条 本方案自2013年2月1日起实施，原方案同时废止。

上海信息技术学校导师负责制管理办法

一、指导思想

在学校实施学分制的条件下，为了进一步推进学校的教学管理改革，适应社会发展和经济进步对职业技术教育、教学的要求，在学分制教学管理中实行导师负责制，目的是为了充分发挥学生学习的积极性和主动性，更好地使学生的专业能力、方法能力得到加强。

二、导师的选聘

1. 凡拥护党的基本路线，热爱人民的教育事业，热爱学生，关心学生，有较强的责任感，熟悉专业教学工作的本校教职工，均可作为导师的选聘对象。

2. 导师的选聘采用本人自荐与系部推荐相结合的办法，由主、辅修专业所在专业系初步确定导师名单，经教务管理部审核，报校长批准。确定后的导师名单由教务管理部送达相关部门。

3. 原则上每个专业配备 1 ~ 2 名导师，有必要时专业系可在学期中途进行调整。

三、导师的管理

1. 主、辅修专业导师由所在专业系领导，并组成导师组，系主任担任导师组组长。

2. 导师组组长负责导师组的日常工作，决定具体工作事务，如确定导师人选、确定和公布咨询时间和地点、考核等，并通报信息、研究问题和交流经验。

3. 由教务管理部负责对导师进行业务培训，如相关文件、制度的学习，解释学分制实行过程中的学籍管理问题，召开导师课程咨询准备会谈等。

4. 特殊情况导师组组长应及时和教务管理部联系。

四、导师的职责

1. 导师应认真学习上级有关职业技术教育的指示精神，全面了解学校的教育、教学思想、专业设置、学生状况就业形势和相关行业发展状况，深入理解学校实行学分制的有关规章制度。

2. 导师应深入理解相关专业的培养目标、教学计划、课程设置、课程标准、课程要求、考核要求等内容。

3. 按《专业咨询办法》规定，导师配合主、辅修专业所在专业系在教务管理部统一规定的时间内发放咨询材料，完成集中时间的专业咨询工作，帮助学生了解专业情况，制定个人学习计划，对学生选课课程意向表进行进一步的咨询，到选课现场帮助学生进行主修专业的选课和调整。

4. 导师除学校规定的集中专业咨询时间外，应和导师组组长共同确定每周固定学生咨询时间，并公布咨询时间和地点，导师应了解学生的学习情况，指导所带教学生学习方面存在的问题。

5. 教务管理部每学期将学生成绩和教学检查情况反馈导师，导师应定期和主、辅修专业所属班主任取得联系，分析成绩和存在问题，并向专业系和教务管理部提出解决建议措施。

五、导师的考核和津贴

1. 导师的考核采用学生和导师组组长考评相结合的办法，每学期考核一次，并发放一次性奖励金。

2. 导师考核标准另行制定，按考核结果和带教学生的人数每学期分100元、200元、300元三等津贴。

3. 考核结果写入导师本人业务档案，无正当理由拒绝担任导师工作或导师工作不合格者，专业系部和教学管理部将对其进行培训和师德教育，不能参加各类先进评比、不提供选拔性机会。

本规定自2012年9月1日起执行，解释权归教务管理部。之前相关制度与本规定不一致者，以本规定为准。

附件　上海信息技术学校导师工作考核表

序	内　　容	最高分值	学生评议（占50%）	导师组长评议（占50%）	总分
1	熟悉学分制的有关制度，能对学生进行耐心的解释	10			
2	熟悉专业教学内容，选课咨询及时到岗，认真介绍教学目标和内容	20			
3	帮助每个学生制定学习计划，指导的学生选课秩序井然	15			
4	认真召开所带教学生的学习成绩分析会，指出努力方向	15			
5	平时专业咨询时间能到岗，热心辅导学生	15			
6	能及时和班主任取得联系	15			
7	积极参加导师组活动，不无故缺席	10			

说明：考核总分90~100分奖励系数1.2；80~89分奖励系数1.0；60~79分奖励系数0.8；<60分考为不称职，考虑加强培训或调整人员。

上海信息技术学校学科带头人管理暂行办法

一、依据和适用对象

1. 根据国家中长期教育改革和发展规划纲要(2010—2020年)对师资队伍建设的要求，为了加强学校师资队伍的建设，培养适应社会和经济发展的一流教师队伍，更好地完成国家改革发展示范校建设，制定本暂行办法。

2. 本办法适用于受聘担任高级专业技术职务或中级(双师型)专业技术职务的具有教师资格的人员。

二、职责和条件

(一)专业及学科带头人的职责

1. 引领专业及学科建设的发展方向；
2. 主持或参与专业及学科的教学改革和课程建设；
3. 指导本专业及学科的教师提高业务水平和教学质量；
4. 参与学校其他重要教学活动。

(二)专业及学科带头人的条件

1. 遵纪守法，爱岗敬业，具有良好的职业道德和奉献精神；
2. 有扎实的理论基础、业务知识和较强的实践能力，比较熟练地掌握一门外语，身体健康；
3. 以下条件达到两项者：

(1)近两年担任市级及以上学科组组长、课程组组长、专业指导委员会委员等；

(2)近两年主持国家或省部级的教学、科研项目，能在学校教学、科研中得到应用，并取得良好效果；

(3)近两年主持专业建设或精品课程建设，取得国家或上海市示范效应；

(4)近五年主编、主审统编教材，或参编教材 2 本以上(含 2 本)，或编写校本教材并被评为市级及以上优秀校本教材(主编 1 本，参编 2 本及以上)；

(5)近五年在核心期刊上发表论文，或论文获省部级二等以上奖项；

(6)近五年在市级及以上教学法评比中获二等奖以上(含二等奖)，或指导学生在省市级及以上技能大赛中获得金牌累计 3 次以上(含 3 次)；

(7)近五年被授予市级工作室负责人。

三、产生和评定程序

1. 专业及学科带头人分布原则和名额。

(1)基础学科带头人，学科包括语文、数学、外语、体育等；

(2)专业带头人，专业包括化学工艺、工业分析与检验、电气运行与控制、软件与信息服务、数字媒体技术应用、计算机网络技术、数控技术应用、电子与信息技术、珠宝玉石加工与经营、商务助理、物流服务与管理等我校开设的专业；

(3)德育学科带头人，包括德育课程、心理学、班主任工作等；

(4)重点专业设两名专业带头人，一般专业和基础学科设一名专业带头人或学科带头人，德育学科设三名学科带头人；

(5)专业及学科带头人名额全部面向教师(含教研组长、系主任和教学研究室、德育研究室人员)。行政人员如符合专业及学科带头人条件并评审通过，亦可聘为专业及学科带头人，同样履职，但不占用配额。

2. 个人申报或由系、部推荐。填写《上海信息技术学校专业及学科带头人申报表》，并向校人力资源部递交相应的成果、论文、著作、重要奖励证明原件和复印件。

3. 由校人力资源部对材料进行汇总、整理、初审后，递交学校师资队伍建设领导小组进行评审。师资队伍建设领导小组按差额投票方式进行，对获得出席会议三分之二以上评委赞成的候选人，按本专业及学科带头人的名额，根据得票数依次当选，额满为止。

4. 经评审当选的专业及学科带头人名单及材料由校人力资源部负责公示5个工作日。

5. 对无不良反映的专业及学科人选，由校长办公会议审定通过，并下发文件和颁发聘书。

6. 专业及学科带头人的聘期为两年。

四、享受待遇

1. 专业及学科带头人受聘期间享受津贴每月×××元。如国家对事业单位工资进行调整，则按照国家的有关规定发放津贴。

2. 学校优先安排专业及学科带头人参加业务进修、国内外考察和学术交流活动，接受继续教育时间平均每年不少于80学时。

3. 学校积极支持专业及学科带头人开展学术研究、技术创新和科研实验，在人、财、物等方面给予优先扶持。重点帮助他们进行专业建设和课程开发，鼓励他们开展理论研究、学术交流、科研创新以及出版水平较高的学术论文或专著。

4. 对作出突出贡献、取得优异成绩的专业及学科带头人，学校给予表彰和奖励。

5. 学校的有关部门要通过不同的形式广泛宣传学科及专业带头人的典型事迹，表彰他们在教学、科研、专业建设等方面所做出的突出贡献，进一步营造尊重知识、尊重人才的良好氛围。

五、日常管理

1. 专业及学科带头人需制定个人任期工作目标。学科及专业所在部门负责日常管理和培养使用。

2. 校人力资源部建立专业及学科带头人业务考绩档案，每年组织进行一次专业及学科带头人述职评议，并将有关材料及时放入本人业务考绩档案。

3. 校人力资源部和有关部门要经常听取专业及学科带头人意见和建议，及时为他们解决问题。如遇重大问题，应向校长室汇报。

4. 有下列情况之一者，专业及学科带头人聘期自然终止。

① 达到自然退休年龄；② 长病假；③ 辞职，调离本校，或出国逾期不归。

5. 有下列情况之一者，由所在部门申请或有关部门建议，校师资队伍建设领导小组讨论通过，校长办公会议批准，撤销专业及学科带头人资格。

① 违法乱纪受到党内严重警告或行政记过以上处分；② 丧失专业及学科带头人所必需的基本思想道德条件；③ 发现有谎报成果、弄虚作假的，侵犯知识产权；④ 未能履行职责，经考核评议，一年中无明显工作业绩。

六、附则

1. 本办法解释权归校人力资源部。

2. 本办法由校长签发自2011年5月起施行。原《上海信息技术学校学科带头人管理暂行办法》(沪信技校办〔2011〕10号)停止施行。

南京高等职业技术学校专业技术人员岗位晋升实施办法

根据《江苏省幼儿园、中小学、中等职业学校岗位设置管理实施意见》及南京市教育局《关于印发〈南京市中小学教师系列五级教师岗位基本任职条件〉(试行)的通知》(宁教人〔2010〕5号)精神，结合学校实际，制定本实施办法。

一、正高三级岗位的具体任职条件

任职条件由省教育主管部门制定。

二、正高四级岗位的任职条件

任职条件按照现行专业技术职务评审条件。

三、副高岗的任职条件

(一)副高五级岗任职条件

1. 基本条件

① 任六级岗满3年。② 工作量饱满，教师兼行政人员年平均周课时不少于4节。③ 教学质量优良。④ 年度考核合格。⑤ 其他条件参照南京市教育局宁教人〔2010〕5号文。

2. 在具备基本条件的基础上按下列项目打分排名，按上级规定的比例晋升，任现职以来具体加分项目如下。

(1)工龄1年得1分，副高职称年限1年得1分，累计加分。

(2)具备副教授职称的加1分。

(3)连续任期满2年班主任加4分，教研室主任加4分，中层干部加4分；连续任期

1年以上不满2年的教研室主任、班主任、中层干部分别加2分，兼职者累计加分；任现职超过两年的，按照每年0.5分累计加分。50周岁及以上担任班主任的在原分数基础上乘以2。

(4)省级及以上指导或本人参加技能大赛、信息化教学大赛、创新大赛、创业大赛、课堂教学大赛、微课设计大赛、班主任基本功大赛、并获一等奖加5分，获二等奖加2分，获三等奖加1分。同期同一项目获奖就高不就低。第二次获奖后一等奖加1分，二等奖加0.5分，累计加分。对参加市级比赛获二等及以上的得0.5分，市级比赛累计不超过2分。

(5)在中文核心期刊公开发表的论文，省级二等奖以上论文，教材(经教科部审核认定)，市级以上优秀教学成果，每项加2分，正式刊物非核心期刊发表论文加1分；省级课题结题的主持人得2分，成员得1分；市级课题结题的主持人得1分，参与得0.5分；校级课题结题的得0.5分。专利得2分。各项累计不超过10分。

(6)获市级以上综合表彰加2分；单项表彰加1分，学校奖励加1分。同期同项目获奖就高不就低，不同时期获奖可累计加分。累计不超过10分。

(7)每学期超课时20%~40%的加0.5分，超过40%以上的加1分。满一年以后每年加0.5分累计加分。55周岁及以上超课时的在原分数基础上乘以2。

(8)由系部主任认定的兼任学校其他工作累计一学年，加1分，后每年加0.5分累计加分。

(9)教学质量考核优秀的一次加0.5分；督导免听课的1次加0.2分；对认定的市级公开课一次加0.5分。不封顶。

(二)副高六级岗的任职条件

1. 基本条件

① 任七级岗满3年。② 工作量饱满，教师兼行政人员年平均周课时不少于4节。③ 教学质量优良。④ 年度考核合格。

2. 在具备基本条件的基础上按下列项目打分排名，按上级规定的比例晋升，任现职以来加分项如下。

(1)工龄1年得1分，副高职称年限1年得1分，累计加分。

(2)具备副教授职称的加1分。

(3)连续任期满2年班主任加4分，教研室主任加4分，中层干部加4分；连续任期1年以上不满2年的教研室主任、班主任、中层干部分别加2分，兼职者累计加分；任现职超过两年的，按照每年0.5分累计加分。50周岁及以上担任班主任的在原分数基础上乘以2。

(4)省级及以上指导或本人参加技能大赛、信息化教学大赛、创新大赛、创业大赛、课堂教学大赛、微课设计大赛、班主任基本功大赛、并获一等奖加5分，获二等奖加2分，获三等奖加1分。同期同一项目获奖就高不就低。第二次获奖后一等奖加1分，二等奖加0.5分，累计加分。对参加市级比赛获二等及以上的得0.5分，市级比赛累计不超过

2 分。

(5)在中文核心期刊公开发表的论文，省级二等奖以上论文，教材(经教科部审核认定)，市级以上优秀教学成果，每项加 2 分，正式刊物非核心期刊发表论文加 1 分；省级课题结题的主持人得 2 分，成员得 1 分；市级课题结题的主持人得 1 分，参与得 0.5 分；校级课题结题的得 0.5 分。专利得 2 分。各项累计不超过 10 分。

(6)获市级以上综合表彰加 2 分；单项表彰加 1 分，学校奖励加 1 分。同期同项目获奖就高不就低，不同时期获奖可累计加分。累计不超过 10 分。

(7)每学期超课时 20% ~40% 的加 0.5 分，超过 40% 以上的加 1 分。满一年以后每年加 0.5 分累计加分。55 周岁及以上超课时的在原分数基础上乘以 2。

(8)由系部主任认定的兼任学校其他工作累计 1 学年，加 1 分，后每年加 0.5 分累计加分。

(9)教学质量考核优秀的一次加 0.5 分；督导免听课的 1 次加 0.2 分；对认定的市级公开课 1 次加 0.5 分。不封顶。

(三)副高七级岗的任职条件：胜任本岗位教育教学工作，并能较好地完成岗位工作任务。并根据江苏省教师专业技术任职条件参评。

四、中级岗的任职条件

(一)中级八级岗的任职条件

1. 基本条件

① 任九级岗满 2 年。② 工作量饱满，教师兼行政人员年平均周课时不少于 4 节。③ 教学质量优良。④ 年度考核合格。

2. 在具备基本条件的基础上按下列项目打分排名，按上级规定的比例晋升，任现职以来具体加分项目如下。

(1)工龄 1 年得 1 分，中级职称年限 1 年得 1 分；累计加分。

(2)具备博士学位的加 3 分(只能用 1 次)。

(3)连续任期满二年班主任加 4 分，教研室主任加 4 分，中层干部加 4 分；连续任期 1 年以上不满 2 年的教研室主任、班主任、中层干部分别加 2 分，兼职者累计加分；任现职超过两年的，按照每年 0.5 分累计加分。50 周岁及以上担任班主任的在原分数基础上乘以 2。

(4)省级及以上指导或本人参加技能大赛、信息化教学大赛、创新大赛、创业大赛、课堂教学大赛、微课设计大赛、班主任基本功大赛、并获一等奖加 5 分，获二等奖加 2 分，获三等奖加 1 分。同期同一项目获奖就高不就低。第二次获奖后一等奖加 1 分，二等奖加 0.5 分，累计加分。对参加市级比赛获二等及以上的得 0.5 分，市级比赛累计不超过 2 分。

(5)在中文核心期刊公开发表的论文，省级二等奖以上论文，教材(经教科部审核认定)，市级以上优秀教学成果，每项加2分，正式刊物非核心期刊发表论文加1分；省级课题结题的主持人得2分，成员得1分；市级课题结题的主持人得1分，参与得0.5分；校级课题结题的得0.5分。专利得2分。各项累计不超过10分。

(6)获市级以上综合表彰加2分；单项表彰加1分，学校奖励加1分。同期同项目获奖就高不就低，不同时期获奖可累计加分。累计不超过10分。

(7)每学期超课时20%～40%的加0.5分，超过40%以上的加1分。满1年以后每年加0.5分累计加分。55周岁及以上超课时的在原分数基础上乘以2。

(8)由系部主任认定的兼任学校其他工作累计1学年，加1分，后每年加0.5分累计加分。

(9)教学质量考核优秀的1次加0.5分；督导免听课的1次加0.2分；对认定的市级公开课1次加0.5分。不封顶。

(二)中级九级岗的任职条件

1. 基本条件

① 任十级岗满2年。② 工作量饱满，教师兼行政人员年平均周课时不少于4节。③ 教学质量优良。④ 年度考核合格。

2. 在具备基本条件的基础上按下列项目打分排名，按上级规定的比例晋升，任现职以来具体加分项目如下。

(1)工龄1年得1分，中级职称年限1年得1分；累计加分。

(2)具备博士学位的加3分。

(3)连续任期满2年班主任加4分，教研室主任加4分，中层干部加4分；连续任期1年以上不满2年的教研室主任、班主任、中层干部分别加2分，兼职者累计加分；任现职超过两年的，按照每年0.5分累计加分。50周岁及以上担任班主任的在原分数基础上乘以2。

(4)省级及以上指导或本人参加技能大赛、信息化教学大赛、创新大赛、创业大赛、课堂教学大赛、微课设计大赛、班主任基本功大赛、并获一等奖加5分，获二等奖加2分，获三等奖加1分。同期同一项目获奖就高不就低。第二次获奖后一等奖加1分，二等奖加0.5分，累计加分。对参加市级比赛获二等及以上的得0.5分，市级比赛累计不超过2分。

(5)在中文核心期刊公开发表的论文，省级二等奖以上论文，教材(经教科部审核认定)，市级以上优秀教学成果，每项加2分，正式刊物非核心期刊发表论文加1分；省级课题结题的主持人得2分，成员得1分；市级课题结题的主持人得1分，参与得0.5分；校级课题结题的得0.5分。专利得2分。各项累计不超过10分。

(6)获市级以上综合表彰加2分；单项表彰加1分，学校奖励加1分。同期同项目获奖就高不就低，不同时期获奖可累计加分。累计不超过10分。

(7)每学期超课时20%～40%的加0.5分，超过40%以上的加1分。满1年以后每年加0.5分累计加分。55周岁及以上超课时的在原分数基础上乘以2。

(8)由系部主任认定的兼任学校其他工作累计1学年，加1分，后每年加0.5分累计加分。

(9)教学质量考核优秀的1次加0.5分；督导免听课的1次加0.2分；对认定的市级公开课1次加0.5分。不封顶。

(三)十级岗的任职条件：胜任本岗位教育教学工作，并能较好地完成岗位工作任务。并根据江苏省教师专业技术任职条件参评。

五、初级岗的任职条件

(一)十一级岗的任职条件

1. 基本条件

① 任十二级岗满2年。② 工作量饱满，教师兼行政人员年平均周课时不少于4节。③ 教学质量优良。④ 年度考核合格。

2. 在具备基本条件的基础上按下列项目打分排名，按上级规定的比例晋升，任现职以来具体加分项目如下。

(1)工龄1年得1分，初级职称年限1年得1分；累计加分。

(2)具备博士学位的加3分。

(3)连续任期满2年班主任加4分，教研室主任加4分，中层干部加4分；连续任期1年以上不满2年的教研室主任、班主任、中层干部分别加2分，兼职者累计加分；任现职超过两年的，按照每年0.5分累计加分。50周岁及以上担任班主任的在原分数基础上乘以2。

(4)省级及以上指导或本人参加技能大赛、信息化教学大赛、创新大赛、创业大赛、课堂教学大赛、微课设计大赛、班主任基本功大赛、并获一等奖加5分，获二等奖加2分，获三等奖加1分。同期同一项目获奖就高不就低。第二次获奖后一等奖加1分，二等奖加0.5分，累计加分。对参加市级比赛获二等及以上的得0.5分，市级比赛累计不超过2分。

(5)在中文核心期刊公开发表的论文，省级二等奖以上论文，教材(经教科部审核认定)，市级以上优秀教学成果，每项加2分，正式刊物非核心期刊发表论文加1分；省级课题结题的主持人得2分，成员得1分；市级课题结题的主持人得1分，参与得0.5分；校级课题结题的得0.5分。专利得2分。各项累计不超过10分。

(6)获市级以上综合表彰加2分；单项表彰加1分，学校奖励加1分。同期同项目获奖就高不就低，不同时期获奖可累计加分。累计不超过10分。

(7)每学期超课时20% ~40%的加0.5分，超过40%以上的加1分。满1年以后每年加0.5分累计加分。55周岁及以上超课时的在原分数基础上乘以2。

(8)由系部主任认定的兼任学校其他工作累计1学年，加1分，后每年加0.5分累计加分。

(9)教学质量考核优秀的1次加0.5分；督导免听课的一次加0.2分；对认定的市级公开课1次加0.5分。不封顶。

(二)十二级岗的任职条件。胜任本岗位教育教学工作，完成教育教学总结1篇，开设校级汇报课满2次，并能较好地完成岗位工作任务。

六、其他说明

1. 基本条件不满足者一票否决。

2. 任现职以来，年度考核不称职者，晋升岗位评定时，延迟3年参加晋升高一级岗位评审；年度考核基本称职者，晋升岗位评定时，延迟2年参加晋升高一级岗位评审。

3. 在分数相同的条件下，照顾即将退休的老同志；若三年内即将退休的教职工分数排名靠后，晋升指标单独划出30%的比例给老同志晋级；若老同志分数靠前，按正常评分晋级。

4. 会计、医卫、图书管理、档案管理等其他专业技术人员岗位晋升参照教师执行，主要从任职年限和工作业绩考核。

5. 市级以上表彰由校长室认定。主要指市学科带头人、市优秀青年教师、市先进教育工作者、“陶行知”奖、“斯霞”奖、巾帼英雄、劳动模范、“五一”劳动奖章、职教先进个人、省市级优秀班主任、师德标兵、师德先进个人等。校级荣誉不含工会积极分子。

6. 获得全国模范教师、全国优秀教师、省名师、“人民教育家”等称号直接晋升。

7. 超课时数由教科研部认定。兼职工作主要包括兼职督导员、青蓝工程指导教师、第二课堂活动的指导、双岗工作顶替、课程资源建设、招生、专业调研、心理咨询、学术委员会委员、工会委员、工会小组长等。

8. 任职期间出现教学事故，按一般教学违纪、严重教学违纪、重大教学违纪分别扣1分、2分、3分。

9. 被行政处理及以上的，影响1次岗位晋升机会。

10. 任职资格均以上级主管部门批文为准。

11. 岗位晋升涉及的加分项目从任职现职级算起，并必须于相应岗位考核合格。

本办法经教代会通过自2017年1月15日起实施。

南京高等职业技术学校专业（学科）带头人评选办法

为进一步加强学校师资队伍建设，不断提高教师的政治和业务素质，培养一支高素质、高水平的骨干教师队伍，提升专业建设水平，特制定本评选办法。

一、评选对象与名额

（一）凡学校正式在编的专职专任教师、行政兼课教师均可参加评选。

（二）男教师57周岁（含）以上、女教师52周岁（含）以上者不参加评选。

（三）评选名额不限，上不封顶，下不保底。

二、评选条件

（一）热爱祖国，拥护中国共产党的领导，热爱职业教育事业，热爱学生。具有强烈的事业心和创新奉献精神，具有良好的师德修养，模范遵守教师职业道德规范和“三要八不准”的规定。在学校教师中有较高的威望，受到学生的普遍好评。

（二）具备本科（含）以上学历，具有高校教师任职资格和高级讲师或副教授职称（45岁以上教师可以放宽到中学高级职称），在中等专业以上学校任教满五年，担任班主任或其他教育教学管理工作九年（含）以上，专业教师还须具备技师及以上专业资格或非教师系列中级（含）以上专业技术职称。

（三）教育教学思想端正，具有现代教育观念，能按照教育教学规律和职业学校学生的特点教书育人，具有扎实的教学基本功和较强的教学组织能力，初步形成自己的教学特色和教学风格。掌握必要的现代教育教学技术，教学能力强，教学效果好，教学实绩在学校名列前茅。

（四）具有较高的文化和专业素养，具备较宽厚的学科专业知识及理论基础知识和较系统的职业教育教学理论水平。精通本课程的教学大纲、教学要求和教材，专业教师还具有较强的专业技能。

（五）教育教学改革工作突出，教科研工作能力强，能起骨干、引领和示范作用。评选周期内，开设过校级示范课，或在市级及以上范围内开设过公开课、讲座、介绍过教改经验体会；指导青年教师并有显著成果；主持一项校级课题或参与一项市级及以上课题研究，或主持一项校级及以上教改实验项目；每年至少有1篇论文、论著公开发表或主编、主审的教材正式出版。

（六）工作量饱满，主动承担学校的各项工作安排。评选周期内每年承担的教育教学工作量均符合学校关于教师工作量的有关规定，且无教学事故和其他违纪行为。担任班主任工作，年度考核不在本系后三分之一。

三、评选程序

（一）个人申报

个人对照评选条件和要求，认真填写申报表，并提交主要实绩材料、证书复印件。

（二）材料审核

由教科部、各个系（部）会同评审组审核申报材料，进行初评。主要审核申报者是否符合申报条件，有无工作量不满情况，有无教学事故和其他违纪行为，有无违反教师职业道德规范的行为，有无材料不全或失实情况。评审合格者进入下一轮评选。

（三）教学能力考核

科研处组织评审组对参评教师的课堂教学水平按照随机推门听课的形式进行综合考核。

（四）结果公示

科研处根据评审组建议将评审建议名单报校长办公会研究后在校内进行为期1周的公布。

四、评审权重

（一）教学能力100分

以评审组进行的随机推门听课的评价结果进行综合得分。

（二）教科研成果100分

根据参评教师申报表填写内容结合相关辅整材料从论文发表、教材编写、课题研究等方面综合得分。

（三）笔试50分

从教学法、课程改革、专业建设等方面进行综合考核。

（四）企业实践50分

专业课教师按照到企业实践、参与企业调研等方面进行考核；基础部教师按照基础课程教学与专业建设、学生综合素质养成等相关联系的调研报告进行综合评价。

五、奖励办法

（一）对获得“学校专业（学科）带头人”称号者颁发荣誉证书，并在任期内每个月发放专项津贴×××元。当年度学校各类教学检查免检。

（二）只有获得“学校专业（学科）带头人”称号者才能推荐参加省、市“专业（学科）带头人”的评选。

（三）优先推荐参加市级及以上其他各级各类评选、培训。

六、其他

（一）评选每2年进行一次，符合条件者可以连续申报。

（二）被授予“学校专业（学科）带头人”称号者应在学校教育教学工作中起模范带头作用，如开设校级及以上示范课和讲座，指导青年教师和学生活动，开展教学改革实践和课题研究等。

（三）对已获得称号者，若其年度教学工作质量考核不合格、发生重大教学事故或其他严重违纪行为、因个人原因而不履行与所获荣誉相关的工作职责或工作量不满，经评审组复议评定，报校长办公会研究批准，可取消其荣誉及待遇。

本办法自下发之日起实施，由教学科研部负责解释。

上海信息技术学校骨干教师管理办法

一、依据和适用对象

1. 根据上海信息技术学校师资队伍建设规划(2013—2015)要求，为了加强教师队伍建设，尽快建立一支有一定数量和较高业务水平的专业及学科骨干教师队伍，制定本管理办法。

2. 本办法适用于受聘担任中级及以上专业技术职务的具有教师资格的人员。

二、职责和条件

(一)骨干教师的职责

1. 参与专业建设和学科发展工作；

2. 参与专业及学科的教学改革、教学计划及课程标准的制定；

3. 在本专业及学科的教学和教研中勇挑重担，发挥骨干和示范作用；

4. 承担本专业及学科新教师的带教工作；

5. 参与学校其他重要教学活动。

(二)骨干教师的条件

1. 遵纪守法，爱岗敬业，具有良好的职业道德和奉献精神；

2. 有扎实的理论基础、业务知识和较强的实践能力，比较熟练地掌握一门外语，身体健康；

3. 以下条件达到两项者：

(1)近3年担任市级及以上专业及学科中心组成员、专业指导委员会委员、大赛评委、校教研组组长等；

(2)近3年参与学校及以上的教学、科研项目，能在学校教学、科研中得到应用，并取得良好效果；

(3)近3年参与市级及以上专业建设或精品课程建设，取得一定的校际间示范效应；

(4)近3年参编统编教材，或编写校本教材(主编一本或参编两本及以上)并在学校使用；

(5)近3年在省市级以上有刊号的杂志上发表论文，或论文获校级及以上奖项；

(6)近3年(或近二届)在市级及以上教学法评比中获三等奖以上(含三等奖)，或指导学生在省市级及以上大赛中获得二等奖以上奖项；

(7)近3年获得校级及以上教与学方面的综合性荣誉。

三、产生和评定程序

1. 专业及学科骨干教师的分布原则和名额如下。

(1)基础学科骨干教师，学科包括语文、数学、外语、体育等；

(2)专业骨干教师，专业包括化学工艺、工业分析与检验、电气运行与控制、软件与信息服务、数字媒体技术应用、计算机网络技术、数控技术应用、电子与信息技术、珠宝玉石加工与经营、商务助理、物流服务与管理等我校开设的专业；

(3)德育学科骨干教师，包括德育课程、心理学、班主任工作等；

(4)重点专业设四名专业骨干教师，一般专业和基础学科设二名专业骨干教师或学科骨干教师，德育学科设六名学科骨干教师；

(5)专业及学科骨干教师名额全部面向教师。行政兼课人员如符合专业及学科骨干教师条件并评审通过，亦可聘为专业及学科骨干教师，同样履职，但不占用配额。

2. 个人申报或由系、部推荐。填写《上海信息技术学校专业及学科骨干教师申报表》，并向学校人力资源部递交相应的成果、论文、著作、重要奖励证明原件和复印件。

3. 由学校人力资源部对材料进行汇总、整理、初审后，递交学校师资队伍建设领导小组进行评审。师资队伍建设领导小组按差额投票方式进行，对获得出席会议三分之二以上评委赞成的候选人，按本专业及学科骨干教师的名额，根据得票数依次当选，额满为止。

4. 经评审当选的骨干教师名单及材料由学校人力资源部负责公示5个工作日。

5. 对无不良反映的骨干教师人选，由校务会审定通过，并下发文件和颁发聘书。

6. 骨干教师的聘期为3年。

四、建设措施

1. 实施骨干教师在职学位提升项目。学校根据重点建设专业及学科建设要求，每年输送部分骨干教师在职攻读在职研究生，选拔比例为受聘骨干教师队伍的10%(3～5名)，提升学校教师队伍的学位水平。

2. 实施骨干教师校企合作一体化项目。学校积极贯彻落实国家及上海市中长期教育改革和发展规划纲要(2010—2020年)对师资队伍建设的要求，合理、按时安排骨干教师带着专业建设项目进入校企合作单位工作，参与规定项目研究或跟踪专业及学科前沿。下企业教师月绩效工资按照学校教师当月的平均值发放，同时发放项目经费，项目经费以专业建设项目经费预算表发放或根据项目要求、完成情况等按照校教研室审核通过的课题申报费用进行奖励，使骨干教师队伍成为课程建设、技术服务及产学研结合的主力军。

3. 实施骨干教师开发精品课程及校本课程项目。根据学校专业(包括学科)建设发展需要，加强理论教学和实践教学的紧密结合，深化课程体系、教学方法和手段改革，重视教材建设，开发精品课程及校本课程项目，使骨干教师队伍成为课程建设的主力军。

五、享受待遇

1. 发放津贴。骨干教师受聘期间享受津贴每月×××元。如国家对事业单位工资进行调整，则按照国家的有关规定发放津贴。

2. 优先晋升。在晋升高一级职称或评定岗位等级时，同等条件下优先考虑受聘期间的骨干教师。

3. 优先培训。学校优先安排骨干教师参加业务进修、国内外考察和学术交流活动，接受继续教育时间平均每年不少于40学时。

4. 优先科研、教研项目。学校积极支持骨干教师开展学术研究、技术创新和科研实验，在人、财、物等方面给予优先扶持。重点帮助他们进行专业建设和课程开发，鼓励他们开展理论研究、学术交流、科研创新以及出版水平较高的学术论文或专著。

5. 优先推选。学校的有关部门要通过不同的形式广泛宣传骨干教师的典型事迹，表彰他们在教学、科研、专业建设等方面所做出的突出贡献，进一步营造尊重知识、尊重人才的良好氛围。对做出突出贡献、取得优异成绩的骨干教师，学校给予表彰和奖励。在输送名师培养方面、选拔学科带头人等方面在其他条件相同的情况下优先推选。

六、管理与考核

1. 骨干教师需制定个人任期目标。专业及学科所在部门负责其日常管理和培养使用。

2. 校人力资源部建立骨干教师业务考核档案，每年组织进行一次骨干教师述职评议，并将有关材料及时放入本人业务考核档案。

3. 校人力资源部和有关部门要经常听取骨干教师意见和建议，及时为他们解决问题。如遇重大问题，应向校长室汇报。

4. 有下列情况之一者，骨干教师聘期自然终止：

(1)达到自然退休年龄；

(2)长病假；

(3)辞职，调离本校，或出国逾期不归。

5. 有下列情况之一者，由所在部门申请或有关部门建议，校师资队伍建设领导小组讨论通过，校务会批准，撤销其骨干教师资格。

(1)违法乱纪受到党内严重警告或行政记过以上处分；

(2)丧失骨干教师所必需的基本思想道德条件；

(3)发现有谎报成果、弄虚作假的，侵犯知识产权；

(4)未能履行职责，经考核评议，一年中无明显工作业绩。

七、附则

1. 本办法自发布之日起施行。原《上海信息技术学校专业及学科骨干教师管理暂行办法》(沪信技校办[2011]29号)停止施行。

2. 本办法解释权归校人力资源部。

大连市轻工业学校专业带头人培养选拔暂行办法

为保证学校创建一流学校目标的实现，全面启动一流队伍建设工程，造就一流的教师队伍，特制定本办法。

一、培养选拔条件

从事教学第一线工作、年龄一般在40周岁以下、具备中级及以上职称和计算机应用能力的本校专任教师，可以作为专业(学科)带头人的培养对象。

具备下列条件的专业(学科)带头人的培养对象，一般应有硕士学位，年龄一般在45周岁以下，可以确定为专业(学科)带头人。

(一)忠诚教育事业，师德高尚，爱岗敬业，勤奋好学，治学严谨，教育观念新，具备创新精神和教育服务意识，具有团结协作精神及相应的组织管理能力。

(二)教学业务纯熟，教学效果良好，近两年教学考评连续优秀。

(三)学识渊博，学术造诣较深，对本专业(学科)教师及教学工作具备组织和领导能力。

(四)熟悉本专业课程体系，对本专业(学科)建设和学术研究工作有创新性构想，掌握本专业(学科)相关的新知识、新技术、新材料、新工艺，胜任核心课程讲授任务。

(五)取得本专业(学科)或相近职业技能中级及以上技术等级，具备相应专业实验室建设能力和实验项目开发能力。

(六)近5年承担市级及以上教科研课题或在省级及以上刊物发表2篇以上论文或编译出版著作、教材5万字以上，或在教育研究方面取得省内同行公认的成就。

二、培养选拔程序及办法

(一)设立专家考评委员会，由7~9人组成，负责对专业(学科)带头人的考评。

(二)专业(学科)带头人培养对象由本人提出申请，部门推荐，学校办公室审核公示，校长批准。

(三)专业(学科)带头人由本人申请，所在部门考核推荐，群众评议，专家考评委员会考核并公示，校长审批。

(四)专业(学科)带头人培养选拔时间间隔为3年，实施动态管理，对已被确定的专业(学科)带头人聘期3年，每年考评1次，对不能履行义务、名不符实者取消其专业(学科)带头人资格。

(五)专业(学科)带头人由所在部门考核管理，相关资料由学校办公室存档。

三、专业(学科)带头人的义务

(一)提出并主持完成本专业(学科)校级以上教改项目。

（二）主持或参与完成市级及以上教科研项目。

（三）主持或参与本专业人才培养方案的制定和修改。

（四）承担本专业（学科）课程整合或教材编写任务。

（五）每年在校刊上和省级及以上刊物至少各发表 1 篇论文。

（六）任期内培养青年教师 2 名，每学年在专业（学科）教研活动中至少做一次专题教研报告。

（七）承担相应专业建设、专业实验室建设或实验项目开发任务，每聘期至少取得一项成果。

四、专业（学科）带头人的权利和待遇

（一）参与本专业（学科）教学、教研或学术决策，每年可自选订阅相应专业学术刊物 1 份。

（二）优先外出进修学习培训。

（三）在同等条件下，优先晋级、晋职。

（四）每年享受特殊津贴××××～××××元。

（五）对教育教学活动及教学改革可实施监督指导。

五、几点说明

（一）专业（学科）带头人岗位设置，由学校根据专业建设及发展实际确定，一般每个专业及主要学科设置一个岗位。

（二）专业（学科）带头人的岗位设置，一般每 3 年调整一次。

（三）专业（学科）带头人培养对象确定后，由有关部门制定专项培养方案，学校提供专项培养资金。

南京高等职业技术学校骨干教师认定办法

为进一步加强学校骨干教师队伍建设，激励学校教师认真学习职业教育教学理论，钻研教学业务，积极开展教科研，不断提高教学质量和水平，特制定本办法。

一、认定范围

教龄六年（含）以上的专职专任教师以及兼任本专业（学科）教学达到学校规定的授课工作量的教学行政管理人员。

二、认定条件

1. 热爱祖国，拥护中国共产党的领导，热爱职业教育事业，热爱学生。具有较强的敬业精神和创新意识，具有良好的师德修养，受到教职工和学生的好评。遵守教师职业道德规范，遵守“三要八不准”的规定。

2. 具备合格学历，具有高校教师任职资格和中级(含)以上职称，在本校任教满2年，担任班主任或其他教育教学管理工作4年(含)以上，专业教师还须具备技师及以上专业技能证书或非教师系列中级(含)以上专业技术职称。

3. 教育教学思想端正，具有现代教育观念，能按照教育教学规律和职业学校学生的特点教书育人，具备较扎实的教学基本功和较强的教学组织能力，掌握必要的现代教育教学技术，教学能力较强，教学效果较好。在系级以上开设过公开课、示范课并获较好评价；承担系级以上教学改革实验，发挥骨干带头作用。

4. 积极参加教科研、继续教育和技能培训，具备较宽厚的专业知识和较系统的职业教育教学理论水平。在市级以上刊物公开发表至少1篇论文或主编正式出版的教材至少1本；编写的教学资料在学校以上范围内使用；担任过系级以上教师培训主讲；学生兴趣小组或社团的责任指导教师；本人或指导学生参加市级以上教学竞赛获二等奖以上；校级以上课题的核心组成员。具备其中3项。

5. 工作量饱满，每年承担的教育教学工作量均符合学校关于教师工作量的有关规定，专职专任教师授课工作量必须达到学校平均授课工作量，且无教学事故和其他违纪行为。

6. 年度教学工作质量考核合格，班主任工作考核学期排名不在本系后10%。

三、认定程序

1. 个人申报

个人对照评选条件认真填写申报表，并提交主要实绩材料、证书复印件。

2. 初步评审

由教学科研部、系部会同有关部门组成评审组审核申报材料，主要审核申报者是否符合申报条件，有无工作量不满情况，有无教学事故和其他违纪行为，有无违反教师职业道德规范的行为，有无材料不全或失实情况，并从工作态度(5%)、教学工作量(5%)、公开课(5%)、教学研究和课程改革实践(10%)、课堂教学质量(50%)、教科研(20%)、继续教育(5%)等方面综合评定。

3. 评审公示

在初步评审的基础上，评审组给出书面评审意见。科研处将拟订的初审名单报校长办公会研究后，在校内公示一周，听取教职工意见。

4. 校长办公会审批

科研处将公示结果报校长办公会审批后公布。

四、奖励办法

1. 对获得“学校骨干教师”称号者颁发荣誉证书，并每学期发放津贴×××元。当年度学校各类教学检查免检。

2. 只有获得“学校骨干教师”称号者才能推荐参加省、联合学院、市“骨干教师”“学校专业(学科)带头人”的评选和培训。

3. 同等条件下，优先推荐参加校级以上其他各级各类评选和培训。

五、其他

1. 曾获得过南京市优秀青年教师、学院专业带头人、南京市专业(学科)带头人称号者，可以免予评审，直接认定。

2. 近2年内获得过学校优秀青年教师、学校专业(学科)带头人称号者；或近2年内参加上级教育行政部门组织的教学能力竞赛，获得省、学院级三等奖以上、南京市二等奖以上者，可不参加课堂教学评审，直接进入材料评审阶段。

3. 认定每2年进行一次，符合条件者可以连续申报。

4. 被授予“学校骨干教师”称号者应在学校教育教学工作中起模范带头作用，如定期开设校级及以上示范课、公开课和讲座，指导学生活动，参加学院教科研活动和教改实验等。

5. 对已获得称号者，若出现其年度教学工作质量考核不合格，发生严重、重大教学违纪或其他严重违纪行为，因个人原因不履行与所获荣誉相关的工作职责或工作量不满等情况的，经评审组复议评定，报校长办公会研究批准，可取消其荣誉及待遇。

2.3 外聘教师聘任

学校建立有利于引进企业优秀专业技术人才到学校担任专、兼职教师的聘任制度。学校可以根据需要通过“特岗、特聘、特邀”等形式，向行业组织、企业和事业单位聘任专业课教师或实习指导教师。

——摘自《中等职业学校管理规程》第十二条

制度案例

上海信息技术学校兼职教师管理办法（修订稿）

大连市轻工业学校外聘教师管理制度

厦门信息学校外聘兼职教师管理办法

上海信息技术学校兼职教师管理办法（修订稿）

为深入贯彻落实《国家中长期教育改革和发展规划纲要(2010—2020 年)》和《上海市中长期教育改革和发展规划纲要(2010—2020 年)》《教育部 财政部关于实施职业院校教师素质提高计划的意见》(教职成〔2011〕14 号)，以及《上海市教育委员会 上海市财政局关于实施上海市中等职业学校特聘兼职教师资助工作的通知》(沪教委职〔2009〕22 号)精神，结合第一批"国家中等职业教育改革发展示范学校建设计划"对师资队伍的建设要求，为加强兼职教师的队伍建设，组建一支师德高尚、业务精良、技术过硬、结构合理和相对稳定的兼职教师队伍，进一步深化校企合作、理论联系实际、工学结合、推动职业教育教学和人才培养模式改革，提高学校办学质量，培养更多知识型、发展型技能人才，服务经济社会发展，切实发挥兼职教师的作用，特制定兼职教师管理办法如下。

一、兼职教师的定义

兼职教师是指学校正式聘任的，符合以下一项或多项条件的社会各行业中实践经验丰富的专家、名师、工程技术人员及能工巧匠。

1. 能引领并指导某专业及学科发展方向的；
2. 能承担某专业课或实践课指导及教学任务的；
3. 能定期为学校师生举行各类学术性或实践性讲座的；
4. 能帮助学校提高教育教学质量的。

兼职教师分特聘教授、兼职督导、专业及学科外聘教师等。

二、兼职教师的聘请条件

1. 热心教育事业，具有良好的职业道德，品行端正，身体健康，具有职业技术教育的理念，有事业心和责任感，能做到教书育人，为人师表；

2. 特聘教授应是国内或省(市)内在本专业或本行业具有一定影响力，有很强的教学、科研能力，能够把握本专业的教学方向，积极培养和指导青年教师工作，能够为学校的发展以及教学管理与改革等提出建设性的意见和建议；

3. 兼职督导应能对学校的教育工作进行监督、检查、评估、指导，注重发现问题，向学校领导及有关部门提出改进意见，注重发现典型，总结教育教学成果，及时宣传推广学校先进教育经验；

4. 担任文化基础课教学的外聘教师原则上应具有本科及以上学历，具备中级及以上专业技术职务；

5. 担任专业课教学或承担实践教学任务的外聘教师应具有中级以上专业技术职务或

高级工以上职业资格，对于实践性很强的教学可以是在本行业享有较高声誉、具有丰富实践经验和特殊技能的“能工巧匠”；

6. 已退休教师的聘任，年龄一般不超过65岁(特聘教授除外)，身体健康，能正常工作。

三、兼职教师的工作职责

兼职教师应热爱教育事业，尽职尽责，认真完成工作任务。

(一)特聘教授的工作职责

1. 为学校的发展、教学管理与改革等提出建设性的意见和建议；

2. 指导或直接参与该专业及学科方向的确定及调整，实训室建设方案的制定、专业建设中课程体系建设等工作，并对涉及专业建设各方面的工作提出建设性意见；

3. 根据学校师资队伍或专业建设的发展需要，能定期或不定期地为学校教师开设各类讲座。

(二)兼职督导的工作职责

1. 了解学校教学工作安排，参与教学过程的常规检查，检查教师授课计划、教案以及教学等的执行情况，监督教师教学行为规范；

2. 教学检查后，应及时填写教学检查记录表，反映真实情况，并提出解决问题的建议，所有文字记录及表格均需按规定时间交教务管理部；

3. 配合学校搞好对各个教学环节的检查督促和对教学人员教学质量的评估。

(三)专业及学科外聘教师的工作职责

1. 外聘教师对其所承担教学的课程，应在开课前两周内根据校历、教学进程表和课程表的安排，网上提交学期授课计划，相关领导审核通过；

2. 按教学大纲的要求及审核通过的授课计划进度，认真备课，设计好教案。教案内容应包括每次上课的时间、授课主要内容、重点难点、教学设计及作业布置等；

3. 外聘教师的教学基本规范，按照《上海信息技术学校教学管理规定》执行。

四、兼职教师的聘用程序及管理

(一)特聘教授是学校根据专业建设的发展需要而设定的。具体要求如下：

1. 特聘教授可以是系部专业指导委员会成员，能为专业建设出谋划策，并能指导、参加本校专业活动；

2. 在本专业专任教师中还没有专业带头人的情况下，可根据专业建设需要聘请1名特聘教授，国家示范校建设专业可根据专业建设及发展需要可聘请特聘教授2名且不受学校专业带头人人数的限制；

3. 由系部提出人选，校长办公室审批同意，人力资源部聘任，教务管理部和系部负责日常管理。

(二)兼职督导是学校为提高教学质量及办学水平而聘请的各类专家、名师或能工巧匠。兼职督导在教学副校长的领导下，配合学校教务管理部开展各项教学监督、检查、评估、指导，具体要求如下：

1. 兼职督导应具有高级专业技术职务资格；

2. 具有丰富的教学或实践经验，有较高的威望；

3. 由教务管理部根据教学管理需要提出人选，教学副校长审批同意，人力资源部聘任，教务管理部负责日常管理。

（三）专业及学科外聘教师是指承担具体教学任务的兼职教师，具体聘用要求如下：

1. 专业及学科外聘教师由系部提名。系部根据年度工作计划，专业实施性教学计划及新学期教学任务、教师专业技术结构及教学工作量情况，由系部于每年六月和十二月确定下学期专业及学科外聘教师人选。专业及学科外聘教师比例达到专业教师总量的30%；

2. 七月和一月前应填写《兼职教师基本信息登记表》，系部签署审批聘用意见，教务管理部主任审批同意，人力资源部备案；

3. 凡通过批准，决定聘任的专业及学科外聘教师，在第一次上课前由系部、教务管理部与其签订兼职教师（专业及学科外聘教师）聘任合同一式三份（教务管理部、系部和教师各执一份），由教务管理部具体负责；

4. 由系部、教务管理部共同负责在每学期初召开一次专业及学科外聘教师会议，明确新学期教学工作任务；外聘教师任课前由教务管理部负责明确教学管理规范和要求，专业系部明确外聘教师的教学任务、反馈选修情况、授课时间和地点；专业系部教研组应和外聘教师共同研究教学内容、探讨教学方法、开展听课活动、及时反馈教学效果并保持经常联系，每月至少联系一次；

5. 正式授课前，外聘教师应编写《上海信息技术学校授课计划》、教案首页和教案，由教研组长、专业系部主任、教务主任审核和分管校长批准后才能正式实施；

6. 月教学反馈、期中教学检查和期末教学检查时，教务管理部和督导组应监控专业及学科外聘教师日常教学工作与教学质量，从不同渠道收集信息向专业系部反馈，并作为继续聘任的依据；

7. 教务管理部在每学期开学初及时将聘任的专业及学科外聘教师汇总表交人力资源部备案；

8. 专业及学科外聘教师的聘书由人力资源部颁发。人力资源部要建立与完善专业及学科外聘教师人才资源库。

五、兼职教师的报酬

1. 特聘教授和兼职督导的报酬标准由人力资源部和教务管理部参照社会行业标准，视学校具体情况，提出不同的聘用标准，并报校长办公室审批。

2. 专业及学科外聘教师报酬暂定为：基础教学阶级的课程（含环节）和专业教学阶段课程（含环节），一般按××～××元/节计算，特殊情况另行协商。应急或特需外聘教师的课时报酬标准由专业系部和教务管理部共同协商确定。

3. 每月由外聘教师所在系部行政助理负责做好工作量核算，开具内部通知单给教务管理部，由教务管理部核实后开具内部通知单给人财处，由专业系部负责按月发放授课报酬。

4. 如遇教学时间中间有午餐、晚餐，由教务管理部负责发放餐券，一般不再支付其他费用。

六、本办法自颁布之日起执行，解释权归人力资源部、教务管理部，原外聘教师管理办法和兼职教师管理办法不再执行。

大连市轻工业学校外聘教师管理制度

一、聘用原则

（一）外聘教师资格：大学本科以上学历，师德合格，具有同类及以上学历层次学校教师资格证书；对于实践性较强的专业课也可以聘用有实践经验工程技术人员和具有专业技能证书的高级工及以上人员任课。

（二）择优聘用：优先聘用师德高尚、责任心强、教学效果好、学生满意的教师，优先聘用具有中级技术职称以上的教师和工程技术人员。

（三）对于没有获得教师资格证的在读研究生，在教学急需的情况下，也可聘用，但要通过试讲或试用的办法考查其教学能力（一般试用期不超过三个月），在试用期内拿试用讲课费。

二、聘用程序

（一）各教研室每学期第 16 周起，根据专业课程计划确定外聘教师的数量和人员。

（二）教务科与各教学科统一协调、考核，主管校长批准聘任。外聘教师一经确定，必须与学校签订外聘教师合同。外聘合同必须明确外聘教师的教学任务、教学质量要求，以及外聘教师应遵守的规章制度。

三、外聘教师的管理

（一）签订合同的外聘教师由各教学科、教研室负责管理和考核。外聘教师必须到教研室办公，参加教研活动，并按教研室的教学要求制定授课计划，认真写好教案，并按课程目标、实施性课程计划，认真讲课、批改作业和辅导，认真考核学生成绩。

（二）对外聘教师的考核同本校教师一同进行，并及时征求学生意见，对于教学态度认真、教学效果优秀、学生反映良好的教师要及时表扬或奖励，对于违反教学常规的外聘教师也要进行处罚。对教学效果太差、学生反映强烈或及不负责任、严重违犯教学纪律的外聘教师，教务科应及时采取措施，直至解聘。

四、外聘教师的课时费规定

（一）本校实行基本课时费＋奖金的计酬办法。

（二）大学本科学历，具有“讲师”“高讲”（或相当讲师、高讲）职称的外聘教师，普通文化、一般专业课讲课费用标准为××元/每标准课时。

（三）大学教授、名人名师、特殊专业课或急需专业课教师（高讲、工程师以上职称）以及高职班高等数学、工程数学、专业外语等课的教师（高讲以上职称）、可达××元/每标准课时。

（四）对于没有教师资格证的大学毕业或在读研究生或“助讲”以下职称的教师，课时费标准为××元/每标准课时。但经过一段教学实践的考察，确属师德高尚、教学效果优秀、学生满意的教师，经教务科长批准可增至××元/每标准课时。

（五）艺术类单元课教师一般情况下，其课时费标准为××元/每课时，名人名师由教务科长与教师面议。

（六）实践教学环节的外聘教师课时标准按以上有关规定实行，但标准课时必须按学校有关规定折合，即按每周12～20课时折算。

（七）外籍教师的课时费由学校与其签订的合同标准兑付。

（八）对于教学态度认真、教学效果优秀、学生满意的外聘教师，期末学校将给予外聘教师原课时费标准基础上上浮一档或××元奖励。

厦门信息学校外聘兼职教师管理办法

外聘兼职教师是学校教师队伍的重要组成部分。加强外聘兼职教师的管理，组建一支师德高尚、业务精良、技术过硬、结构合理和相对稳定的外聘兼职教师队伍，对稳定教学秩序、加强校企合作、理论联系实际、提高教学质量、培养高技能人才具有重要意义。为明确外聘兼职教师的任职条件、聘用程序、管理要求及教学工作规范，特制定本办法。

一、外兼职教师的基本条件

1. 遵守国家的法律、方针、政策，坚持四项基本原则。

2. 具有本学科大学本科以上学历或中级以上专业技术职称及其他相应职称的教师、专业技术人员或能工巧匠。

3. 具有所承担本课程教学任务的业务能力和教学水平，业务基础扎实、教学效果好。

4. 具有良好的职业道德和协作意识，能服从学校的教学管理，遵守学校教师的管理规定。

5. 身体健康。

二、外聘兼职教师职责

1. 外聘兼职教师对其所承担教学的课程，应根据校历和课程表的安排教学工作。

2. 按教学大纲的要求认真备课，做好授课的相关工作。

3. 着装整洁、大方，以饱满的精神状态，提前两分钟进入教学场所，中间不得随意离开教学场所及在课堂上使用通信工具。严格遵守学校的作息时间，不迟到、不拖课、不提前下课。

4. 课下多与学生交流，及时掌握学习情况，并及时解答学生提出的疑难问题。

5. 因事、因病需要调课、停课或代课，应提前向学校提出申请。因故不能提前办理手续时，原则上应提前 12 小时通知学校主管部门，事后登记备案。

6. 按时上课和下课，做好学生考勤。

三、外聘兼职教师的聘任程序

1. 学校根据需要，统一向符合外兼职教师基本条件的人员发放聘书。

2. 有教学任务的外聘教师与学校教学主管部门签订“兼职教师教学任务书”。

3. 兼职教师根据“兼职教师教学任务书”中的附件“课程表”执行教学工作。

4. 教学部门要建立与完善外聘兼职教师人才库。

四、兼职教师的管理

1. 一经聘用，各教学部应严格按照教学计划，对兼职教师提出授课要求。

2. 为帮助兼职教师尽快适应学校的教学要求，所属教学部应积极向兼职教师提供帮助：

(1) 明确学校以人为本的办学思想；逐步树立办好中等职业教育的信念；贯彻以育人为中心、以就业为导向的办学方针；强化职业教育特色，突出职业能力培养。遵循提高学生就业能力、就业竞争力、就业率的办学宗旨。紧紧围绕教学工作为学生成长、成材服务的工作思路，千方百计落实教书育人、管理管人、服务育人的治校理念，促进本职工作。

(2) 介绍任课专业的发展方向、特色、专业建设情况。

(3) 提供教学计划、教学大纲、教材及其他教学辅助材料。

(4) 明确学校在备课、授课、实践教学等各个教学环节的基本要求和规定。

3. 每位兼职教师每学期授课不超过两门，以保证教师有足够的备课与教研活动时间。

4. 兼职教师日常教学工作的考核由相应教学部负责，纳入教师考核体系之中，并作为考核的重点。

5. 各教学部应准确地掌握兼职教师的教学水平、教学效果和教学任务的完成情况，作为今后选聘教师的参考依据。

6. 兼职教师违约处理：

(1) 一旦发现兼职教师有违约行为，各部应及时提出处理意见并同时以书面形式向学校主管部门反映。

(2) 兼职教师发生教学事故，按学校教学事故与差错认定及处理办法处理。

2.4 教师企业实践

学校建立教师到企业实践制度。专业技能课教师、实习指导教师每两年应当有两个月以上时间到企业或生产服务一线实践。鼓励教师参加高一级学历进修或提高业务能力的培训。

——摘自《中等职业学校管理规程》第十三条

制度案例

上海信息技术学校教师企业实习暂行办法

大连市轻工业学校教师企业实践制度

南京高等职业技术学校教师到企业实践工作制度

上海信息技术学校教师企业实习暂行办法

一、依据和适用对象

1. 贯彻落实《教育部 财政部关于实施职业院校教师素质提高计划的意见》(教职成〔2011〕14号)、《上海市中长期教育改革和发展规划纲要(2010—2020年)》，执行上海市教育委员会关于印发《上海市职业教育"十二五"改革和发展规划》的通知(沪教委职〔2011〕38号)精神，结合第一批"国家中等职业教育改革发展示范学校建设计划"对师资队伍建设的要求，结合学校实际，特制定教师企业实践管理规定。

2. 本办法适用于承担基础课和专业课的本校在岗专职教师。

二、主要形式及要求

1. 教师企业实践属于教师培训的重要组成部分，根据具体情况可采用按企业、专业集中或按岗位分散两种形式。要求教师带着教研课题到企业参加实践锻炼，提高实践锻炼的针对性和实效性。

2. 各专业系要根据专业具体情况，组织安排好教师到企业参加实践，安排教师在寒、暑假期间到企业实践，如在学期中进行企业实践需提前做好教学工作安排，专业课教师每学年至少到企业实践(累计)两周以上。

3. 专业教师到企业实践，可采取顶岗作业、工作实习、带学生实习、合作研究等多种形式，并与调查研究相结合，及时掌握本专业发展动态及实际应用情况，充分了解相应的业务流程、岗位素质、知识技能要求等，努力提高自身的"双师"素质。

4. 学校把专业教师到企业实践情况作为评优的重要指标之一。

三、基本程序

1. 各系根据专业发展和实践教学需要、学习培训内容以及教师的专业特点制定教师下企业实践年度计划，年度计划报人力资源部审核，学校审批同意后实施。

2. 若需要利用寒暑假到企业实践的教师，放假前三周由所在专业系汇总后报学校人力资源部审核，经学校批准后实施。

3. 参加下企业实践的教师要制定学习计划并提交人力资源部、教学管理部备案。

四、实施及考核

1. 教师在企业实践前，需填写《上海信息技术学校教师企业实践任务表》，主要内容为企业实践的工作目标、岗位、责任和成果等。本人、系、人力资源部、教学管理部各执一份。

2. 教师企业实践结束后，必须认真填写《上海信息技术学校教师企业实践日志》，并在结束后两周内写出不少于2000字的书面总结，同《上海信息技术学校教师企业实践日志》一起交人力资源部。

3. 在教师企业实践期间，学校、专业系将组织有关人员到企业进行随访。在企业实践结束后，各系应在两周内根据实践前签订的协议内容、企业对该教师的评价等进行考核验收，并签署考核意见和等级，实践考核结果分为“优秀”“合格”“不合格”三个等级，具体标准如下。

(1)优秀：模范遵守学校和企业各项规章制度；全面履行所任岗位职务职责，出色完成企业实践任务，实践成果突出或受到企业嘉奖。

(2)合格：自觉遵守各项规章制度；能履行所任岗位职责，工作积极努力，按时完成企业实践任务，实践成果经学校审核合格。

(3)不合格：不能遵守学校和企业规章制度，如未履行请假审批手续，擅自离开实践岗位；未能履行岗位职责；未能完成企业实践任务，企业实践工作记载等弄虚作假；因个人原因给企业造成损失或无任何实践成果(包括总结等)等。

4. 教师在企业实践中违反操作规程和规章制度，或由于个人原因对企业造成经济损失者，由个人承担相应责任。

5. 每学期学校随机抽取企业实践的教师，向其他教师展示教师企业实践的成果。相关的资料存入教师个人业务档案，并与年度考核挂钩。

6. 企业实践期间教师帮助企业完成技术攻关、产品开发等技术成果，经鉴定后学校给予一定奖励，奖励办法另定。

五、基本待遇

1. 经学校批准参加企业实践的教师，总结考核合格者，实践期间的津贴等按以下情况执行。

(1)脱产到企业进行实践的教师工作量津贴，月课时津贴按照××××元发放(含寒暑假)，包括基本工作补贴和交通费，餐费按学校标准另行发放，如不满20个工作日，按日平均值计；

(2)校企合作项目经费根据示范校建设项目经费预算表发放，或根据项目要求和完成情况等，按照校教研室审核通过的课题申报费用进行结算；

(3)开发各类校企合作教材费用参照《上海信息技术学校教师第三类工作量统计规定》结算。

2. 在企业实践期间，教师出现以下情况者，学校取消企业实践期间的课时津贴工资，并给予相应处理，年终考核取消评优资格：

(1)违反企业的规章制度，给企业造成重大损失；

(2)无特殊原因未能完成培训内容或自行终止培训；

(3)没有通过企业和系部考核。

六、附则

1. 本办法自发布之日起施行。
2. 本办法解释权归校人力资源部。

大连市轻工业学校教师企业实践制度

一、专业科要定期有计划地安排专业课和专业基础课教师到企业中去，参与专业实践，学习操作技能，丰富专业实践知识，提高实践教学水平。

二、专业课教师要逐步达到中高级工技能等级要求，专业基础课教师要逐步达到初级工以上技能等级要求，并参加劳动局组织的统考，取得相应的技术等级证。

三、新分配到校的青年专业教师，应创造条件到专业对口的企业实践劳动至少一年。

四、各专业科应根据学校的统一要求，每学期安排1～3名教师到专业对口的企业、行业进行社会实践，结合专业实际需求，采取多种形式开展专题调研。

五、教师下企业参加社会实践应纳入到教师正常工作量中，因此，各教学科要做好考核管理工作。

六、教师参加社会实践结束后，需写出调研、学习和总结报告，交各教学科并存挡。

南京高等职业技术学校教师到企业实践工作制度

组织教师到企业实践是职业学校教师在职培训的重要形式，是提高教师专业技能水平和实践教学能力的有效途径，也是职业学校密切与企业的联系、加强校企合作的具体体现。为进一步适应社会经济发展需求，促进学校教学改革和人才培养模式的转变，优化教师的能力素质结构，建设高水平的“双师型”教师队伍，特制定本制度。

一、教师到企业实践的要求与主要内容

学校专业教师(含实验实训指导教师)每两年必须有至少两个月时间到企业或生产服务一线实践。专业教师到企业实践，一是了解企业的生产组织方式、工艺流程、产业发展趋势等基本情况；二是熟悉企业相关岗位(工种)职责、操作规范、用人标准及管理制度等具体内容；三是学习所教专业在生产实践中应用的新知识、新技能、新工艺、新方法；四是结合企业的生产实际和用人标准，不断完善教学方案，改进教学方法，积极开发校本教材，切实提高职业学校实践教学环节质量，提高技能型人才培养质量。对每一位到企业实践的教师要围绕解决实际问题和开展项目研究的需要，明确其工作任务和目的，确定到

企业实践的重点内容，提高实践活动的针对性和实效性。

学校教学管理人员和文化课教师也应每年到企业进行考察、开展调研，了解企业的生产情况及其对职业教育的需求，不断改进职业学校的教育教学和管理工作。

二、教师到企业实践的组织

各系(部)根据教学需要和教学安排有组织、有计划地分期、分批安排专业教师到企业实践，于每年6月将下一学年度本系(部)教师到企业实践的工作计划上报，经校长办公会批准后执行。教师到企业实践的形式有以下几种：

(一)利用寒、暑假时间，到企业进行1~2个月的顶岗实践；

(二)根据培训需求和实际情况，采取到企业生产现场考察观摩、接受企业组织的技能培训、在企业的生产或培训岗位上操作演练、参与企业的产品开发和技术改造等灵活多样的形式；

(三)将教师到企业实践和学生到企业实习有机结合起来，教师在做好学生实习管理和指导的同时开展到企业实践活动。

三、教师到企业实践的考核

教师到企业实践的情况是教师职务考核、聘任和晋级的重要依据，也是教研室和系(部)工作考核的重要指标。专业教师应认真、规范填写《专业教师到企业实践工作手册》，教学管理人员和文化课教师应认真、规范填写《企业调查表》。各系(部)应加强教师到企业实践工作的计划、过程管理，建立工作档案，由专人负责收集，按学年建档、保管。教学科研部负责教师到企业实践的检查与考核，并将相关材料在学校教学档案和教师业务档案中存档保管。

四、教师到企业实践期间的待遇

教师到企业实践期间的待遇，寒、暑假期间按××元/天的标准发放餐费和交通费补贴，学期中比照行政人员待遇发放。其他费用如培训费、差旅费等按照学校有关财务制度执行。

本规定自下发之日起实施，由教学科研部负责解释。

2.5　师德考评奖励

学校按照国家有关规定要求，建立健全师德考评奖励机制，开展师德师风教育、法制教育和安全教育。

——摘自《中等职业学校管理规程》第十四条

制度案例

上海信息技术学校师德规范

厦门信息学校关于教师课堂教学行为规范的通知

上海信息技术学校教学事故认定与处理暂行办法

厦门信息学校教学事故认定及处理办法（试行）

上海信息技术学校师德规范

一、坚持正确方向 、践行“奔马” 文化

1. 认真贯彻党的教育方针，模范遵守国家法律法规和学校规章制度，不散布有违国家政策、法规或其他不健康的言论，不组织或参与非法集会、结社等，积极实施素质教育。自觉坚持社会主义核心价值观，带头实践社会主义荣辱观，培养德智体美全面发展的社会主义建设者和接班人。

2. 忠诚于职业教育事业，爱岗敬业，教书育人，树立正确教育思想，全面履行教师职责。认真完成教育教学任务，成为学校“奔马”文化 的实践者和传播者。

二、热爱学生、为人师表

3. 热爱全体学生，尊重学生人格，公正对待学生，维护学生合法权益与身心健康。深入了解学生，严格要求学生，坚持因材施教，育人为本的理念，发展学生智力，培养学生能力，寓德于教，既对学生严格要求，又尊重学生的人格，实现教学相长。

4. 注重言表风范，加强人格修养，维护教师形象，坚持以身作则、廉洁从教，作风正派，严于律己，乐于奉献。勤于钻研业务，严明教学纪律。具有高尚的道德情操、良好的职业形象和特殊的人格魅力，成为学生的楷模。

三、乐学善思、爱岗敬业

5. 树立优良学风，坚持终身学习。不断更新知识结构，增强实践能力。积极开展教育教学研究，掌握现代教育教学手段，努力改进教育教学方法，不断提高教育教学水平。

6. 以大国工匠和名师为楷模，勇于探索，追求创新，精益求精。充分发挥专业优势，在专业训练发展过程中，形成具有竞争性的专长。

四、团结协作、服务社会

7. 热爱学校，关心学校发展，具有较强的集体主义观念，从自我做起，为学校的改革、发展和稳定贡献力量。热心公益，服务社会，勇担社会责任。

8. 尊重同志，胸襟开阔，生活上互相关心，热心帮助，业务上互相学习，取长补短，工作上互相配合、团结协作。维护集体荣誉，创建文明校风，优化育人环境。

厦门信息学校关于教师课堂教学行为规范的通知

一、要认真备好每一节课；严禁准备不充分或无准备上课。

二、要按要求提前到教室；严禁旷课、迟到或提早下课。

三、要遵守学校的教学管理制度；严禁私自调课或请人代课。

四、要将手机放办公室或置静音(关机)；上课期间严禁使用手机。

五、要引导学生树立正确的世界观、价值观和人生观，做一个正直的、有良知底线的人；严禁向学生传输有悖社会正义和良知的价值观。

六、要身正为范；严禁在学生面前说不文明话、做不文明事，严禁使用黄色和暴力的语言。

七、要关爱和尊重学生，发现学生有迟到、早退、上课吃东西、上课讲话、上课使用手机等违纪行为要及时提醒和教育，要加强与班主任沟通；禁止对学生违纪或不文明行为放任不管、不闻不问、置若罔闻。

八、要及时帮助学习有困难的学生，及时纠正学生睡觉、不带书本、不做作业等学习上的陋习；不要对这些学生置之不理。

九、要加强学生的职业道德教育，对学生不良的行为习惯要及时予以纠正；不要放任自流。

十、要加强教学研究，更新教学理念，创新教学设计，提高课堂教学效率；不要满堂灌或照本宣科。

十一、要注重学生学习能力、方法能力、团队协作等方面能力的培养和良好职业素养的养成；不要只注重知识和操作步骤的传输，只会生搬硬套。

十二、要与时俱进，加强学习，提高自身的教学业务能力和专业技能；不要停滞不前、原地踏步。

上海信息技术学校教学事故认定与处理暂行办法

为了使学校的教学管理工作规范、有序地进行，逐步做到以法治校，全面提高教学质量，避免或减少教学事故的发生，并使教学事故一旦发生时得到严肃、认真、实事求是和及时的认定和处理，特制定本办法。

一、凡违反学校有关教学管理规定，影响正常教学秩序，造成一定后果或严重后果的行为，视为教学事故。教学事故认定分为A(课堂教学)、B(考试与成绩)、C(教务管理)、D(其他)四大类31种情况。事故按其程度分为三级：Ⅰ级(重大)，Ⅱ级(较大)，

Ⅲ级(一般)。

二、教学事故可以由检查人或发现人、知情人在发现后两天内向教务管理部(基础部、专业系)报告。教务管理部(基础部、专业系)查实后按一次一表(教学事故记录表)的方式做好详细记录，并将教学事故通知发至责任人和责任人所在部门。

三、教学事故记录表应明确列出责任人(一人或多人)，不得以部门集体代替。部门领导对本部门教学事故故意不报或隐瞒者，或教学检查人员对执勤中发现的事故拖延不报者，应记为责任人。

四、Ⅰ级事故由主管教学的校长核定，Ⅱ、Ⅲ级事故由教务管理部主管核定。

五、教学事故分类与级别。

类别	序号	事　　故	级别
A 课堂教学	A_1	在讲课中散布有违反职业道德言论	Ⅰ～Ⅲ
	A_2	教师无正当理由缺课	Ⅰ
	A_3	未办调课手续，擅自变动课表或与他人对调上课	Ⅱ
	A_4	无正当理由上课迟到者	Ⅲ
	A_5	无正当理由提早放课者	Ⅱ
	A_6	教师在教学大楼内抽烟	Ⅲ
	A_7	教师上课时携带的手机发出响声	Ⅲ
	A_8	未携带任何教案上课	Ⅲ
B 考试与成绩	B_1	主、监考教师在监考中未履行职责，造成学生作弊	Ⅱ
	B_2	教师在阅卷评分中擅自更改评分标准	Ⅱ
	B_3	考试内容严重出错，致使考试无法进行	Ⅱ
	B_4	教师故意泄漏考卷内容	Ⅱ
	B_5	主考教师未提前15分钟到教务科领取考卷	Ⅲ
	B_6	主、监考教师未提前10分钟进考场	Ⅲ
	B_7	考毕收回考卷数与参加考试人数不相符，且未发现者	Ⅲ
	B_8	考试后教师未在规定时间内报送学生成绩	Ⅲ
	B_9	考试成绩上报教务科后，需要更改学生成绩	Ⅲ
	B_{10}	上课前未及时上传教案时间、填写教学后记、制定授课计划	Ⅲ
C 教务管理	C_1	教务部门因考卷保管不严而泄密	Ⅰ
	C_2	教务部门因疏忽漏排考试课程	Ⅲ
	C_3	审查不认真，明显错发或漏发学生毕业证书	Ⅱ
	C_4	出具与事实严重违背的学历学籍成绩等各类证书证明：1. 故意；2. 过失	Ⅰ～Ⅱ
	C_5	因排课调度失误，造成班级无教师上课，或学生无教室上课	Ⅱ
	C_6	教师已事先请假，而管理者未转告，致使学生上课空等5分钟以上	Ⅲ
	C_7	教研组长未及时向教务部门上报所用教材或更改所用教材，致使教材延误征订	Ⅲ
	C_8	教务部门疏忽漏订教材	Ⅲ
	C_9	教材供应部门未按教务管理部提出计划征订教材，致使学生无教材上课	Ⅲ
	C_{10}	未及时排课、检查教学现场、进行教学反馈	Ⅲ

续表

类别	序号	事　　故	级别
D 其他	D_1	已到上课时间，值班人员未打开教室大门(指公共教室)	Ⅲ
	D_2	教室内门、窗、电灯损坏，经报修未按规定时间内修复	Ⅲ
	D_3	正常上课时间，因工作人员疏忽，造成错打铃或事先有通知停电，但已到上课时间，值班人员不摇铃	Ⅲ

六、实验、实习等教学环节，其适用范围等同于 A(课堂教学)。

七、教学事故处理意见

1. 对于教学口Ⅲ级教学事故责任人，系部对责任人进行谈话教育，在教务例会上通报批评，并扣除当月浮动工资的 25%。

2. 对于教学口Ⅱ级教学事故责任人，扣除当月浮动工资的 50%，在教学行政会上通报批评，并建议所在系部对责任人进行跟踪观察。

3. 对于教学口Ⅰ级教学事故责任人，参加校内外的师德学习班等，扣除本学期浮动工资，并建议另作行政处理。

4. 对于非教学口教学事故责任人，比照教学口教学事故责任人的处理办法，作出相应的行政处理。

5. 未尽内容参照以上教学事故分类与级别，由教务管理部认定和处理。

八、本办法自 2012 年 9 月 1 日起生效。

九、本办法由教务管理部负责解释。

厦门信息学校教学事故认定及处理办法（试行）

为维护正常的教学秩序，严肃教学纪律，及时、妥善处理教学事故，制定本办法。

由于任课教师、教学辅助人员、教学管理人员以及为教学服务的各部门工作人员的直接或间接责任，对正常教学秩序、教学过程和教学质量造成不良影响和后果的事故，属于教学事故。

一、教学事故的分类与等级

根据对教学的影响程度不同将教学事故分为 4 个等级：

(1) Ⅰ级事故——重大教学事故；

(2) Ⅱ级事故——较大教学事故；

(3) Ⅲ级事故——一般教学事故；

(4) Ⅳ级事故——轻微教学事故。

二、教学事故的认定

1. 有下列情节之一者，认定为Ⅰ级教学事故

(1)教师在教学过程中有违反国家法律、法规、政策或其他思想内容不健康的言行，并在学生中造成极其恶劣影响的；

(2)教师未按规定履行请假手续，擅自停课、缺课的；

(3)对学生体罚或怒骂导致严重后果的；

(4)不按学籍管理的规定擅自安排或接收学生的；

(5)在教学过程中，遇突发事件，不能及时妥善处理，造成事态恶性发展的；

(6)教师因错误指导或擅离职守，造成重大财产损失或学生严重伤亡事故的；

(7)教学辅助人员将教学设备、资料等丢失或擅自借出的；

(8)无正当理由拒不接受学校或处室分配的教学相关工作任务的。

2. 有下列情节之一者，认定为Ⅱ级教学事故

(1)未经主管校领导或教务科同意在教学时间内安排其他活动，致使正常的教学秩序被打乱的；

(2)教师(包括辅导教师)无正当理由上课迟到、监考迟到或离岗超过20分钟以上的；

(3)管理人员上课铃声响后超过10分钟以上未打开教室、实验室、实训室、会议室等教学场所，造成师生无法进入上述场所的；

(4)未按规定经学校主管部门批准，擅自请人代课；

(5)教师在考试过程组织不严、监考不力，造成学生较严重的作弊现象；

(6)教师在考试命题或管理人员在试卷印刷、传送、保管过程中泄漏考题的；

(7)教师不按评分标准评阅试卷，随意提分或故意扣分，私自更改学生成绩；

(8)教师酒后进课堂。

3. 有下列情节之一者，认定为Ⅲ级教学事故

(1)教师(包括辅导教师)无正当理由上课迟到、监考迟到或离岗3分钟以上，20分钟以内的；

(2)未按规定经学校主管部门批准，随意变动上课时间、地点、形式的；

(3)未经教务科批准擅自调课的；

(4)教师未按时提交考试试卷及答案、未及时送印或试题多处出错，影响考试进程的；

(5)教师不按时报送教学计划、总结、质量分析和其他教学资料的；

(6)作业布置严重不足，批改作业量达不到规定次数的80%的；

(7)听课次数达不到规定量90%，一学期内无故缺席教研活动两次的；

(8)上课、监考期间打瞌睡、闲聊、看书刊、做题等从事与上课或监考无关的活动的；

(9)丢失在校学生考试成绩、必须存档的试卷的；

(10)教师漏报或成班级建制的成绩报送错误、提高或压低学生考试成绩10分以上，

且不能做出合理解释的；

(11)管理人员上课铃声响后10分钟内尚未打开教室、实验室、实训室、会议室等教学场所者；

(12)没有及时上报所选用教材，致使学生开课2周后仍无法得到教材的。由于人为原因致教材错购，影响了正常教学的；

(13)无合理的理由不按时完成有关部门布置的其他教学工作的；

(14)不按正常程序，擅自处理学生(如赶出教室、赶回家、体罚或变相体罚学生)的；

(15)上课期间用手机等工具打电话或接听电话的。

4. 有下列情节之一者，认定为Ⅳ级事故教学事故

(1)教师(包括辅导教师)无正当理由上课迟到、监考迟到或离岗3分钟以内，拖课5分钟以上的；

(2)对学生违反课堂、考试等纪律的行为视而不见，进行庇护或说情者的；

(3)教师上课穿戴不符合学校要求的；

(4)在教室内吸烟或无特殊情况坐着讲课的；

(5)教师上课无教案的；

(6)考试后教师或教学管理人员没有在规定时间内按要求报送、登录成绩的；

(7)教师已事前按规定办理调课、停课、请假手续，而管理人员未按规定程序及时有效通知相关人员致使教学活动未能正常执行的；

(8)由于放假或全校性活动的教学调度通知未及时发放造成局部未执行，或造成执行混乱的；

(9)教学任务下达或调停课获准后，有关人员未及时通知任课教师致使正常教学秩序受到影响的；

(10)考试成绩通知学生后未按规定擅自对教学班上的学生更改成绩的；

(11)已允诺完成的维修项目未及时完成，又未提早通知，使已到场的师生无法进行教学活动的。

三、事故处理程序

1. 教学事故发生后，由责任人或发现人、知情人及时据实填写《厦门信息学校教学事故登记表》，并经所在部门负责人签署意见后当天报教务科处理。

2. 教务科负责教学事故的调查核实，调查核实后，立即将调查结果及处理意见上报分管校长(Ⅰ级教学事故上报校长)。Ⅲ、Ⅳ级教学事故由教务科处理，Ⅰ、Ⅱ级教学事故交由校行政会议处理。

3. 根据事故性质，Ⅲ、Ⅳ级教学事故由教务科签发《厦门信息学校教学事故处理意见通知单》，通知当事人所在部门及当事人本人。Ⅰ、Ⅱ级教学事故根据学校行政办公会议做出的处理意见，由校办签发《厦门信息学校教学事故处理意见通知单》，通知当事人所在部门及当事人本人。

4. 事故当事人如对事故处理意见有不同意见，应在接到事故处理意见之日起3天内向“教学事故申诉与协调委员会”提出书面申诉，“教学事故申诉与协调委员会”在两周内进行认真调查核实，并依据核实的结果向校行政会提出处理建议，再由校行政办公会议做出处理，并书面通知当事人。在规定时间内，如当事人未提出申诉，《厦门信息学校教学事故处理意见通知单》中认定的处理意见即认定为最终处理意见。

5. 对发现的教学事故故意隐瞒、拖延不报的部门负责人或教学管理人员，应列为同等责任人。

四、教学事故的处理

根据事故级别，由有关部门作下列处理。

(1)Ⅳ级事故由当事人所在部门(教师在教研组、行政人员在处室)的领导在本部门范围内给予当事人通报批评。

(2)Ⅲ级事故由教务科或校办对当事人进行全校通报批评(大会或校内网上)，本年度考核不能评为优秀，由校职能部门从其岗位津贴中扣发100元，并在教务科、校办备案。

(3)Ⅱ级事故由校办对当事人进行全校通报批评(大会或校内网上)，本年度考核不能评为优秀，并取消本年度各种奖项和荣誉称号的评定资格，由校职能部门从其绩效工资中扣发500元，记入教师业务档案。

(4)Ⅰ级事故经校长审定后给予责任人全校通报批评(大会或校内网上)，本年度考核不合格，取消本年度各种奖项和荣誉称号的评定资格，并不得参加当年的职称评定，由校职能部门扣发其全年绩效工资，情节特别严重者，将视情况给予相应行政处分。记入本人业务档案。

(5)一学年中屡次发生教学事故者，对第三次或以上发生的教学事故，按所发生教学事故适用等级的高一等级处理，直至取消其任职资格。

(6)因教学事故造成国家和集体经济损失的，按有关规定给予相应的经济赔偿。

五、附则

1. 未尽事宜由学校办公会议研究决定。
2. 本办法由学校办公会议负责解释。
3. 本办法自公布之日起试运行，试行后进行修订。

2.6 班主任业绩考核

学校应当加强班主任队伍建设，建立健全班主任业绩考核和激励约束机制。

——摘自《中等职业学校管理规程》第十四条

制度案例

南京高等职业技术学校班主任队伍管理规则

南京高等职业技术学校班主任工作考核激励方案（试行）

南京高等职业技术学校关于发放班主任职龄奖励的规定

上海信息技术学校班主任工作规则

上海信息技术学校优秀班主任评选办法

上海信息技术学校班主任日常工作绩效考核办法

大连市轻工业学校班主任量化考核及津贴发放试行办法

大连市轻工业学校班主任任职年限津贴实施方案

南京高等职业技术学校班主任队伍管理规则

一、总则

《中共中央国务院关于进一步加强和改进未成年人思想道德建设的若干意见》指出："要完善学校的班主任制度，高度重视班主任工作，选派思想素质好、业务水平高、奉献精神强的优秀教师担任班主任"。作为学校德育工作骨干的班主任，任务艰巨，使命光荣！在现实工作中班主任是班集体的组织者、领导者、教育者，是学生全面发展的引路人，是协同任课教师的枢纽，是沟通学校教育、家庭教育、社会教育的桥梁，是学校管理和德育工作的关键队伍。班主任思想品德优劣，业务水平和工作能力高低，对学生个人的健康成长、对优秀班集体的形成、对整个学校教育教学质量的不断提高起着举足轻重的作用。因此必须加强班主任队伍建设。

二、选聘

（一）班主任选聘范围

凡学校教职员工身体健康能正常工作的，具备一定教育教学能力，男 55 周岁以下，女 50 周岁以下均应该承担班主任工作义务。

1. 学校在职、在聘的教育、教学、教辅人员；

2. 在行政职能部门主任同意的情况下，具备教师资格的行政工作人员或行政剑兼课人员。

（二）班主任选聘程序

1. 每年六月上旬由学生处会同教务处、人事处等相关部门公布当年符合选聘条件的待聘班主任名单；

2. 待聘人员若不能担任当年新生班主任时，以书面申请报学生处，学生处汇总后报校长室研究；

3. 根据校长办公室会议纪要确定正式待聘班主任名单并公布同意缓聘人员名单及原因；

4. 四系教工在本系任职，其他待聘人员任职由学生处和四系协同安排；

5. 经校长办公会议定可以缓聘班主任岗位的情况有：公派脱产进修、产假、因病脱产治疗或修养和其他特殊岗位工作人员。

（三）班主任任职年限要求

1. 新进或新聘教师必须担任见习班主任 1 年，新调入教师有班主任任职经历的，可直接担任班主任工作；

2. 初级职称的教师晋升中级，需任班主任至少3年，至少获得过一次校优秀班主任表彰，其他学年考核至少合格；

3. 中级职称的教师晋升高级，需任班主任至少3年，至少获得过一次校优秀班主任表彰，其他学年考核至少合格。

三、考核

（一）考核依据

1. 教育部或省、市的关于教师任职班主任工作的相关文件规定；
2. 江苏省教育厅关于学校管理“三个规范”中有关班主任工作的规定；
3. 南京高等职业技术学校班主任工作职责；
4. 南京高等职业技术学校总体德育工作目标；
5. 各系学生教育管理工作目标及重点。

（二）考核办法和程序

南京高等职业技术学校班主任考核实行校、系两级考核机制。

1. 学生处、校团委制定班主任工作必须考核的70%权重的具体量化指标；

2. 各系根据本系德育工作特点和主要问题及本系不同阶段的班主任队伍工作重心，自行设计班主任工作30%权重的具体量化指标；

3. 各系德育工作领导小组组织对班主任日常工作进行全面检查考核，收集质量评估信息；

4. 校学生处、校团委代表校德育工作领导小组对班主任工作做随机抽检，每月及时将检查结果反馈给各系考核小组，形成综合质量评估信息；

5. 每月各系根据系、部综合质量评估信息形成月班主任工作质量评分，报学生工作部审核；

6. 每学期结束前根据每月考核结果，综合评估班主任学期工作绩效，行成学期考核结论，报学生工作部审核；

7. 每月各系汇总考核结果报学生处审核，并依此作为当月的班主任津贴发放依据。

（三）考核内容及标准

以《南京高等职业技术学校班主任工作职责》中规定的班主任应完成的工作任务和内容及规范的质量要求为标准；量化细则参照《班主任工作量化考核细则》（附件一）和《班主任工作月量化考核重点》（略）。

四、津贴

依据绩效工资分配方案有关规定对班主任津贴发放方案做如下规定。

（一）班主任津贴的发放既要体现学校对班主任工作的激励性导向，更要在考核过程中体现学校对班主任工作质量的需求；

（二）为了体现系部两级改革后在全校统筹的基础上各系班主任队伍管理的自主性。各系包干部分为人均费用乘以在职班主任人数；

（三）学校依据绩效工资实施方案按总额人均×××元/月配备资金，班主任特殊津贴和聘用专职班主任待遇另支。具体发放办法见《南京高等职业技术学校班主任津贴发放办法》（附件二）。

五、奖惩

（一）德育工作奖励

1. 各级先进集体、团支部及优秀班主任奖励。
2. 指导学生各类竞赛奖励。

（二）德育工作问责

1. 凡在选聘范围内的工作人员均应服从学校安排，担任班主任工作，无正当理由不服从学校安排者，学校视情况调整其工作岗位、工作量，直至校内待岗。

2. 班主任工作的年限及考核成绩与当年的评优、评先、职称晋升、公派学习进修等挂钩，考核成绩位列本系后10%者取消当年相关参评资格。

3. 担任班主任期间因身体健康等原因不能继续担任班主任工作者，学校应减少其教学、管理、服务等其他校内工作，直至回家病休，待康复后重新担任班主任工作并恢复其他岗位工作。

4. 四十岁以下年青教师获得高级职称（7级）后，应至少担任一届五年制高职班级班主任工作，否则不能职内晋级，不能申请晋级正高级职称；无故不参加班主任会一次扣发×××元，无故不上班会课一次扣发×××元。对班会课提前下课者除了批评教育外另扣×××元。对学校要求班主任到岗的集会，班主任不能全程参与扣发×××元，不到岗扣发×××元。有以上行为班主任，任职班级不参评年度先进班级，班主任不能参加当年的各项评优和职称晋级。

附件一

南京高等职业技术学校班主任量化考核指标表

系别：　　　　填表人：　　　　时间：______年____月____日

<table>
<tr><th rowspan="2">考核主体</th><th colspan="2" rowspan="2">评价内容</th><th rowspan="2">考核内容</th><th rowspan="2">分值</th><th colspan="3">评分标准</th><th rowspan="2">得分</th></tr>
<tr><th>好(1)</th><th>中(0.8)</th><th>差(0.6)</th></tr>
<tr><td rowspan="2">学工部考核（60%）</td><td rowspan="2">组织领导（3%）</td><td>目标理念</td><td>贯彻落实党的教育方针，德育目标明确，尊重学生、关爱学生、服务学生、促进学生全面发展</td><td>1</td><td></td><td></td><td></td><td></td></tr>
<tr><td>德育规划</td><td>各系制定目标明确、方法科学、措施务实的德育工作规划，制定德育工作学年、学期计划，定期总结</td><td>1</td><td></td><td></td><td></td><td></td></tr>
</table>

续表

考核主体	评价内容		考核内容	分值	评分标准			得分
					好(1)	中(0.8)	差(0.6)	
学工部考核（60%）	组织领导（3%）	机构设置	各系建立德育工作领导小组，发挥党团组织指导引领作用，形成系主任负责、德育主任主管、全系教师共同参与的工作体系	1				
	常规管理（24%）	队伍建设	各系每学期自主开展班主任队伍培训，培训有计划、有总结	1				
			各系“全员育人”队伍配备和管理措施	1				
			各系班主任队伍建设，以及对新生班主任队伍指导情况	1				
		德育研究	各系撰写发表有关德育论文、教育案例（含校级报刊）	1				
			各系开展德育课题研究情况	1				
		学生管理	各系“全员育人”晚自习管理实效	1				
			各系主题班会开展情况，主题班会有计划、有总结	1				
			各系晨练、课间操情况	1				
			各系无打架斗殴、赌博、敲诈、通宵上网、私藏管制道具等违反校纪校规现象	1				
		学生教育	各系开展心理教育活动情况	1				
			各系开展相关传染病病防控和学生健康监测记录表上报情况工作的完成情况	1				
			各系开展学生干部培训工作	1				
		资料统计报送	各系“学生综合管理系统”学生管理部分的信息录入情况，学籍卡规范填写和管理情况	1				
			各系期末优秀学生及进步生选送情况	1				
			各系学生奖、助学金、免学费、征兵退费等专项信息上报质量	1				
			各系上报省市级表彰推荐及信息填报工作质量	1				
			各系学生心理健康信息档案的建设质量（心理晴雨表）	1				
			各系贫困生信息建档质量	1				
			各系学生体质健康测试信息收集和录入情况	1				
		校园活动	各系参加学校活动发动组织情况	1				
			各系参加学校活动效果	1				
		档案管理	各系学生档案管理管理制度健全	1				
			各系按照学校要求、总体进度完成有关工作	1				
			各系学生档案材料齐全、完整，遵循文件材料形成规律，保持文件的系统有序	1				

续表

考核主体	评价内容		考核内容	分值	评分标准			得分
					好(1)	中(0.8)	差(0.6)	
学工部考核(60%)	德育督导(15%)	学校督导室督导	按分值比例折算	3				
		学生工作部巡查	各系组织班级学生参加校级重大活动情况，如全校晨会、运动会、文艺汇演、报告讲座、纪念活动、庆祝典礼、外出参观等	1				
			各系组织班主任参加校级班主任培训情况	1				
			教室环境整洁，能按要求进行相关布置与清扫	1				
			各系举办“18 岁成人宣誓”活动情况	1				
			各系学生仪表仪容情况	1				
			各系教室日常环境卫生情况	1				
			各系班会课组织情况	1				
			各系日常课堂纪律及出勤情况	1				
			各系学生抽烟喝酒情况	1				
			各系住校生晨练情况	1				
			各系早自习、晚自习情况	1				
			各系黑板报情况	1				
	安全工作(8%)	制度建设	各系制定突发事件应急预案	1				
			各系积极配合各项安全检查，积极执行各项安全管理条例	1				
		安全管理	各系学生配挂校牌主动配合校门管理制度的执行情况	1				
			各系学生在校期间没有经过班主任同意，擅自离校	1				
		违纪处理	各系无在校生违法犯罪记录，无学生严重违纪行为，无造成严重社会影响的事件发生	1				
			各系无安全责任事故，积极投入、全面配合、妥善处理学生违纪事件和突发危机事件	1				
		安全教育	各系开展安全教育情况	1				
			各系积极配合抗震安全疏散演习的策划组织工作	1				
	宿舍管理(5%)	班主任检查	各系每位班主任每月深入学生寝室，和学生沟通、交流满 8 次	2				
		违纪处理	各系关注学生遵守“住宿学生十项禁令”执行，及时处理违纪事件	1				
		宿舍内务	班级住宿学生内务常规管理绩效	2				

续表

考核主体	评价内容		考核内容	分值	评分标准			得分
					好(1)	中(0.8)	差(0.6)	
学工部考核（60%）	社团团建（5%）	思想建设	各系团总支积极组织本系的业余团校和党校学习，团总支工作认真、踏实；推荐优秀团员加入党组织工作认真、踏实，富有实效；各项常规团务能按时完成	1				
		组织建设	各系团总支有完善的班子组织机构，有完整的学期工作计划和工作总结；认真做好每学年的“民主评议团员，做合格团员”工作；对校团委布置的工作不讲难度，不打折扣，不拖延，保质保量准时完成	1				
		学风建设	学习氛围浓厚，有 60% 的团员参加学校和各系组织的社团；团支部干部能够起到学习带头作用，考试无作弊情况发生；团总支组织各系的团校学习出勤率在 90% 以上，无团校考试作弊现象，团校的通过率在 75% 以上；团总支积极组织成员参加系内及学校举行的技能竞赛	1				
		校园文化活动	各系团总支每学期能够完成至少二次的校园文化活动；团总支组织的校园文化活动主题鲜明、有时代特征、具有创新性；团总支组织的校园文化活动能够通过校广播站进行宣传，或以展板、海报等形式在学校人流较多的指定场所进行宣传；团总支组织的校园文化活动有计划书、有实施步骤，有活动总结材料	1				
		各类学生组织和学生社团建设	各系团总支能积极组织成员参加各系及学校组织的社会实践活动；各系有社团，社团有章程、有负责人和负责的老师、有计划，向校团委备案、校党委审核；各类的社团每月至少 4 次以上的活动，活动有图片和文字记载	1				
教学考核（10%）			学业达标方面，及格率、奖学金等	4				
			课堂纪律(教务巡查情况)	3				
			考试纪律(考试违纪)	3				
后勤考核（10%）			配合后勤部门开展工作情况	5				
			资产管理方面	5				
招生就业考核（10%）			各系参与各类岗位考证情况	4				
			参与继续教育等情况	2				
			各系配合就业部门开展就业教育情况	2				
			各系就业率	2				
任课教师考核（10%）			配合任课教师做好管理方面	5				
			班级学生课堂表现情况，如出勤、课堂有无玩手机、是否积极发言、有无课堂睡觉等	5				
总分								

注：所有考核都应有过程性材料。

附件二

南京高等职业技术学校班主任津贴发放办法

为进一步加强我校班主任队伍建设，根据《2018 年南京高等职业技术学校绩效部分增量考核分配方案》文件要求，对原有班主任津贴发放办法进行了修订，具体如下。

一、班主任津贴及构成

<table>
<tr><td colspan="2">项　　目</td><td>基础津贴
/(元/月)</td><td>基础补贴
/(元/月)</td><td>绩效考核
/(元/月)</td><td>绩效考核
/(元/月)</td></tr>
<tr><td rowspan="4">非顶岗
班主任</td><td>高职班
班主任</td><td></td><td></td><td></td><td rowspan="3">依据班级人
数给予发放</td></tr>
<tr><td>中专班
班主任</td><td></td><td></td><td></td></tr>
<tr><td>教学性实习
班主任</td><td></td><td></td><td></td></tr>
<tr><td>见习班主任</td><td>无</td><td></td><td>无</td><td>无</td></tr>
<tr><td colspan="2">顶岗实习
班主任</td><td colspan="4">由就业管理部门制定方案，组织考核并发放</td></tr>
</table>

二、非顶岗实习班级班主任津贴

(一)日常班主任工作津贴

日常班主任工作津贴，一年按 9 个月发放。

每月津贴 = 基础津贴 + 基础补贴 + 绩效津贴 1 + 绩效津贴 2

1. 基础津贴　××元/月。

2. 基础补贴　作为日常通信、交通、外联等费用补贴，××元/月。

3. 绩效考核 1　依据班级评分在各系当月整体考评中的排名发放津贴，人均××元/月。教学性实习班主任按×××元/月发放。

系部内月排名	前 10%	20%	40%	后 20%	后 10%
质量津贴					

4. 绩效考核 2　依据班级人数给予发放。

绩效考核 2 = 走读生人数 × ×元 + 住宿生人数 × ×元

(二)寒暑假工作津贴

寒暑假班主任工作津贴，一年按 3 个月发放。每月按任职情况发放基础津贴 + 基础补贴。

三、临时带班津贴

班主任因病、事假及出差请人代理班主任工作，依据以下规定发放班主任津贴。

1. 低于 7 个工作日，按照当月具体的工作日折算班主任津贴的总额，分发给原任和代理班主任；

2. 在 8 至 14 个工作日，代理班主任、原任班主任各得当月津贴总额的一半；

3. 在 14 个工作日以上，代理班主任者发全月津贴，原任班主任停发津贴。

四、其他

1. 各系部班主任津贴总平均数不能超过××元。

2. 班主任学期累计请假达 22 个工作日，停发本学期一个月的班主任工作津贴。

南京高等职业技术学校班主任工作考核激励方案（试行）

为了进一步加强班主任队伍整体建设，促进学校德育工作创新发展，全面调动广大教师参与班主任工作的主动性、积极性，增强班主任工作的吸引力，特制定此方案。

一、考核对象

在校所有班级班主任（“5＋2”“3＋4”班级另行考核）。

二、考核方法

在学校二级管理体制总体原则下，以“校-系”及“系-班”两级考核相结合的方式进行班主任考核激励的实施。“校-系”考核是指学校德育工作领导小组领导下，由学生工作部牵头，联合各行政管理部门，对各系德育工作进行整体考核评定，确定各系班主任工作等第及团队奖励。“系-班”考核是指以系德育管理团队为主体对各班德育工作考核，申报优秀班主任名单及奖励办法，报学校德育工作领导小组审批。

三、“校-系”考核内容及办法

考核实行百分制。每学期始，以学生工作部为主体，联合督导、教学、招生、就业、后勤、财务等行政部门确定考核指标。各行政部门在学期结束后，将考核数据报至学工部，由学工部对四系得分统一测算。

（一）学工部考核（100 分）

由学工部对各系德育工作的“组织领导、常规管理、德育督导、安全工作、宿舍管理、共青团建设”方面进行考核，通过日常管理、督导巡查、不定期抽查，形成监督与引导、管理与协调相结合的工作机制。

（二）附加考核（20 分）

1. 教学考核（5 分）

由教科部针对各系学生学业、课堂纪律、考试纪律等工作进行考核。

2. 后勤、信息中心考核（5 分）

由后勤工作部针对各系课桌椅、多媒体设施等资产管理保管情况进行考核。

3. 招生就业考核（5 分）

由招生就业培训部针对各系参与岗位考证、继续教育、就业教育和就业率等情况进行考核。

4. 财务收费（5 分）

由财务审计处针对各班缴费情况及催缴情况进行考核。

四、“系-班”考核办法

考核实行百分制，包括两大部分：第一部分为基础分值，考核内容与标准由学生工作部制定，全校各系统一执行，该部分分值占60%；第二部分为特色分值，由各系根据自身工作特点制定，报学工部批准，该部分分值为40%。

（一）基础分值（60%）

各系根据学工部制定的考核标准对本系班级常规、主题班会、校园活动等基础性工作进行考核，突出各系班主任工作的基础性和统一性。

（二）特色分值（40%）

各系在基础考核基础之上，针对本系实际工作情况，自行补充考核内容和标准，突出各系班主任工作的不同特色和难点重点。在今后考核中，特色考核可以根据实际工作情况及工作重点进行调整。

五、奖励标准

学工部根据“校－系”考核评分，以学期为单位确定各系班主任工作团队等第，其中一等奖2名，二等奖3名，由校德育工作领导小组进行审核表彰。表彰奖励以团体经费的形式统一划拨。

（一）团队经费划拨标准

一等奖奖金：(该系班主任总数60%)乘以×××元/人

二等奖奖金：(该系班主任总数60%)乘以×××元/人

（二）各系班主任获奖人数比例

一等奖占各系班主任总数的10%，二等奖占各系班主任总数的20%，三等奖占各系班主任总数的30%，奖励金额、人员等由各系汇总后，报学生工作部，交校领导审批，由获奖班主任签字领取发放。

六、补充说明

1. 考核系统由校德育工作领导小组、学工部、教务部、后勤部、财务审计处系德育工作小组、班主任组成。

2. 各位班主任在考核中一旦发现有徇私舞弊、弄虚作假、考核不公等问题时，可直接向校德育工作领导小组进行反映。

3. 出现重大安全工作疏漏、学生出现重大违法行为等，对该系考核实行一票否决。

南京高等职业技术学校关于发放班主任职龄奖励的规定

一、指导思想

为发挥班主任在班级教育管理中的主导作用，充分调动经验丰富的班主任继续带班的工作积极性、主动性，促进班主任管理工作的制度化、规范化，特制定本规定。

二、奖励对象

1. 现任在职在编班主任。
2. 现任聘用兼职班主任。

三、奖励办法

1. 必备条件：在我校担任班主任工作期间，所带班级获得校级四次或市级以上两次先进班集体荣誉称号。

2. 具体要求及奖励标准

(1)在我校担任班主任工作，职龄累计满10年(含10年)，奖励标准为××元/月；

(2)在我校担任班主任工作，职龄累计满15年(含15年)，奖励标准为××元/月；

(3)在我校担任班主任工作，职龄累计满20年(含20年)，奖励标准为××元/月。

四、职龄核算

1. 以完整一个学期为统计基数；
2. 在学期中途，如遇班主任调整，卸任和新任班主任工作职龄不足完整一个学期，不计入职龄统计，但班主任费用正常发放。

五、审批程序

1. 系部统计审核班主任工作职龄，填写附件；
2. 上报学工部审批。

六、报送材料

1. 班主任职龄统计表(见附件)；
2. 校级、市级先进班级的证书原件及复印件。

本规定自2015年12月起执行。

附件

南京高等职业技术学校班主任职龄奖励申报表

姓名	班级	班主任起止时间 （　年　月—　年　月）	实际年限 （　年　个学期）	何年何月 曾获奖励
合计			（年）	（次）

填表人：　　　　审核：　　　　审批：

（系部盖章）
年　月　日

（学工部盖章）
年　月　日

上海信息技术学校班主任工作规则

第一章　指导思想

第一条　为了进一步贯彻落实国家和上海中长期教育改革和发展规划纲要，教育部等六部委《关于加强和改进中等职业学校学生思想道德教育的意见》（教职成〔2009〕11 号），教育部、人力资源和社会保障部《关于加强中等职业学校班主任工作的意见》（教职成〔2010〕14 号）和中共中央办公厅《关于培育和践行社会主义核心价值观的意见》等文件精神，坚持“以立德树人为根本，以服务发展为宗旨，以促进就业为导向”的职业教育发展指导思想，把社会主义核心价值观教育融入职业学校教育的全过程，形成课堂教学、社会实践、校园文化多位一体的育人平台，加强和改进学生思想道德教育，强化班主任队伍建设，充分发挥班主任在教书育人、管理育人、服务育人、活动育人、环境育人“五育人”中的重要作用，培养具有综合素质的技术技能人才。特修订《上海信息技术学校班主任工作规则》。

第二章　班主任的地位和作用

第二条　班主任是教师队伍的重要组成部分，是学生管理工作的主要实施者，是学生思想道德教育的骨干力量，是学生健康成长的引领者，是学校实施教育教学工作的得力助手；班主任工作是学校育人工作的重要组成部分，在实施教书育人、管理育人、服务育人、活动育人、环境育人，沟通学校、家庭和社会等方面发挥着重要的作用；加强班主任队伍建设，对于贯彻党的教育方针，全面推进素质教育，培育和践行社会主义核心价值观，提升学校教育质量，为经济转型和社会进步培养高素质的技术技能人才，都具有十分重要的意义。

第三章　班主任职责和任务

第三条　班主任工作职责：班主任岗位是重要的专业性岗位，班主任要在学校统一领导下，认真贯彻上级有关进一步改进和加强学生思想道德教育的文件精神和学校规章制度，不断学习和提升自身的业务能力，根据学校培养目标要求，与任课教师和其他教职员工一起，坚持育人为本，德育为先的教育理念，切实承担起在思想、学习和生活等方面指导学生的职责。

第四条　认真履行《中华人民共和国教师法》《中华人民共和国教育法》等法律法规规定的教师法定职责，按照教育部、人力资源和社会保障部《关于加强中等职业学校班主任工作的意见》的要求和学校德育工作的要求，对学生实施行之有效的教育。

第五条　按照学校学生思想道德教育要求，通过主题教育、主题班会、团队活动等形式，进行学生思想道德教育，提升学生思想道德品质。重视学生爱国主义、思想道德、行为养成、社会公德、家庭美德和职业道德等教育。

1. 加强中华优秀传统文化教育。班主任要开展中华优秀传统文化教育，弘扬以爱国主义为核心的民族精神和以改革创新为核心的时代精神，引导学生增强民族文化自信和价值观自信。要对学生加强中国特色社会主义宣传教育和“中国梦”主题教育活动，探索开展“爱学习、爱劳动、爱祖国”三爱教育活动的有效形式和长效机制。

2. 加强学生思想道德教育。班主任要关注班级内每一个学生，深入了解分析学生的思想、心理、学习、生活等状况，把社会主义核心价值体系融入班级学生思想道德教育的全过程。

3. 加强学生行为养成教育。关心爱护全体学生，尊重学生人格，针对学生在学习成才、择业交友、健康生活等方面遇到的实际问题，进行教育、引导和援助，增强学生自我悦纳、应对挫折、适应岗位、融入社会的能力。

4. 加强学生法纪教育和安全教育。把学生的法纪教育和安全教育贯穿到班级教育和活动的始终，培养学生的守法意识、安全意识和自我保护意识。

5. 重视学生心理健康教育。按照《中等职业学校学生心理健康教育指导纲要》的要求，营造良好的班级氛围，重视用科学的心理辅导的方法，帮助学生逐步形成良好的心理素质和健全人格，促进学生身心全面和谐的发展。

6. 要加强网络德育工作。引导学生正确对待网络虚拟世界，合理使用互联网、手机以及微博、微信等新媒体。加强网络道德教育，引导学生文明上网，树立网络责任意识，增强对不良信息的辨别能力，防止网络沉迷或受到不良影响。加强网络法制教育，培养学生依法使用网络的意识，自觉抵制网络不法行为。

第六条　加强学生行为礼仪教育和班级管理工作，维护良好的教育教学秩序和生活秩序，依据学生和专业特点从班级的组织建设、制度建设、文化建设三个方面抓好班级工作的组织和管理。

1. 组建班委会，制定班级公约和学生自律规范，维护良好的教育教学秩序和生活秩序。

2. 客观、公正地做好学生素质综合评价工作，做好学生成长记录，注重激励和引导作用，指导帮助学生全面健康成长。

3. 建立良好的家校沟通机制，借鉴优秀企业管理的运行机制，以“工业文化进校园、企业文化进课堂”的思路创建班级管理的新模式。

4. 指导班委会、团支部工作，充分发挥学生在班级管理中的主体作用，开展丰富多彩的主题班(团)会、课外兴趣小组、学生社团以及志愿服务等社会实践活动。

5. 培养学生自我教育、自我管理和自我服务的能力，努力营造互助友爱、民主和谐、健康向上的集体氛围，形成特色鲜明、充满活力的班级文化。

6. 重视特殊学生的帮助和教育工作。班主任要了解和熟悉每一位学生尤其是特殊学生的特点和潜能，善于把握特殊学生的身心发展状况，科学指导学生成长，及时预防可能发生的问题。

7. 组织开展丰富多彩的主题实践活动。班主任要通过开展丰富多彩的主题实践活动实现德育的生活化，发挥实践育人、文化育人、管理育人的作用，“寓教育于活动之中”，让学生通过实践活动得到多样化的体验，并引导学生将体验逐步内化为学生自觉的行为习惯和高尚的道德修养。

第七条　坚持开展以诚信、敬业为重点的职业道德教育，重视职业指导工作。

1. 教育、引导学生树立正确人才观，培育和践行社会主义核心价值观，树立正确的职业理想和职业观念、形成良好的职业道德，树立敬业守信、精益求精的职业精神，提升职业素养与职业生涯规划能力。

2. 要把提高职业技能和培养职业精神高度融合，指导学生根据社会需要和自身特点选择职业发展方向，顺利实现就业、创业或升学。

3. 在学生实习实训阶段，按照学校实习工作要求，积极配合相关部门、实习指导教师和实习企业做好学生教育管理工作，促进学生在实践中强化职业意识，遵守职业规范，提升职业能力。

第八条　沟通协调工作职责：加强与任课教师、学校相关部门的沟通合作，及时了解学生学习思想状况。主动与家长联系，通过家访、家长接待、家长会等多种途径掌握学生在日常生活中的表现，引导家长树立正确的教育观和人才观，并配合学校做好学生的教育和管理工作。积极利用社区青少年教育资源，形成育人合力。

第四章　班主任职业道德规范

第九条　坚持正确方向。学习、宣传马列主义、毛泽东思想、邓小平理论和“三个代表”重要思想，坚持科学发展观，拥护党的路线、方针、政策，自觉遵守《中华人民共和国教育法》《中华人民共和国教师法》《中华人民共和国职业教育法》等法律法规。全面贯彻党和国家的教育方针，积极实施素质教育，德育为先、立德树人，促进学生在德、智、体、美等方面全面发展。

第十条　热爱职业教育。忠诚于职业教育事业，爱岗敬业，教书育人。树立正确职业教育思想，全面履行教师职责。自觉遵守学校规章制度，认真完成教育教学任务，积极参与教育教学改革。

第十一条　自觉为人师表。注重师德垂范，加强人格修养，维护教师形象，坚持以身作则。廉洁从教，作风正派，严于律己，乐于奉献。增强教书育人的荣誉感和责任感，学为人师、行为规范，做学生健康成长的指导者和引路人。

第十二条　关心爱护学生。热爱全体学生，尊重学生人格，公正对待学生，维护学生合法权益与身心健康。深入了解学生，严格要求学生，实行因材施教，实现教学相长。

第十三条　刻苦钻研业务。树立优良学风，坚持终身学习，完成教育部或上海教委要求的培训学时。不断更新知识结构，努力增强实践能力。积极开展教育教学研究，努力改进教育教学方法，不断提高教育教学水平。探索职业教育教学规律，掌握现代教育教学手段，积极开拓，勇于创新。

第十四条　善于团结协作。尊重同志，胸襟开阔，相互学习，相互帮助，正确处理竞争与合作的关系。维护集体荣誉，创建文明校风，优化育人环境。

第五章　班主任任职资格和条件

第十五条　班主任应由符合班主任职业道德规范、取得教师资格、思想道德素质好、业务水平高、身心健康、经过上岗培训合格的教师担任。

第十六条　班主任要忠诚党的教育事业，热爱学生，乐于奉献，掌握教育学、心理学、职业指导等方面的基本知识和方法，熟悉相关法律法规，具有较强的教育教学能力、组织管理能力、团队协作能力、人际沟通能力和职业指导能力。

第六章　班主任聘任和管理

第十七条　班主任工作是学校全体教师应当履行的义务和职责，是教师本职工作的重要组成部分，校鼓励优秀中青年骨干教师担任班主任工作。

第十八条　学校实行班主任学年聘任制。新学年开始前进行班主任聘任工作，一般班主任聘期为一年，期满班主任绩效考核合格的可以续聘，考核不合格或考核明显落后的班主任需参加班主任培训，培训合格后方可续聘。

第十九条　班主任由学生处聘任。学年即将结束时，根据班主任绩效考核情况和新学年班主任拟聘方案，由主管校长、学生处、专业系部共同审议后再聘任，个别特殊情况需由校长室审议后决定。

第二十条　班主任的聘任条件：具有一年以上教育教学工作经历并取得教师资格证的专任教师，符合班主任职业道德规范和任职资格条件，热爱职教事业、师德好、作风正、工作责任强、有一定教育教学水平和管理能力。

第二十一条　班主任的解聘条件：按照《上海信息技术学校班主任绩效考核办法》中班主任教育事故与处理办法和年度考核的规定执行。

(1)工作中不遵守班主任职业道德规范，造成第一级教育事故(家长和学生举报班主任有师德失范，且经查属实)者，解聘班主任职务。

(2)工作中不履行班主任职责造成第二级教育事故(因班主任工作失职，班级发生重大安全事故，造成一定影响或者因班主任教育、管理和处理学生不当，造成学生心理、生理伤害，产生不良影响)者，需要经班主任培训合格后再聘任。

(3)年度考核连续2次考核不合格的班主任，不能续聘。

第二十二条　班主任管理实行校、系两级管理制。

第七章　班主任工作评价

第二十三条　班主任工作评价应在正确的教育价值观指导下，根据《上海信息技术学校班主任绩效考核办法》中对班主任工作绩效考核的内容和要求，运用科学可行的方法，对班主任工作的要素、过程和效果进行绩效评价。

第二十四条　班主任工作的评价是为了充分发挥其导向、激励和改进的功能，目的在于促进班主任自身素质的提高，激励班主任工作的积极性、创造性，促进班主任不断总结，不断改进自己的工作，达到实施对学生有效教育，帮助学生健康成长的根本目的，是学校加强对班主任队伍管理和建设的一项措施。

第二十五条　班主任工作评价是根据班主任的主要职责，按照《上海信息技术学校班主任绩效考核办法》执行。班主任工作评价内容应包括班主任素质、班级管理、班级工作的绩效等三个方面。

1. 班主任素质指班主任的理论素质、师德素质、育人能力。

2. 班级管理指班主任开展班级建设工作的行为过程，即班主任实施班级建设过程开展的工作状况。

3. 班主任工作的绩效指班主任开展班级工作的成绩和效果，主要体现在学生道德认识的提高、良好行为规范的养成、班级班风的好转、良好学风的形成、学习成绩的提高、纪律状况的进步等。

第八章　班主任待遇和奖励

第二十六条　班主任任职期间享受班主任工作津贴，月班主任津贴根据《上海信息技术学校班主任绩效考核办法》考核发放。

第二十七条　学校建立班主任表彰制度。根据《上海信息技术学校优秀班主任评选办法》要求，学校每年按照 15% 比例评选校级“优秀班主任”若干名，在教师节上进行表彰奖励。

第二十八条　学校优秀班主任的待遇：学校授予年度优秀班主任称号，享受学校年度先进个人单项奖励和优秀班主任专项奖励。

第二十九条　根据上级有关评优规定，校级优秀班主任有资格参加由上级命名的各类优秀班主任评选。

第三十条　学校优秀班主任评选工作由学生处组织实施。由上级命名的有关班主任评选工作，由学生处会同学校工会组织实施。

第九章　附　则

第三十一条　本规则的解释权在学生处。

第三十二条　本规则自发文之日起执行。以前有关班主任工作条例、规定等文件同时废止。

第三十三条　与本规则相关的附件和文件：《上海信息技术学校班主任日常工作绩效考核办法》《上海信息技术学校优秀班主任评审办法》。

上海信息技术学校优秀班主任评选办法

为了深入贯彻教育部、人力资源和社会保障部《关于加强中等职业学校班主任工作的意见》(教职成〔2010〕14 号文件)和上海市教育委员会《关于进一步加强中等职业学校班主任队伍建设的实施意见》(沪教委德〔2011〕55 号文件)的精神，坚持“以立德树人为根本，以服务发展为宗旨、以促进就业为导向”的职业教育方针，充分发挥班主任教书育人、管理育人和服务育人中的重要作用，进一步激励班主任工作的积极性，提高班主任工作的水平。做好我校优秀班主任的评选工作，现将评选办法修订如下。

一、评选标准

1. 参评对象

在职在编的班主任，最近有 1 年及以上班主任工作经历。

2. 评选条件

(1)能全面贯彻党和国家的教育方针，模范遵守《中等职业学校教师职业道德规范》，坚持正确方向，热爱职业教育、关心爱护学生、刻苦钻研业务、善于团结协作、自觉为人师表，有较强的事业心和责任感，能按照班主任工作职责，出色完成各项任务，成效显著。

(2)积极开展教育教学研究，不断更新知识结构，积极探索育人规律，善于总结育人经验，创造性地做好班主任工作，并在育人实践的理论研究方面取得一定成果。

(3)积极参加改革实践和学校各类活动，积极推进素质教育，努力做好学生成长的“人生导师”，在班主任工作等方面有一定的特色。

(4)注重班级文化建设，培养学生文明习惯，建班育人成绩突出，所带班级在本学年被评为文明班级或者创文明班级。

(5)严格班级管理，注重立德树人，学年班主任工作绩效考核为 A 等级(数据截至当年 5 月底)。

3. 评选名额

优秀班主任名额为班级数的 15%。

二、评选方法

评选工作坚持公开、公平、公正的原则，重绩效、重能力、重贡献，实施个人自荐、系部推荐和学校评审的评选程序。

1. 由学生处统计全体班主任的学年数据，确定符合评选条件的候选名单，并发至各系部。

2. 由各系、部在班主任会议上进行广泛宣传，候选名单中的班主任根据“上海信息技术学校优秀班主任评选办法”进行自荐，填写“上海信息技术学校优秀班主任申报表”，系部根据申报情况并结合班主任的综合表现，推荐系部优秀班主任的候选人；

3. 学校召开优秀班主任评审会，在申报表等材料的基础上，结合系部班主任工作的实际情况，广泛听取系部意见，对优秀班主任候选人进行评审，以无记名投票方式产生优秀班主任名单。

4. 评审会结束后，新产生的优秀班主任名单在校内公示一周，由校务委员会对公示结果做最终决定。

5. 优秀班主任每学年评选一次，并在当年教师节进行表彰。

三、评审要求

1. 优秀班主任评选与年度班主任日常工作月绩效考核结果挂钩。

2. 被评为“创、建、做”表彰的文明班级的班主任在同等条件下优先。

3. 优秀班主任候选人需向学校提供如下材料：

上海信息技术学校优秀班主任申报表(见附件)；

班主任特色工作总结或特色工作案例(电子稿和打印稿)；

优秀主题教育课教案 8 课时(电子稿)。

4. 各系部要拟写优秀班主任候选人情况介绍书面材料，提交优秀班主任评审组。

四、执行日期和解释权

1. 本办法于发文之日起执行，原暂行办法同时废止。

2. 本办法的解释权归学生处。

附件

上海信息技术学校优秀班主任申报表

<table>
<tr><td>姓名</td><td></td><td>性别</td><td></td><td>技术职称</td><td></td></tr>
<tr><td>政治面貌</td><td></td><td>出生年月</td><td></td><td>学历</td><td></td></tr>
<tr><td>班级</td><td></td><td>班级人数</td><td></td><td>班主任年限</td><td></td></tr>
<tr><td colspan="4">工作实效</td><td>自评(分值)</td><td>系部核对</td></tr>
<tr><td rowspan="4">基础工作
(70分)</td><td colspan="3">1. 班主任日常工作月绩效考核等级(A等5分/月、B等4分/月、C等3分/月)</td><td></td><td></td></tr>
<tr><td colspan="3">2. 获得文明班级或创文明班级称号(文明班级10分、创文明班级5分)</td><td></td><td></td></tr>
<tr><td colspan="3">3. 体育锻炼达标合格率(95% 10分、85% 8分、75% 5分、60% 2分)</td><td></td><td></td></tr>
<tr><td colspan="3">4. 广播操比赛成绩(进入决赛10分、进入复赛5分)</td><td></td><td></td></tr>
<tr><td rowspan="8">特色工作
(30分)</td><td colspan="3">1. 示范班级(1分/次)</td><td></td><td></td></tr>
<tr><td colspan="3">2. 网络德育教育考核评比成绩(易班、微课、蓝卓等)(优秀6分、良好4分、合格3分)</td><td></td><td></td></tr>
<tr><td colspan="3">3. 育人实践的理论研究成果(论文、课题)(市级及以上2分、校级1分)</td><td></td><td></td></tr>
<tr><td colspan="3">4. 主题教育公开课与班主任基本功大赛获奖(市级及以上3分、校级2分)</td><td></td><td></td></tr>
<tr><td colspan="3">5. 学生在市级璀璨星光等各类德育竞赛获二等奖以上或校级德育竞赛活动重点项目中获一等奖(市级及以上2人次获单项奖2分、校级重点项目4人次获单项奖1分)</td><td></td><td></td></tr>
<tr><td colspan="3">6. 组织学生参加学校三大节日活动，学校、系部组织的各类社团、社会实践活动等(参与率80%及以上4分，60%及以上2分)</td><td></td><td></td></tr>
<tr><td colspan="3">7. 参加学校组织或市级以上班主任培训(15课时以上2分、1~14课时1分)</td><td></td><td></td></tr>
<tr><td colspan="3">8. 其他特色工作成效显著(系部推荐，评审委员会认定，2分或1分)</td><td>不填</td><td>不填</td></tr>
<tr><td>个人
工作简述</td><td colspan="5">(可附页)</td></tr>
<tr><td>系部
推荐意见</td><td colspan="5">系部(签字盖章)　　　　　　　　年　月　日</td></tr>
<tr><td>学校评审
意见</td><td colspan="5">主管(签字盖章)　　　　　　　　年　月　日</td></tr>
</table>

上海信息技术学校班主任日常工作绩效考核办法

一、指导思想

为了进一步贯彻落实教育部、人力资源和社会保障部《关于加强中等职业学校班主任工作的意见》(教职成〔2010〕14 号)和中共中央办公厅《关于培育和践行社会主义核心价值观的意见》等文件精神，坚持“以立德树人为根本，以服务发展为宗旨，以促进就业为导向”的职业教育发展指导思想，把社会主义核心价值观教育融入职业学校教育的全过程，形成课堂教学、社会实践、校园文化多位一体的育人平台，加强和改进学生思想道德教育，强化班主任队伍建设，充分发挥班主任在教书育人、管理育人、服务育人、活动育人、环境育人“五育人”中的重要作用，培养具有综合素质的技术技能人才。根据上海信息技术学校班主任工作的实际情况，制定此办法。对班主任日常工作和重点工作进行绩效考核，建立科学有效的考核机制，对于进一步规范班主任的工作，进一步提高班主任工作的针对性、实效性和创造性以及进一步激励班主任的工作热情，具有十分重要的意义。

二、班主任主要职责

班主任工作是学校德育工作的重要组成部分。班主任肩负班级管理和学生教育的双重职责。具体内容见《上海信息技术学校班主任工作条例》。

1. 管理职责

依据学生和专业特点从班级的组织建设、制度建设、文化建设三个方面抓好班级管理。班主任要组建班委会，制定班级公约和学生自律规范，维护良好的教育教学秩序和生活秩序。在班级管理中，班主任要客观、公正地做好学生的综合素质评价工作，逐步实现学生的自我管理，促进学生的自我发展，达到学生自我教育的目的。学校鼓励班主任建立良好的家校沟通机制；借鉴优秀企业管理的运行机制，以“工业文化进校园、企业文化进课堂”的思路创建班级管理的新模式。

2. 教育职责

班主任要认真履行《中华人民共和国教师法》《中华人民共和国教育法》等法律法规规定的教师法定职责，按照教育部、人力资源和社会保障部《关于加强中等职业学校班主任工作的意见》和学校德育工作的要求，对学生实施行之有效的教育。

三、考核内容及目标

根据班主任的主要职责，考核的内容和目标采取过程考核、目标考核相结合的原则，主要考核履职、师德、班级管理、教育引导和工作实效等五个方面。

1. 履职：认真履行《中华人民共和国教师法》《中华人民共和国教育法》等法律法规规定的教师法定职责，按照《上海信息技术学校班主任工作条例》和班主任职责的要求，圆满完成学校规定的岗位职责和工作任务。

2. 师德：认真遵守《中小学教师职业道德规范》，特别是为人师表、行为世范、爱岗敬业、关爱学生等方面的要求。

3. 班级管理：根据学生和专业特点，从班级的组织建设、制度建设、文化建设三个方面抓好班级管理，形成稳定、良好的教学和生活秩序。

4. 教育引导：重视学生的思想道德和行为养成教育、法纪教育和安全教育、心理健康教育以及特殊学生的帮助和教育等。注重对学生进行基本素质和职业道德的教育，培养学生的守法意识、安全意识和自我保护意识。重视对学生开展职业指导，帮助学生做好生涯规划；重视特殊学生的帮助教育和转化工作，促使他们逐步形成良好的心理素质和健全的人格。

5. 工作实效：班级工作完成质量高，班风良好，体锻达标率高，主题活动有特色，工作完成效率高。

四、考核办法及津贴发放

考核分为月绩效考核、学期绩效考核、学年绩效考核和学期重点工作绩效考核四种方式，其中月绩效考核结果与班主任月基础岗位津贴及月绩效考核津贴挂钩，学期绩效考核结果与文明班级、创文明班级评比挂钩，学年绩效考核结果与优秀班主任评选挂钩、学期重点工作考核与重点工作绩效考核津贴挂钩。

绩效考核由学生处和系部负责。各系部加强巡视、检查，教育和指导学生严格遵守学生行为规范，发现问题及时处理解决，并把处理结果及时向学生处汇报。绩效考核要严格按照《上海信息技术学校学生行为规范评定标准》进行考核，考核数据及时录入学校数字化校园“班主任绩效考核”相关项目中。四类考核的内容和要求阐述如下。

（一）月绩效考核

月绩效考核由月日常工作绩效和月重点工作绩效考核组成。考核计算公式：

月绩效考核(100分)=月日常工作绩效考核(70%)+月重点工作绩效考核(30%)

1. 月重点工作绩效考核(满分为100分)

月重点工作绩效考核项目根据学校学期推进的重点工作确定(每学期期初确定、并公布)。

2. 月日常工作绩效考核(满分为100分)

序号	考核项目	权重	考核分值计算
1	出勤率	20	课堂、早操、晚自修出勤率的平均值×20%
2	违纪率	30	(100－班级学生违纪扣分的平均值)×30%
3	课堂秩序	20	教师对班级课堂效果评价的平均值×20%

续表

序号	考核项目	权重	考核分值计算
4	卫生保洁	10	班会课教室、固定教室、包干区域卫生检查成绩的平均值×10%
5	工作实效	10	系部、学生处对工作实效评价的平均值×10%［考核内容包括：早操（会议）出勤、学生违纪处理、班团工作开展、后进学生教育、班级文化建设五项］
6	主题活动	10	系部、学生处对主题活动评价的平均值×10%

月日常工作绩效考核的数据录入、统计和汇总在数字化校园网上进行，由系部负责系部班级考核数据审核，学生处负责学校各班级考核数据审核、汇总等工作。班主任、系部检查、抽查的各类学生违纪，无严重后果，并录入网络中，该违纪不作为相应班级绩效考核扣分处理。

3. 月绩效考核等级与津贴

月考核总计分数	90～100分	80～89分	60～79分	0～59分
等级比例	≤30%	—	—	—
考核等级	A等	B等	C等	D等
月绩效考核津贴	×××元	×××元	×××元	0元

说明：

（1）假期班主任工作绩效考核内容包括假期家访和学生社会实践活动（或假期作业）组织实施情况。其中假期家访考核权重为70%，由系部和学生处共同考核；学生社会实践活动（或假期作业）组织实施权重为30%，由系部和团委共同考核；考核等级参照上表。

（2）班主任假期家访需填写学生家访登记表，参照《学生实习管理办法》，由学校补贴交通费10元/次，假期家访不少于10%学生比例，学校期望每学期假期家访达到30%以上。每学期分管校长假期家访不少于4人，学生处和系部分管领导假期家访不少于8人。

（3）学生社会实践活动（或假期作业），由团委和系部在放假前布置，班主任假期通过电话、短信、QQ、微信或假期返

校等各种方式检查和督促学生完成任务，开学后班主任负责收齐活动报告（或假期作业），团委和系部进行考核。

（4）在班主任工作实效中增加班级学生参加社团、社会实践等活动的参与率和相应工作实效等情况考核。

4. 月工作津贴发放办法

月工作津贴主要包括月基础岗位津贴和月绩效考核津贴两部分。月工作津贴与班主任工作绩效挂钩，月绩效考核由学生处和系部实施。

（1）次月1日前，系部将各班月工作绩效考核数据整理、统计、汇总并提交学生处进行核实。

（2）次月3日前，由学生工作例会审定。

（3）次月5日前，由学生处将津贴发放汇总表报人力资源部，并按时发放班主任月工作津贴。

5. 月班主任工作津贴计算公式

班主任月工作津贴＝月基础岗位津贴×班级人数系数＋月绩效考核津贴＋月难度津贴

（1）月基础岗位津贴：每月×××元/班，每学年按12个月发放。

（2）班级人数系数

班级人数	小于20	20～40	41～50	51以上
系数	0.9	1	1.1	1.2

（3）月绩效考核津贴　按照月绩效考核等级，按月发放，每学年按12个月发放。

（4）月工作难度津贴　适用于一年级各班级，工作难度津贴为×××元/月。按月发放，每学年按10个月发放。其他特殊班级或工作成效特别显著，有引领或示范作用，系部每学期向学生处申报，由分管校长和学生处审核，按照工作实际情况发放一次性津贴，金额为×××～××××元不等。

6. 班主任教育事故与处理办法

班级工作无下列情况之一的可享受基础岗位全部津贴，并按月发放，如发生下列情况之一者，经查实，由学生工作例会认定班主任教育事故，报主管校长审批，月绩效考核等级为D等，并按以下三级情况作出相应的处理。

第一级　家长和学生举报班主任有师德失范，且经查属实，扣除当月全部基础岗位津贴，并立即解聘班主任。

第二级　（1）因班主任工作失职，班级发生重大安全事故，造成一定影响；

（2）因班主任教育、管理或处理学生不当，造成学生心理、生理伤害，产生不良影响；

发生上述情况之一者，扣除当月基础岗位津贴50%。

第三级　（1）班级学生有严重违纪行为（如打架致伤、严重偷窃、严重旷课等），因班主任本人未及时处理，造成不良影响的；

（2）学生违反“学生行为规范底线”要求，整改不力或没有明显效果的；

（3）班主任伪造有关考核数据或影响其他教师改变有关考核数据；

（4）其他经学生处和系部认定应列入的情况。

发生上述情况之一者，扣除当月基础岗位津贴30%。

7. 月绩效考核补充说明

（1）学生毕业实习、实践教学环节等客观原因导致考核数据空缺时，班主任绩效考核等级均按C等计算。

（2）毕业班实习管理教师津贴，按照“上海信息技术学校毕业实习管理暂行办法”规定的考核标准要求，发放实习管理教师考核津贴。

8. 副班主任绩效考核

为了进一步加强班主任队伍建设，提高班主任专业化水平，特别是新任班主任的实践学习和成长，根据学校班主任工作的实际需要，建立副班主任带教制度，具体工作内容、要求及考核规定如下：

（1）副班主任的“管理和教育职责”与带教的班主任相同；

（2）副班主任的“绩效考核内容及目标”与带教的班主任相同；

（3）副班主任的“绩效考核范围及要求”与带教的班主任相同；

(4)副班主任“工作津贴发放办法”与带教的班主任相同；

副班主任月工作津贴主要包括月基础岗位津贴和月绩效考核津贴两部分。月工作津贴与班主任工作绩效挂钩，月绩效考核由学生处和系部实施。

副班主任月工作津贴 = 月基础岗位津贴 + 月绩效考核津贴

月基础岗位津贴：每月×××元/班，按聘期发放。

月绩效考核津贴：月绩效考核津贴按照月绩效考核等级，按聘期发放。

月绩效考核等级与津贴

月考核总计分数	90~100分	80~89分	60~79分	0~59分
等级比例	≤30%	—	—	—
考核等级	A等	B等	C等	D等
月绩效考核津贴	×××元	×××元	×××元	0元

(5)副班主任的“教育事故与处理办法”与带教的班主任相同。

（二）学期绩效考核

1. 学期绩效考核项目。学期绩效考核满分为100分，考核权重和指标分解如下表。

序号	考核项目	权重	考核负责	备　注
1	教育引导	20	学生测评	班主任学期绩效考核表
2	班级管理	10	任课教师测评	平时班级课堂效果评价数据
3	体锻达标率	20	学生处	补考前体锻达标率数据
4	月绩效考核平均值	50	学生处	月绩效考核汇总数据

2. 学期绩效考核等级

考核总评分数	90~100分	80~89分	60~79分	0~59分
考核等级	A等(≤30%)	B等	C等	D等

说明：

1. 学期绩效考核结果与文明班级、创文明班级评比的评比挂钩。
2. 学期绩效考核等级为A等级，可申报文明班级；学期绩效考核等级为B等级，可申报创文明班级。
3. 学期绩效考核为A等级，经学生工作例会研究确定后，在“创、建、做”表彰中，班级学生奖学金、学生干部、三好学生、社会积极分子等比例给予适当增加。

（三）学年绩效考核

学年绩效考核的总分为两学期绩效考核总分的平均值。

考核总评分数	90~100分	80~89分	60~79分	0~59分
考核等级	A等(≤30%)	B等	C等	D等

说明：

1. 学年绩效考核为A等级的班主任，入选学校优秀班主任候选名单。
2. 由学生工作例会根据班主任学年绩效考核结果，结合班主任的综合表现，确定评选优秀班主任候选名单。
3. 由评审小组根据《上海信息技术学校优秀班主任评选办法》进行评选，并将评选结果进行公示。
4. 学校优秀班主任的奖励标准和发放，按“学校各类先进个人的奖励标准”发放。
5. 凡班级出现较大安全事故、学生违法犯罪或重大违纪(打架致伤、严重偷窃、严重旷课等)未及时处理，造成不良影响的，不得参加优秀班主任的评选。

（四）学期重点工作绩效考核

1. 广播操比赛

为了贯彻落实学校党政提出的“透明校园工程”建设的各项工作，结合学校学生管理工作的实际，每学期在全校学生中开展以“强化早操规范，提高早操质量”为主题的广播操比赛活动，并对于效果显著的班级和班主任给予一次性的奖励(具体广播操比赛的安排以当学期广播操比赛的通知为准)。

(1)活动组织：广播操比赛分为初赛、复赛、决赛三个阶段进行；

(2)评分标准：按照“广播操比赛及早操评分标准和要求”“广播操比赛决赛评分标准和要求”，由体育教师和评委进行评分；

(3)绩效考核津贴如下表。

赛程	班级数量	等级	津贴/元
初赛	—	—	—
复赛	50% 的班级(除决赛班级)	鼓励奖	×××
决赛	2	一等奖	×××
	4	二等奖	×××
	6	三等奖	×××

说明：进入复赛的班级有资格参加学期“文明班级”“创文明班级”的评比。

2. 学费收缴

为了认真贯彻落实学校《上海信息技术学校关于学费收缴的管理办法》(沪信技校办〔2011〕32 号)文件精神，把学生学费收缴工作落到实处，提高学生学费收缴完成率，特对学生学费收缴完成情况进行绩效考核。

(1)主要内容和职责

1)系部、班主任协助财务部做好新生入学或老生“学费工行卡”“资助卡”的申请、办卡、补卡所需材料的收缴和核实等工作，确保班级每位学生“账、卡”无误。

2)班主任负责每学期学生学费、代办费、住宿费等费用的收缴和催缴工作，班级学生学费收缴完成情况作为学期重点工作绩效考核。

① 考核目标：班级学生学费收缴在开学后 2 周内完成。

② 津贴：分三个阶段进行考核。

考核项目、目标	第一次完成率 100% (开学报到当天)	第二次完成率 100% (开学后第一周内)	第三次完成率 100% (开学后第二周内)
津贴	×××元/班级	×××元/班级	×××元/班级

(2)责任分析

1)财务处：财务部对于班级学生 1 个月内没有交清的学生进行统计汇总、校园网公示。

2)学生处：学生处进行责任分析，找每位未交学费学生进行谈话、查找原因，进行帮助或处理，经核实，确实因班主任工作不到位导致学生未按时交清学费的，在月班主任绩效考核(工作实效)中进行扣分处理。

3. 体育锻炼达标

国家中等职业学校改革发展示范校建设目标中，对学生体育锻炼达标合格率确定为85%，为了达到此目标，2011年学校制定了上海信息技术学校《国家学生体质健康标准》实施办法见(沪信技校办〔2012〕19号)，对学生体育锻炼达标的责任人体育教师、班主任明确了职责，具体见《上海信息技术学校教师第三类工作量统计规定》的通知。

4. 示范班级

为了贯彻落实中共中央、国务院《关于加强中等职业学校学生思想德育教育的意见》，认真落实《上海市中等职业学校学生行为规范》和学校党政提出的“透明校园工程”建设的要求，按照学生处学期工作要点，并结合学生工作的实际，每学期在全校开展学生行为规范“示范班级”评比活动，具体“关于开展学生行为规范‘示范班级’评比活动通知”。

(1)指导思想：以“透明校园”建设为指导，实施“学生德育生活化，学生行为礼仪化”的工作目标。狠抓学生行为礼仪教育，培养学生良好形象；建设优秀班级文化，树立良好班风学风；提高班级管理水平，打造一批示范班级。为圆满完成“透明校园工程”建设，争创新一轮“上海市中小学行为规范示范校”而努力。

(2)工作目标：围绕“透明校园”建设，打造学生行为规范第一品牌，彰显示范。

(3)评比宗旨：通过学生行为规范“示范班级”的评比活动的开展，督促和引导全校学生重视学生行为礼仪，规范学生日常行为，促进良好班风和校风的形成和提升。

(4)评比标准：以《上海市中等职业学校学生行为规范》和《上海信息技术学校学生日常行为礼仪标准及要求》为主要评比依据，每个月评比一次。

(5)津贴见下表。

评比项目	标准要求	班级比例	津贴
示范班级	符合学生行为规范“示范班级”标准要求	10个班级	100元/班级

5. 毕业合格率

按照“上海信息技术学校毕业实习管理办法”，为了加强毕业班级管理，提高毕业生质量，对毕业生能否正常毕业进行职责明确，指定班主任作为学生课堂学习、实习管理的主要监管和督促责任者，对毕业班级的毕业合格率进行绩效考核，统计截止日期为毕业年9月底。

考核指标	95%以下	95%以上	100%
	与绩效考核挂钩	×××元/班级	××××元/班级

五、执行日期和解释权

本办法于2014年9月1日起执行，原有与本办法相冲突的条例同时废止。本办法的解释权归学生处。

附件

上海信息技术学校班主任学期绩效考核表

（教育引导20分：学生测评）

班主任：__________　　　　　　班级：__________

序号	指标体系	评定标准				得分
		优秀（2分）	良好（1.5分）	合格（1分）	不合格（0分）	
1	师德垂范，工作负责、公正，有威信					
2	班级的学习氛围、班风及班级凝聚力					
3	处理突发事件的能力					
4	关心困难学生					
5	关心上课出勤情况和课堂纪律					
6	对班委会、团支部的工作指导，注重学生干部的培养					
7	深入班级、宿舍，关心学生生活					
8	班级后进学生转化、帮助和教育工作					
9	积极开展安全教育、心理健康教育					
10	定期召开主题教育、班会课，组织班级开展实践活动					
得分合计						

填表人：__________　　　　　时间：______年____月____日

大连市轻工业学校班主任量化考核及津贴发放试行办法

班主任是学校班级教育管理的具体组织者和实施者，班主任工作是学生德育工作的重要组成部分。科学地对班主任工作进行指导考核，是学生工作高效有序开展的必要条件。为了进一步加强班主任队伍建设，提高班级管理水平，特制定本办法。

一、考核的组织领导与实施

班主任的考核在分管校长的领导下，由学生科会同相关部门共同实施。

二、考核的基本原则

围绕“德、能、勤、绩”四个方面，坚持全面考核、综合评定、注重实效，力求做到公平、公正、公开。

三、考核的项目与计分方法

（一）学生科考核占80分。分年级执行，考核内容包括基础工作和工作效果两个方面，分别计分。

1. 基础工作

能认真执行班主任工作规范，基础分为40分，根据下列指标加减分。减分不超过基础分。

(1)班主任会议、培训及要求班主任必须参加的学生活动，缺席一次扣3分。

(2)班主任早自习、间操、下午自习深入班级组织学生，各项月累计缺席超过4次，一次扣1分。早自习及下午自习考核方式：本人签到与不定期抽查相结合，严禁代签。

(3)每周主动深入学生寝室至少2次，与宿舍管理员沟通了解寝室情况，检查寝室卫生、秩序，少一次扣2分。考核方式：门卫登记。

(4)按规定时间和要求参加值班工作，值班不认真扣1～3分，缺勤一次扣5分。

(5)未按要求完成学校布置的工作任务，或出现工作纰漏造成不良影响，视情节每次扣2～10分。

(6) 晚自习、早操、节假日等休息时间主动深入班级或宿舍做工作，每次加1分。此项加分上限为5分。考核方式：本人申报登记与值班检查相结合。

(7)潜心研究班主任工作。创新班级教育管理办法并取得明显效果，在本年级或全校范围内起到示范引领作用，加1～3分；在校级、市级及省级以上范围做班主任工作经验交流或发表与班主任工作相关的论文，分别加2分、4分、6分。此项加分上限为6分。考核方式：本人凭相关材料向所在年级申报。

注：以上各项考勤，凡未事前请假视为无故缺勤，双倍减分。一学期中，班主任工作岗位累计缺勤10天以上，学期考核成绩扣5分；累计缺勤30天以上，学期考核不能排在前二档。工作中有缺项，学期考核成绩扣5分。

2. 工作效果

在完成基础工作的过程中，能通过严格规范的管理、科学有效的教育引导，不断增强班级德育工作的实效。基础分为40分，根据下列指标加减分，减分不超过基础分。

(1)杜绝学生管理责任事故和安全事故。班级学生集体未按学校规定执行诸如两操、自习、卫生清扫等各环节及各类活动的要求，视为班级管理事故，视情节一次扣2～10分；管理不到位引发安全事故，视情节扣5～20分。此项减分上限为30分。

(2)对班级学生在劳动周等工作中的教育组织有效，管理措施到位，班级学生整体表现突出好，加2～3分；反之，扣2～5分。

(3)班级考核评比。月量化考核为优秀的(5%)加10分，良好(10%)加5分，较好的(15%)加3分，不及格扣10分。在学校组织的教室规范班级、仪表规范班级等评比活动中，优秀的加2分，不合格或被通报批评的扣5分；宿舍评比中，月文明寝室、周红旗寝室每次每个加1分(少于4人的寝室加分折半)。

(4)教育引导效果佳，学生守法守纪，流失率低。班级学生违纪、流失分值Y超过5分，则扣$(Y-5)$分。此项减分上限为15分。

注：违纪、流失分Y等于下列计分总和：学生一次性受警告、严重警告、记过、留校察看、开除学籍处分，分别计1分、2分、4分、5分、7分，劝退一人计6分，处分每升级一档计2分。自然流失一人次计1分，受到司法机关处理一人次计10分。凡班级自行申请处分的，扣分折半。

有下列情形之一的，学期考核成绩各减5分：一学期内流失率超过10%；违纪率超过12%。

(二)团委考核占10分。

(三)教学科室考核占10分。

毕业实习班级班主任的考核，学生科占40分，团委占10分，教学科室占10分，招生就业指导办公室和各专业科室占40分。

四、班主任津贴计算办法

班主任月津贴＝特殊岗位津贴×××元＋关爱津贴(×元/生)＋核定的班主任月绩效津贴总额/年级内班主任月考核总得分×班主任个人考核分＋年限津贴(带班超过6年的班主任享受)。

五、几点说明

1. 班主任考核以所任班级为单位按月执行，班主任量化考核成绩作为计算班主任津贴、进行学期考核和年度评优的主要依据。班主任以带1个班为宜，考核优秀的班主任可跨年级带2个班。

2. 班主任请假或因公出差，除按学校《教职工考勤制度》执行外，事前必须向学生部门请假。1日以内，科长批准，必须由年级主任签署意见；2日及2日以上，主管校长批准，必须由年级主任、科长签署意见。

3. 一学期中累计2个月考核不达标的，认定为不称职班主任，按学校相关规定处理。

4. 实习班主任参照此办法考核，津贴按学校有关规定执行。

5. 其他未尽事宜经校领导审定后酌情处理。

大连市轻工业学校班主任任职年限津贴实施方案

为了加强学校班主任专业化建设，充分发挥班主任在学生教育、管理方面的作用，进一步完善激励机制，保证班主任工作的稳定性、连续性，结合学校实际情况，特制定本方案。

一、组织领导

1. 学校成立由学校领导以及学生科、校办负责人组成的班主任年限认定工作领导小组，负责班主任年限认定的组织领导工作。

2. 领导小组下设工作办公室，设在学生科，负责班主任年限认定具体事务性工作。

二、年限认定范围

自2001年9月(中专全部改为三年制)起，教师担任大连市轻工业学校(含服装职高)全日制班主任的工作年限。

三、年限津贴标准

班主任津贴与任职年限挂钩。

1～6年无年限津贴；

7～9年每月年限津贴为月管理考核津贴平均数的20%；

10～12年每月年限津贴为月管理考核津贴平均数的40%；

13年以上每月年限津贴为月管理考核津贴平均数的60%。

四、认定与发放程序

1. 个人申报

每年九月上旬，班主任填写《班主任年限认定表》(校园网上下载)，交予学生科。

2. 学校组织审核

学生科会同校办审核《班主任年限认定表》，申报情况公示后，报学校领导小组。

3. 年限津贴的发放

领导小组审核确定后，由学生科按班主任任职年限津贴发放标准计入班主任津贴中一并发放。

五、几点说明

1. 教师只在从事班主任工作期间享受班主任任职年限津贴。
2. 任职年限不重复计算。
3. 未尽事宜由领导小组研究决定。
4. 本方案解释权在学生科。
5. 本方案于2012学年9月份开始实施。

第3部分　教务管理

中等职业学校的教务管理是与教学活动有关的一切行政工作，是学校教学工作的重要组成部分。通过科学有效的管理，充分发挥计划、组织、协调、控制等管理职能，对教学过程各要素加以统筹，使之有序运行，提高效率。

教育部《中等职业学校管理规程》(教职成〔2010〕6号)、《中等职业学校专业教学标准(试行)》(教职成厅函〔2014〕11号、48号)、《关于进一步加强对中等职业教育教材管理工作的通知》(教职成司函〔2006〕80号)、教育部关于印发《职业院校管理水平提升行动计划(2015—2018年)》的通知(教职成〔2015〕7号)等是制定中等职业学校教务管理制度的指导文件和基本依据。

教务管理制度是为规范学校教务管理工作而制定，其目的为完善学校教务管理制度体系，为教学工作的有序开展和教学质量的保证奠定基础。一般由学校校长办公会提出，教务处(科)起草，教工代表大会批准后实施，由教务处(科)归口并负责解释。

教务管理工作主要包括教学计划管理、教学组织管理和教学质量管理等基本环节。具体包括教学管理与运行、实施性教学计划、课程管理和开发、教材管理、教学质量监控与评价等制度。

制定教务管理制度要以适用性、科学性和合法性为原则，以确保专业人才培养方案有效实施为目标。促进学校教务管理整体协调、有序运行、有效控制。制定教务管理制度应提升管理理念，优化业务流程，为搭建教务信息化管理平台，促进教务管理的智能化与决策的科学化提供支撑。

3.1 教学管理和运行

学校应当设立教学教管理机构，制定教学管理制度，建立健全教学管理运行机制，保证教学计划的实施。

——摘自《中等职业学校管理规程》第十五条

制度案例

上海信息技术学校学分制实施办法

为全面贯彻国家的教育方针，落实教育部《关于实施素质教育深化中等职业教育教学改革的意见》等文件的有关精神，继续深化教学管理改革，贯彻因材施教原则，建立竞争与激励机制，充分调动教与学两个方面的积极性，进一步提高教学质量和办学效益，在总结学校学分制管理实践经验的基础上，特制定本实施办法。

一、总体结构

上海信息技术学校目前有中等职业教育3年和4年基本学制、中高职贯通职业教育5年学制三种类型。学校实行学分制，为了保证学分制改革的顺利进行，努力实现教学运行机制的有序过渡，学校暂保留学年制中留级制度。中等职业教育文化基础课程实施教考分离，专业试探课程指导学生进一步专业选择，专业核心课程完成专业对应典型岗位所需主体工种职业资格学习，专业选修课程进一步发展学生特长。

新生进校已选择专业，在中职3年基本学制专业第1学期完成后，符合转专业条件的学生，经学校批准可转专业，毕业共需累计170学分。4年基本学制第1学年完成后，符合转专业条件的学生，经学校批准可转专业，毕业需累计220学分。中高贯通职业教育5年制专业实施方案进行整体设计，前3年按中等职业教育学籍管理，后2年按高等教育学籍管理，第1学年完成后，符合转专业条件的学生，经学校批准可转专业，毕业需累计270学分。

二、学习年限

每学年2个学期，学生每学期注册一次，每学期共计19教学周。个别专业也可试行4小学期制，即在一个学期中，每9周选一次课程，中间休息一周，为探索小课程学分和更灵活的工学交替创造条件。实行弹性的在校学习年限，所有专业允许在第1学年后实行工学交替，中职专业3年基本学制最长在校学习时间6年、4年基本学制最长在校学习时间7年，中高职贯通5年基本学制最长在校学习时间8年。

三、学分认定

（一）学分的计算

1. 理论教学、实验实训、理实一体化课程，一般16学时计1个学分；

2. 专业讲座、艺术类课程、学生社团、科技课题，每学期计2个学分；

3. 体育为必修课，但内容由学生选择，每学期计1个学分；体育锻炼达标为必修课，如达标共计3个学分；

4. 实践性教学环节，如专业教育、生产实习、社会实践、专题实习、劳动教育、毕业实习、毕业汇报等学分的计算：

(1)集中进行的，每周计1课，但内容由学生选择，每学期计1个学分；

(2)分散进行的，每16学时计1个学分。

5. 德育学分设置：特指德育课程外的德育活动，中等职业教育3年基本学制共计18分、4年基本学制共计24分。5年一贯制中高职贯通职业教育试行期间暂不设置德育学分。

（二）课程分类

所有课程分为必修课和选修课两大类。原则上必修课占60%，选修课占40%，选修课包括限定选修课(30%)和任意选修课(10%)。具体分类规定如下。

1. 必修课包括公共必修课、专业必修课和德育必修活动。

(1)公共必修课是指为保证学生的文化基础知识和实践能力由国家或学校规定各专业统一开设的基础课程，如德育、语文、数学、英语、体育、体锻达标、信息技术基础等。

(2)专业必修课是指为保证人才培养规格和质量，专业典型岗位所对应岗位群必需的专业主干课程和实践训练，同一专业链的专业适当考虑采用一部分相同的专业必修课程。

(3)德育必修学分是指学校为提高学生道德素养统一规定的活动，由学生管理部门统一设计和组织。

2. 限定选修课是根据专业培养目标要求和合作企业对人才的需求情况开设的专业课程。各专业根据具体情况可同时设计3种模式。

(1)专业补习选修。该选修主要是针对在专业必修课学习中尚未达到最低要求的学生，继续学习达到专业基本要求。

(2)专业方向选修。该选修主要是针对已完成基本专业必修要求的学生，有两种基本形式：第一种是学生可以在提供的所有专业限定选修课中选择部分课程；第二种是学生根据提供的专业小方向依据市场需求和自己兴趣选择其中一个小方向学习。

(3)专业特长选修。该选修主要是针对已完成基本专业必修要求，但对某一专门技术有特殊兴趣或明显特长的学生。

3. 任意选修课

任意选修课是为了扩大学生的知识面、特长，提高学生的综合职业素质而开设的课程，有专业类、兴趣类、项目类、社团类等，由学校统一设计开设，学生可根据专业的需要和自己的兴趣自由选择，但必须至少修满10学分。

企业实习的学分可以替代各类选修课，各类选修课程学分不能替代必修课程学分。工学交替期间、学习业余期间取得专业教学实施方案之外学习成绩证明和社会职业能力考核证书由教务管理部根据具体内容认定可替代的学分性质。

（三）成绩考核与绩点

成绩考核采用能够反映“质”和“量”两个方面的学分、绩点评价方法。理论考核成绩一律采用五等十一级制记分，由教务管理部折合成相应学分及等级和绩点综合评价学生的学习质量。具体规定如下。

1. 成绩考核与绩点的关系

成　　绩	成绩等级	绩　　点
90 ~ 100	A	4.0
85 ~ 89.9	A^-	3.7
82 ~ 84.9	B^+	3.3
78 ~ 81.9	B	3.0
75 ~ 77.9	B^-	2.7
72 ~ 74.9	C^+	2.3
68 ~ 71.9	C	2.0
66 ~ 67.9	C^-	1.7
64 ~ 65.9	D	1.5
60 ~ 63	D^-	1.0
<60	F	0

实践性教学环节以五级记分，再由教务管理部折合成相应等级、绩点和学分。五级记分和相应的百分制、成绩等级、绩点具体有如下关系。

等　　级	百　分　制	成绩等级	绩　　点
优	95	A	4.0
良	85	A^-	3.7
中	75	B^-	2.7
及格	65	D	1.5
不及格	45	F	0

2. 学分绩点、平均绩点的计算

将某一课程的学分乘以该课程所得的绩点，即为该课程所得的学分绩点。以学生所得全部课程的学分绩点之和，除以该学生同期修读课程的总学分数，即得该学生在该学期经学分加权的平均绩点。

$$\text{平均绩点} = \frac{\sum(\text{课程学分} \times \text{课程绩点})}{\sum \text{课程学分}}$$

平均绩点是衡量学生学习质量的重要指标，每学期计算一次。平均绩点是学生奖学金评定、选拔学生干部、评选各类先进、推荐出国交流、免考勤、选读辅修专业、推荐升学与就业等方面的重要依据。

德育学分的认定另行制定办法。

四、考勤与免考勤

1. 授课教师有责任督促学生应用一卡通系统考勤，在校园网教学后记中校正学生的出勤情况，并将当天的缺勤、请假记录下来。

2. 教师有权确定按适当比例将学生的出勤情况计入学生的平时成绩，其比例由教师自定，学校推荐值至少为学期总成绩的10%～20%，教师必须在开学第一节课上，正式向学生宣布出勤情况占总分比例。

3. 凡上学期某一课程平均绩点达3.0及以上的学生，可向教务管理部申请本学期该课程免考勤。学生免考勤申请被批准后，持免考勤证自行安排活动，但必须参加该课程的实验、实训，完成教师布置的作业，方能参加课程测验和期末考核。免考勤不包括德育学分。

五、专业咨询和选课

1. 在教务管理部统一安排下，由专业教学部门编写课程咨询材料，在网上公布下学期课程安排表，导师进行学生个别专业咨询，学生在选课前准备选课意向，导师应对意向进行进一步的咨询和指导。

2. 学生根据自己的学习情况和能力，听取导师的建议，自主决定每学期选修学分的多少，但每学期不得低于专业实施方案计划安排4学分，德育学分必须按学期规定要求选满。如在一学期内同一门课程有不同教师分别上课，教务管理部可安排两周的试听制度，学生可根据自己的学习特点，可选择适合自己的授课教师，但人数最高额度受教学场所限制。

3. 实行计算机内外网同时定时开放选课，学校建立由学生自行操作的计算机选课系统，学生可对照专业教学实施方案和开课课程表，参考导师意见自主选好拟修课程，在计算机网络终端进行选课登记、操作，或作退选、重选操作。

4. 建立学生学籍号，学籍号作为学生入学后学业身份确认的唯一标识，学生个人课程表、成绩和学分可在校园网上查询。建立学生每学期学业警告制度，对每学年实得学分和所选学分之比低于0.3的学生，可提议其编入下一年级学习。

六、辅修

1. 凡上一学期平均绩点3.0及以上、操行评定合格、身体健康、能胜任繁重学习任务的学生，可申请辅修。

2. 每个辅修方向必须开设60学分的专业课程和实践环节，可利用业余或假期完成实践环节，学分计算方法同主修专业。辅修专业的学习与主修专业同时进行。辅修专业一般单独为辅修学生开设，单独开课的课表由教务管理部统一安排。

七、跨校选修

为实现全市的教学资源优化配置，在市教委的统一领导下，建立跨校选修协作小组，在上海市职教在线网站上开设市级中职网络跨校课程，并公布选修课程和负责教师，学校教务管理部门提供选修课程、推荐指导老师，组织学生选修课程，认真组织面授辅导，探索小组式的学习方法，提高选修质量。

八、重修制度

对课程考核不及格的学生，学校统一组织以面授为主的重修，同时充分运用 Blackboard 平台使用教育部网络课程和自行开发网络课程，探索应用各种形式的重修制度。

九、学生管理

实行学分制后，开放图书馆、文体活动场所、实验室和教室，学生管理仍保留班级，每班设班主任1名，对学生实行严格的日常管理，每专业方向设导师1～2名，专业教学部门成立导师组，进行选课咨询和学习方法咨询，班主任和导师工作均进行严格考核。

根据教学需要，具体组织授课时可组成不同于行政班的教学班，有利于实现分类指导。

十、其他

本实施办法由上海信息技术学校制定，自2013年1月6日起实行，解释权归教务管理部。

大连市轻工业学校实施学分制的有关规定

I　实施学分制方案

为了贯彻教育部《关于深化中等职业教育教学改革全面推进素质教育的意见》和辽宁省教育厅《关于中等职业学校制定实施性教学计划的原则意见》精神，积极探索学分制等弹性学习制度，结合学校实际情况，特制定学分制实施方案。

第一章　总　则

第一条　学分制是以学分作为衡量学生学习分量、学习成效，为学生提供更多选择余地的教学制度。弹性学制是指在国家规定各类职业学校学历教育基本学制的基础上，学生根据自己的实际情况采取较灵活的学习方式，经考核在达到国家规定的毕业资格的条件下，适当提前或延长学习年限。

第二条　针对中等职业学校学生年龄偏小，自我发展能力有限等实际情况，本方案为学年学分制。

第二章　课程计划与课程设置

第三条　为了保证人才的培养规格和质量，每届新生入学之前必须制定具有弹性的学分制实施性课程计划，并报上级主管部门审批后执行。学分制实施性课程计划应根据社会、岗位需要，注重创新精神、实践能力培养和学生的个性发展。

第四条　学分制实施性课程计划的课程体系应采用“基础适宜，模块灵活”原则，实行整体优化综合。

第五条　学分制实施性课程计划中的课程分为必修课、限定选修课和任意选修课三种类型。

(一)为保证人才培养基本规格，学生必须修习的课程。包括公共基础课程、专业技能课程和实践课程。公共基础课包括德育、语文、外语、数学、计算机应用基础、体育、礼仪等。

(二)限定选修课 是为培养多种规格、不同专门化方向、不同技能型人才，为拓宽、深化专业知识和技能所开设的课程。此类课程在实施性课程计划中应以“组合菜单”或“限选模块”等方式设置。并明确规定该专业学生在限选课程“菜单”或“模块”中应选修的课程数目和相应的限选课程学分总数。限选课程“菜单”中的课程数目，应多于计划规定的限选课程的数目，以使学生有一定的选择余地。

(三)任意选修课：是为发展学生的全面素质，扩大学生知识面，培养学生兴趣，适应学生个性发展的自主选修的课程。实施性专业课程计划中要提供较多的备选课程，鼓励学生自主选修课程。低年级的任选课一般以拓宽、普及类课程为主，高年级的任选课一般以拓宽、深化、提高、培养创新意识和专业技能为主。

第六条　必修课和限定选修课应按课程的内在递进关系在各学期科学、均衡设置，每周内的任选课应适当集中安排。

第七条　根据教育部《关于制定中等职业学校教学计划的原则意见》，公共基础课程、专业技能课程与选修课程的课时比例一般为3:6:1，专业技能课程中的顶岗实习累计总学时约为一学年，一般安排在最后一学期。

第八条　为了保证选课的机动性，实施性课程计划中必修课与限定选修课的周学时不得突破28，一般安排周26学时为宜。

第三章　学分　绩点计算

第九条　学分绩点制是一种以学分衡量学生完成学业情况，以平均绩点评价学生学习质量的教学管理制度。学分是学生所学课程在培养方案中的重要程度、难易程度及所用时间的量化反映，是确定学生能否毕业的重要依据，也是制定教学计划、分配课时、安排教师工作量的依据。

第十条　学分计算以学期为单位时间，以该课程在教学计划中安排的课时数为主要依据，一般课程以16个左右课时为1个学分，可根据课程的重要程度和难易程度做适当调整。

学分计算结果保留小数点后一位。

独立开设的实践课：包括劳动、军训、入学教育、毕业教育、实习、实训、大作业、课程设计、社会实践、毕业实践(设计)等，一般以1周(或30~32学时)为1个学分。思想品德和行为规范(操行)每学期1学分。

第十一条　实施性课程计划中每学期必修课与限定选修课的学分之和，一般控制在28学分左右(±2)。必修课和限定选修课的学分占总学时的90%，任选课的学分占总学分的10%。

第十二条　每门任选课的学分值一般不高于2学分，每名学生在一学期中一般只可修习1~2门任选课。

第十三条　三年制中专总学分为160~170(含操行学分)，一年制(招高中生)为55~65学分。

第四章　成绩考核

第十四条　学生所修课程均需参加考核。考核成绩及格方可获得相应课程的学分。考核分考查和考试两种。考查课程的成绩应依据学生课堂出勤、学习态度、提问成绩、作业完成情况、平日和阶段测验成绩、实验(践)环节等学习过程按一定加权综合评定。考试课的成绩应以期末考试成绩为主(占70%)，综合平时学习情况(占30%)评定。

第十五条　考试课的成绩采用百分制记分，考查课的成绩采用优、良、中、及格、不及格五级记分，百分制与五级记分分别按优(90分)、良(80分)、中(70分)、及格(60分)、不及格(0分)计算。

第十六条　公共基础课、专业技能课和一些有条件的课程应实行教考分离，统一命题阅卷，部分课程可实行联考、统考。

第十七条　对于学习难度较大的一些公共基础课(暂定为数学、英语)和少数专业课程可实行分层次教学与考核，采用A、B两种教学要求和评价标准组织考核，参加A类标准考试合格者，所得学分为该课程的标准学分，参加B类标准考核合格，所得学分为A类标准学分的80%，B类考试计入成绩册的分值计算公式为：

某课程成绩 $=60+(X-60)\times 0.5$，式中 X 为B类考试成绩。

第十八条　艺术类单元课成绩的评定分两种情况。对于完成较大作品的课程，以课程结束后(或考试)的作品质量为主(占70%)，结合平日出勤、表现等考核(占30%)评定成绩，对于完成较小作品的课程，平日出勤、表现、作业等考核占40%，阶段测验和课程结束后的考试成绩占 60%。

艺术类单元课的作品是指在指导老师的指导下，在课堂上由学生亲自完成的作品。考试或补考的作品也必须在专业教学科的组织下，由学生当场完成，凡顶替的作品或别人代替完成的作品一律记为零分。

第十九条　实践课程的成绩评定按优(90 分)、良(80 分)、中(70 分)、及格(60 分)、不及格(0 分)五级记分。

(一)职业技能操作实习、实训，其成绩可根据：

1. 平日出勤表现占 10%；

2. 岗位应知考试[或实习报告(总结)]占 20%；

3. 实习操作技能考试占 70%，综合评定。

(二)生产实习(劳动)、综合实习，其成绩可根据：

1. 平日出勤占 10%；

2. 表现占 30%；

3. 实习报告(总结)或完成岗位工作的情况和能力占 60%。

(三)课程大作业、毕业实践(设计)其成绩根据：

1. 生的出勤、表现、设计或工作能力占 20%；

2. 设计作品质量、答辩水平等综合评定，一般学生表现、能力、设计、作品质量占 50%，答辩占 30%。

第二十条　对于有作业和实验的课程，学生须按教师的要求按时完成作业和实验报告，缺 1/3(含 1/3)以上者，不准参加该门课考核，该课程以 0 分计，注明“作业未交”字样，若能补齐所缺环节，经学校批准，可给一次补考机会。

第二十一条　学生课堂出勤未达到该课程计划学时数 2/3 的，或无故旷课超过该课程学时数 1/10 的，不得参加该课程的考核，实行重修，并注明“缺课”或“旷课”字样。

第二十二条　必修课和限定选修课(实践课除外)考核未合格者，允许补考一次；补考及格者，即可获得该门课程的学分，成绩以 60 分计，并注明“补及”。补考不及格者实行重修。任选课和实践环节考核不及格者不得补考，任选课可以改选或重修；实践环节不及格者，可随下一届学生或相关专业在适当时间安排重修。

第二十三条　无故不参加考核，以 0 分计，不得参加补考，必须重修。因特殊原因考前请假，经教务科批准的可参加正常补考。

第二十四条　考试作弊者以 0 分计，不得补考，必须重修，并视情节轻重给予相应的纪律处分。

第二十五条　重修或改修(自选课)的课程，需交相应的重修费。

第二十六条　实行学分制后，通过平均法计算出学生的“学期平均学分绩点”和“累积平均学分绩点”对学生的学习质量进行综合评价，并以此作为评“三好学生”“优秀干部”、推荐上大专院校和奖学金的主要依据。

学分绩点与学习成绩的对应关系：

成　绩	绩　点
90～100分	4.0～5.0
80～90分	3.0～3.9
70～80分	2.0～2.9
60～70分	1.0～1.9
0～60分	0

注：上表内成绩与绩点对应关系为：1分对应0.1绩点。如90对应4.0，91对应4.1。

平均学分绩点计算公式如下：

$$平均学分绩点=\frac{\sum 绩点\times 课程(或奖励)学分}{\sum 课程(或奖励)学分}$$

第二十七条　为了鼓励学生积极参加产学研究、创新、创业、技能大赛等活动，以增强才干，特设立奖励成绩和学分。

(一)学生参加本专业课程计划以外的计算机、外语、技能等级证书等考核，取得社会认可相应的登记证书的，可分别奖励相关课程成绩100分和3～5学分。

(二)国家级各类竞赛获奖者，每项分别奖励成绩100分和6学分。

(三)省部级各类竞赛获奖者，每项分别奖励成绩100分和4学分。

(四)市级各类竞赛获奖者，获得一、二、三等奖者，每项分别奖励成绩100分和2.0、1.5、1学分。

(五)参加革新、创业和社会实践等活动，成绩优秀者，可参照以上条款分别获得相应的奖励。

第五章　选课　免听　免修　辅修

第二十八条　学分制实行弹性选课制度，学生除了学好规定的必修课程和限定选修主干课程外，允许学生自主的选择专门化模块和选修课程。

第二十九条　学生选课应在导师或班主任的指导下，按照教务科公布的课程计划或开课计划自愿选课(填写选课单或计算机网络选课)。选课前学生必须熟悉本专业实施性课程计划在本学期所安排的课程名称、学分和该学期应修课程的总学分，课程一经选定，不得中途擅自更改，否则成绩无效。有严格选修后续关系的课程，必须先选修，再选后续课，对同一门课程含理论和实验两部分内容，若分别开设的应同时选修。

第三十条　学生选课的门数，应以课程计划为依据，每学期(最后一学期除外)不应低于24学分，最高不应超过40学分。对于学习基础较差，在规定的学年内完成课程计划规定的课程、修满学分有困难的学生，经本人申请，教务科批准，可以通过少选课和重修部分课程的方法，减缓学习进度，适当延长学习时间(不超过两年)以完成学业。对于学习成绩优秀，学有余力的学生，可以跨年级、跨专业多选修课程和学分。

第三十一条　必修课、限定选修课原则上以班级为单位组织教学。对于某些课程如公共文化课、专门化课程，也可以打乱班级分层次或按专门化培养方向组织教学。同一门课程有多位教师上课时，学生可在指定的范围内选择自己满意的教师听课，选定教师试听两周后，原则上不得更改。对于某些选修课程，选修人数不足25人的一般不开课，应改选多数人所选的课程，选修人数过多的视情况可以酌情调整。

第三十二条　学生重修，原则上应参加重修课程的上课、实验(上机)、完成作业等，在重修时间发生冲突时，可采用自学或由教务科安排导师辅导等形式完成重修，重修者必须参加重修考核(即重考)。

第三十三条　重修考核原则上不单独安排，随下一年级同专业相应课程的期末考核同堂同卷进行。参加重考的学生，必须在考试前一个月到教务科核准。

第三十四条　学生所学各门课程成绩均在80分以上，经本人申请，任课教师或导师组同意，经教务科批准，可申请免听课程(艺术类课程学生须提供免听课程的作品交导师组评审)；每学期可以免听、自学1~2门必修课程或选修课程，但须按时完成作业和课程试验，参加该课程的统一考试或考核(考查课)。一年级的学生一般不允许免听课程。

第三十五条　学生提前在校外通过自学统考、远程教学等形式学习的课程其内容等于或高于课程计划中相同的课程，出示社会认可的成绩证明，经教务科审核，可认定获得同该门课程相同的学分，该课程免修；若获得内容在课程计划以外的其他课程的合格证，可作为任选课，一般每门课程以3学分计算。

第三十六条　学生提前在校外获得课程计划中规定的技能等级证书，可作同等学分认定，相关课程和实践环节免修。

第三十七条　学生因病或残疾，经市县级以上医院出据诊断书，可向教务科申请免修体育课或免修部分体育项目。

第三十八条　对学有余力的学生，在学习一个专业的同时或之后，由学生申请，教务科组织认定，主管校长批准，可以辅修第二专业的课程，成绩合格取得相应的学分后，由学校发给第二专业学历证明或单科结业证明。

第三十九条　学生申请免修、免听课程必须在本课程开课前2周，向教务科提出申请，经批准后方可免修和免听。

第六章　学籍管理

第四十条　学生必须完成所选专业课程计划规定的必修课程和限选课程，成绩及格、修满规定的学分、思想品德合格，准予毕业。

第四十一条　对于提前修满学分的品学兼优学生，应鼓励其辅修第二专业；经学校批准也可提前参加社会招聘、实践、参军或参加高考等，学年届满，予以毕业；也可以经学校推荐，上级教育行政部门批准，提前一年办理毕业手续。

第四十二条　对于在学制规定年限内仍有不及格课程或未修满规定总学分的学生，发给肄业或结业证书。经学校同意，可以不领取结业证书，申请在校延长学习时间(一般不超过两年)，重修不及格课程。全部课程及格并取得规定学分后发给毕业证书；也可以边工作边学习，在两年内参加学校组织的培训和考试，取得学分后，获得毕业证书。

第四十三条　根据教育部应届中等职业学校毕业生可在毕业当年报考普通高校本、专科的规定，实施学分制后，继续深造的学生可以在校前三年主要学习普通文化课程，三年修满参加普通高考，考不上大学的学生可提出申请延修(1～2年)，修习专业课程，取得规定的专业课程学分后方可毕业。

第四十四条，对于入学一年后的学生或年满16周岁，可由学生和家长共同申请先就业、创业、参军等，实行工学交替，分阶段完成学业。学校为其保留学籍，保留期为2～3年，逾期则应办理退学手续，逾期半年未办理退学手续的视为自动退学。

实行就业、创业、参军、工学交替实践活动结束后，原则上参加同专业(或相近专业)下一年级学习。若在离校期间通过自学或其他形式已达到同年级学习进度的，经学校认定其成绩，可跟随原年级继续学习，取得规定学分，获得毕业资格。

第四十五条　实行学分制后一般不再采用留级制度。学生对所修的课程考核不合格而未取得相应学分的，可申请再次补习(需缴纳补习费)，学生在补修未及格课程的同时，可以修习高年级的必修课和限定选修课，以获得学分。

第四十六条　学生在一学期内有3门必修或限定选修课程未取得学分，由学校提出警告，一学年内积累6门以上(含6门)课程未取得学分，不能再继续随本届往下修习，应由学校编入统一专业或相近专业下一届修习。

第四十七条　本方案在学籍管理方面未涉及的有关事项仍按上级教育部门颁发的普通中专学生学籍管理的规定执行。

第七章　教学管理

第四十八条　实行学分制后，传统的学年制以班级为单位的管理模式被彻底打破，必须建立与之相配套的科学的、现代化的管理体系。

第四十九条　学校教务科应根据实施性课程计划，在本学期结束前4～6周公布下学期各年级开课计划和学分情况，供学生选课。教务科可根据各课程选报人数确定下学期开设的选修课，确定各课程学生名册，制定课程表和学生个人课程表，并于每学期课程开课前公布。

第五十条　学校编制的选课指南，应由班主任和导师对学生进行选课指导，选课范围包括：① 课程目录；② 课程名称；③ 课程性质；④课程内容；⑤课时数；⑥学分数；⑦实验实训方式；⑧考核办法等。

第五十一条　加强课堂管理，任课教师必须按学校规定严格考勤，认真填写教学日志。

第五十二条　任课教师或重修指导教师必须按学校规定严格进行课程成绩考核。

第五十三条　根据学分制成绩管理和学籍管理制度，教务科应将学生每门课程的成绩、学分及学分绩点记入学生档案。

第五十四条　教材管理要适应学分制要求，尤其是选修课教材，要根据学生报名选课情况及时供应。

第五十五条　实行学分制后，学生管理在基础教学阶段仍采用班级制管理，每班设班主任一名，负责对学生的日常管理。在专业教学阶段，可采用导师制度，每一个专业方向设导师1~2名，专业科成立导师组，负责对学生选课咨询和指导学生学习等。

第八章　附　则

第五十六条　本方案从2001年入学的中专、高职新生开始试行。

第五十七条　本方案由学校教务科负责解释。

Ⅱ　学分制选课办法

学分制实行弹性选课制，学生在学好规定的必修课和限选课程外，允许自主的选择自己感兴趣的专门化方向模块和任选课程，以发展自己的爱好，实现自己的个性发展空间。

第一章　选课原则

第一条　学生选课的门数和顺序以课程计划为依据，然后结合自己的学习情况和学习能力，在导师和班主任的指导下自主决定。

第二条　学生选课必须优先保证必修课和限定选修课的学习。然后，再选修1~2门任意选修课。选修课程报名的学生人数少于25人一般不开设。学生应改选多数人的课程。选课人数过多，不宜安排时，教务科可酌情调整。

第三条　学生选课应根据各类课程的系统性和连贯性，先选修先行课程，后选修后续课程；同一课程分理论和实验两部分分别开设的，应同时选修。

第四条　同一类课程，允许低学时要求专业的学生听高学时要求的课程，即高学分课程可替代低学分的同类课程，但不允许课程计划高学时要求专业的学生选低学时要求的课程。

第五条　不同班级的同一门课程，多位教师上课时，学生可在指定的范围内，选择自己满意的教师听课，选定教师听两周后，原则上不得更改。

第六条　选课数量

（一）按课程计划正常选课：即学生只要每学期修满课程计划规定的课程门数（包括任选课门数），即可按期毕业。

（二）少选课：对于学习基础较差（或体质差）的学生，经本人申请，教务科批准，可以通过少选课程的办法，减缓学习进度，适当延长学习时间（不超过两年），以完成学业。每学期选课的学分，不低于24学分。

（三）多选课：对于学习成绩优秀、学有余力的学生，可以跨年级、跨专业，多选修课程和学分。每学期选课的学分最高不宜超过40学分。

第七条 学生选课必须认真严肃，课程一经选定，一般不能任意退选、加选或中途更改。如确实选课不当，可以在试听两周内，提出退选、加选申请，并在计算机选课网络中重新选课。未经批准而擅自中途更改选课，不允许参加该门课程考试。

第二章 选课办法

第八条 在本学期第16周，教务科根据实施性专业课程计划公布下学期各年级开课计划，供学生选课。

第九条 学生选课前，班主任和导师需组织学生学习有关选课资料（如课程计划、选课指导、选课制度等），介绍选课要求、学分设置情况等，指导学生选课和解答学生疑难。

第十条 学生在规定的选课时间内，由班主任和导师组织填写"选课单"，并经班主任签字后，由学习委员将本班学生的"选课单"统一交教务科。

（一）建立学生学籍号，作为学生入学后，学业身份确认的标识。学籍号共10位，其组成如下：入学年代号码、高职中专代号、专业代号、班级顺序号、学生顺序号。

其中，入学年代代号为01、02、……；高职代号为1、中专代号为2；专业代号如下。

专业	代号	专业	代号
模具设计与制造	0512	计算机网络技术	0713
机电技术应用	0513	电子商务	0903
数控技术应用	0511	物流管理	0904
食品生物工艺	0547	商务外语	0905
生物化工（生物技术应用）	0540	工艺美术	1116
工业分析与检验	0534	美术设计（美术影视与动漫）	1118
电气运行与控制	0515	服装设计与工艺	1119
计算机及应用	0711		

（二）学校建立由学生自行操作的计算机选课网络系统，学生依据选课计划，参考导师或班主任意见自主选课。先在选课意向表上作为预选，然后在计算机网络终端进行选课登记。

第十一条 教务科根据学生选课情况以及学校教室、任课教师等实际条件，进行必要的协调。确需调整的，必须通知到班级和学生。

第十二条 教务科根据学生选课结果，在每学期期末前，根据学生选课结果，将必修课、限定选修课的教材，发放给学生。任意选修课的教材，应在学生上课前发放给学生。

第十三条 根据学生选课结果，学校采用按班级授课、班级分组授课或混合编班授课等多种教学组织形式，各专业开课、排课、编班及教室安排，由教务科统一操作，于开学前一周公布。

Ⅲ 学生辅修试行办法

第一条 为了适应我国经济建设和社会发展的需求，培养应用型、复合型人才，拓宽学生的知识和能力，增加学生的就业、创新、终身学习和个人发展能力，实行学分制后，可以让优秀的、学有余力的学生，在认真完成主修专业的同时或之后，辅修第二专业课程。成绩合格，取得相应的学分后，由学校发给第二专业学历证明或单科结业证明。

第二条 辅修第二专业的条件和审批程序

(一)凡每学期平均绩点3.0以上(含3.0)、操行评定合格、身体健康、能胜任学习任务的学生，可向教务科申请辅修第二专业。凡完成主修专业以后、再申请辅修第二专业的学生，不受平均绩点3.0的限制。

(二)学生在教务科统一规定的时间内到教务科领取辅修报名表，提出书面申请，经所在专业科导师组同意，报教务科进行辅修条件审核确认，报主管校长批准。

第三条 辅修专业的选择

(一)学生所选择的辅修专业，应尽量是社会需求的、新的、复合型的专业方向，应优先选择学校现有的专业。

(二)学生应尽量选择与本人主修专业、公共基础课和专业技能课程相同的或基本相同的专业，作为第二辅修专业，以减少辅修课程和辅修年限。

(三)原则上中专学生只能选择中专开设的专业，高职学生只能选择高职开设的专业。

(四)每个学生限选一个辅修专业，辅修专业一经确定，一般不得自行改变或中途退出。

第四条 辅修时间的选择

(一)辅修专业性的学习，可以与主修专业同时进行，不延长学习年限。原则上三年制中专，第五学期开始，辅修第二专业。特殊情况提前辅修第二专业，必须经本人申请，教务科审核，主管校长批准。不延长学习年限的辅修学生，最后一个学期，不能参加就业性实习，在学校辅修第二专业课程，取得学分。

(二)可以在主修完一个专业之后，再辅修第二专业。一般有两种情况：主修专业提前一年毕业后，再辅修第二专业；按专业课程计划，修完一个专业后，再延长毕业年限，辅修第二专业。

第五条 辅修专业必须有科学规范的课程计划、课程标准和统编教材。可采用学校现有专业的课程计划，作为辅修专业的课程计划。对于新开的辅修专业，各教学科在充分调查论证的基础上，制定出既满足社会发展需求，又满足学生个性发展要求的课程计划。

第六条 学校导师组，必须指导每一个学生根据辅修课程计划，制定出个人辅修计划。

第七条 辅修专业的课程，由教务科安排，可以单独为辅修学生开设，也可以让辅修学生跨专业跨年级，跟随主修学生一起上课，一起考核。学校可以利用双休日、假期，开设辅修课程(含实践、实习等)。

第八条 辅修专业与主修专业的某些课程(或环节)重复时，有成绩的或达到规定标准的，经教务科确认后，也可以比照免修办法处理。

第九条 辅修专业课程的考核，由教务科安排。辅修专业考核成绩，应记入专用的辅修成绩报告表。考核不及格者，可安排一次补考；补考不合格，必须重修。

第十条 辅修学习与主修同时进行的学生，若一学期内，主修课程所得的学分，少于应得学分的二分之一者，应中止其辅修资格。以前取得的辅修课程(环节)的成绩，记入本人辅修成绩册和登记表中，待本人主修专业结业后，仍可继续接着辅修。

第十一条 辅修专业的学分，计算的方法同主修专业。

第十二条 辅修学生的考勤办法同主修专业。

第十三条 学生辅修第二专业课程(环节)，应按学分收费标准交费。

第十四条 学生完成辅修专业课程计划规定的课程(环节)、成绩及格、修满规定学分、思想品德合格的，可以发给辅修专业学历证书(或单科结业证书)。辅修成绩登记表，毕业时归入学生档案。

第十五条 辅修学生的管理

(一)辅修学习与主修同时进行的学生，仍由原主修班级的班主任管理。

(二)学生在主修专业毕业之后申请辅修，由教务科统一编班，每班设导师一名，负责指导学习和管理工作。

第十六条 组织实施

(一)学校辅修工作的实施，由主管校长领导，教务科协调各教学科，具体组织落实。各教学科组织制定课程计划、课程标准、选定教材，教务科统一安排课程表、组织考核、形成教学文件等，并经主管校长批准后实施。

(二)各教学科负责制定课程计划、课程标准、选定教材，组织导师组，对学生进行实习指导，并负责组织实践环节的实施和考核。

Ⅳ 学生重修、免听、免修管理制度及重修课的实施办法

第一章 关于重修

第一条 重修原则

(一)因补考不及格或其他原因，需要重修课程的学生，原则上可以同时修习高年级的必修课和选修课程，以获得学分。

(二)学生有多门课程需要重修，在选择重修先后顺序时，必须先重修与后续课程内容有严格衔接关系的先行课程。针对学生由于重修科目较多无能力集中修完情况，可本人

提出延缓重修申请，经学生科、教务科审核批准可以延长学习年限，进行重修。还可以一边工作，一边重修。

第二条　重修课的实施办法

(一)学生参加教务科组织的重修课程，完成重修课程后参加重囚考试或考查，及格后可获得学分。

(二)学生无故不参加重修课的，不得参加重修考试或考查，成绩按0分记，并标记“旷课”。

(三)有特殊情况不能按时参加重修的学生，需提前三天提交申请，教务科审核后，可以自学方式完成重修。考查课由导师考核后给予成绩评定，考试课参加重修考试。

第三条　有重(辅)修课程的学生，应在选课周的前三天提出申请，并填写重(辅)修选课意向表。持教务科发给的重(辅)修课程交费通知单，到财务科交费后，由教务科统一安排。若学生在本学期开学初补考后才确知有重修课程的，学生必须在接到补考不及格通知后2天内，向教务科提出重修申请，并按规定交费办理重修手续。

第二章　关于免听

第四条　学生所学各门课程的成绩均在80分以上，申请免听课程的成绩在95分以上，经本人申请，任课教师或导师组同意，教务科批准，每学期可以免听、自学1~2门必修课程或选修课程，但必须按时完成课程的实验及作业，参加该门课程的统一考试(若此课程为考查课，必须参加教务科组织的免听考试)。

第五条　艺术类课程的免听，除已学课程成绩均在80分以上，学生还需提供申请免听课程的作品，由专业导师组审核同意，教务科批准。课程修完后参加考试。

第六条　边工作、边学习期间，可以申请免听。

第七条　一年级的学生，原则上不允许申请免听。

第八条　有免听或免修课程的学生，必须在选课周、最迟在本课程开课前2周向教务科提出申请(填写免听、免修申请表)，经教务科批准后，方可免听、免修。

第三章　关于免修

第九条　学生在校期间，需参加各门课程正常教学活动，在无有效证据表明某门课程成绩合格，即未获得该门课程学分前，不得申请该课程免修。

第十条　学生提前在校外通过自学统考、夜校、远程教学等形式学习的课程，其内容等于或高于教学计划中相同的课程，出示社会认可的、有效的成绩证明，经教务科审核，可以认定获得同该门课程相同的学分，该门课程可以免修。若获得内容在教学计划以外的其他课程的合格证，可视为一门任选课，一般每门课程计3学分。

第十一条　学生提前(或假期)在校外获得课程计划规定的技能等级证书，可作同等学分认定，相关课程和实践环节可以免修。

第十二条　学生因病或残疾，经市县级以上医院出据诊断证明，可向教务科申请免修体育课或免修部分体育项目。

V　工学交替的有关规定及管理规定

在实施学分制和弹性学制基础上，学生可以根据自己的实际情况在学习期间申请工学交替，分阶段完成学业。

一、申请工学交替、分阶段完成学业者，需入学1年以后或年满18周岁。

二、学生本人及家长与学校间需签订协议书(一式两份)，就学生离校期间的活动和管理做出明确的约定。协议书内容包括：

① 申请人所在的专业(班级)、学生与家长姓名和离校起止时间；

② 学校签署的意见；

③ 学生工学交替结束回校时间；

④ 学校与学生家长的双方约定。

三、申请工学交替时间一般不超过两年，期间经本人申请、学校批准，可回本校继续学习，也可就近到同类学校学习或参加社会相应课程的自学考试，其学分认定按学校实施学分制方案相关条目办理。

Ⅵ　学分制的导师工作条例

实行指导教师负责制，是发挥学分制管理优势的有效措施之一。为保证学分制的顺利实施，特制定学校导师工作条例。

第一条　实行学分制后，学生的管理，在基础教学阶段，仍采用班级制管理，每班设班主任1名，负责对学生的日常管理。在专业教学阶段，可采用班主任和导师联合管理制度，负责对学生、选课咨询和指导学生学习等。

第二条　导师资格

(一)导师原则上应为学校专业或学科带头人。特殊的专业，可以是具有中级职称的教师。

(二)热爱教育事业，熟悉学分制管理制度，熟悉专业课程计划和课程体系。

(三)积极参与教学改革，具有创新意识。

(四)热爱学生，有较强责任感。

(五)具有一定的组织能力。

(六)作风正派、为人师表。

第三条　导师职责

(一)导师应认真学习职业教育理论及上级有关文件精神，全面了解学校教育教学改革、专业设置、学生状况，了解就业形势、相关行业发展和社会需求情况，深刻理解学校实行学分制的有关规章制度。

（二）导师应深入了解相关专业培养目标、课程标准、课程计划、课程设置、课程目标和考核要求等内容。

（三）负责对学生进行专业咨询

1. 教务科统一安排下，由专业科组织导师编写专业咨询材料，包括专业培养目标、专业课程计划和实践教学环节的主要内容介绍和课程目标要求、社会考核证书要求、选课计划、选课指导等。

2. 教务科组织相关教研室或导师在校园网开设专业咨询网页，学生可以通过联网计算机查询有关材料。

3. 教务科规定集中专业咨询的时间内，专业科组织导师负责对学生进行专业咨询。平时的专业咨询，根据学生的需求，由导师组自行安排。

4. 教务务科组织下，各专业科负责对新生进行专业教育。

（四）负责指导学生选课和选辅修专业

1. 选课前，导师和班主任要认真讲解课程计划和选课指导，组织学生学习相关文件和材料，解答学生提出的疑难问题。

2. 学生的基础、特长、爱好及专业培养方向等，深入现场，指导学生选课、选择专门化方向，以及选择辅修专业。

（五）负责指导学生学习

1. 深入课堂听课，与任课教师及班主任保持联系，及时检查和了解学生的学习情况，协调教学矛盾，帮助学生明确学习目的，端正学习态度，掌握正确的学习方法。

2. 基础扎实、学有余力、有钻研精神和自学能力的学生制定个人培养计划并负责落实。

3. 基础较差、学习困难的学生，改进学习方法，提高学习效率，并定期进行辅导，尤其要指导每学期有几门课程不及格、需要重修的学生，安排好学习和重修计划，尽可能地帮助他们，重修课程。

（六）按时参加学校组织的导师会议，定期以书面形式，总结汇报导师工作。

（七）分析总结班级期末考试情况，并配合班主任作好学生的操行评定工作。

第四条　导师聘任与管理

（一）导师的聘任，采用本人自荐申请与科室推荐相组合的办法，由专业科初步确定各专业导师名单，经教务科审核，教学校长聘任。

（二）每个专业聘任 1～2 名导师，专业科成立导师组，专业科长兼任导师组组长。

（三）导师组组长负责导师组的日常管理工作，处理具体工作事务。

第五条　导师的考核与待遇

（一）导师的考核，采用学生和导师组组长考评相结合的办法，每学期考核一次；考核合格者，发放一次性导师津贴，具体办法另行制定。

（二）导师的工作业绩，记入本人业务档案，作为其晋级和奖励的依据之一。

（三）教材费、住宿费、技能等级证考务费及其他收费等，另行核算。

大连市轻工业学校教学过程及运行管理的有关规定（摘选）

第一章　实施性课程计划的制定、调整、修订及执行

一、课程计划的含义

课程计划是学校最基本的教学文件。它不仅规定了人才培养目标的基本规格，而且还规定了实现这一目标的课程设置和教学环节以及教学运行的完整流程，是学校组织教学工作的实施方案，是指导和管理教学工作的主要依据。

课程计划分指导性课程计划和实施性课程计划两类。指导性课程计划是由国家教育部、部委职业教育教学指导委员会或省市教育行政部门制定和颁发的实施性课程计划。学校根据指导性课程计划、地方经济建设、技术进步以及社会发展人才规格的需要制定专业实施性课程计划。

二、实施性课程计划的基本原则

（一）坚持以就业为导向，面向社会、面向市场，围绕经济社会发展和职业岗位能力的要求，确定专业培养目标、课程设置和教学内容。

（二）坚持德育为先，把社会主义核心价值体系融入教育教学全过程，引导学生树立中国特色社会主义共同理想，弘扬民族精神、时代精神，加强以爱岗敬业、诚实守信为重点的职业道德教育。

（三）坚持"做中学、做中教"，突出职业教育特色，高度重视实践和实训教学环节，强化学生的实践能力和职业技能培养，提高学生的实际动手能力。

（四）坚持工学结合、校企合作、顶岗实习的人才培养模式，正确处理公共基础课程与专业技能课程之间的关系，合理确定学时比例，确保中等职业教育培养目标的实现。

（五）坚持统一性与灵活性相结合，在严格执行国家有关规定的基础上，地方和学校可根据区域经济、行业特点和社会发展需求，在课程设置、教学安排、教学手段和方法上有一定的灵活性。

三、定课程计划的基本内容

（一）专业名称、招生对象与学制

专业名称按照教育部《中等职业学校专业目录》确定。招生对象为初中毕业生或具有同等学力者；基本学制：招收初中毕业生者以3年为主；招收普通高中毕业生或同等学力

者，基本学制以1年为主。

（二）培养目标、人才规格

培养与我国社会主义现代化建设要求相适应，德、智、体、美全面发展，具有综合职业能力，在生产、服务一线工作的高素质劳动者和技能型人才。他们应当热爱社会主义祖国，能够将实现自身价值与服务祖国人民结合起来；具有基本的科学文化素养、继续学习的能力和创新精神；具有良好的职业道德，掌握必要的文化基础知识、专业知识和比较熟练的职业技能，具有较强的就业能力和一定的创业能力；具有健康的身体和心理；具有基本的欣赏美和创造美的能力。

（三）教学内容与教学要求

各专业课程计划内容应按照培养目标的总体要求，进一步明确本专业的具体培养目标。

（四）设置与教学时间安排

每学年为52周，其中教学时间40周（含复习考试），假期12周。周学时一般为28。顶岗实习一般按每周30小时（1小时折1学时）安排。三年总学时数为3000～3300。

实行学分制的学校，一般16～18学时为1个学分，三年制总学分不得少于170个。军训、社会实践、入学教育、毕业教育等活动，以1周为1学分，共5学分。

课程设置包括课程性质、类型、学时或学分分配、教学方式、开课时间、实践环节安排等，课程设置一般分公共基础课，专业技能课和选修课三大类，课程设置应体现教改特色，大胆进行课程改革，要体现实践能力、应用能力、创新能力和为社会主义经济建设服务的课程建设方向。

1. 进程总体安排

由教务科编制学期教学进程计划或称学期教学计划运行表，每学期第15周前在校园网发布，各教学科根据学期教学进程计划落实、安排下一学期课程及其他教学环节的教学任务，实习、实验、实训场所安排，提出考核方式等，由教师和有关部门编制单项教学环节组织计划，如实验教学安排计划、实习计划、军训计划、社会实践计划等。审定后的学期课程计划所列各门课程、环节的名称、学时、开课学期、考核方式（考试或考查），各教学科、各教研室和任课教师等均不得随意改动，执行过程中需要调整的，应严格按照审批程序执行。

2. 说明（含各类课程比例、必修和选修安排、学分制或学年制等）：根据培养目标的要求，确定各类课程最优比例，适当地分配各门课程的比例，要加强实验课、实习、实训、课程设计、毕业设计（毕业论文）等教学环节，同时要安排一定的习题课、讨论课及选修课。

3. 课程计划的一般程序是：广泛调查社会、经济和科技发展对人才的要求，论证专业培养目标和业务范围；学习、理解上级相关文件精神及规定；教务科提出本校制定课程计划的实施意见及要求，由各教学科组织教研室制定课程计划方案，经教学会讨论审定，主管校长审核签字，报上级主管教学部门批准后下发执行。

4. 计划要保持相对稳定，并根据需要，每年进行流动修订。

四、实施性课程计划的调整与修订原则

(一)有利教师精简教学内容，压缩讲授时数，长课精讲；

(二)有利于鼓励教师新开一批短、精、新，反映我校优势和特色的课程；

(三)要利于组织跨学科、跨专业选课、开课，拓宽学生专业视野；

(四)要有利于加强实践环节，鼓励开设综合性、设计性实验，增强实习、社会调查等环节；

(五)要有利于确保主要基础课的教学，保证学科基础的科学性、完整性；

(六)尽可能为学生就业、升学不同需求考虑，设计多样化课程；

(七)要有利于教学资源的充分利用。

第二章　稳定教学秩序的有关规定

一、教务科、各教学科必须依据课程计划，按课程表、时间表、调(停)课制度及常规教学的有关规定，认真组织教学活动，做到井然有序。

二、学校各部门、各班级、全体教职工和全体同学都有责任、有义务营造文明优雅的校园环境，保证教学活动的顺利进行。

三、学校各部门在上课(含自习)时间，原则上不准安排任课教师和学生搞其他活动，特殊情况需停课(自习)必须事先报教务科，停课需经校长批准，停自习经教务科长批准。

四、教师要做到师德高尚，为人师表，遵守劳动纪律，严格按常规教学的有关规定，按课程表、时间表上课，做到不迟到、不脱岗、不私自调(停)课或让他人代课。

五、教师要按时上课，做到预铃响站门旁(最迟上课前2分钟)，上课铃响进课堂(进课堂后关门)，宣布上课，学生起立，互致问候，班长报告人数后开始讲课。

六、教师上课要做好充分的准备，认真备课、讲课，认真组织课堂，维持课堂秩序。

七、教师上课要精神饱满，声音洪亮，仪表大方，教态自然。

八、上课时教师和学生必须关闭手机，更不能外出打电话、接电话。

九、教师要按规定，及时、认真地批改学生作业。

十、教师要按规定认真做好课后辅导、补课、答疑等教学环节。

十一、预铃后，学生必须在教室内做好上课前的一切准备，等候老师上课，值周队同学必须保证上课前3分钟进教室。

十二、学生要严格遵守课堂纪律，服从教师指挥，聚精会神听课，认真记笔记，在课堂内不允许乱窜、说笑打闹，不允许看小说、杂志，不允许睡觉，不允许做影响教师讲课和妨碍他人听课的事情。

十三、学生上课要仪表大方，穿戴整洁(不准穿背心、拖鞋等)，文明礼貌，尊敬教师。

十四、教师提问时学生应踊跃举手，起立站正，认真回答教师提出的问题，在课堂上学生提问问题必须举手示意，教师允许时方可询问。

十五、学生必须按时上课，不准迟到、早退或中途离开课堂，万一迟到，必须在教室门外轻轻报告，教师允许，方可进入教室。教师在上课前，必须对学生进行考勤，并填写考勤记录表。

十六、在课堂内，学生违反纪律，教师有权批评教育，但要爱护学生，不能挖苦、训斥、体罚学生，除极特殊情况，不准随便将学生逐出课堂。

十七、中午下课时，学生要有秩序地离开教学大楼。

十八、各教学班级有责任营造一个良好的教室环境和课堂气氛，保证课堂教学顺利进行，教室内卫生清洁，桌椅整齐，黑板及时擦干净，板擦、粉笔及挂图设施等提前准备到位。

十九、上自习课时，教师要在教室内认真辅导，学生要在教室认真做作业，复习功课，不准离开教室和座位，不准说笑、吵闹，不准吃瓜果、零食等，不做影响他人学习事情。

二十、学生应按时参加考试(补考)，并自觉遵守考场纪律。

二十一、学生应按时出早操、课间操和课外活动，并做到听从指挥、遵守纪律。

二十二、各教学科、教研室及任课教师，必须认真按实验、实习、毕业(课程)设计管理制度的有关规定，组织好实践教学，做到准备充分，精心组织，严格管理，效果良好。

二十三、实践教学必须在指导教师的指导下，在指定的实验室、实习车间、工艺室、操作室、设计室内进行，在实践教学的岗位上，指导教师不准离岗，学生不准迟到、早退或中途离岗。

二十四、实践教学的班级必须遵守作息时间，做到准时上下课，严禁提前下课吃饭。在校内实践教学的作息时间统一如下：实验课时间与理论课同步，在实习工厂实习的班级按工厂作息时间进行，中途没有休息。

二十五、在教学大楼以外实践教学的班级，在上课和自习的时间内，不准进教学大楼，不准在操场、校园内乱跑、打闹或搞其他影响上课的活动。

二十六、在教学大楼内进行实践教学的班级，不准在工作室内大声喧哗、打闹，不准开电视、收录机等，不准看小说、杂志等，不准吃瓜果、零食等。在上课、上自习的时间内，不准离开工作室在走廊、大厅、楼门口乱跑、谈笑，更不准到自己教室内看电视、放录音机等。

二十七、因设备不足而必须分组进行或利用业余时间进行实践教学的班级，指导教师、班主任必须联合组织好，在下课的时间内，可让做完实验的一组同学回到自己教室(或指定的地点)，做实验报告或组织讨论，但必须有一名指导教师、实验员或班主任在班级组织。

二十八、上体育课的班级由体育教师严格组织管理好，在操场上课时，禁止学生在活动中大声吵闹、集体大笑或朝教学楼门窗踢球等。

二十九、体育课要在规定的时间内进行，不准提前下课。下课的学生，不准进教学大楼，不准在教学楼前马路上、大门前谈笑打闹。

三十、上劳动课的班级由专人负责组织好。在上课时间，不准在教学楼附近作噪声较大的劳动。不准在校园内、操场上搞体育活动，不准在值周岗位上聚堆说笑，不准在楼内走廊里乱跑打闹。不准回本班教室看电视、放录音。

三十一、一般情况下任何个人不准干扰教师上课，不准以任何理由耽误学生上课。上课时任何人不准擅自进入课堂，不准以任何理由敲教室门找学生或教师，特殊情况必须经教务科长、校长批准。

三十二、教学大楼内要保持肃静，走路、上楼要轻，关门要轻，不准站在走廊内和大厅内谈话，办公要进办公室，更不准在大楼内跑跳、打球、聚堆说笑、大声喧哗。

三十三、上课时间(含自习课)任何人不准在教学楼周围、教室附近大声喧哗，不准操作噪声较大的工作，如镶门窗玻璃等。

三十四、禁止外来人员在校园内、操场上谈笑打闹或搞其他活动；禁止产品推销人员私自进教学大楼，外来办公人员、学生家长，必须履行手续，由专人接待；到办公室谈工作，不准私自进教学大楼或在大楼门前教室附近、走廊里徘徊、讲话，影响上课。

三十五、学生在校园内要佩戴胸卡，要文明礼貌，仪表端正，举止文雅，不作违反校纪和学生形象的事情。

第三章　课外活动安排及管理（含兴趣课和第二课堂）

第二课堂活动是学校在课堂教学之外，由学校对学生实施的有目的、有组织、有计划的各类教育活动，是学校培养德、智、体、美、劳全面发展人才的一条不可缺少的途径。

一、教学科、教研室应为学生第二课堂多方面开辟渠道，积极做好实验室、实训基地、计算机室的开放，加强第二课堂活动的指导。

二、第二课堂活动必须体现自愿性、自主性、灵活性，要求每一个学生积极参加第二课堂活动，教师要积极指导第二课堂活动，教务科、教学科、教研室要共同与学生科、团委、学生会加强组织、管理、领导和指导。

三、第二课堂活动的内容要根据学生各自的兴趣、爱好、特长，在体现专业特点的前提下，组织和建立诸如文学、音乐、美术、书法、体育、科技等各种兴趣小组，组织各种演讲、讲座、竞赛等活动。

四、第二课堂活动的形式应多样化，可走出去、请进来，密切和社会联系，内容力求丰富多彩。

五、第二课堂作为任选课，编入实时性教学计划。学生在校期间，应最少参加一学期第二课堂活动，取得一次第二课堂学分。

六、每次课外活动必须有计划、有记录、有检查、有总结。第二课堂结束后，任课教师应根据学生技能掌握情况、学习态度、出勤情况，给学生综合评价，并写出总结报告一并交教务科统一存档。

第四章 “优良学风班级”流动红旗评选细则

学风建设是提高教育教学质量的根本保证，是学校生存和发展的重要条件。良好的学风是学生成才的基础，是学生的思想品质、学习能力和综合素质的重要体现。为进一步加强我校学风建设，切实提高学校教学质量，激发学生学习积极性，促进学生全面发展，学校决定开展“学风良好班级”流动红旗评选活动。为了规范活动的开展，特制定本细则。

第一条 适用范围

适用于全校所有教学班，校外实习月实践教学时数大于月总教学时数二分之一(不含)以上的教学班除外。三年级升学班不适用本规定。

第二条 评选内容

(1)学习目标明确。

(2)学习态度端正。

(3)学习纪律严明。

(4)学习方法正确。

(5)学习兴趣浓厚。

(6)学习效果显著。

第三条 评选方法

采取教学现场检查、任课教师反馈、教学督导组听课反馈和学业成绩体现、作业完成情况考核、自习课考核等方法。

第四条 评选小组成员：主管校长领导下，由教务科会同学生科、各教学科参与进行考核。

第五条 评选时间：评选结果由评选小组讨论通过，由教务科于次月5日前公布流动红旗获得者。原则上不设数额限制，凡是月末综合得分在90分以上的班级(数量控制在参评班级总数的三分之一以内)，授予“学风良好班级”流动红旗。同时将详细考核结果在校园网上公示。

第六条 评选的主要依据：

1.《大连市轻工业学校课堂教学管理规定》；

2.《大连市轻工业学校实验教学管理规定》；

3.《大连市轻工业学校实习(实训)教学管理规定》；

4.《大连市轻工业学校学生守则》；

5.《大连市轻工业学校学生行为规范》；

6.《大连市轻工业学校班级月量化考核与奖励办法》。

第七条 评选细则

每月班级学风考核基准分数为100分，采取加减分制。

1. 学业成绩考核

在有省市统考、等级证考试、资格证考试、升学考试的月份中，按班级的良好率，折算分数计入评选总分。考试分为理论考核和技能考核的，合格率（通过率）应按发生月单独核算。

(1)合格率在90%以上（含90分）的班级，每月加2分。

(2)合格率在80%以上（含80分）的班级，每月加1分。

(3)合格率在70%以上（含70分）的班级，每月扣0分。

(4)合格率在60%以上（含60分）的班级，每月扣1分。

(5)合格率在60%以下的班级，每月扣2分。

(6)班级期末考试平均合格率参照以上办法，计入下学期第一月的考核中。

(7)两个相邻学期中，班级期末成绩良好率（80分以上）环比提高10%以上的，每月考核分数加1分。

2. 教学现场检查

评选小组每天对教学现场，每周进行两次普查，作为扣分依据，检查次日在校园网公布。

(1)上课睡觉（容忍度1人），从第二名开始每人每次扣0.2分；

(2)课堂上玩手机、电脑、看课外书，每人每节扣0.2分；

(3)课堂上讲话、聊天（与学习内容无关），每人次扣0.2分；

(4)班级整体吵闹酌情扣1~3分；

(5)未经教师允许随意出入课堂的学生每人每次扣0.5分；

(6)在课堂上未按规定穿校服、实训服的，每人每次扣0.1分；

(7)室外课未在规定区域活动的，每人每次扣0.2分。

3. 任课教师反馈考核

任课教师在每次课前课后要认真填写班级记录册，并作为考核的扣分依据。

(1)任课教师课前要认真考核班级出勤情况，并计入班级记录册，以此为依据，迟到的每人次扣0.2分，旷课的每人每次扣0.5分；

(2)任课教师应每月对任课班级的学风状况进行一次严肃、认真地评价。评价分从0~100分，全月综合计算平均分，对应的流动红旗考核扣分为：90分以上加2分，80~89分加1分，70~79分扣0分，60~69扣1分、59以下扣2分；

(3)如有学生当堂顶撞教师，导致课堂教学无法进行的，且班团干部未进行有效劝导的，一次扣除班级2分；

(4)参加任课教师组织的校级以上的公开课、展示课等教学活动，表现较好的班级，一次加1分。

4. 教学督导组听课反馈考核（本学期暂不执行）

教学督导组在听课、评课的同时，还应对被听课班级的学风状况进行总体评价，每月平均评价分计入评选总分。

教学督导组的学风状况评价，采取百分制。

得分在90(含)至100的，当月学风考核加2分；

得分在80(含)至89的，当月学风考核加1分；

得分在70(含)至79的，当月学风考核扣0分；

得分在60(含)至69的，当月学风考核扣1分；

得分在59以下的，当月学风考核扣2分。

5. 第二课堂考核

第二课堂是学生的兴趣课堂，班级学生的参与率和出勤率可以作为学风建设的考评指标。

(1)参与程度考核

参与第二课堂人数占班级总人数80%的，加2分；

参与第二课堂人数占班级总人数70%的，加1分；

参与第二课堂人数占班级总人数60%的，扣0分；

参与第二课堂人数占班级总人数50%的，扣1分；

参与第二课堂人数占班级总人数50%以下的，扣2分。

以上扣分分摊到本学期的每个考核月中。即本项每月加减分 = 总加减分/4。

(2)第二课堂迟到、旷课扣分

每迟到1人次扣除所在班级的学风考核得分0.05分，每旷课1人次扣除所在班级的学风考核得分0.1分，每月扣分上限为2分，每月计入当月考核总分。

(3)参与第二课堂学期末技能展示的同学，每人次加0.5分，记入当月班级考核总分。

6. 作业完成情况考核

考核小组不定期抽查班级作业，以任课教师评分为依据计算平均分，记入班级当月考核总分，如有未完成作业的每人次在考核总分中额外扣除0.1分。

7. 自习课考核

(1)参照学生管理部门自习课考核标准。

(2)教学管理部门布置任务完成情况。认真、及时完成教学管理部门布置的各项任务，在该任务发生月每项任务酌情加0.5~1分。

(3)列队转换教学场所。为稳定教学秩序，帮助学生树立良好的组织纪律观念，学校提倡在转换教学场所时，以班级为单位列队、有组织行进。在教学检查中，凡发现未列队行进的，一次扣0.6分。

第八条　计算方法

1. 计算公式　班级学风考核得分 = 100 + (第七条1~8项得分之和)。

2. 依据以上公式确定本班得分，按30%的比例确定获得本月“学风良好班级”流动红旗的班级。

第九条　附则

1. 荣获“流动红旗”的班级请妥善保管，若有人为损坏、遗失原价赔偿(30元/面)。每月月底请将流动红旗交回到南教学楼309办公室，方便下月颁发。

2. 最终解释权为大连市轻工业学校教务科。

第五章 教学资料及档案管理

教学资料及档案管理是学校教学管理中不可缺少的一项重要工作，教学资料是学校进行教育教学工作的指导依据和历史纪录。所有教学文件均应按照教务科提出的统一规范、格式、程序和要求编制，教学文件和资料应规范编目管理、定期清理、及时更新并分阶段进行资料保存。各教学科应积极推行教学文件与资料的电子化工作制度和程序，逐步实现教学办公网络化、自动化和无纸化。

一、教学文件资料的使用与管理

(一)教师应具备的教学文件与资料有教学设计、学期授课计划、课程表、教材(含实践性教学指导书、考核标准等)、课程标准、校历、考勤表、成绩单。

(二)教研室应具备的教学文件与资料有本教研室课程学期授课计划、教材(含实践性教学指导书、考核标准等)、课程标准、校历和课程表，必要时应具备本专业实施性课程计划。

(三)教学科应具备的教学文件与资料有本专业课程学期授课计划、教材(含实践性教学指导书和考核标准等)、课程标准、校历、课程表、实施性课程计划、指导性课程计划以及上级发布的有关教学文件。

(四)教务科应具备除教学设计以外的所有教学文件与资料。

(五)加强实践性教学的规范管理。专业科、实训中心、实验(训)室、实习厂等实践性教学管理部门应具备相应的实践性教学文件和资料，并实施规范管理。

二、教学档案管理

教学档案实行分级管理，编目造册、按期归档，建立教学档案查阅制度，充分发挥教学档案的作用。教学档案管理要指定专人负责，应充分使用现代化管理手段，实行电子化存档、大数据管理。教学档案的范围包括：

(一)上级教育主管部门及学校下达的政策性，指导性文件及有关规定。

(二)教学基本建设的各种规划和计划。

(三)自编教材，教学参考资料，实验指导书，习题集，试题库(试卷库)，试卷分析及各种声像资料等。

(四)学期教学工作计划，教学工作进程表，课程计划，课程标准，学期授课计划，课程教学总结，实习总结等。

(五)课程设计任务书，毕业设计(论文)任务书，优秀毕业设计(论文)。

(六)学生学业成绩，学籍变动情况，学生座谈会记录整理分析，毕业生质量跟踪调查，毕业资格审核等材料。

（七）教学改革进展情况，教学研究计划，总结、典型经验材料和教学研究刊物。

（八）教师业务档案，各种奖励，成果。

（九）外聘教师档案管理。

（十）教学工作评价材料，教学工作会议纪要等。

（十一）各级各类申报材料。

（十二）教师企业实践材料、专业建设材料等。

（十三）学生技能大赛相关材料。

（十四）教育教学质量年报、教育教学诊断与改进相关材料。

（十五）教学全部管理文件材料。

（十六）其他有必要归档的教学文件和资料。

上海信息技术学校考务管理办法

一、成绩考核与记载方式

（一）学生必须参加所修课程和实践性教学环节规定的考核，考核成绩和相应学分载入学生成绩卡，并归入本人档案；同时在校园网上可查阅成绩，每学期通过成绩报告单的形式告知学生本人及家长。

（二）考核的分类和评定

1. 基础教学阶段

（1）统考课程成绩的评定：一年级按平时成绩20%、期中考试20%、期末考试60%综合评定。一年级第二学期时如有统考按考核成绩100%评定。其余考试课程按平时成绩30%、期末考试70%综合评定。

（2）实践性教学环节成绩的评定按学生平时完成实习、技能测试等成绩综合评定。实践性教学环节的总评成绩采用五级制评定。总评成绩由教务管理部折算成相应学分和绩点，其中五级记分制，优按95分，良按85分，中按75分，及格按65分，不及格按45分折算成相应绩点。

2. 专业教学阶段

专业教学阶段课程考试成绩比例，如果实施考核改革方案，必须由课程所在部门主任批准后执行。

（1）专业教学阶段课程考核采用百分制，按平时成绩30%、期末考试70%综合评定。

（2）实践性教学环节考核和评定方法同基础教学阶段。

3. 社会化考证

社会化考证中如有等级表示，按优取95分、合格取82分、不合格取45分由教务管理部折算成绩点；百分制表示的则按课程考核标准折算成相应绩点。

(三)学生因病或其他特殊原因不能参加考核时，必须在考核前提出书面申请(病假必须由区、县级及以上医疗单位病假证明并经校医务室核准)，经教务管理部批准后方可安排一次缓考。有特殊情况不能事先提出申请，必须补办申请缓考手续，不办理申请缓考手续或缓考再次无故缺考按旷考处理。

(四)如学生旷考，本次考试作零分处理，并取消补考资格一次。

二、考核条件

学生交费、注册后参加正常教学活动均有考核资格，凡有下列情况之一者不得参加考核。

1. 请假、缺课累计超过该门课程教学时数的三分之一及以上者。

2. 平时作业缺交累计超过一学期三分之一及以上者。

任课教师根据上述规定，审核学生的考试资格，凡无资格参加考试者，必须开具名单报教务管理部审核、批准。

三、成绩统计上报

1. 有考核成绩一般应在该课程考核结束后的2天内由任课教师统计上报教务管理部，实践性环节考核成绩应在环节结束当天由主带教师统计上报教务管理部。

2. 教师评定学生考试成绩应公正、客观。

3. 任课教师应严格按照要求把成绩输入校园网的相应模块中，同时打印出书面课程成绩报表，并经任课教师本人和教研组长签字后交教务管理部。

4. 如考试时有异常情况，监考教师及时和教务管理部联系，并移交相关材料。

四、试卷命题与试卷组织

1. 试卷命题必须以教学大纲为原则，以授课计划为依据，考核量应和考核时间相适应。

2. 要正确掌握命题范围，控制试题的难度。试题应以基础知识、基本技能为考核重点，注意考核学生分析问题与解决问题的能力。试卷出题期望合格率一般在85%～95%区间。

3. 基础教学阶段语文120分钟，其余课程90分钟。其他教学阶段考核时间一般为120分钟，实践环节考核时间可适当延长。

4. 期终考试试题应同时出A、B两套试题(期中考试出一套)，并做好标准答案和评分标准，或从试题库、试卷库中抽取。试题的题量与难度大致相同，在规定时间内报专业系审核后交教务管理部，由教务管理部择一使用。另一套封存后存教务管理部，备作补考使用。逐步采用试题库、试卷库控制考核质量。

5. 凡同教材、同进度的课程，任课教师有两人或两人以上，可由教务管理部与教研组协商后指定一人负责试卷命题，同时该课程试卷阅卷采用“流水阅卷”法。也可由学校委托社会有关权威机构命题、阅卷，以保证考试的公正性。

6. 考试试卷格式要求规范化，按教务管理部指定的样卷形式命题，试题应在《出卷通知》规定的时间内交教务管理部，任课教师应留好样卷和答案。

7. 试卷应做好保密工作，如有泄密事故发生，按《教学事故认定与处理办法》有关规定处理。

五、考核的安排

1. 下列课程由教务管理部负责安排考核日程、考场，随机安排考位；印刷、装订和发放试卷；相关专业系安排监考人员，监考费用由教务管理部统计和发放。

(1)基础教学阶段的期中、期终考试；

(2)教委或全校组织的统考课程；

(3)专业教学阶段必修课的期终考核。

2. 下列课程由专业系负责安排考核日程、安排监考人员、试卷印刷、装订和发放试卷。到教务管理部登记考场，监考费用由专业系统计报教务管理部，由专业系发放。

(1)所有实践性教学环节；

(2)基础教学阶段考查课程；

(3)体育锻炼达标测试、体育课理论考核；

(4)专业教学阶段的各类选修课。

专业系的考核安排确定后应报教务管理部备案，特殊情况由教务管理部协调。

六、补考对象与补考的组织

1. 凡课程考核总评成绩不及格者，均需参加补考，学校可视具体情况安排适当答疑。

2. 对基础教学阶段两个学期内连续的课程，取两个学期考核成绩的平均值评定学年总评分。学年总评分不及格者，才需参加补考。补考范围应包含两个学期的课程内容，专业教学阶段如连续课程分段计学分的，则分段补考。

3. 对于统考课程，参加统考成绩及格者，若该生该课程曾有不及格记录时，则该课程原不及格记录均作补考及格处理。反之，统考成绩不及格者，均必须参加补考。

4. 补考由教务管理部统一组织进行。

七、考场规则

1. 学生进入考场必须带好自己的学生证或标志牌，如遗失证件来不及补办，需出示由班主任签字的身份证明，否则不得参加考试。

2. 学生进入考场后，应按“考试座位表”对号入座，服从主考、监考教师的安排。考生随身携带的东西按监考教师的安排放在指定的地方。

3. 考试进行30分钟后考生方可交卷离开考场，迟到30分钟者不得参加本场考试，按缺考处理。

4. 考生应带齐必要的文具用品，考试中不得擅自互相借用。试卷中不得使用修正液。

5. 考场必须保持安静，试题印刷如有不清之处，应举手向主、监考教师询问，学生间不得互相交谈。

6. 考生交卷后，应立即离开考场，不准在考场周围逗留、交谈、喧哗，不得向教师提问。

7. 考核时学生应关闭手机、商务通等储存、传递信息和发出声音的电子产品。

八、考核作弊的认定和处理

1. 作弊行为的依据

学生参加考核有以下情节之一者，均以作弊论处，并给予相应的行政处罚。

(1)事先将与考核课程内容有关的书本、笔记、纸条等带入考场并放在考试课桌上或考核时抄录或事先抄录在课桌等处者；

(2)偷看或抄袭他人试卷者；

(3)在考试中传纸条、示意、对答案等协助他人作弊者；

(4)请他人代考或替人代考者；

(5)开卷考时相互讨论、交换资料者；

(6)有其他舞弊行为者。

2. 作弊行为的处理

(1)平时测验：学生有上述作弊情节者，该次考核成绩以零分计，任课教师与学生所在系系主任取得联系，由专业系对该学生进行批评、教育，并给予警告处分；

(2)期中考试、学期考查：学生有上述作弊情节者，该次考试成绩以0分计，学生写出书面检查交教务管理部主管，取消补考资格一次，并给予记过处分；

(3)期终考试：学生有上述作弊情节者，该次考核成绩以0分计，学生写出书面检查交教务管理部主管，取消一次补考资格，给予留校察看处分。

3. 补考作弊参照上述相应处理办法。

九、主考和监考教师职责

1. 主考教师应在考前30分钟到教务管理部领取试卷；主、监考教师一律提前10分钟进入考场，并由监考老师安排考场座位表。

2. 主考、监考教师不得迟到、早退、无故缺席。特殊情况不能参加监考者，必须提前一天向所在专业系请假，专业系内作适当调整后应立即向教务管理部备案。

3. 开考前，监考教师应向学生宣读考场纪律，检查核对学生证件与考试座位表。

4. 学生随带的书、包等物一律放在教师指定的地方。

5. 开考后，监考教师应严格监考，不得在场内做与监考无关的事。

6. 对学生所提有关试题中的问题，主考、监考教师只回答印刷上的问题，不能有任何提示或暗示考生答卷的行为。

7. 主考、监考教师不得擅自变动考生的答卷时间。若有特殊情况要变动的，主考教师要事先向教务管理部提出申请并核批。

8. 一经发现考生有作弊苗头出现时，主考、监考教师应及时向考生指出并采取相应措施。一旦发现作弊考生，主考、监考教师应立即停止该考生考试，收取试卷和作弊凭证，移交相关部门处理。

9. 监考教师于考试结束后将《考场情况表》填好、并将试卷和答题纸等按学生学号顺序由低到高排好，交教务管理部，主考教师在教务管理部统一审阅签字。

本规定自2012年9月1日起实施，解释权归教务管理部。之前如有相关文件与本规定不一致者，以本管理办法为准。

开封市卫生学校考务工作管理办法

为加强学校教风、学风建设，规范学校考试管理制度和考务工作流程，严格考核纪律，特制定本办法。

第一章　分工与职责

第一条　教学工作的领导对课程考核工作全面负责。课程考核的考务工作由教务科会同各系部及有关部门统一组织实施，进行严格、科学的管理。有关部门应各司其职，各负其责，做好课程考核期间的考务、宣传教育、后勤保障、校园治安等方面的工作，建立良好的复习迎考环境，期末考试期间，原则上应停止组织影响课程复习与考试的各项活动。

第二条　学校教务科负责全校课程考核工作的制度建设，监督与检查各课程考核的实施。具体负责考试课程的考试(补考)日程、考场编排、考场监考人员的编排以及最终考务信息的网上发布。

由学校承担的各类社会考试的考务组织工作由教务科具体负责组织实施。

第三条　各系部根据学校的要求，负责课程考核工作的实施。具体包括制定命题、试卷送印、试卷保密和管理、印制并分发《考试登记表》、试卷分发、制定阅卷与评分标准规范、阅卷与评分的实施、试卷的归档保存，以及考务安排信息的通知。

第二章　课程考核类别与方式

第四条　课程考核类别及日程

所有的课程分为考试课程与考查课程两种类别。根据我校的教学安排，第1周至第17周为教学周，第10周为期中考试，第18周至第19周为考试周。

一、考试课程的考核日期统一安排在考试周(即第18～19周)内进行。

二、考查课程的考核日期定在第17周内进行，原则上规定以原授课时间作为考核时间。

三、关于补考、课程考核。

允许有补考资格的学生进行补考，补考原则上安排在下一学期开学初进行。

补考的考核日程、考场安排由教务科负责编排，监考人员的名单由课程所在系部负责编排。

四、在各专业的教学计划中应明确每门必修课程的考核类别，所有的选修课课程、辅修课程均为考查课。

第五条　课程考核方式课程考核可以采取多种方式，如笔试(试卷)、实践考试、小论文等。

一、文化课和专业理论课原则上规定采用笔试(试卷)方式。同一名任课教师为多个教学班同开一门课的，或多名任课教师为多个教学班同开一门课的，应采用同一命题的试卷。

二、考查课程的考核方式可由各系部教研室根据课程内容特点自行确定并报教务科审核，同一名任课教师为多个教学班同开一门课的，或多名任课教师为多个教学班同开一门课的，原则上规定采用同一种考核方式。

第三章　命题、试卷印刷和试卷管理

第六条　课程考核的命题工作由课程归属的各系部统一组织实施。各系部应积极开展试题库建设，建立每门考试课程的试题库(含试题、评分标准及标准答案)，对已有的课程试题库应予以及时更新、完善和扩充，逐步实行教考分离。

第七条　以试卷形式考核的课程(包括考试课程与考查课程)命题。

一、命题必须符合教学大纲的要求，既要重视考核学生对基本概念、基本理论与基本方法的掌握程度，又要注意考核学生分析问题、解决问题的能力。

二、每门课程的考核时间一般以90分钟计，试题题量与难易程度要适中。

三、除实行教考分离的课程外，同一门课程由多位教师同时授课的，应采取集体共同命题等方式，确保命题质量。

第八条　非试卷形式考核的课程命题。

一、其命题必须符合教学大纲的要求，注重学生理论知识与实践应用的结合，真实反映学生对本门课程知识掌握的程度。

二、便于学生独立完成，防止学生相互抄袭等舞弊行为。

第九条 凡教材、学时相同的课程应统一命题、统一考核，若教学进度稍有不同，可取共同部分为命题范围。以试卷形式考核的课程命题，须在试题首页注明“开卷”或“闭卷”、考核时间等要求；每门课程必须同时提供A、B两套等质、等量的试题，由课程所在的系部随机抽取一套试卷作为该门课程的初考命题，另外一套作为该门课程的备用试题或补考命题。

第十条 课程考核的命题原则上在每学期的第十四周前完成。命题应按学校规定的格式统一使用A4纸，采用电子版和纸质两种形式。各门课程的命题必须经由教研室主任审核同意后，方可提交教务科。

第十一条 命题一经确定，考前应作为学校密件，应指定专人进行管理、送印与使用，严防泄密。命题送印时，各教研室应由专人同时提供试卷的印刷、装订要求及有关考核辅助物品，包括标明课程名称与试卷份数的试卷袋、答题卡及份数、草稿纸数量等。各教研室应建立试卷保密制度，指定专人、专柜，严格试卷管理，临考之前，任何人不得拆启试卷袋，严防泄密、丢失试卷等严重事故。

第十二条 教务科文印室应根据各教研室的具体要求，承担全校试卷的印刷工作。试卷印刷、装订完毕后，须按考场编排人数装入试卷袋后密封，由专人保管。文印室应建立试卷保密责任制，加强对试卷的印刷、装订、传递、分发、保管等环节的管理，尽量减少中间环节，防止泄密。承印期间，严禁无关人员进入承印工作室。

第十三条 考核结束后，电子版和纸质的命题应由各教研室作为教学档案归档。学期结束时，各教研室应将本部门的命题刻成光盘提交教务科存档。

第四章 课程主考、监考职责及工作流程

第十四条 每门考试课程应由教务科指定一位任课教师担任课程主考。考试期间，课程主考应驻守考试值班室，负责解答监考人员提出的有关问题。确有特殊情况，必须对试题或考试要求进行调整的，课程主考应逐一到相关考场向监考人员进行及时通告。

第十五条 考试、考查课程的监考，由课程所在教研室负责编排并报到教务科，由教务科统一协调编排好后再将考试总安排表发到各教研室。

第十六条 每个考场一般设两名监考人员。监考表中名单列在前面的监考人员应根据监考日程安排的考试时间，负责在指定地点在教务科领取试卷和《考场记录》。教务科应提前30分钟在指定地点，向监考人员分发试卷。发卷工作应在考试开始前15分钟完成。各考场的监考人员应在考试开始前15分钟到达指定的考场，检查考场情况。考试结束后，教务科向各考场的监考人员收取、汇总本门课程的试卷和《考场记录》等其他材料。

第十七条 监考人员在考试开始前应认真清理考场，除允许考生携带的考试用品外，其他物品一律指定位置集中存放，并安排学生按座位表就坐、清点人数、核对证件。对未

带有效证件、不服从座位安排或不执行清场规定等要求的学生，监考人员不得向其分发试卷，应责令其退出考场。

第十八条　考试时间开始时(以铃声为准)，监考人员才可向学生下发试卷。发卷完毕后，应要求学生马上在试卷、答题纸上正确填写专业、班级、学号、姓名等。考试过程中，监考人员应密切注意考场情况，恪守职责，不做与监考无关的事情，如看书、阅卷(作业)、聊天、打瞌睡、擅自离开考场等。发现学生有违反考场规则的行为，监考人员应及时制止，对已构成考试作弊的学生，应当场认定，向学生本人宣布考试作弊并取消其考试资格，并立即与教务科考务管理人员联系。监考人员应在《考试记录》上认真填写考场情况记录、缺考学生名单等，并签名。

第十九条　考试时间结束(以铃声为准)，监考人员应立即提示学生交卷，并当场进行清点份数，严防学生将试卷、答题纸等带出考场。试卷收齐后，在发卷地点将试卷和《考场记录》送交教务科。

第二十条　采用现场评分的非试卷形式的考核，原则上至少要有三名教师参与评分，评分细则由各系部制定。各教研室对非试卷形式的考核，要有相关考核细则并上报教务科审查，审查通过后方可进行考试。

第五章　考场规则

第二十一条　学生应持规定的证件(参加校外级考试需持准考证、身份证，学生证；校内考试应持有学生证或准考证)，提前15分钟进入考场，按座位表入座候考，把证件放在考桌的右上方备查。迟到30分钟以上者取消本次考试资格。考生答题一律用蓝色或黑色的钢笔或水笔书写，不得用红笔或铅笔(除试题要求外)，否则答题无效。

证件遗失的学生，应在考前到教务科办公室开具贴有照片的临时应考证，方可参加考核。

第二十二条　考生进入考场，只准携带课程考试允许的文具用品，与考试无关的物品放进书包一律集中在黑板前，课桌内不得有任何物品，桌面如有异常，要立即报告监考老师，否则以作弊论处。严禁携带移动电话等通信设备进入考场，已带进考场的须关机，并交监考人员代为保管，否则作违反考场规则处理。

第二十三条　考生领到试卷后，应在答题前先检查试卷是否有缺页、重页、漏题等现象，如有问题应向监考老师提出更换，但不得提出解释题意等其他要求。监考人员如对试卷的印刷问题解释不清的，应马上询问主考教师。严禁考生相互交谈、偷看、抄袭、冒名顶替等不端行为，一经发现以作弊论处。

第二十四条　考生在规定的时间内独立完成答卷。如考生提前交卷，应及时离开考试大楼，不得再进入考场、不得逗留在考场附近，不准在走廊上谈论试题及喧哗。考试结束铃前5分钟内不允许考生提前交卷。考试终场时，考生应根据监考老师的规定，将试卷折叠好放在课桌上，待监考老师收完试卷，清点无误后方可离开考场。严禁考生将试卷、答题纸带出考场。否则以违纪处理。

第二十五条　考试期间，非本考场监考、巡视人员一律不得进入考场，要注意保持考场的整齐、清洁。

第六章　考试巡考

第二十六条　加强学校的巡考工作，保证课程考试工作的顺利进行。在每学期期末考试周期间实行巡考制度。巡考人员由学校党政领导和机关相关职能处室的负责人、各教研室党政副职以上的领导干部和教学督导组成员组成。

第二十七条　学校根据期末考试日程安排制定期末考试巡考安排表。巡考人员应佩戴标记，有权进入考场，检查考场情况、监考人员到位情况，以及履行监考职责情况，有责任向有关部门反映监考人员失职或违纪情况，并可会同监考人员及时处理考场发生的问题。

第二十八条　巡考人员的职责

一、巡考人员应当认真执行考务规则，履行巡考职责。

二、巡考人员在巡视过程中，应严抓考风考纪，不能徇私舞弊，及时指出和纠正考场中出现的考试座位安排、监考工作等有违学校考场规则的各种问题。

三、巡考人员在巡视过程中，如发现考生、考场监考人员有违反考试纪律现象的，应按本规则第十章《考核违纪行为的认定与处理》进行处理。

第七章　阅卷评分与成绩管理

第二十九条　各门考试课程的阅卷评分工作由课程所在各系部负责组织，应采取集体分题、流水作业法评分。

第三十条　评分应根据命题时确定的评分标准和标准答案，严格按学生卷面答题情况打分，不得随意加分或减分，力求评分准确。

评分人与复核人均应在《考试试卷阅卷工作情况表》的指定位置上签名，即实行“双签名制”。

第三十一条　课程学期总评成绩应包括平时成绩、期中成绩和期末考核成绩。平时成绩根据对学生平时作业、测验、课堂练习、学习态度及学习出勤等情况进行综合考核。原则上学期末考试成绩占40%，平时成绩占30%，期中成绩占30%，如个别课程有特殊要求的，可事先报教务科核准。

除军训、毕业实习等采用五级制评分(优≥90分，良≥80分，中≥70分，及格≥60分)外，其余课程的学期总评成绩全部采用百分制评分。

第三十二条　各门课程的任课教师应在第20周周二之前(每学期可根据实际情况调整此期限)，将学生的学期总评成绩输入“网上成绩录入系统”，同时，将书面的“学生成绩登记表”送交所在的各系部。任课教师应对书面成绩登记表上的成绩与输入成绩系统的成绩的一致性负责。

第三十三条　对因“取消考核资格”“旷考”“缺考”“作弊”等而无成绩的学生，任课教师应予以注明，不得留有空格，成绩一律作零分记载。任课教师应在每张“学生成绩登记表”上用黑色钢笔或签字笔签名。若有改动之处，请划掉重写，并在改动之处签名。

第三十四条　各教研室应在第 20 周周二前将各任课教师的原始“学生成绩登记表”收齐汇总，以备送院档案室归档。

第八章　试卷归档管理

第三十五条　全校所有高职、中专学生的全部课程的考试试卷按规定保存归档。考卷保存的期限原则上为学生毕业后 3 年。

第三十六条　试卷保存格式

采用书面考试形式的试卷必须保存在学校统一印制的试卷保管袋中。试卷袋内必须存放的材料依次为：

一、本门课程的课程大纲一份(复印件)(如一门课程的考卷数量较多，需同时存放在若干个试卷袋时，课程大纲应存放在第一个保管袋内)。

二、空白试卷一份、标准答案及评分标准(放在第一个保管袋内)。

三、学生成绩登记表(教师原始稿复印件)。

四、本门课程的课程小结(复印件)。

五、试卷。试卷应按成绩单上学生的学号顺序排列。

第三十七条　试卷保存规范

一、试卷保存袋上要求填写的信息必须用钢笔或水笔填写，字迹清楚。

二、试卷的装袋工作，应由课程的任课教师完成。试卷保管工作，应由各系部指派专人负责，由试卷保管者对全部的试卷进行保管登记，每学期形成《试卷保管目录》。《试卷保管目录》中，至少应包含开课部门、任课教师姓名、职称、课程名称、授课对象、试卷份数、试卷袋数、课程学时数等。

第九章　考核违纪行为的认定与处理

第三十八条　学生考试作弊和违纪行为的认定与处罚

一、学生考试作弊行为应按下表对应方式认定及处罚。

抢夺、窃取他人试卷、答卷或者强迫他人为自己抄袭提供方便，或者为偷窃考卷者提供方便开除学籍；由他人冒名代替参加考试或代替他人参加考试开除学籍；在考试过程中使用通讯设备传递或接收答案开除学籍；抄袭或者协助他人抄袭试题答案留校察看 1 年；故意销毁试卷、答卷或者考试材料留校察看 1 年；传、接物品或者交换试卷、答卷、草稿纸留校察看 1 年；课桌或身上某一部位写有与考试相关的信息留校察看 1 年；携带与考试科目相关的文字材料或者存储有与考试内容相关资料的电子设备参加考试留院察看 1 年；在答卷上填写与本人身份不符的姓名、考号等信息严重警告直至记过；其他作弊行为记过直至留校察看1年。

二、学生考试违纪行为应按下表对应方式认定及处罚：

未将禁止携带的物品放在指定位置警告；未在指定的座位参加考试警告；考试开始信号发出前答题或者考试结束信号发出后继续答题严重警告直至记过；在考试过程中旁窥、交头接耳、互打暗号或手势严重警告直至记过；在考场或者教育考试机构禁止的范围内，喧哗、吸烟或者实施其他影响考场秩序的行为严重警告；未经考试工作人员同意在考试过程中擅自离开考场严重警告直至记过；将试卷、答卷(含答题卡、答题纸等，下同)、草稿纸等带出考场严重警告直至记过；用规定以外的笔或者纸答题，在试卷规定以外的地方书写姓名、考号或者以其他方式在答卷上标记信息严重警告；其他违反考场规则但尚未构成作弊的行为严重警告直至记过。

三、考试中违纪行为由任课教师或监考人员当场认定，并填写《学生考试违纪、作弊处理单》。

四、本校学生在校外替他人考试，由考试的组织者认定后，按替他人考试的作弊行为处罚。

五、由学校组织的社会考试(如CET、计算机等级考试等)，学生被考试成绩评定机构认定有违纪行为的，参照上述相关情况执行。

六、对于考场上的作弊和违纪行为应该当场认定；有特殊情况时，若考后掌握确凿人证、物证，由教务科组织有关人员及时认定。

七、所有作弊者，第一次作弊，其作弊课程不得学分，任课教师应在“学生成绩登记表”中成绩以0分计，并注明“作弊”字样。在毕业前对作弊课程可以给予补考或者重修机会，补考或者重修成绩最高按60分登记。在校期间作弊次数达两次者开除学籍。

本办法自发布之日起执行，解释权归教务科。

北京市商业学校实践教学管理办法

第一章　总　则

第一条　目的

为了保证和提高教育、教学质量，加强实践性教学管理，特制定校企合作管理办法。

第二条　适用范围

本管理办法适用于北京市商业学校实践教学管理。

第三条　规范性引用文件

北京市商业学校《实践性教学管理制度》。

第四条　术语和定义

实践性教学是一种以培养学生综合职业能力为主要目标的教学方式。

第五条　职责

(一)教务处职责

1. 统一协调各专业的实习、实践活动安排。

2. 检查系部及专业教研室的各种上交资料并存档。

3. 对系部实习、实践活动进行检查、督导。

(二)系部、专业教研室职责

1. 结合各专业的特点和要求，认真组织，妥善安排，并将实习实践计划报送教务处备案。

2. 有完善的训练资料、设备、模拟实验室、专业教室或稳定的校外实习基地。

3. 各专业应有完整的训练规程或指导书。

4. 学生的基本技能训练要安排固定的时间进行，教师应到场认真进行指导。

5. 各专业、各训练场所应有健全的训练管理制度。

6. 基本技能训练应制定相应的考核标准和考核办法，并认真评定考核成绩。技能成绩单独记入学生成绩册。

7. 学生完成毕业设计或实习报告后，由各系部负责收集、整理并组织安排批阅，评定成绩。

第二章　主要任务

第六条　校企合作的主要任务是加强学校与企业在实习实训、人才培养、职业培训、科研及技术服务、毕业生就业等方面的合作与交流，从整体上提高学校的人才培养、社会服务、科研工作等方面的能力和水平。

第三章　实训教学

第七条　实训教学是在老师指导下，学生运用仪器设备在实训场所获取直接知识的一种实践实践教学活动。

第八条　教师要根据教学大纲(课程标准)要求，按照指导书或教材完成教学目标。

第九条　学校应设立足够的工位，满足学生实训需要，并在课程改革中增加实训的授课比重。

第十条　实训要有计划、有记录、有考核、有成绩，指导教师要加强现场指导。

第四章　技能训练

第十一条　各专业有明确的本专业基本技能项目，有完善的校内校外实训场所。

第十二条　各专业应有完整的训练规程或指导书。

第十三条　学生的基本技能训练安排固定的时间进行，教师应到场认真进行指导。

第十四条　各专业、各训练场所应有健全的训练管理制度。

第十五条　基本技能训练应制定相应的考核标准和考核办法，并认真评定考核成绩。

第十六条　校企合作工作流程。

第五章　社会实践活动

第十七条　范围：博物馆参观、企业及展会参观、志愿者、大型会议礼仪服务等活动。

第十八条　要求：

1. 各系的社会实践计划应包括社会实践的时间(即在第×教学周)、地点、内容、调查问卷、组织形式、指导老师、安全预案等。

2. 在选择社会实践的形式上，各系可根据本系的实际情况，区别不同的专业、不同年级的不同特色，灵活选用多种形式完成社会实践活动。

3. 社会实践安排要在学期授课计划中体现。

第十九条　实施程序：

1. 任课教师提前一周报社会实践申请，教务处根据全校教学计划统一协调安排。

2. 学生必须于社会实践结束后，完成老师的作业，经任课老师批改，报教务处检查。

第六章　教学实习

第二十条　工学交替、订单班

1. 每学期期末，各系部提交下学期工学交替和订单班的《教学计划》《教师安排》《学生名单》至教务处，教务处统一报主管校长在一周内审批确定。

2. 工学交替的课程各系部教师每月需提交教案至教务处，教务处每月组织教学监督检查，核定课时费。

3. 学生成绩的考核按各系部教学计划所制定的方案来执行。

第二十一条　顶岗实习

1. 各系部提交《实习计划》《学生安排》至教务处。

2. 各系部专业指导老师组织巡查教学实施情况，并将巡查记录反馈至教务处。

3. 顶岗实习学生的实习成绩，由企业、学校及学生本人共同完成。企业指导教师对学生专业技能和专业知识的考核，占总成绩的40%；学校指导教师对学生的考核评价，占总成绩的30%；实习班主任对学生的职业道德方面进行考核评价，占总成绩的20%；实习生本人自我评价占总成绩的10%。

4. 具体参见《就业、实习管理制度》。

第七章　附　则

第二十二条　制度的起草与归口管理

本管理办法由教务处负责起草，报教职工代表大会批准后正式下达，教务处归口管理。

第二十三条　制度的修订

本管理办法根据需要不定期进行修订。学校各系部均有权根据业务需要对本管理办法内容提出修改意见，并提交教务处。教务处负责收集整理各系部提出的修改意见，并安排有关人员进行专题讨论，对修改信息进行全面评估后组织修订本管理办法及相关文件。

第二十四条　本管理办法由教务处负责解释。

第二十五条　本管理办法自2013年2月1日起实施，原管理办法同时废止。

北京市商业学校课堂教学管理办法

第一章　总　则

第一条　目的

为了规范学校的教学管理，建立良好的教学秩序，并用制度进行全面的质量监控。促使学校教学质量稳步提高，制定本办法。

第二条　适用范围

本管理办法适用于全校任课教师。

第三条　规范性引用文件

北京市商业学校《教务管理制度》。

第四条　术语和定义

无。

第五条　职责

(一)教务处的职责如下：

1. 按开课表及时编制课程表，调整教室，并下发教师及班级课程表。

2. 做好教材及用品的征订、发放和管理工作。

3. 做好期中期末的考试安排。

4. 做好课堂教学的各项检查工作。

(二)教师的职责如下：

教师必须以高度的责任感做好各项工作，努力提高课堂讲授水平。

第二章 备课常规

第六条 认真钻研大纲。明确教学目的、任务，了解教学内容安排，掌握所授课程知识和能力的内容、深度和广度。

第七条 选好教材、熟悉教材。要广泛收集有关材料，吸取最新信息，吃透教材。

第八条 了解专业、了解学生。了解学生知识、能力现状，了解学生非智力因素状况，了解学生的集体特点和个体差异。

第九条 制定科学的授课计划。明确本门课程每一堂课的内容的进度(包括课堂讲座和习题课的安排)，以保证教学任务按计划有秩序地完成。

第十条 写好教案。教案要反映四个方面的要求：一是明确教学目的；二是主要教学内容和重点、难点、关键的确定和处理；三是教学方法的设计；四是布置作业和介绍参考书。

第十一条 教研室组织集体备课。

第三章 上课常规

第十二条 按授课计划的教学进度和教案的内容要求上课，不得随意更改教学进度和上课内容。

第十三条 内容符合大纲，深广度合适，目的明确，概念准确，重点突出。

第十四条 结合教学内容对学生进行职业道德教育、专业教育，善于深入挖掘和利用教材中发展学生智力的有利因素，选择合适的教学方法，启发学生积极思维，注意培养良好的学风。

第十五条 理论联系实际。教师讲课时，结合社会实际案例，提出解决问题的方法。

第十六条 板书设计合理，字图规范、工整。

第十七条 讲解熟练、语言简练、流畅、生动。

第十八条 重视直观教学，充分利用现代化教学手段，教具使用得当。

第十九条 重视启发式教学，调动学生的学习主动性，发展智力，培养能力。

第二十条 教学有改革，有效果。

第二十一条 本课程课堂讲授结束后，任课教师要进行教学小结。

第四章 辅导答疑

第二十二条 辅导与答疑是课堂教学的延续和补充，进行辅导答疑的目的是帮助学生解决学习中的疑难问题，指导学生改进学习方法和思维方法。它对于贯彻因材施教，提高教学质量起着重要作用。

第二十三条 教师要结合教学进度及时进行辅导答疑(定期或每章节后)。教师要认真负责、热情耐心地进行辅导答疑。要深入了解学生，真正做到有的放矢。

第二十四条　教师对教务处、系部或教研室排定的辅导、答疑时间，必须按时执行，并将辅导情况填入教室日志。

第二十五条　对于一些学习有困难的学生，应重点加以辅导。

第五章　作业布置与批改

第二十六条　教师布置给学生的作业，应符合本课程教学大纲(课程标准)和教科书的要求，并规定完成时间。

第二十七条　各科布置的作业要求全批全改，并建立评分记分制度。关于作业最低量的要求：

(一)文化基础课(语文、英语、数学)和专业基础课(各专业自定并报教务处备案)周4课时的学科每周至少布置并批改1次作业；周2课时的学科，每两周至少布置并批改1次作业。

(二)其他课程周4课时的学科，每两周至少布置并批改1次作业，周2课时的学科每4周至少布置并批改1次作业。

(三)要严格要求，不合格的作业要退回重做。每次批改作业，要评出成绩或写出评语，记入成绩册作为平时成绩的依据。

(四)对于大型综合作业，应列入学期授课计划，认真做好准备，深入进行指导。

(五)学生应当按时独立完成课外作业，做到习作清洁，字迹工整。对不按时完成作业或作业马虎的学生，教师应及时予以批评教育，责成补交或重做。凡每学期欠交作业累计超过三分之一及以上的学生，必须补做、补交后才能参加该课程的考试。

(六)各系部要检查了解学生作业的批改情况，教务处定期抽查。

第六章　课堂教学考核管理

第二十八条　考核可采取考试、考查方式，考试又分集中笔试和学习过程(出勤与学习态度、提问与讨论、课堂笔记、平时作业、终结性作业等)考量的方式。

第二十九条　考核应根据课程教学大纲(课程标准)，并充分考虑生源学习状况命题。期末考试的课程应拟定水平份量相当的两份试卷，并附标准答案和评分标准。

第三十条　学校应建立严格的考核制度，加强考风考纪教育，认真做好命题、监考、阅卷、评定成绩、成绩分析等环节工作。应积极探索符合职业教育规律和特点的考核改革。

第三十一条　任课老师应对考试进行成绩分析，明确改进教学的目标。

第七章　附　则

第三十二条　制度的起草与归口管理

本管理办法由教务处负责起草，报教职工代表大会批准后正式下达，教务处归口管理。

第三十三条　制度的修订

本管理办法根据需要不定期进行修订。学校各系部均有权根据业务需要对本管理办法内容提出修改意见，并提交教务处。教务处负责收集整理各系部提出的修改意见，并安排有关人员进行专题讨论，对修改信息进行全面评估后组织修订本管理办法及相关文件。

第三十四条　本管理办法由教务处负责解释。

第三十五条　本管理办法自2013年2月1日起实施，原管理办法同时废止。

北京市商业学校学生测评管理办法

第一章　总　则

第一条　目的

为加强学校教学质量管理，准确地评价教师教学质量，引导广大教师积极投入教学工作，不断提高教师的教学水平，特制定本办法。

第二条　适用范围

本管理办法适用于学校所有上课教师的管理工作。

第三条　规范性引用文件

北京市商业学校《教务管理制度》。

第四条　术语和定义

无。

第五条　职责

(一)教务处负责全校课堂教学质量测评的组织实施工作，负责场所和技术支持。

(二)各系部负责学生的组织管理工作。

第二章　测评目的

第六条　按照学生的培养要求评估教师课堂教学行为，推动学校课堂教学质量的提高。

第七条　收集课堂教学质量状态信息，为教师改进教学和学校教学管理决策提供信息依据，总结经验，找出差距，采取措施，进一步改进教学工作。

第八条　为教师的职务评聘，年终考核等方面提供依据，体现优劳优酬，奖优罚劣的分配原则，逐步建立一套有效的导向和激励机制。

第九条 通过制度化的评教活动，调动教师投入教学工作的积极性，调动学生的学习积极性，促进优良教风、学风、校风的形成。履历材料。

第三章 测评对象及时间

第十条 测评对象：当学期全校各门课程任课教师。

第十一条 测评时间：每学期测评1次，在每学期期中至期末考试周之前进行。

第四章 测评要求

第十二条 学生应在教务处规定的时间内在校园网对教师课堂教学进行网上测评。

第十三条 各系应做好学生参与课堂教学质量测评的宣传动员和组织工作，教育学生正确行使自己的测评权利，本着认真、公正和客观的态度测评，确保测评可信度。

第十四条 参加评教既是学生的权利，也是学生的责任。为实现全员认真评教，学校要求每一位学生都要参加评教，并将评教与网上查询成绩直接挂钩，即学生只有在规定时间内按要求完成对本学期任课教师网上评教后，才具有网上查询成绩权资格。因极特殊原因不能按时参加评教者，必须事先以书面形式向系申明理由，并由系汇总后集中报至教务处，采取补救措施或进行相应的技术处理。

第十五条 教务处要保证学生评教基础数据的准确，并要做好评教的协调以及汇总、统计、归档工作。

第十六条 教务处要做好技术准备和网络维护工作，确保评教过程中网络畅通。

第十七条 各部门要密切合作，确保评教顺利进行。

第五章 附 则

第十八条 制度的起草与归口管理

本管理办法由教务处负责起草，报教职工代表大会批准后正式下达，教务处归口管理。

第十九条 制度的修订

本管理办法根据需要不定期进行修订。学校各系部均有权根据业务需要对本管理办法内容提出修改意见，并提交教务处。教务处负责收集整理各系部提出的修改意见，并安排有关人员进行专题讨论，对修改信息进行全面评估后组织修订本管理办法及相关文件。

第二十条 本管理办法由教务处负责解释。

本管理办法自2013年2月1日起实施，原管理办法同时废止。

厦门信息学校公开课管理办法（试行）

一、总则

听课、评课是教学研究的有效手段，为探索教育教学规律，营造教师钻研教学的良好氛围，提高教学质量，规范公开课管理，特制定本办法。

二、公开课定义

公开课是指为达到汇报、观摩或示范等教学目的，经过精心教学设计，体现教师教学艺术，按照规定程序审批后进行公开讲授的课程。

三、公开课分类

公开课分为面授教学课、实践教学课两类。

四、公开课课时

公开课课时为1个标准课时(45分钟)，讲授时段为学校规定的标准上课时段。

五、公开课层次

公开课分为汇报课、创优课、观摩课和示范课四个层次。

(一)汇报课实行登记制。汇报课由授课教师本人申报，教研组审核，报教务科登记备案。

全校中级以下职称(含中级)或到岗任教不满1年的新进专职教师以及转任教师岗位不满1年的现任专职教师，原则上在1年内(按教学年度计)必须申报进行汇报课。

汇报课听课对象为本教研组及所开课程归属教研组的全体教师，并欢迎其他老师参加听课。

(二)创优课实行选拔制。由教研组进行推荐，教务科组织选拔，主管校长审批。选拔对象为本学年已开汇报课、年龄在35岁以下、教学有创新、教学效果好的青年教师。

创优课每学年组织1次。

创优课听课对象为创优课活动的评委，并欢迎其他老师参加听课。

(三)观摩课实行登记制。观摩课由授课教师本人申报，报教务科登记备案。

全校高级职称现职专职教师，原则上在两年内(按教学年度计)必须开观摩课。

观摩课听课对象为本教研组及所开课程归属教研组的全体教师，并欢迎其他老师参加听课。

(四)示范课实行选拔制。示范课由教研组推荐，教务科组织选拔，主管校长审批。选拔对象为全校中级以上职称(含中级)或现任教满3年，教学有创新、教学效果好的教师。

示范课每两学年组织1次。

示范课听课对象为全校专兼职教师。

六、公开课管理

1. 备案　申报人或推荐人填写《厦门信息学校公开课备案表》(见附表)，开课前1周上报教务科备案，教务科据此发布公开课消息。

2. 组织　原则上汇报课、观摩课由教研组自行组织实施，教务科和教研室督察；创优课、示范课由教务科组织实施，教研室督察。

(1)教研组组长(开课课程所属教研组，教师所属教研组协助)是公开课的第一责任人，必须全面负责安排开课的各项事宜。

(2)在已确定的开课日期之前的1个星期内，及时召集本组成员帮助开课教师，集体备课，共同商讨，形成教案。

(3)开课当日，必须为前来听课的教师提供教案。

3. 听课

(1)课前要有一定的准备工作；

(2)听课中要认真观察和记录；

(3)听课后要整理和思考下列问题：

(a)课堂教学确定怎样的教学目标(学生要学习哪些知识？学到什么程度？)。目标在何时采用何种方式呈现？

(b)新课如何导入，包括导入时引导学生参与哪些活动？

(c)创设怎样的教学情境，结合了哪些生活实际？

(d)采用哪些教学方法和教学手段？

(e)设计了哪些教学活动步骤？

(f)培养学生哪些方面的技能？达到什么地步？

(g)渗透哪些教学思想？

(h)课堂教学氛围如何？

(i)课堂教学的其他问题。

4. 评价　汇报课、观摩课由教研组组织评价；创优课和示范课由教务科组织评价。

(1)评课活动中，开课教师、备课组长需对本节课的教学设计、课堂教学实施等情况进行说明；

(2)开课后1周内，需一并交下列材料：集体备课讲义、开课教师本人的教学反思(或教学札记)、教研组长(或备课组长)的评课记录。

七、解释

本办法由教务科负责解释。

八、实施

本办法自公布之日起实施。

厦门信息学校公开课备案表

<table>
<tr><td rowspan="2">教师</td><td>姓名</td><td></td><td>职称</td><td></td></tr>
<tr><td>专业</td><td></td><td>任课　教研组</td><td></td></tr>
<tr><td rowspan="2">公开课</td><td>层次</td><td colspan="3">汇报课□\ 创优课□\ 观摩课□\ 示范课□</td></tr>
<tr><td>类别</td><td colspan="3">面授教学课□\ 实践教学课□</td></tr>
<tr><td rowspan="3">课程</td><td>课程名称</td><td colspan="3"></td></tr>
<tr><td>授课对象</td><td colspan="3"></td></tr>
<tr><td>授课时间</td><td colspan="3"></td></tr>
<tr><td>汇报课观摩课审批程序</td><td colspan="4">教研组长(签名)：
年　月　日</td></tr>
<tr><td>创优课示范课审批程序</td><td colspan="2">教研组推荐意见：
年　月　日</td><td>教务科审核意见：
年　月　日</td><td>主管校长审批意见：
年　月　日</td></tr>
</table>

注：本表“程序”栏之前由申报人或申报单位填写；“程序”栏由执行部门填写；本表一式两份，一份教学单位存档，一份教务科备案。

北京市商业学校教学例会管理办法

第一章　总　则

第一条　目的

为规范学校教学管理工作，不断提高教学改革和管理水平，加强内涵建设，全面提高教学质量，切实落实学校发展规划与年度工作计划，建立教学例会管理办法。

第二条　适用范围

本管理办法适用于教学教研具体业务会议管理。

第三条　规范性引用文件

北京市商业学校《教务管理制度》。

第四条　术语和定义

无。

第五条　职责

(一)校长办公室职责

1. 负责校长办公会召开时间(原则上每周一下午)、地点的通知。

2. 负责校长办公会召开场所的布置整理。

3. 负责校长办公会会议记录及归档工作。

(二)教务处职责

1. 负责教学部门主任例会召开时间(原则上每周二上午)、地点的通知。

2. 负责教学部门主任例会召开场所的布置整理。

3. 负责教学部门主任例会会议记录及归档工作。

4. 负责系部秘书例会召开时间(原则上每周二下午)、地点的通知。

5. 负责系部秘书例会召开场所的布置整理。

6. 负责系部秘书例会会议记录及归档工作。

(三)系部职责

1. 负责系部专题教学例会(每月1~2次)、教研室例会(每周1~2次)的召开。

2. 负责系部专题教学例会、教研室例会会议记录并存档工作。

第二章　例会内容

第六条　校长办公会专题教学例会，由校长主持，校领导班子集体参加，主要内容如下：

(一)传达贯彻党的路线、方针、政策及上级主管部门和教育行政部门的指示、决议和会议精神。

(二)研究布置学校的教学建设工作。

(三)听取并检查教学副校长的专题教学工作汇报。

(四)通报、布置学校的专题教学工作。

(五)研究、讨论其他有关事宜。

第七条　教学部门主任例会，由教学副校长主持，全体教学部门主任参加，主要内容如下：

(一)传达贯彻党的路线、方针、政策及上级主管部门和教育行政部门的指示、决议和会议精神。

(二)布置有关校长办公会决定的实施性工作。

(三)研究布置学校的教学建设工作。

(四)听取并检查各科室工作。

(五)通报、布置学校的有关工作。

(六)研究、讨论其他有关事宜。

第八条　系部专题教学例会，由系部主任主持，系部全体人员参加，主要内容如下：

(一)组织本科室人员的政治、业务学习。

(二)传达学校会议精神及工作安排。

(三)研究、布置本科室工作。

(四)检查、总结本科室人员的工作。

(五)系部专题教学例会纳入科室工作考核。

第九条　系部秘书例会，由教务主任主持，教务处全体人员、各系部秘书参加，主要内容如下：

(一)组织全体教务管理人员的业务学习。

(二)传达学校会议精神及工作安排。

(三)研究、布置全校教务工作。

(四)检查、总结全校教务管理人员的工作。

第十条　教研室例会由本教研室室主任主持，本教研室全体人员参加，会议主要内容如下：

(一)组织本科室人员的政治、业务学习。

(二)传达学校会议精神及工作安排。

(三)研究、布置本科室工作。

(四)检查、总结本科室人员的工作。

(五)教研室例会纳入科室工作考核。

第三章　附　则

第十一条　制度的起草与归口管理

本管理办法由教务处负责起草，报教职工代表大会批准后正式下达，教务处归口管理。

第十二条　制度的修订

本管理办法根据需要不定期进行修订。学校各系部均有权根据业务需要对本管理办法内容提出修改意见，并提交教务处。教务处负责收集整理各系部提出的修改意见，并安排有关人员进行专题讨论，对修改信息进行全面评估后组织修订本管理办法及相关文件。

第十三条　本管理办法由教务处负责解释。

第十四条　本管理办法自2013年2月1日起实施，原管理办法同时废止。

厦门信息学校教师组织、指导学生课外活动管理办法（试行）

本方法适用于学校教学计划外教师组织、指导学生课外活动的管理，体育、专业学科竞赛等赛前集训不适用本方法。

一、课外活动的申报

1. 申报对象：活动组织者。

2. 申报材料：课外活动计划(申请表)。

3. 申报程序

(1)填写"××课外活动计划(申请表)"。

(2)根据课外活动内容向德育科或教务科部门提交申请。

4. 受理(管理)部门：德育科或教务科。

二、课外活动工作量的计算方法

1. 课外活动工作包括制定计划、活动准备、活动组织(上课)、活动辅导、活动考勤、填写活动记录、活动总结等与本活动相关的其他工作。学期结束前，活动小组应将上述课外活动工作中有关的活动资料提供给主管处室，作为教师计算工作量认定的依据。

2. 课外活动工作量计算方法：

工作量(标准课时)=活动次数×人数系数×辅导人员系数

说明：

(1)活动次数：每1.5~2小时活动时间定义为一次，课外活动每次活动时间不宜少于1.5小时或超过2小时，少于1.5小时按0.5次活动次数计算工作量，超过2小时部分的活动也不计课时。

(2)人数系数：0.8(10~19人)；1(20~30人)；1.2(31~40人)。低于10人报名的活动项目，原则上不办班，课外活动学生数超过40人时应进行分班，因客观原因无法分班的，按照每增加10人加系数0.1记入人数系数(不足10人按10人计)。

(3)辅导人员系数：课外活动每次每组设指导老师一人，辅导人员系数为1，因活动需要增加辅导人员时按每增加1人系数减0.2，即：2人0.8，3人0.6。

(4)课外活动的次数每学期控制在20次之内，超过部分不再计算工作量。

(5)活动的组织者每学期另外增加5个标准课时的工作量。

3. 课外活动工作量的统计与上报：工作量由该活动负责人(分为多组活动的课外活动由该项目的总负责人)按照本方法的规定计算、统计、分配，每学期期末上报教务科审核。课外活动的课时原则上先冲抵正常课时的不足，超出部分记入考核表的其他工作量，超课时补贴每学期期末集中发放。

4. 本办法中计算补贴时标准工作量不考虑职称因数，统一用校园绩效工资课时津贴的平均数，即中级职称的课时津贴。

三、本办法已经校行政会讨论，公布之日起开始试实施，本办法的解释权归校办公会。

附件

××课外活动活动计划(申请表)

<table>
<tr><td>活动项目名称</td><td></td><td>参与人数</td><td></td></tr>
<tr><td>项目负责人</td><td></td><td>计划活动次数(每学期)</td><td></td></tr>
<tr><td>指导教师</td><td colspan="3"></td></tr>
<tr><td>活动目的</td><td colspan="3"></td></tr>
<tr><td>备注</td><td colspan="3"></td></tr>
<tr><td colspan="4">活动计划级活动安排</td></tr>
<tr><td colspan="4"></td></tr>
</table>

活 动 记 录

时间		周次	
地点		负责人	
内容			
参加人员(教师)			
活动记录			

活 动 总 结

3.2 实施性教学计划管理

学校根据国家教育行政部门发布的指导性教学文件，制定实施性教学计划。

——摘自《中等职业学校管理规程》第十八条

制度案例

上海信息技术学校专业教学计划和课程管理规定

上海信息技术学校学生选课管理办法

上海信息技术学校学生专业辅修办法

大连市轻工业学校课程标准的执行与学期授课计划的制定（含教材选用）

大连市轻工业学校考试与考核有关规定（含资格、补考与重修的规定）

上海信息技术学校专业教学计划和课程管理规定

一、教学计划

专业教学计划是实现培养目标和组织教学工作的依据。只有认真组织制定并进行严格管理，才能有利于稳定教学秩序，取得良好的教学效果，保证人才培养规格，为社会培养具有良好的职业道德、扎实的文化基础、明显的专业能力优势和较强的职业适应能力的生产、经营、管理第一线劳动者。

(一)专业教学计划要遵循学校人才培养的总目标和上级有关的各项规定，按照社会发展和科技进步对各专业人才知识和技能结构的需要，结合学校实际情况认真制定。

(二)制定专业教学计划前要作广泛的专业调研，依托学校专业调研组、行业专家，采用多种形式收集数据和信息，形成专业调研报告。专业调研报告的基本内容包括：

1. 本专业相关行业目前的状况和发展趋势。

2. 行业所需人才结构及需求现状。

3. 行业专家(专业指导委员会成员、企业基层管理人员、专业技术人员、第一线操作人员、人才市场咨询员等)对专业的培养定位。

4. 岗位群对专业知识、能力的要求。

5. 专业所对应岗位群和主要岗位特征的实际跟踪记录及分析国外相似专业的发展状况。

6. 同等规格学校相似专业的发展状况和特色。

(三)根据专业调研报告制定的专业教学计划要反映出该专业的特色和职业发展的灵活性，具体包括以下内容：

1. 核心课程理论知识的广度和深度。

2. 实践教学环节的明确目标。

3. 理论知识和实践训练的相互关系。

4. 社会考核的明确要求。

5. 专业能力和个人兴趣的发展。

6. 关键能力培养在教学设计中的体现。

7. 现代技术在专业教学中的应用。

8. 中职、高职不同教学层次和教学类型之间相互衔接、相互沟通的可能性。

9. 职前、职后课程内容的兼容性。

(四)在专业教学计划的课程设置上要贯彻“加强基础、鼓励发展”的原则，具体作如下规定。

1. 专业教学计划按专业规定学制进行编制，每学期共计19教学周。

2. 教学计划中课程的设置应该模块化、规格化和个性化。所有课程分为必修课和选修课两大类。具体说明如下：

(1)必修课占总学时约60%，包括公共必修课、专业必修课。

① 公共必修课是指国家或学校规定各专业统一开设的基础课程，如德育、语文、数学、英语、体育、体锻达标、现代科技概论和计算机应用等，由学校统一安排时间和学分。

② 专业必修课是指为保证人才培养的规格和质量，学生必修学习的专业所属岗位群必需专业基础课程，具有基础性、复合性、和多样性的特点，其中专业主干课程一般掌握在30学分以内。

(2)选修课总学时约40%。包括限定选修课约30%，任意选修课约10%。

限定选修课是根据专业方向和市场对人才的需求情况所开设的课程，深化、拓宽与专业有关的知识和技能，学生在所提供的课程内修满规定学分；也可以把专业课程分成组，每组30学分，供同一专业的学生根据市场和自己兴趣灵活选择。

任意选修课是为了扩大学生的知识面，提高学生的综合素质而开设的课程，每学期每门(项)2学分，由学校统一安排。学生可根据自己的需要和兴趣而自由选择，如专业讲座、各类艺术选修课、学生社团组织、研究型课程和科技课题等，但必须修满10学分。

课程尽量以1学期为限，特殊情况跨学期开始课程，需分×××(一)和×××(二)两段，并分别标明学时和学分。

四年的教学计划按220~240分编制，3年的专业按170~190分编制。

(五)学分是表征课程量的计量单位，也是学生修读课程所需时间的反映。1学分是指1学期内，每星期完成一个学时的课程量。学分的计算方法如下。

1. 理论教学课程：一般以16学时计1学分。

2. 专业课程、艺术类课程、学生社团、科技课题每学期计2个学分。

3. 体育为必修课，但内容由学生选择，每学期计1个学分。体锻达标为必修课，每学期计1学分。

4. 实践性教学环节，如职业素养教育、生产实习、社会实践、专题实习、劳动教育、毕生环节、课程设计等，一般属于必修课。

(1)集中进行的每周计1.5学分。

(2)分散进行的每16学时计1个学分。

5. 学分数可取小数点后面一位0或5值。

6. 每学年由校长领导、教学管理部协调，各系部具体组织完成专业教学计划的修订。专业教学计划要保持相对稳定，如确需改进专业教学计划，则做好充分的调研工作，执行专业教学计划的过程中一般不得改变，特殊情况由教务管理部协调，各系部协商解决。

7. 专业教学计划中设置的课程和实践环节专业系部应编制知识点，并按熟练掌握、掌握、理解、了解四项确定要求标准。考核范围：85%为“熟练掌握、掌握”；15%为“理解”；“了解”不作考核。

二、课程管理

为规范课程设置，顺利完成教学计划的编制，必须对课程进行科学、严格的管理。

(一)课程设置应以培养目标为依据，并在制定教学计划时提出所设课程的教学目的和要求，基础、专业科据此落实课程教学大纲的编写，并在教学计划实施前完成。编写教学大纲，要处理好共性与个性的关系，即在考虑本课程特点的同时，注意到与先修课程的内容衔接，理论教学和实践性环节之间的互补关系。

课程的编号采用九位规则。具体规定如下：

*	*	*	*	*	*	* * *
课程类别	专业代码	专业方向	课程性质	课程类型	流水号	课程难度

课程流水号：随机编号，从001开始，但也要适当考虑课程的先后顺序。

(二)课程名称要实施规范化认定，克服相同内容用不同名称或不同内容用相同名称的不规范现象。认定工作由专业系部把关，教务管理部审核，凡认定的课程名称如需更改，由教研组提出申请，专业系部同意，教务管理部审核后方可更名。

(三)毕业实习前的最后一学期安排各类选修课和实践环节。

本规定自2012年9月1日起执行，解释权归教务管理部。

上海信息技术学校学生选课管理办法

为了顺利实施学分制教学方案，必须加强学生选课管理。各有关部门应在教务管理部的统一协调下，在规定时间内完成学生选课任务。

一、选课的原则

1. 学生选修课程门数和顺序必须以教学计划为依据，每学期选修学分的多少，应根据自己的学习情况和学习能力，按一定的选修顺序，在导师的指导下，自主决定。

2. 学生可变动教学计划的进程安排，可多修、少修、免修各类课程；可提前或滞后毕业，四年制至少三年完成学业，最长六年完成，特殊情况可以延长至七年。三年制至少两年半完成学业，最长五年完成。

3. 必修课学分约为总学分60%。

4. 选修课学分约为总学分 40%（包括限定选修课 30%，任意选修课 10%）。

5. 每学期选修课总学分不得低于 4 学分，多选不限。

6. 如在一学期内同一门课程同时有不同教师分别上课，学生可根据自己的学习特点，选择适合自己的授课教师(但受教室容量的限制)。未经教务管理部同意擅自听课、参加考核者不能取得相应学分。

7. 一般情况下，一门专业选修课程，报名学生人数少于 15 人，公共选修课学生人数少于 20 人，毕业前一门课程选修学生少于 10 人，该课程停开，由教务管理部会同有关部门调整教学安排，并通知学生改选其他课程。

8. 学生对选课必须持严肃的态度，所选课程在学期中一般不能任意退选、加选，如确实选课不当，可以在试听的两周内提出申请退选、加选，在导师签字和教务管理部同意后，方可在指定地点重新选课。选课贯彻时间优先的原则。

二、选课的时间和顺序

1. 选课前由教务管理部公布新学期选修课程开课目录，包括任课号、课程名称、学分、任课教师、授课地点、授课时间等，并再一次公布学生的学籍号。每学期学生根据教务管理部安排的时间选课。

2. 学生在规定时间内，根据学籍号登录校园网进行选课。

3. 学生根据专业教学计划和开课目录并听取导师的指导，首先要保证选好需选择教师的必修课。在必修课或环节中，如出现无多个教师、无分组等情况，由教务管理部统一选定。

4. 教务管理部负责通过校园网公布各课程学生名册供任课教师下载，任课教师根据学生名册对学生进行考勤和考核、记载成绩。考核结束后，任课教师在两天内(实践教学在当天)负责将学生成绩输入校园网所包含的成绩管理相应模块中，同时将下载的书面成绩单经教师本人和教研组长签字后交教学管理部备案。

5. 教材管理部门应及时根据选修结果发放教材给学生，任意选修课应在第一次上课时发放到教室。

三、选课管理

课程的编号采用九位规则。具体规定如下：

*	*	*	*	*	*	* * *
课程类别	专业代码	专业方向	课程性质	课程类型	流水号	课程难度

课程流水号：随机编号，从 001 开始，但也要适当考虑课程的先后顺序。课程名称要实施规范化认定，克服相同内容用不同名称或不同内容用相同名称的不规范现象。认定工作由专业系把关，教务管理部审核，凡认定的课程名称如需更改，由教研组提出申请，专

业系同意，教务管理部审核后方可更名。

本办法自2012年9月1日起执行，解释权归教务管理部。

附件

上海信息技术学校学生选课单

班级________　姓名________　学籍号________　专业________

选课内容		星期一		星期二		星期三		星期四		星期五	
		第一方案	第二方案	第一方案	第二方案	第一方案	第二方案	第一方案	第二方案	第一方案	第二方案
第1、2节课	课程名称										
	开课教师										
	授课地点										
第3、4节课	课程名称										
	开课教师										
	授课地点										
第5、6节课	课程名称										
	开课教师										
	授课地点										
第7、8节课	课程名称										
	开课教师										
	授课地点										
第9、10节课	课程名称										
	开课教师										
	授课地点										
第11、12节课	课程名称										
	开课教师										
	授课地点										

导师意见：

导师签名

年　　月　　日

上海信息技术学校学生专业辅修办法

一、目的

为了适应我国经济建设和社会发展的要求，拓宽学生的知识面，让成绩优良、学有余力的学生在认真完成主修专业的同时，能学习另一专业的主要内容，从而增加培养应用型、复合型人才的途径，增加学生就业的竞争力和职业发展能力。

二、原则

1. 辅修专业应尽量是新的、复合型的专业方向，适应市场的需求，应在学校现有专业中选择。其主要内容可以和用人单位合作制定，也可以根据专业调研结果和专业指导委员会合作制定。

2. 每个辅修方向必须开设60学分的文化基础课、专业课程和实践环节，可利用双休日、假期完成实践环节。课程和环节应能包含该辅修专业最必要的理论知识和技能，学分计算方法同主修专业。

3. 辅修专业的学习与主修专业同时进行，不超过同步学习的主修专业学习时间。

4. 辅修专业面向全校招收学生，课程单独为辅修学生开设，单独开课的课表由教务管理部统一安排。

三、条件

1. 从专业教学阶段第一学期开始，凡上一学期平均绩点3.0以上、操行评定合格、身体健康、能胜任繁重学习任务的学生，可向教务管理部申请辅修另一专业。

2. 每个学生限选一个辅修方向，辅修方向一经确定，一般不得自行改变或中途退出。

四、组织实施

1. 辅修专业的实施由校长领导，教务管理部负责协调，由专业系具体组织落实。

2. 由市场部或专业系提出开设辅修的专业意向。专业系要全面规划，做好专业调研，确定辅修专业的名称、开设目的、招收人数，并编写教学计划、教学大纲、选定教材、形成教学文件，安排师资等，并经教务例会通过实施。

3. 学生在教务管理部统一规定的时间内到辅修专业招生的专业系领取辅修报名表，提出书面申请，经相关专业系同意后，报教务管理部进行辅修条件的确认。

4. 经辅修条件确认后的学生，教务管理部予以编班和准备所需教材、成绩册、教学场地等，然后由相关专业系决定开班时间、通知相关教师。辅修录取名单由教务管理部通过相关专业系通知学生。

5. 如出现某些辅修专业报名人数超员，则由教务管理部进行调整，确定开班数和每班人数。

6. 学生修读辅修专业课程和实践环节，每学分均按规定的标准付费。

7. 辅修考核由相关基础、专业系安排，辅修专业考核成绩记入专用的辅修成绩登记表。考核不合格，由专业系安排1次补考，补考不合格必须重修。

8. 辅修方向与主修方向课程若有重复且由教务管理部确认达到规定标准，教务管理部按免修办法处理。

9. 辅修学生的考勤办法同主修专业。

10. 如主修专业课程(环节)一学期所修学分少于应得学分的二分之一，则可中止其辅修资格，以前所取得的辅修课程(环节)成绩记入本人辅修成绩册和登记表。

11. 辅修专业教学所需的设备和实践条件尽可能利用现有的条件或开展校企合作、校间合作形式，凡确实需要添置设备的，应从专业建设改造的角度，专业系给出合理方案，报校长审批。

12. 学生按辅修专业的教学计划学习，修满规定的学分，可得上海市教委颁发的辅修专业证书，辅修成绩登记表毕业时归入学生学籍档案。

五、其他

1. 辅修专业每班设导师1名，负责学习咨询工作。
2. 辅修学生收取的费用专款专用，用于辅修教学和管理。

本办法自2012年9月1日起执行，解释权归教务管理部。

大连市轻工业学校课程标准的执行与学期授课计划的制定（含教材选用）

一、课程标准的执行

课程标准是同课程计划紧密配套的文件，是根据课程计划的要求落实培养目标和制定实施性课程计划最基本的教学文件，是学科教学指导性文件。课程计划规定开设的课程，实训课、课程设计、实习和毕业设计等均应有相应的课程目标，无课程目标不得开课。

(一)制定课程标准的基本原则

1. 标准要准确贯彻课程计划所体现的教育思想和培养目标，各门课程的课程标准都要服从课程结构与课程计划的整体要求，相同课程在不同专业的课程计划中要按各自课程结构的要求有所区别。

2. 学校专业设置的不断调整以及专业特色的不断强化，课程开发的任务相对稳定，新开发的课程原则上要先制定课程标准，而后编写讲义或确定教材。

3. 标准要体现课改精神，以岗位技能培养为目标，以工作领域调研为基础，合理确定课程标准，体现职业素养的培养。

(二)课程标准的基本内容

课程标准是根据课程计划所规定各门课程的有关教学内容和体系的纲要，是该门课程教学的指导性文件，是编写教材和教师进行教学的基本依据，其内容主要包括教学目的、任务、内容、范围、体系、教学进度和必需的教学条件，教学方法和教学基本要求，实践性教学环节要求、学生学习要求以及必要说明等部分。

（三）要求

1. 公共文化基础课，参照执行教育行政部门制定颁发的教学指导方案，专业技能课和任选课（专门化方向课程）参照、执行教育行政部门或行业部门颁发的教学指导方案，也可依据这些指导性方案，分别制定具有本校特色的实施性课程目标，但不能随意削减教学环节和教学内容，并必须报请上级主管部门批准。

2. 标准由各教学科组织有关教研室教师依据上述原则和内容编写，经学校教务科审核认定，报上级主管部门批准后实施。每门课程均应有课程标准，每位教师在教学过程中都必须严格执行课程标准。

3. 教师的要求：

a. 全面领会所任学科的课程标准的内容、体系和精神实质，同时还应了解相关课程的课程标准；

b. 按课程标准进行教学，使教学工作达到课程标准的要求，力求达到最好的教学效果；

c. 以课程标准为依据，检查教学工作和学生学习情况，衡量教学质量。

4. 标准必须调整时，经教学科和教务科审核，报教学校长批准后，可以在15%的幅度内增减课时，可以调整已不适应现实情况的教学内容，但不得降低课程要求，其增删内容幅度不能超过标准规定的15%。

5. 新制定的课程标准，因教材建设尚未跟上，在新教材未出版时可以继续用相近的旧教材或根据实际情况编写讲义作为过渡。为了加强教学的计划性，保证教学质量，各任课教师在教学过程中必须认真钻研和贯彻执行课程目标。

二、学期授课计划的制定

（一）学期授课计划是各门课程按照课程计划和课程标准的要求拟定的学期执行计划，是教师进行教学工作的基本依据，是全面完成课程教学任务的保证，每学期开设的全部课程均需编制学期授课计划。

（二）学期授课计划说明该课程的教学进程、教学内容、教学目的要求以及各章节的教学重点、难点、教学措施、作业、实验性（实训）环节（实验课程设计）、复习、考核方式等。

（三）每学期教学任务一经确定，由各教学科、教研室组织各任课教师研究课程标准，通晓教材内容，了解学生基础。按照统一的规范要求认真编写，也可由教研室组织集体讨论。同一专业、同一年级、同一教材的各班级，学期授课计划应同步，在编写时应根据学期计划时数分配表，留有适当机动并与学校校历对应。

（四）学期授课计划要求规范、完整、字迹清楚，一式三份，教师、教学科或教研室、教务科各备一份，学期授课计划需经教室主任、教学科科长审核，报教务科批准后执行。

（五）学期授课计划一经批准，教师应严格执行，因故必须修订时由教师提出申请，经教学科、教研室同意并签字，报教务科备案；教学内容和教学时数有较大变动时，必须经教学科科长签字、教务科长同意，报教学校长批准并备案。

大连市轻工业学校考试与考核有关规定（含资格、补考与重修的规定）

一、考试的组织与管理

(一)理论考试课(包括教务科认为有必要统一组织的其他类课程)的考试由教务科组织实施，包括考核日程编排、试卷准备、考场准备、监考人员安排等。

(二)考查课、实践课、艺术类单元课由任课教师自行组织考核(包括补考)，教研室、各教学科负责检查指导。

(三)考试开始前30分钟由任课教师审查试卷，发现问题，由教务科长处理。

(四)统一组织的考试统一组织批卷、合分和上报成绩；多人批阅同一试卷时，应采用流水作业，批、审后要有签字。非统一组织的考试考核于课程结束后经教研室主任审核后上报成绩，学生成绩由教务科统一公布。

(五)任课教师要按学校要求，依据标准答案和评分标准，认真批卷，做到实事求是、公正准确，不得给人情分、私自提分或更改学生成绩，必须更改处应有批卷人签字。

(六)学生成绩必须按要求输入校园网学生成绩网页。

(七)批卷结束后，试卷由教务科归档，保存至学生毕业后1年。每次考试，均应形成完善的考试记录资料并统一归档，包括考试科目、使用试卷编号、考场数、参考人数、监考人员、考场记录等。

二、考试考核资格

学生参加正常教学活动，即取得考试考核资格；凡有下列情况之一者，不得参加本门课程的考试与考核，成绩记为零分。

(一)学生因病事假累计缺课达到课程总学时的三分之一者，或旷课达到课程学时的十分之一者。

(二)学生未完成作业、实验报告等，累计超过规定总数的三分之一及以上者。

(三)凡无资格参加考试考核的学生，由任课教师开具名单报教务科审核批准。

三、补考的有关规定

(一)必修课、限选课(实践课除外)考核总评成绩不及格者，允许补考1次，补考及格者，即可获得该门课程的学分，成绩以60分计，并注明“补及”字样。

(二)实践课和任选课程考核不及格者，一般不组织补考。

(三)统考课程成绩不及格，需参加补考。统考成绩及格者，若该生该门课程曾有不及格记录时，则该课程作补考及格处理。

(四)因缺作业、实验报告而不准参加考核的，若能按要求补齐所缺环节，经教务科领导批准，可给1次补考机会。

(五)无故不参加考试考核，以零分计，不得参加补考。特殊原因，考前必须经班主任向教务科请假，教务科领导批准后可缓考1次。

(六)考试违纪者，不得补考。

(七)统一科目补考由教务科组织，一般安排在下学期开学后2周内完成。

四、重修的有关规定

下列情况之一，可以进行重修。

(一)经补考不及格者。

(二)考试违纪者。

(三)实践环节不及格，在适当时间安排重修。

(四)任选课考核不及格者，可以重修或另行选择。

(五)其他情况不能补考或补考不及格者。

(六)已获得学分的课程，如学生对所得的成绩不满意，可以申请重修。重修课程的成绩评定，以最高一次成绩作为该课程结业成绩。

3.3 课程管理

学校依据国家教育行政部门发布的教学大纲或教学指导方案组织教学、检查教学质量、评价教学效果、选编教材和装备教学设施。加强课程管理，严格执行国家教育行政部门设置的公共基础课程和专业技能课程，设置必修课和选修课。

——摘自《中等职业学校管理规程》第十八条

制度案例

北京市商业学校课程建设管理办法

上海信息技术学校课程管理及检查制度

南京高等职业技术学校理实一体化课程认定方案

南京高等职业技术学校精品课程教学团队建设方案

北京市商业学校课程建设管理办法

第一章　总　则

第一条　目的

为推动教学改革，完善课程体系建设，进一步探索构建理论实践一体化、与职业资格标准相融合，具有职业教育特色的课程体系和课程实施、管理及评价的有效途径和方法，不断提技能型人才培养质量，特制定本办法。

第二条　适用范围

本管理办法适用于北京市商业学校各专业全部课程。

第三条　规范性引用文件

北京市商业学校《教务管理制度》。

第四条　术语和定义

无。

第五条　职责

无。

第二章　课程教学改革内容管理办法

第六条　课程建设应当针对构成和影响教学质量的因素进行系统的建设。

第七条　课程教学质量必须把促进学生的全面发展、适应社会需要作为衡量教育质量的根本标准。

第八条　课程建设要推动高级别、高职称、高学历的优秀教师承担教学的重担；要推动教师育人教书能力的提高；要全面提高教师专业水平、实践能力和教学能力，加快“双师型”教师队伍的建设。

第九条　课程建设要在课程体系改革的总框架内实施课程教学内容改革，通过课程建设准确定位各门课程在专业人才培养过程中的地位和作用，正确处理单门课程建设与系列课程改革的关系，整合教研教改成果。

(一)课程结构改革

改变以往课程结构过于强调理论知识的系统性，理论教学与实践教学分离，课程内容与岗位实际脱离的状况，适应学生就业和可持续发展的需求，加强学生综合职业能力的培养，体现职业人才成长规律、理论实践一体化等原则，将课程划分为公共基础课程、专业核心课程、校本课程和毕业实习环节。

公共基础课程包括德育、语文、英语、数学、计算机应用基础、体育与健康等教育部规定的必修课程，课时数不低于总课时数的35%。

专业核心课程包括基础的、公共的、对职业岗位群素质形成起导向性作用的专业公共课程，以及针对职业岗位、具有典型职业特征、对职业能力形成起重要作用的专业方向课程。专业核心课程和毕业实习环节课时数不低于总课时数的50%。

校本课程是学校自主开设的特色课程，课时数不超过总课时的15%。

根据教育部有关规定，四年制专业的总课时为4224课时，三年制专业的总课时为3120课时。

除必修课程之外，根据学校的相关规定，各专业课程结构包括适当的选修课程。四年制专业要开设8课时的选修课程，三年制专业要开设6课时的选修课程。

（二）公共基础课改革

公共基础课改革的重点是教学模式和教学方法的改革。

必须严格按照教育部德育大纲要求，开设《职业生涯规划》《职业道德与法律》《经济政治与社会》和《哲学与人生》等必修课程。

按照教育部《关于印发新修订的中等职业学校语文等七门公共基础课程教学大纲（课程标准）的通知》（教职成〔2009〕3号）要求，开设语文、数学、英语、计算机基础等必修文化基础课。

按照教育部《关于印发新修订的中等职业学校语文等七门公共基础课程教学大纲（课程标准）的通知》（教职成〔2009〕3号）要求，开设体育与健康必修课程。

（三）专业课改革

要打破以学科知识逻辑性、完整性为特征的传统课程体系，以工作任务为线索确定课程设置，按照工作过程的实际需要来设计课程，以工作任务来整合理论和实践课程内容；要将职业资格标准纳入课程标准和考核标准，强化技能训练，实现职业资格培训和专业教学的融合。

第十条　课程内容要和企业生产服务的实际需要和工作任务相一致，按照有利于学生职业能力培养的原则进行合理的选取和排序，课程内容突出专业领域的新知识、新技能、新工艺和新方法；要以典型产品或工作任务为载体设计教学活动，以项目教学、案例教学等行动导向的教学方式组织理论和实践一体化教学内容，让学生在完成任务或情境模拟的实践过程中学习相关专业知识、形成职业能力，培养学生的职业道德、职业意识。

第十一条　创新教学模式和方法。各专业要依据专业学生培养方案，根据学校实际情况，制定本专业教学实施方案。

（一）以课程改革为契机，探索适应新课程的教学模式。探索在实际工作情境中不断关注学生能力培养的教学方法，倡导学生主动参与、乐于探究、勤于动手的精神，充分发挥学生的主体作用，通过“做中学，学中做”，培养学生的专业能力、方法能力、社会能力，从而有效提升学生的就业能力和可持续发展能力。

（二）以“双证书”为目标。构建以职业能力为主线的教学内容和教学环节，将“双证书”教育融入教学全过程，学生学习相关课程后可直接参加职业资格证书考试，使学生在学期间获得毕业证书和职业资格证书。

（三）以行动为导向。以工作任务为中心，以现场模拟与实际操作为载体、在实际训练中进行能力培养，帮助学生掌握知识、方法、技巧。探讨“教学做”紧密结合的教学方法，融“教学做”于一体，实现课程教学实施方式的根本性转变。

（四）各门课程都应当注意多媒体教学手段的应用，合理运用现代信息技术等手段，把电化教学、计算机辅助教学等现代化教学手段引进课堂，解决教学中的重点和难点问题，提高教学水平。

（五）学校鼓励和支持课程教学大纲（课程标准）、教学设计、教案、习题、实习、实训指导等上网并向学生免费开放，鼓励将教学课件、授课录像等上网开放，促进学生的自主学习和个性化学习，推动人才培养质量的提高。

第十二条　改革课程考试方法。要建立评价目标多元、评价方法多样，重视学生发展和教师成长的评价与考核体系，发挥评价促进学生发展、教师提高和改进教学实践的功能。

第三章　课程教学管理办法

第十三条　教学内容和课程体系改革要建立和完善教学文件，把改革的成果以规范的方式落实到教学实践当中，并在实践中进一步深化改革。

第十四条　课程教学大纲（课程标准）是确定课程教学内容和教学标准的纲领性文件。基本内容应包括：

（一）本课程的性质和任务；

（二）本课程的基本要求；

（三）本课程的教学目标；

（四）课程内容的重点、深度和广度；

（五）习题课和习题的要求；

（六）对实验（实习）的明确要求；

（七）对学生自学的要求；

（八）学时分配建议；

（九）培养学生能力的措施等。

第十五条　教材是教学内容的重要载体，每门课程都应当根据课程教学大纲（课程标准）的要求和学生已有的水平选用合适的教材。学校鼓励积极建设教学资源库。各门课程都应当根据实际需要建立教学辅助材料，包括教学参考书、自学指导书、课外读物、习题集（库）、思考题集、案例集（库）、试题集（库）等，部分课程还应有相应的声像资料。学校鼓励建设一体化设计、多种媒体有机结合的立体化教材。

第十六条　课程建设要积极开展教学法的研究活动，改革传统的教学思想观念、教学方法、教学手段和教学管理。

第十七条　课程建设中应当注意建立和健全必要的管理规章制度，如新教师试讲制、听课制、教学巡查和教学文件检查制等，积极开展教学改革和教学研究活动，定期开展集体备课、公开课、教学经验交流等活动。

第十八条　改革实践环节管理。探讨实训环节的“课程化管理”，即根据职业岗位能力的要求，制定教学大纲(课程标准)，确定实训内容和实施办法以及考试考核办法。聘请企业、行业人员参与实践环节有关文件的修订，与企业共同制定实训、实习等环节的评价标准和质量监控办法；制定学生评教体系，由学生对实践教学过程和效果进行评价，以改进实践教学；将毕业设计(论文)环节与顶岗实习有机结合，以顶岗实习的操作能力、生产能力、生产组织与管理能力等作为考核要求。

第十九条　在企业建立教研室，以确保工学结合教学模式的人才培养质量。教研室由公司技术人员和专业教师组成，根据企业职业岗位能力要求，制定课程标准，负责实训课程的组织；拟订专业核心课程与主要实训课程的评价标准，将企业评价引入教学评价中；对学生在企业的实习实训环节实施员工式管理，探索学生实训与顶岗实习的新模式；负责对理论课教师在企业进行实践能力训练，以培养教师的“双师素质”。

第二十条　提升现代化管理手段。积极开发以教学质量监控系统和教学质量评价系统为主要内容的教学管理系统软件功能，保障对教学计划、课程、课表、学生成绩等进行有效管理。

第四章　课程建设的标准与评估

第二十一条　新开设的课程应当达到以下基本要求。

(一)具有合格的主讲教师。

(二)具有1份合格的课程教学大纲(课程标准)。

(三)选好1种合适的教材。选不到合适教材的应当编印讲义或者讲授提纲。

(四)实践环节开出率高于60%。

第二十二条　开设3年以上的课程应当做到：

(一)具有1支合格而稳定的教学队伍。必修课程和限制性选修课具有2位及其以上能够独立开设课程的合格教师，选修课具有1人以上；参与课程的教学辅助人员能够保证有关活动的正常开展。

(二)具有较为完整的教学文件和教学档案。

(三)教材和教学参考资料较为齐全。

(四)实践环节开出率高于90%。

(五)教学(包括考试)管理规范。

(六)教学效果较好，学生对课堂教学的满意率高于75%。

第二十三条　各系各专业都应当在公共基础课、专业课、校本课程类型中，积极创建具有示范作用的精品课程，带动课程教学质量的全面提高。精品课程应当达到以下要求。

(一)拥有一位优秀的主讲教师担任课程负责人。

(二)教学文档完整，对教学有充分研究并积极改进教学。

(三)教学资料丰富，选用优秀教材，并建立了与之配套、适合学生学习实际的教学辅助材料。

(四)教学管理规范，各项制度能落到实处；具有试题(试卷)库，实现了教考分离。

(五)具有一定的创新性和推广应用价值的教学研究成果。

(六)实践环节100%开出。

(七)学生对课堂教学质量的满意率高于90%。

第五章 课程建设的管理办法

第二十四条 学校课程建设实行学校、系部、教研室三级管理。课程建设经费按项目管理的方式运作。

第二十五条 学校对课程建设实施目标管理。学校成立教学指导委员会，常设机构为教务处。教务处协助主管教学副校长开展全校课程建设计划的规划、立项审批、组织实施、检查督促、评价奖励等工作。其中重大事项的决策应当经学校教学指导委员会(课程建设委员会、学术委员会)审议通过。

第二十六条 系部负责对本系课程建设进行日常管理。主管教学的系主任(主任助理)是本系课程建设工作的第一责任人。教研室主任在系主任(主任助理)的领导下，协调本教研室所开课程之间的课程、师资、实训室等建设工作，支持和指导本教研室教师开展课程建设工作。系部课程建设重大事项的决策应当经学校教学委员会(课程建设委员会、学术委员会)讨论通过。

第二十七条 教研室主任是课程建设的直接责任人。教研室主任的主要任务是：研究和制定本课程的建设与发展计划，协调本课程与各门相关课程的教学内容和教学要求；根据教学要求提出任课教师聘用建议，并组织任课教师实施课程建设计划；负责对任课教师的教学质量进行检查，确保本课程教学质量不断提高；负责培养本课程的青年骨干教师，组织任课教师积极进行教学内容、教学方法、考试方法与教学手段改革的研究和实践；每学年至少承担一轮本课程的全过程教学；对在课程建设计划实施过程中出现无法解决的困难和问题及时向系部反映，以便尽早得到解决。

第二十八条 学校设立课程建设专项经费，重点支持影响面广、受益面大的公共基础课程、专业课程和对提高教学质量起示范作用的其他课程的建设，推动学校课程建设工作的普遍开展。

第二十九条 课程建设经费实行项目管理。申请立项的课程，由课程负责人据实填写课程建设经费申请书，根据自身课程的现状，找出差距和存在的不足，提出课程建设的具体内容、实施计划、整改措施、人力资源组织、预计完成的时间及完成后的效果等，经所在系部初审并签署意见后报教务处。各系的申报材料由教务处汇总提交学校统一组织专家评审会议审核并提出立项意见。教务处根据专家评审意见和立项意见形成立项方案，报主管(教学)校长审批立项和经费支持的有关事项。

第三十条　课程建设项目承担情况和课程建设取得的成果，是教师评选各种先进、教学研究申请各类奖励的重要依据。

第三十一条　因故不能按计划实施的项目，须由课程建设项目负责人书面说明原因，申请延长或中断。对于申请中断的项目，同时中断其经费资助，并视情况，全部或部分追回已开支的费用。

第六章　附　则

第三十二条　制度的起草与归口管理

本管理办法由教务处负责起草，报教职工代表大会批准后正式下达，教务处归口管理。

第三十三条　制度的修订

本管理办法根据需要不定期进行修订。学校各系部均有权根据业务需要对本管理办法内容提出修改意见，并提交教务处。教务处负责收集整理各系部提出的修改意见，并安排有关人员进行专题讨论，对修改信息进行全面评估后组织修订本管理办法及相关文件。

第三十四条　本管理办法由教务处负责解释。

第三十五条　本管理办法自2012年7月1日起实施，原管理办法同时废止。

上海信息技术学校课程管理及检查制度

一、课程管理

为规范课程设置，顺利完成教学计划的编制，必须对课程进行科学、严格的管理。

1. 课程设置应以培养目标为依据，并在制定教学计划时提出所设课程的教学目的和要求，各系部据此落实课程标准的编写，并在教学计划实施前完成。编写课程标准，要处理好共性与个性的关系，即在考虑本课程特点的同时，注意到与先修课程的内容衔接，理论教学和实践性环节之间的互补关系。

2. 课程名称要实施规范化认定，克服相同内容用不同名称或不同内容用相同名称的不规范现象。认定工作由系部把关，教务管理部审核，凡认定的课程名称如需更改，由教研组提出申请，系部同意，教务管理部审核后方可更名。

3. 任课教师的任课聘用要严格按照规定执行。根据校长提出的聘用原则，由系部提出初步方案，经教务管理部审核报校长批准，然后由教务管理部初排课表，经学生选课达到开课标准后才正式聘用。

4. 任课教师的授课计划应按教学计划和课程标准编写，在校园网上完成撰写和审核，并完成课程授课计划供公共查阅；教案要求教师在授课前上传至校园网供公共查阅；课后要求任课教师尽快完成授课日志的填写。教案可由任课教师根据课程实际备课情况采用多种形式，如书面、多媒体课件等。上课时教师应带齐教材、授课计划、教案。

5. 教师在授课过程中根据行业发展的新情况，发现部分教学内容陈旧或需增加新的内容，必须书面申请，提出删节或增加内容的缘由，经教研组长、系主任审阅批准，报教务管理部，提交专业指导委员会和分管校长审批后，由教务管理部指定教师修改课程标准，并存档。教师在下一学期的授课中方可按新课程标准中规定的教学内容进行教学。

6. 学校委托教务管理部对全校课程进行定期清理、分类和组织归并，系部须配合教务管理部做好课程管理的规范工作。

课程的编号采用九位规则。具体规定如下：

*	*	*	*	*	*	* * *
课程类别	专业代码	专业方向	课程性质	课程类型	流水号	课程难度

二、内容调整

1. 在教学实施方案执行过程中，如教学目标或企业需求发生变化，征得专业指导委员会同意可调整部分课程或内容。

2. 内容调整由系主任在教务例会上提出，组织教师进行调研和确定、编写新内容或确定新教学材料。

3. 调整的内容由教研组开展讨论，确定新内容，并准备教学材料和实训条件。调整结果通过教务例会审定、分管校长批准后执行。

三、执行检查

1. 系部要制定出检查教师教学质量的具体制度，应及时向有关教研组和教师本人反馈信息。

2. 每学期中期，教务管理部协同督导组在全校开展教学质量检查。内容包括：

1）教务管理部、学生管理部教学现场检查情况；

2）学生会、班级学生代表教学情况反馈；

3）督导组、系部教学质量检查情况；

4）督导组教学计划实施进度、作业批改检查情况；

5）督导组对考核、补考情况检查情况。

四、其他

1. 教务管理部在汇总信息的基础上，完成《期中教学质量检查报告》，在全校教学人员大会上通报，并提出改进教学质量的具体措施，系部应积极配合、认真执行。

2. 每学期初，教务管理部在教学行政会和全校学生大会上总结、分析教学质量情况，提出具体措施。

3. 本制度自2012年9月1日起执行，解释权归教务管理部。

南京高等职业技术学校理实一体化课程认定方案

为进一步推进学校课程改革力度，培养适应企业需求的专业人才，彰显专业课程改革成果，促进理实一体化课程教学质量的提高，特制定本方案。

一、认定标准

理实一体化课程是根据专业主要职业岗位的工作任务所对应的知识、技能和素质要求。在课程内容上，将专业理论与实践教学有机融为一体，形成若干学习领域或教学模块，每一学习领域或教学模块均有明确的教学目标、教学内容和课时安排，由若干教学项目组成；在教学中，以教学项目为载体，综合运用项目教学、情境教学、小组合作、角色扮演等多种教学方法和手段，由一位教师授课；在考核上，采用笔试、口试、实践操作考核、设计方案等形式，并做到与职业资格证书考试相融通；在教学安排中，不另行安排实验课、实训周、课程设计周、考证强化辅导等。

二、认定范围

符合条件的专业课程均可申报。

三、认定程序

(一)所有参加认定的课程需在每个学期开学两周内以教研室为单位提出申请，同时提交认定材料中所列的1～3项供审批，经系课程改革领导小组审议后报教科部初审、公布；

(二)教学过程中，教科部会同督导室进行课堂教学效果评价；

(三)考核过程中，教科部会同相关系对考核内容和考核形式进行评价；

(四)学期结束，申请课程认定的授课教师根据申报要求提供完整的认定材料，经学校课程改革领导小组、校学术委员会评审，报校长办公会研究后予以认定。

四、认定材料

(一)课程标准；

(二)教学计划(包含学习领域或教学模块及所含教学项目的名称、教学目标、教学内容、课时安排等)；

(三)考核方案；

(四)至少一个完整的学习领域或教学模块的教学讲义(教案)、学生工作页；

(五)考核过程性资料包括考核安排、考核内容、考核成绩、考核分析；

（六）校级公开课评价；

（七）教学督导评价。

五、认定结果的使用

（一）经认定的理实一体化课程，任课教师代课费计算中的课程授课系数调整为1.2（学期初按照1计发，期末一次性补足）；

（二）该课程完整的教学讲义由教科室认定后按照校本教材标准予以奖励；

（三）优先推荐参加各级各类评优。

六、说明

以实践操作训练为主的专业实训课程，按课程性质和任务要求应该采取项目教学、案例教学、以学生练习为主的专业课程均不属于本认定范围。

本方案自下发之日起实施，由教学科研部负责解释。

南京高等职业技术学校精品课程教学团队建设方案

为推进南京高等职业技术学校精品课程建设工作的开展，提高课程教学质量，鼓励教师申报和建设各级精品课程，学校决定从2010年秋季学期起，以教学团队立项方式管理和建设精品课程。

一、总则

自2010年起获评校级、市级和省级（联院级）精品课程称号的课程以教学团队方式进行立项建设。

二、精品课程教学团队立项组织（管理）工作原则

（一）精品课程教学团队以“××精品课程教学团队”命名（如“热水设备实用技术精品课程教学团队”）。

（二）精品课程负责人为精品课程教学团队的第一责任人，负责统筹规划精品课程教学团队的课程建设（包括教材建设，相关教学内容的上网开通、课程教学内容实时更新、课程视频持续充实、师生访问及网上互动系统的建立与完善、对学生评价情况的掌握和参考，组织策划申报教学成果或更高级别的精品课程等）；培养课程教学团队教师；开展课程教学研究（包括教学内容、教学方法的交流、组织听课学习或指导、研究课题申报、教学仪器的研发、撰写教学研究论文等）；培训和指导青年教师等工作，切实保证教学质量，开放精品资源，辐射全校教学。

（三）精品课程所属系部配合落实精品课程教学团队的申报工作。

(四)精品课程教学团队需提交详细的学年建设计划书，内容包括本学年计划开展的教学活动、教师培训、教学研究、成果建设等，以及本学年的建设经费预算。每学年末，精品课程教学团队需提交本学年精品课程教学团队建设的总结、建设经费实际执行情况和下一学年的建设计划书。

(五)精品课程教学团队需新增或更新网上内容。从立项建设起3年内拍摄成课程视频上网的教学内容，校级精品课程应不少于30%；市级精品课程，不少于50%；省级(联院级)精品课程，不少于80%。另每年更新10%的教学课件。

三、精品课程教学团队建设经费的核拨、管理和使用

精品课程教学团队建设经费包括上级教学主管部门下达的建设经费和学校配套经费，一次性核拨至各精品课程教学团队所在的教学单位。由精品课程教学团队负责分人分配使用，用于教学团队建设以及开展教学活动等业务费用。

每门精品课程教学团队建设经费按《南京高等职业技术学校精品课程建设方案》管理使用。

精品课程教学团队建设经费的使用必须符合学校财务制度的有关规定，并且必须是与精品课程建设相关的经费开支，包括购买用于教学的电脑、教学参考书籍、教学研究会议、教师培训、一定的劳务费用、网站建设经费等。

精品课程教学团队建设经费额度使用完之后，团队若有继续建设的计划，可以普通教学团队再次申报立项，继续申请经费。

四、精品课程教学团队建设的考核与奖励

精品课程教学团队的首席教师负责对整个教学团队教师的教学进行考核，可因课程类型、课程性质的不同，制定不同的课程考核指标。

教务处根据精品课程教学团队建设目标的完成情况、学生课程评估、校内外专家网上抽查和实地抽查，对精品课程教学团队的建设进行考评。对优秀精品课程教学团队给予奖励，对未通过年检的课程将给予警示。

本方案自下发之日起实施，由教学科研部负责解释。

3.4 教材管理

学校应当建立严格规范的教材管理制度。优先选用国家规划教材。根据培养目标和产业发展需要，可以开发使用校本教材。

——摘自《中等职业学校管理规程》第十九条

制度案例

上海信息技术学校教材管理制度

北京市商业学校校本教材建设管理办法

大连市轻工业学校教材征订及发放的管理规定

南京高等职业技术学校教材管理规定

开封市卫生学校教材使用管理制度

上海信息技术学校教材管理制度

为进一步加强学校的教材建设，改进教材建设工作，适应教学改革的深入发展，提高教材质量，根据学校有关文件的精神，结合本校专业的实际，特制定本制度。

一、教材选用

第一条　教材选用要以本课程在教学计划中的地位和作用为依据。所选用的教材必须贯彻理论联系实际原则，具有与本课程对应的职业领域发展相适应的科学水平，有较高的理论水平和系统性，能够正确阐述本课程的基本理论。选用的教材应具有比较广泛的适应性，应适应21世纪人才培养的需要，符合教学大纲的要求，有利于学生专业知识、动手能力和综合素质的培养。

第二条　选用教材必须经由教研组或系集体研究决定，在比较同类教材的基础上择优选用。充分发挥教研组或系的职能和作用。

第三条　建立教材质量跟踪反馈制度，所选教材使用一轮后，任课教师应写出评议意见，同时在教学检查时通过学生座谈会收集学生使用意见，作为是否继续使用该教材的依据。师生反映较差的教材不能继续作为校内教学使用教材。

第四条　选用教材时必须优先选用获奖教材、教育部和行业协会规划或推荐教材。被选教材必须符合培养计划、课程设置和教学大纲的要求，并得到专家好评。不断提高优秀教材使用率。要注意选用近3年出版的新教材，同类教材有最新版本的应优先选用，采用近4～8年内的教材需要分管校长特批，禁止采用超过9年以上的教材。

第五条　教师提出教材申请后，必须由教研组长、专业系部主任和教务管理部三级审核，后勤保障部负责向教师提供比较全面的教材信息、及时采购和发放。

二、教材评估

第六条　教材评估工作必须遵循科学性、导向性、统一性、客观性、目的性原则。教材评价由专业系部组织教师、学生集体评价。

第七条　教材评价的范围包括正在开课的所有必修、选修类课程教材以及校内讲义。

第八条　教材评价周期应以每轮课结束后进行一次为准。由专业系部做好表格发放、回收、统计、保管等工作，并定期将评价结果汇总表送教务管理部备案。

第九条　教材评价结果要对教材的选用起指导作用，各系在教材征订中要充分考虑教材的专业适用性，与专业培养方案的一致性，优胜劣汰，逐步达到教材选用的规范化、制度化、程序化，使更多高质量的优秀教材充实到课堂中来。

三、教材(讲义)编写

第十条　专业教材(讲义)编写的指导思想是紧密结合专业教学改革的实际，加强组织领导，实施精品战略，抓好重点规划，注重专业配套，注重素质教育、创新能力及实践能力的培养，为学生知识、能力、素质协调发展创造条件，鼓励教师多出书、出好书，编写出质量高、适用性强、具有创新特色的教材。

第十一条　教材(讲义)编写必须有计划、有组织地进行。规划(计划)由各系部通过对专业特色和专业教学具体情况进行分析后向各教研组提出教材编写要求，也可由编写者提出经系部评议、通过后组织实施。

第十二条　教材(讲义)编写前要认真研究、分析国内外同类教材的特点，在总结教学改革与科研成果的基础上，确定教材内容。教材编写大纲要以教学计划、课程标准为依据，经教研室或专业系讨论并签署意见方可作为教材编写的依据。编写时，要遵守编写教材的基本要求，提高教材的思想性、科学性、启发性、适合国情的先进性和教学的实用性，保证教材的质量。

第十三条　申请编写教材的条件。

1. 能充分反映本专业特色的必修课教材；
2. 有公开出版的教材但不适合我校专业教学且十分需要的教材；
3. 为适应教学改革需要，根据新的教学大纲要求编写的特色教材；
4. 为适应本校实验(实训)设备需要，根据课程标准要求编写的特色教材；
5. 能结合学校校企合作、工学一体实际情况，适应课程发展方向的教材。

第十四条　本制度解释权归教务管理部，自 2012 年 9 月 1 日起执行。

北京市商业学校校本教材建设管理办法

第一章　总　则

第一条　目的

为鼓励教学一线承担专业课程教学任务的教师积极参与教育教学改革，编写适应中等职业学校专业要求和学生特点的校本教材，推进校本教材建设管理工作，结合学校具体情况，特制定本管理办法。

第二条　适用范围

本管理办法适用学校正式批准立项编写的校本教材。

第三条　规范性引用文件

北京市商业学校《教育研究管理制度》。

第四条　术语和定义

无。

第五条　职责

(一)教育研究督导室

在学校教材建设领导小组统一指导下，负责本管理办法的制定、修改、完善及校本教材编写立项申请、组织专家进行评审评选等日常管理工作。

(二)教务处

负责校本教材的发放、存放、增订印刷及教学使用等日常管理工作。

(三)各系(部)

根据学校批准立项的校本教材组织编写、修改、完善及本系(部)学生使用等日常管理工作。

第二章　编审程序

第六条　申报立项

(一)申请编写教材的教师应首先填写《校本教材编写立项申报表》附教材编写大纲及专业培养方案中的教学进度表及课程说明教学大纲，由其所在教研室推荐，由系(部)或相关部门主任初审同意后，提交教育研究督导室。

(二)教育研究督导室负责组织校本教材建设领导小组进行复审，复审过程中可根据需要听取申报立项教师的陈述。复审通过后报教材建设领导小组讨论。

(三)教材建设领导小组讨论通过，由主管副校长审核签字后，下发编写立项通知书。

第七条　教材认定

(一)立项者完成教材编写后，填写《校本教材编写结项验收申请表》，与教材编写稿一并交教育研究督导室。

(二)教育研究督导室组织相关专家对教材编写稿进行初审，负责在内容、体例、文字、适用性等方面把关，并在《校本教材编写结项验收申请表》“专家意见”栏内签署意见。如出现抄袭、所编教材不适合教学需要等问题，该立项者三年内不允许编写校本教材。

(三)专家签署意见后，校本教材建设编审委员会代表学校对项目作最后的验收。通过验收后方可付印，未通过验收时，教育研究督导室负责将不足之处和修改意见反馈给编者。复印数量应科学测算，充分考虑成本，一般不应少于三个学年的用量或不低于300册。

(四)各系(部)及相关部门编写校本教材应有计划安排，每学年秋季预定教材时，提出下一年编写计划，上交教育研究督导室。

第三章　编写人员要求

第八条　主编条件

校本教材编写实行主编负责制，任教材主编者，必须是从事本专业(学科)教学工作五年以上、教学经验丰富、教学效果良好、具有讲师(会计师、注册税务师等)及以上专业技术职务，且任教本门课程两轮以上。新专业、学科可适当放宽条件。

第九条　主编要求

主编对书稿的质量负全面责任。负责教材立项申请、拟定教材编写大纲、编写说明、教材编写体例与结构体系，对参编人员进行分工，参与书稿五分之一以上的撰写工作，负责全书的统稿、送审工作。

第十条 参编要求

参编人员应配合主编，按时、保质保量完成编写任务。书稿完成后，配合主编，根据审稿意见对书稿进行认真修改。

第四章 编写原则及要求

第十一条 编写原则

校本教材是学校根据自身实际情况，自己编写开发的为学校所使用的教材。校本教材应体现现代中等职业教育的特色，体现学校的专业特色。目前，校本教材的编写在内容上和体例上都应该打破学科体系，应以能力本位为基础专业课程应以工作过程来构架教材。同时在确定教学场地、教学方法等因素时，应具体考虑到本校的基础设施和基础条件。

(一)校本教材应以满足学校教学需要为目的，重点放在学校特色专业建设和实训教学方面，解决当前学校专业建设和发展过程中部分课程无适用教材或教材针对性不强的问题，体现中等职业教育特点，符合专业发展方向。获得优秀课题成果奖的课题，其奖励标准按照学校有关办法执行。

(二)遵循“高质量有特色”的指导思想。注意总结中等职业教育教学经验，根据课程特点和需要，以教学大纲为依据，贯彻理论联系实际，突出实用性和可操作性，注重学生分析问题、解决问题和动手能力的培养。

(三)贯彻“够用为度”的原则。认真精选内容，主次分明、详略得当，最多总字数不超过20万字。

第十二条 编写要求

(一)注意相关学科间的衔接和联系。文字简明，语言通顺，无语法、逻辑性错误。

(二)教材编写体例规范科学，内容完整，文图配合恰当，图表清晰准确，标点、符号、公式、数据、计量单位符合国家标准。格式要求以专业系部为单位，形成各自特色。

(三)教材容量按照教学计划规定的课程学时数编写，每学时一般2500字为宜。

(四)文责自负，无知识产权争议。

(五)已经立项的教材，必须按时完成编写任务。项目到期未完成编写任务者，其主编不得申请新的校本教材编写项目。

第五章 质量控制及奖励

第十三条 质量监控

(一)教材的审阅。坚持编、审分开，教材编写人员不得参加教材审定工作；审定教材必须严格按照程序和审定标准进行，客观公正，实事求是，既要严格把关，又要积极扶持；审定人员不得将审查情况和意见私下透露给编写人员，不得将送审教材及其修改稿转送他人。

(二)审稿未通过的教材学校不推荐出版发行，也不能作讲义发给学生。未获通过的教材编写稿可重新修订一次后再次评审，再次未获通过则取消立项。

第十四条　教材审定

专家签署审阅意见后，校本教材建设编审委员会将召开教材审定会，聘请主审审议鉴定。并代表学校对项目进行最后的审定验收。立项者需准备 PPT 演示文稿，并根据结项要求作 15 分钟现场陈述。

第六章　优秀教材评选

第十五条　优秀教材评选

学校将于每年教师节前，对本年度校本教材进行优秀评选(与同年度课题、课件等优秀教研成果同时表彰)。

第十六条　评委组成

学校学术委员会全体成员。

第十七条　设立奖项

评选活动设立一等奖 10%、二等奖 15%、三等奖 20%3 个档次。具体奖励标准参见学校有关奖励办法。

第七章　版权所有

第十八条　版权所有

通过《校本教材建设管理办法》出版的校本教材，其著作权归学校所有。

(一)经学校立项的教材，属于职务行为，原则上由学校联系出版，教材著作权(即版权)、发行权归学校。

(二)编写者个人联系出版，必须经学校审查同意，方能出版发行，个人不得私自出版发行。

第八章　稿　酬

第十九条　稿酬

按学校教研成果奖励办法执行。

第九章　附　则

第二十条　制度的起草与归口管理。

本管理办法由教育研究督导室负责起草，报教职工代表大会批准后正式下达，教育研究督导室归口管理。

第二十一条　办法的修订。

本管理办法根据需要不定期进行修订。各系部处室均有权根据业务需要对本管理办法内容提出修改意见，并提交教育研究督导室。教育研究督导室负责收集整理各系部处室提出的修改意见，并安排有关人员进行专题讨论，对修改信息进行全面评估后组织修订本管理办法及相关文件。

第二十二条　本管理办法由教育研究督导室负责解释。

第二十三条　本管理办法自2013年2月1日起实施，原管理办法同时废止。

大连市轻工业学校教材征订及发放的管理规定

随着学校教学改革的不断发展，办学层次增加，办学规模扩大，对教材管理工作也提出了新的要求。为保证教学工作的开展，推动教学改革，制定教材订购与发放办法如下。

一、组织机构

1. 为规范教材选订、使用等行为，学校成立由主管校长、教务科科长、教学科科长、教材管理员、教师代表组成的教材工作管理领导小组。

2. 学校教材工作领导小组的职能是：对全校教材征订工作的合规性进行审核；审核并批准校本教材的编写及使用；审核并批准《教育局教材目录》外选购教材；审核并批准在教育局指定渠道外选购教材；审核并批准每年度教材款结算方案等。

3. 教务科负责学校教材征订工作的具体实施。其主要职能是：发布全校教材征订计划；汇总教材订购意向；执行学校教材工作领导小组的审批决定；具体实施教材订购、发放工作；具体实施学生教材款结算等。

二、教材的订购

1. 教材订购流程：每学期末，教务科根据《专业教学标准》，制作各专业、各班级的《教材预定单》发放至各专业科、各教研室。由教学科、教研室根据《专业教学标准》及教育局下发的《教材目录》选用教材。经教研室主任填写的预订单，报教学科审查同意，按照指定时间交回教务科。教务科汇总全校的教材预定单，形成报表，报学校教材工作领导小组审批。

2. 如因专业教学需要，确需在《教材目录》外订购教材，还需填写《目录外订书申请单》，详细写明在目录外订书的原因及订购渠道，经所在教学科签署意见后，报学校教材工作领导小组统一审批。

3. 学校鼓励教师结合专业教学需要编写校本教材。编写教师需首先向学校教材工作领导小组提交《校本教材立项申请书》，领导小组组织专家论证会，获得批准后，方可具体实施校本教材编写工作。编写工作完成后，需提交《校本教材使用申请书》，经学校教材工作领导小组审定后，方可纳入教材使用计划。

4. 通过学校教材工作领导小组审批的目录外订书、使用校本教材，应由教务科形成书面报告，报大连市教育局教材主管部门备案。

5. 教务科教材员应最迟于学期工作结束1个月前，按大连市教育局要求，向教育局指定的教材代办点提交学校新学期教材订单，订单应列明书名、出版社、作者、ISBN(书号)以及数量等。

6. 教材的订购数量的确定：春季按在校生实际人数订购，秋季按计划招生人数订购，招生情况发生变化的，应按招生办提交的实际招生人数进行补订，补订工作应在新生开课前结束。

三、教材的发放

（一）学生教材的发放

1. 教材以班级为单位发放。

2. 新生领教材时，需携带教材收据，由班主任带队，在指定时间内到教务科统一领取教材。

3. 转学、转专业、复学、未在规定时间入学的学生，需持转学、转专业、复学审批表、入学通知书，到教务科办理教材退换、申领手续。

4. 教材有质量问题的，可持教材到教务科更换。

5. 教材丢失可通过以下程序购买：到教务科查询该教材是否有库存，并查询该教材的折扣价格；以查询价格为准到财务科交费；持交费收据到教务科领取新教材。

（二）教师教材的发放

1. 教师备课用书，由教务科根据教学任务书发放，只发给主讲教师和辅导教师。原则上，教材没有改版的两年内，不得申领新教材。

2. 教师领用备课用书，根据教务科下发的《教学任务通知书》，以教研室为单位统一到教务科领取。

四、教材的收费及结算

1. 学生教材的收费，根据教育局要求，按教育局代办点订购教材的折扣价格收取学生教材费用。教材费按学期收取，如果当期学费超支，可按实际发生额，向学生补收；毕业当年的四月份依据学校教材工作领导小组审定的方案，进行统一结算。

2. 教师使用教材的费用，由学校统一支付。

五、教材报废

（一）教材报废原则

1. 出版时间较长不宜继续使用且已有新版的教材。

2. 已有公开出版的教材发行，库存中学校印刷的内容相同或相近的自编讲义。

3. 因国家法律修改、政策法规变更后不宜继续使用的教材。

4. 因教学计划变更或课程建设不再使用的教材。

5. 因专业停止招生而不再使用的教材。

6. 因印刷质量或搬运过程中损坏的教材。

（二）教材报废的审批程序

1. 教务科根据教材报废原则对库存积压的教材提出报废清单，并汇总造表，同时向主管校长递交专题报告。

2. 专题报告及“报废清单”经主管校长审批后，教务科据此打印报废教材出库单。

3. 教材管理员依据出库单，将报废教材下架出库。

（三）报废教材的结算

1. 报废教材由学校核销。

2. 教务科将已批准的“报废教材清单”及“报废教材出库单”一并送到财务科办理出库减账手续。

（四）报废教材的处理

1. 首先由学校图书馆及各专业资料室，从报废教材中挑出适用的教材，作为资料留存；其次，由各专业教研室挑选适用教材补充班级图书角。

2. 将剩余的报废教材作残值处理，残值款全部上交学校财务科。

3. 报废教材残值处理时财务科派人到场指导与监督。

本规定从颁布之日起开始执行。

南京高等职业技术学校教材管理规定

为了进一步加强教材管理，规范教材选用及采购程序，经学校校长办公会议原则同意，现就教材选用、订购、供应、管理办法规定如下。

一、教材的计划与预订

（一）教学科研部教材室在各系（部）制定教材购置计划之前，尽可能全面、准确发布教材及教参信息，给各系（部）在制定教材购置计划时提供指导与参考。

（二）按教材市场运作情况，整体性、大批量教材预订在每年秋季进行，春季对预订教材根据实际情况做微调。新生的教材预订，在招生工作结束后立即进行。各系（部）根据教学计划、教学大纲、学生人数、下学年开课情况及教材市场信息等要素认真确定教材的版本与数量，按期填好《教材选用统计表》，一式两份，经教研室主任、系（部）主任审定并签字交教学科研部批准后，一份留系(部)作为档案资料备查，另一份(含电子稿)送教材室，作为教材采购与发放的依据。

(三)各系(部)在选订教材时，必须选用国家正式出版的规划教材、优秀教材或教育部、省教育厅、上级主管部门组织编写或认可的教材。对于上述范围不能覆盖的教材，必须认真比较，择优选用。对于上级主管部门有明确教材选用规定的，应按相关规定执行。

五年制高职应首选使用五年制高职教材，其次选用高职高专教材，原则上不得选用中专教材或本科教材用于高职教学。

三年制中专应选用中职教材，原则上不得选用高职或本科教材。

所有教材应尽量选用3年内的最新版本。

(四)自编教材是学校教材建设工作的重要方面。为了保证质量，在选用自编教材时，必须经编者所在系(部)、授课学生所在系(部)、教学科研部及学校主管校长的批准。对于上级有关行政部门明确规定了教材的部分公共课，原则上不得选用自编教材。

(五)为了提高学校教材经费的使用效率，避免积压和造成不必要的经济损失，每年订购的教材品种与数量(含自编教材)限定在1个年度之内。

(六)为了避免给学生造成过重的经济负担，原则上每门课1个教学流程只准选用1种教材，凡自编教参类图书一律不予作为教材订购。

(七)预订教材工作必须严肃认真，各系(部)如发现教材漏订，应及时到教学科研部教材室办理追订手续，教材室应积极行动，并在1个月内予以答复。如因工作失误而造成教材不能按时到位并影响教学，则由工作失误者承担全部责任。如因教学计划调整等原因需补购教材，则由教材室与有关系(部)协商解决。

(八)各系(部)教师用教本及相应的教参在教材预订计划中单列，随学生用教材一起预订。

(九)如确因教学需要印制教学讲义的，需经系(部)主任、教学科研部审定，同时做好讲义印制登记手续。严禁将整本书复印制成讲义。

二、教材采购

(一)所有教材购置计划须经教学科研部研究，经主管校长签字后方可实施。

(二)教学科研部教材室是学校负责教材采购及相关管理工作的职能部门，全校所有教学用教材，由教学科研部教材室统一负责订购与发放，发票经教学科研部签字同意后方能报销。对未经教学科研部同意而自行购买的教材，教学科研部概不办理报销手续。

(三)在教材购置计划实施过程中，教材室必须向教学科研部上报商家名及在各商家订购教材的书目、数量及金额状况。

(四)教材室在教材购置过程中，必须做深入的调查研究，严禁购置盗版教材，一旦发生购买盗版教材的情况，由购买者负责。

(五)在教材购买过程中，在确保质量的前提下，要尽力争取最优惠的价格，为学校和学生谋利益，杜绝购买过程中的不正之风。

（六）教材优惠款项的处理，严格按国家及学校有关文件执行，绝不允许任何单位和个人以权谋私。

三、教材发放

（一）在每学期学生报到至开课的时间段内，以班为单位，由班主任或班级学习委员到教材室办理该班领书手续，领书前必须到财务处交清教材费并注册。

（二）各系（部）教师用教本及与之配套的教参由各系（部）指定专人按教材室通知时间到教材室领取。教师用教本若版本不变，原则上 2 年领用 1 次。教材室要做好教师用书领用记录。

四、库存积压教材的处理

（一）本着服务于教学、科研，方便于教师、学生，为学校节约的原则，教材室对库存积压教材应积极开展零售工作。

（二）零售过程中，购买者依据所选书目的价格情况，到财务科付款，凭财务科收据到教材室领取教材。

（三）对于通用性较强的文化基础课教材，教材室应加强与兄弟院校的联系，互通有无，实行校际间教材调剂，尽量降低教材库存量。

五、教材费的收取与结算

（一）教材费每学年预收一次，收取时间为每学年第一学期开学报到时，届时，学生应按学校要求一次性向财务处交清当年的全部书款。

（二）每学期期末，教材室依据教材领出情况核实并计算各系（部）班本学期教材费，每学年第二学期期末放假前财务科凭教材科核算情况给学生办理教材费结算手续（多则退，少则在下学期开学时补交。对于毕业生，必须办清教材结算手续后方可领取毕业文凭），结算以班为单位由班主任到财务科进行办理。

（三）各系（部）教师用书书款，每年年末由教材室依据教师用书的计划、购置及领用情况，对书目及金额以系（部）为单位作出统计并报财务处，统一结算。

本规定自下发之日起实施，由教学科研部负责解释。

开封市卫生学校教材使用管理制度

教材是实施教学的主要依据，是保证教学质量的基础。开封市卫生学校设立教材管理委员会，建立严格规范的教材管理运行机制。

1. 教材的选用

（1）选用教材的原则：教材必须全面、准确地反映教学大纲的内容和要求，有利于教师备课和教学，适应于学生阅读和自学。严禁使用盗版教材。

① 公共基础课程采用国家或省、市教育行政主管部门指定的统编教材，专业技能课程优先选用省、市教育行政主管部门及有关行业部门推荐的教材。

② 与统编教材配套的教学参考书，由教务管理部门负责订购并按时向教师发放。其他教学参考书由图书馆订购，优先供应教师借阅。

③ 任何个人不得以任何名义私自向学生推销各种讲义、练习册等书物。

(2)选用教材的程序：先由教研组根据教务管理部门提供的教材征订书目和教材样本并结合以往教学使用情况集体讨论研究提出选用和备选意见，然后送教务管理部门审查汇总，教务管理部门按开设课程的班级、人数、库存教材版本及数量统一制定计划，报主管教学副校长审批后组织预订、采购。

2. 校本教材的编写。学校应根据职业教育教学改革和发展的要求，积极推进课程和教材改革，鼓励教师按教学大纲要求开发和编写反映新知识、新技术、新工艺和新方法、具有职业教育特色的校本课程和专业课校本教材(讲义)、教辅，制作各类多媒体教学课件和软件，为学生提供优质的教学资源服务。自编校本教材(讲义)应由主编提出教材纲要(编写说明、适用范围、目录、内容提纲等)，经学校教材管理委员会审核立项，由教务管理部门统筹安排、主编组织编写。

3. 教材使用管理

(1)教务管理部门建立教材库，指定具有一定专业知识和业务能力的专人管理，做到防霉、防潮、防虫、防火、防盗。

(2)建立教材账目和发放登记制度，严格教材采购、出入库手续和费用核算制度，做到账物相符。

(3)保证教学使用，做到“课前到书，人手一册”(新生最迟不晚于开课两周以内)。教师已任教过的课程且版本未变动，不再免费发放教材，非本人教学任务用书一般不得领用。

(4)教材要及时清理。过期的教材登记造册后经教务管理部门负责人审定、主管教学副校长批准后进行处理，不得发给学生使用。

3.5 教学质量监控与评价

学校应当加强教学过程管理。建立健全教学质量监控与评价制度，有部门专门负责教学督导工作，定期组织实施综合性教学质量检查。

——摘自《中等职业学校管理规程》第二十条

制度案例

上海信息技术学校教学督导管理办法

南京高等职业技术学校督导工作条例

上海信息技术学校课程教学执行过程监控制度

开封市卫生学校教学质量检查专家组工作制度

南京高等职业技术学校系部教学工作水平视导办法

南京高等职业技术学校学业分级警示制实施意见

北京市商业学校教师听课管理办法

北京市商业学校听课组听课评教管理办法

南京高等职业技术学校优秀教学成果奖评选办法

上海信息技术学校教学人员工作量统计办法

上海信息技术学校教师第三类工作量统计办法

上海信息技术学校绩效工资实施细则

大连市轻工业学校教师工作量计算办法（试行）

上海信息技术学校教学督导管理办法

为加强学校教学管理和教学质量监控，进一步适应示范后学校教学工作的要求，提高学校的整体办学水平，落实透明校园工程，提高教学有效性，做好教学规范，特制定教学督导工作管理办法。

一、教学督导聘用原则

1. 教学督导是指因教学质量监控需要聘用的本校教师或非本校教师。由具有熟悉教学规律、工作态度严谨、教学经验丰富、坚持督导原则的高级讲师组成。

2. 教学督导组受校长室领导，下设组长1名、常务秘书1名，负责日常事务工作，督导若干名。

3. 督导组对全校的教学秩序、教学质量及教学管理工作状态进行监督、检查、评估和指导，配合学校教务处，相对独立地开展各项督导工作。

4. 教学督导根据学校所设专业，原则上每专业设置一名，由高级教师担任。

二、教学督导工作职责

1. 教学督导以学校的办学思想、指导方针和学校颁布的教学管理文件为教学督导的基本依据，客观、公正、合理地行使权力；严格保守教学督导秘密。

2. 教学督导围绕学校教学工作中的重点开展工作，收集教学工作中的倾向性问题，提出解决问题的建设性意见，并向有关部门反馈信息。

3. 教学督导参与学校、专业系部部分教学工作会议，参与学校教学评优、教学改革、专业建设及专业调整、课程建设等有关咨询及论证工作，为学校教学管理的决策提供意见与建议。

4. 每位教学督导每学年对所在专业的教师实施听课至少1次，填写听课记录表；抽查教师的授课教案，了解授课状况，掌握本专业所有教师的课堂教学动态。

5. 教学督导对教师的教学效果进行综合分析，对其作出评定，并进入教师本人业务档案，作为评优、晋级和奖惩的依据之一。

6. 教学督导参与教师教学质量奖评审工作；参与新聘用教师的试讲评价工作，对学校引进新教师提供教学评价意见。

7. 每学期在期中、期末分别出一期督导简报，报送校长室和教务处。

三、教学督导聘任程序

1. 由学校教务处和专业系部提出教学督导人选，经校长室的审批，成立本届督导小组，学校人力资源管理部以文件形式发文，并向被聘用的督导发放聘任证书。

2. 教学督导一届任期两年。

四、教学督导的报酬

1. 教学督导的报酬由督导来源不同，标准不同。本校在编在册教师任督导，每月给予×××元津贴；本校退休的老教师，被聘任为督导，按其来校听课的次数给予相应的津贴，一般情况下，按××元/节计算；特聘督导，一般按来校参与重大活动的需要，每次×××元，不少于2小时。

2. 常务秘书是本校在编在册教师，每月除督导津贴外，另加×××元；非在编在册教师的报酬为每月××××元(含督导费、午餐、交通费等其他费用)。

3. 报酬的发放以月为单位，每月由常务秘书做好工作量核算，开具内部通知单给教务管理部，由教务处核实后开具内部通知单给财务部，进入督导本人的银行卡。

五、其他

在此以前有关办法与本办法相不符之处，以本办法为准，解释权归校长办公室。

南京高等职业技术学校督导工作条例

第一章　总　则

第一条　职业学校的根本任务是培养高素质高技能应用型专门人才，教学工作是学校的中心工作。为进一步深化教育教学改革，加强对教学工作质量的监督，全面提高教育教学质量，特制定本督导工作条例。

第二条　督导是对教育教学质量监控评估的一种管理制度，是根据国家相关法律法规和方针政策的规定，对全校教育教学工作进行有效的监控、督察、评估、指导和信息反馈，从而全面实现人才培养目标。

第二章　组织与机构

第三条　学校实行督导评估制度，成立督导室。督导室由校长直接领导，根据其职责开展工作。督导室设主任1名，由本校在职人员担任，专职、兼职督导员若干名，校内外在职或退休人员均可担任。

第四条　督导员必须具备副高及以上职称，有较高的专业水平和较丰富的教学经验，具有一定的理论水平和研究能力。了解职业教育规律，熟悉学校课程改革情况，有较强的责任心和奉献精神，能深入教育教学一线，密切联系师生，作风正派，办事公正，在师生中有一定影响力。身体健康，能正常开展本职工作。

第五条　督导室主任由校长提名，经校长办公会研究任命。督导员由督导室主任提名，经校长办公会审核批准聘任，每届任期两年，视工作情况可以连聘连任。

第三章　工作职责与任务

第六条　以教学工作为主，实施对全校教学的督察与评估。深入各教学现场，对教师的教学进行监督、检查、指导和评价；开展调查研究，对学校培养目标和培养模式、教学计划、专业建设、课程改革、师资队伍建设、实训基地建设、产学研和学风建设等提出加强和改进意见和建议；对学校各教学部门的教学管理工作、教学质量等进行监督。与学校教学行政管理职能部门合作，健全教学质量监控体系和监测指标体系，形成校、系部、教师、学生教学质量评估监测网络。

第七条　深入研究学校教育教学改革与发展中存在的问题，有针对性地提出合理化建议。研究分析影响教学质量的因素，提出解决对策；对教学环境和教学条件进行检查，对与教学相关的各部门工作进行调研，提出改进意见；对在教育教学工作中做出显著成绩或存在严重问题的部门和个人，向校领导提出表彰奖励或批评督促的建议。

第八条　督导室主任在校长的领导下，具体负责督导室日常工作。

(一)制定工作计划。根据学校发展规划和年度工作计划，按照工作职责和任务，制定本部门工作计划，明确工作目标和重点，有效开展工作。

(二)开展教学督导。组织督导员随机深入教学现场听课，检查教学进度与教案，与任课教师交流并对其进行必要的指导；听取学生评课意见，并将评议结果汇总，作为对教师课堂教学质量评估的重要依据；对学生上课、自习、课外活动等教育教学活动情况进行检查和监督。

(三)组织专题调研。针对学校教育教学改革与发展中的重大问题开展专项调研，走访行业企业或学校相关部门，召开师生座谈会，进行个别访谈，了解情况，收集资料，撰写调研报告，为校领导出谋划策。

(四)反馈信息建议。收集整理学校教学或与教学相关的工作中存在的突出问题或师生反映的问题，向部门负责人和校领导反馈，并提出改进的意见和建议。

(五)进行指导评估。对教学活动全过程进行客观公正地评估，帮助督导对象诊断问题，分析原因，寻找解决方法，为他们的成长与发展提供有益的指导。

(六)加强自身发展。带领本部门成员认真学习和研究国家的教育方针政策和职业教育教学规律，不断更新教育观念，了解职业教育课程改革和专业技术发展的新动态。发扬实事求是的工作作风，虚心听取师生的意见，不断改进和完善督导工作，提升工作水平。

第九条　专职督导员工作量以学期计算，平均每教学周听课12节，超出部分按学校相应超课时标准计算工作量。兼职督导员每教学周听课不少于1节，工作量以学校相应超课时标准按实计算。

第四章　督导结果的应用

第十条　经督导员听课被评为课堂教学质量不合格的教师，经督导室研究，可再次组织评课。参与再次评课的督导员应不少于3位。在同一学期中再次被评为不合格，则该教师当年不得晋升职称，不得评优，并根据督导室的建议由有关部门提出相应的行政处理意见。

第十一条　教师的学期课堂教学质量评估总成绩由督导评分、教学部门评分及学生评分组成，其中督导评分占50%，教学部门评分占30%，学生评分占20%。该成绩作为教师晋升、评优和年度综合考评的重要依据。

（一）督导评分由督导室负责。两人次及以上的督导员提供同一教师授课质量评价的平均成绩即为该教师督导评分。

（二）教学部门评分由教学行政和业务管理部门负责。教务处和系部根据中层以上干部及教研室主任听课、公开课评议等情况综合评定，给出教师的教学部门评分。

（三）学生评分由学校考评部门负责。考评办和相关职能部门根据学生评教结果，给出教师的学生评分。

第十二条　督导室可直接向任课教师提出改正建议，也可以通过教学管理部门向教师提出改正意见。

第十三条　学校各部门应高度重视督导室反映的问题、反馈的意见和提供的建议，应作为改进工作的重要依据，加以落实。

第五章　附　则

第十四条　学校各部门和全体教职工应支持督导室的工作。对于督导结果如有异议，应通过正常途径向本部门负责人或校领导反映。校长办公会可委托学校学术委员会或组织相关职能部门对有异议的督导结果进行审议。

第十五条　本条例自下发之日起实施，由校长办公会解释。

上海信息技术学校课程教学执行过程监控制度

为了实现“教师乐于教、学生乐于学、社会乐于用”的教学宗旨，狠抓教学这一学校的关键活动，形成备课、上课、作业批阅、学生辅导、教学监控、教学反馈和调节的良好教学氛围，发现优秀教师，起到示范和榜样作用，提高教师的自省能力，增强教师的责任心，稳步提高学校教学质量，提升学校教育品牌，特制定学校三级教学质量监控运行机制。

一、一级监控——学校监控(主要由教务管理部负责)

(一)严格执行教育部或上海市教委颁发的课程计划。

(二)健全教学工作管理制度，包括对教学工作各个环节的规定、检查。

1. 备课

教师在学期初熟悉整册教材，制定授课计划，对本学期教学内容心中有数。并由教研组长负责指导，将整册教材的知识点进行排队疏理，有的放矢地完成3项作业，即备课修改、实验实训项目、课后练习、知识点测试和技能测试，于每次上课前提交教案至校园网备查。

2. 上课

实行课堂教学研课制，以教研组为单位，期初定出1～2节课，进行反复研究，使先进理念在教学实践中得到体现，形成"备课、上课、听课、评课、改课，再上课……"的新教学常规，在反复研磨中提高整个教研组的整体教学水平。

3. 听课

成立专门督导小组，由资深教师领衔。教务主任、系主任每学期听课15节，其中2节为拓展课，每周二、三、四为随堂听课日，与检查教案相结合，学校行政会议经常交流听课反馈；骨干教师、教研组长听课8节，在组内活动中带头评课，并能给其中的4节以上的课提出合理的建议；教师听课6节以上，有详细的听课记录。提倡在校园网上撰文进行课堂教学的讨论、教学案例的交流。

4. 作业

由教研组根据课程和年级特点规范作业类型、格式以及批改的要求；基础学科作业布置要尽量做到相同年级学科一致，提倡分层作业；教师批改必须及时，原则上当天交上来的作业当天批改完毕并订正，特殊作业(如语文作文、阶段性实习总结等)1周内完成批改，跟踪学生的作业必须面批；专业课程作业加强理论知识的复习，使课堂实践与课后理论复习一体化。每学期作业量不少于课次数的50%。

5. 检测

(1)练习。各系部主任做好技能考核卷(练习卷)的把关工作，原则上每个单元1张综合卷(含理论知识和实操项目)；教研组长根据教学情况做好项目测试题(练习卷)的修改和调整工作；任课教师做好项目测试题(练习卷)的反馈和补习工作。

(2)监控。教务管理部安排教研组每月一查，抽查作业或教学效果检查；教务管理部期中、期末两次测试，对部分学生进行跟踪反馈，力图及时通报抽查情况(各班成绩汇总表)；通过期中教学检查汇报会、期中教学检查与教师的反馈约谈、抽查试卷质量分析、听课后对教师的直接反馈等方式进行动态监控，接受市、区一级的质量调研，对在市区调研中取得优秀成绩的教师予以一定量的奖励，成绩突出者另行嘉奖。

(3)质量分析。教师在每次质量调研后做好质量分析工作，认真反思教学效果，逐类分析得失分的缘由，提出有效性措施。教研组长、分管人员做好汇总和协助辅导工作，对相对薄弱的班级做面对面的交流，共同商讨下阶段教学整改措施。

6. 教研

教学分管领导每周有计划参加系部或教研组教研活动，每月组织一次大组活动，指导和开展教法研究，会同教研组长组织好教学研究公开课备课、听课、评课。做好每月教研组工作情况书面鉴定，进行优秀教研组评优活动。

(三)每月召开教学例会，研究、讨论、分析教学中存在的主要问题。

(四)每学期分专业召开一次学生座谈会，了解教师的教学情况及作业量、批改情况。

二、二级监控——教研组监控

(一)负责本学科的教研活动，做到计划、时间、内容、小结四落实。

(二)教研组长牵头制定好任教年级、专业、课程知识点的重点训练项目，作为教研组第一次活动内容。

(三)教研组长负责检查课程任教教师授课进度、备课、考勤、实验实训项目准备、考核评价，有记录并及时反馈。

(四)教研组长牵头组织任教本专业的教师教学交流活动两次，探讨教学中的共性问题和学困生的辅导。

三、三级监控——教师自控

(一)教学人员严格执行学校《上海信息技术学校员工守则》相关要求。

(二)每学期听课不少于6节，认真做好记录，学期结束前一周交教研组长检查。

(三)积极参加区、校组织的教研活动，出勤率力争100%。

本制度解释权归教务管理部，自2012年9月1日起执行。

开封市卫生学校教学质量检查专家组工作制度

教学质量检查的主要目的，是通过对课堂教学效果，各教学环节组织及课程建设状况进行检查和评价，促进教学质量的提高，提高教师课堂授课水平及各教学环节的设计、安排水平，从而提高整体教学质量。

一、主要任务

1. 进行教学秩序与教学过程检查，检查教学计划执行情况，研究和解决教学过程中影响教学质量的主要因素。

2. 教学基本文件检查，检查教案、学生作业等。

3. 及时反馈检查结果，对教师、课程建设等提供各种帮助信息。

4. 协助医教室组织“公开课”或“示范课”等教学经验交流活动。

二、工作制度

1. 结合学校学期(学年)工作计划，学期初制定教学质量检查组学期(学年)工作要点，由医教室组织落实。

2. 坚持例会制度。每月由医教室集中组织一次教学督导组工作会议，汇总分析有关情况，协调解决有关问题。

3. 坚持听查课制度，采用集中与分散(两名以上成员)两种形式，深入教学一线随机检查，尤其要加强对青年教师和学生意见反映较大的教师的听查课力度。每次听查课都要认真记录，并对教学秩序、教学内容、教学方法、教学效果、课堂纪律、学生对课程的反映及教书育人等情况作出全面客观的评价，发现问题及时反馈，并提出整改提高的参考意见。

4. 坚持学期小结制度。教学督导组成员要积极参与教学工作和教学改革的调查研究工作，在学校的专业、课程、师资队伍建设、教学和教学管理等方面提出建设性意见。每学期期末要向学校提交1份情况报告(包括听课情况、改进教学、教学管理和教学服务的意见)。

三、人员组成

教学督导组织成员由医教室聘请4位左右教学经验丰富，熟悉教学规律，中级以上职称，教学效果优秀的教师担任。

南京高等职业技术学校系部教学工作水平视导办法

学校自2006年实施内部管理体制改革以来，四系一部全面负责、直接负责本系的专业(学科)建设和教学管理工作，在示范专业建设、课程改革、师资培养等方面都取得了较大的成果。学校“十二五”规划明确了“两年厚基础、五年新跨越”的发展思路和目标，为更好地发挥系部专业(学科)建设的主动性，促进各系部进一步强化自主、精细和创新管理意识，建立科学、高效、特色鲜明的教学管理运行体系，全面提高教学质量，经学校研究决定从本学年起，结合国家示范校项目建设和系部教学开放周活动，开展系部教学工作水平视导。现将有关事宜通知如下。

一、视导时间

新学年开始前确定各系部视导时间，一般为期1周。

二、视导依据

《系教学工作水平评价标准(试行)》《基础教学部教学工作水平评价标准(试行)》。

三、视导方法

1. 听

(1)听课：随机听取10节课左右(其中含专任教师、行政兼课教师、聘用教师)；

(2)听系部主任“说教学”；

(3)听专业(学科)负责人“说专业(学科)”；

(4)听课程负责人“说课程”；

(5)听教龄5年以上教师“说课改”；

(6)听教龄2～5年(含5年)教师“说课”。

2. 查

(1)跟踪查阅被听课教师的授课计划、教案、学生作业、点名记分册、听课记录本、课程标准或教学基本要求等资料，并现场进行课堂教学效果的学生测评；

(2)查阅系、教研室近年来有关教学管理的原始材料；

(3)查阅实训基地现场及台账。

3. 议：视导组汇总检查情况，并与系部交换视导意见。

4. 评：视导组出具《教学工作水平视导报告》。

四、视导要求

1. 各系部应将校内教学工作水平视导作为进一步加强和优化教学管理，全面提升教学质量的有利契机予以高度重视，并在学校视导请积极开展自查自评，总结经验与特色，查找问题与不足，切实改进与提高。

2. 要坚持实事求是，杜绝弄虚作假，确保教学材料的真实性。

3. 督导室、系部主任、教研室主任、教学秘书应按要求主动积极参与视导工作，各系部互相学习、相互促进、共同进步。

本办法自公布之日起实施，由教学科研部负责解释。

附件：1. 系教学工作水平评价标准(试行)(略)

　　　2. 基础教学部教学工作水平评价标准(试行)(略)

南京高等职业技术学校学业分级警示制实施意见

对学生学习过程的有效管理是提高学生学习成绩的必要手段，也是提高学校教学质量的重要途径。为了让学生能够掌握自己的学习动态，适时调整学习态度和学习方法，降低不及格率，顺利完成学业；同时也为了向学生家长及时通报学生的在校学习状况，方便家长配合学校开展学生的管理工作，在学校原有的考试资格审查、签订试读协议、留级处理的基础上，实施学业分级警示制。

一、学业分级警示制

学业分级警示制是指在1学年内的不同时段，根据学生考试、考核成绩情况，由班主任、系(部)对有较多门课程不能达到合格标准的学生及其家长送达不同程度的学业警示单，告知其后果，以引起足够的重视，并采取相应的措施帮助学生切实提高学习成绩。

为了强化对不同程度学业警示单的识别度，按由轻到重采取蓝、黄、粉、橙、红共五种颜色的警示单。

二、学业警示单的发放

学业警示单的发放分班级、系、教学科研部3级。每学期阶段性考试结束后，由各班班主任将本班相关学生情况形成书面材料上报系(部)，根据本制度，确定应发学业警示单的级别。其中班主任负责学业提示单、学业预警单的发放，各系负责学业警示单、学业警告单的发放，教学科研部负责留级通知单的发放。

所发放的学业警示单分学生联和家长联两联，必须同时送达学生和家长手中。

三、学业警示单的存档

各系所发放到各级学业警示单都应留有存根，并按学期进行归档、保存，形成学生学习过程管理的相关材料。每学期结束时将相关情况汇总报教学科研部备案。

四、实施学业分级警示制的配套措施

实施学业分级警示制除了引导学生及其家长加强对学习的重视以外，更是从班主任、家长、任课教师、系(部)四个不同的层面上提出不同的管理要求，旨在加强对学生学习过程的主动管理，体现学校办学的服务理念。各系、各班要建立家长反馈记录档案。

本规定自下发之日起实施，由教学科研部负责解释。

北京市商业学校教师听课管理办法

第一章　总　则

第一条　目的

为进一步提高教师的教学质量与课堂教学水平，使之更好地适应学校快速发展的形势，同时听课也是教师的一项本职工作，特制定本管理办法。

第二条　适用范围

本办法适用全体专任教师。

第三条　规范性引用文件

北京市商业学校《教师考核评价管理制度》。

第四条　术语和定义

无。

第五条　职责

(一)教育研究督导室

负责本管理办法的制定、修该、完善等工作。

(二)教务处

负责听课教师《听课记录表》和《听课测评表》的收集、统计、汇总等日常管理工作，并于年终考核时提供给教育研究督导室作为教师考核的依据。

(三)各系(部)

负责收齐本系(部)《听课记录表》和《听课测评表》，填写教师听课情况统计表之后，交教务处备案。

第二章　听课管理和要求

第六条　听课管理

教师听课的管理工作由所在系(部)及教研室主任负责。

第七条　听课要求

(一)专职教师每学期相互听课应为8课时以上(不含公开课、观摩课)。

(二)教师应在每学期初写出听课计划，并按计划听课，计划如需改动应经过教研室主任同意。

(三)教研室每学期应组织1~2次共同听课。

(四)教师每次听课应认真填写《听课记录表》，并根据《考评记分细则》如实、客观地评价授课教师的教学情况并填写《听课测评表》。

(五)教师听课后应与被听课教师交流意见，相互学习，共同提高。

(六)每学期由教研室主任收齐本室《听课记录表》和《听课测评表》，填写教师听课情况统计表之后，交教务处备案。

第三章　附　则

第八条　办法的起草与归口管理

本管理办法由教育研究督导室负责起草，报教职工代表大会批准后正式下达，教育研究督导室归口管理。

第九条　办法的修订

本管理办法根据需要不定期进行修订。各系部处室均有权根据业务需要对本管理办法内容提出修改意见，并提交教育研究督导室。教育研究督导室负责收集整理各系部处室提出的修改意见，并安排有关人员进行专题讨论，对修改信息进行全面评估后组织修订本管理办法及相关文件。

第十条 本管理办法由教育研究督导室负责解释。

本管理办法自2013年2月1日起实施，原管理办法同时废止。

北京市商业学校听课组听课评教管理办法

第一章 总 则

第一条 目的

为进一步深化学校教学管理体制改革，调动广大教师教育教学的积极性、主动性、创造性，充分体现教师教学质量评价及综合考核的客观性、公正性、科学性，全面提高教师的素质与教学工作能力，鼓励支持优秀教师、优秀人才脱颖而出，更好地适应学校全面建设国家级示范性中等职业学校发展目标。特制定本管理办法。

第二条 适用范围

本管理办法适用于学校专任教师及复合岗教师。

第三条 规范性引用文件

北京市商业学校《教师考核评价管理制度》。

第四条 术语和定义

无。

第五条 职责

(一)教学主管校长(校长助理)对各教学系(部)主任进行听课评教。

(二)教育研究督导室督学对主任助理、教研室主任和相关教师进行听课评教。

(三)外请听课评教专家对全校专任教师及复合岗教师进行听课评教。

(四)各教学系(部)主任、主任助理对本系(部)的全体专任教师、复合岗教师及本系(部)外聘教师(含校内外聘请教师)进行听课评教。

(五)教研室主任对本教研室的全体专任教师及本教研室外聘教师(含校内外聘请教师)进行听课评教。

第二章 听课工作量标准

第六条 听课工作量标准确定如下。

(一)教学主管校长及校长助理对教学系(部)主任每人每学期听课评教至少1次。

(二)教育研究督导室督学对教学系(部)主任助理、教研室主任及相关教师每人每学期听课评教至少1次。

(三)外请听课评教专家对学校全体专任教师和复合岗教师每人每学期听课评教1次。

（四）各教学系（部）主任、主任助理对对本系（部）的全体专任教师、复合岗教师及本系（部）外聘教师（含校内外聘请教师）每人每学期听课评教至少 1 次。

第三章　听课要求及评价标准

第七条　听课要求

（一）学校各级听课评教人员必须严格遵守学校各项规章制度，认真履行听课评教工作职责，在听课评教工作过程中，努力做到三个坚持，即：坚持以人为本，真诚理解，耐心指导，热忱帮助，优质服务；坚持公正公平，一视同仁，不徇私情；坚持实事求是，说实话，办实事，讲实效。

（二）各听课组成员，在完成规定听课标准工作量的基础上，对新教师和被聘为较低级别的教师要进行重点听课，主动关心、爱护和帮助。要善于发掘教师的闪光点，从多角度关注教师的发展和进步，不能一评了之。学校及各教学系（部）对四级教师实行重点帮扶和有针对性的指导帮助措施，各教学系（部）要指定专人负责，实行一对一的指导帮助，促进教师不断提升自己的教学能力、教学水平与教学质量。

（三）听课组成员听课后要求填写《听课意见反馈表》和《教师课堂教学质量测评表》，并对被评价教师听课后进行及时的交流、沟通、帮助和指导，明确提出被评价教师教学工作中的优点、缺点与建议，并以书面形式向教师进行反馈，经教师确认签字后收回。并于每学期期中考试前二周及期末考试前三周交教育研究督导室，以便教育研究督导室对全校教师教学质量考核评价进行统一汇总。

第八条　听课评价标准

（一）听课评教技术标准及尺度把握。学校各级听课评教人员对教师教学质量评价应参照相应教师分级条件和职责要求，并作出对应等级标准评价，认为达不到原评聘级别标准要求或超过原评聘级别标准要求者，应降至或升至对应等级标准分值要求。

（二）听课评教计分系数调整与修正。为充分维护广大教师利益，保证教师考核评价的客观性、公正性、科学性，防止个别部门听课评教人员评价尺度掌握偏高或偏低现象，教育研究督导室报请主管校长批准，有权对系（部）或教研室整体评价结果与实际情况反差出入较大的教师评价成绩进行适当的整体调整和系数修正，并对相关评教人员提出警示和批评。

第四章　听评课的主要形式

第九条　听评课的主要形式。学校听课组听课评教的主要形式分为预约听课、随机听课、重点听课及个人申请听课等。

（一）预约听课即听课评教人员提前通知被听课教师，双方在约定时间内进行听课。

（二）随机听课即听课评教人员根据工作需要不经约定，在教师课堂教学计划时间内所进行随机抽样听课。

（三）重点听课即听课评教人员对部分教师根据某种特殊需要所实行的专题性听课，如调研性、帮扶性、评优性、评估性听课等。

（四）个人申请听课即听课评教人员根据教师个人申请要求所进行的听课。

第五章　听课评教人员及教师的权力保障

第十条　听课评教人员及教师的权力保障

（一）听课评教人员的权力保障。学校各级听课评教人员有权在自己分管听课评教范围内对每一位教师进行听课评教活动，无论采取何种听课评教形式，被听课评教教师不得以任何理由、任何形式拒绝听课。被评教教师因个人原因造成听课评教人员无法履行职责，期末或年终该教师考核评价计分，以全校教师考评排名最低分取值。

（二）被听课评教教师的权力保障。被听课评价教师在接受听课评教人员的业务指导、帮助、检查、评价的基础上，发现听课评教人员不能按照学校听课评教工作要求或不能以客观、公正、科学的态度，履行听课评教工作职责的可以按程序、按规定向学校有关部门或学校领导提出书面反映，教师个人如果对考核评价结果持有异议，亦可通过书面形式向学校提出。教育研究督导室将根据具体情况组织有关人员对教师反映情况进行调查，并对本人考评结果进行复审、复议和复评，并最迟在两周内将复审评议意见反馈本人。

第六章　附　则

第十一条　制度的起草与归口管理

本管理办法由教育研究督导室负责起草，报教职工代表大会批准后正式下达，教育研究督导室归口管理。

第十二条　制度的修订

本管理办法根据需要不定期进行修订。各系部处室均有权根据业务需要对本管理办法内容提出修改意见，并提交教育研究督导室。教育研究督导室负责收集整理各系部处室提出的修改意见，并安排有关人员进行专题讨论，对修改信息进行全面评估后组织修订本管理办法及相关文件。

第十三条　本管理办法由教育研究督导室负责解释。

第十四条　本管理办法自2013年2月1日起实施，原管理办法同时废止。

南京高等职业技术学校优秀教学成果奖评选办法

为激励广大教师积极进行教育教学研究与改革，及时总结教书育人、教学改革、专业建设、教学管理等方面的经验，推广研究成果，推动教学改革不断深化，促进学校教育教学水平和教学质量稳步提升，特制定本评选办法。

一、评选范围

学校所有在职在编或正式聘用的专任教师、教学辅助人员、教育教学管理人员、行政兼课人员等个人或集体在依据职业教育改革发展要求，在教学管理改革与创新，推进专业学科建设、课程改革试验、实训教学建设、产学研结合、校企合作、优质资源共享、现代化信息课程结合、质量保障体系建设、教学研究等方面的成果。

二、评选条件

（一）教学成果能够反映学校近3年来在教学建设、课程改革及教育教学管理中的突出成绩，具有独创性、新颖性、突破性、实效性、可操作性。

（二）教学成果经过两年以上教育教学的实践检验，能够对提高水平、教育质量和实现人才培养目标有明显效果，具有较强的示范与推广作用。

（三）申报优秀教学成果奖的个人或集体的主要成员，必须拥护中国共产党的领导、热爱社会主义祖国，具有坚定正确的政治方向，忠诚人民的教育事业，模范地遵守教学工作规范及职业道德，成绩显著，为人师表。

（四）申报优秀教学成果奖的主要成员，应直接参加成果的方案设计、论证、研究和实施全过程，并做出主要贡献。

（五）申报优秀教学成果奖的人员近三年来必须完成学校规定的教学工作量和其他教育教学工作，年度考核合格(除专任教师外其他人员的教学工作量减半计算)。

（六）成果主要承担人近三年没有发生过任何教学违纪事件。

三、评选类别

① 教学管理改革；② 示范性课程建设；③ 人才培养模式；④ 实践性教学；⑤ 教学手段与方法改革；⑥ 教育教学质量评价改革；⑦ 就业与创业指导；⑧ 教学研究改革；⑨ 教学资源建设；⑩ 其他。

四、评审程序

（一）学校优秀教学成果奖每2年评选1次。学校科研处负责优秀教学成果奖评审的组织工作。

（二）参与评选的相关人员填写《南京高等职业技术学校优秀教学成果奖申报表》，并提供相关佐证材料。

（三）科研处会同学校学术委员会组成评审小组，对申报的成果从创新性、实效性、可操作性、规范性等方面进行科学全面的考核评价，投票产生教学成果奖的奖别。

（四）科研处将评选结果报校长办公会审核。

（五）科研处对评选结果进行公示，期限为1周。如对获奖项目有异议，应在公示期内对异议以书面方式向科研处提出，否则不予受理。

(六)公示期满，科研处将评选结果和争议情况一并报校长室，审批后发文公布评选结果。

五、申报材料内容及要求

(一)所有参评成果必须一式两份提交《南京高等职业技术学校优秀教学成果奖申报表》。

(二)所有参评成果必须提交一份能够反映该成果的研究报告、研究论文、教学案例、教材等相关佐证材料。

六、奖励办法

(一)对获得优秀教学成果奖的个人或集体，按照一、二、三等奖的级别颁发获奖证书及奖金。

(二)获一等奖的优秀教学成果同时推荐申报上级优秀教学成果奖评选。

七、其他

(一)所有申报资料必须真实，凡属弄虚作假、剽窃他人劳动成果者，一经查实，除撤销其奖励、收回证书及奖金外，并按有关规定严肃处理。

(二)教学成果奖评审和奖励日常工作由科研处负责，如有疑问，请与学校科研处咨询。

本办法自下发之日起实施，由教学科研部负责解释。

上海信息技术学校教学人员工作量统计办法

根据学校教育教学改革要求和绩效工资方案中有关规定，经研究提出以下教学人员工作量统计办法：

一、学期工作量上限为460课时，特殊情况需校长室审核同意。

二、实训(验)室管理津贴，另见《上海信息技术学校实训(验)室考核办法》考核统计，每月由教务处核发。

三、课时计算办法

1. 理论教学(包括备课、讲课、批改作业、辅导和答疑等工作)课时数=上课时数×人数系数。人数与人数系数对照表如下：

人数	≤40	41~45	46~50	51~55	56~60	61~65	66~70	71~120	≥121
系数	1.0	1.1	1.2	1.3	1.4	1.5	1.6	1.7	1.9

2. 语文、数学、英语、信息技术基础课程参加上海市统一教学检查、中外合作(交流)项目双语教学课程、中高职和中本贯通培养专业的课程，课时补贴按基本课时30%计算。

3. 实验教学计算办法：实验时数×带教系数。实验的分批数在落实教学工作量时确定，除不同组设备配置特殊原因外，每批学生人数需均匀分配，带教学生数=每批学生总人数/带教人员数。

带教学生数与带教系数对照表如下：

人数	≤9	10~19	20~39	≥40
系数	0.8	1.0	1.3	1.5

人数小于10人，经系部申请、教务处审核、校长室批准属于精品学生培养的，带教系数1.0。

4. 早操工作量每次1学时，由商务系每月根据实际工作情况负责统计，教务处核定。体锻达标活动奖励办法另行制定。

5. 实践环节

序号	内　容	计算办法	说　明
1	组织、管理学生认识实习、生产实习、社会调查等	工作天数×3.5	每班一人，如去外地可再安排一人
2	指导教学环节	按实际课时核计	每班一人，人数≥20人可再安排一人，特殊情况在落实教学工作时确定

说明：较为分散的企业实习由教务处按企业确定带教人员。

四、本办法自2014年2月1日起执行，解释权归教务处。

上海信息技术学校教师第三类工作量统计办法

教师工作量统计办法是衡量教师工作内容、份量的基本制度，每学期在确定教师第一类工作量授课和第二类工作量实验、实习等任务外，还有很多关系到教育教学顺利进行的工作，总称为第三类工作量。为完善工作量统计办法，鼓励教师在教育教学多方面高质量、开创性工作，制定教师第三类工作量统计办法如下。

一、指导或参加各类竞赛、评优

教师指导学生参加各类竞赛、教师参加教学方法评优等可获得基本工作量补贴，并根据获奖等第予以奖励。

竞赛等级	工作量补贴	备注
指导学生参加 国家级技能竞赛	停课129节/(月·项) 不停课按实计，但不低于65节/(月·项)	不同等级 获奖奖励 另计
指导学生参加省市级技能竞赛	有对应分类指导课程：86节/项 无对应分类指导课程：143节/项	
指导学生参加文明风采、教学信息化等 教育教学等其他国家级竞赛	按实计，不超过30节/项	
指导学生参加省市级其他单项竞赛		
指导学生参加区级其他单项竞赛		
教师参加市教学法评优等教学专项竞赛		
指导学生参加学校组织的技能竞赛		
教师参加学校组织的教师教学法评优等		
指导学生参加学校组织的全校性其他竞赛		
指导学生获得国家发明专利	43节/项	

二、教师脱产业务进修、企业实习

教师脱产业务进修、企业实习是指由上级、学校系部主任同意安排或自荐并经系部主任同意，时间至少五个工作日，暂停原定教学任务进行的、有明确目标的业务进修和企业实习，进修、实习结束后有具体学习或进修成绩、成果，成绩、成果经系部主任、教务主任认定。

类型	工作量补贴
脱产业务进修	以每天3节课计
脱产企业实习	

三、体育锻炼达标

由学校体育工作委员会制定学生体育锻炼达标实施办法，并按体育教师和班主任负责的各行政班级每学期测评学生体育锻炼达标成绩，根据班级达标率确定工作量补贴金额，其中学生体育锻炼达标免修名单需在每学期第四周(含)前经学生申请、医务室认定(仅指因病)、班主任和体育教研组核定、教务处审批。

班级达标率	工作量补贴	备注
≥75%	补贴体育教师和 班主任各6节/(班·学期)	班级是指体育锻炼达标体育指导教师负责班、班主任带的行政班。体育锻炼达标率是指一学期内经补测后的成绩。学校聘任第三方抽查
≥85%	补贴体育教师和 班主任各9节/(班·学期)	
≥95%	补贴体育教师和 班主任各12节/(班·学期)	

四、学生实习

实习管理内容和要求由专业系副主任安排、学生工作例会认定。

类别	内容	工作量补贴	备　注
实习管理	毕业实习	××××元/（班·月）	由学生管理部制定实习管理办法，系副主任指定100～150人为一个实习班，学生可不同专业也可不同企业。绩效考核津贴×××元/班．月，车贴按××元/单位，每年发放12个月

五、项目开发、研究

各类教育教学项目经教学研究室审议立项即可获得基本工作量补贴，按申报书或工作协议确定的内容、时间、工作成果分段发放，委托开发和开发材料成本不包括在内。

项目名称		工作量补贴	备　注
编写校本教材		每本86节	按2学分计，6学分以上增加30%，获奖奖励另计
开发精品课程		国家级、省市级每门857节 校级　每门600节	按2学分计，包含教材编写，6学分以上增加30%，获奖奖励另计
开发网络课程		仅编写脚本　每门114节 编写脚本和制作素材 每门228节	按2学分计，6学分以上增加30%，获奖奖励另计
教育教学课题研究	经认定的一类课题	401～600节	学校综合性研究课题
	经认定的二类课题	251～400节	系部、专业综合性研究课题
	经认定的三类课题	150～250节	学科综合性研究课题
	经认定的四类课题	60～150节	节点性研究课题

项目名称	工作量补贴	备　注
中外合作办学教学	优秀60节/(专业·学期) 良好30节/(专业·学期)	补贴包括外教联络、学生反馈、班级管理等工作。每学期由国际交流部组织进行学生测评，80～89良好、90～100优秀
中外合作交流项目	按实计算，一般不超过30节/(人·学期)	教师指导学生进行如网上双向交流、项目准备等活动

六、中外合作交流

七、其他

1. 其他未尽内容每学期末由教学系部另行提出、教务处参照认定、校长室核定。
2. 本规定解释权归教务处。
3. 本教师第三类工作量统计办法经校长办公会议讨论后试行。

上海信息技术学校绩效工资实施细则

一、实施依据

学校绩效工资改革，是现代学校管理体制改革的重要方面，是进一步深化学校分配制度的改革、全面推进现代职业学校治理的需要，是增强学校自身活力、全面提高办学水平的需要，也是有效稳定教师队伍，优化师资结构，更好地调动广大教职工积极性的需要。现根据上海市人力资源社会保障局、上海市财政局“关于印发《上海市其他事业单位实施绩效工资的指导意见和若干具体问题的处理办法》的通知”(沪人社资发〔2011〕62号)、学校“关于印发《上海信息技术学校教职工绩效工资实施办法》的通知”(沪信技校办〔2012〕43号)文件精神，结合学校实际情况，特制定本实施细则。

二、实施范围

在编在册的正式工作人员，列入学校实施绩效工资改革范围的教职工。

三、绩效工资的分配细则

学校绩效工资由岗位津贴、工作量津贴、绩效奖励三个项目组成。

(一)岗位津贴：主要体现教职员工工作年限和岗位职责，按照全市统一标准执行。教职员工依据所聘岗位和工作年限，执行相应的岗位津贴。岗位津贴按月发放。

在事业单位按国家有关规定设置专业技术岗位并完成岗位聘用前，专技人员的岗位津贴暂按相应等级最低标准执行。待完成规范的岗位设置并按规定核准后，再按明确的岗位等级执行相应的岗位津贴标准。

(二)工作量津贴：主要体现教职工的工作强度、责任和数量，依据教职工编制、岗位设置等相关文件规定，综合考虑教职工岗位工作量多少、责任大小和难易程度，按照教学、管理、工勤等不同岗位，设立管理岗位工作量津贴、教学岗位工作量津贴和工勤岗位工作量津贴。

工作量津贴由学校每学期根据岗位绩点、核定的课时计划确定，工作量津贴按月发放。

1. 教学岗位工作量津贴

教学岗位指为从事学校教育教学而设置的专任教师岗位，其工作量津贴的构成为：课时津贴+班主任津贴+专业及学科带头人津贴+专业及学科骨干教师津贴+双师津贴+教研组长津贴+实验室管理津贴+野外津贴和营养津贴。

(1)课时津贴：月课时津贴=月课时总量×课时单价

月课时总量按照“关于印发《上海信息技术学校教学人员工作量统计办法》的通知”（沪信技校办〔2012〕28 号）和“关于印发《上海信息技术学校教师第三类工作量统计规定》的通知”（沪信技校办〔2011〕47 号）计算的月课时数。课时单价每节为××元。

教学岗位月工作量津贴 = 单价（××元/节）× 该月实际课时数

（2）班主任工作津贴：根据“关于印发《班主任日常工作绩效考核暂行办法》的通知”（沪信技校办〔2011〕11 号），对受聘担任班主任的教师实行班主任工作津贴。

（3）专业及学科带头人津贴：根据“关于印发《上海信息技术学校专业及学科带头人选拔和管理办法》的通知”（沪信技校办〔2014〕10 号），对受聘担任学校专业及学科带头人的教师实行专业及学科带头人津贴。其标准为每月×××元。

（4）专业及学科骨干教师津贴：根据“关于印发《上海信息技术学校专业及学科骨干教师选拔和管理办法》的通知”（沪信技校办〔2014〕8 号），对受聘担任学校专业及学科骨干教师实行专业及学科骨干教师津贴。其标准为每月×××元。

（5）双师津贴：根据《关于双师型教师试行岗位工作津贴的决定》（沪信技校办〔2003〕11 号），对受聘担任学校双师型教师实行双师津贴。其标准为：

1）两个职务资格均为高级者，每月×××元；

2）一个职务资格为高级，一个职务资格为中级者，每月×××元；

3）两个职务资格为中级者，每月×××元。

（6）教研组长津贴：对受聘担任教研组长的教师实行教研组长津贴。其标准为每月×××元。

（7）实验室管理津贴：根据“关于印发《上海信息技术学校实训（验）室考核办法》的通知”（沪信技校办〔2012〕29 号），对担任实训（验）室管理的教学人员发放实验室管理津贴。

（8）野外津贴和营养津贴。根据《关于调整野外津贴和营养费发放标准的通知（试行）》（沪信技校办〔2011〕44 号）文件发放。

（9）其他说明：

1）教师周课时数标准参照沪教委〔1995〕40 号规定执行，原则上每周不少于 12 节基本工作量（兼任班主任工作的教师课时数可适当减少），若是因为学校安排而超出的课时部分将在绩效工作量课时津贴中按实际计算补贴。

2）教师公假原则上以调课为主，若由其他教师代课的，该教师课时费照扣，扣除部分的课时费参照《上海信息技术学校教师企业实践管理规定》（沪信技校办〔2012〕35 号）贴补，代课教师按实计算工作量津贴。

2. 管理岗位工作量津贴

管理岗位指为从事学校教育教学管理而设置的岗位。其工作津贴应完成指定工作的前提下，管理工作津贴 = ×××（元）× 岗位绩点。

岗位绩点：教育职员的岗位绩点，依据其岗位的职责、任职条件，通过岗位价值评价，经校务委员会审议确定。

管理工作津贴根据《上海信息技术学校教育职员月度工作考核暂行办法》(沪信技校办〔2004〕37号)经过考核发放。

兼职津贴：承担与教学人员相同工作任务和职责(如兼课、班主任工作、骨干教师、专业及学科带头人等等)的教育职员和教学人员相同。

注：中层及以上干部原则上平均每周不超出4节课，超出4节部分不再享受课时津贴；从事管理岗位的其他人员平均每周上课课时不得超出6节，特殊情况提交校长室审定。

3. 工勤岗位工作量津贴

工勤岗位又称工勤技能岗位。是指在岗位设置中的从事简单体力工作或一般技术工种的岗位。其工作量津贴构成：工作津贴+技能津贴+班组长津贴。

工作津贴=×××(元)×岗位绩点

岗位绩点：工勤人员的岗位绩点，依据其岗位的职责、任职条件，由后勤部门提议，经党政审定确定。

技能津贴：对受聘担任技术工四级以上(含四级)的工勤人员实行技能津贴。其标准为：

技术工一级(高级技师)：每月×××元；

技术工二级(技师)：每月×××元；

技术工三级(高级工)：每月××元；

技术工四级(中级工)：每月××元。

后勤部门承担一定的经济责任，若每年与学校签订经济责任考核协议书，则可以根据本部门岗位的特点自行发放一些特殊的津贴。

班组长津贴：对受聘担任班组长的人员实行班组长津贴，其标准为每月×××元。

(三)绩效奖励：绩效奖励是指学校对作出突出成绩的职工进行奖励，根据考核结果发放。

1. 考核奖

(1)年度考核优秀的在年末绩效奖励中加奖××××元；

(2)被评为优秀班主任的，在年度绩效奖励中加奖××××元；

(3)对于教学质量有突出表现的，在年度绩效奖励中，教学质量提名奖加奖××××元，教学质量奖加奖××××元；

(4)被评为服务标兵的，在年度绩效奖励中加奖××××元；

(5)被评为先进个人的，在年度绩效奖励中加奖××××元；

(6)根据岗位要求，对考核成绩在合格以上的教职工进行年终奖励。若年度工作完成良好，绩效工资总额有余，则由校务会审定，每年度给予员工一次性奖励；

(7)当年由于退休、新入职而不足年限的，年终奖励按实结算。

2. 教育教学成果奖

按学校相应奖励细则发放。

注：参加市、区及以上各类活动获得荣誉的，若上级部门已发放奖励费的，则执行“就高不就低”的

原则发放。

3. 福利

(1)节假日发放：元旦 ×××元，春节×××元，五一节×××元，国庆节教师节中秋节共××××元，合计××××元；

(2)高温费六、七、八、九月各×××元，合计×××元(沪人社综发〔2011〕43 号)。

4. 全年未承担任何学校管理、教育教学工作人员以及有下列情况的不享受绩效奖励：

(1)全年累计旷工 10 个工作日及以上；

(2)全年病、事假累计超过 2 个月以上；

(3)年度考核不合格；

(4)解除聘用合同；

(5)实行师德考核一票否决制，凡有严重违反师德要求的，并造成严重后果或恶劣影响的，经校务会审定，取消绩效工资奖励资格。

四、其他津贴

1. 加班津贴：根据上海信息技术学校考勤休假管理暂行办法(沪信技校办〔2014〕9 号)，加班由申请部门事先填报《加班申请表》，报主管领导批准，经人力资源部审核同意后，确认为加班。员工加班后可以申请补休。补休应首先征得所在部门的同意，补休单使用以 4 小时(半天)算起。不能补休的可申请发放加班津贴，加班津贴为××元/天。

2. 值班津贴：按学校原定方案执行发放，每月结算，次月领取津贴。

3. 额外发生的项目津贴：必须由分管校长报校长审核、批准后方可发放。

五、其他相关政策

1. 岗位(职务)变动人员，从岗位(职务)变动下月起执行新聘岗位(职务)的岗位津贴。

2. 新参加工作的大学本科(含获得双学士学位的本科生和未获得硕士学位的研究生)毕业生，实行一年见习期，见习期间，按其所在的岗位系数最低档岗位津贴标准的 60% 执行；获得博士、硕士学位的毕业生在执行初期工资期间，按其所在岗位系数最低档岗位津贴标准的 70% 执行。其他新聘用人员，连续工作满一年以上的，按其聘任岗位，比照同等条件人员岗位津贴标准执行。

3. 教职工受各类处分的按上级有关规定执行。

4. 教职工在病假、事假、哺乳假期间，参照国家有关病假、事假、哺乳假期间的有关规定执行。

六、关于绩效工资实施的有关说明

1. 根据上级核拨的绩效工资总量，学校逐步提高奖励性绩效工资的比例，但不超过总量的 40%。

2. 教学人员的课时总量控制在每学期不超过460节，担任班主任工作的教学人员课时总量控制在每学期不超过400节。特殊情况提交校长室审定。

3. 学校确保一线人员(教学人员)的人均工作量津贴比二线人员(教育职员和工勤人员)的人均工作量津贴高10%，任何一方未达到该比例，校长室给予调节(上半年预发一次，下半年结算)。

4. 教学人员的课时津贴、实验室管理津贴和教育职员、工勤人员的管理和工勤岗位津贴工作津贴全年按10个月执行，其余各类津贴全年按12个月执行。

5. 在实行绩效工资过程中，若学校或上级相关制度发生变化，则以最新颁布的制度为准。

七、附则

1. 本办法自2014年1月1日起实施，已发放的各类津贴补贴，实行差额结算；

2. 本办法由人力资源部负责解释。

大连市轻工业学校教师工作量计算办法（试行）

根据《大连市轻工业学校校内津贴分配方案》精神和原有教师工作量计算办法的执行情况，经学校研究决定，对教师工作量的计算办法进行了修订，具体规定如下。

一、教师工作量的基本规定

(一)教师工作量包含理论教学、实践教学和其他教学工作量。

(二)教师工作量以标准学时(以下简称学时)为计算单位，标准班理论教学1课时为1个学时，包括讲授、辅导、作业批改、命题、考核等环节。

(三)实践教学和其他教学工作及不同类型的课程(或环节)、不同规模的编班人数，按规定的计算办法折算为标准学时。

(四)本办法适用于我校全日制教学计划内的教学工作量(含选修课)和本办法所规定的与教学相关的工作量计算。

(五)教师完成教学计划内规定的课时数为定额工作量，超过定额标准的课时数为超额工作量。教师定额工作量为240课时/学期，担任教研室主任、班主任及管理岗位工作所折算的工作量视为定额内的工作量。

二、教学工作量的计算

(一)理论教学工作量

1. 每课时为1学时，每份教学设计为0.2学时。同一门课程年级、专业不同教学设计不重复计算，单元课及理实一体化课程不计教学设计学时。

2. 标准班（艺术类专业25～30人，其他类专业35～40人）每课时系数为1。每增减1人，加减系数0.01。

3. 合班上课标准班（艺术类专业50～60人，其他类专业70～80人）每课时系数为1.5。每增减1人，加减系数0.01。

4.（3+2）班级不同于中专的课程，标准班每课时系数为1.1，每增减1人，加减系数0.01。甄别3+2班级的课程是否不同于其他中专班课程的标准：使用教材是否为高职高专教材；讲授内容是否与同学期同专业中专教学内容区别度在50%以上；教学进度计划是否与同学期同专业中专教学进度计划区别度在50%以上。满足上述三个标准，经教师本人上报，教学科长会议批准，教务科审核后执行。

（二）实践教学工作量

1. 课程设计、大作业、大型实验

（1）1名教师指导1个标准班，18学时/周，学生人数每增减5人相应增减1学时。

（2）2名教师指导1个标准班，14学时/（周·人），每名教师指导学生人数每增减5人相应增减1学时。

（3）指导教师因故缺席时，由专业科安排负责管理班级的老师，每节0.4学时。

2. 实习（实训）

（1）普通机加工、数控加工、电加工类

① 3名教师指导1个标准班，14学时/（周·人），每名教师指导学生人数每增减5人相应增减1学时。

② 4名教师指导1个标准班，12学时/（周·人），每名教师指导学生人数每增减5人相应增减1学时。

（2）钳工及电、拆装、服装工美制作类

① 2名教师指导1个标准班，16学时/周，学生人数每增减5人相应增减1学时。

② 3名教师指导1个标准班，14学时/（周·人），每名教师指导学生人数每增减5人相应增减1学时。

（3）调研、参观类

1名教师指导1个标准班，12学时/周，学生人数每增减5人相应增减1学时，最高为18学时/周。

（4）其他类

① 1名教师指导1个标准班，18学时/周，学生人数每增减5人相应增减1学时。

② 2名教师指导2个标准班，14学时/周，学生人数每增减5人相应增减1学时。

3. 指导技能等级考试训练

（1）理论考试（应知考试）

1名教师指导1个标准班，14学时/周，学生人数每增减5人相应增减1学时，每增加1个班级增4学时，最高为20学时/周。

(2)操作考试(应会考试)

类比2(1)、2(2)、2(3)、2(4)的计算方法。

4. 毕业实践

校内：类比2(1)、2(2)、2(3)、2(4)的计算方法。

校外：即定岗实习，按教师实际下厂天数计算，2学时/天。

5. 说明

(1)教师代课，按超额标准(Ⅱ档)计算课时津贴。

(2)教师代班(指上课时间管理班级)每节课折合0.4学时，按超额标准(Ⅱ档)计算课时津贴。

(3)教师因病、事假缺课，按每课时1.1学时(含教学设计0.1)或1.0学时(单元课及理实一体化课)相应标准计算扣发课时津贴。

(4)第二课堂，每节课折合0.8学时，业余时间每节课折合1.2学时。

(5)教师指导学生参加各类比赛的工作量计算：工作时间备赛集训，专任教师参照实践教学工作量计算，管理工勤人员按照《大连市轻工业学校校内津贴分配方案(试行)》，兑现本岗位目标管理津贴；业余时间备赛集训，按每人每小时10元的标准，发放加班补助。

三、其他教学工作

序号	内　容	学　时	备　注
1	教研室主任工作	2学时/周	
2	班主任工作	4学时/周	
3	监考业余监考	0.4学时/场 0.8~1学时/小时	校内
4	补考批卷	0.04学时/份	期末及重修补考
5	体育教师组织间操	0.2学时/次	每月上报教务科
6	公开课	3学时/次	含计划内课时
7	指导青年教师	15学时/学期	执行有关规定
8	组织运动会	50学时/次	全校运动会
9	听课	0.4学时/节	超出规定部分
10	教师进修、培训、下厂实践	按管理工勤人员目标管理津贴岗位Ⅱ(Ⅱ档)计算	执行有关规定
11	全校性讲座	6~10学时/节	
12	统考辅导(临时)	0.6~0.8学时/节	无复习提纲0.8 有复习提纲0.6
13	重修	1.2学时/节	业余时间
14	专业教育	1学时/节	

四、其他

（一）教学科安排的教学计划外工作，应提前一周上报计划（见附件），经教务科审核，教学校长批准后执行。

（二）教师按要求完成教学计划外工作（不含听课和业余时间监考），填写《教学日志》，计入本人学期工作总量。

（三）（3+2）班级应优先聘用具有较高的学识水平和专业技能，具有较高的职业道德和敬业精神的骨干或优秀教师完成教学任务。

（四）实验（训）室兼职管理人员的聘用与学期教学工作的聘用同时进行，由教务科统一下聘书。

（五）本办法中未包括的事项及临时性工作由各教学科提交申请报告，经学校批准后核算工作量。

（六）本办法从2008—2009学年第一学期开始执行，以前所发相关文件有与本办法不一致的，以本办法为准。

（七）本办法由教务科负责解释。

第4部分 专业建设

专业建设是根据学校的专业建设规划、建设标准和教育教学规律，以就业为导向，以服务为宗旨，以产业需求侧人力资源配置为驱动，以校企合作、协同育人为途径，从人才培养模式与课程体系建设、师资队伍建设、教学条件完善、教学管理优化、教学效果和人才培养质量及服务社会能力提升等方面，对专业资源进行优化配置与合理布局，提高专业建设水平。

专业建设是职业学校提高人才培养质量、提升综合竞争力的关键要素。

教育部《中等职业学校专业设置管理办法》(教职成厅〔2010〕9号)是制定中等职业学校专业建设管理制度的指导文件和基本依据。

专业建设由学校教学工作委员会全面负责。专业建设管理制度是为规范专业设置与调整、保障专业建设精准对接产业需求和优质或特色发展而制定的。一般由学校教务处(科)牵头起草，教职工代表大会批准后实施，由教务处(科)归口并负责解释。

专业建设管理制度主要包括专业建设组织架构与管理制度、专业设置与动态调整管理制度、专业建设质量诊断与改进(质量监控与评估)制度、“订单培养”及合作办学的专业建设有关制度、企业(市场、社会)调研制度、专业建设指导委员会例会制度等。

制定专业建设管理制度既应依据国家职业教育政策的基本要求，又要结合区域经济发展需要和学校实际情况，强化供给侧思维，促进学校的人才供给从满足基本需求到满足优质需求的转型升级，引导专业建设和人才培养的“精准、有效、优质”供给，要立足当前，兼顾长远，有效促进人才培养质量的提高、基于工作过程的课程体系开发、工学结合根本途径的畅通和形成性考评体系的建立。

制定专业建设管理制度还要凸显专业建设的阶段性、过程性、实践性、层次性、特色性和主体多元性。

学校根据经济社会发展和劳动力市场需求，按照《中等职业学校专业目录》设置的专业，应当经学校主管部门同意，地市级以上教育行政部门核准，报省级教育行政部门备案。设置《中等职业学校专业目录》外专业，应当经省级教育行政部门核准，报国家教育行政部门备案。

学校应当与行业企业紧密合作，共同建立专业建设委员会和专业教学指导委员会，加强专业建设和教学指导。

——摘自《中等职业学校管理规程》第十七条

制度案例

上海信息技术学校专业教学指导委员会章程

北京市商业学校专业建设管理办法

北京市商业学校专业建设委员会管理办法

大连市轻工业学校专业建设指导委员会的建立与工作制度

大连市轻工业学校专业建设的有关规定

上海信息技术学校专业教学指导委员会章程

一、指委会的性质与任务

专业教学指导委员会(下称指委会)是在市场经济条件下社会参与学校专业建设的专家咨询组织。指委会对学校的专业建设、规范教学过程、组织实习实践及评价教学成果等方面起着重要的指导作用。它在学校与社会之间起着桥梁作用。

二、指委会成员的资格与组成

1. 指委会委员由企事业、高校及兄弟院校、研究设计单位，以及人才市场等专家组成。委员必须熟悉相关行业的业务及发展前景，重视职业教育事业，并能积极地为本校的教学改革出谋划策。

2. 指委会主任由校方提名，经委员协商产生。

三、指委会委员的聘用与奖励

1. 指委会委员由各专业科推荐，校长聘任，任期2年。

2. 聘用期内给予指委会委员活动津贴，对有特殊贡献的委员，另予奖励。

四、指委会的活动形式与委员职责

1. 指委会的活动采取集中与分散相结合的形式。

2. 指委会每学期至少召开一次工作会议，内容由各专业科与指委会主任商议决定。

3. 指委会委员还可分别以各种方式参与学校的教学工作，如开设新专业、开设新课，开设讲座，指导学生实习、设计或撰写毕业论文，对学生作就业指导，参与组织培训工作等。

指委会日常工作由各专业科负责；校教育研究室协调。

北京市商业学校专业建设管理办法

第一章　总　则

第一条　目的

为进一步合理配置职业教育资源，优化专业设置，调整专业结构，建立符合行业企业人力资源需求、与首都经济结构相适应的专业结构，提高人才培养的质量；为了使专业建设进一步走向制度化、规范化、科学化，促进学校质量、规模、结构、效益的协调发展，制定本办法。

第二条　适用范围

本管理办法适用于北京市商业学校所有系部专业建设管理。

第三条　规范性引用文件

北京市商业学校《专业建设管理制度》。

第四条　术语和定义

专业建设是对专业进行设置、调整、建设、评估。

第五条　职责

(一)教务处职责

1. 起草学校专业建设规划，提请审议。

2. 对各系部专业建设情况进行检察、督导。

3. 提出新增设或调整专业的建议，组织申报工作。

4. 组织开展重点专业、特色专业申报和建设工作。

(二)系部主任和专业教研室主任职责

1. 制定现有专业建设规划，全面组织实施现有专业的建设。

2. 提出专业方向的调整建议。

3. 配合学校进行新拟设(调)专业筹建和申报工作。

4. 负责重点专业、特色专业的申报、建设方案的制定、建设任务的分解与落实、经费预算及日常管理。

第二章　专业设置和调整

第六条　新设置专业必须具备下列三项条件：

(一)符合学校发展规划，招生规模原则上每年不低于30人。

(二)应有符合专业培养目标的专业学生培养方案以及申报论证报告、专业发展三年规划、师资情况等必要文件。

(三)具备新设置专业必需的实训室及仪器设备、图书资料、实习场所等基本的办学条件，所需办学经费能落实。

第七条　专业申报和审批

(一)学校每年根据实际需要组织校内专业的申报和审批工作。

(二)系部申报新开专业，必须于每年9月10日前按要求将申报材料报教务处，由教务处组织专家组评议，评议结果报学校学术委员会审批。

(三)学校于每年9月30日前将专业申报材料报告报送北京市教委评议审批。

第八条　设置新专业的申报材料

(一)申请报告。

(二)中等职业学校增设专业申请表；北京市中等职业学校新增专业备案表。

(三)新设专业的论证材料。

(四)新设专业的培养方案。

(五)新设专业的建设规划。

(六)新设专业专业课任课教师基本情况一览表。

(七)新设专业办学条件。

(八)其他有关材料。

第九条　老专业改造的内容

(一)修订培养目标、完善课程设置。

(二)改革教学内容与方法。

(三)改善教学条件与环境。

第十条　老专业改造工作过程

(一)调研与分析。

(二)对现有教学文件进行调整。

(三)专家论证。

(四)校内审批。

第三章　专业建设内容

第十一条　专业建设内容

(一)专业学生培养方案。

(二)专业发展规划。

(三)教学文件。

(四)教学队伍。

(五)课程建设。

(六)教材建设。

(七)教学研究、教学改革、教学手段。

(八)实训室与实习基地建设。

(九)图书资料及教学场所。

第十二条　专业学生培养方案的内容及提交时间

(一)专业学生培养方案应包括专业名称、招生对象、学制、培养目标及规格、毕业生应具备的职业能力、实现培养目标的途径和方法、课程说明、教学活动时间分配表、课程设置与教学时间安排表、学生课外专业技能培训安排、教学实施基本要求、说明等。

(二)专业学生培养方案由系部组织各专业进行编制，每年6月初新生入学之前完成，并于6月15日之前报教务处，由教务处组织专家审核后，提交学校学术委员审批后执行。

第十三条　专业建设规划

(一)制定专业建设规划的指导思想：以国家发展职业教育的政策、理论为主要依据，充分体现专业建设服务区域经济发展及对职业学校整体发展的重要性，充分体现职业学校的办学特色。

（二）制定专业建设规划遵循的原则：整体性，可行性，特色化，循序渐进。

（三）制定专业建设规进行调研分析的内容：区域经济发展，行业发展对人才的需求分析，学校专业现状分析，学校专业建设发展方向及可行性分析。

（四）明确建设目标。包括学校中长期建设和发展的专业群、专业数及各专业的规划；重点建设的专业；专业人才培养的质量规格；师资队伍发展水平；教学设备、设施条件要求。

（五）制定实施方案。实施方案一般包括步骤与阶段、措施与方法、过程与要求、职责与分工。

（六）制定保障措施。学校成立由行业企业专家、教育专家和学校教学管理人员，具有较高水平的专业教师组成的专业建设指导委员会等常设机构，全面指导专业建设。

第十四条　教学文件的内容

（一）专业学生培养方案。

（二）教学大纲（课程标准）。

（三）授课计划。

（四）授课教案。

（五）学期教学总结。

第十五条　师资队伍建设

（一）建立一支人员精干、素质优良、结构合理、教学研相结合的相对稳定的教学梯队。

（二）按专业制定教师队伍建设规划。

（三）提高教师的整体素质。

（四）抓好中青年骨干教师的培养提高。

（五）注重选拔培养专业带头人和骨干教师。

（六）发挥老教师的传帮带作用。

第十六条　课程建设

（一）明确总体目标、任务、指导思想和原则。

（二）系部要组织教师积极参与课程建设，构建合理的课程体系。

（三）要制定建设规划，以建设精品课程为目标，深化教学内容、课程体系的改革。

（四）要重视系列课程、校本课程开发与建设。

第十七条　课程标准建设

（一）课程标准由专业教研室组织有关教师编写，于开课之前报教务处，经学校认定，批准施行。

（二）课程标准的内容包括：教育目标，教学内容，实践性教学环节要求，学时分配及必要的说明。

（三）每位教师在教学过程中都应当严格执行课程标准。

第十八条　教材建设

（一）教材建设包含文字教材、实物教材、多媒体教材。

（二）鼓励选用国家优秀教材。

（三）采用推荐教材或自编校本教材时，由学校教材建设委员会负责，配合学校课程改革，依据课程标准，组织教师编写。

第十九条　实训室与实训基地建设

（一）各系部在学校统一组织下，制定实训室、实训基地建设方案。

（二）实训室建设要与专业建设、课程建设相匹配，要坚持校内外结合，做好全面规划。

（三）建设好集约化生产性实训基地，提高利用率。

（四）建设相对稳定的校外实习基地，取得实习企业单位的支持。

（五）发送实习条件，健全实习管理规章制度。

第二十条　教学研究及教学改革建设

（一）实施教学研究立项制度和教学成果奖励制度，鼓励教师和教学管理人员进行教学研究和教学管理研究。

（二）专业系部负责组织教师进行教学改革研究，定期组织教研室教师教研活动。

（三）学校支持教师进行教学改革，对成绩显著者予以表彰和奖励。

（四）鼓励教师采用多媒体辅助教学、网络教学等现代教学手段，促进专业建设。

第四章　专业建设管理

第二十一条　学校成立专业建设指导委员会，负责全校专业建设的指导、规划和统筹。

第二十二条　专业建设以系部建设为主，是各系部的中心任务之一。

第二十三条　专业建设采取负责人制度，负责人由系部主任和专业教研室主任担任。

第二十四条　教务处是学校专业建设管理的职能部门。

第二十五条　成立学校专业发展建设领导小组及学校专业发展建设专家顾问组，邀请行业专家、教育专家、企业专家共同参与学校专业开发、调研、论证、评估等工作。

第二十六条　学校对重点专业、特色专业给予重点扶持和动态管理。

第二十七条　积极推动校企合作，加大专业建设的开放性与国际接轨性。

第二十八条　专业建设经费采取项目制，由学校统一组织，系部申报的方式。专款专用，项目负责人具体负责。

第二十九条　国资处、财务处负责组织人员不定期对专业建设经费使用情况进行专项检查。

第五章 专业建设评估

第三十条 学校每2年对所有专业进行一次全面评估。

第三十一条 在系部自评的基础上，由学校组织专家综合评估。

第三十二条 专业评估每年安排一次，所评专业由学校安排，系部也可提前申请。

第三十三条 对办学效益好、培养质量高的专业，在招生、办学条件等方面学校优先支持；对某些不具备办学条件、办学质量难以保证的专业，限期整改；对虽具备办学条件但所急需的专业，则减少招生数量级或停止招生。

第六章 附 则

第三十四条 制度的起草与归口管理

本管理办法由教务处负责起草，报教职工代表大会批准后正式下达，教务处归口管理。

第三十五条 制度的修订

本管理办法根据需要不定期进行修订。学校各系部均有权根据业务需要对本管理办法内容提出修改意见，并提交教务处。教务处负责收集整理各系部提出的修改意见，并安排有关人员进行专题讨论，对修改信息进行全面评估后组织修订本管理办法及相关文件。

第三十六条 本管理办法由教务处负责解释。

第三十七条 本管理办法自2013年2月1日起实施，原管理办法同时废止。

北京市商业学校专业建设委员会管理办法

第一章 总 则

第一条 目的

为加强学校与社会、教学与生产、教学与科研的紧密结合，建立学校与社会双向参与、双向服务、双向受益的机制，特制定本办法。

第二条 适用范围

本管理办法适用于专业建设的日常管理工作。

第三条 规范性引用文件

北京市商业学校《专业建设管理制度》。

第四条 术语和定义

专业建设指导委员会是在专业建设和人才培养的过程中研究、指导、咨询、服务机构。

第五条　职责

1. 负责学校专业建设及管理的日常组织工作。开展专业建设、改革发展的战略研究，提出人才培养目标、人才培养模式、专业设置的建议、意见和发展规划。

2. 负责新设置专业的论证和每年各专业招生计划的审定。

3. 负责学校教改试点专业、重点专业建设宏观指导与管理。

4. 制定优化学校专业结构的原则和方案，按照国家、省级、院级改革试点专业的标准定期对各专业建设情况进行评价。

5. 为制定、审定和修改专业教学计划、编制专业主干课程教学大纲(课程标准)和实践课教学大纲(课程标准)、调整课程结构提供指导性意见、建议。

6. 指导、协助校内外实验实训基地建设，积极提供校外实习场所及推荐兼职教授、副教授、高级工程技术人员到学校讲课，积极开展本专业系部技信息方面的讲座，指导、协调产学结合、校企合作。

7. 指导毕业论文(设计)的选题工作，为毕业生提供就业信息及就业指导。

第二章　组织机构

第六条　学校组建，专业建设指导委员设主任委员1名，副主任委员1名，秘书长1名，委员若干名。主任委员由校长担任，副主任委员由主管教学的副校长担任，秘书长由教务处主任担任。校外人员由相关专业系部负责人提名推荐，学校委员会审核通过。

第七条　委员一般由有较高学术水平、治学严谨、工作能力强、热爱教学工作、有丰富教学经验或教学管理经验的副中等职业教育称以上的教师组成。专业建设指导委员会应吸收专业负责人、行业协会代表、劳动技能培训机构代表以及企业厂长(经理)参加。校外委员不少于三分之一。

第八条　学校设专业建设指导委员会，各系部设专业建设指导委员会分会。

第三章　工作制度

第九条　专业建设指导委员会每年至少召开2次全体委员会议，会议由秘书长负责组织，主任委员主持。根据工作需要，可适当扩大参加会议的人员范围和增加会议的次数。

第十条　建设指导委员会工作计划在主任委员主持下，由全体委员讨论制定，由各专业委员负责实施。

第十一条　建设指导委员会建立与校外委员定期联系制度，并通过校外委员联系其所在的工作系部。

第四章　校外委员待遇

第十二条　受聘委员在系部可优先参与学校组织的产学研结合、校企合作等活动，合作开发应用技术项目，优先挑选毕业生。

第十三条　可利用学校相关专业的教学资料和教学设备，优先安排委员系部的员工轮训及其客户培训。

第十四条　在学校宣传媒体上为受聘委员所在系部提供广告宣传，并优先采购其产品。

第十五条　根据工作实绩，每年给予受聘委员适当的工作津贴。

第五章　附　则

第十六条　制度的起草与归口管理

本管理办法由教务处负责起草，报教职工代表大会批准后正式下达，教务处归口管理。

第十七条　制度的修订

本管理办法根据需要不定期进行修订。学校各系部均有权根据业务需要对本管理办法内容提出修改意见，并提交教务处。教务处负责收集整理各系部提出的修改意见，并安排有关人员进行专题讨论，对修改信息进行全面评估后组织修订本管理办法及相关文件。

第十八条　本管理办法由教务处负责解释。

第十九条　本管理办法自2013年2月1日起实施，原管理办法同时废止。

大连市轻工业学校专业建设指导委员会的建立与工作制度

第一章　总　则

第一条　学校专业建设委员会是在学校校长领导下，进行教育教学改革、专业开发和建设、学术交流的群众性团体。

第二条　专业建设委员会以马克思列宁主义、毛泽东思想和邓小平理论、“三个代表”重要思想、科学发展观、习近平新时代中国特色社会主义思想为指导。

第三条　专业建设委员会的宗旨是贯彻党的教育方针和有关职业教育的法规政策，加强调查研究，探索在市场经济条件下办学方向，促进学校教育改革的深化发展，为培养同

21 世纪我国社会主义现代化建设要求相适应的高素质人才，创建具有职业教育特色的一流学校献计献策。

第二章　职　责

第四条　学校专业建设委员会的基本职责是：

(一)组织调查人才市场需求，收集各方面信息，对新专业开发、老专业改造进行论证审议。

(二)指导审定专业课程计划、改革课程内容及教学方法。

(三)根据专业设置，指导、审定教材建设规划。

(四)指导审计教师队伍建设规划。

(五)建设实习与就业结合以及产教结合基地，积极开展联合办学、人才交流以及教学研究活动。

(六)协调毕业生就业工作。

(七)做好学校委托的其他工作。

第三章　组织机构

第五条　学校专业建设委员会由高等院校对口专业的专家教授、工厂企业高级工程技术人员、企业家、政府主管、学校领导和教师四方面组成。

第六条　专业建设委员会下设 5 个专业指导委员会。

(一)装备制造专业建设委员会。

(二)食品生物专业建设委员会。

(三)信息技术专业建设委员会。

(四)商贸专业建设委员会。

(五)艺术专业专业建设委员会。

第七条　专业建设委员会下设办公室的职责。

(一)主持专业建设委员会的日常工作，执行建设委员会的决议。

(二)向专业建设委员会推荐新开发专业和老专业改造方案。

(三)草拟教育教学改造规划、专业课程计划、教材建设规划和教师队伍建设规划，并提交建设委员会审议。

(四)草拟工作计划并提交建设委员会审议。

(五)制定修改本会章程并提交建设委员会审议。

(六)组织本会有关会议和草拟年度工作报告。

(七)整理、收集保存有关资料。

第四章　权力与义务

第八条　专业建设委员会委员的权利。

(一)对建设委员会的工作有建议权和批评权。

(二)对学校的教育教学改革方向、新专业开发、老专业改造规划、专业课程计划及教材规划、教师队伍建设发展规划有建议和批评权。

(三)优先获得专业建设委员会的有关资料。

第九条　专业建设委员会的义务。

(一)遵守专业建设委员会章程。

(二)执行本会决议和决定，完成本会交办的工作任务。

(三)积极支持并参与本会组织的各项活动。

第五章　会　议

第十条　专业建设委员会每学年召开一次年会，必要情况下，可临时召开会议。

第六章　经　费

第十一条　专业建设委员会的全年活动经费由学校校长按委员人均×××～×××元计拨。

第七章　附　则

第十二条　本章程的解释权属专业建设委员会办公室。

大连市轻工业学校专业建设的有关规定

专业建设是体现学校办学特色和学校建设的核心内容，是深化教学改革、提高教学质量的重要举措。根据学校的实际及发展趋势，学校专业建设工作应明确以下内容。

一、明确专业建设指导思想

专业建设是学校一项系统工程，各专业教学科应充分认识这项工作对学校发展所起的重要作用，要根据学校可持续发展思路，抓好专业建设，充分体现学校办学特色，以实现省内一流、全国知名学校的目标。

二、确定专业建设目标

专业建设目标直接关系到专业建设的质量与水平，各专业教学科应重视专业建设的目标定位，尤其是重点专业，要根据学校的办学特色与发展规划，根据学校实际，制定既切合实际，又有特色的专业建设规划。

三、专业建设内容与要求

根据学校办学特色、规模等特点，学校的专业建设主要内容及要求如下。

(一)专业培养目标

培养目标的定位要既能充分体现出学校的办学特色，又能适应本行业的实际情况与发展趋势，同时也要符合职业教育的要求，加强对学生的应用能力、创新意识与创新能力的培养。

(二)专业的发展方向与规模

专业发展方向与规模的定位既要能体现本行业与本专业技术发展方向，又要与学校的发展定位与发展思路相符。

(三)专业特色建设

各专业教学科应在保证基本规格、体现学校人才培养总体特色的基础上，形成各自具有社会竞争力的鲜明的专业特色。

(四)专业主干课程建设

课程建设的好坏将直接影响到专业建设的质量，各专业教学科、教研室要十分重视课程建设工作，尤其是专业主干课程。要有计划、有措施、讲成效。

(五)专业师资队伍建设

专业师资队伍是专业建设工作的主体，各专业教学科要抓专业师资队伍的建设工作，要有计划地组织安排教师的业务进修，提高教师的教学与科研水平，特别要重视中青年骨干教师的选拔培养工作。

(六)实验室与实训基地建设

实验室与实训基地是学生进行技能训练、培养学生创新能力的重要场所，其建设的质量将直接关系到专业培养目标能否实现。因此，各专业教学科、实训中心要抓好实验室和实训基地的规划与建设工作，将学校实验室与实训中心建成能体现培养目标与专业特色的场所。

四、专业建设的管理

(一)专业教学科是专业建设工作的组织和实施单位，主要职责是负责制定专业建设规划与分阶段的实施目标，组织和实施专业建设的具体工作。

(二)专业建设的管理工作由各专业教学指导委员会负责，其主要职责是对所属的专业建设工作进行指导、督查与评估。

五、专业建设的经费

学校将拨出一定的经费作为专业建设的专项基金。其用途为：

(一)专业调研；

(二)添置必要的实践教学、设备与资料；

(三)师资队伍建设；

(四)校外实习实训基地建设；

(五)日常管理；

(六)各种奖励。

第5部分　教育研究

教育研究是教育科学研究的简称，是指以教育科学理论为指导，以教育形态为对象，运用科学的方法探求教育事务本质和性质，摸索和总结其教育规律，取得科学结论，解决教育问题，促进教育事业发展的创造性的研究活动过程。职业教育研究是以职业教育科学理论为基础，以职业教育领域中发生的现象为对象，以探索职业教育规律为目的地创造性的认识活动，是实施素质教育、深化教育改革的前提，是提高人才培养质量的重要保障。

国务院《教学成果奖励条例》(1994 年 3 月 14 日国务院令第 151 号发布)、《国务院关于全面加强基础科学研究的若干意见》(国发〔2018〕4 号)、《全国教育科学规划课题管理办法(2017 年 7 月修订)》(教科规办函〔2017〕5 号)等是制定中等职业学校教育科研管理制度的政策依据和指导文件；中国特色社会主义进入新时代、经济发展进入新常态以及创新驱动发展战略、“一带一路”战略和供给侧结构性改革的不断深入，倒逼职业教育转型发展，是制定中等职业学校教育科研管理制度的社会背景和研究需求导向。

教育科研管理制度是为了强化“科研兴校、科研兴教”的教育理念，实施“规范管理、政策激励、目标引领”的学校教育科研策略而制定的。一般由学校教育科研处(室、科)牵头起草，教职工代表大会批准后实施，由教育科研处(室、科)归口并负责解释。

教育科研管理制度主要包括教研活动制度与管理办法、学校教科研工作条例、教科研项目(立项、评审、结题等)管理制度、教科研经费与管理制度、教科研成果奖励制度、教科研工作量计算办法、教科研平台管理办法、教师教科研工作考核办法、专职教科研管理岗位聘任及管理办法、教师教科研工作行为规范等制度。

突出教师教育科研的主体地位，让教师成为科研的主人、改革创新的实践者；引导广大教师从学校实际出发，围绕学校工作中的重要问题，有针对性地开展教研工作，通过解决现实问题为学校发展服务，是学校制定教育科研管理制度必须遵循的一个重要原则。

学校应当设立教学研究机构，加强教研和科研工作，积极组织教师参与国家和地方的教研活动。

——摘自《中等职业学校管理规程》第二十三条

制度案例

北京市商业学校学术委员会管理办法

南京高等职业技术学校学术委员会工作条例

上海信息技术学校教育教学研究项目管理办法

北京市商业学校教学成果奖评审办法

北京市商业学校课题研究立项管理办法

北京市商业学校课题研究中期检查管理办法

北京市商业学校课题结题验收及成果评选管理办法

南京高等职业技术学校课题管理办法

北京市商业学校学术委员会管理办法

第一章　总　则

第一条　目的

为了提高学校办学水平和学术水平，加强教学研究工作和学术活动，发扬学术民主，实行科学决策，特设立北京市商业学校学术委员会，制定本章程。

第二条　职能

校学术委员会是学校最高学术机构，兼有学校教学改革、学科建设、专业设置、师资评估等的专家组织职能。

第三条　规范性引用文件

北京市商业学校《教育研究管理制度》。

第四条　术语和定义

无。

第五条　职责

（一）教育研究督导室

教育研究督导室作为学术委员会的常设机构，负责本管理办法的制定、修改、完善及学术委员会日常事务性管理工作。

（二）学术委员会

1. 讨论或审议学校的学科建设、专业设置、师资队伍建设、教学改革等重大问题，并提出有关建议或实施措施。

2. 讨论或审议学校教研方向、教研规划、评审教科研成果、组织推荐申报教科研奖励项目和教学研究基金项目以及其他有关教学、科学研究项目。

3. 推荐学科带头人和骨干教师，并对骨干教师进行考核。

4. 协助学校有关行政部门组织开展与兄弟学校之间的学术交流活动。

5. 协助学校有关部门开展教师职称申报及评审等的有关工作。

6. 组织开展校领导委托的其他有关学术性工作。

7. 学术委员会主任委员负责召集全体会议，亦可委托常务副主任委员或副主任委员召集。每年至少召开2次(即每学期至少1次)，特殊情况可根据具体内容酌情召开。

第二章　学术委员会机构及委员任期

第六条　机构

（一）校学术委员会成员由校内学术水平较高的部分高级讲师、系（部）主任、教研室主任及其他有关专家组成，委员人选由校长提名，经学校党委研究同意后，由校长聘任。

（二）校学术委员会设主任委员1人，常务副主任委员1人，副主任委员2～4人，秘书长1人，委员若干人。

（三）根据实际工作需要，校学术委员会下设若干学科专业组，组长分别由学科学术带头人及系（部）主任担任，也可由校学术委员会副主任委员兼任。

（四）校学术委员会日常工作机构设在校教育研究督导室。

第七条　委员任期

校学术委员会每届任期3年。

第三章　学术委员会委员的权利与义务

第八条　权利

（一）参加学术委员会召集的各有关会议，阅读学术委员会制定发放的各有关文件及材料。

（二）对学术委员会的各项工作提出建议和倡议。

（三）对学术委员会研究讨论的各项会议内容具有发言权、表决权、选举权及被选举权。

（四）对学术委员会已经通过的决议如有不同意见，应在按照通过的决议进行工作的前提下，保留自己的意见，并可以把自己的意见逐级向学校有关部门和学术委员会主任委员提出。

（五）参与校学术委员会组织的各种学术研究活动，接受校学术委员会组织进行的各种学术教育与培训。接受校学术委员会委托参加的校外及高层次的学术研讨活动及高层次的学术教育与培训。

（六）校学术委员会的各项活动凡需审议通过的重要会议决议，应有2/3以上参加会议的委员通过方为有效。

第九条　义务

（一）认真学习马克思列宁主义、毛泽东思想及邓小平理论，努力学习科学、文化、业务知识，提高自己的政治、业务素质。

（二）坚持党的基本路线，对学术问题，坚持“百花齐放，百家争鸣”的方针，对重大结论性意见，实行民主集中制。

（三）执行学术委员会的各项决议，服从分配，积极完成学术委员会交给的各项工作任务。积极参与学校的各项教研活动，在群众性的学术活动中起带头作用。

（四）遵守各项规章制度，严格保守学术委员会有关决议要求的秘密。

（五）维护团结，秉公办事，不说不利于团结的话，不做不利于团结的事，坚持原则，如实反映基层意见和群众意见，不搞无原则的妥协。

(六)以学校大局为重，将部门利益、个人利益服从于学校整体利益。

第四章 附 则

第十条 章程的起草与归口管理

本章程由教育研究督导室负责起草，报教职工代表大会批准后正式下达，教育研究督导室归口管理。

第十一条 章程的修订

本章程根据需要不定期进行修订。各系部处室均有权根据业务需要对本章程内容提出修改意见，并提交教育研究督导室。教育研究督导室负责收集整理各系部处室提出的修改意见，并安排有关人员进行专题讨论，对修改信息进行全面评估后组织修订本章程及相关文件。

第十二条 本章程由教育研究督导室负责解释。

第十三条 本章程自2013年2月1日起实施，原管理办法同时废止。

南京高等职业技术学校学术委员会工作条例

第一章 总 则

第一条 为了加强学术领导，促进各专业、学科的发展，充分发挥校内外学术人才，特别是校内骨干教师在学校重大学术决策中的作用，成立南京高等职业技术学校学术委员会。

第二条 学校学术委员会是校长实施学术领导的评议和咨询机构。

第二章 职责与任务

第三条 学术委员会的职责与任务

1. 研究与掌握本校教学科研现状和国内外职业教育发展动向，对专业发展方向、途径以及研究方向等提出建议。

2. 审议本校教学科研发展的中、长期规划。

3. 审议与评价本校科研工作的进展，审议并推荐科研重大成果。

4. 审议本校课题的立项、验收和评价，监督研究经费的使用。

5. 审议本校校本教材的立项、验收和评价。

6. 审议本校精品课程的申报和评估。

7. 组织论文评审、教学评比及其他教学、科研成果评价。

8. 组织职称评审的答辩。

9. 指导校内学术活动及图书、资料有关工作。

10. 组织多样性的学术活动，促进校内外学术交流。

第三章　组　织

第四条　学校学术委员会由校内委员和校外委员组成，设主任委员1人，副主任委员若干人。委员由校长聘请，每届任期2年。视工作需要及人员情况，每年调整1次，可连聘连任。主任、副主任委员由学术委员会全体会议选举产生。

第五条　校内委员为本校在职教师(在编或签订正式劳动合同3年以上)，必须具有本科学历和副高职称，专业教师具有与专业相关的技师或职业资格证书或非教师系列中级以上职称，有良好的思想政治素质和道德品质，教书育人，为人师表，认真履行岗位职责，有较高的教育教学和学术水平，在本专业或学科领域有一定知名度，身体健康，工作量符合学校有关规定。应特别注意吸收中青年骨干教师进入学术委员会。

第六条　校外委员为校外具有较高社会知名度的学者、行政领导或行业企业专家，一般需具有本科学历和高级职称。

第七条　学术委员会秘书处负责学术委员会的日常工作。秘书处设在科研处。

第四章　工作制度

第八条　需研究、审议和论证的项目，由校长或上级交议，或学术委员会内部提出，经主任委员、副主任委员讨论后，交有关委员研究，结果报学术委员会主任、副主任。必要时可召开委员会审议，由主任或副主任签署意见后报校长办公会。

第九条　学术委员会全体会议每2年至少召开1次，主要讨论委员会的工作方针、计划和总结，以及校重大学术问题。全体会议休会期间由学术委员会主任会议行使职责，学术委员会指定1名副主任主持日常工作。

第十条　学术委员会审议和评定的事项或形成的决议，若必须通过表决形成决定的，应以无记名投票方式进行表决。表决时须有2/3以上的应参会委员出席。出席会议的委员可以投同意票、反对票或者弃权票。除法律、法规和学校规定的特殊情况外，同意票超过参会委员的1/2即为表决通过。遇有紧急事宜需要表决时，学术委员会主任可决定进行通讯投票。

第十一条　各系(部)设立学术小组，审查评议系(部)内各项教学科研问题。学术小组由系(部)内学术水平较高的人员组成，可以由校学术委员会委员兼任，人数为单数，一般以3~5人为宜。各系(部)教学秘书负责协助系(部)主任及学术小组处理日常学术工作。

第五章　委员的权利和义务

第十二条　学术委员会委员权利

1. 在有权参加的学术委员会各类会议上有发言权、表决投票权；

2. 对学术委员会的工作有建议权和批评权；

3. 对学术委员会涉及的所有事项有知情权，并有权查阅相关的档案资料。

第十三条　学术委员会委员义务

1. 遵守国家的法律、法规和学校的规章制度。

2. 承担学术委员会分配的任务，开展调查研究，收集信息、论证或审议工作，并将工作结果报告学术委员会。

3. 以身作则，积极参与校内外的学术交流活动。坚持参加学术委员会各类会议，确因特殊情况不能出席时，应请假并说明情况。

4. 秉公办事，对在学术委员会内部讨论的有关事项负有保密的义务。违反规定者，应接受批评。情节严重者，经学术委员会全体会议或主任会议研究后可以建议校长予以解聘。

5. 学术委员会讨论的事项与委员有直接利害关系时，该委员应遵守有关回避的规定。

第六章　附　则

第十四条　本条例由学术委员会主任会议负责解释。

第十五条　本条例自学术委员会主任会议批准之日起执行。

上海信息技术学校教育教学研究项目管理办法

为进一步深化教育教学改革，充分调动广大教师参与教学研究的积极性和创造性，全面提高教育教学研究水平和教育教学质量，切实加强教育科研工作的管理和指导，完善对科研项目规范化和制度化管理，保证项目研究顺利进行，特制定本办法。

一、研究项目分类及级别说明

(一)纵向项目

主要指教育系统主管部门、科研管理部门等立项下达的研究项目，主要包括国家(部、委)、上海市(委、办、局)的研究项目。

（二）横向项目

来源于企事业单位、其他学校及其他有关部门的开发、咨询、服务、合作的研究项目及产学研项目。

（三）校内项目

1. 学校根据需要提出的招标项目。

2. 由个人提出经学校审批同意立项的项目。

（四）研究项目级别说明

1. 研究项目分国家级、省市级和学校级三级教育教学研究立项项目。

2. 学校级项目又分为学校一级、二级、三级。

二、研究项目的申报

（一）项目的选题

1. 学校教学研究室每学年下达立项通知并公布教学改革项目课题指南，项目申请人根据课题指南选题并填写课题申报表。

2. 学校根据上级部门要求完成指定项目。学校教学研究室组织项目组，项目申请人根据指定题目填写课题申报表。

3. 教师也可自选课题，选题应与针对学校发展中的重点问题和急需解决的问题作研究课题，针对学校教学工作解决实际问题。

（二）项目的申报条件

申报的项目应具有科学性、先进性和可行性。要有明确的研究目标、需解决的问题。研究成果要有创新性和推广应用价值。

1. 项目申请者必须具有良好的政治思想素质，具有独立组织和开展研究工作的能力，能作为项目的实际主持者并担负实质性的研究工作。项目研究人员应组成课题组，申请人担任组长。

2. 项目负责人原则上应是具有中级以上职称，鼓励和倡导教学团队申报。

（三）项目的申报程序

1. 项目申请人可从校园网下载《上海信息技术学校教育教学研究课题申报表》（以下简称“申报表”）。

2. 申请人应根据申报表的要求，认真如实填写申报表。申报表一式两份（电子稿与文字稿）。

3. 申报表提交途径如下：

（1）电子稿申报表通过校园内网中的教育研发栏目进行课题申报，以便管理、留档；

（2）文字稿申报表（纸质）送至项目申请人所在部门对项目进行组织审查，部门主管按规定签署意见；然后报送教学研究室。

（四）项目评审立项的基本条件及程序

教学研究室仅负责对本校招标项目或本人提出的项目组织评审立项。

1. 学校项目评审立项的基本条件

(1)项目研究的指导思想正确，思路和目标明确，论证准确严密，措施具体得力，具备开展教学研究的基本条件；

(2)项目必须紧密联系教学实际，解决实际问题。注重教学改革实践，具有科学性和创新性，成果具有较高的理论价值和推广价值；

(3)校级教育教学研究项目研究周期一般为 1 年。长期研究项目可分阶段申报，重大研究项目的研究期限可适当延长；

(4)研究人员配备且分工合理，能胜任项目的研究及实践工作。

2. 学校项目评审立项的程序

学校教研室对申报项目进行分类汇总并组织学术委员及专家组成评审组进行评审，对评审通过的立项课题，由评审组长签署评审组通过的立项意见和研究资助经费建议。评审结果上报分管校领导审批立项，由校长室批准立项项目并确认研究资助经费。

3. 国家(部、委)、上海市(委、办、局)的研究项目及各类研究基金资助的科研项目，申请人必须在教学研究室进行有关信息登记。

三、职责

(一)项目负责人所在部门职责

1. 对报送项目进行审查，签署意见；

2. 支持和提供开展项目研究的条件；

3. 完成上级下达的课题研究任务并实施管理。

(二)项目负责人职责

1. 如实填写课题申报表；

2. 做好研究课题的总体计划和进度；

3. 安排小组各成员工作；

4. 负责课题的进度和质量；

5. 确定小组成员或其他临时成员发放津贴标准；

6. 组织撰写研究成果总结报告和附件等；

7. 负责中期审查汇报、结题鉴定答辩。

(三)项目小组成员职责

1. 完成课题负责人分配的研究任务；

2. 共同讨论，合作研究，积极提出建议；

3. 参与实施研究成果，并作进一步改进。

四、经费

(一)项目研究资助经费使用范围

1. 国内调研、差旅费。

2. 资料收集、复印、翻拍、翻译费等及少量必要图书购置费，书籍结题后归还图书馆。

3. 小型会议费。

4. 劳务酬金及咨询费。

(二)项目资助经费管理

1. 在财务制度和本办法规定的范围内，由项目负责人按计划自主支配项目资助经费。教学研究室和财务部对项目资助经费实施具体管理，并对经费使用情况行使监督、检查职责。

2. 项目完成后，项目负责人应报送课题资助经费决算表。

3. 对项目负责人因工作调动、出国、生病或其他原因不能继续研究而被撤销或中止的项目，将停止继续拨款。

4. 对无故不完成研究任务或自行中止研究工作的项目，将停止拨款，并追回已拨出的全部款项。

五、变更和撤销

(一)凡有下列情况之一者，必须由项目负责人提出书面请示，经项目管理部门同意，报学校教学研究室审批。

1. 变更项目负责人；

2. 改变项目名称；

3. 改变成果形式；

4. 对研究内容做重大调整；

5. 变更项目管理部门；

6. 项目完成时间延期 1 年以上或多次延期；

7. 因故中止或撤销项目；

8. 其他重要事项的变更。

(二)对未经批准，擅自进行上述变更的项目，将不予结题。

(三)凡有下列情况之一者，由教学研究室与项目所在部门核实后报校长室撤销项目：

1. 研究成果有严重政治问题；

2. 剽窃他人成果，弄虚作假；

3. 研究成果质量低劣；

4. 与批准的项目设计严重不符；

5. 获准延期，但到期仍不能完成；

6. 严重违反财务制度。

(四)被撤销项目的项目负责人两年内不得申请新项目。

六、研究项目过程管理

(一)学校教学研究室将根据项目的完成周期，适时对各类重点课题进行中期检查。

项目中期检查前，项目负责人应提交研究计划执行情况和后期的工作安排，附上同期取得的研究成果(论文、研究报告、著作等)报学校教学研究室，省级和国家级项目由学校教学研究室签署意见后，上报上级主管部门。

(二)项目负责人应及时将重要活动和重要阶段成果及时报教学研究室。

七、研究项目结题验收及评审方法

校级项目结题验收由学校教学研究室组织实施，项目负责人应在规定时间完成项目并结题，结题前项目组应做好结题验收的各项准备工作。

(一)研究课题结题时必须提交以下材料。

1. 提交《项目结题验收报告》。

2. 研究项目相关的研究报告、论文。

3. 其他材料，如著作、教材、讲义、光盘、磁盘、磁带等，视实际课题而定。

(二)研究项目结题验收及方法。

课题结题验收由学校教学研究室聘请3～5名与课题相关的学术委员及专家组成项目结题验收评审组，课题组和负责人所在单位(部门)也可提出建议名单。项目结题评审组成员在认真通读研究成果的基础上，对照课题申报表预期达到的目标，按《上海信息技术学校课题评审标准》实事求是地对成果提出客观、公正、全面的评审意见，填写《上海信息技术学校课题评审意见表》。根据评审结果给出结论。

八、研究成果宣传、推广和评奖

(一)教育研究室及课题所在部门应采取各种积极措施加强研究成果的实践宣传、推广和转化，充分发挥其在学校教育教学决策和教育教学改革发展中的作用。

(二)对评审为优秀的课题，学校教学研究室将推荐参加更高层次的科研成果评选；对于有特色和推广价值的课题，学校教学研究室将报请学校批准组织教学示范、推广等活动，使教学改革与研究的成果真正起到示范和辐射作用。

(三)对按要求完成的研究项目，学校根据研究成果对各研究项目的参与者予以教育科研参与的登记和评定，纳入常规考核管理中，按《上海信息技术学校教职工技术发展奖励实施办法》规定计入技术发展分。与此同时，研究成果作为业绩考评、职称评定、晋级等的重要依据。

(四)学校每2年组织一次校级优秀教学成果奖评选活动，评审为优秀的课题可参加学校每年的创新成果奖的评定。

本办法自颁发之日起执行，解释权归教学研究室，原《上海信息技术学校教育教学研究项目管理暂行办法》(沪信技校办〔2004〕45号)作废。

北京市商业学校教学成果奖评审办法

第一章 总 则

第一条 目的

为贯彻落实党的教育方针，加强学校教育、教学、教研工作，推动学校各项改革，提高教学质量，调动广大教师和教学管理人员的积极性和创造性，特制定本办法。

第二条 适用范围

教学成果奖是指反映职业教育教学规律，体现职业教学特色，对提高教学水平和质量，实现培养目标产生明显效果的教育教学理论研究成果和实践应用研究成果，包括教材、教参、教法、课程设计、教学方案、教学评价、教学管理制度研究、教具设计、实验设备、电教手段和计算机教学软件开发等具有改革创新价值、推广使用价值、学术理论价值，体现一定科学性、创造性、先进性和实用性等意义的教学研究成果。

凡已参加学校相关独立单项评奖并已获奖的教学成果不再参加此范围评选活动。

第三条 规范性引用文件

北京市商业学校《教学成果评价管理制度》。

第四条 术语和定义

无。

第五条 职责

(一)督导室负责对教研成果评审办法的制定、修改、完善及资格审核、组织评审工作和公布评审结果等组织管理工作。

(二)各系部处室负责督促本部门教科研成果的初审、推荐、上报等工作。

(三)学术委员会负责进行成果复评，并报学校领导班子审定。

第二章 申报和评审办法

第六条 教学成果奖每 3 年评选一次。凡申报教学成果奖，必须经所在科室、系(部)推荐，并需经过 2 个教学周期班以上的教学实践检验，效果显著。

第七条 教学成果奖的申报，可以个人或集体两种方式申报。集体成果，每项一般不得超过 5 人，并确定主要完成者 1 人。

第八条 教学成果奖的申报时间为评选当年的三至四月份进行，申报时应填写学校统一制定的教学成果奖申报表并提交相关成果证明材料。

第九条　教学成果奖评审工作由学校教学主管校长统一组织领导，教育督导室负责受理、进行资格审查、初步验收等具体事务工作。

第十条　教学成果奖的评审组织由相关学科、专业及教育专家组成。根据专家评审初步鉴定意见，提交校学术委员会按照一定程序进行复审评议，最后报学校领导班子批准，评出一、二、三等奖。

第三章　评审程序

第十一条　教学成果奖评审程序一般分为：

(一)申报(个人自愿申报)；

(二)资格审核(由督导室负责)；

(三)初审(由学科专家组负责)；

(四)复审(由学术委员会负责)；

(五)终审(由学校领导班子负责)；

(六)公布评审结果(由督导室负责执行)。

第四章　评审要求

第十二条　申报教学成果奖必须严肃认真，实事求是，对于弄虚作假者，一经查实，取消参评资格，已经获奖的，撤销奖励，追究相关责任，进行处理。

第五章　表彰奖励

第十三条　教学成果奖设一、二、三等奖。对获奖者授予荣誉证书。集体证书授予主要完成者和主要合作者。

第十四条　获奖情况记入教师个人业务档案，作为学校各种推优、职评、晋升的基本依据。

第十五条　按照学校《教科研成果及教学竞赛奖励标准》等有关规定予以奖励。

第六章　附　则

第十六条　制度的起草与归口管理

本管理办法由教育督导室负责起草，报教职工代表大会批准后正式下达，教育督导室归口管理。

第十七条　制度的修订

本管理办法根据需要不定期进行修订。各系部处室均有权根据业务需要对本管理办法内容提出修改意见，并提交教育督导室。教育督导室负责收集整理各系部处室提出的修改意见，并安排有关人员进行专题讨论，对修改信息进行全面评估后组织修订本管理办法及相关文件。

第十八条　本管理办法由教育督导室负责解释。

第十九条　本管理办法自2013年2月1日起实施，原管理办法同时废止。

北京市商业学校课题研究立项管理办法

第一章　总　则

第一条　目的

为了更好地推动校级课题研究的开展，对外推荐优秀课题成果，规范课题研究立项管理，特制定本管理办法。

第二条　适用范围

本管理办法适用学校立项课题研究。凡本校教职工参加、组织的课题研究项目，均列入学校课题研究管理的范围。

第三条　规范性引用文件

北京市商业学校《教育研究管理制度》。

第四条　术语和定义

无。

第五条　职责

(一)教育研究督导室

1. 负责本管理办法的制定、修订、完善等工作。

2. 通知学校各教学系(部)及职能部门申请课题立项。

3. 对上报的课题申报表进行登记汇总，并进行初审。

4. 将初审后的课题申报表报经学术委员会评审。

5. 将学术委员会评审后的立项课题通知课题申报人开题。

6. 将课题立项申报资料统一编号，妥善保管。

(二)各系(部)

负责课题立项的调研、申请等工作，将立项申报表交由教育研究督导室提交学术委员会进行审核批复，准备开题工作。

第二章　课题类别

第六条　课题类别

(一)国家级课题。

（二）市级课题。

（三）集团级课题。

（四）校级重点课题。

第三章　立项程序

第七条　立项程序

（一）校级以上课题的立项按照上级规定，由学校教育研究督导室组织填写相关材料并经学校审查后，统一上报。报经上级批准后正式立项。

（二）校级重点课题的立项，由学校组织确定课题指南，下发各系（部），由课题负责人填写课题申报表，按规定时间内向学校教育研究督导室申报，并由学校学术委员会组织评审。经审批同意后，正式立项。

（三）所申报课题应有课题负责人1～2人。教师申报课题可以兼项，一般情况下不能同时兼任两项（不含两项）以上的课题。

第四章　课题立项的管理

第八条　课题立项的管理

（一）凡列入学校课题管理的立项课题，均应接受学校教育督导室的统一管理，课题负责人应对课题研究负责，按时完成课题研究任务。

（二）凡列入学校课题管理的立项课题，均享受学校相关课题研究的政策支持，并可参加学校组织的优秀课题成果的评比和奖励。

第五章　附　则

第九条　制度的起草与归口管理

本管理办法由教育研究督导室负责起草，报教职工代表大会批准后正式下达，教育研究督导室归口管理。

第十条　办法的修订

本管理办法根据需要不定期进行修订。各系部处室均有权根据业务需要对本管理办法内容提出修改意见，并提交教育研究督导室。教育研究督导室负责收集整理各系部处室提出的修改意见，并安排有关人员进行专题讨论，对修改信息进行全面评估后组织修订本管理办法及相关文件。

第十一条　本管理办法由教育研究督导室负责解释。

第十二条　本管理办法自2013年2月1日起实施，原管理办法同时废止。

北京市商业学校课题研究中期检查管理办法

第一章　总　则

第一条　目的

为了解课题研究的进展状况、课题经费使用情况、课题研究存在的问题，及时调整课题研究的方向，检查课题研究计划的进度情况，以确保课题研究的正常进行和如期完成，特制定本管理办法。

第二条　适用范围

本管理办法适用学校立项课题研究。凡经学校正式立项的课题和享受学校课题经费支持的课题均需参加课题中期检查。

第三条　规范性引用文件

北京市商业学校《教育研究管理制度》。

第四条　术语和定义

无。

第五条　职责

(一)教育研究督导室

1. 负责本管理办法的制定、修订、完善等工作。

2. 通知学校各教学系(部)及职能部门课题中期检查的时间和内容。

3. 根据各课题负责人申报表的课题计划步骤报经学术委员会进行检查。

4. 根据学术委员会检查的意见填写《课题中期成果检查登记表》并通报课题负责人。

(二)各系(部)

负责立项课题的中期自我检查、撰写中期检查报告，并交由教育研究督导室提交学术委员会进行检查审核。

第二章　检查内容

第六条　检查内容

(一)说明课题研究的进度情况和组织情况。

(二)说明研究中需要解决的问题及解决方案。

(三)说明课题研究方向和研究计划变化的原因。

第三章　课题中期检查的管理

第七条　课题中期检查的管理

(一)课题中期检查工作由教育研究督导室具体负责实施。

(二)课题中期检查于每年年底进行1次。

(三)凡列入学校课题管理的立项课题，均应接受学校学术委员会对课题的中期检查，课题负责人应对课题研究负责，按时完成课题研究任务。

(四)不参加课题中期检查的课题将不再拨给课题研究经费，并对课题负责人提出批评。

第四章　附　则

第八条　制度的起草与归口管理

本管理办法由教育研究督导室负责起草，报教职工代表大会批准后正式下达，教育研究督导室归口管理。

第九条　办法的修订

本管理办法根据需要不定期进行修订。各系部处室均有权根据业务需要对本管理办法内容提出修改意见，并提交教育研究督导室。教育研究督导室负责收集整理各系部处室提出的修改意见，并安排有关人员进行专题讨论，对修改信息进行全面评估后组织修订本管理办法及相关文件。

第十条　本管理办法由教育研究督导室负责解释。

第十一条　本管理办法自2013年2月1日起实施，原管理办法同时废止。

北京市商业学校课题结题验收及成果评选管理办法

第一章　总　则

第一条　目的

为保证课题研究成果的质量，提高意见水平和成果应用价值，必须严把课题验收质量关。同时也为了鼓励教师积极开展课题研究活动，推广优秀课题研究成果，特制定本管理办法。

第二条　适用范围

本管理办法适用学校立项课题研究。凡经学校正式立项的课题均需参加课题结题验收和参加评选。

第三条　规范性引用文件

北京市商业学校《教育研究管理制度》。

第四条　术语和定义

无。

第五条　职　责

(一)教育研究督导室

1. 负责本管理办法的制定、修订、完善等工作。

2. 督促学校各教学系(部)及职能部门立项课题结题。

3. 收集并整理各课题组上交的课题结题材料并交由学术委员会进行验收检查。

4. 将学术委员会的验收检查结果进行汇总，并根据评选标准和比例对结题课题进行排序，推荐出获奖课题。

(二)各系(部)

负责立项课题的研究、实践、总结、撰写结题报告(研究报告)、及上报参加课题成果评审申报等工作。

第二章　课题验收

第六条　课题验收范围。凡经学校正式批准立项的课题，均应按要求参加学校组织的课题结题验收工作。

第七条　验收材料内容

(一)参加课题研究的课题组应按要求向学校教育研究督导室提交课题研究成果、课题研究结题报告和相关的课题结题材料。立项课题研究成果主件应为研究报告，字数一般不超过 1 万字。研究报告的主要内容应包括研究目标与内容、研究方法、研究成果、研究结论一级建议等。

(二)研究过程中形成的其他重要相关材料，如专著、论文、文献综述等，可作为成果附件提交。调研类课题，成果附件中须包括研究工具(问卷、访谈提纲等)、原始数据、数据统计方法说明及数据分析结果等。

第八条　验收鉴定

(一)由学校教育研究督导室组织学术委员会委员对课题进行评审，评审应根据立项课题的要求，坚持实事求是、客观公正的原则，对成果进行全面评议与鉴定。

(二)立项课题通过成果鉴定后，由学校颁发证书予以认定。

第九条　课题延期

对因客观因素确定需要延期的课题，负责人必须在计划结题期限前提出延期申请，经考核审查后由学校教育督导室审批。1 个课题只能申请延期 1 次，且延期时间不超过 1 年。

第三章　课题成果评选

第十条　评选范围

(一)通过结题验收的校级课题研究成果。

(二)按规定完成的集团级、市级、部级、国家级课题成果。

第十一条　评选的时间和程序

每年上半年，由教育督导室组织对所申报的课题研究成果进行评选，评出课题研究一、二、三等奖项，由学校学术委员会审议后，报学校领导办公会批准。

第十二条　评选标准

(一)实践性。课题研究具有一定的实用价值，尤其是对于学校职业教育教学发展具有一定的使用价值，课题成果具有一定的应用性和推广性。

(二)创新性。课题研究在内容、方法等方面具有一定的创新，能够体现职业教育的特点，体现学校职业教育改革的特色，或体现教育教学的特色。

(三)科学性。课题研究有一定的科学性。观点正确，论证合理，方法得当。

(四)规范性。课题研究按照要求提交了比较完整的材料，有比较规范的格式，按照观点完成研究。

第四章　课题成果奖励

第十三条　课题成果奖励

(一)获得优秀课题成果奖的课题，其奖励标准按照学校《教科研成果及教学竞赛奖励标准》有关条款规定执行，并按照相关制度规定，年终考核给予课题负责人及课题组成员分别进行奖励加分。

(二)凡获奖的课题均发给相应的获奖证书，并在每年全校教研成果表彰大会上予以公开表彰。

(三)对于学校优秀课题研究成果奖项，优先推荐参加上一级别的评选活动。

(四)组织出版优秀课题成果专集。

第五章　惩　处

第十四条　惩处

(一)未得到许可，没有按课题计划要求正常开展课题研究，学校教研研究督导室对课题负责人视情况给予警告，冻结其课题研究经费，并在2年内不受理其新课题的申报。

(二)对在研究工作中弄虚作假、违反财经纪律、或违反政策规定、影响精神文明建设和学校管理工作正常开展、造成不良影响者，视其情况给予批评直至报请学校给予处分。

第十五条　异议

课题组成员如对课题验收鉴定结果有异议，可以向学校学术委员会提出书面申请意见。视其具体情况由学校学术委员会组织重审。

第六章　附　则

第十六条　制度的起草与归口管理

本管理办法由教育研究督导室负责起草，报教职工代表大会批准后正式下达，教育研究督导室归口管理。

第十七条　办法的修订

本管理办法根据需要不定期进行修订。各系部处室均有权根据业务需要对本管理办法内容提出修改意见，并提交教育研究督导室。教育研究督导室负责收集整理各系部处室提出的修改意见，并安排有关人员进行专题讨论，对修改信息进行全面评估后组织修订本管理办法及相关文件。

第十八条　本管理办法由教育研究督导室负责解释。

第十九条　本管理办法自 2013 年 2 月 1 日起实施，原管理办法同时废止。

南京高等职业技术学校课题管理办法

为了充分调动广大教师进行课题研究积极性、主动性和创造性，增强教师的科研能力，不断加强教科研工作在学校建设中的引领作用，进一步提升学校的社会影响力，特制定本条例。

一、课题申报

课题的申报分为集体申报和个人申报，集体申报的课题由学校科研处统一发布各级教育科学规划部门的课题申报信息，由具有相关资质的教师作为课题主持人撰写课题申报评审表，学校科研处统一申报；个人申报的课题由教师个人自行申报，学校科研处给以一定的帮助，也可以通过学校科研处统一申报。

二、课题备案

所有学校教师申报的各级各类课题，在获得立项后，课题主持人均应携带相关证明材料到学校科研处进行备案登记，以便在进行教师工作量考核时给以相应的加分；凡是没有到学校科研处登记备案的课题一律不能够计算相应的教科研工作量。

三、课题过程管理

凡是在学校科研处登记备案的课题，学校科研处将根据该课题申报评审表中约定的研究进程进行必要的监督管理，确保课题研究的正常进行，使课题能够保质保量的完成。

四、课题结题

相关课题研究结束后，由学校科研处(或课题主持人)联系相关部门进行课题结题事宜，结题后均必须到学校科研处进行登记。

五、课题费用

(一)对于通过学校科研处申报的各级教育科学规划集体课题和个人课题，不论上级课题管理部门是否给予研究经费，学校均给以一定的资助费用；各级子课题和非各级教育科学规划部门立项的课题学校不给予费用资助。

(二)特殊情况费用由课题主持人提出书面报告，经科研处初审后报校长办公会审批。

(三)学校资助的课题费用实行专款专用，由科研处向学校财务部门统一申请，根据课题的进展情况由科研处审批后到财务部门进行报销(申领)。

(四)学校资助的课题费用仅能够使用在课题调研、材料、资料、成果鉴定方面，不能够作为它用。

(五)对于未能够按期结题的课题，学校将对已经支付的资助费用进行追回。

本条例自下发之日起实施，由教学科研部负责解释。

第6部分 校企合作和产教融合

校企合作，是指学校与企业建立的一种合作模式。是一种注重培养质量，注重在校学习与企业实践，注重学校与企业资源和信息共享的“双赢”模式。体现了职业教育与市场接轨，与企业合作，实践与理论相结合的教育理念。

产教融合，是指职业教育与产业在社会再生产链条中各自承担不同的社会职责和功能，职业教育和产业作为技能人才的供给方和需求方，使职业教育实现人才供给的最优化，两者相互协作，共同推动社会再生产协调有序发展。

国务院办公厅关于《深化产教融合的若干意见》(国办发〔2017〕95号)、教育部《关于深入推进职业教育集团化办学的意见》(教职成〔2015〕4号)、教育部《职业学校专业(类)顶岗实习标准》(教职称司涵〔2016〕29号)、《职业学校校企合作促进办法》(教职成〔2018〕1号)、《职业学校学生实习管理规定》(教职成〔2016〕3号)等是制定中等职业学校校企合作和产教融合管理制度的指导性文件和基本依据。

校企合作和产教融合管理制度应遵循教育和市场经济的基本规律，按市场需求和产业人力资源配置要求培养人才，通过两个要素的优化组合或契约方式建立战略联盟(职教集团)。管理制度一般由学校或校企共同协商制定或相关行业组织、政府有关部门主导确定的，由学校相关职能部门或校企协同执行并负责解释。

校企合作和产教融合管理制度主要包括校企合作与产教融合的管理制度和运行规范、职业教育集团的章程和相关制度、学生实习和就业管理制度、学历+职业“双证书”制度、校企交流平台管理办法、校企共建共享管理办法、“引企入校”或“校中厂”“厂中校”有关管理规定等制度。

“完善职业教育和培训体系，深化产教融合、校企合作”是新时代国家对职业教育持续发展的一个重要要求。制定校企合作和产教融合管理制度应树立供给侧思维，促进专业与产业对接、学校与企业对接、课程内容与职业标准对接、教学过程与生产过程对接、人才培养与人力资源配置对接，促进职业教育与产业相互渗透、相互支持、深度合作，促进“要素整合”或“契约合作”途径的畅通。

6.1 学生实习实训

学校应当加强校内外实习实训基地的建设，加强对实践性教学环节的管理，保证实践教学的质量。建立健全学生实习就业管理制度，学校应有相应机构负责学生实习就业工作，加强对学生的安全教育，增强学生安全意识，提高学生自我防护能力。学校应当做好学生实习责任保险工作。

——摘自《中等职业学校管理规程》第二十一条

制度案例

厦门信息学校校企合作管理办法（试行）

厦门信息学校学生实习管理办法

大连市轻工业学校实训（实习）教学管理

大连市轻工业学校定岗实习（毕业实践）管理

南京高等职业技术学校实训基地建设绩效评估办法（试行）

厦门信息学校校企合作管理办法（试行）

第一章　总　则

第一条　为进一步推动学校校企合作工作，加强科学化、规范化管理，建立校企深度融合的长效合作机制，提升学校教育教学水平和人才培养质量，更好地为地方经济社会发展服务，根据上级部门相关文件精神，结合学校实际，特制定本办法。

第二条　校企合作旨在利用学校和企业两种不同的教育环境和教育资源培养学生的职业综合能力，全面提高学生职业素养。

第三条　校企合作遵循优势互补，资源共享，互惠互利、共同发展的原则。

第四条　校企合作的主要任务是加强学校与企业在实习实训、人才培养、职业培训、科研及技术服务、毕业生就业等方面的合作与交流，从整体上提高学校的人才培养质量、社会服务能力和科研水平。

第五条　本办法适用于学校各专业与企业、行业组织在人才培养、实习实训、创业就业、培训、科研、技术服务等环节或领域开展的合作。

第二章　组织机构

第六条　学校成立校企合作工作领导小组和校企合作委员会。校企合作工作领导小组负责对学校校企合作工作进行宏观指导、协调与管理，研究决定校企合作工作中的重大问题和重要事项。学校校企合作工作领导小组下设校企合作办公室，设置在学校招生与就业科。

第七条　校企合作办公室的主要职责是：

1. 负责学校校企合作工作的统筹规划，制定校企合作年度工作计划。

2. 建立健全校企合作各项管理制度，完善校企合作运行与管理体系。

3. 加强学校与相关政府部门、行业组织、企事业单位的联系，拓宽校企合作的渠道与途径，推进校企合作项目向深度和广度发展。

4. 负责指导各专业教学部校企合作项目的立项申报与建设工作；对跨专业的校企合作特色项目加强协调和管理。

5. 负责组织校企合作项目的立项、审核和报批。

6. 负责校企合作合同审查与管理。

7. 加强校企合作项目的跟踪了解、现场考察、实地走访，强化项目运行监督和经费管理。

8. 负责组织校企合作项目中期检查和考核验收工作。

9. 负责筹办“厦门电子信息职业教育集团”年会及校企合作有关交流、研讨、联谊会、总结表彰会等工作，及时总结和推广校企合作先进经验，巩固、拓展、提升校企合作成果，创新校企合作模式。

10. 建立校企合作网络平台，整合各方面资源，建成校企合作资源库，实现校企合作信息与资源共享。

11. 负责校企合作文件材料的收集、整理和立卷归档工作。

12. 负责校企合作经费的预算、使用和管理。

第八条　各专业教学部是校企合作工作的主体，是具体实施单位，并负责校企合作项目的日常管理。其主要职责是：

1. 根据专业特点和工作需要，制定切实可行的管理制度或实施办法，规范校企合作各项工作。

2. 制定本专业部校企合作年度工作计划，组织制定适合专业特点的校企合作方案，积极探索现代学徒制、订单培养、冠名班、厂中校等校企深度合作模式。

3. 充分利用各种社会资源，积极联系合作单位，引进合作项目，并组织做好项目的申报立项工作；校外实训基地要有相对稳定性，能充分满足学生校外实训和顶岗实习的需要。

4. 拟定《校企合作协议书》，组织校企双方签订合作协议。合同条款不得承诺超过学校规定的条件，企业提供的工作环境必须确保学生身心健康和人身安全。

5. 项目立项后，督促项目负责人按计划实施，及时协调解决项目实施过程中出现的问题，为项目的顺利实施提供必要条件。

6. 按时报送校企合作相关材料，接受学校的考评和验收。

7. 积极组织行业企业人才需求调研工作，每学年各专业应进行 1 次，调研报告应在一定范围内进行交流。

8. 校企合作建设“双师结构”教学团队。聘请行业企业专家和专业技术人员、高技能人才担任兼职教师，承担实习实训技能等教学任务，为教师举办新技术、新设备、新工艺、新材料内容的培训班和讲座；有计划安排专业教师到合作单位实践锻炼。

9. 校企共建校内实训基地。引进合作企业为校内的实训基地投入部分资金用于购买教学实习设备，或企业将设备无偿赠送给学校，建立专业实训室。负责对企业冠名的实训室加强管理，使其充分发挥作用。

10. 加强学生顶岗实习的实习指导、日常管理及实习考评，与企业共同做好实习的安全培训工作和实习期间的劳动保护、安全工作。

11. 校企共同开展科技研发或为企业提供技术服务。针对企业的需求和企业在生产中遇到的技术难题，共同开展科技研发工作；或根据企业的要求，组织师生为企业提供信息资料、技术服务、解决技术难题。

12. 聘任行业企业学生指导教师或工作稳定的毕业生组成兼职教学质量信息员队伍，

反馈学生在职业素质、职业技能、职业适应性等方面的信息及对学校人才培养改革方面的建议或意见。

第九条　招生与就业科、教务科、德育科、教研与培训科、财务科、总务科等部门应在各自职责范围内负责校企合作的有关工作，形成齐抓共管的良好局面。

招生与就业科主要负责校外实习实训基地的管理、学生顶岗实习教学管理。教务科负责校企合作课程开发、“双师型”教师与“双师结构”教学建设等工作。

德育科主要负责学生顶岗实习期间的思想政治教育和安全管理工作，为学生就业创业搭建良好的平台。

教研与培训科产主要负责校企横向科研项目的推进，校企共同开展科技研发，引导专业教师积极为企业提供技术服务，提高学校社会服务能力。

财务科主要负责核算校企合作项目运行成本，审查校企合作项目运行收入分配方式的合理性及财务管理。

总务科主要负责校企合作校内工作场地、设备的管理与监督使用及项目终止时固定资产(包括捐赠仪器设备)的清理与回收，积极为校企合作提供相关支持与服务。

第三章　合作条件、内容与形式

第十条　校企合作的企业一般应具有独立的法人资格，具有较高的合作诚信度，拟合作的项目应符合学校定位和发展需求，校企双方应具备项目合作的硬件或软件实力。

不宜引进的校企合作项目范围：拟引进的合作项目中含有国家或行业协会明令禁止的设备、材料、工艺、技术；单纯进行商业性生产经营；有关法律、法规禁止的其他情形。

第十一条　校企合作的内容可以涉及人才培养过程的各个环节，包括专业建设、课程建设、师资建设、实习实训、教学评价等领域。

第十二条　各专业要充分发挥学校办学优势，充分利用企业技术、设备、信息等资源优势，密切关注企业需求，找准校企利益共同点，积极主动与行业企业开展全方位、深层次、多形式合作，创新校企合作的体制和机制，推动我校校企合作工作取得实效。

第四章　合作项目的管理

第一节　申报与立项

第十三条　专业部组织项目负责人填写《厦门信息学校校企合作项目立项申请书》，由专业部教学部长对项目负责人申报材料的真实性和完整性等进行审查，对符合申报条件和要求的项目，提出具体推荐意见，报学校招生与就业科办理立项手续。

第十四条　学校实行校企合作项目审核会签制度。由招生与就业科、教务科、德育科、教研与培训科、财务科、总务科等相关职能部门参与，各自履行以下职责。

1. 招生与就业科：主要审查合作企业的资质；审查合作项目是否符合学校总体规划，是否符合学校定位和发展需求，是否符合学校专业建设规划等。

2. 教务科：主要审查合作项目对实践教学的促进作用，是否符合实践教学需求，是否有利于提高教学质量及学生实践教学的参与度等。

3. 教研与培训科：主要负责合作企业委托学校承担的技术研发合同、技术服务合同等横向科研项目或校企共同申报的省市级纵向科研计划项目进行立项审查。

4. 总务科：审查占有资源总量和成本的合理性，进行成本效益评价。

5. 财务科：审查运行成本承担单位和方式，以及运行收入分配方式的合理性。

校企合作项目占用学校资源量范围广、数量大，或学校一次性投入(含年运行成本)在10万元人民币及以上，应由校企合作办公室负责组织业内专家评审。

第十五条　不占用学校资源、不需学校投入经费的项目，相关职能部门审核会签后，报学校领导审批立项。

占用学校资源、需学校投入经费的合作项目，相关职能部门审核会签或专家评审后，提交校长办公会审批立项。

第二节　合同管理

第十六条　凡批准立项的校企合作项目，校企双方应签订合作协议，承担校企合作项目的教学部应按合同规定加强日常管理工作。

第十七条　《校企合作协议书》由承担项目的教学部负责拟定。

第十八条　校企合作项目的合作期限原则上为1～3年。协议到期后，校企双方可根据合作意愿和实际情况续签协议。

第十九条　《校企合作协议书》签订的流程具体见《厦门信息学校校企合作协议签订流程图》。

第三节　项目实施及过程管理

第二十条　项目立项后，承担该合作项目的教学部应在1个月内启动项目。

第二十一条　承担校企合作项目的教学部要加强对项目运行的管理、指导和督促检查；要采取有效措施，为项目的顺利实施提供必要条件。

第二十二条　项目负责人或项目组成员应经常到合作企业实地走访调研，开展相关工作交流，及时解决项目实施过程中遇到的问题。原则上每年应不少于3次。

第二十三条　项目实施过程中，校企合作办公室将对项目进展情况进行抽查。抽查的主要内容包括：项目实施进度，合作单位提供设备到位情况，学生在合作单位实习实训情况，合作单位对项目承担部门及项目负责人的意见反馈，项目已取得的阶段性合作成果等。

第二十四条　占用学校资源或学校投入了经费的合作项目，实行中期报告制度。自批准立项时起，项目实施时限过半时，项目负责人应填写《厦门信息学校校企合作项目中期报告书》，经项目承担部门审核认可后，报校企合作办公室备案。

第四节　经费及资产管理

第二十五条　学校在校企合作项目实施过程中发生的费用支出，均应建立台账，单独收支和核算。

第二十六条　校企合作项目实施期间，承担项目的教学部应明确固定资产权属，并分别列明仪器设备清单。合作项目自然终止或违约终止，学校固定资产(包括捐赠仪器设备)均应收回。事先约定属于合作企业的资产，应由总务科资产管理部门按明细清单清点后，由合作企业进行处置。

第二十七条　知识产权管理。凡校企合作项目在合作过程中获得的成果(包括发表论文、专著、专利等)，均应按协议署合作双方名称，系双方共同所有，并纳入学校管理范围。

第五节　项目验收

第二十八条　校企合作项目合同期满，承担项目的教学部应督促项目负责人向校企合作办公室提出验收申请，填写《厦门信息学校校企合作项目验收报告》，同时提供项目合作成果相关材料。

第二十九条　项目验收由校企合作办公室组织实施，主要通过听取汇报、查阅资料和实地查看等方式进行。

项目验收结束后，相关材料由校企合作办公室存档。

第三十条　验收结论分为“通过验收”“未通过验收”两种。存在下列情况之一的项目，实行一票否决制，按“不通过验收”处理。

1. 未实施《项目申请书》中规定的合作项目和《校企合作协议书》中规定的合作内容；
2. 预期成果未能实现；
3. 提供的材料数据不真实、不完整；
4. 占用了学校资源或学校投入了经费的项目无中期报告。

第五章　激励措施

第三十一条　校企合作项目合同期满，通过验收的项目，学校给予项目负责人一定奖金的一次性奖励。

第三十二条　教师参与校企合作项目的业绩和工作量列入个人绩效考核中，可享受相应加分，作为年底评优评先的重要依据。

第三十三条　校企合作工作的相关内容将纳入学校教学部年度工作绩效考核指标中。

第三十四条　未经校企合作办公室立项，个人擅自以学校名义私下与企业进行合作的，学校给予相关责任人批评教育或行政处分；造成经济损失的，依法承担赔偿责任；构成犯罪的，依法追究刑事责任。

第三十五条　校企合作项目实施过程中，项目负责人未按协议履行职责或合作内容发生重大变化，未书面通知校企合作办公室，造成的后果由项目责任人承担。

第六章　附　则

第三十六条　本办法由校企合作办公室负责解释。

第三十七条　本办法自印发之日起施行。

厦门信息学校校企合作项目立项申请书

合作项目名称________________________________

申 报 部 门(盖章)____________________________

合作单位名称________________________________

____

____

申 报 日 期：________年________月________日

厦门信息学校制

填表说明

1. 本申请书是厦门信息学校校企合作项目的主要文件，由承担者编写。

2. 请用黑色碳素笔认真填写或打印各项内容，表内栏目不能空缺，无此内容时，填“/”。

3. 加盖部门公章后，一式三份报校企合作办公室(招就科)。

4. 经审定批准立项后，应签订合作协议(或合同书)，并附此报告于后，进行归档管理。

5. 合作项目启动后，每年应进行合作项目进展情况总结。总结作为附件与此报告一并归档管理。

6. 合作项目结束后，应明列固定资产清理明细单据。涉及该合作项目的所有文书档案资料送交校企合作办公室(招就科)归档留存。

<table>
<tr><td colspan="2">合作项目
名　　称</td><td colspan="3"></td></tr>
<tr><td rowspan="4">合作
单位
基本
情况</td><td>单位名称</td><td colspan="3"></td></tr>
<tr><td>主要生产经营范围</td><td colspan="3"></td></tr>
<tr><td>通讯地址</td><td colspan="3"></td></tr>
<tr><td>法人代表姓名</td><td></td><td>联系人及联系方式</td><td></td></tr>
<tr><td>合作形式</td><td colspan="4"></td></tr>
<tr><td>合作具体内容</td><td colspan="4"></td></tr>
<tr><td>合作单位投入</td><td colspan="4"></td></tr>
<tr><td>占用学校资源</td><td colspan="4"></td></tr>
<tr><td>项目运行时域
和预算</td><td colspan="4"></td></tr>
<tr><td>预期成果</td><td colspan="4"></td></tr>
<tr><td>招就科意见</td><td colspan="4">盖章：　　　　　　　　年　月　日</td></tr>
<tr><td>学校
意见</td><td colspan="4">签名：　　　　　　　　年　月　日</td></tr>
</table>

厦门信息学校学生实习管理办法

第一章　总　则

第一条　为规范管理学校学生实习工作，切实提高实习工作质量，保护实习学生的合法权益，根据《中华人民共和国教育法》《中华人民共和国劳动法》《中华人民共和国职业教育法》《中华人民共和国安全生产法》《中华人民共和国未成年人保护法》《中华人民共和国职业病防治法》和教育部等五部门印发的《职业学校学生实习管理规定》及相关法律法规、规章，制定本办法。

第二条　本办法所称学生实习，是指本校学生按照专业培养目标要求和人才培养方案，到企(事)业等单位(以下简称实习单位)进行专业技能培养的实践性教育教学活动，包括认识实习、跟岗实习和顶岗实习等形式。

认识实习是指学生由学校组织到实习单位参观、观摩和体验，形成对实习单位和相关岗位的初步认识的活动。

跟岗实习是指不具有独立操作能力、不能完全适应实习岗位要求的学生，由学校组织到实习单位的相应岗位，在专业人员指导下部分参与实际辅助工作的活动。

顶岗实习是指初步具备实践岗位独立工作能力的学生，到相应实习岗位，相对独立参与实际工作的活动。

第三条　学生实习是实现职业教育培养目标，增强学生综合能力的基本环节，是教育教学的核心部分，应当科学组织、依法实施，遵循学生成长规律和职业能力形成规律，保护学生合法权益；应当坚持理论与实践相结合，强化校企协同育人，将职业精神养成教育贯穿学生实习全过程，促进职业技能与职业精神高度融合，服务学生全面发展，提高技术技能人才培养质量和就业创业能力。

第四条　学生参加实习，一般由学校教务科或招生与就业科安排，其中顶岗实习允许学生自行落实实习单位。

学生个人联系实习单位进行顶岗实习的，必须由本人提出书面申请，家长签字，并经所在教学部和相关职能部门同意后方可离校实习，实习期间如出现违法违纪行为或人身意外伤害事故的，由学生本人负责。无论是学校推荐还是学生个人联系实习单位的，学生均须与学校签订实习协议，并由学生所在教学部具体负责。

认识实习、跟岗实习由学校教务科安排，学生不得自行选择。

第五条　组织安排学生实习，要严格遵守国家有关法律法规，依法保障实习学生的基本权利，并不得有下列情形：

(一)安排一年级在校学生顶岗实习；

(二)安排、介绍未满16周岁学生跟岗实习、顶岗实习；

(三)安排未成年学生从事《未成年工特殊保护规定》中禁忌从事的劳动；

(四)安排实习的女学生从事《女职工劳动保护特别规定》中禁忌从事的劳动；

(五)安排学生到酒吧、夜总会、歌厅、洗浴中心等营业性娱乐场所实习；

(六)通过中介机构或有偿代理组织、安排和管理学生实习工作；

(七)安排学生从事高空、井下、放射性、有毒、易燃易爆，以及其他具有较高安全风险的实习；

(八)原则上安排学生实习工作时间每天不超过8小时。

第二章　组织管理

第六条　学校成立实习工作领导小组，由校长担任组长，副校长担任副组长，成员由教务科科、德育科、招生与就业科、保卫科的中层领导和专业部部长和德育部长组成。认识实习、跟岗实习由学校教务科负责；顶岗实习由招生与就业科负责。

第七条　各部成立由教学部长、德育部长、实习指导教师和实习班级班主任组成的实习工作管理机构。

① 教学部长职责：按照专业人才培养方案目标要求，组织审定实习实施计划，制定实习大纲；联系、考察、确定实习单位，保证每一位学生都有实习岗位。

② 德育部长职责：为实习班级选派实习指导教师；开展实习前的培训，帮助学生明确实习目的、任务、方法和考核办法等，加强实习纪律和安全教育。负责实习期间对校内指导教师的管理和考核；研究解决实习管理中存在的问题，适时对实习工作巡回检查。

③ 实习指导教师职责：负责学生实习期间的思想教育、心理辅导等工作和实习工作巡回检查工作；负责学生实习的考核，实习材料的整理、归档和上报。

第八条　实习由学校、企业和学生三方共同参与，实施校企双方共同管理。

第九条　实习采取三级管理制度。

① 定期巡回检查。教务科、招就科安排专门人员到实习单位进行定期巡回检查，了解情况，解决问题。

② 教师现场指导。对在企业进行实习的学生采取集中指导和分散指导相结合，对实习学生相对集中的企业，各教学部要定期安排指导教师，与在企业聘用的兼职教师共同指导学生；对分散实习的学生，要通过电话、网络在线等方式对学生定期指导。

③ 班组自我管理。学生实习期间，同一个单位有三名(含三名)以上学生的，必须成立实习小组，并选任组长，组长负责管理实习日常事务，并定期向指导教师、辅导员和企业相关人员汇报本小组实习、生活和思想情况，如发生突发事件要在第一时间向辅导员和企业相关人员报告。

第三章　工作流程

第十条　教务科根据各专业教学计划，制定实习教学任务。

第十一条　教学部开展实习动员和安全教育活动，以提高学生对实习重要性的认识，明确对实习工作的任务、要求和相关规定。

第十二条　学校统一寄发《致实习学生家长的一封信》，让学生家长全面了解实习的政策、目的、意义、安排和要求，以取得学生家长的理解、支持和配合。学校组织学生参加顶岗实习，由招就科组织召开“实习工作家长会”。

第十三条　教学部根据实习学生人数和岗位要求，联系、考察、推荐实习企业。

第十四条　教学部为实习学生选派聘用实习指导教师。实习指导教师负责实习学生的管理工作，领取《实习教师工作手册》等相关资料。

第十五条　学生参加跟岗实习、顶岗实习前，学校、实习单位、学生三方应签订实习协议。协议文本由当事方各执一份。未按规定签订实习协议的，不得安排学生实习。

认识实习按照一般校外活动有关规定进行管理。

第十六条　实习结束后，学校组织实习工作考核，填写《厦门信息学校学生实习鉴定表》。实习的考核结果记入实习学生学业成绩，考核结果分优秀、良好、合格和不合格四个等级，考核合格以上等次的学生获得学分，并纳入学籍档案。实习考核不合格者，不予毕业。

第十七条　实习指导教师定期交验《实习指导教师工作手册》等实习教学资料。学校根据《厦门信息学校实习指导教师量化管理办法》对具体管理实习工作的德育部长和实习指导老师进行实习工作考核。

第四章　职责与纪律

第十八条　教学部主要职责

（一）根据相关文件精神，结合专业建设需要，加大校外实习基地建设力度，建设满足学生实习要求的实习基地。

（二）根据专业人才培养方案和开课计划书编制实习计划，联系实习单位，签订实习协议，安排学校指导教师，聘请企业指导教师，制定实习方案，并将实习方案报教务科审批备案。

（三）实习前组织学生进行实习动员，加强安全教育，教育学生树立安全第一、预防为主的思想意识，提醒学生要注意交通安全、消防安全、用电安全、外出安全、居家安全和食品安全等。要认真学习实习方案，帮助学生明确实习目的、任务、方法和考核办法，做好学生外出实习前的各项准备工作。

（四）加强对实习过程管理，督促和检查学校指导教师的工作状况，积极为学校指导教师和学生解决实习中的工作和生活问题，妥善处理各种突发事件，确保实习顺利进行。

（五）在实习过程中，加强与实习单位的沟通，鼓励学生在实习单位就业，主动为学生就业做好服务工作。

（六）组织做好实习的总结工作，建立实习档案。

第十九条　实习学生职责

（一）实习的学生具有双重身份，既是一名学生又是一名员工，要自觉遵守学校的校纪校规和实习单位的规章制度，维护学校和实习单位的声誉。

（二）强化职业道德，端正实习态度，服从领导，尊敬老师，爱岗敬业，做一个诚信的实习生和文明员工。

（三）所有实习学生要主动配合学校（企业）指导教师做好实习相关工作，与实习单位建立良好关系。

（四）按照实习计划和岗位特点，认真履行岗位职责，努力提高自己的专业技能。同时安排好自己的学习、工作和生活，培养独立工作能力。

（五）实习学生要严格执行所在岗位操作规程、劳动纪律，爱护劳动工具、仪器、设备，并注意自身安全，防止意外事故发生。

（六）认真做好日志（实习现场工作记录），为撰写实习报告积累资料。实习结束后，独立完成实习报告。实习报告应包括以下内容：

1. 实习时间、地点、内容和指导老师。

2. 实习任务完成情况、实习岗位的基本业务流程与工作要求、岗位所需知识技能与自身适应情况、所在岗位问题分析与建议等。

3. 实习总结：对实习过程和内容的感受、收获，应突出实习过程中本人在职业素质和岗位综合能力方面的提高等情况。

第二十条　学生实习纪律

（一）实习期间特殊情况需请假时应征得实习单位的批准，并及时向学校和企业指导教师报告。

（二）未经学校批准，不准擅自离开或调换实习单位。实习期间如需变更实习岗位，必须征得学校指导教师和原实习单位同意。擅自离开实习岗位的，严格按照相关规定处理。

（三）对严重违反实习纪律，被实习单位终止实习或造成恶劣影响者，实习成绩按不及格处理，同时给予相应的处分；给实习单位造成财产损失的，应当依法予以赔偿。

（四）无故不按时提交实习报告或其他规定的实习材料者，实习成绩按不合格处理；凡参加实习时间不足学校规定时间80%者，不予评定实习成绩。

第五章　考核与评价

第二十一条　学生在实习期间接受学校和企业的双重指导，校企双方要加强对学生的工作过程控制和考核，实行企业和学校共同考核的评价机制。

第二十二条　成绩考核评定根据学生的实习周记（日记）、企业（企业指导老师参与）评定成绩、学校指导教师评定成绩、实习报告及其他情况综合评定，分优秀、良好、合格、不合格四级，记入学生毕业成绩单。

（一）周记（日记），由学校指导教师根据实习情况，对周记内容进行评定；学校指导教师对学生的考核，主要对学生在岗位的表现情况进行考核，考核内容包括实习生出勤、实践技能和综合职业素质的考核。

（二）实习报告，由教学部长根据专业及学生报告内容指定专业教师评定。

（三）企业鉴定由企业和企业指导教师根据企业对员工的考核要求对实习学生在实习过程中具体表现评定成绩。

（四）实习考核成绩主要由四部分组成，其中实习周记（日记）占10%，企业（企业指导老师参与）评定占50%，学校指导教师考核占20%，实习报告占20%；其他为加分项，主要指在实习过程中表现特别突出，或在实习过程中为企业进行了技术改造、革新及小发明以及受到表彰奖励等有证明材料的。

第六章　安全职责

第二十三条　学校会同实习单位以安全第一的原则，严格执行国家及地方安全生产和职业卫生有关规定，加强实习安全监督检查，健全生产安全责任制，执行相关安全生产标准，健全安全生产规章制度和操作规程，制定生产安全事故应急救援预案，配备必要的安全保障器材和劳动防护用品，加强对实习学生的安全生产教育培训和管理，保障学生实习期间的人身安全和健康。

第二十四条　学校和实习单位共同对实习学生进行安全防护知识、岗位操作规程教育和培训并进行考核。未经教育培训和未通过考核的学生不得参加实习。

第二十五条　落实学生实习强制保险制度，为实习学生投保实习责任保险。学校德育科负责实习责任险的投保工作，责任保险范围覆盖实习活动的全过程。学生在实习期间受到人身伤害，属于实习责任保险赔付范围的，由承保保险公司按保险合同赔付标准进行赔付。不属于保险赔付范围或者超出保险赔付额度的部分，由实习单位、学校及学生按照实习协议约定承担责任。学校和实习单位积极妥善做好救治和善后工作。

第七章　附　则

第二十六条　本办法自发布之日起试行。

大连市轻工业学校实训（实习）教学管理

实训（实习）教学是学校根据社会需求，结合理论课教学情况，对学生进行全面的职业技能技术培训，从而提高其专业技能水平的重要手段，是培养学生动手能力和职业能力的重要教学环节。

为规范我校实训（实习）教学，特制定以下规范。

一、教学准备规范

实训（实习）教学准备，应从前一个学期的期末开始。

每学期放假前半个月，各专业教学科应根据《专业教学标准》，结合学校现有实训设备状况和学生接受能力，切合实际地对本专业在新学期的实训课做出统筹安排。

各专业教研室应于前一个学期的期末制定专业实训（实习）计划，最迟于学期开学初一周内，制定专业实训（实习）实施方案，经所在教学科批准后，报教务科备案。同时提交新学期实训课设备及耗材购置申请，申请要写明设备和耗材的名称、数量及估价。

涉及实训（实习）任务调整的，应提前四周报教务科批准。

二、教学计划制定规范

实训（实习）教师在每学期初根据学校《专业教学标准》制定实训教学学期教学计划。

实训（实习）课学期教学计划应包括以下几个方面：

1. 实训科目及授课人；
2. 本学期实训（实习）总课时数；
3. 实训（实习）地点；
4. 实训（实习）科目总体教学目标；
5. 每个实训项目内容提要、授课时间、计划用课时数、教学目标（实训课后学生能达到的技能水平)、实训手段、所需仪器设备及耗材等。

三、备课规范

实训(实习)教学备课要根据实训教学计划，同时还要不断吸收有关新技术、新技能、新设备的知识，注重与生产实际密切联系。

实训(实习)教师应在实训课前一周完成备课工作。教师应从以下几个方面做好备课工作：

1. 备学生。摸清学生现有知识水平、技能水平和接受能力；
2. 备教材。明确实训教学的目标，熟练掌握实训内容的知识原理、操作要领；
3. 备器材。准备好实训课所需一切器材并逐一检查，保证所有器材性能完好；
4. 备安全。估计所有可能出现的安全隐患并制定应对措施；
5. 备组织。做好分组等教学组织工作，安排好组长、操作骨干及工位号，保证教学有条不紊的进行；
6. 备考核。制定本项目技能考核方案和标准。

实训(实习)教学设计应具备以下主要内容：

1. 实训项目；
2. 授课时间；
3. 计划用课时数；
4. 教学目标(技能考核标准)；
5. 所需仪器设备及耗材；
6. 知识原理、任务图纸、操作要领；
7. 安全预案；
8. 分组计划及工位安排；
9. 技能考核方案。

教师在完成以上备课程序后，上课前要进行实际操作，从而验证备课的正确性、完备性和设备的性能，进一步提高对教学内容和操作示范的熟练程度。

四、仪表及着装规范

1. 指导教师仪表整洁，精神饱满，站姿讲课。进入实习现场，必须穿工作服，女教师长发者必须戴工作帽；
2. 学生在校内实验室、实训室上课，要统一穿着工装；
3. 师生着工装时，不得挽起袖子或不系袖扣，长头发女生在加工岗位实习期间需要佩戴相应的帽子；
4. 师生着工装应严谨、规范，注意仪容仪表，不得敞胸露怀、衣装不整，不准穿凉鞋，应穿着安全、符合专业工种要求的鞋类；
5. 学生工装应配套穿着，不得与其他衣服混穿，否者不允许进入实验室和实训中心；
6. 工装应勤洗、勤换，保持干净整洁；

五、课前准备规范

1. 指导教师应在实训(实习)前一周准备好实训耗材，并最迟于实训前3天对仪器、设备进行检修，确保其处于适用状态；

2. 实训(实习)教师应最迟于实训开始的前一周，对实训班级进行实训任务、安全教育、着装规范及纪律教育的讲解；学生签订安全保证书；

3. 实训(实习)教师要在上课前10分钟到达实训室并做好上课准备；学生要在上课前5分钟到达指定工位；如涉及多人使用同一工位的，指导教师应在征求学生意见的基础上，合理安排实践顺序；

4. 实训(实习)教师应在课前，在实训室白板(黑板)的醒目位置写明当天实训任务(或绘制工件简图)，应当写明学生分组及指导教师姓名。

六、教学过程规范

1. 每天实训(实习)课前对学生进行必要的安全、纪律教育，对学生进行考勤(每两节课进行一次)，指导学生按照分组计划对号入位；

2. 指导学生检查有关仪器设备的完好情况，做好仪器设备的使用记录；

3. 讲解项目操作的有关知识原理、操作要领并示范操作。原理要分析透，要领要抓住关键，示范要规范、准确；

4. 分配布置实习任务。实训任务应从简单到复杂，布置完任务后应立即组织学生进行练习；

5. 指导教师应巡回指导，及时发现错误操作和不良习惯并纠正。提倡同学互帮互学、团结友爱。教师要时时注意安全，杜绝违章操作，确保万无一失；除巡回指导外，指导教师应在规定区域站位并环视所有工位；

6. 教师在指导学生时，应启发学生独立操作和思考，引导帮助学生自己找到正确解决的方法，帮助学生树立自信心；

7. 练习告一段落，根据技能考核方案确定考核训练成绩，对达不到考核标准者采取补救措施；

8. 实操任务结束后，指导教师应组织学生对实训室进行清扫(清理)。原则上，每天的清扫应安排在当天最后一节课的适当时间进行，指导教师应组织学生按照“6S”管理的标准，清理、检查实训场地。

对于清扫(清理)难度较大的实训室，可将其周扫安排在周五第四节课进行。指导教师应在教学设计中，对清扫(清理)的任务分工、清扫(清理)标准、评分办法、检查方案进行合理安排、并全程督促。

9. 每天实训结束前，指导教师应集合班级学生，进行总结，指出存在问题，对共性的问题集中进行讲解、示范，并要对本次实训教学中所反映出的安全问题、劳动态度、专业技能进行集中点评。

大连市轻工业学校定岗实习（毕业实践）管理

定岗实习(毕业实践或毕业论文)是教学过程的最后阶段，按照培养目标规定的业务要求，对学生进行一次全面的、系统的、综合的、基本能力训练，指导教师应针对生产(业务)提出的某些问题，深入实际进行调查，选好题目，组织学生搜集并汇总各种资料，综合运用所学知识，通过调查、论证、计算、绘图、撰写报告等工作，取得设计或论文等成果。

一、指导教师应在定岗实习(毕业实践或毕业论文)前6周选定题目，写出选题报告，报告内容包括课题来源、课题内容、工作量分析、主要用具设备等。

二、定岗实习(毕业实践或毕业论文)过程

定岗实习(毕业实践或毕业论文)基本过程是：下达任务书，毕业调研实习，总结方案拟定，具体结构设计，形成图纸或作品，书写设计说明书，答辩(或展示)，定岗实习报告等，成绩评定。

三、定岗实习(毕业实践或毕业论文)成绩评定办法

定岗实习(毕业实践或毕业论文)成绩的评定，一般采用平日考核或小组答辩相结合的办法。由指导教师、评阅教师、专业科长、校领导(必要时可聘请专家和工程技术人员参加)组成的考核委员会组织实施。实习前，每个学生必须按要求完成全部内容，并交给指导教师审阅。

(一)定岗实习(毕业实践或毕业论文)考核的一般程序为：

1. 主持人宣布被考核学生的姓名及课题名称；

2. 考核时，学生首先自述(约10分钟)，对其设计(论文)、报告等内容进行简要介绍；

3. 考核人员审阅学生图纸、设计说明书和各类报告材料等，随后提问答辩，约10分钟；

4. 答辩结束，由参与答辩的人员评定答辩成绩。

(二)毕业设计(论文)考核成绩，由考核委员会成员依据：

1. 毕业设计(论文)质量；

2. 考核成绩；

3. 学生在毕业设计过程中的表现综合评定(一般设计能力，图纸质量，说明书水平等占60%，答辩水平占40%)。

毕业设计成绩，按优、良、中、及格、不及格五级评定。

四、定岗实习(毕业实践或毕业论文)成绩的评定标准

1. 优：能出色地完成任务规定的全部内容，独立分析问题、解决问题的能力强。设计方案正确，图纸质量高，书写工整，插图清晰，答辩成绩优异，表现出色。

2. 良：能圆满地完成任务书规定的全部内容，综合运用知识和分析问题的能力较强，设计方案正确，图纸质量较高，设计说明书清楚，书写插图工整答辩成绩良好，表现良好。

3. 中：能完成任务规定的全部内容，尚能综合运用所学知识解决问题，设计思路基本正

确，设计图纸质量尚好，设计说明书符合一般要求，图表正确，答辩成绩一般，表现一般。

4. 及格：能基本完成任务规定的内容，具有基本分析问题的能力，设计方案无原则错误，设计图纸及说明书质量较差，答辩成绩及格，表现较差。

5. 不及格：没有全部完成任务规定的内容，设计中有原则错误，设计图纸及说明书质量差，答辩成绩不及格，表现很差或未达到规定的出勤率。

南京高等职业技术学校实训基地建设绩效评估办法（试行）

实训基地建设是职业学校基础能力建设的重要组成部分，也是提升学校办学内涵、实现可持续发展的关键所在。为进一步推进学校各专业实训基地的建设，做好实训基地建设的规划、管理和使用，提高工作绩效，根据高职教育人才培养目标和实训教学基地建设的标准，对学校实训教学基地的建设与规划、实训教学条件、管理与运行、教学与成效以及基地特色等方面的情况进行综合性评估，特制定本办法。

一、评估内容

（一）常规管理

各系实训基地建设应建立在充分调研、反复论证的基础上，建设规划科学，建设方案合理，建设过程规范，并能及时进行总结和完善。

实训基地要严格遵守国家有关部门颁布的法规、法令及条例，建立实训环境管理和劳动保护的管理规定、安全操作管理规程和文明生产措施，管理制度健全，并能结合各专业特点加强实训基地的专业文化环境建设。

实训基地隶属关系明确，管理责任落实到人，人员、物品管理到位。实训基地应确定实训指导教师和实训基地管理人员。实训指导教师应有合理的学历、技术职务和技能结构，工作经验丰富、责任心强、有较高专业理论水平和技能水平，以保证实训教学质量的不断提高和实训基地建设的不断加强。

管理台账含固定台账和动态台账两部分(具体内容详见附录)。

（二）实践教学管理

实训基地是实现人才培养目标、实施专业教学的重要资源和场所。各系应高度重视实践教学资源的建设和实践教学过程的管理，有计划、高效率地使用基地。要安排专人负责实训基地的教学管理工作，完善实训记录等台账制度，做好实施性计划的制定、指导书的编写、学生实训报告和小结及成绩考评等工作，并将有关资料收集整理归档。

（三）使用效率

实训基地的使用效率是学校进行绩效评估的重要方面，也是各系实训基地建设延续性投入的重要参考依据。各系应按教学计划的要求开出、开齐所有实训项目，并扩大基地的开放率，注意加强在校内、校外的资源共享。各实训基地必须及时、准确统计使用效率。并定期征求教师、学生对实训基地管理、使用的意见与评价，合理安排实训基地使用计划，以提高使用率和管理水平。

（四）成本、效益核算

各系在实训基地建设、管理中应有成本、效益观念。建设方案论证充分，与行业、企业联系紧密，所购置设备价格合理、符合教学需求、贴合行业发展趋势，后续资金投入计划明确，专款专用。

能合理控制并及时记录实训基地运行过程中的各类消耗和经费使用情况（含设备折旧、维护经费、耗材采购费用、管理人员费用等），账册齐备、账目清楚。

各系应充分利用校内实训基地开展社会培训、产学研项目和校本教师培训，创造良好的社会效益和经济效益。

（五）专项检查

根据学校工作重点，对实训基地的规划、建设、管理等进行专项检查。专项检查内容包括场所卫生、文化环境、台账、教学过程、规划落实情况等等。

二、评估办法

学校成立评估小组，由分管教学的校长任组长，组员从教学科研部、教学督导室、各系选择人员。评估采取资料检查、现场视察、随机抽查相结合的方式。学校每年组织评估一次，一般在每学年末进行，其他时间随机进行专项检查。

三、评估结果及应用

评估结果分为优秀、良好、合格、整改、不合格五个等级。

评估结果为整改、不合格的实训基地，相关管理人员在校级年度考核中不得评优评先，对所属系的后续实训基地建设项目将不优先考虑。连续两年评估结果为不合格的，相关管理人员必须更换，所属系的后续建设项目一律暂停，待整改合格后，方能恢复。

本办法自校长办公会通过之日起实施。解释权归教学科研部。

附录

实训基地建设台账清单

固定台账包括：①实训基地固定资产账册；②教学设备（仪器）清单；③实训项目开设统计表；④实训项目教学指导书，固定台账一式两份，系资料室和实训基地各存1份。

动态台账包括：①学期使用计划表；②双月运行表；③实训基地使用记录；④实训设备维护记录；⑤实训设备损坏及维修记录；⑥耗材或元器件采购清单；⑦实训基地卫生打扫及检查记录表；⑧学期实训开出率统计表；⑨实训基地开放率统计表；⑩教师评价记录表；⑪学生评价记录表；⑫参观接待情况记录表；⑬按项目、专业、年级、班级选取的学生实验报告或实训手册样本。动态台账按学期进行整理、统计，按学年装订成册，在系资料室保存。

6.2 技能竞赛

专业技能课程的教学内容应当与职业资格标准相结合，突出职业技能训练。学校应当参加职业技能鉴定，开展技能竞赛活动。

——摘自《中等职业学校管理规程》第二十二条

制度案例

上海信息技术学校参加各级各类竞赛活动奖励办法

大连市轻工业学校关于教师参加各类比赛活动奖励的暂行规定

上海信息技术学校参加各级各类竞赛活动奖励办法

为进一步加强精品学生培养，激励教师和项目组积极参加各类竞赛活动，根据“关于印发《上海信息技术学校绩效工资实施细则》的通知”（沪信技校办〔2014〕31号）和“关于印发《上海信息技术学校教师第三类工作量统计办法》的通知”（沪信技校办〔2014〕60号）文件精神，经校务会研究，就我校教师（指导教师）参加各级各类竞赛活动取得的优异成绩，制定奖励办法如下。

一、教学成果奖

以上海市教委奖励为依据，学校奖励金按1∶1配套奖励。

二、全国职业院校技能大赛

<table>
<tr><th colspan="2">项目</th><th>一等奖</th><th>二等奖</th><th>三等奖</th><th>备注</th></tr>
<tr><td colspan="2">指导教师奖金（个人）</td><td>××××元</td><td>××××元</td><td>××××元</td><td rowspan="3">不含教委发放的奖金</td></tr>
<tr><td colspan="2">指导教师奖金（2人团体）</td><td>××××元</td><td>××××元</td><td>××××元</td></tr>
<tr><td colspan="2">指导教师奖金
［3人以上（含）团体］</td><td>×××××元</td><td>××××元</td><td>××××元</td></tr>
<tr><td rowspan="2">项目组奖金以获奖得分计算，每分×××元</td><td>个人</td><td>5分</td><td>2分</td><td>1分</td><td></td></tr>
<tr><td>团体</td><td>7分</td><td>4分</td><td>2分</td><td></td></tr>
<tr><td colspan="2">金牌指导教师</td><td colspan="4">×××××元</td></tr>
</table>

三、上海市“星光计划”职业院校技能大赛

<table>
<tr><th colspan="2">项目</th><th>一等奖</th><th>二等奖</th><th>三等奖</th><th>备注</th></tr>
<tr><td colspan="2">指导教师奖金（个人）</td><td>××××元</td><td>××××元</td><td>××××元</td><td></td></tr>
<tr><td colspan="2">指导教师奖金（2人团体）</td><td>××××元</td><td>××××元</td><td>××××元</td><td></td></tr>
<tr><td colspan="2">指导教师奖金
［3人以上（含）团体］</td><td>×××××元</td><td>××××元</td><td>××××元</td><td></td></tr>
<tr><td colspan="2">指导教师奖金（项目团体总分）</td><td>××××元</td><td>××××元</td><td>××××元</td><td></td></tr>
<tr><td colspan="2">指导教师奖金（单项）</td><td>××××元</td><td>×××元</td><td>×××元</td><td>不计人数，若获全能奖则不计</td></tr>
<tr><td rowspan="2">项目组奖金以获奖得分计算，每分×××元</td><td>个人</td><td>5分</td><td>2分</td><td>1分</td><td>全能项目中的单项奖不计</td></tr>
<tr><td>团体</td><td>7分</td><td>4分</td><td>2分</td><td></td></tr>
<tr><td colspan="2">金牌指导教师</td><td colspan="4">×××××元</td></tr>
</table>

四、“文明风采”竞赛

（一）全国“文明风采”竞赛

项目	一等奖	二等奖	三等奖	优秀奖	备注
指导教师奖金(个人)	××××元	×××元	×××元	×××元	
指导教师奖金(团体)	××××元	××××元	×××元	×××元	
项目组奖金	××××元	×××元	×××元		
杰出指导教师	××××元				
优秀指导教师	××××元				

（二）上海市“文明风采”竞赛

项目	一等奖	二等奖	三等奖	优秀奖	备注
指导教师奖金(个人)	×××元	×××元	×××元	×××元	
指导教师奖金(团体)	××××元	×××元	×××元	×××元	
项目组奖金	×××元	×××元	×××元		
优秀指导教师	××××元				

（三）说明

1. 全国“文明风采”竞赛和上海市“文明风采”竞赛相同项目不重复奖励，按较高奖励额计发。

2. 若相关组织发放奖励金，学校不重复奖励。若不足，按本奖励标准计发差额。

3. 其他德育类竞赛项目，根据项目级别和性质，参照以上奖励标准或降一等级发放。

五、全国信息化教学大赛

项目	一等奖	二等奖	三等奖	备注
参赛教师奖金	×××××元	××××元	××××元	
项目组奖金	××××元	××××元	××××元	

六、上海市中等职业学校教师教学法改革交流评优活动

项目	一等奖	二等奖	三等奖	优秀奖	备注
参赛教师奖金	×××××元	××××元	××××元	××××元	
项目组奖金	××××元	××××元	××××元	×××元	

七、班主任基本功大赛

项目	一等奖	二等奖	三等奖	备注
参赛教师奖金	××××元	××××元	××××元	以上海市中小学幼儿教师奖励基金会和市教委德育处发文为准
项目组奖金	××××元	××××元	××××元	

八、说明

1. 项目组是指为该项目竞赛活动取得优异成绩的有功人员，由赛项负责部门提出具体名单。

2. 本办法中的奖励标准为 1 个奖牌的奖励金额，如获得多个(种)奖牌，则累加计算。

3. 奖励标准与该项目指导教师人数和项目组人数无关。

九、附则

1. 其他市级以上(含)竞赛项目奖励由项目负责部门参照本办法提出，校长室核定。

2. 项目组奖金分配方案由各项目负责部门提出，校长室审定。

3. 本办法自 2015 年 3 月 1 日起执行。

4. 本办法由教务处负责解释。

大连市轻工业学校关于教师参加各类比赛活动奖励的暂行规定

为了鼓励教师积极参加与本专业相关的各种比赛，提高教师的专业技能和综合素质，提升学校的知名度，特制定如下奖励规定。

一、奖励条件

(一)学校选派教师参加各类比赛并取得优异成绩。

(二)学校选派指导教师带领学生参加各类比赛并获得优异成绩。

二、奖励方式

(一)奖励等次分为一等、二等、三等及优秀奖。

(二)每学期集中奖励 1 次。

三、奖励金额

(一)奖励参赛教师或指导教师

1. 参加国家级教育行政部门组织的比赛

一等奖：××××元；二等奖：××××元；三等奖：××××元；优秀奖：××××元。

2. 参加省级教育行政部门组织的比赛

一等奖：××××元；二等奖：××××元；三等奖：×××元；优秀奖：×××元。

3. 市级教育行政部门组织的比赛

一等奖：××××元；二等奖：×××元；三等奖：×××元；优秀奖：×××元。

4. 市级非教育行政部门组织的比赛

一等奖：×××元；二等奖：×××元；三等奖：×××元；优秀奖：×××元。

（二）奖励教学管理部门

1. 国家级教育行政部门组织的比赛

一等奖：××××元；二等奖：××××元；三等奖：××××元；优秀奖：×××元。

2. 省级教育行政部门组织的比赛

一等奖：××××元；二等奖：×××元；三等奖：×××元；优秀奖：×××元。

3. 市级教育行政部门组织的比赛

一等奖：×××元；二等奖：×××元；三等奖：×××元。

4. 市级非教育行政部门组织的比赛

一等奖：×××元；二等奖：×××元；三等奖：×××元。

四、奖励实施

（一）组织领导

1. 成立教师竞赛活动奖励领导小组，组长由校长担任，组员由校领导、校办主任、教务科长组成。共同认定教师申报的奖励性质，研究确定奖励金额。

2. 教师竞赛活动奖励领导小组下设办公室，办公室主任由教学副校长兼任，办公室设在校办和教务科。负责奖励成果从申报到发放的日常事务性工作。

（二）工作程序

1. 教师本人按照本规定奖励范畴提出申请，同时提交获奖证书或相关证明。

2. 教师竞赛活动奖励办公室依照本规定进行初审。

3. 竞赛活动奖励领导小组研究审定。

4. 公示奖励结果3个工作日，如有异议组织复审。

5. 公示无异议后，组织兑现奖励。

五、几点说明

（一）教师个人参赛或教师个人指导学生参赛，奖励教师个人。

（二）教师团队参赛或教师团队指导学生参赛，奖励教师团队。

（三）教师个人参赛发生的耗材及差旅费由学校承担，其余采取一次性奖励办法。

（四）教师指导学生参赛，除耗材及差旅费由学校承担外，学校根据教学科（室）提前上报的训练计划，根据相关规定给予训练补助。其余采取一次性奖励办法。

（五）同一赛事的同一赛项奖励等级、级别不兼得，即奖励最高金额。如：指导教师带两名选手参赛，获得大连市一、二等奖，全国一、二等奖。奖励指导教师全国一等奖。

（六）同一赛事的不同赛项奖励等级兼得，即奖励一个赛项的最高等级，其他项目的最高奖励金额减半。如参加数控车、加工中心/数控车组合两项比赛，数控车最高奖项是全国一等奖，加工中心/数控车组合最高奖项是全国二等奖，奖励为××××+××××(元)。

如多个单独项目共同组成的团体赛事，主办单位按团体设奖，学校按团体奖励等级兑现。

（七）教学管理部门，指直接组织领导并参与赛事准备工作的教学科（室）和教务科。由教务科牵头组织参与的赛事，教务科得奖励总额的1/3，教学科（室）得2/3。

（八）若备赛已尽力，但没有取得名次，可适当考虑给予参赛或指导教师课时补助。

（九）参加非教育行政部门组织的比赛，视情况降低或提高奖励标准。

（十）奖励教师的金额直接打入工资卡，并按国家规定依法缴税。

（十一）上级部门给予教师的奖励，按其文件规定发放。

（十二）本办法自发布之日起执行，由校办负责解释。

6.3 职业教育集团

制度案例

上海信息技术学校（上海化工职业）教育集团章程

北京现代服务业职业教育集团章程

上海信息技术学校（上海化工职业）教育集团章程

第一章　总　则

第一条　集团名称：上海化工职业教育集团(以下简称“化工职教集团”)。

第二条　集团性质：化工职教集团是以上海石化工业学校和上海信息技术学校为主要发起单位，联合相关职业院校、企事业单位、行业协会等自愿组成的职业教育联合体与利益共同体。化工职教集团接受上海市教育委员会指导。

第三条　集团宗旨：坚持邓小平理论和“三个代表”重要思想，全面落实科学发展观，以实现校企合作、校校合作、校协合作为重点，充分发挥化工职教集团成员的各自优势，提高办学水平，培养与现代化学工业相匹配的高素质技能人才，达到资源共享、优势互补的目的。

第四条　集团组成：凡属化工领域具有独立法人资格的职业教育机构、企事业单位和行业协会，认同本章程各项条款，均可申请加入化工职教集团，并经审批认定后，成为化工职教集团成员单位。化工职教集团首批成员单位审批认定机构为上海市教委，化工职教集团成立后的成员单位审批认定机构为化工职教集团常务理事会。化工职教集团成员单位在产权、所有制和人事行政隶属关系不变的前提和自愿的基础上，以协议书为契约形式明确法律关系，实现多种联合与合作。

第五条　集团地址：上海市金山区龙胜路 1097 号(上海石化工业学校内)，上海市真南路 1008 号(上海信息技术学校内)，发起单位可对外加挂“上海化工职业教育集团”标牌，其他成员单位皆可对外加挂“上海化工职业教育集团基地”或“上海化工职业教育集团成员单位”标牌。

第二章　主要职能

第六条　化工职教集团主要职能。

1. 制定紧贴产业发展水平和职业岗位需求的专业标准，并在化工职教集团内率先实施，逐步实现职业教育的标准化、规范化。

2. 建立化工职教集团资源共享机制和集聚机制，实现信息、人力、教学设施和实习实训基地等资源的共享和互补。

3. 建立交流平台，共享教育资源。加强化工职教集团与长三角、西部等地职业教育资源之间合作与沟通，形成化工职教集团的品牌化效应和连锁化模式。建立化工职教集团内信息互联网络，建立化工职教集团内企业成员单位优先选择实习生和毕业生等制度，使化工职教集团成为优化学生就业环境和提高从业人员素质的重要平台。

4. 加强教育教学改革、专业建设、课程建设和教材建设，通过就业导向、工学结合和校企合作，优化技能型人才的培养途径，提高职业教育教学质量和学生就业质量。

5. 开展人才需求市场调查及预测，以化工职教集团名义对外开展宣传和就业指导工作。

6. 通过化工职教集团内各学校的多方位衔接沟通和弹性学制的推行，逐步实现同层次、同专业学分互认，推进中高职教育与培训的联动发展，满足学生发展需要。

7. 开展科研和产品开发等方面的校企和校校合作，开展多种形式的学生实习、实训等方面的校企和校校合作，加快实现科技转换，提高院校和企业的可持续发展能力。

8. 定期组织化工职教集团内院校间的业务竞赛、评比，利用化工职教集团内部优势，开展教师业务培训，着力培养技能型教师。

9. 按照行业发展需要，大力推进职后培训工作，包括开展外来务工人员的教育培训工作，承担更多的社会服务项目，形成职业教育新的增长点。

10. 维护化工职教集团成员单位的合法权益，反映化工职教集团各成员单位的意见和要求。

11. 推广化工职教集团内外职业教育经验，开展职业教育文化建设，组织各种参观考察活动，推进管理创新。

第三章　组织机构

第七条　化工职教集团实行理事会制。化工职教集团设立指导委员会、理事会、常务理事会，下设秘书处、财务处等管理部门。理事会为集团最高决策机构。指导委员会是咨询、协调、指导性机构，由上级部门、行业协会的有关领导组成。

第八条　理事会设名誉理事长若干名，理事长 1 名，副理事长 2 名，理事和常务理事若干名，第一届设理事不少于 19 名，常务理事 9 名。理事长由化工职教集团的上级指导单位的领导、相关大型企业集团的领导、行业协会的领导或职业教育的资深专家兼任，副理事长由两所发起单位的领导担任，第一届常务理事组成：上海市化工行业协会 1 名，两所发起单位各 2 名，其余 4 名常务理事，由理事会选举产生。每个发起单位占 2 个理事席位，其他成员单位各占 1 名理事席位，理事会任期 4 年。

第九条　理事会原则上每年召开 1 次会议，必须有三分之二以上理事出席。如遇特殊情况，可由理事长提议，常务理事会讨论通过召开临时理事会。理事会和常务理事会实行民主集中制原则，审议化工职教集团的相关事宜。理事会和常务理事会形成的决议必须经一半以上的理事或常务理事通过后方为有效。

第十条　常务理事会议根据需要不定期召开，必须有三分之二以上常务理事出席。在理事会休会期间，常务理事会行使理事会职责。

第十一条　理事会职责。

1. 制定和修改化工职教集团章程；

2. 制定化工职教集团年度工作方案；

3. 审议常务理事会年度工作报告；

4. 审议通过常务理事会或理事会提出的议案。

第十二条　常务理事会是理事会的执行机构。其职责是：

1. 执行理事会决议；

2. 实施化工职教集团年度工作方案；

3. 根据经济社会发展实际，向理事会提交化工职业教育发展的有关议案；

4. 审议和接受新的成员单位；

5. 督促化工职教集团成员单位履行相应的权利义务；

6. 决定理事会召开的时间、地点和审议的主要内容。

第十三条　秘书处设秘书长 1 名、副秘书长 1 名、秘书若干名，由两家发起单位成员组成，并由理事长任命；秘书处为常设管理机构，受理事会领导。秘书处轮流设定在两家发起单位，轮流周期为 1 年，并加挂"上海化工职教集团秘书处"标牌，相关设施及设备由发起单位提供。秘书处的职责是：

1. 负责化工职教集团年度工作方案的落实；

2. 负责化工职教集团的宣传和档案管理等工作，做好化工职教集团的联络工作；

3. 筹备组织理事会和常务理事会议，负责起草会议文件，撰写工作报告；

4. 代表成员单位对课程改革、实习实训、就业、专业教师培训等问题，向化工职教集团提出意见和建议；

5. 搜集、发布职业教育人才培养信息、人才供求信息；

6. 代表化工职教集团接受有关方面的捐赠并做好管理工作；

7. 定期公布化工职教集团经费使用情况。

第十四条　财务处设财务长和副财务长各 1 名，财务人员 2 名，由两家发起单位成员组成，并由理事长任命；财务处为常设管理机构，受理事会和秘书处领导。财务处轮流设定在两家发起单位，轮流周期为 1 年。财务处主要职责是负责"集团"的财务运行和管理，财务人员应尽量保持稳定。

第十五条　化工职教集团逐步建立其他相关部门，管理集团的教学、教研、校企合作、培训和市场等业务。

第四章　权利义务

第十六条　化工职教集团成员单位共同的权利义务。

化工职教集团成员单位享有以下权利：

1. 各成员单位地位一律平等，有参与化工职教集团重大问题决策的权利；

2. 有向常务理事会、理事大会提出议案，并有批评、建议和监督的权利；

3. 有参与化工职教集团的各项活动，优先享用化工职教集团内各类职业教育资源和信息的权利；

4. 除化工职教集团发起单位外，各成员单位有自由退出集团的权利。拟退出集团的成员单位，需提前两个月向集团秘书处提交书面退出申请，经化工职教集团秘书处备案后，办理自愿退出化工职教集团的手续，并由秘书处及时向常务理事会报告。

化工职教集团成员单位必须履行以下义务：

1. 遵守化工职教集团章程，执行理事会议决议，完成化工职教集团交办的工作；

2. 在条件许可的情况下，为化工职教集团其他成员单位积极提供各类职业教育资源和相关信息；

3. 成员单位间应加强交流、沟通、团结和协作，自觉维护集团信誉；

4. 在财力允许的条件下，定期与不定期地向化工职教集团进行捐赠或经费拨入。

5. 成员单位违反国家法律、法规和有关规定，以及违反集团章程，由成员单位独立承担法律责任。

6. 成员单位应参加理事大会，审议化工职教集团有关事宜，连续两次不参加会议，按自动退出化工职教集团处理。

第十七条　学校成员单位的权利义务。

学校成员单位享有以下权利：

1. 有计划地使用成员单位(企业)提供的实习基地，安排本校学生到企业生产岗位实训；

2. 优先组织教师到化工职教集团内各企业、学校进行业务学习、实践技能培训，参与相关学校的教研活动；

3. 按化工职教集团人才需求计划，学校毕业生优先享用集团成员企业的人才录用指标；

4. 接受化工职教集团成员单位的捐赠或经费拨入，不断改善办学条件。

学校成员单位须履行以下义务：

1. 向化工职教集团的企业提供学校办学和毕业生的基本情况，并按照企业的要求优先选送合格毕业生；

2. 为企业提供“订单式”服务，以及为企业员工培训提供优惠服务；

3. 在条件许可的情况下，为企业科研项目的开发提供实验条件和技术支持；

4. 为化工职教集团其他成员单位有偿提供教学场所和教学资源。

第十八条　企业成员单位的权利义务。

企业成员单位享有以下权利：

1. 优先享受人才“订单式”服务，在同等条件下，可以优先挑选学校成员单位的合格毕业生；

2. 可以对化工职教集团中提供“订单式”服务的学校成员单位的办学方向、培养目标、专业设置、教学安排、技能考核、实习就业提出要求；

3. 可向化工职教集团学校成员单位申请为其科研项目的开发提供实验条件和技术支持；

4. 可要求化工职教集团学校成员单位为企业员工培训服务提供优惠待遇。

企业成员单位须履行以下义务：

1. 选派高水平的技能骨干人员为学校成员单位提供有偿服务，例如进行课堂教学、指导技能培训、宣传企业文化等；

2. 与学校成员单位共同制定并完善专业标准，使之紧贴产业发展水平和职业岗位需求；

3. 优先为学校成员单位提供实习岗位，配备高水平的实习指导教师，按照实习要求做好实习学生的管理工作，并按规定给实习学生一定的报酬和补贴；

4. 积极向化工职教集团提供有关人才需求信息，及时提供人才需求计划，并在同等条件下优先录用学校成员单位的学生就业；

5. 根据财力，帮助学校成员单位改善教育教学条件。

第十九条　行业协会成员单位的权利义务。

行业协会成员单位享有以下权利：

1. 发挥交流平台优势，实现教育资源共享；

2. 获得企业成员单位、学校成员单位的支持，形成良性互动机制。

行业协会成员单位须履行以下义务：

1. 为集团化办学提供理论指导、咨询分析，为决策提供依据；

2. 为企业成员单位提供人才供需信息，为学校成员单位提供就业信息。

第五章　经费使用

第二十条　化工职教集团经费来源：

1. 政府资助；

2. 上海市教委专项申请；

3. 社会捐赠；

4. 成员单位定期与不定期的捐赠或经费拨入；

5. 在核准的业务范围内开展活动或服务的收入；

6. 其他合法营运收入。

第二十一条　化工职教集团经费必须用于本章程规定的业务活动和事业发展。

第二十二条　化工职教集团经费由秘书处提出使用申请，理事长或副理事长签字审批，财务处负责管理。

第二十三条　财务处为每个成员单位建立经费卡和收支单列账册。各成员单位的经费使用应符合经费列支类别，且须符合财务的有关规定。没有报销手续，任何费用均不能以转账方式直接划拨给成员单位。

第二十四条　化工职教集团资产管理执行国家规定的财务管理制度，接受理事会的监督。

第二十五条　财务处必须配备具有专业资格的会计人员，建立相应的财务管理制度和经费使用办法，进行严格的会计核算，实行会计监督。财会人员调离必须与接任人员办清交接手续。

第二十六条　化工职教集团的资产，任何单位、个人不得侵占、私自挪用。属于社会捐赠、资助的集团资产，集团将以国家规定方式向社会公布。

第二十七条　化工职教集团换届或更换理事长之前，必须接受社会独立的第三方的财务审计。

第六章　终止程序及终止后的财产处理

第二十八条　化工职教集团完成宗旨自行解散，或因其他原因终止活动，由常务理事会提出终止动议。

第二十九条　化工职教集团终止动议必须经理事大会表决通过，并报指导单位备案。

第三十条　化工职教集团终止前，必须成立清算组织，处理善后事宜。

第七章　附　则

第三十一条　本章程经化工职教集团理事会全体会议表决通过。

第三十二条　本章程解释权属化工职教集团理事会秘书处。

第三十三条　本章程于化工职教集团成立之日起生效。

北京现代服务业职业教育集团章程

为深入贯彻落实全国职业教育工作会议精神和《国务院关于加快发展现代职业教育的决定》《国家中长期教育改革和发展规划纲要(2010—2020年)》《北京市中长期教育改革和发展规划纲要》等文件精神，推动现代职业教育体系建设，促进优质资源共建共享，提升职教综合实力，服务首都经济建设，推动京津冀协同发展，特组建北京现代服务业职业教育集团。为了规范集团的活动和成员单位的行为，维护集团和集团所有成员的合法权益，依据《中华人民共和国教育法》《中华人民共和国职业教育法》《中华人民共和国劳动法》《中华人民共和国劳动合同法》《社会团体登记管理条例》等相关法规，制定本章程。

第一章　总　则

第一条　集团的名称：北京现代服务业职业教育集团。

第二条　集团的宗旨：服务首都经济建设，服务京津冀协同发展，促进职业教育提质增效。

第三条　集团的性质：集团以北京祥龙资产经营有限责任公司和北京市商业学校共同作为牵头单位，发挥北京祥龙资产经营有限责任公司的核心作用，联合国内外优秀职业院校、大中型企事业单位、科研机构及行业协会等，建成强强联合、优势互补、共同发展、互利共赢的多功能、多层次的职业教育办学联合体。

第四条　集团的准则：根据集团的性质、宗旨和指导思想，集团成员之间的关系是“平等协商、互惠互利、交流合作、共同发展”，应严格遵循以下原则。

(一)自愿原则　凡承认职教集团章程、履行章程规定义务的职业院校、行业协会、企业单位均可自愿申请加入职教集团，成为职教集团理事会成员单位。

(二)平等原则　职教集团各成员单位之间的权利和义务关系一律平等，享有同等的权利，履行同等的义务。

(三)自主原则　职教集团各成员单位原有的管理体制、隶属关系、人事关系、财政渠道、自主办学与经营等不变。

(四)互利互惠原则　职教集团成员单位之间以互惠互利为前提，优势互补、资源共享，形成集团整体优势，达到职业教育资源的优化配置，最大限度地发挥办学与经营的效益。

(五)自律原则　凡集团成员单位，必须严格遵守国家法律法规，遵守集团章程和纪律。

第二章　目标与任务

第五条　集团目标

建立职业院校与企业、科研院所、行业协会之间的全方位、多元化合作关系，以专业发展为纽带，以校企合作为重点，以培养高素质劳动者和技术技能人才为目标，通过搭建多种合作平台，加强产教融合、校企合作、校校联合、企企对接，充分发挥群体优势、组合效应和规模效应，促进资源共享、全面提升职教集团的综合实力，提高各成员单位的市场竞争力和知名度，强力打造具有广阔发展空间和社会影响力的现代服务业职业教育品牌，为京津冀经济发展和职业教育做出贡献。

第六条　集团任务

通过集团建设，各成员单位间发挥各自优势，取长补短，和谐共生、彼此成就、共同进步与发展，其任务主要有：

(一)建立互惠互利的共赢机制，将成员参与集团活动不仅作为对职业教育的公益性帮助，更作为实质性获益的实践方式，以此推动更多的企业、行业组织参与集团活动，实现成员利益共享。

(二)提升集团内院校办学水平，加强专业建设，提高人才培养质量，结合行业企业需求，为京津冀现代服务业发展提供有力人才支持。

(三)突出企业办学主体优势，发挥行业企业在办学模式、人才培养、教育教学标准、技术研究开发等方面的引领指导作用。

(四)生源贯通，联合培养各类职业技术人才，实现中高本衔接、职业院校与对口企业人才培养对接。

(五)促进集团内院校的专业建设，建立职业教育改革与创新机制，实现教学资源的优势互补，探索教学改革和学分互认，组织开展对人才培养模式、课程标准设置等方面的广泛研讨和交流，实现专业与产业的有效对接。

(六)促进集团师资队伍建设，建立集团内院校的教师互聘、挂职机制，企业根据人才培养需要，提供一定数量的专家、“能工巧匠”到学校兼职任教，学校根据企业科学研究和技术开发需要派遣教师挂职锻炼。

(七)集团内在招生、就业、实习实训方面实行资源优先的原则，集团内院校与企业进行各种类型的长短期结合的订单班合作，建立首都现代服务业技能型人才基地，满足职业院校实习实训、就业和企业用人需求。院校为企业提供内部培训及制定培养计划。

(八)实现职业资格和培训考核鉴定、职工岗前在岗培训以及实验室、实习基地、图书馆、学报学刊等资源的共享，为职业院校学生实习及专业课教师培训提供支持，建立新型的校企合作实训基地。

(九)建立集团内职工教育和培训体系，实施职工的继续教育和岗位培训，提高集团成员企业职工的素质。

(十)搭建信息交流平台，沟通职业技术人才供求信息、职业教育改革与创新信息，共享信息资源，同时宣传集团成员，提高社会知名度。

第三章　组织机构和管理

第七条　集团实行理事会制，由各单位成员组成。集团设专家指导委员会、理事会、秘书处等机构，理事会下设专业建设委员会、校企合作委员会等机构具体负责集团的业务工作，其中理事会是集团最高决策机构。

第八条　理事会设理事长、常务副理事长、副理事长、常务理事、理事，秘书处设秘书长、副秘书长。

第九条　理事长、常务副理事长、副理事长、秘书长均由牵头单位推荐代表作候选人，经理事会表决产生，并报北京市教委备案；常务理事一般由常务理事单位的骨干成员担任，经全体理事二分之一以上表决通过产生；每个成员单位原则上设1名理事。理事会每届任期5年，可以连任。

第十条　理事会是集团的最高决策机构。理事会每年召开1次，如遇特殊情况，由理事长提议，常务理事会讨论通过可临时召开理事会。在召开理事会期间，理事长因故不能出席时，可委托常务副理事长主持。理事会须有三分之二以上理事和常务理事出席方能召开，其决议须达到全体理事二分之一以上表决通过方能生效。理事会的主要职责是：

(一)制定和修改集团章程；

(二)选举和罢免领导机构主要成员；

(三)研究审定集团发展规划；

(四)审议通过常务理事会或理事会提出的议案；

(五)审议并通过集团的其他重大事项。

第十一条　常务理事会是理事会的执行机构，在理事会休会期间，行使理事会的权力，根据工作需要，不定期召开会议。常务理事会须有三分之二以上的常务理事出席方能召开，其决议必须达到全体理事二分之一以上表决通过方能生效。常务理事因故不能参加时，可委托1名代表参加。常务理事会每届任期5年，任期届满可连任。常务理事会的主要职责是：

(一)执行理事会决议；

(二)向理事会提交职教集团发展的重大议案；

(三)审议通过集团年度工作计划；

(四)审核和接受新的成员单位；

(五)决定理事会召开的时间、地点和审议的主要内容；

(六)讨论和决定集团的有关重要事项。

第十二条　理事长全面负责并主持集团工作。主要职责是：

(一)主持召开理事会；

(二)代表职教集团签署有关文件；

(三)提出秘书长及工作机构领导成员的建议人选；

(四)管理集团的日常工作。

副理事长的职责是协助理事长工作，完成理事长交办的任务。

第十三条　常务副理事长的职责：

(一)经理事长授权，主持召开常务理事会；

(二)组织实施集团年度工作计划；

(三)向理事会做年度工作报告；

(四)负责向主管部门请示、汇报工作；

(五)主持集团的日常工作。

第十四条　秘书处是集团理事会及其常务理事会的日常办事机构(集团秘书处设在北京市商业学校)，主要职责是：

(一)负责集团成员的联络协调工作；

（二）筹备组织理事大会和常务理事会议，负责起草会议文件；

（三）负责集团的宣传和档案等工作；

（四）负责完成理事长、常务副理事长、副理事长交办的日常事务工作。

第十五条　理事会下设专业建设委员会、校企合作委员会等工作委员会，具体负责集团的业务工作，由常务理事会指定或由集团成员单位申请、报常务理事会同意，设在相关单位。集团下设各工作委员会的工作职能另行商定。

第十六条　集团成员单位原则上推荐一名代表担任集团理事，推荐的代表一般由法人代表或其委托的主要负责人担任。集团理事代表其所在单位参加集团的工作及活动，其因故不能参加时，可委托1名代表参加。

集团理事须具备下列基本条件：

（一）拥护并遵守北京现代服务业职业教育集团章程；

（二）具有加入职教集团的意愿，并能够积极为职教集团工作；

（三）有一定的职业教育工作经历或一定的企业管理经验；

（四）身体健康。

第十七条　加入集团的程序：

（一）提交加入职教集团申请书及单位的相关基本资料；

（二）经常务理事会讨论通过，秘书处备案；

（三）颁发理事证书。

第十八条　集团成员退出职教集团应以书面申请形式报秘书处，并交回理事证；集团成员如有严重违反本章程的行为，经理事会表决通过，予以除名；集团成员无故累计3次以上不参加集团的会议及有关活动的，视为自动退会。

第四章　权利与义务

第十九条　集团成员单位享有下列权利：

（一）各成员单位地位平等，有参与集团重大问题决策的权利；

（二）各成员单位有向常务理事会、理事大会提出议案，并有批评、建议和监督的权利；

（三）享有集团内各种资源的优先使用权；

（四）享有合作培养、延伸办学的权利，不同层次学校之间可以实施联合培养学生；

（五）根据本单位发展对职业人才的实际需要，有权提出议案，并可获得在教育、教学、实习、招生、就业、师资、人才等方面的支持帮助权；

（六）经集团理事会或常务理事会同意，以集团的名义开展、组织相关活动；

（七）按照本章程享受的其他合法正当权益。

第二十条　集团成员单位须履行下列义务：

（一）遵守国家法律、法规和政策，遵守本章程，遵守集团相关规章制度，遵守并执行集团成员之间签订的各项协议；

(二)围绕首都现代服务业发展，广泛而深入地开展调研活动，加快集团的创建与创新工作；

(三)积极地协助集团开展招生、培养、实习、就业、交流等各项活动，维护集团的合法权益，提升集团品牌效应；

(四)学校成员单位要按照企业要求，培养具有较高职业道德、适应企业岗位要求的技能型人才，要为企业开展在职人员培训提供服务；企业成员单位要参与职业教育过程中的教学研究及专业开发，提高学校适应经济和社会发展需要的能力；

(五)为集团争取社会各界，包括港澳及海外知名人士对集团建设发展的关心和支持，以此来帮助集团开展国内国际交流与合作。

第五章　经费和资产管理

第二十一条　集团经费来源：

(一)集团牵头单位投入；

(二)政府资助；

(三)社会捐赠；

(四)集团成员单位的自愿捐赠；

(五)其他合法收入。

第二十二条　集团经费必须用于集团规定的业务范围，不得在会员中分配。

第二十三条　集团建立严格的财务管理制度。集团经费由集团秘书处管理，必须配备具有专业资格的会计人员，建立相应的财务管理制度和经费使用办法，进行严格的会计核算，实行会计监督。财会人员调离必须与接任人员办清交接手续。

第二十四条　集团资产管理执行国家规定的财务管理制度，接受理事大会和财政、审计部门的监督与审计。

第六章　终止程序及终止后的财产处理

第二十五条　集团自行解散或因其他原因终止活动，由常务理事会提出终止议案。

第二十六条　集团终止前，必须成立清算组织，处理善后事宜。

第七章　附　则

第二十七条　本章程自理事会会议表决通过之日起生效。

第二十八条　本章程解释权属集团理事会。

第7部分 德育管理

中等职业学校德育是对学生进行思想、政治、道德、法律和心理健康的教育，是学校教育工作的重要组成部分，对学生健康成长和学校工作具有重要的导向、动力和保证作用。

中共中央、国务院《关于进一步加强和改进未成年人思想道德建设的若干意见》(中发〔2004〕8号)、教育部等六部门《关于加强和改进中等职业学校学生思想道德教育的意见》(教职成〔2009〕11号)是指导中等职业学校德育工作的纲领性文件，《中等职业学校德育大纲(2014年修订)》是中等职业学校开展德育工作、实施德育管理的基本规范。

德育管理制度是为规范学校德育管理工作而制定，其目的是完善学校德育管理制度体系、提升育人质量和水平奠定基础。其一般由学校校长办公会提出，德育处(或学生处)起草，党委扩大会审核，教职工代表大会批准，由德育处(或学生处)归口并负责解释。

德育管理制度主要包括德育工作组织领导制度、德育实施制度、德育评价制度等。具体包括学校德育工作组织领导、校园文化建设、学生社团组织、德育课程、职业道德教育、心理健康教育、学生思想道德评价等制度。

制定德育管理制度要坚持正确的政治方向和育人导向，紧密结合时代发展和社会需要，按照培育和践行社会主义核心价值观的要求，贯彻全员、全程、全方位育人思想，遵循学生身心发展规律，贴近学生、学校实际，教育与管理相结合，以促进学生全面发展为根本目标。

7.1 德育工作的组织和领导

学校应当将德育工作放在首位，遵循学生身心发展规律，增强德育工作的针对性、实效性、时代性和吸引力，把社会主义核心价值体系融入职业教育人才培养的全过程，将德育全方位带入学校各方面工作。

——摘自《中等职业学校管理规程》第二十四条

学校应当加强对德育工作的组织和领导，明确各部门育人责任，设置德育和学生管理专门机构，建立专兼职学生管理队伍，使德育落实到教育教学工作的各个环节。

——摘自《中等职业学校管理规程》第二十五条

制度案例

上海信息技术学校学生综合素质评价实施方案（基于数字化校园网络平台）

上海信息技术学校德育学分实施办法

上海信息技术学校学生日常行为礼仪标准及要求

上海信息技术学校学生行为规范评定标准

厦门信息学校德育工作“6S”管理模式细则

南京高等职业技术学校校园群体和学生个人心理危机干预预案

上海信息技术学校学生综合素质评价实施方案（基于数字化校园网络平台）

一、指导思想

为了深入贯彻《中共中央、国务院关于深化教育改革全面推进素质教育的决定》精神，全面落实《国家中长期教育改革和发展规划纲要(2010—2020)》中对改革教育质量评价和人才评价制度的要求，促进学生综合素质的全面提高和身心的健康发展，进一步建立和完善与之相配套的教育评价制度。

二、目的意义

学校顺应人才评价制度改革发展的新方向，积极探索基于数字化校园网络平台的中职学生综合素质评价体系，重视对学生的思想道德、身心健康、合作交流、创新发展、文化素养、职业素养、专业知识、技能运用等方面综合素质的评价，建立了“过程评价”和“多元评价”相结合，涵盖学生自评、同学互评、班主任评价和企业单位评价等多元主体构成的综合性评价机制，以数字化校园网络平台为载体，将信息技术与学生评价有机结合，提高了评价体系的灵活性与可行性，实现评价主体的多元化，第三方评价的规范化与科学化。

三、评价原则

1. 多元性原则：坚持评价主体多元化。评价者既有学生、同学，也有教师与企业、家长共同参与评价活动；评价内容全面化。评价既重视学生的文化、专业、职业素养，也重视学生的思想道德、身心健康，更注重学生的创新发展和实践能力等方面内容；评价方法多样化。评价既有形成性评价，又有终结性评价；既有定量评价，更注重定性评价；既有校内评价，又有校外评价。实现全方位、多角度的对学生综合素质进行评价，形成促进学生发展的合力。

2. 科学性原则：坚持评价内容与评价标准适合中职学生身心发展规律和素质教育要求，坚持既关注学生全面发展，又尊重个体差异，跟踪学生成长轨迹，采取科学有效的评价方法、严格的评价程序、先进的评价手段，客观地描述学生的思想道德品质和发展进步状况、个性特点、发展潜能以及存在不足等。

3. 激励性原则：正确发挥评价的教育、激励与导向功能，评价中注重学生自我认识、自我调节、自我提高，使评价起到促进学生发展和提高的目的。评价中发现、肯定学生的成绩和优点，引导学生积极向上、培养学生的自信心、责任感和独创性。

4. 发展性原则：以科学发展观为指导，评价坚持以促进学生全面、和谐、可持续发展为目标，关注每一个学生的发展现状及未来发展趋势，使学生明确自己发展的努力方向；坚持知情意行的统一，注重过程评价，关注学生成长，以开放、互动的评价方式促进学生个性潜能、创新能力的和谐发展，为学生终身发展奠基。

四、评价指标内容

学生综合素质评价体系由3个一级指标、8个二级指标和25个三级指标组成。一级指标包括成长核心素质、行业通用能力和专业特定能力。成长核心素质包括4个二级指标，即思想道德、身心健康、合作交流和创新发展；行业通用能力包括2个二级指标，即文化素养、职业素养；专业技术能力包括2个二级指标，即专业知识、技能运用。

（一）思想道德（下设4个三级指标）

1. 爱国守法：弘扬爱国主义精神，了解中华民族悠久历史，继承优良传统文化；懂得国旗、国徽的内涵，会唱国歌，牢固树立中华民族自尊心、自信心和自豪感，为中华民族伟大复兴而奋发学习；学习《中华人民共和国宪法》和国家基本法律，遵守国家法律法规，依法行使权利和履行义务；崇尚科学，信仰真理，明辨善恶，有正义感。

2. 文明守纪：自尊自爱，仪表端庄，行为文明，礼貌待人，符合中职生行为规范标准要求；爱护公共设施，遵守公共秩序，生活习惯文明，无不良嗜好；知法、懂法、守法、用法，遵守校纪校规，无不良行为；勤奋学习，尊敬老师，服从管理，虚心接受老师的批评教育，并自觉改正。

3. 诚实守信：忠诚老实，言行一致，表里如一；守时守信，信守承诺，忠实于自己承担的义务。

4. 社会责任：关心时政、关注国家大事，自觉维护公共利益；具有环保意识、社会道德，勇于承担社会义务；具有社会责任感，关心集体，乐于助人，积极参加各种公益活动；对个人行为负责，对他人的违法行为能够做到及时报告，对违反社会公德的行为能够以合适的方式予以劝阻。

（二）身心健康（下设4个三级指标）

5. 体质健康：能坚持锻炼身体，积极参加体育和体锻活动，养成良好的锻炼习惯；

身体素质达到《国家学生体质健康标准》的要求。

6. 心理健康：具有健康的心理状态，广泛的兴趣爱好，积极乐观的生活态度，能以真诚的态度，发展和保持和谐的人际关系，没有不良嗜好；能根据情境的变化，适当地表达并控制自己的情绪，具有一定的耐挫折能力。

7. 适应环境：具有良好的心理适应能力，能客观地认识现实环境，并能自我调适；具有竞争意识和适应环境变化的能力。

8. 审美情趣：具有正确的审美情趣和鉴别能力，发现美、欣赏美、珍惜美；能以积极健康的心态体验自然、社会、生活中的美，精神饱满，富有朝气。

（三）合作交流（下设3个三级指标）

9. 组织管理：在班级管理中重视建立组织结构，按照规定职务或职位，明确责权关系；在班级活动中凸显互相协作配合、共同劳动，有效实现组织目标；做事主动，勇于承担责任，不拖延、不推诿，勇于担责，不畏困难；在工作中能够理顺事情的脉络，注重轻重缓急、先后顺序，落实计划，认真执行。

10. 团队合作：能很好地融合于社会和集体之中，赢得他人的尊重和信赖，友善地与人合作共事；注重团队配合，发挥团队精神，活动中互帮互助，提高团队工作绩效。

11. 沟通协调：在日常学习、工作、生活中能妥善处理好与学校、老师、同学、家长之间的各种关系，减少摩擦；重视且乐于沟通，愿意协调人际关系；能够以积极心态对待冲突和矛盾；有团队协作意识，能调动各方面的工作积极性。

（四）创新发展（下设3个三级指标）

12. 创新精神：创新精神是一个国家和民族发展的不竭动力。现代中职生应该具有能够综合运用专业知识技能、信息技术手段、解决实际问题的能力；具有创新意识、创新思维、创新能力和创新个性的基本价值取向；具有提出新方法、新观点的思维能力；具有进行发明创造、改革的意志、信心、勇气和智慧。

13. 追求新知：牢固树立终身学习的理念，不断学习，积累知识，丰富知识结构；对未知事物充满向往与好奇，具有创新思维，富有想象力和发散性思维能力。

14. 自我规划：有适合自己发展的职业生涯规划；能从目标设定、职业定位、通道设计三方面进行职业生涯规划；能制定事业发展的目标，选择适合自己的职业岗位，编制合理的行动计划；有职业发展、职业适应、职业拓展的意识与能力。

（五）文化素养（下设4个三级指标）

15. 学习态度：学习态度认真，能养成独立思考的良好习惯；善于反思与自我调整，合理安排学习时间；善于自主学习，创新思维。

16. 学习能力：学习刻苦勤奋，努力克服困难，认真完成学习任务，对自己的学习行为负责，善于合作学习。

17. 学习效果：具有坚实、宽广的文化科学知识和专业基础知识；掌握本专业领域的理论知识、先进的技术方法，学习成效显著，成绩符合学校要求。

18. 语言表达：有较强的人文素养，具有阅读理解、语言表达、逻辑推理、人际沟通的能力，能明确地表达自己的思想，能善于运用有效方法与人良好交流。

（六）职业素养（下设3个三级指标）

19. 职业道德：能够遵守"爱岗敬业、诚实守信、办事公道、服务群众、奉献社会"的职业道德规范；具有正确的就业和择业认识、意向，积极的从业态度，能满足对岗位职业素质的需求；有一定的职业适应能力和职业拓展能力；有较强的就业适应能力。

20. 爱岗敬业：热爱专业、工作岗位及从事的职业；能用恭敬、严肃、负责的态度对待工作，一丝不苟、兢兢业业、专心致志。

21. 社会实践：具有爱护集体，爱护集体荣誉，爱护集体财物的意识；积极参加集体活动，为集体的发展添光彩，树立"校兴我荣，校衰我耻"的集体荣誉感；主动参加社会实践和志愿者服务活动，活动时间、内容符合要求，活动成效显著；有正确的劳动观点、良好的劳动习惯，热爱劳动、珍惜劳动成果，积极参加集体劳动和公益劳动。

（七）专业知识（下设2个三级指标）

22. 理论知识：是指专业所对应的岗位所需要的理论与知识，包括基础性知识及相关专业知识、社会经济和法律知识等。学生能够掌握系统的专业理论知识；理论课程的学业成绩达到学校规定的学分。

23. 实践知识：能够领会教师的实践知识，并指导自己的实践教学活动，实践操作学业成绩达到学校规定的学分。

（八）技能运用（下设2个三级指标）

24. 专业技能：全面掌握专业知识，具备相关职业所需的技能；获得学校规定的相关职业资格证书。

25. 安全环保：系统掌握专业岗位所需要的安全、环保知识和技能，具有安全和环保意识；教学和实践中不断提高安全认识，强化环保意识，具有自我保护能力和环境保护行为，安全环保成效显著。

五、评价标准

1. 学生综合素质评价体系分为3个一级指标，8个二级指标，25个三级指标。指标评定结果分为“优秀”“良好”“合格”“尚待改进”四个等级，分别用“A”“B”“C”“D”描述，在数字校园网络上量化为分数，对应为1.0分、0.8分、0.7分、0.5分。

2. 三级指标的评定等级以评价内容为依据，在数字校园网上进行评定。

3. 二级指标评定以三级指标的综合评定结果为依据。

4. 学生综合素质评价每学期进行1次，综合评价以一级指标的评定结果为依据，采用学生自评、同学互评、班主任评价3部分组成，综合评价结果=自评30%+互评30%+班主任评价40%。评定结果：≥90%权重的为优秀；≥80%权重的为良好；≥70%权重的为合格；<70%权重的以下为尚待改进。

5. 终结性综合评语，由班主任对学生综合素质予以客观性、全面性的语言描述，评语应突出学生的现行表现、特点、特长和发展潜能。

6. 学生综合素质评价结果记录在数字化校园网络平台的《学生成长册》中，也可以通过数字化校园网络平台学生综合素质评价系统的“学生综合素质评价查询”模块进行查询。

7. 实习期间，学生综合素质评价由实习企业单位主管领导对每位实习学生进行综合评价。主要是以纸质测评问卷的形式实施，每届学生进行1次。

8. 综合评语撰写的要求

(1)客观真实地体现学生在综合素质各评价指标发展的层次，特别是成长核心素养(思想道德、身心健康、合作交流和创新发展)和通用能力(文化素养、职业素养)。

(2)着眼学生在学习期间的主要成绩与典型事实。

(3)强调学生努力和发展的方向。

(4)描述要充分体现学生的个性，符合学生身心健康特征，保护学生的自尊心，为学生量身定制。

六、组织实施

1.“学生综合素质评价”由学校德育工作委员会负责管理全面工作。以未成年人思想道德建设的政策、法律为依据，负责实施方案和评价方案细则的制定、实施、检查和调整(PDCA循环)。

2.“学生综合素质评价”实施方案由学生管理部具体落实，并负责组织实施全校学生综合素质评价工作，掌握全校学生综合素质发展状况，做好数据统计分析。

3. 班级"学生综合素质评价"评定，由班主任具体负责，宣传学习"学生综合素质评价"体系精神，组织好班级学生自评、互评等工作，做到客观公正，认真负责。

七、实施步骤

1. 学生管理部每学期结束前一个月拟定《关于做好上海信息技术学校学生综合素质评价的通知》，组织、安排学生综合素质评价工作。

2. 班主任按照《关于做好上海信息技术学校学生综合素质评价的通知》要求，组织评价工作。评定前，班主任组织学生学习《上海信息技术学校学生综合素质实施方案》，端正评价态度，认真参加评价工作和进行反思。学生综合素质评价工作每学期进行1次。

3. 学生综合素质评价在学校数字校园网上采用问卷的形式进行测评，具体操作程序详细见"学生综合素质评价操作程序"。

4. 学生自评。由学生根据《学生综合素质评价内容和标准》，找出最接近自己日常表现的"关键表现"，评出自己各项内容等级，得出各项目分值，最终评出自己的综合素质总分与等级。

5. 班委会评价。在班主任组织下，由班委会依据《学生综合素质评价内容和标准》，结合学生的平时综合表现，对每位学生进行综合评价。

6. 班主任评价。班主任根据自己平时所掌握的班级学生综合表现，并广泛征求本班任课教师的意见，为班级的每一位学生作出评价。

7. 学生管理部在班级学生自评、互评、班主任评价的基础上，完成学生综合素质评价数据的统计汇总等工作，班主任将评价结果数据打印、签字交教学管理部备案。

附表1　学生综合素质评价指标体系及评价标准

附表2　学生综合素质评价指标体系表

附表3　学生综合素质评价表

附表4　学生综合素质评价综合汇总表

附表1　学生综合素质评价指标体系及评价标准

一级指标	二级指标	三级指标	评价权重	评价标准
成长核心素质（56%）	思想道德（16%）	爱国守法	4	1. 弘扬爱国主义精神，了解中华民族悠久历史；2. 懂得国旗、国徽的内涵，会唱国歌，树立中华民族自尊心、自信心和自豪感；3. 遵守国家法律法规，依法行使权利和履行义务；4. 崇尚科学，信仰真理，明辨善恶，有正义感

续表

一级指标	二级指标	三级指标	评价权重	评价标准
成长核心素质（56%）	思想道德（16%）	文明守纪	4	1. 自尊自爱，仪表端庄、行为文明，礼貌待人，符合中职生行为规范标准要求；2. 爱护公共设施，遵守公共秩序，生活习惯文明，无不良嗜好；3. 知法、懂法、守法、用法，遵守校纪校规，无不良行为；4. 勤奋学习，尊敬老师，服管理，虚心接受老师的批评教育，并自觉改正
		诚实守信	4	1. 忠诚老实，言行一致，表里如一；2. 守时守信，信守承诺，勇于践行自己的诺言，忠实于自己承担的义务
		社会责任	4	1. 关心时政、国家大事，自觉维护公共利益；2. 具有环保意识、社会道德，勇于承担社会义务；3. 具有社会责任感，关心集体，乐于助人，积极参加各种公益活动；4. 对个人行为负责，对他人的违法行为能够做到及时报告，对违反社会公德的行为能够以合适的方式予以劝阻
	身心健康（16%）	体质健康	4	1. 能坚持锻炼身体，积极参加体育和体锻活动，养成良好的锻炼习惯；2. 身体素质达到《国家学生体质健康标准》的要求
		心理健康	4	1. 具有健康的心理状态，广泛的兴趣爱好，积极乐观的生活态度，能以真诚的态度，发展和保持和谐的人际关系，没有不良嗜好；2. 能根据情境的变化，适当地表达并控制自己的情绪，具有一定的耐挫折能力
		适应环境	4	1. 具有良好的心理适应能力，能客观地认识现实环境，并能自我调适；2. 具有竞争意识和适应环境变化的能力
		审美情趣	4	1. 具有正确的审美情趣和鉴别能力，发现美、欣赏美、珍惜美；2. 能以积极健康的心态体验自然、社会、生活中的美，精神饱满，富有朝气
	合作交流（12%）	组织管理	4	1. 班级管理重视建立组织结构，规定职务或职位，明确责权关系；2. 班级活动凸显互相协作配合、共同劳动，有效实现组织目标；3. 做事主动，勇于承担责任；4. 能够理顺事情脉络，注重轻重缓急、先后顺序，落实计划，认真执行
		团队合作	4	1. 能很好地融合于社会和集体之中，赢得他人的尊重和信赖，友善地与人合作共事；2. 注重团队配合，发挥团队精神、活动中互补互助，提高团队工作绩效

续表

一级指标	二级指标	三级指标	评价权重	评价标准
成长核心素质（56%）	合作交流（12%）	沟通协调	4	1. 在日常学习、工作中能妥善处理好与学校、老师、同学、家长之间的各种关系，减少摩擦；2. 重视且乐于沟通，愿意协调人际关系；3. 能够以积极心态对待冲突和矛盾；4. 有团队协调意识，能调动各方面的工作积极性
	创新发展（12%）	创新精神	4	1. 具有能够综合运用专业知识技能、信息技术手段、解决实际问题的能力；2. 具有创新意识、创新思维、创新能力和创新个性的基本价值取向；3. 具有提出新方法、新观点的思维能力；4. 具有进行发明创造、改革的意志、信心、勇气和智慧
		追求新知	4	1. 牢固树立终身学习的理念，不断学习，积累知识，丰富知识结构；2. 对未知事物充满向往与好奇，具有创新思维，富有想象力和发散性思维能力
		自我规划	4	1. 有适合自己发展的职业生涯规划；2. 能从目标设定、职业定位、通道设计三方面进行职业生涯规划；3. 能制定事业发展的目标，选择适合自己的职业岗位，编制合理的行动计划；4. 有职业发展、职业适应、职业拓展的意识与能力
行业通用能力（28%）	文化素养（16%）	学习态度	4	1. 学习态度认真；2. 能养成独立思考的良好习惯；3. 善于反思与自我调整，合理安排学习时间；4. 善于自主学习，创新思维
		学习能力	4	1. 学习刻苦勤奋，努力克服困难；2. 认真完成学习任务；3. 对自己的学习行为负责；4. 善于合作学习
		学习效果	4	1. 具有坚实、宽广的文化科学知识和专业基础知识；2. 掌握本专业领域的理论知识、先进的技术方法，学习成效显著，成绩符合学校要求
		语言表达	4	1. 有较强的人文素养；2. 具有阅读理解、语言表达、逻辑推理、人际沟通的能力；3. 能明确地表达自己的思想；4. 能善于运用各种方法与人交流
	职业素养（12%）	职业道德	4	1. 能够遵守“爱岗敬业、诚实守信、办事公道、服务群众、奉献社会”的职业道德规范；2. 具有正确的就业和择业认识、意向，积极的从业态度，能满足对岗位职业素质的需求；3. 有一定的职业适应能力和职业拓展能力；4. 有较强的就业适应能力
		爱岗敬业	4	1. 热爱专业、工作岗位及从事的职业；2. 能用恭敬、严肃、负责的态度对待工作，一丝不苟、兢兢业业、专心致志
		社会实践	4	1. 具有爱护集体，爱护集体荣誉，爱护集体财物的意识；2. 积极参加集体活动；3. 主动参加社会实践和志愿者服务活动，活动成效显著；4. 有正确的劳动观点、良好的劳动习惯，积极参加集体劳动和公益劳动

续表

一级指标	二级指标	三级指标	评价权重	评价标准
专业技术能力（16%）	专业知识(8%)	理论知识	4	1. 能够掌握系统的专业理论知识；2. 理论课程的学业成绩达到学校规定的学分
		实践知识	4	1. 能够领会教师的实践知识，并指导自己的实践教学活动；2. 实践操作学业成绩达到学校规定的学分
	技能运用（8%）	专业技能	4	1. 全面掌握专业知识，具备相关职业所需的技能；2. 获得学校规定的相关职业资格证书
		安全环保	4	1. 系统掌握专业岗位所需要的安全、环保知识和技能，具有安全和环保意识；2. 教学和实践中不断提高安全认识，强化环保意识，具有自我保护能力和环境保护行为，安全环保成效显著
综合成绩			100 分	

附表2　学生综合素质评价指标体系表

一级指标	二级指标	三级指标	测评权重	学生自评	班委评价	班主任	综合成绩
			100 分	30%	30%	40%	
成长核心素质（56%）	思想道德（16%）	1. 爱国守法	4	□A(1.0) □B(0.8) □C(0.7) □D(0.5)	□A(1.0) □B(0.8) □C(0.7) □D(0.5)	□A(1.0) □B(0.8) □C(0.7) □D(0.5)	
		2. 文明守纪	4				
		3. 诚实守信	4				
		4. 社会责任	4				
	身心健康（16%）	5. 体质健康	4				
		6. 心理健康	4				
		7. 适应环境	4				
		8. 审美情趣	4				
	合作交流（12%）	9. 组织管理	4				
		10. 团队合作	4				
		11. 沟通协调	4				
	创新发展（12%）	12. 创新精神	4				
		13. 追求新知	4				
		14. 自我规划	4				
行业通用能力（28%）	文化素养（16%）	15. 学习态度	4				
		16. 学习能力	4				
		17. 学习效果	4				
		18. 语言表达	4				

续表

一级指标	二级指标	三级指标	测评权重	学生自评	班委评价	班主任	综合成绩
			100分	30%	30%	40%	
行业通用能力（28%）	职业素养（12%）	19. 职业道德	4				
		20. 爱岗敬业	4				
		21. 社会实践	4				
专业技术能力（16%）	专业知识（8%）	22. 理论知识	4				
		23. 实践知识	4				
	技能运用（8%）	24. 专业技能	4				
		25. 安全环保	4				
综合评价	（针对上述指标进行综合评价，要求100字以内）						

附表3　学生综合素质评价表(自评、互评、班主任评)

一级指标	二级指标	三级指标	测评权重	评价选项				综合成绩
			100分	1.0	0.8	0.7	0.5	
成长核心素质（56%）	思想道德（16%）	爱国守法	4	□A	□B	□C	□D	
		文明守纪	4	□A	□B	□C	□D	
		诚实守信	4	□A	□B	□C	□D	
		社会责任	4	□A	□B	□C	□D	
	身心健康（16%）	体质健康	4	□A	□B	□C	□D	
		心理健康	4	□A	□B	□C	□D	
		适应环境	4	□A	□B	□C	□D	
		审美情趣	4	□A	□B	□C	□D	
	合作交流（12%）	组织管理	4	□A	□B	□C	□D	
		团队合作	4	□A	□B	□C	□D	
		沟通协调	4	□A	□B	□C	□D	
	创新发展（12%）	创新精神	4	□A	□B	□C	□D	
		追求新知	4	□A	□B	□C	□D	
		自我规划	4	□A	□B	□C	□D	
行业通用能力（28%）	文化素养（16%）	学习态度	4	□A	□B	□C	□D	
		学习能力	4	□A	□B	□C	□D	
		学习效果	4	□A	□B	□C	□D	
		语言表达	4	□A	□B	□C	□D	
	职业素养（12%）	职业道德	4	□A	□B	□C	□D	
		爱岗敬业	4	□A	□B	□C	□D	
		社会实践	4	□A	□B	□C	□D	
专业技术能力（16%）	专业知识（8%）	理论知识	4	□A	□B	□C	□D	
		实践知识	4	□A	□B	□C	□D	
	技能运用（8%）	专业技能	4	□A	□B	□C	□D	
		安全环保	4	□A	□B	□C	□D	
综合评价	（针对上述指标进行综合评价，要求100字以内）							

附表4　学生综合素质评价综合汇总表(自评、互评、班主任评)

一级指标	二级指标	三级指标	测评权重	学生自评	班委评价	班主任	综合成绩
			100分	30%	30%	40%	
成长核心素质（56%）	思想道德（16%）	爱国守法	4	□A(1.0) □B(0.8) □C(0.7) □D(0.5)	□A(1.0) □B(0.8) □C(0.7) □D(0.5)	□A(1.0) □B(0.8) □C(0.7) □D(0.5)	
		文明守纪	4				
		诚实守信	4				
		社会责任	4				
	身心健康（16%）	体质健康	4				
		心理健康	4				
		适应环境	4				
		审美情趣	4				
	合作交流（12%）	组织管理	4				
		团队合作	4				
		沟通协调	4				
	创新发展（12%）	创新精神	4				
		追求新知	4				
		自我规划	4				
行业通用能力（28%）		学习态度	4				
	文化素养（16%）	学习能力	4				
		学习效果	4				
		语言表达	4				
	职业素养（12%）	职业道德	4				
		爱岗敬业	4				
		社会实践	4				
专业技术能力（16%）	专业知识（8%）	理论知识	4				
		实践知识	4				
	技能运用（8%）	专业技能	4				
		安全环保	4				
综合评价	（针对上述指标进行综合评价，要求100字以内）						

上海信息技术学校德育学分实施办法

为实现“学生乐于学、教师乐于教、社会乐于用”的办学愿景，进一步加强和改进学校德育工作，实现学生德育工作目标、过程、考核有机结合，努力提高德育工作的针对性和有效性，使学生能够按照中职生德育目标的要求进行自我教育、自我服务与自我管理，从而提高学校的德育工作实效性。按照学分制教学管理制度的基本要求，经研究决定，对《上海信息技术学校学生德育学分制实施办法》部分内容作修改后如下。

一、实施原则

坚持德育教育分类化，实现形式与内容相结合；
坚持德育教育践行化，实现评价与考核相结合；
坚持德育教育全员化，实现专职与兼职相结合。

二、德育学分的构成

德育学分是学分制教学管理制度的重要组成部分，是德育过程和结果的量化表现，综合体现学生在校的思想道德、实践能力、创新能力、协作能力、自我管理能力、终生学习能力等方面。德育学分由必修学分和选修学分构成，必修学分占50%，选修学分占50%。对于四年制学生，在220总学分中，德育学分必须达到24学分以上(其中必修13学分、选修11学分)，方可正常毕业。对于三年制学生，在170总学分中，德育学分达必须到18学分以上(其中必修9.5学分、选修8.5学分)，方可正常毕业。德育学分每学期考核，并进行1次德育学分的认定和汇总。

(一)必修学分

必修学分是学生按照学校的统一要求必须完成的内容，由德育践行、新生入学教育、礼仪与法制教育、素质拓展教育和职业素养教育组成。五类必修学分均由班主任负责认定学分，学生处审核，学生处统一管理。必修学分任一项目不及格者，不能毕业。

1. 德育践行：四年制学生要达到8学分，三年制学生要达到6学分，每学期1学分。学生德育践行的评价内容为每学期学生个人规章制度执行、诚信度评价和行为规范水平等情况。诚信度获得A级以上和综合素质评价总分为60分以上者可获得学分。顶岗实习期间，德育践行评价内容为每学期学生遵守企业单位规章制度、行为规范和工作态度水平等情况，企业对学生综合素质评价总分为60分以上者可获得学分。

2. 新生入学教育

(1)新生军训：在第1学期开学前举行，为期1周，总计1.5学分。其内容主要包括新生入学军训(国防知识教育、队列训练)、校歌学唱、学校基本情况的了解掌握等内容。

(2)新生入学行为礼仪教育：在第1学期举行，为期0.5周，总计0.5学分，在开学后第一周内安排，1周内的每天下午2节课，其内容主要包括学生行为规范八项底线标准、《上海信息技术学校学生手册》有关学生日常行为规范、行为礼仪、校纪校规及其行为礼仪的训练与展示、考核等。

3. 素质拓展教育：为四年制学生必修的德育学分，在第3学期举行，为期1周，总计1.5学分。其内容主要包括素质教育讲座、军政训练、素质拓展训练等。

4. 职业素养教育：四年制在第6学期举行，总计1学分，三年制在第4学期举行，总计1.5学分，均为期一周，在开学后三周内安排。其内容主要包括职业素质教育讲座、职业生涯规划、团队合作训练、职业素质拓展训练等。

(二)选修学分

选修学分突出“以人为本”的教育思想，学生根据不同年级、不同专业和个人爱好、兴趣特长、职业发展方向来选择适合自己的项目进行，分为限定选修学分和任意选修学分。任意选修学分中所包含的项目主要由教师或学生来申报，由系部和学生处审核。

四年制学生选修学分要求达到13学分，三年制学生选修学分要求达到8.5学分。学生可以从学校规定项目中进行选择，未列入的项目，教师、学生可以通过申报立项，经批准后，可组织同学以社团、小组等形式完成项目，并获得相应的学分。具体德育选修学分的项目和标准如下。

1. 主题教育：限定选修学分，四年制学生要修满6学分，三年制学生要修满4学分，每学期1学分。除顶岗实习学年外，每学期都要开设，每个年级学生都要参加学习，它包括班级主题教育课、主题班会课和校班会课等。第一学期包含主题教育课要求每月一次以班主任为主授课，要求事先有教案(按大德育方案选课程内容，每学期一般安排4次)、有授课计划、有记录、有考核。每学期各班对学生参加主题教育课情况要进行一次综合考评，包括学生参加班会课的笔记、主题教育课考核成绩、参与团队活动的情况、上课纪律、工作完成情况等。由班主任主要负责实施、考核和认定学分，学生处负责审核。主题班会要求以学生干部为主，班主任指导为辅，每月1次，事先要制定主题班会实施方案。其他一般为班会课时间(包括校、系部安排的学生大会和有关活动)。

2. 公益劳动：限定选修学分，四年制学生要在第1至6学期内修满3学分，三年制学生要在第1至5学期内修满2.5学分，每学期为0.5学分。每学期每个学生在校内或校外必须参加8小时的公益劳动，学校专门在《上海信息技术学校学生公益劳动登记表》上记录，要求学生积累一定次数和学时数，并得到学校及相关部门签名盖章认可，方可取得相应的学分。由班主任按照学生劳动时间记录认定学时和学分，各处、室、系、部行政助理负责对认定学分进行审核。

3. 社会德育实践：任意选修学分，四年制学生在第1~5学期内可选修到2.5学分，三年制学生在第1至4学期内可选修2学分，每次假期社会实践活动可获得0.5学分。由团委牵头布置，专业系、部负责实施，包括每个学生制定假期活动计划和做好书面小结；按照学校要求开展时政学习、读报用报、学生互访、返校、主题征文、社区志愿者服务等活动。考核内容为活动参与情况、时政竞赛成绩、征文情况、网上知识竞赛、计划和小结等。由班主任负责考核和认定学分，团委审核。

4. 学校德育实践活动

(1)社团活动：任意选修学分，每个学期都可选修，每学期初，学生或教师到团委领取《社团申请表》申请立项、公开招募后，经团委审核通过，依照计划进行活动。活动成果经认定后，给予申报学分，学生通过参加社团活动获得相应德育学分。

(2)青年志愿者活动：任意选修学分。凡参加每学期由学校组织推荐、招募的志愿者服务活动(大型接待咨询活动、下社区服务等)者，累计达到规定时间和要求的可获得 0.5 ~ 1 学分。

(3)学校博学节、体育节、艺术节三大节日活动：任意选修学分，教师和学生皆可根据博学节、体育节、艺术节活动期间举办的各类比赛和项目培训，在活动开始前 1 月内向学生处提出申报开设德育学分活动项目，经审核通过后方可开展活动，否则不予认定学分。参加者和参与者根据参加的学时，经考察合格者，可以按学时获得 0.5 ~ 1 学分。

(4)系部申报活动：任意选修学分，每学期由系部制定德育实践活动计划，由学生选择项目参加，项目负责老师在活动开展前 1 个月内向学生处提出申报，审核通过后方可开展活动，否则不予认定学分。参加者要求积累一定次数、时间，经考察合格者，可以按学时获得 0.5 ~ 1 学分。由项目负责老师认定学分，系部和学生处审核。

三、德育学分的实施计划、认定权限

1. 四年制德育学分实施计划及认定权限表

<table>
<tr><th>学年</th><th>学期</th><th colspan="2">德育学分</th><th>认定学分</th><th>认定权限</th></tr>
<tr><td rowspan="15">第一学年</td><td rowspan="7">第一学期</td><td rowspan="3">必修学分</td><td>德育践行</td><td>1 学分</td><td>各系部</td></tr>
<tr><td>新生入学教育</td><td>1.5 学分</td><td>学生处</td></tr>
<tr><td>礼仪与法制教育</td><td>0.5 学分</td><td>学生处</td></tr>
<tr><td rowspan="2">限定选修学分</td><td>主题教育</td><td>1 学分</td><td>各系部</td></tr>
<tr><td>公益劳动</td><td>0.5 学分</td><td>各系部</td></tr>
<tr><td rowspan="2">任意选修学分</td><td>社会德育实践</td><td>0.5 学分</td><td>团委</td></tr>
<tr><td>学校德育实践</td><td>不定</td><td>团委</td></tr>
<tr><td rowspan="5">第二学期</td><td>必修学分</td><td>德育践行</td><td>1 学分</td><td>各系部</td></tr>
<tr><td rowspan="2">限定选修学分</td><td>主题教育</td><td>1 学分</td><td>各系部</td></tr>
<tr><td>公益劳动</td><td>0.5 学分</td><td>各系部</td></tr>
<tr><td rowspan="2">任意选修学分</td><td>社会德育实践</td><td>0.5 学分</td><td>团委</td></tr>
<tr><td>学校德育实践</td><td>不定</td><td>团委</td></tr>
<tr><td rowspan="11">第二学年</td><td rowspan="6">第三学期</td><td rowspan="2">必修学分</td><td>德育践行</td><td>1 学分</td><td>学生处</td></tr>
<tr><td>素质拓展教育</td><td>1.5 学分</td><td>学生处</td></tr>
<tr><td rowspan="2">限定选修学分</td><td>主题教育</td><td>1 学分</td><td>各系部</td></tr>
<tr><td>公益劳动</td><td>0.5 学分</td><td>各系部</td></tr>
<tr><td rowspan="2">任意选修学分</td><td>社会德育实践</td><td>0.5 学分</td><td>团委</td></tr>
<tr><td>学校德育实践</td><td>不定</td><td>团委</td></tr>
<tr><td rowspan="5">第四学期</td><td>必修学分</td><td>德育践行</td><td>1 学分</td><td>各系部</td></tr>
<tr><td rowspan="2">限定选修学分</td><td>主题教育</td><td>1 学分</td><td>各系部</td></tr>
<tr><td>公益劳动</td><td>0.5 学分</td><td>各系部</td></tr>
<tr><td rowspan="2">任意选修学分</td><td>社会德育实践</td><td>0.5 学分</td><td>团委</td></tr>
<tr><td>学校德育实践</td><td>不定</td><td>团委</td></tr>
</table>

续表

学年	学期	德育学分		认定学分	认定权限
第三学年	第五学期	必修学分	德育践行	1学分	各系部
		限定选修学分	主题教育	1学分	各系部
			公益劳动	0.5学分	各系部
		任意选修学分	社会德育实践	0.5学分	团委
			学校德育实践	不定	团委
	第六学期	必修学分	德育践行	1学分	各系部
			职业素养教育	1.5学分	学生处
		限定选修学分	主题教育	1学分	各系部
		任意选修学分	学校德育实践	不定	团委
第四学年	第七学期	必修学分	德育践行	1学分	各系部
	第八学期	必修学分	德育践行	1学分	各系部

注：任意选修学分六学期选满5个学分即可。

2. 三年制德育学分实施计划及认定权限表

学年	学期	德育学分		认定学分	认定权限
第一学年	第一学期	必修学分	德育践行	1学分	各系部
			新生入学教育	1.5学分	学生处
			礼仪与法制教育	0.5学分	学生处
		限定选修学分	主题教育	1学分	各系部
			公益劳动	0.5学分	各系部
		任意选修学分	社会实践	0.5学分	团委
			学校德育实践	不定	团委
	第二学期	必修学分	德育践行	1学分	各系部
		限定选修学分	主题教育	1学分	各系部
			公益劳动	0.5学分	各系部
		任意选修学分	社会实践	0.5学分	团委
			学校德育实践	不定	团委
第二学年	第三学期	必修学分	德育践行	1学分	各系部
		限定选修学分	主题教育	1学分	各系部
			公益劳动	0.5学分	各系部
		任意选修学分	社会实践	0.5学分	团委
			学校德育实践	不定	团委
	第四学期	必修学分	德育践行	1学分	各系部
			职业素养教育	1.5学分	学生处
		限定选修学分	主题教育	1学分	各系部
			公益劳动	0.5学分	各系部
			社会实践	0.5学分	团委
		任意选修学分	学校德育实践	不定	团委

续表

学年	学期	德育学分		认定学分	认定权限
第三学年	第五学期	必修学分	德育践行	1 学分	各系部
		限定选修学分	公益劳动	0.5 学分	各系部
		任意选修学分	学校德育实践	不定	团委
	第六学期	必修学分	德育践行	1 学分	各系部

注：任意选修学分四学期选满 2.5 个学分即可。

四、德育学分的管理

1. 学分认定与管理。学分的认定根据内容不同归属不同部门，即参照《德育学分实施计划及认定权限表》，由学生处统一管理。德育践行学分与学生的日常行为表现随时挂钩，由班主任和系部进行认定，若学生行为不符合规范，经系部鉴定为德育践行不合格者，直接进入到行为规范学习班学习。1 个学期后，仍然不能鉴定合格，则必须参加假期学习班，学习班合格者可以借贷形式获取学分，下一学期鉴定合格后方可正式获得学分。毕业时，德育践行学分仍不足者，则不能毕业。

2. 任意选修学分的认定：任意选修学分主要是针对学生在校内、校外参加各类德育实践活动，根据活动参加的数量和质量给予一定的德育学分认定，学生参加学校的各项校内德育实践活动和校外社会实践活动，需要按学期及要求填写《上海信息技术学校学生德育实践活动手册》。参加活动的实践、活动内容由活动负责人认定，每学期由班主任进行汇总确认。

3. 奖励学分的认定：奖励学分主要用于奖励突出学生自身素质的培养，自我完善。如学生参与社会活动、学习、比赛、获得各类证书、独立完成特定项目等。在每学期放假前学生自行到学生处申报奖励学分，学生处听取班主任和系部给予学生的考核意见后根据申报材料和考核意见给予适当的德育学分奖励。一般每个项目奖励 0.5 ~ 2 学分。

4. 德育学分的登记和查阅：学生德育学分每学期期末由班主任进行汇总认定，并录入校园网。德育学分纳入学校学分制认定总学分系统中，供用人单位和学生本人查阅。学生个人要保管好《上海信息技术学校学生公益劳动登记申请表》，和《上海信息技术学校学生德育实践活动手册》，平时认真记录自己参加活动的项目和时间，活动结束及时到活动负责老师处进行盖章确认，以便每学期期末班主任进行认定。

5. 德育学分的借贷：德育学分可以借贷，在校期间学生可以根据自身情况，向学校提出借贷德育学分。在满足借贷条件的情况下，由学生提出申请，家长提供担保承诺，同时要与系部签订借贷和担保协议，确保在借贷德育学分期间，能够按照学校的要求去做，目的在于强化学生自我管理、自我约束。在借贷学分时间结束时，该学生如达到要求，则期末给予其借贷学分，如没有达到要求，其借贷学分失效，下一学期开始按照要求重修学分。

五、德育学分的使用

1. 德育学分与学校的学生评优挂钩，每学期必修和选修学分任何一项低于规定标准者，不能参加该学期的各类评优。

2. 学生毕业前德育学分总学分低于24学分(四年制)或18学分(三年制)，该生将不能获得毕业资格，必须继续修满德育学分后方可获得毕业资格。

六、德育学分管理的责任分工

德育学分工作由德育工作委员会指导，学生处、教务处、团委和各专业系部共同参与，学生工作例会进行协调，学生处负责德育学分工作的具体实施。

教务处负责为每学期德育项目纳入总学分表立项，以及期末总学分成绩表的导入工作。

班主任负责将必修学分和限定选修学分的成绩的统计和录入校园网教学系统工作等。

社团及德育任意选修项目成绩由社团或活动负责人评定，经团委、学生处认定后由班主任统一汇总并输入校园网。

本办法从颁布之日起开始实施，解释权归校学生处。

上海信息技术学校学生日常行为礼仪标准及要求

礼仪是人类为维系社会正常生活而要求人们共同遵守的最起码的道德规范。它是人们在长期共同生活和相互交往中逐渐形成，并且以风俗、习惯和传统等方式固定下来。对一个人来说，礼仪是一个人的思想道德水平、文化修养、交际能力的外在表现，重视、开展行为礼仪教育是学生道德实践教育活动的一个重要内容。

行为礼仪教育的内容涵盖着学生生活的各个方面。从内容上看有仪容、举止、表情、服饰、谈吐、待人接物等；从对象上看有个人礼仪、学校礼仪、公共场所礼仪、文明交往礼仪等。学生在人际交往过程中的行为规范称为学校礼节，礼仪在言语动作上的表现称为礼貌。加强道德实践教育应注重学生行为礼仪的养成，使学生在“敬人、自律、适度、真诚”的原则上进行人际交往，告别不文明的言行。

礼仪、礼节、礼貌内容丰富多样，就学生而言应该注意礼仪的基本原则如下：

一是“敬人”的原则；

二是“自律”的原则，就是在交往过程中要克己、慎重、积极主动、自觉自愿、礼貌待人、表里如一；

三是“适度”的原则，适度得体，掌握分寸；

四是“真诚”的原则，诚心诚意，以诚待人，不逢场作戏，言行不一。

（一）仪表　仪表是指人的容貌，是一个人精神面貌的外观体现。一个人的卫生习惯、服饰与形成和保持端庄、大方的仪表有着密切的关系。

1. 卫生：清洁卫生是仪容美的关键，是礼仪的基本要求。不管长相多好，服饰多华贵，若满脸污垢，浑身异味，发型怪异，那必然破坏一个人的美感。因此，每位学生都应该养成良好的卫生习惯，做到入睡起床洗脸、刷牙，经常洗头、洗澡，发型讲究，梳理得体。

2. 服饰：服饰反映了一个人文化素质之高低，审美情趣之雅俗。具体说来，它既要自然得体，协调大方，又要遵守某种约定俗成的规范或原则。服装不但要与自己的具体条件相适应，还必须时刻注意客观环境、场合对人的着装要求，即着装打扮要优先考虑时间、地点和目的三大要素，并努力在穿着打扮的各方面与时间、地点、目的保持协调一致。在校学习期间要求着装统一校服，并自觉养成着装校服的好习惯。

（二）言谈　言谈作为一门艺术，也是个人礼仪的一个重要组成部分。

1. 礼貌：态度要诚恳、亲切；声音大小要适宜，语调要平和沉稳；尊重他人。

2. 用语：敬语，表示尊敬和礼貌的词语。提倡使用礼貌用语：“您好”“请”“谢谢”“对不起”“再见”。这体现了说话文明的基本的语言形式。

（三）仪态举止

1. 谈话姿势：谈话的姿势往往反映出一个人的性格、修养和文明素质。所以，交谈时，首先双方要互相正视、互相倾听、不能东张西望，若交谈时看书看报或面带倦容、哈欠连天会给人心不在焉、傲慢无理等不礼貌的印象。

2. 站姿：站立是人最基本的姿势，是一种静态的美。按照军训时训练过的标准，站立时，身体应与地面垂直，重心放在两个前脚掌上，抬头、挺胸、收腹、双肩放松；双臂自然下垂或在体前交叉，眼睛平视，面带笑容。站立时不要歪脖、斜腰、屈腿等，在一些正式场合不宜将手插在裤袋里或交叉在胸前，更不要下意识地做小动作，那样不但显得拘谨，给人缺乏自信之感，而且也有失仪态的庄重。

3. 坐姿：坐，也是一种静态造型。端庄优美的坐，会给人以文雅、稳重、自然大方的美感。正确的坐姿应该：腰背挺直，肩放松，女性应两膝并拢。双手自然放在膝盖上或椅子扶手上。在正式场合，入座时要轻柔和缓，起座要端庄稳重，不可猛起猛坐，弄得桌椅乱响，造成尴尬气氛。不论何种坐姿，上身都要保持端正，如古人所言的“坐如钟”。若坚持这一点，那么不管怎样变换身体的姿态，都会显得优美、自然。

4. 起姿：行走是人生活中的主要动作，走姿是一种动态的美。“行如风”就是用风行水上来形容轻快自然的步态。正确的走姿是：轻而稳，胸要挺，头要抬，肩放松，两眼平视，面带微笑，自然摆臂。

（四）学生日常生活规范要求

1. 升国旗仪式：国旗是一个国家的象征，升降国旗是对青少年爱国主义教育的一种方式。升旗时，全体学生应列队整齐排列，面向国旗，肃立致敬。当升国旗，奏国歌时，要立正，脱帽；行注目礼，直至升旗完毕。升旗是一种严肃、庄重的活动，一定要保持安静，切忌自由活动，嘻嘻哈哈或东张西望。神态要庄严，当五星红旗冉冉升起时，所有在场的人都应抬头注视。

2. 早操：早操是学生每日的第一节课，学生应该按时到校，准时参加早操。早操学生必须做到“快、静、齐”。

“快”：集合(每天7：45—7：50)速度要迅速，当集合音乐停止，全体学生必须在指定位置集合完毕。集合音乐响起，学校大门、宿舍门一律关闭，督促学生养成守时的良好习惯。

“静”：集合结束，学生要按照站姿要求站立，安静等待老师指令。不得来回走动、前后说话。

“齐”：参加早操学生要齐全，确保出勤率；班级整体队伍要整齐，每班成一条直线。

3. 课堂规范：遵守课堂纪律是学生最基本的礼貌和行为规范。

(1)上课：上课的铃声一响，学生应提前2分钟端坐在教室里，恭候老师上课，当教师宣布上课时，全班学生应迅速起立，齐呼“老师好”，待老师答礼后，方可坐下。

学生应当准时到校上课，若因特殊情况，在教师上课后进入教室，应先叫“报告”，征得教师允许后方可进入教室。

(2)听讲：在课堂上，要认真听老师讲解，注意力集中，独立思考，重要的内容应做好笔记，并且在上课前必须关闭手机，不允许在课堂上使用手机等。当老师提问时，应该先举手，待老师点到你的名字时才可站起来回答，发言时，身体要立正，态度要落落大方，声音要清晰响亮，并且应当使用普通话。

(3)下课：听到下课铃响时，若老师还未宣布下课，学生应当安心听讲，不要忙着收拾书本，或把桌子弄得乒乓作响，这是对老师的不尊重。老师宣布下课时，全体学生学仍需起立，与老师互道“再见”。待老师离开教室后，学生方可离开。

4. 尊师：学生在校园内进出或上下楼梯与老师相遇时，应主动向老师行礼问好，称“老师好”。学生进老师的办公室时，应先敲门或叫“报告”，经老师允许后方可进入。在老师的工作场所，不能随便翻动老师的物品，要养成尊重老师的习惯。

5. 同学间：同学之间的深厚友谊是生活中的一种团结友爱的力量。注意同学之间的礼仪礼貌，是你获得良好同学关系的基本要求。同学间可彼此直呼其名，但不能使用不礼貌用语称呼同学。更不能给同学起带侮辱性的绰号，也绝对不能嘲笑同学的生理缺陷。在有求于同学时，需用“请”“谢谢”“麻烦你”等礼貌用语。借用学习和生活用品时，应先征得同意后再拿，用后应及时归还，并要致谢。对于同学遭遇的不幸，偶尔的失败，学习上暂时的落后等，不应嘲笑、冷笑、歧视，而应该给予热情的帮助。

6. 集会：集会在学校是经常举行的活动。一般在操场或礼堂举行，由于参加者人数众多，又是正规场合，因此要格外注意集会中的礼仪规范。应该有续进入活动场所，保持会场安静、卫生、整洁，不要随意走动或大声喧哗。

7. 校内公共场所：应该自觉保持校园整洁，不在教室、楼道、操场乱扔纸屑、果皮、不随地吐痰、不乱倒垃圾。也不要在教学场所吃东西。不在黑板、墙壁和课桌椅上乱涂、乱画、乱抹、乱刻，爱护学校公共财物、花草树木，节约用水用电。自觉将自行车存放在指定的车棚或地点，不乱停乱放。在食堂用餐时要排队礼让，不乱拥挤，要爱惜粮食，不乱倒剩菜剩饭。用餐结束要将餐具放到指定地点，确保餐桌整洁、卫生。

上海信息技术学校学生行为规范评定标准

学生行为规范评定是根据国家教育部和上海市教育委员会的有关规定制定，为保证学生正常的学习、生活秩序，有利于学生身心健康、提高思想觉悟、提高道德水准的一项重要措施。同时，也是规范学生行为、养成良好习惯的一种方法和对学生德、智、体全面综合评定的必要补充。学生行为规范评定主要采用加减分制，评定结果将作为学生素质综合评价的一部分计入学生档案。

一、具体标准

1. 不佩戴标志牌或因损坏不及时更换者，扣1分/次；
2. 佩戴他人标志牌或自制标志牌者，扣3分/次；
3. 不尊重教师及管理人员者，扣2~5分/次；
4. 男女交往举止不得体，行为不文明者，扣2分/次；
5. 吸烟、酗酒者，扣5~10分/次；
6. 穿着打扮不得体，有染发、女生浓妆及男生留长发者，扣2分/次；
7. 携带不良刊物及音像制品进校者，扣5分/次；
8. 上课迟到、早退或旷课一次者，扣1~3分/次；
9. 在室内踢球、打球者，扣2分/次；
10. 不文明就餐或将饭菜带入教室、寝室者，扣2分/次；
11. 不认真做好教室、寝室值日生者，扣3分/次；
12. 穿拖鞋、背心进入教学区域者，扣1~3分/次；
13. 自修课内打扑克、娱乐者，扣2~5分/次；
14. 自修课擅自离开教室者，扣2分/次；
15. 违反实习劳动纪律及安全条例者，扣3分/次；

16. 违反课堂纪律，干扰正常教学秩序者：扣2～5分/次；
17. 上课时间使用手机，扣2分/次；
18. 做操不认真，黄牌警告者，扣2分/次；
19. 浪费水、电者，扣3分/次；
20. 违反校园网管理规定者，扣1～5分/次；
21. 故意损坏公物者(除赔偿外)，扣3～5分/次；
22. 爬墙或窗进入校园、宿舍、教室者，扣5～10分/次；
23. 随地吐痰、乱扔乱抛杂物者，扣3分/次；
24. 住宿生未在指定床铺就寝或私自调换床铺者，扣1～3分/次；
25. 不按时就寝及起床者，扣1～3分/次；
26. 住宿生逃夜者，扣5～10分/次；
27. 未经许可将校外人员带进学校或宿舍区域者，扣3分/次；
28. 未经许可留宿校外人员者，扣5～10分/次；
29. 寝室内私接使用大功率电器、点蜡烛等明火者，扣10分/次；
30. 受口头警告或通报批评者，扣5～10分/次；
31. 受行政警告处分者，扣15分；
32. 受严重警告处分者，扣20分；
33. 受记过处分者，扣30分；
34. 受留校察看处分者，扣40分；
35. 其他违纪行为，视情扣1～10分；
36. 校服与胸卡上乱涂乱画者，视情扣1～5分；

(以上扣分以40分为上限)

二、加分标准

1. 积极参加各项公益劳动，学期中表现突出者(由团委评定)，加1～5分；
2. 做好人好事，助人为乐、拾金不昧者(由团委负责汇总)，加1～5分；
3. 见义勇为，表现突出者(由学生工作例会认定)，加3～20分；
4. 学校组织的各项活动中获得名次者(由团委评定)，加2～5分；
5. 参加市、区级活动中获得名次者(由学生处认定)，加2～10分；
6. 学习刻苦，成绩优异或进步显著者(由专业系部认定)，加2～5分；
7. 其他突出表现者(由学生工作例会认定)，视情况加1～10分。

(以上加分以20分为上限)

三、实施办法

本标准是学生素质综合评价的重要依据，与每学期各类先进考核挂钩。每学期评定一次，考核结果作为学生诚信等第中加减分的依据。

厦门信息学校德育工作“6S”管理模式细则

一、6S 管理的概念

6S 管理即指整理、整顿、清扫、清洁、修养和安全。6S 管理起源于日本，现已成为企业现场管理的经典之作。由于前五个词组日文的罗马拼写和第六个词组英文的字母拼写的第一个字母均为“S”，故简称为“6S”。将 6S 管理引用到班级管理，能有效地提高德育工作实效，是企业文化与班级文化建设的有机结合；是“面向市场办学、贴近市场育人、服务市场为本、创造市场发展”核心理念在班级管理中的创新实践。

二、“6S”德育管理模式内容

（一）6S 管理模式的内涵

整理（SEIRI）：保存必要，收纳其他；

整顿（SEITON）：标明位置，规范处置；

清扫（SEISO）：清理场所，干净整洁；

清洁（SEIKETSU）：积极维护，保持成果；

素养（SHITSUKE）：遵守规则，积极主动；

安全（SECURITY）：加强防范，保证安全。

（二）班级 6S 管理的内容

1. 整理：班级卫生角及讲台桌布置、桌椅等班级物品摆放按照统一规范，班牌及班级宣传、学习等园地的布置要规范统一，学生课桌上只保留文具、课本等，其他物品整齐摆放在抽屉里。

2. 整顿：班级各项物品如有使用或移动，过后必须摆放回原位，学生工具、课本、笔、练习本等按规定位置放置，分上课时和下课的摆放，并且要摆到位。

3. 清扫：每天组织 2 次值日生打扫、整理教室（中午和下午放学后），并安排值日生不定时地对班级室内外卫生进行保洁，学生下课后必须清洁课桌，始终保持教室干净整洁，及时清除垃圾，垃圾桶每天清洗一次，地面每周拖洗一次。

4. 清洁：将整理、整顿、清扫进行彻底、持之以恒，并且制度化、公开化、透明化。时刻维持上面 3S 成果，特别是学生工具及桌椅的摆放、课桌的整洁、教室的清扫及保洁等。

5. 素养：每位学生都要养成以上良好的习惯，工具、设备的使用能按规范做。做到不迟到、不旷课、上课不违纪、作业认真完成、同学间互帮互教等。培养积极主动严谨的做事态度，注重文明礼仪，仪容仪表规范，做到遵纪守法。

6. 安全：每时每刻都要有安全第一的观念，防患于未燃。班级建立安全教育制度，做到安全天天讲、月月讲，并且要有跟踪，要有记录。

南京高等职业技术学校校园群体和学生个人心理危机干预预案

第一章　总　则

第一条　为贯彻落实《中共中央国务院关于进一步加强和改进大学生思想政治教育的意见》和《中小学心理健康教育指导纲要》文件精神，大力加强学校学生心理健康教育工作，更好地帮助有严重心理问题的学生度过心理难关，及早预防、及时疏导、有效干预、快速控制学生中可能出现的心理危机事件，降低学生心理危机事件的发生率，减少学生因心理危机带来的生命和财产损失，促进学生健康成长，特制定本办法。

第二条　心理危机干预是指采取紧急应对的方法帮助危机者从心理上解除迫在眉睫的危机，使其症状得到立刻缓解和持久消失，心理功能恢复到危机前的水平，并获得新的应对技能，预防心理危机再发生。

第二章　组织机构

第三条　学生心理危机干预工作由校心理健康教育中心负责，其主要职责是：全面规划和领导学校学生心理危机干预工作，督促系(部门)认真履行危机干预工作的职责，对重大危机事件的处理处理作出决策。

第四条　由校心理健康教育中心负责学生心理危机鉴定与干预，制定危机事件处理方案，具体实施危机干预。

第五条　各系部的学生心理危机干预工作由系部分管学生工作的领导负责，全体教职工均有责任和义务。系部有关人员应积极协助心理健康教育中心开展学生心理危机干预工作。

第六条　各系部应积极组建、大力扶持学生心理健康互助组织，充分发挥学生骨干、快乐成长营营员在学生心理危机干预中的作用。

第三章　干预对象

第七条　存在心理危机倾向与处理心理危机状态的学生为主要干预对象。当学生认为某一事件或境遇是个人资源和应付机制所无法解决的困难时，若不能及时缓解，就可能导致当事人情绪剧烈波动或认知、躯体或行为方面发生较大改变，甚至采取自杀、伤害他人等不恰当的方法应对或解决问题。

第八条　对存在情形之一的学生，应作为心理危机干预的高危个体予以特别关注。

一、遭遇突发事件而出现心理或行为异常的学生，如家庭发生重大变故、遭遇性危机、受到自然或社会意外刺激的学生。

二、患有严重心理疾病，如抑郁病、恐怖病、强迫症、癔症、焦虑症、精神分裂症、情感性精神病等疾病的学生。

三、既往有自杀未遂史或家族中有自杀者的学生。

四、身体患有严重疾病、个人很痛苦、治疗周期长的学生。

五、学习压力过大、学习困难而出现心理异常的学生。

六、个人感情受挫后出现心理或行为异常的学生。

七、人际关系失调后出现心理或行为异常的学生。

八、性格过于内向、孤僻、缺乏社会支持的学生。

九、严重环境适应不良导致心理或行为异常的学生。

十、家境贫困、经济负担重、深感自卑的学生。

十一、由于身边的同学出现个体危机状况而受到影响，产生恐慌、担心、焦虑、困扰的学生。

十二、其他有情绪困扰、行为异常的学生。尤其要关注上述多种特征并存的学生，其危险程度更大，应成为重点干预的对象。

十三、对近期发出下列警示记号的学生，应作为心理危机的重点干预对象及时进行干预：

(一)讨论过自杀并考虑过自杀方法，包括在信件、日记、图画或乱涂乱画的只言片语中流露死亡的念头者；

(二)不明原因突然给同学、朋友或家人送礼物、请客、赔礼道歉、述说告别的话等行为明显改变者；

(三)情绪突然明显异常者，如特别烦躁，高度焦虑、恐惧，易感情冲动，或情绪异常低落，或情绪突然从低落变为平静，或饮食睡眠受到严重影响等。

第四章　预防教育

第九条　做好学生心理危机干预工作应立足教育，重在预防。心理健康教育中心应对学生进行珍惜生命教育，引导学生热爱生活，热爱生命，善待人生；应对学生进行自我意识教育，引导学生正确认识自我，愉快接纳自我，积极发展自我，树立自信，消除自卑；应对学生进行危机应对教育，让学生了解什么是危机，什么情况下会出现危机，哪些言行是自然的前兆，学会如何对出现自杀预兆的同学进行帮助和干预。

第十条　在学生中大力普及心理健康知识，引导学生树立现代健康观念。针对学生中广泛存在的新生入学的环境适应问题、情绪问题、人际交往问题、恋爱与性的问题、学习方法问题等开展教育；通过学生心理健康互助组织开展形式多样的心理健康教育活动，形成良好的心理健康氛围；通过主办心理健康教育主题班会，帮助学生优化个性心理品质，增强心理调适能力，提高心理健康水平。

第五章　早期预警

第十一条　做好学生心理危机早期预警工作，是心理危机干预的重要思想基础。应做到对学生的心理变化早发现，早通报，早评估，保证信息畅通、快速反应，力争将学生心理危机控制在萌芽状态。

第十二条　建立学生心理健康普查制度。心理健康教育中心每年对全校新生进行心理健康普查，建立学生心理健康档案，并根据普查结果筛选出心理危机高危个体，与系心理辅导员一起对这些学生做好危机的预防工作。

第十三条　建立学生心理状况汇报制度

一、班级心理委员要随时掌握全班同学的心理状况，至少每月向班主任、系心理辅导员汇报一次，发现有明显心理异常情况的同学要及时向系心理辅导员汇报。

二、班主任、系心理辅导员要深入学生之中及时了解学生的心理健康状况。主管学生工作的系部领导应每月至少 1 次专门了解全系学生心理健康变化情况。

三、如发现有学生心理健康状况迅速恶化或新发现有严重心理障碍的学生，各系应将该生的情况迅速以电话的形式向心理健康教育中心和上级领导报告。

第十四条　建立心理咨询值班报告制度。心理咨询师在心理咨询值班期间发现学生存在严重心理障碍，应及时将相关信息报告给心理健康教育中心。心理健康教育中心应及时组织专家对各方面报告的心理危机学生进行及时分析。

第十五条　建立学生心理健康信息反馈制度。心理健康教育中心应及时将学生的心理健康状况、有心理危机倾向的学生的心理测试结果等相关信息反馈给各相关系。

第六章　危机干预

第十六条　建立支持体系。各系应通过开展丰富多彩的文体活动丰富学生的课余生活，培养学生积极向上、乐观进取的心态，应在学生中形成团结友爱、互帮互助的良好人际氛围。全体教师尤其是学生辅导员应该经常关心学生的学习和生活，帮助学生解决困难，做学生的知心朋友。学生入党积极分子、学生骨干对有心理困扰的学生应提供及时周到的帮助，真心诚意地帮助他们渡过难关。各系应动员学生家长、朋友对学生多一些关爱与支持，必要时应要求学生亲人来校看护学生。

第十七条　建立治疗体系。对有心理障碍或心理疾病的学生应进行及时的治疗。对症状表现较轻者，至专业机构(如市脑科医院)接受心理治疗为主，可辅以药物治疗。对症状表现严重危机程度较高者，必须立即将其送专业精神医院治疗。

第十八条　建立阻控体系。对于学校可调控的引发学生心理危机的人、事或情景等刺激物，相关部门和各系部应及时阻断，消除对个体的持续不良刺激。对于危机个体遭遇刺激后引起紧张性反应可能攻击的对象，相关部门和系部应采取保护或回避措施。在开展心理咨询时接待有严重心理障碍的学生来访时，在其危机尚未解除的情况下，应不让学生离开，立即报告给心理健康教育中心及学生所在系。

第十九条　建立监护体系。对有心理障碍或心理疾病的学生在校期间要进行监护。

一、心理障碍程度较轻，能在学校正常学习者，各系应成立以学生干部为负责人及同室同学为主的不少于三人的学生监护小组，及时了解该生的心理与行为状况，对该生进行安全监护。监护小组应及时向系汇报该生的情况。

二、对发生心理危机的学生，所在系部应通知学生家长立即来校，由家长护送学生到医院治疗。在系部与学生家长进行安全责任移交之前，系部应对该生做出了 24 小时特别监护或由系派专人护送其到医院治疗。对心理危机特别严重者，所在系部应立即在有监护的情况下送医院治疗。学生在医院接受救治期间，所在系部应指派有关人员到医院关心学生的病情。

第二十条　建立救助体系。学校对于突发学生自伤自毁事故，学生所在系部领导、班主任，应在闻讯后立即赶赴现场，并立即报告有关部门。部门在接到通知后应派人立即赶到现场，进行紧急援救。紧急情况下，系部或有关部门可先将学生紧急送医院治疗，然后再行汇报。

第七章　善后处理

第二十一条　因心理危机而休学的学生申请复学时，除按学校学生学籍管理办法办理外，还应向所有系出具心理疾病康复证明。

第二十二条　学生复学后，系部应对其学习生活进行妥善安排，帮助该生建立良好的支持系统，引导同学避免与其发生激烈冲突。应安排班级心理小助手主动关心、了解其心理变化情况。班主任每月至少与其谈心一次，并通过周围其他同学随时了解其心理状况，并向心理健康教育中心报告该生的情况。

第二十三条　心理健康教育中心要根据各系提供的情况，组织专家定期以预约咨询或随访咨询的形式，对产生过心理危机的学生进行心理状况评估，并将评估结果及时反馈给系。

第二十四条　对于因有强烈自杀意念或自杀未遂休学而复学的学生，各系应对他们给予特别关心，应安排学生骨干、室友对其密切帮护，制定可能发生危机的防备预案。心理健康教育中心应对他们保持密切的关注，对其进行定期跟踪咨询。

第八章 责任追究

第二十五条 心理危机干预关系到学生的生命安全，有关人员要以高度的责任感做好各项工作，尽可能地帮助学生度过危机。参与危机干预工作的各部门及其工作人员，应服从指挥，统一行动，认真履行自己的职责。对因自己的失职造成学生生命和财产损失的，要实行责任追究。出现下列情况者就追究单位或个人责任：

一、危机事件处理过程中需要某些单位协助，单位负责人不服从领导和协调部门指挥造成后果者。

二、在接到学生心理危机事故报案后，拖延时间不及时赶到现场，或在现场不配合、不服从统一指挥而延误时机造成后果者。

三、对学生心理危机不闻不问、知情不报，或执行学校危机干预方案不力而造成后果者。

第九章 附则

第二十六条 本规定自下发之日起实施、由学工部负责解释。

7.2 校园文化建设

学校应当加强校园文化建设，优化校园人文环境和自然环境，完善校园文化活动设施，注重汲取产业文化的优秀成分，发挥文化、环境育人作用。

——摘自《中等职业学校管理规程》第二十六条

制度案例

上海信息技术学校文化手册（文字简版）

大连市轻工业学校校园文化手册（文字简版）

上海信息技术学校文化手册（文字简版）

一、领导关怀

略。

二、文化寄语

1. 校长

上海信校人在50多年的发展史中深刻地感悟到——

持续发展的根本方法是“传承”，我们永远不能折腾，我们永远传承前人的经验，坚信自己的道路选择，这叫“老马识途”；

持续发展的根本动力是“创新”，我们永远不能停留在成就驻地，我们要永远开辟前人没有走过的路，坚信自己的能力，这叫“一马当先”；

持续发展的根本保障是“团结”，我们永远不搞宗派，我们要永远讲团结，讲协作，坚信集体的智慧就是力量，这叫“万马奔腾”；

持续发展的根本精神是“奋进”，我们永远不能故步自封，我们要永远超越自我，坚信没有最好，只有更好，这叫“马不停蹄”；

以“马”为图腾的文化标志是我们创建的集体人格，随着时代的进步和学校的发展将不断丰富！

2. 书记

文化，是团队力量凝聚的灵魂，也是竞争取胜的软实力。建校五十多年来坚持文化立校，在传承发展中初步凝练出具有信校特色的校园文化，是上海信校人一笔宝贵的精神财富。校园文化，助推着学校成功走出一条艰苦奋斗、追求卓越的改革创新之路，并成为学校生生不息、持续发展的源动力。如果说，半个世纪的学校发展史是一部文化立校的历史，那么，学校未来的发展将通过文化强校引领学校创新发展。上海信校师生员工在共同的精神家园中，辛勤劳动，智慧创新，朝着建成中国著名、世界先进的现代职业技术学校目标奋进。

三、学校简介

（略）。

四、学校校训：树信、乐业。

〔诠释〕教育和激励全体师生员工树立自信、诚信、信念、信仰，乐于专业、学业、职业、事业，为创办一所“中国著名、世界先进”的现代职业教育品牌学校而不懈努力。

五、发展战略目标

中国著名、世界先进。

〔诠释〕“中国著名、世界先进”是上海信校人乐于追梦的战略目标。通过几代人的不懈努力，学校筑立“外圆内方”的符合社会发展和职教规律的办学理念和办学特色；拥有一批适应社会经济发展的特色专业和精品课程；建立行业指导、企业参与的校企融合的校企合作办学机制；创立有职教特色的德育工作，培养出一大批有良好职业修养和职业技能的优秀毕业生，将学校建成在国内外具一定影响力的现代职业教育品牌学校。

六、办学特色

服务信息化发展，应用信息化办学。

〔诠释〕早在20世纪80年代初上海信校就开始计算机技术的应用，是上海地区最早设立计算机专业的少数中专学校之一。经过近30年的奋斗，信息技术应用已成为学校教学和管理的核心与特色。学校为社会信息化发展提供专业技能人才和专业技术培训。

七、办学愿景

学生乐于学、教师乐于教、社会乐于用。

〔诠释〕学生乐于学、教师乐于教、社会乐于用，简称“三个乐于”，它是学校办学的崇高愿景，体现着“提供施教平台，教师乐于教；营造成才氛围，学生乐于学；坚持立德树人，社会乐于用”的学校追求办学高品质的理念和实践。

八、核心价值观

(1)让学生有更好的发展，让员工有更好的生活；

(2)诚实守信，勤奋博学；

(3)教师誓言：我立志做一名光荣的人民教师，忠于人民教育事业，全面贯彻国家教育方针。育人为本，敬业爱生；为人师表，启智求真；严谨自律，务实求精；终身学习，开拓创新。为人民的教育事业努力奋斗。

九、学校精神

奔马精神。

〔诠释〕奔马精神，其核心是马不停蹄，乐于追梦。其具体内涵是：勇于负重致远、敢于一马当先、勤于马不停蹄、精于技高一筹、善于团队合作、乐于学业事业。《三字经》将“马”位列六畜之首。马，具聪明、勇敢、忠诚、耐劳之特征，是人类可靠的朋友。“奔马”，是人们对马最为熟悉和赞赏的一种形态，并崇尚为一种积极、向上、乐观、练达之人文精神。立为学校精神，合乎校史校情，更显师生员工之精神面貌。

十、文化节日

(1)博学节

〔诠释〕以诚实守信、勤奋博学为主体思想，创立于2002年。每年举办1届，每一届确立1个主题，一般在生机勃勃的春季举行，为期1个月。它为学生知识、才艺、技能展示，塑造完善人格搭建的一个舞台。

(2)艺术节

〔诠释〕每2年举办1届，一般在金秋十月开幕，为期近2个月。它是一个师生员工开展文化艺术交流、享受校园文化大餐的盛大节日。

(3)体育节

〔诠释〕每年举行1届，分为学生运动会和教工运动会两个系列，是师生员工强身健体，展示精神风貌的体育节日。一般单年为小型化、多项目，双年为大型化、综合性。

(4)学生社团节

〔诠释〕由学生会自主管理，旨在丰富学生业余生活，拓展兴趣爱好，提升综合素质和管理能力的一个特色节日。节日一般设在每年五月举行。

(5)员工文化沙龙

〔诠释〕由校工会牵头开展的，每月举行1次，以读书点评、电影鉴赏、健美养身、美食旅游、出访汇报等形式多样的教职工文化聚会。图片反映的是教职工摄影采风、退休教职工合唱队排练和女教职工舞蹈训练

十一、管理文化

(1)三型学校

〔诠释〕努力实现"学习型、数字型、教研型"学校，是学校管理的一个基础目标。学习型，既是学校的一个集体要求，也是对每一个教职工个体的要求；数字型，是体现"细节决定成败"的管理理念，它的主要途径是信息技术应用；教研型，就是要关注教育对象、市场反应，以探索和创新的态度来发现规律性的东西。

(2)民主管理

〔诠释〕学校民主管理是发挥师生员工主人翁作用，参与学校管理，实施民主监督的重要渠道，也是校园文化的一个鲜明特色。在我校，主要有党政民主集中制、党员议事会、教职工代表大会、"双月谈"(学生会干部与校、系领导每两月一次涉及学生切身利益校情恳谈会)等形式。

(3)企业(公司)文化进校园

〔诠释〕职业教育与社会企业(公司)有着天然和紧密的联系，为了使教育者和被教育者对企业(公司)文化有更多的了解和职前适应，企业(公司)文化进校园成为校园文化建设的重要内容。全国五一劳动奖章先进企业、全国石化系统企业文化示范单位——上海华谊(集团)公司企业文化，HSE安全文化，"三基"管理文化，李军操作法的责任文化等直接覆射学校。其他典型的还有中视典的产品创意文化、西门子的岗位质量文化、TNT物流的顾客至上文化等引入校园供师生学习和实践。

十二、美丽校园

主要建筑物，校园环境，主要专业教学、德育、体育等场所设施图片(略)。

十三、视觉识别(VI)

(1)学校标识

a. 校标(Logo)

〔诠释〕 4根流畅的蓝色线条汇集并划出一个英文字母“e”，表示学校确立以信息技术应用为核心，覆盖现代资讯、现代加工制造、现代检验检测和现代商务流通4个领域的专业定位；“SITC”，4个红色英文字母既是英文校名(Shanghai Information Technology College)的缩写，又凸现学校发展生机盎然之鲜红画面。

b. 奔马精神(logo)

〔诠释〕整个图形由行书体展现出来的艺术字——《马》，且据中心位置，又用中国美术篆刻手法来烘托其栩栩如生之形象又有“奔”之动感；右下方以表现学校专业体系的四根横线和“SITC”的学校简称，寓意上海信校的奔马精神为特色的校园文化。整个色彩和风格基本和学校校标保持着统一，便于协调使用。

c. 校标和奔马两标识的使用规则

校标标识主要用于表现学校相对正规、隆重、标志性的活动场合，国际校际交流活动(例如校旗、会标、背景、PPT制作样板等)，用于代表学校的主体物件印象(例如旗帜、宣传品、包袋印刷等)；奔马标识主要用于表现学校的文化活动、体育活动和小物件印象(例如吉祥物、小赠品等)；根据工作活动内容需要，两标识也可并用。

(2)校旗

a. 颜色(略)。b. 字体(略)。c. 规格(略)。d. 使用规则(略)。

(3)学校标准颜色

a. 色标(略)。b. 使用规则(略)。

(4)学校中文名称及标准字体

学校中文全称为“上海信息技术学校”，中文简称为“上海信校”，标准字体为“方正舒体”。

(5)学校英文名称及标准字体

学校英文全称为“Shanghai Information Technology College”，英文缩写为“SITC”，标准字体为Arial Unicode MS。

(6)PPT标准样式(试行)(略)

十四、声音识别(AI)

(1)校歌(略)。

(2)奔马精神主题歌(略)。

十五、荣誉激励

（略）。

大连市轻工业学校校园文化手册（文字简版）

一、文化手册寄语

健康向上的校园文化是一所学校发展的灵魂和动力之源，是具有引导功能的教育之源，作为一种精神和环境的教育力量，对学生的“健康成长、快乐学习”有着巨大的影响，表现出学校整体精神的价值取向。

《文化手册》凝练了学校多年来物质文化建设、制度文化建设和精神文明建设的精髓，是学校文化形象的主要结晶。

《文化手册》旨在弘扬“轻校人”的价值观和“玄驹精神”，创建“以我为荣”的校训氛围，形成“德能真为”的校风环境。以文化的渗透性和持久性，陶冶学生的情操，培养有灵魂的人；以文化的凝聚力和创造力，赋予师生健全人格和职业精神；让“文化育人”保持永恒的魅力，成为开发学生生命潜能并具有生命意义的一种力量，激励师生不断反思、不断超越。

半个世纪以来，一代代轻校人艰苦创业、奋发砥砺、坚韧不拔、敢为人先，开辟了学校的健康、持续和科学发展之路，成就了大连市轻工业学校在全国职教领域的卓越声望。在学校发展的进程中，浸透了轻校人的辛勤汗水，尽显了学校深厚的文化底蕴。今天，“求变创新和敢为人先”已成为轻校人不变的信念，“持续发展和更高目标”已成为轻校人的习惯思维和不懈追求，“弱者自居和打造品牌”已成为轻校人的行为方式，我们永远是“发展中”的学校。

让每一个工作、生活在这里的老师、学生，都有一种获得感、自豪感、幸福感、成就感。今天，在“创新、协调、绿色、开放、共享”五大发展理念的引领下，“不求人人出名，但求个个成才”的办学宗旨和“质量强校，特色兴校，品牌铸校，人才立校，制度治校”“五位一体”的发展战略，正在成就轻校人的职业梦想：“让学生们健康成长、快乐学习、毕业后有尊严、幸福的生活和工作！”

二、校史沿革

（略）。

三、学校简介

（略）。

四、关怀篇

(略)。

五、理念篇

(一)校训：以我为荣。

无论何时何地，皆因“我”(个人、团队、学校)的努力，为家庭、团队、学校、国家、民族带来荣耀。

(二)学校精神：玄驹(蚂蚁)精神。

核心——永不放弃，未雨绸缪，满怀期待，竭尽所能。

真谛——爱心、同情心、团队合作与忠诚。

具体内涵——集体利益高于一切、团结合作才能得胜利；分工明确，知人善任必成大业；机会青睐于有准备的人；大爱无疆；要适应环境，不要让环境适应你。

(三)校风

德——“国无德不兴，人无德不立”。以德施教，以德求学，以德立身，以德处世，做具有崇高品德和完美人格的人。

能——“每个人都是靠自己的本事而受人尊重的”。勤于自勉，刻苦磨砺，努力发展智能、体能、技能，成为高素质技术技能型人才。

真——“真者，精诚之至也”。崇尚科学，追求真理，学做真人，探求真知，则事可成，则业可就。

为——“有作为是生活的最高境界”。脚踏实地，无私奉献，有所作为，有所创造，做一个有作为的人。

(四)教风：厚生，博教。

厚爱知生，渊博乐教。厚德、生本，博识、善教，让学生健康快乐。

(五)学风：勤修，乐学。

勤奋善修，乐观尚学。勤朴、修身，乐德、学能，有尊严幸福生活。

六、管理篇

(一)“八德”并举，搭建学生成长多维平台。

信念立德，主题教育放飞学生的人生梦想；

师爱润德，人文关怀激扬学生的爱他力量；

读书养德，读书学习涵养学生的良好品质；

疏堵正德，双管齐下强化学生的法纪素养；

管理育德，精细管理培育学生的文明习惯；

服务筑德，志愿服务锤炼学生的责任担当；

实践修德，多彩活动提升学生的综合能力；

激励明德，成功体验点燃学生的进取希望。

(二)大连市轻工业学校师德规范。

爱国敬业，和谐奉献；

为人师表，诚信友善；

举止端庄，语言文明；

德技并重，教书育人；

民主平等，公平公正；

严谨求实，博学善教；

技艺精湛，勇于实践；

终身学习，开拓创新。

七、文化篇

(一)教职工综合素质展演活动月。加强职工文化建设，繁荣职工文化生活，学校组织教职工开展综合素质展演活动，展示教学成果，展示特长特色，展示教师风采，全面提升教职工综合职业素养，构建民主、和谐、幸福、平安校园。

(二)体育节。学生体育节每年春季举行一次，分为学生田径运动会和教职工运动会两个系列，是师生员工强身健体、展示精神风貌的体育节日。每年创造性地开展篮球、足球、拔河、趣味运动等多项目、综合性的体育文化运动。

(三)文化节。学校文化节每年举办1届，每届确定1个主题，一般在十一月开幕，为期半年。它是展示学生知识、技能、才艺，塑造学生完善人格的舞台。

(四)职业教育活动周。每年五月的职业教育活动周，学校都邀请广大家长和社会嘉宾，共同体验丰富多彩的职业技能活动，感受职业教育的精彩，参与职业教育的发展，传承精益求精的工匠精神。

(五)学生社团活动。融知识性、趣味性和实践性于一体的学生社团活动，丰富了学生的业余文化生活。社团开设棋艺社、摄影社、话剧团、街舞、瑜伽等多形式的活动，实现学生的共同愿望、满足学生兴趣爱好的需求。

八、学校取得的主要荣誉、奖牌

(略)。

九、视觉形象系统规范

(略)。

十、校园景观

(略)。

十一、校歌

(略)。

7.3 共青团、学生会、社团组织

充分发挥共青团、学生会等学生社团组织在校园文化建设中的独特作用，开展丰富多彩的校园文化。

——摘自《中等职业学校管理规程》第二十六条第二款

制度案例

上海信息技术学校学生会章程

北京市商业学校学生会章程

北京市商业学校班委会章程

北京市商业学校学生社团管理办法

上海信息技术学校学生会章程

第一章 总 则

第一条 上海信息技术学校学生会，是依靠全校学生开展自我教育、自我管理、自我服务的群众性组织，学生会接受学校党委的领导和学校团委的指导。各专业系部建立学生分会。各班级班委会是学生会(分会)开展工作的重要基础和依靠力量。

第二条 学生会的宗旨是坚持以马列主义、毛泽东思想、邓小平理论和“三个代表”重要思想、科学发展观为行动指南，代表广大学生的合法权益，全心全意为全体学生服务，参与学校的民主管理，发挥联系学校相关部门和学生的桥梁作用，促进学生在德、智、体、美、劳方面的全面发展。

第三条 学生会主要任务

一、坚持以培养社会欢迎的高素质高技能人才为根本任务，团结和引导全校学生，以宣传正能量和服务学生为平台，推动学生全面发展。

二、发挥桥梁与纽带作用，沟通学校党政以及有关部门与同学之间的联系，促进同学之间、同学和教职工之间的团结，积极参与学校民主管理，依法依规开展维护学生合法权益的活动。

三、发挥学生主人翁精神，协助学校创造和维护美丽校园、安全校园环境，为学生创造良好的教育教学秩序和学习生活环境。

四、协助学校各级组织对学生进行民族精神和时代精神教育，理想信念教育，传统文化教育，道德和法制教育，热爱劳动、崇尚实践、奉献社会的教育，心理健康教育和全面素质教育，积极引导同学在实践中具有高尚的社会价值观和道德品质素养。

五、创新自我教育、自我管理、自我服务之理念，组织开展各种生动活泼、健康有益的校园活动，创设学生成长成才的良好校园文化环境。

六、加强与兄弟校校和社会有关方面的联系与交往，开阔知识视野，陶冶道德情操，为进入社会、服务社会提供认知和实践活动的平台。

第二章 学生会工作职责

第四条 自觉接受学校党委的领导和校团委的指导，围绕学校的中心工作和学生会宗旨，大力宣传和表彰同学中积极向上、青春阳光的主流一面，同时也敢于和善于批评那些不健康的有违公共道德的不良思想和行为。

第五条 组织领导广大同学结合学业和素质教育活动，配合专业系部和相关学生工作部门，努力学习科学文化知识，学好专业知识，掌握专业技能，学习和培育职业修养，为“社会乐于用”打下良好基础。

第六条　组织全校同学认真学习和贯彻执行学校的各项规章制度，维护正常的教学、生活秩序。

第七条　积极组织全校同学开展各种文体活动，组织各种讲座和兴趣小组，丰富广大同学的课余生活，开阔同学们的视野、陶冶同学们的情操，创造良好的校园环境。

第八条　经常了解和反映全校同学对生活、后勤服务方面的意见，维护学生的正当权益，协助学校学生、后勤部门，改进服务工作，搞好伙食，搞好班级、宿舍的卫生检查评比工作。

第九条　依法依规维护同学合法权益，全心全意为广大同学服务，在“自我教育、自我管理、自我服务”的三自能力培养中做出自己的贡献。

第十条　学生会干部、干事是学生中的先进分子，在任职期间必须服从组织安排，认真贯彻执行学生会的工作计划。学生会干部、干事应在各方面以身作则，在学习、工作、生活中遵守校纪校规，严格要求自己，接受广大同学的监督，为广大同学做好表率。

第十一条　全校学生要爱护校学生会，大力支持校学生会的工作，积极参加校学生会举行的各项活动。

第三章　学生会规章制度

第十二条　组织制度

一、学生会的组织原则是民主集中制。

二、学生会的最高权力机构是全校学生代表大会，在学生代表大会闭会期间由学生会履行其职权，其职权是：

1. 筹备和召开全校学生代表大会。

2. 在学生代表大会闭会期间讨论决定学生会有关工作。

3. 贯彻和执行学生代表大会的各项决定。

4. 制定学生会各项工作实施办法。

5. 负责校学生会干部的管理和培训。

6. 与校学生会相关的校内外事务。

三、学生会实行主席团民主集中制，主席团为校学生会的最高决策机构。主席团由校学生会主席、副主席组成，主席团的职权是：

1. 决定学生会干部的任免。

2. 主席团可根据工作的需要，依照一定的程序，设立或撤销学生会有关部门。

3. 主席团会议定期或不定期召开，主要对学生会工作作方向性决策。

4. 审定批准学生会总体工作和各部具体工作的计划与总结。

5. 对学生会的总体工作、各部门工作有具体监督权。

6. 决定学生会其他重要工作。

学生会各部门实行分工负责，各部门必须切实执行自身的职责，并有义务支持和协助其他部门开展工作。

第十三条　纪律制度

一、日常工作纪律制度

1. 秘书处对学生会全体人员在活动中的出勤情况予以定期统计。

2. 各部门必须进行上阶段的工作总结，并提交下阶段活动计划和具体方案。

3. 各部门的工作服从团委、学生会主席团的决定，有情况应及时向上一级汇报，各部长还应负责本部门与其他部门的协调工作。

4. 部长级以上干部对必须参加的活动应积极参加，无故推托者将根据本章程有关规定处理。

5. 各干部应及时按质按量完成本职任务，不能完成者应尽快主动向上级说明和阐述原因，无故不进行工作者，视其情节轻重，分别给予警告、撤职等处分。

6. 学生会成员在出入各种场合时，应注意仪表，文明用语，不得存在有损学生会声誉的行为，若有违反者视其情节轻重予以一定惩罚。

二、会议纪律制度

1. 学生会实行会议制度，定期召开校学生会部长级例会。

2. 校学生会部长级例会上各部门必须进行上阶段的工作总结，并提交下阶段活动的计划和具体方案。

3. 会议考勤和记录制度。

(1)学生会各项会议一律实行考勤制度和记录制度。

(2)学生会会议必须准时召开，参加者应准时到场，考勤记录由秘书处负责，因特殊情况不能到会者，应当向秘书处说明情况，提交纸质假单，履行请假手续，否则作缺席处理。第一、二次无故缺席者，作口头批评处分；第三次无故缺席者处，作内部通报批评处分；第四次缺席者作自动调职处理，迟到两次作缺一次处理，两次请假作迟到一次处理。学期末秘书处将对各成员参加会议的情况统计并上报主席团。

(3)学生会会议均做会议记录，由秘书处整理存档查备。各会议应由会议主持人或专人记录。

4. 如无特殊情况。会议时间不得超过1小时。

三、团委办公室管理制度

1. 团委办公室只限于办公、召开会议、进行工作汇报等工作用途，并用于存放团委各类财产。

2. 室内所有物品均为团委财产，任何人不得随意搬运借用。

3. 损坏、丢失办公室物品者，须照价赔偿，并视情节轻重进行处理。

4. 办公室轮值卫生工作和值班工作由秘书处负责统一安排。

第十四条　人事责任制度和任免制度

一、责任制度

1. 干事、副部长对部长负责。

2. 部长对主管部门的副主席负责。

3. 副主席对主席负责。

二、任免制度

1. 主席团行使对各部部长、副部长的任免权。

2. 部长行使对副部长、干事的任免权，并报主席团审批。

三、监督制度

1. 学生会全体干部受主席团监督。

2. 主席团受团委监督。

第十五条　档案管理制度

为完善学生会的管理，使学生会工作清晰明了，学生会档案制度如下。

一、工作计划档案

1. 学生会各部门每学期初必须递交一份工作计划，学期末提交一份工作总结报告。

2. 主席团在学期初应制定学生会本学期的工作方案，并在期末做工作总结报告。

二、大型活动存档

1. 在每次大型活动之前，负责部门应递交详细的策划书(包含经费预算)，报由主席团及团委审批。

2. 审批通过之后根据活动具体情况，向活动参与者所在群体发放活动正式发文。

3. 活动结束之后，由活动负责人对活动的时间、地点、人事、活动内容及过程给予总结性报告。

4. 上述三项记录必须统一、完整，并交由秘书处统一整理存档。

三、学生会干部工作档案

1. 干部任职期满后必须递交一份详细的述职报告，总结在职期间的工作内容及经验教训。

2. 经学生会主席团审核方可存入档案。

四、各部门的工作档案包括组成成员、部门职能与所开展的工作、取得的成果及工作计划、总结等。

五、学生会的重要报刊、杂志由学调部统一管理，任何人不得私自占有。

六、档案资料属学生会所有，由秘书处严格管理，一般情况下不予外借。

第十六条　奖惩制度

为完善学生会的管理，使学生会工作清晰明了，本着奖励先进、激励后进、惩前毖后的原则，奖惩制度制定如下。

团委、学生会各部学生奖惩记录统一由秘书处管理。

(一)奖励制度

1. 每学期末评选校学生会各部门优秀部员、各学生分会优秀干部，名额由主席团视情况决定。

2. 优秀个人可申报每学期“创、建、做”优秀学生干部。

(二)惩罚制度

1. 学生会组织内部处分为：口头批评，通报批评，警告，留会察看，开除出会处分。

2. 对于迟到、早退和无故缺席例会的惩罚依本条例相关规定执行。

3. 会议通过分配给个人的任务，由于自身主观因素，没有完成并造成比较严重的后果者，由主席团讨论给予恰当处分。

4. 处分签署后，如有情况失实或本人不服，可提出申诉，并享有相应组织的解释权。若被处分人无理取闹，不服从组织决议，经批评教育仍无效，经团委、学生会主席团讨论，作开除出会处理。

5. 处分时间从批准之日算起，在没有批准之前，不能剥夺干部权利。

6. 警告、留会察看处分时间一般为3个月，改变或撤销处分，必须由本人提出申请，经团委、学生会主席团讨论决定延长察看日期或提前恢复权利。

第十七条　学生会成员行为规范

一、具有良好的思想政治素质，全心全意为同学服务。

二、热心学生会工作，有团结协作精神，勇于开拓创新，积极进取。

三、以身作则，严于律己，遵守各项规章制度，在同学中起模范带头作用。

四、密切联系同学，虚心听取意见。

五、养成良好的学习、生活习惯，努力提高自身的文化成绩和道德文化修养。

六、坚决反对徇私舞弊、以权谋私等有损学生会的行为。

七、积极参与学生会组织的各项活动，按时按质按量完成各项工作。

八、积极开展批评与自我批评，积极提出有利于学生会发展的意见。

第四章　学生会成员的权利和义务

第十八条　凡上海信息技术学校学生，均为学生会当然成员。

第十九条　学生会成员的权利和义务

一、学生会成员均有选举权、被选举权和表决权。

二、学生会成员对学生会工作有咨询、建议、批评和监督的权利。

三、学生会成员有向学生会反映，或通过学生会向学校领导及有关部门反映成员在学习、生活、工作等方面问题和改进措施的权利和义务。

四、学生会成员有参加学生会主办或与各专业系部举办的各项活动的权利和义务，并有合理利用学生会提供的一切条件和设备的权利。

五、学生会成员有遵守学生会章程，执行学生会决议的义务。

六、学生会成员有维护学生会利益和名誉、支持学生会工作的义务。

第五章　上海信息技术学校学生代表大会

第二十条　上海信息技术学校学生代表大会每两年召开一次。如遇特殊情况，由校团委同意并报请校党委批准，可提前或推迟召开。学生代表大会应有五分之四以上正式代表参加方可召开。

第二十一条　参加上海信息技术学校学生代表大会的代表以专业系部和班级为单位民主选举产生，由校学生会按人数比例分配至各专业系部学生分会和各班级。

第二十二条　上海信息技术学校学生代表大会的任务。

一、听取、审议并通过上届学生会工作报告，审批大会形成的其他文件，讨论并表决大会的各项决议。

二、制定、修改学生会章程和各项条例(制度)。

三、讨论并决定学生会今后的工作计划。

四、选举新一届学生会。

五、收集、整理代表提案，并负责向学校领导及有关部门反映，提请他们及时向同学做出答复。

第二十三条　校学生会委员会的构成

一、校学生会委员由学生代表大会正式代表无记名投票差额选举产生，任期 2 年。

二、学生会委员因故卸免，其缺额不立即增补，在委员调整时统一增补。

三、学生会委员会设主席 1 名，副主席 2 名，秘书长 1 名，成员还包括各部门部长、主管等。

第二十四条　校学生会委员会的职责

一、密切联系学生，代表学生利益，反映学生意愿，沟通学生与学校和学生会各机构的联系。

二、定期召开学生会全体委员会议，讨论、审议学生会的工作计划和重大决定。

三、对学生会有关问题作出决定。

四、讨论并通过学生会机构组成和人员安排。

五、代表学生的利益参与学校民主管理，并及时反映学生的要求和愿望。

六、服务同学、创造条件或提请学校解决广大同学的实际困难。

七、定期检查、落实、督促、总结各学生分会及班委会的工作，维护全校学生合法权益。做好各专业系部“创、建、做”活动的监督和检查工作。

第二十五条　学生会下设学生社团联合会、青年志愿者协会、学生自主服务理事会、易班中心、秘书处、学调部、文体部、内务部、网络部、广播台、电视台、宣传部、记者团、活动中心管理部、纪检部等部门，各部门设部长 1 人，副部长 1 ~ 2 人。

第六章 基层组织

第二十六条 专业系部学生分会接受专业系部党政和校学生会的双重领导，由专业系部团总支负责直接指导。

第二十七条 各专业系部学生分会应定期召开例会，进行工作交流和协商。

第二十八条 各专业系部学生分会机构组成原则上由各专业系部自行决定。

第二十九条 各专业系部学生分会主要干部由各专业系部团总支确定，报各专业系部党支部批准，校学生会、校团委备案。

第三十条 各班级班委会是校学生会的最基层组织，受校、各专业系部学生(分)会的领导，由本班全体同学选举产生。

第七章 附 则

第三十一条 本章程解释权属上海信息技术学校学生会。

第三十二条 本章程自学生代表大会通过之日起生效。

北京市商业学校学生会章程

第一章 总 则

第一条 北京市商业学校学生会是校党委领导下的全体学生的群众组织，是全体学生合法利益的代表，是引导学生德、智、体、美全面发展的群众性组织，是党联系广大同学的桥梁和纽带。

第二条 本会在校党委领导下，在校团委、学生处指导下开展工作。

第三条 本会承认《北京市学生联合会章程》，并作为团体会员参加北京市学生联合会。

第四条 本会宗旨：来源于同学，服务于同学。

第五条 本会的基本任务

1. 广泛开展党的基本路线教育，引导广大青年学生认真学习马列主义、毛泽东思想、邓小平理论、“三个代表”重要思想和科学发展观；开展社会主义核心价值观教育，引导广大同学树立正确的世界观、价值观和人生观，不断提高政治素质和思想觉悟。

2. 代表和维护广大同学的具体利益，及时了解和反映广大同学的愿望和要求，帮助同学解决实际困难，维护同学合法权益。

3. 积极参与学校的教育管理和服务指导工作，带领同学不断提高自我教育、自我管理、自我服务、自我约束、自我保护等能力。指导学生遵校规守校纪，正确处理个人与集体、自由与纪律、民主与法制的关系。

4. 开展各种校园文化活动，提升学生综合职业素养；组织同学参加社会实践活动，为学校建设发展服务，为学生个人的成人、成才、成功服务。

5. 实事求是地向学校反映同学对教学、生活等方面的意见和要求，发挥桥梁和纽带作用，不断促进同学之间、师生之间的团结，协助学校创造良好的学习和生活环境。

第二章　会　员

第六条　凡在校注册的正式学生，不分民族、性别、年龄、地域，承认本会章程，均可成为本会会员。

第七条　会员的基本权利和义务

1. 对本会工作有讨论、建议、批评和监督的权利；

2. 有选举权与被选举权；

3. 有遵守本会章程，执行本会决定的义务；

4. 有接受本会协调和指导的义务。

第三章　组织和职权

第八条　本会的组织原则是民主集中制。

第九条　本会的最高权力机构是校学生代表大会。学生代表大会的常设机构是学生会。学生会委员由校学生代表大会选举产生，每届任期 1 年。学生会设主席 1 名、副主席 2 名、委员若干名。

第十条　学生会委员的条件和产生

1. 凡热心社会工作，愿为广大同学服务、为学校发展贡献力量、学习成绩良好、道德品质优秀、有一定工作能力的同学均有资格当选。

2. 符合条件的同学，由个人自荐、各系部及班主任推荐，经校团委、学生处联合审查批准，提交校学生代表大会作为学生会委员候选人。

3. 学生会委员应谦虚谨慎、全心全意为全体同学服务，密切联系群众，坚持“来源于同学，服务于同学”的宗旨，及时反映同学的意见和要求，自觉置于全校同学的监督之下。对不称职的委员可随时撤换，但需经校团委和学生处批准。

第十一条　学生代表大会的职权

1. 审议和批准学生会工作报告。

2. 选举产生学生会委员。

3. 审议其他有关事宜。

学生代表大会召开和筹备，由学生会负责组织。

第十二条 学生会委员职责

1. 主席

(1)按照学生处、团委年度工作要求，在每学期初制定学生会工作计划，每学期末进行学期工作总结。

(2)听取学生代表对学生会工作的意见和建议，汇集各部门的议案交学生会讨论。

(3)负责学生会全面工作，了解各部门工作进展情况。检查各部的工作落实情况，协助各部门的工作，处理学生会日常事宜。

(4)主持学生会周例会。定期对全体学生干部及干事进行培训工作。

(5)定期向校学生处、团委汇报学生会的工作情况。

(6)主持学生会所有大型活动的策划、筹备与开展。

(7)领导和指导各系部学生会分会工作。参加各系部学生会分会学生代表大会。

(8)按时高效地完成学校布置的临时工作。

2. 副主席(兼秘书长)

(1)协助主席主持学生会日常工作，分工负责学生会有关部门的工作，并向主席报告工作。

(2)认真分析、了解学生思想状况、动态，听取他们的意见，配合主席协调各部关系。

(3)对所有部门及全体成员的工作情况进行监督，有权对各部门及相关干部干事的违纪行为，提出处理意见并依据相关条例予以处理。

(4)副主席兼秘书长负责做学生会周例会的会议记录。

(5)主席不在校时，行使主席职权。

(6)领导各系部学生会分会工作。

(7)按时高效地完成主席布置的临时工作。

3. 宣传部

(1)对学生进行国内外形势、党的路线、方针、政策的宣传报道。围绕学校的中心工作，配合团委组织开展思想道德和科学文化宣传，对学生的思想教育工作，促进校园文化建设。

(2)加强对广播、电视、校园橱窗、展板、海报等日常管理。

(3)组织并领导学生会所办刊物的编辑工作。

(4)做好学生会各项活动的宣传工作。

(5)领导各系部学生会分会宣传部工作。

(6)按时高效地完成主席布置的临时工作。

4. 学习部

(1)负责了解全校同学的学习情况，听取各系部、各班学习的汇报。

(2)与教务处联系，及时反映同学对教学工作的建议和意见。

(3)协助基础教学部语文教研室，按时检查各班晨读训练情况，并做好记录。组织好各班晨读委员的培训工作。

(4)定期举办各类的知识竞赛，联系和开办讲座。组织全面性学生学习方法交流会，组织开展有利于学习的各种活动。

(5)完成学校各项大型竞赛活动的成绩统计工作。

(6)领导各系部学生会分会学习部工作。

(7)按时高效地完成主席布置的临时工作。

5. 文艺部

(1)在团委和学生处的指导下，组织全校同学开展丰富多彩的校园文化活动。

(2)与校团委会社团部共同组织与领导学校各学生社团，活跃校园文化生活。

(3)领导各系部学生会分会文艺部工作。

(4)按时高效地完成主席布置的临时工作。

6. 体育部

(1)在体育教研室老师的指导下，组织开展各种体育活动、体育比赛等，引导同学们积极参加体育锻炼，提高同学们的身体素质，丰富校园文化生活。

(2)协助学校组织好学生的课间操，认真检查、详细记录、及时反馈。

(3)组织开展好一年一度的校运动会。

(4)领导各系部学生会分会体育部工作。

(5)按时高效地完成主席布置的临时工作。

7. 公寓管理部(男、女)

(1)协助公寓管理办公室做好学生公寓的各项检查和评比。

(2)结合实际开展丰富多彩的公寓文化活动，搞好公寓文化建设。

(3)领导各系部学生会分会公寓管理部工作。

(4)按时高效地完成主席布置的临时工作。

8. 纪检部

(1)协助学生处做好校园秩序的检查及维护。

(2)做好晚自习、班级考勤、校风、校纪、集会秩序等项工作的检查评比。

(3)做好周日返校考勤检查人员的安排协调工作，做好记录，及时反馈。

(4)领导各系部学生会分会纪检部工作。

(5)按时高效地完成主席布置的临时工作。

9. 生活部

(1)反映同学对生活方面的意见、建议和要求，并及时向学校相关部门反映，帮助同学们解决实际困难。

(2)每学期开学前，对全校各班校园环境(室外卫生)责任区进行重新划分。组织推动各班搞好教室、校园环境的卫生。

(3)做好班级教室的“8S”管理检查和评比工作。

(4)协助学校维护学生就餐秩序。部长应承担学校“伙食管理委员会”委员工作。

(5)领导各系部学生会分会生活部工作。

(6)按时高效地完成主席布置的临时工作。

10. 安全部

(1)协助校保卫处、学生处，做好安全知识、法规的宣传教育工作，开展安全训练活动。

(2)协助校保卫处，排查校内各处存在的安全隐患，并及时向有关部门报告。

(3)负责全校各教室门、窗、灯、电器等财产的安全检查，及时反馈。

(4)在学生处的指导下，定期出版《安全期刊》。

(5)协助保卫处，参与做好学生活动的安全保卫、管理工作。

(6)做好班级教室的“8S”管理检查和评比工作。

(7)领导各系部学生会分会安全部工作。

(8)按时高效地完成主席布置的临时工作。

11. 礼仪部

(1)以提高全校学生文明礼仪素质为目的，负责对全校学生进行文明礼仪的宣传与教育工作，负责组织开展礼仪知识讲座、培训等工作。

(2)定期组织各班礼训委员的培训工作，按时对各班礼训进行检查与指导工作，并做好记录。

(3)承担校内外社会实践活动的礼仪接待工作。

(4)领导各系部学生会分会礼仪部工作。

(5)按时高效地完成主席布置的临时工作。

第四章　基层组织

第十三条　各系部学生会分会是校学生会的基层组织，由主席、副主席和委员若干人组成，接受校学生会的工作领导。

第十四条　各系部学生会分会主席担任校学生会委员。

第五章　附　则

第十五条　制度的起草与归口管理

本管理办法由学生处负责起草，报教职工代表大会批准后正式下达，学生处归口管理。

第十六条　制度的修订

本管理办法根据需要不定期进行修订。校属单位、相关部门均有权根据业务需要对本管理办法内容提出修改意见，并提交学生处。学生处负责收集整理校属单位、相关部门提出的修改意见，并安排有关人员进行专题讨论，对修改信息进行全面评估后组织修订本管理办法及相关文件。

第十七条　本管理办法由学生处负责解释。

第十八条　本管理办法自 2013 年 2 月 1 日起实施，原管理办法同时废止。

北京市商业学校班委会章程

为加强班级建设，发挥班委会及班委的积极作用，调动学生的主观能动性，提升学生“自我教育、自我管理、自我服务、自我约束、自我保护”能力，特制定班委会章程。

一、班委会

班委会是协助班主任开展班级工作的助手，在学生中起到带头模范和管理的作用。

班委会作为学校与班级、老师与学生的桥梁和纽带，是推进学生教育管理工作的有力组织，是学生提升“五自”能力，为班级全体同学服务的机构，是学校组织全校学生进行各种校园文化活动的核心。

班委会接受以班主任领导为主，学校学生会、学生会分会领导为辅的双重领导，是促进全班同学德、智、体、美全面发展和形成良好班集体的领导核心。

二、班委会成员

主要成员有班长、副班长、学习委员、生活委员、文艺委员、体育委员、安全委员、礼仪委员。

三、班委会管理职责

（一）班委会职责

1. 协助老师，组织有关学习活动和技能训练，介绍学习方法，交流学习经验，帮助同学解决学习中的困难，完成学习任务，提高学习质量。

2. 协助班主任和任课教师，帮助同学增强组织性、纪律性，遵守学校和班级规章制度，保证各项规定和措施顺利进行。

3. 协助班主任，组织并开好主题班会。

4. 协助班主任，组织同学参加校园文化活动，提升学生职业综合素养。

5. 协助班主任，做好助学金、各级奖学金、各种评优等工作。

6. 关心同学生活，团结友爱，互帮互助，帮助家庭困难和学习基础差的同学解决学习和生活的困难，共同进步。

7. 维护同学们的正当权益，及时反映同学们的意见、建议和要求，促进同学之间、师生之间的团结。

8. 组织填写各种报表，做好各项考核记录和统计工作。

9. 接受学校学生会、系部学生会分会的工作指导。

（二）班委会成员职责

1. 班长

(1) 协助班主任全面负责班级工作，指导和配合其他班委开展工作。

(2) 负责召开班委会会议，研究、讨论班级工作，处理各种突发事件，及时向班主任汇报班级情况，提出建议和意见。

(3) 协助班主任，设计、组织并开好主题班会。

(4) 认真填写《班级日志》，严格做好学生考勤及各项考核记录，每天向班主任汇报。

(5) 组织评分小组，做好学生个人操行评分评比工作。每月按时向班主任汇报评分结果，并由班主任审核。

2. 副班长

(1) 协助班长工作，分管本班的纪律工作，负责检查本班级同学执行纪律的情况，并定期向班内同学作总结。

(2) 负责班级学生考勤，认真填写考勤表。

(3) 在集体活动中，负责本班集合整队、清点人数，维护会场秩序。

(4) 在班长不在校时，暂代班长职务。

3. 学习委员

(1) 带动全班同学进行技能训练及晨读训练，承担或指导班级晨训委员的工作。

(2) 协助任课教师做好课前准备、课堂教学秩序维护、填写《课堂监控表》《教室日志》等工作。

(3) 向班主任、任课教师反映班级学生学习方面的问题、意见和建议。

(4) 负责每学期班级学生的成绩登统工作。

(5) 负责班级读书角的书籍、报刊管理工作。

(6) 接受学校学生会、系部学生会分会学习部工作指导。

4. 生活委员

(1) 负责管理班级公共财产，对丢失、损坏公共财产的情况要查明原因，进行记录和及时上报学校相关部门。

(2) 管理班级活动经费，做到账目清晰。

(3) 配合其他班委采购班级活动所需用品。

(4) 负责教室值日卫生、室外卫生区值日及班级大扫除的管理，安排布置、督促检查、考核记录，做到责任到人。

(5) 认真完成每日班级各宿舍当日成绩登统工作，并填写《班级日志》。

(6) 接受学校学生会、系部学生会分会生活部工作指导。

5. 文艺委员

(1)根据学校或系部的校园文化活动计划，组织丰富多彩的文化活动，并组织同学积极参加学校组织的各种文艺活动。

(2)了解发现班级文艺人才，为学校开展文艺活动提供后备力量。

(3)号召同学积极参加学校各种社团活动。并熟知班级同学参加社团活动情况。

(4)接受学校学生会、系部学生会分会文艺部工作指导。

6. 体育委员

(1)组织班级学生准时参加课间操，负责整队及考勤记录，并及时汇报情况。

(2)协助体育教师上好体育课，组织体育达标锻炼，做好体育课成绩的统计、汇报工作。

(3)组织班级学生积极参加运动会，负责对参赛项目的报名、训练。

(4)制定班级体育活动计划、组织、实施。

(5)接受学校学生会、系部学生会分会体育部工作指导。

7. 安全委员

(1)负责本班教室内的门、窗、灯、电器、桌、椅等财产的管理、使用和安全检查。

(2)定期检查班内存在的安全隐患，并及时向班主任、系部及学校相关部门报告。

(3)配合学生会、系部学生会分会安全部，组织本班的安全能力训练活动。

(4)接受学生会、学生会分会安全部工作指导。

8. 礼仪委员

(1)负责本班学生日常行为规范和日常礼仪的检查与落实。

(2)组织班级学生进行礼训训练，承担或指导班级礼训委员工作。

(3)接受学校学生会、系部学生会分会礼仪部工作指导。

四、班委会成员考核

(一)评分标准

根据班委会成员的履职情况，参照学校《学生操行评分细则》，对班委会成员按月认真、实事求是地考核。

(二)评分实施

班委会成员操行评分原则上必须达到90分(含90分)以上为合格；不合格的班级委员，班主任应及时找其谈话，指出存在问题，制定改正措施；连续3个月不合格，自行撤销班级委员职务；若班委会成员出现严重违纪问题或不认真履职情况，班主任提出处理意见，经班委会讨论决定，可以免去其班内职务。

北京市商业学校学生社团管理办法

第一章 总 则

第一条 北京市商业学校学生社团是由学生自愿组成的，按照其章程开展校园文化活动的非营利性学生组织。

学生社团按性质分为文体艺术、职业技能、志愿服务、兴趣爱好四个类型，分别由校、系、班进行管理。

第二条 学校鼓励和支持社团在遵守学校规章制度的前提下，开展健康、有益的校园文化活动。让社团成为开展校园文化活动的主要阵地，成为帮助学生扩大知识视野，陶冶情操，锻炼能力的大舞台。

第二章 社团成员

第三条 社团成员必须是本校正式注册的在校学生，愿意自觉遵守社团管理章程，经考核可以成为社团成员。

第四条 社团成员必须符合以下基本要求：品行端正，遵规守纪；热心社团工作，并具有与社团性质相关的特长和才能；学习成绩良好；班主任及家长同意其参与社团活动。

第五条 社团成员的权利与义务：对社团工作有讨论、建议和批评的权利；有选举和被选举的权利；有遵守社团章程，执行本社团决议的义务；有积极参加社团活动及校园文化活动的义务。

第六条 社团负责人的职责

1. 每学期制定学生社团活动计划，组织社团活动。
2. 积极配合学校工作，完成学校布置的各项任务。
3. 定期向校团委会社团部汇报工作。
4. 负责填写《社团活动记录表》和《社团活动考勤表》。

第七条 各学生社团原则上每学期公开招募成员一次。

第三章 社团组织

第八条 学生社团在校团委直接领导下，在指导老师具体指导下开展活动。

第九条 校团委会下设社团部，校社团部负责管理各学生社团。社团部由社团部部长、副部长组成。以上成员均应通过公开选拔产生，由校团委负责监督和审批。

第十条　各学生社团下设团长 1 名、副团长 1 名，共同组织开展相应社团活动，并对社团成员进行管理。

第十一条　社团的成立。

1. 凡本校正式注册的在校学生均可发起成立学生社团；

2. 成立社团应有 8 名以上学生发起，其中主要发起人不少于 2 人；

3. 社团成立流程：

(1)发起成立社团的主要负责人向校团委提交基础材料(基础材料包括申请报告、社团章程、社团负责人简历、指导老师关于推荐成立社团的报告)。

(2)校团委对其进行审核考察，审核通过后给予审批。

(3)校团委审批通过后，校团委通知申请社团主要负责人领取并填写《北京市商业学校学生社团登记注册表》一式两份，履行正式审批登记手续。

(4)新社团应在审批通过后 1 周内，在校团委指定时间和地点公开招募社团会员。

(5)新社团应在审批通过后 1 周内，以公开会议形式宣布社团成立，开展活动。

第十二条　未经批准而建立或造成不良影响的学生社团，学校有权终止其活动并追究其负责人责任。

第四章　社团管理

第十三条　学生社团开展的各项活动必须遵守学校规章制度。不得开展有害学生身心健康的活动。各学生社团所制定的章程制度不得与学校规章制度冲突，否则无效。

第十四条　各学生社团在活动期间，应进行与学生社团主题相关的活动，不允许利用学生社团活动时间进行其他活动。

第十五条　各学生社团活动必须服从指导老师安排管理，有组织、讲纪律，在特殊场地活动时，要遵守活动场地使用规定。

第十六条　学生社团要严格遵守训练时间，与校内活动有冲突时，学生社团要暂停训练。

第十七条　学生社团需要额外训练时，应及时与老师沟通，获得批准后方可训练，如未经沟通私自训练，一旦发现，将进行批评处理，造成的后果由该学生社团承担。

第十八条　学生社团活动期间，不允许社团以外人员以任何借口私自借用、占用、共用社团场地。

第十九条　无校团委的审定批准，各社团不得以任何形式介绍、带领社员到校外参加任何性质的活动、学习、比赛等，也不得擅自邀请校外人员到校内参与任何形式的活动。

第二十条　社团成员在参加社团活动的同时，能积极参与班内的活动和工作，不对班内的工作、活动造成负面影响。不得借用社团名义违反校规校纪，一经发现，将视情节轻重进行批评教育，直至开除社团。

第五章　奖　惩

第二十一条　每学期将评选出优秀社团及优秀成员，评选依据视该社团在本学期的活动情况、成员出席活动情况以及配合学校完成相关工作的情况而定。

第二十二条　各社团团长需定时参加出席社团周例会，不得无故请假、迟到、缺席，3次迟到视为1次无故缺席，3次无故缺席将取消其团长职务，并且该社团取消本学年度评优资格。

第二十三条　各成员应按时参加社团活动，不得无故请假、迟到、缺席，3次迟到视为1次无故缺席，3次无故缺席社长可将该成员社团，及时上报社团部。

第二十四条　学生社团活动期间，因社团违纪而造成不良影响和后果，一经发现，由校团委取消该社团。

第六章　附　则

第二十五条　制度的起草与归口管理。

本管理办法由学生处负责起草，报教职工代表大会批准后正式下达，学生处归口管理。

第二十六条　制度的修订。

本管理办法根据需要不定期进行修订。校属单位、相关部门均有权根据业务需要对本管理办法内容提出修改意见，并提交学生处。学生处负责收集整理校属单位、相关部门提出的修改意见，并安排有关人员进行专题讨论，对修改信息进行全面评估后组织修订本管理办法及相关文件。

第二十七条　本管理办法由学生处负责解释。

第二十八条　本管理办法自2013年2月1日起实施，原管理办法同时废止。

7.4　德育课课程、职业道德、心理健康教育

学校应当按照相关要求开足德育课课程，发挥德育课在德育工作的主渠道、主阵地作用。加强其他课程教学和实习实训等环节的德育工作，强化职业道德教育。加强学生的心理健康教育。

——摘自《中等职业学校管理规程》第二十七条

制度案例

北京市商业学校学生综合职业素养评分实施细则

北京市商业学校学生家长委员会管理办法

北京市商业学校学生综合职业素养评分实施细则

第一章　总　则

第一条　目的

为了树立学生的职业意识，养成良好的职业习惯，提升综合职业素养，促进全面可持续发展，实现学校“培养德能兼备现代职业人”的人才培养目标，根据《北京市商业学校学生综合职业素养考核评价标准(试行)》，更好地对学生综合职业素养的成长情况进行评价，特制定学生综合职业素养评分实施细则。

第二条　适用范围

本评分细则适用于北京市商业学校学生管理。

第三条　规范性引用文件

北京市商业学校《学生工作管理制度》。

第四条　术语和定义

无。

第五条　职责

(一)学生处

1. 负责协同学校其他相关部门共同制定、推行本实施细则。

2. 对各系部学生综合职业素养考核评价工作进行规划、指导、检查、监督、考评。

(二)各系部副主任

1. 负责本系班主任工作指导、培训、考核，学生综合职业素养评分的督办、审核。

2. 负责学生日常综合职业素养考核评价，组织各项评优，对违纪学生进行处理。不足60分的学生，由系部重点帮助和教育，1学期内2个月综合职业素养评分不达标，给予一级纪律处分。

(三)班主任

1. 认真贯彻执行学校的各项规章制度，加强班级日常管理。

2. 严格执行学生综合职业素养评分实施细则，对学生综合职业素养成长情况进行及时记录、统计和核算分数，并开展有效的奖励和处罚。对月度综合职业素养评分不到60分的学生，及时了解情况，指出存在问题，制定改正措施。

(四)学生综合职业素养评分小组

1. 各班成立学生综合素养评分小组，班主任任组长，组员包括班长、团支部书记和经全班学生公开推荐的两名学生代表，共计5人。

2. 学生综合素养评分小组每月要按照评分细则实事求是地对班级每名同学认真考核，在次月5日前考核完毕，班主任签字后及时将考核结果报系部，并在班中公布。

第六条　评分标准

按照《北京市商业学校学生综合职业素养考核评价标准》对学生进行考核，达到标准加相应分数，基础分满分是100分，每月考核1次。同时，对当月获得奖励或出现违纪问题的学生，分别给予相应加分或减分处理。

分数评定等级：85分以上为优秀；60~84分为达标；60分以下为需努力。

第二章　学生综合职业素养基本考核评价

第一部分　职业品质与职业纪律(30分)

一、 诚实守信（5分）

1. 实事求是，不说谎话，不欺骗老师、家长、同学(1分)。

2. 作业不抄袭(0.5分)。

3. 考试不作弊(1分)。

4. 借他人财物及时归还，损坏或丢失，主动照价赔偿(1分)。

5. 不听信、不编造、不传播对他人不利的信息(1分)。

6. 信守诺言，答应别人的事情要努力做到(0.5分)。

二、 爱岗敬业（5分）

1. 上课认真听讲，积极回答问题，参与课堂活动(1分)。

2. 热爱所学专业，苦练专业技能(0.5分)。

3. 积极参与专业社会实践，认真完成实训任务(0.5分)。

4. 上课和参加各种活动不迟到不早退(1分)。

5. 每月全勤(1分)。

6. 按时完成作业(0.5分)。

7. 做事有始有终，不半途而废(0.5分)。

三、 吃苦耐劳（10分）

1. 刻苦学习，遇到问题不逃避、不退缩(2分)。

2. 在学校、班级组织的劳动实践及值周工作中，态度端正，服从分配，任劳任怨，不斤斤计较，不怕脏不怕累(3分)。

3. 不逃避劳动，认真做好教室、实训室、宿舍及校园环境卫生(3分)。

4. 积极参加学雷锋志愿服务活动，用自己的劳动与所学技能服务他人，奉献社会(2分)。

四、遵规守纪（10分）

1. 有法纪意识，遵守国家法律法规(1分)。

2. 有规则意识，行为得体，遵守学生日常行为规范、礼仪规范(1分)。

3. 严格遵守课堂纪律，维护课堂秩序，不做与课堂学习无关的事(1分)。

4. 严格遵守校园、公寓、食堂、图书馆、体育馆等公共区域的各项管理规定(1分)。

5. 做到不迟到、不早退、不旷课、不旷操、按时离返校，有事请假(1分)。

6. 遇事冷静，能够按照学校规定的制度与流程去处理和解决问题(1分)。

7. 自觉维护学校良好的学习生活秩序，服从老师和有关人员的教育与管理(2分)。

8. 严禁吸烟、喝酒、说脏话、乱扔垃圾、随地吐痰、破坏公物等不文明行为(2分)。

第二部分　职业情感与职业态度(20分)

五、承担责任(5分)

1. 对学校、对班级、对自己勇于承担责任，遇事不推、不拖、不躲(2分)。

2. 主动承担各种社会工作，积极争取担任各级各类学生干部，为学校老师和同学们做好服务工作(1分)。

3. 认真对待老师交办的任务，并按时保质完成(1分)。

4. 有集体荣誉感，积极参与学校、班级组织的各种活动，勇于担当(1分)。

六、积极心态(5分)

1. 心态积极、乐观向上，每天保持微笑，见人能主动打招呼，热情有礼(1分)。

2. 乐于助人、善于助人(1分)。

3. 正确对待学习、生活中的挫折困难，凡事往好的方面想，不断增强心理承受能力和耐挫能力(1分)。

4. 善于调节情绪，学会合理宣泄，能够用正确的方式处理和解决相关问题(1分)。

5. 与老师、同学沟通顺畅，顾及他人感受(0.5分)。

6. 能够发现他人的优点，善待他人的不足，并积极给予帮助(0.5分)。

七、学会感恩(5分)

1. 孝顺父母，在家中为父母做力所能及的事情，在父母生日和节日里为父母送去祝福(1分)。

2. 感谢学校，积极参加各项活动，创先争优，用自己的行动为学校增光添彩(1分)。

3. 感恩老师，对待老师热情有礼貌，努力学习，用优异成绩回报老师的辛勤付出(1分)。

4. 感恩同学，与同学和谐相处，善待他人，当同学遇到困难的时候，能够主动关心帮助，共渡难关(1分)。

5. 知恩于心，感恩于行，感恩社会，积极参加各种志愿服务，用自己的知识、技能服务他人，奉献社会(1分)。

八、严谨细致(5分)

1. 对待学习、工作，态度端正，仔细认真(1分)。
2. 在日常生活中，严格遵守学校规定的标准和流程，注重细节，规范行为(1分)。
3. 实习实训时，能够按照专业要求和8S管理的标准进行规范操作(2分)。
4. 对于承担的各项工作，仔细规划，小处着手，努力做到少差错、无差错(1分)。

第三部分　职业综合能力与专业技能(50分)

九、团队合作(10分)

1. 积极参加集体组织的各项活动，献计献策(2分)。
2. 关心和团结同学，乐于助人，不斤斤计较(1分)。
3. 与同学和谐相处，不欺负同学，善于处理同学间的矛盾(2分)。
4. 有团队意识，善于与同学相互配合，共同完成任务(1分)。
5. 不做有损学校、班级荣誉的事(1分)。
6. 学会包容他人的缺点和不足(1分)。
7. 能够正确处理个人利益与团队利益的关系，遇事以集体利益为重(2分)。

十、沟通交流(5分)

1. 能够与同学平等交流、理性沟通，正确合理地表达自己的想法(2分)。
2. 善于倾听，能够接受别人的意见、采纳好的建议，善于解决人际矛盾(2分)。
3. 当遇到困难与问题时，能及时与老师沟通交流，合理表达自己的想法，接受老师的指导和帮助(1分)。

十一、礼仪礼貌(5分)

1. 尊重自己，仪容仪表干净、整洁，发式符合学生身份，穿着校服，不佩戴饰物(1分)。
2. 行为得体，站姿规范，坐姿端正，走路轻声慢步，动作大方、优雅(1分)。
3. 尊重他人，与人交往时举止大方，彬彬有礼，使用文明用语(1分)。
4. 遵守社会公德，会场保持安静、有序，集合提前到位、快速整齐，进退场文明有序、礼让他人(1分)。
5. 遵守网络公德，使用文明礼貌的网络语言，使用合理规范网络行为，尊重他人，正确处理网络信息，不随意听、看、信、转、传不良信息(1分)。

十二、创新精神(5分)

1. 学习、生活中，能养成主动思考、独立思考的好习惯(1分)。

2. 学习中不拘泥于课本，寓学于做，善于举一反三，培养创造性思维(1分)。

3. 要敢于提问题，要勇于质疑，能养成多问“为什么”的习惯，扩宽思维，多角度思考问题(1分)。

4. 能运用创新思维思考问题，凡事能在知道“怎么做”的基础上另求突破，善于发现新路径(1分)。

5. 在职业技能上不拘泥于课上所学，与同学多交流和讨论，努力寻找新方法、新工具，将知识融入实践，能在实践中不断创新(1分)。

十三、学习能力(5分)

1. 学习意识强烈，热爱学习，乐于学习，善于学习(1分)。

2. 认真学习文化课和专业课知识，各门课程成绩合格(1分)。

3. 主动学好专业知识，练好专业技能，考核成绩合格，获取相应的职业资格证书(1分)。

4. 能把所学专业知识用于实际工作，独自处理相关问题，适应市场需要(1分)。

5. 能够深入学习文化课和专业课，努力获取更高学历，提高学历层次(1分)。

十四、安全能力(15分)

1. 严格遵守学校各项安全管理规定，不做对他人或自己造成安全隐患的事情(2分)。

2. 认真阅读安全期刊，听取安全知识讲座，了解基本安全防范知识和应急处理流程(1分)。

3. 树立安全意识，能够发现或识别校园环境中和他人行为上存在的安全隐患，及时上报老师(1分)。

4. 实习实训过程中遵守8S管理要求，服从老师的管理和安排，严格按照实习实训标准和流程操作，做到零事故(1分)。

5. 仔细查看校园公共场所安全疏散图，熟悉疏散路线(1分)。

6. 积极参加安全能力培训，懂得自我保护，掌握危险来临时逃生的常识和能力(1分)。

7. 遵守班车管理规定，秩序乘车(1分)。

8. 不在非指定地点充电(1分)。

9. 保管好自己的贵重物品，丢失应及时告知班主任(1分)。

10. 离返校时不乘坐无照出租车及“摩的”(1分)。

11. 不购买“三无食品”(1分)。

12. 体育活动时注重友谊，不做危险动作，避免造成自身和他人的伤害(1分)。

13. 工学交替期间不私自外出(2 分)。

十五、职业技能(5 分)

1. 认真学习专业知识，刻苦练习专业技能，各项技能考核合格(1 分)。

2. 能将知识应用于实践，锻炼本领，具有实践操作能力；积极参加各级各类职业技能大赛，力争取得好成绩(2 分)。

3. 不断深入学习专业技能知识，根据市场需求，掌握新技能(1 分)。

4. 熟悉本专业对应岗位的工作流程，掌握相应岗位技能，能很快适应实习工作的岗位要求(1 分)。

第三章　加分、减分部分

一、加分部分

(一)获奖

1. 在全国文明风采竞赛或专业技能竞赛等比赛中获奖者，当月加 50 分。

2. 在北京市文明风采竞赛或专业技能竞赛等比赛中获奖者，当月加 20 分。

3. 在学校组织的各种比赛中获奖者，当月加 10 分。

4. 在系部、班级组织的各种比赛中获奖者，当月加 5 分。

(二)评优

1. 获得国家级评优奖励者，当月加 50 分。

2. 获得北京市级评优奖励者，当月加 20 分。

3. 获得校级评优奖励者或被评为学校“××之星”者，当月加 10 分。

4. 获得系部、班级评优奖励者，当月加 5 分。

(三)综合职业素养证书

1. 获得“九训”优秀证书者，评定当月每 1 项加 20 分，获得“九训”达标证书者，评定当月每 1 项加 10 分。

2. 获得综合职业素养优秀证书者，评定当月每 1 项加 40 分，获得综合职业素养达标证书者，评定当月每 1 项加 20 分。

(四)其他

在其他各项活动中，为班级、系部、学校争得荣誉、受到表彰者，当月酌情加 5 ~ 30 分。

二、减分部分

1. 受到学校纪律处分者，当月酌情减 10 ~ 30 分。其中警告减 10 分，严重警告减 15

分，记过减20分，留校察看减30分。

2. 有其他有损他人、班级、系部、学校荣誉的行为，当月酌情减5～30分。

第四章　附　则

第七条　制度的起草与归口管理

本管理办法由学生处负责起草，报教职工代表大会批准后正式下达，学生处归口管理。

第八条　制度的修订

本管理办法根据需要不定期进行修订。校属单位、相关部门均有权根据业务需要对本管理办法内容提出修改意见，并提交学生处。学生处负责收集整理校属单位、相关部门提出的修改意见，并安排有关人员进行专题讨论，对修改信息进行全面评估后组织修订本管理办法及相关文件。

第九条　本管理办法由学生处负责解释。

第十条　本管理办法自2013年2月1日起实施，原管理办法同时废止。

北京市商业学校学生家长委员会管理办法

第一章　总　则

第一条　目的

为深入贯彻落实教育部等六部委《关于加强和改进中等职业学校学生思想道德教育的意见》，坚持家校沟通合作，让家长充分参与学校管理，完善学校、家庭、社会三位一体的教育体系，深入推进素质教育和职业教育，促进学生的全面发展，结合学校具体情况，特制定学生家长委员会管理办法。

第二条　适用范围

本管理办法适用于北京市商业学校学生工作管理。

第三条　规范性引用文件

北京市商业学校《学生工作管理制度》。

第四条　术语和定义

无。

第五条　职责

学生处负责学生家长委员会的建立，组织家长委员会开展工作。

第二章　学生家长委员会管理办法

第六条　为深入贯彻落实教育部等六部委《关于加强和改进中等职业学校学生思想道德教育的意见》，坚持家长学校沟通合作，让家长充分参与学校管理，有效体现家长对学校教育教学工作的知情权、评议权、参与权和监督权，完善学校、家庭、社会三位一体的教育体系，形成教育合力，营造良好的职业教育环境，深入推进素质教育和职业教育，促进学生的全面发展，结合学校具体情况，特制定学生家长委员会管理办法。

(一)家长委员会的组成

家长委员会由约30名委员组成，实行聘任制，每学年聘任一次，并颁发证书。委员由各班级、系部推荐、学校审核产生，其代表资格随学生毕业而终止。家长委员会设主任委员1人，副主任兼秘书长1人，副主任委员6～7人，负责召开家长委员会会议，主持家长委员会的活动和工作。委员的分工由家长委员会全体会议通过。

(二)家长委员会委员的基本条件

1. 关心教育工作，热心社会活动。

2. 有家庭教育经验、有一定的教育管理能力和较强的工作责任心，愿意为学校的发展建设和教育教学工作建言献策。

3. 能确保经常性参与本会的正常工作。

(三)家长委员会的活动原则和形式

1. 家长委员会采取定期与不定期相结合的活动原则。每学期定期召开1次全体会议，不定期举办各种形式的活动。

2. 家长委员会的活动形式包括专题研讨会，观摩、参与学校重大活动等。

(四)家长委员会的职能

1. 宣传职能：宣传党和国家的职教政策方针和学校的教育理念，弘扬尊重人才、尊师重教、关爱学生的社会风气。

2. 桥梁职能：沟通学校教育与企业教育、社区教育、家庭教育的联系，促进多方之间的互动和协调发展。

3. 教育职能：协助学校开展教育活动，指导家长对子女进行家庭教育。

4. 建议职能：为学校解决改革发展中遇到的问题，改善教育环境和办学条件，促进学校不断发展，建言献策。

5. 管理职能：参与和协助学校做好一定的管理工作。

(五)家长委员会的权利

1. 知情权：有权知晓上级的教育政策、学校的办学目标、发展规划、工作计划、实施方略和教育现状。

2. 评议权：有权对学校管理工作提出意见和建议。

3. 参与权：有权指导学校工作，参与学校的活动策划。

4. 监督权：有权作为其他家长的代言人，对学校人员的工作予以监督、评议、质询和提出批评。

(六)家长委员会的义务

1. 了解和理解学校的教育理念、办学思想和育人目标，积极配合、参与学校开展的各类教育教学活动，协助学校加强科学管理。

2. 听取和反映家长的意见或建议，协调家长与学校的联系，接受家长的咨询和求助，并及时与学校反映沟通。

3. 力所能及地为学校的建设提供精神和宣传上的帮助和支持，发动家长共同帮助学校解决职业教育遇到的新问题。

4. 完成家长委员会布置的其他工作。

第三章　附　则

第七条　制度的起草与归口管理

本管理办法由学生处负责起草，报教职工代表大会批准后正式下达，学生处归口管理。

第八条　制度的修订

本管理办法根据需要不定期进行修订。校属单位、相关部门均有权根据业务需要对本管理办法内容提出修改意见，并提交学生处。学生处负责收集整理校属单位、相关部门提出的修改意见，并安排有关人员进行专题讨论，对修改信息进行全面评估后组织修订本管理办法及相关文件。

第九条　本管理办法由学生处负责解释。

第十条　本管理办法自2013年2月1日起实施，原管理办法同时废止。

7.5 学生思想道德评价

学校应当建立和完善学生思想道德评价制度，改革德育考核办法，加强德育过程的评价管理，建立学生德育档案。

——摘自《中等职业学校管理规程》第二十八条

制度案例

上海信息技术学校学生先进个人评审办法

厦门信息学校学生违纪处分条例

大连市轻工业学校操行考核实施方案（试行）

大连市轻工业学校操行重修实施方案（试行）

大连市轻工业学校学生违纪处分规定

上海信息技术学校学生先进个人评审办法

为奖励在学校工作中做出贡献的先进个人和德、智、体、美、劳全面发展的优秀学生，在奖学金的评定基础上，学校进行三好学生、优秀学生干部及社会工作积极分子评比及单项先进积极分子评比工作。

一、三好学生评比条件

1. 政治思想：政治上积极要求上进，在党、团组织开展的各种教育活动中表现突出；熟悉和了解国际国内的时事政治，积极主动投身社会实践活动，在志愿者服务中起示范带头作用；能正确理解和宣传邓小平理论和“三个代表”重要思想和科学发展观，能观察和分析社会现象，自觉抵制和批评不良的思想和言行。

2. 道德品质：遵纪守法，做出表率；维护集体荣誉，乐为集体工作；广泛团结同学，能全心全意为同学服务；尊老爱幼，关心他人，诚实守信，为人正直，处事公道；热爱劳动，有良好的生活方式和文明素养，获得学校、家庭、社区的好评。

3. 学业技艺：学习目的明确，有良好的学习习惯；虚心好学，刻苦钻研，牢固掌握基本知识和技能，且学有专长或有较宽的知识面，注重实践，具有较强的科学精神和创新意识，具备良好的审美情趣和能力，获得三等以上奖学金。

4. 身心素质：能认真刻苦地参加体育锻炼和军政训练，体锻达标成绩良好；具有坚强的意志品格和承受挫折的能力，具有自尊自爱，自强自立，乐观向上的良好个性心理品质。

5. 在全面发展基础上，某一方面有突出贡献，成绩突出，表现突出者。

6. 学生综合素质评价(操行评定)成绩优秀。

二、优秀学生干部评比条件

除应具备三好学生评选条件之外，还应具备下列条件。

1. 积极参与学校的教育教学实践活动，积极开展工作研究，及时关心了解同学的思想状况，为学校和社区建设提出意见和建议。

2. 积极、自立、有创造性地开展社会工作，认真完成学校交给的各项任务，在师生间起到桥梁和纽带作用，具有一定的语言表达，组织管理，协调合作的能力，并具备某方面的突出才能，有显著的工作成绩。

3. 民主作风较好，能正确地对待成绩和荣誉，积极开展批评与自我批评，密切联系群众，有广泛的群众基础，团结带领同学在班级、学校、社区活动中起示范带头作用。

4. 其班级工作成绩名列年级及专业前列，学生干部工作考评优秀。

5. 劳育课成绩优良。

6. 获得二等以上奖学金。

三、社会工作积极分子评比条件

1. 关心集体，团结同学，热心为同学服务。
2. 文明学生，以身作则，操行评定优秀。
3. 承担班级、专业系部或学校主要工作，主动做好社会工作并取得显著成绩。
4. 学习刻苦，成绩达到该专业系部学生中等水平。

四、单项积极分子评比办法

由专业系部依据学生在每门课程、科技小发明、学科竞赛、文体比赛，德育等表现某一方面取得的突出成绩进行评比。其评比条件包括：

1. 文明学生。
2. 操行评定合格。
3. 体锻达标合格。

为鼓励学生进步，学校在单项奖中增设最快进步奖，鼓励在某一方面取得明显进步的学生。

五、先进个人评比标准及奖励金发放比例

1. 优秀学生干部占全校学生数的1%，每人发给奖励金×××元；
2. 三好学生，占全校学生数的3%，每人发给奖励金×××元；
3. 社会工作积极分子占全校学生数的3%，每人发给奖励金××元；
4. 单项奖占全校学生数10%，其中最快进步奖不超过学校学生数3%，每人发给奖励金××元；
5. 本学期班级被评为文明班级，其班长、团支部书记达到优秀学生干部评比条件者，为当然优秀学生干部，不占班级优秀学生干部的名额；
6. 系部级、校级学生干部凡达到优秀学生干部评比条件者，不占专业系优秀学生干部的名额，比例为系部级、校级干部的20%。

六、评审办法

1. 各专业系部根据三好学生、优秀学生干部的评比条件，重点考虑学生综合素质评价(操行评定)成绩和奖学金评比情况，根据比例和名额推荐三好学生、优秀学生干部候选人；
2. 学校社会工作积极分子由各专业系部、团委、学生会根据工作情况和考评结果，推荐候选人，例由团委与各系部协调决定(班级2%、专业系1%、校学生会干部名额30%)；
3. 上述各类先进个人由班级推荐，专业系部审核，学生工作例会审定，每学期评比

表彰一次；

4. 被评为学校优秀学生干部、三好学生者，有资格参加普陀区、华谊集团公司、上海市各类先进个人的评比。

七、说明

本办法自公布之日起实行。

之前相关文件与本办法不一致者，以本办法为准。

解释权归学生管理部。

厦门信息学校学生违纪处分条例

为严格学校管理，维护学校正常秩序，教育学生自觉履行法律法规规定的义务，规范学生处分程序，根据《中华人民共和国教育法》《中华人民共和国未成年人保护法》《中华人民共和国预防未成年人犯罪法》等法律、法规及教育主管理部门颁布的《福建省中等职业学校学籍管理暂行规定》《中学生守则》《学生日常行为规范》，并结合本校具体情况，制定本条例。

一、处分原则

处分学生遵循综合治理、从严治校与实事求是、慎重处理相辅相成的原则；遵循主动承认错误从宽、认错态度不好从严从重处分的原则；遵循初犯从轻、屡犯从重处分的原则；遵循教育为主，教育与惩处相结合的原则。

二、处分种类

学生违纪行为分为一般违纪行为和严重违纪行为。

(一)一般违纪行为分别给予口头批评、点名批评和通报批评。

(二)严重违纪给予纪律处分。纪律处分分为五个等级：警告；严重警告；记过；留校察看；开除学籍(含留校试读)。

通报批评以上处分均由德育科书面(特殊情况可以口头)告知学生家长。

三、处分办法

凡受处分的学生其处分决定及有关材料放入学生本人档案。如受处分的学生能认识错误，勇于改正，经过一定时期的考验(一般为一年)，有显著进步的，按照《违纪学生处分撤销规定》，可撤销其处分，并将原处分及材料从学生档案中取出，转入学校文书档案备查。凡受纪律处分的学生，在校期间再次受到纪律处分时，视情节将加重一级处分，或延长撤销处分考察期。

四、具体实施

（一）旷课

1. 迟到2次按旷课1节计算，迟到15分钟、早退均按旷课记。

2. 累计旷课1～5节给予通报批评；达到10节给予警告处分；20节给予严重警告处分；30节给予记过处分；50节给予留校察看处分；一学期旷课累计超过90节时，给予退学处理。

（二）考试作弊

考试作弊者，一律由本人写出书面检查，写明作弊情节及本人认识，根据情节轻重和本人态度分别给予以下处分。

1. 夹带与考试内容有关的纸条、书本、笔记等进考场，但未偷看者，给予记过以下处分。

2. 有以下作弊行为者给予记过或以上处分。

（1）桌面上写有与考试有关的内容；

（2）偷看书本、笔记本、纸张等与考试有关的材料；

（3）偷看他人试卷或为他人提供偷看考卷的机会；

（4）无视考场纪律，交头接耳，不听劝告者；

（5）传递字条、草稿、使用计算器贮存数据作弊；

（6）交卷后再答题；

（7）冒名替考；

（8）偷窃考卷；

（9）使用电子工具或其他手段传递考试信息。

（三）思想作风

1. 有明显反对共产党、反对社会主义的言论和行为者；以及组织和煽动闹事，扰乱校园或社会秩序，破坏安定团结者。经教育尚能改正的，给予记过或留校察看的处分。经教育坚持不改的，给予开除学籍的处分。

2. 看黄色书刊、录像等淫秽物品、登录黄色网站者，视情节轻重，给予警告、严重警告或记过处分。传播淫秽物品屡教不改者，给予留校察看或开除学籍的处分。

3. 在校期间男女同学关系过于亲密经教育不改者，第一次给予警告处分。第二次给予严重警告处分，并请家长到校带回教育。第三次或造成不良影响的给予记过、留校察看的处分，越轨者给予劝退或开除学籍的处分。

4. 擅自进营业性歌舞厅、录像厅、台球室、电子游戏室、网吧，一经发现给予警告处分，以后逐次加重处分。

5. 破坏课堂纪律，顶撞、辱骂、殴打老师者，给予记过或以上处分。

6. 仪容仪表达不到学校要求，屡教不改者，依情节严重，给予相应处分。

（四）凡违反国家法律、法令、受到公安部门处罚一律给予退学处理。

（五）偷窃他人或国家财物。价值50元以下者，给予警告处分；价值50～100元的，给予严重警告处分；价值100～500元的，给予记过处分；价值500～1000元的，给予留校察看处分；价值1000元以上或多次作案者，给予开除学籍的处分。

（六）损坏公物或他人物品

1. 非有意损坏公物或他人物品的，照价赔偿。

2. 有意损坏公物或他人物品，除赔偿外，还给予纪律处分。价值50元以下的，给予警告处分；50～100元的，给予严重警告处分；100～500元的，给予记过处分；500元以上的，给予留校察看或开除学籍的处分。

（七）打架、聚众闹事及其他违纪违法行为

1. 凡打架的组织策划者、持器械者、叫校外人员进校打人者，一律给予劝退或开除学籍的处分。

2. 动手打人，致人轻伤者，给予留校察看处分。

3. 动手打人，致人重伤者，给予劝退或开除学籍的处分。

4. 目击者知情不报，被多人指证在现场，给予警告处分；故意为他人作伪者，给予严重警告处分。助阵未动手予以记过处分。

5. 为他人提供凶器，未造成后果者，给予留校察看的处分；造成后果者，给予开除学籍的处分。

6. 偷带管制刀具入校，给予记过处分。

7. 凡聚众闹事破坏学校正常教学秩序，或参与校内外清钱活动，以及组织、参与黑恶集团活动者给予留校察看以上处分。

（八）赌博

1. 赌资50元以下者给予警告处分；50～100元给予严重警告处分；100～500元给予记过处分；500元以上者给予留校察看处分。

2. 赌博的组织者，加重一级处分。

3. 多次赌博，屡教不改者，视情节轻重给予留校察看或劝退的处分。

4. 校内（含宿舍）玩麻将一律以赌博论处。

（九）抽烟、喝酒

第一次给予警告处分，第二次给予严重警告处分，第三次给予记过处分，第四次给予留校察看处分，再犯者给予劝退。

（十）课堂上使用手机等数码产品

每学期第一次书面检讨并通报批评或警告处分，第二次给予警告处分或严重警告处分，第三次给予严重警告处分或记过处分，4次以上视情节轻重给予记过以上处分。

五、处分程序

（一）对违纪学生，由班主任配合专业部德育部长将情况调查清楚，责成该学生作出深刻检讨，并报德育科。考试作弊，由监考人员填写考生违纪作弊登记表，交教务科，教务科报德育科。由德育科提出处分意见，留校察看及以下处分由分管副校长核定；开除学籍由校长办公会讨论决定，并报主管部门批准。

（二）德育科向家长发出该生处分的通知书。

（三）被处分学生在接到处分通知后，允许在3天内向德育科提出申诉，由主管副校长复审，并在3天内给予答复。

六、违纪学生处分撤销

（一）违纪学生转化情况的考察时间，记过以上处分为连续两学期，记过处分为1学期，严重警告为3个月，警告为两个月。

（二）违纪学生要认真总结，深刻反省，在考察期间每月至少找班主任谈话一次，每半学期应向班级做一次详细的思想汇报，并形成书面材料，由班委、班主任根据该生的实际表现写出评定意见后，报专业部德育部长审核，再报送德育科。无书面材料或材料不足者均不得申请撤销处分。

（三）违纪学生考察期间进步显著，两个学期操行等级评分都在良好及以上，可撤销留校察看处分；学期操行等级评分在良好及以上，可撤销记过处分；学期操行等级评分在及格及以上，可撤销严重警告处分和警告处分。

（四）违纪学生考察期间也可因出色完成德育科布置的任务，将处分等级降级或撤销。

（五）考察期满，受处分学生可提出撤销申请，在班上汇报自己考察期间的表现及思想认识，经班委和班主任写出评定意见，交专业部德育部长审核同意，报送德育科核准，报学校批准。如果达到要求者，撤销其处分，达不到要求者延长考察时间重新考察。在考查期间毕业的学生，处分不予提前撤销，处分考察期满，又没有新的违纪行为记录才发给毕业证书。

（六）撤销处分的学生在毕业前可提出将处分材料撤出学生档案的申请，经班主任、专业部德育部长、德育科核准，报校长办公会批准后，将其材料存入学校文书档案。

本条例解释权在德育科。

大连市轻工业学校操行考核实施方案（试行）

一、目的和意义

为全面贯彻国家教育方针，完善教育手段，提高广大学生自我教育、自我管理和自我服务的能力，以《学生守则》《学生日常行为规范》为主要考核内容，使学生管理工作进一步科学化、规范化、现代化，从而促进学生的健康成长和全面发展。

二、组织领导

（一）在学校领导的领导下，由学生科督导全体在籍学生的操行考核工作。

（二）对学生的操行考核，由班主任具体负责实施。根据《操行考核方案》，在征得有关部门和任课教师的意见后，对学生的日常表现进行全面考核。

三、基本原则

（一）以教育为目的，奖励和处罚相结合；

（二）保障学生的知情权；

（三）公正、公平、公开；

（四）认错态度诚恳适用从轻处理，态度恶劣、屡教不改适用于从重处理，学生干部违规违纪从重处理。

四、考核办法

（一）操行考核和违纪处理挂钩，处分的同时进行相应的操行扣分。

（二）班主任负责对学生每日操行加、减分进行登记，每月小结，期末总评成绩须经学生科审核、备案后方可报教务科。

（三）操行得分 = 75 + 操行加分 - 操行扣分。

90分以上为优秀；80分以上为良好；60分以上为及格；60分以下为不及格。

（四）操行得分在评优、评奖及就业推荐运用中上不封顶，以班级为单位从高分至低分排序，作为考虑的依据。在期末操行成绩录入中100分以上均按100分录入。

五、评分标准

（一）加分标准

1. 对不良行为敢于制止，勇于揭发坏人坏事视情节每次加2～10分。

2. 见义勇为视情节每次加10～20分。

3. 助人为乐、积极参加各类公益活动每次加2～5分。

4. 在学校及上级组织的竞赛及公益活动中能积极参加者加2～5分，获得名次者每次加5～15分。

5. 拾金不昧视情况加2～5分。

6. 关心爱护集体，为集体做出贡献，加2～5分。

7. 每月出全勤，无旷课、迟到早退、病事假者奖2分。

8. 受到表扬表彰和有突出贡献每次加2～10分。

9. 根据工作表现学生会干部加4～10分、纪检干部加3～8分、班级干部及社团组织的负责人加2～6分、寝室长加1～4分、课代表加1～3分。

10. 文明寝室的成员每次加3分。

11. 在学校的各类检查评比中受到表彰的班级，每名学生加1～3分。

12. 思想进步、积极响应学校的号召加1～5分。

13. 学习态度端正、目的明确、听讲认真、发言踊跃、作业完成好，经任课教师推荐加2～5分。

14. 有其他值得鼓励和表彰的行为，视情节加分。

（二）扣分标准

1. 留校察看处分扣70分，记过处分扣60分，严重警告处分扣50分，警告处分扣45分。

2. 影响正常教学、生活、管理秩序视情节扣2～30分。

3. 破坏、擅自动用消防、用电、等安全设施视情节每次扣20～50分。

4. 教室或寝室有烟头、蜡烛等动明火迹象，有酒瓶，养动物，有能造成伤害的棍棒、拉力器等器具，有损坏公物的现象，视情节扣责任人10～20分，无人承认的寝室、班级每人扣3～5分。

5. 不爱护环境，破坏教室、寝室室内外卫生及个人内务不整每次扣2～20分。

6. 不遵守劳动纪律、不完成劳动任务（包括教室、寝室室内外值日）每次扣6分。不按时完成日常班级值日和分担区值日者，扣2分。

7. 不完成作业视情节每次扣1～2分。

8. 旷课（包括早操、间操）1学时扣3分；旷课超过4学时每次扣5分；事假1学时扣0.2分，1天扣2分；病假1学时扣0.1分，1天扣1分；有诊断书减半。

9. 迟到、早退每次扣1分，超过10次每次扣2分。

10. 仪表、举止、言行，不符合学生日常行为规范每次扣2分。

11. 对师长、管理人员有不尊敬的言行，每次视情节扣5～20分。

12. 有其他违规违纪行为，视情节扣2～50分。

大连市轻工业学校操行重修实施方案（试行）

一、目的和意义

通过操行重修进一步规范学生的言行，教育学生树立正确的人生观、世界观、价值观，提高知荣辱、明是非、辨美丑的能力，全面落实学校提出的“不求人人出名、但求个个成材”的教育理念。

二、考核责任人

操行重修由班主任根据学校《操行重修实施方案》和《操行考核实施方案》具体实施，学生科负责督导。

三、具体实施办法

（一）操行连续3个学期不及格，不再重新考核，不予毕业；连续4个学期不及格开除学籍。

(二)重修期间违纪按《学生违纪处分规定》从重条款处理。

(三)操行不及格应在下一学期(学年)重修，重修考核时间为一学期(最长不超过一学年)。

(四)下学期(学年)操行重修得分 = 上学期(学年)操行得分乘以0.7。

(五)第三学年操行不及格，不安排重修，延期毕业。

注：此操行考核办法从2008年8月25日试行，解释权属学生科。

大连市轻工业学校学生违纪处分规定

为了维护校园正常的教育教学和生活秩序，加强校风校纪建设，根据《辽宁省中等职业学校学生学籍管理暂行规定》，结合学校实际情况，制定本规定。

一、基本原则

(一)违纪处分坚持公平、公正、公开；

(二)坚持教育与处分相结合；

(三)保障学生的申诉权。

二、处分类别

对违反纪律的学生，视其情节轻重，给予通报批评或纪律处分。纪律处分分警告、严重警告、记过、留校察看、开除学籍五种。

三、两种情况

(一)违反校纪，有下列情形之一者，从重处分。

1. 故意隐瞒、歪曲、捏造事实，妨碍学生科调查，或者拒不承认错误；
2. 对有关人员打击报复、威胁恐吓；
3. 两次以上违纪，且认错态度不好；
4. 同时触犯本规定两条以上；
5. 勾结校外人员作案；
6. 涉外违纪活动。

(二)违反校纪，有下列情形之一者，且危害后果轻微的，可以从轻处分。

1. 能主动承认错误，如实说明事实，检查认识深刻，有悔改表现；
2. 确属他人胁迫或诱骗，并能主动揭发，认错态度较好。

四、纪律处分细则(五方面共45条)

(一)违反校纪，有下列情形之一者，给予开除学籍处分(14条)。

1. 被司法机关处罚者或有违反法律法规行为者；

2. 组织、参加破坏学校，实习单位的管理秩序及扰乱社会秩序者；

3. 组织、加入非法社会团体或者组织，进行非法活动者；

4. 使用、携带或窝藏管制刀具、器械者；

5. 组织、策划、参与打群架，造成严重后果或影响恶劣者；

6. 找外人在学校及周边打架，造成严重后果者；

7. 破坏用电装置，消防设施等造成严重后果者；

8. 擅自离校连续2周以上，或1学期累计旷课90学时，或在学期累计旷课108学时；

9. 私刻公司印章或伪造证件证明者；

10. 累计2次夜不归寝者；

11. 2学年操行分不及格者；

12. 以任何形式参加赌博情节严重者；

13. 在留校察看处分期间在违反校规校纪者；

14. 有其他违反校规校纪，情节极为严重者，以及有其他严重威胁，危害本人及他人的生命健康，安全者。

(二)违反校级，有下列情形之一者，给予留校察看处分(7条)。

1. 策划、参与打架，并造成人员伤害或物品损坏；

2. 1学期累计旷课60学时；

3. 考试冒名顶替；

4. 为偷窃、诈骗等行为者望风、提供信息、作案工具或者进行掩盖、窝赃；

5. 私自拆动用电装置或破坏消防设施；

6. 传播，贩卖国家禁止的书刊和音像制品；

7. 一次夜不归寝。

(三)违反校纪，有下列情形之一者，给予记过处分(7条)。

1. 故意损坏学校财物者；

2. 在学校和周边喝酒者；

3. 策划、参与打架，并造成打架事实者；

4. 为他人打架提供器械者；

5. 在同学中进行推销等各种形式的商业活动，或参与传销活动者；

6. 伪造证件、证书者；

7. 1学期累计旷课45学时者。

(四)违反校纪，有下列情形之一者，给予严重警告处分(5条)。

1. 动手打人，未伤他人者；

2. 故意为他人作伪证，阻碍调查者；

3. 冒充教师签名，擅自涂改假条、成绩者；

4. 冒领学生证、信函、钥匙或其他物品者；

5. 1学期累计旷课30学时者。

(五)违反校纪，有下列情形之一者，给予警告处分(12 条)。

1. 在学校公用设施上乱涂、乱写、乱画、乱贴，不听劝告；

2. 在校园内乱扔垃圾、破坏草坪，攀折花木，不听劝告；

3. 影响大型集会会场和校内(如教室、走廊、实验室、实训室、宿舍、食堂、图书馆、阅览室)以及附近小区等场所正常秩序，不听劝告；

4. 仪表(如发型、校服、首饰等)、举止不符合学生行为规范且经教育不改；

5. 侮辱、谩骂、诬陷或威吓他人及造谣生事；

6. 1 学期累计旷课 15 学时；

7. 1 学期累计 3 次旷课上网；

8. 1 学期累计 3 次不上早操或间操；

9. 在学校和周边吸烟；

10. 在校园内打扑克；

11. 考试作弊；

12. 妨碍学校管理人员依法或依校规校纪执行公务。

(六)有其他违反《学生守则》《学生行为规范》《学生安全公约》等规章制度的行为，视情节给予相应的校级处分。

五、四点说明

(一)学生违纪处理程序。

1. 给予违纪学生纪律处分时，班主任需与家长沟通，并到学生科各年级管理办公室填报《学生处分登记表》(附违纪学生的书面检查材料)。

2.《违纪处理通报》一式三份：一份由班主任保管；一份存入学生档案；另一份留学校备案。同时在学校范围内公布。

(二)受处分者，给予下列限制。

1. 1 学年内不得参评奖学金及各种荣誉称号；

2. 毕业班学生受处分未解除的，视为操行不及格，不能按期毕业；

3. 学生纪律处分存入本人档案。

(三)学生解除纪律处分程序。

1. 给予违纪学生解除纪律处分时，由本人申请，班主任到学生科各年级管理办公室填报《学生解除处分登记表》(附违纪学生申请解除纪律处分书面材料)；

2. 留校察看处分以 1 年为期。记过处分以 9 个月为期，严重警告处分以 6 个月为期，警告处分以 3 个月为期。受处分的学生，处分期间无其他违纪行为且表现好，可按期解除处分；有突出表现者，经本人申请，班委会和班主任鉴定，学生科年级管理办公室审核、批准，可提前 2 个月解除处分。

(四)被开除学籍的学生，在处分决定作出 1 天内办理离校手续。逾期不办的，由学校给予办理，其善后事宜，由学校相关部门按规定处理。

第8部分 学生管理

学生管理是中等职业学校整体工作的重要组成部分，直接关系到中等职业教育育人目标的实现和达成。

《中等职业学校学生公约》是中等职业学校学生道德品质和行为规范的基本要求。《中等职业学校学生学籍管理办法》(教职成〔2010〕7号)是中等职业学校实施学生学籍管理的规范性指导文件。

学生管理制度是为规范学校学生管理工作而制定，其目的为完善学校学生管理制度体系，为提升育人质量和学生管理工作水平奠定基础。其一般由学校校长办公会提出，学生处起草，党委扩大会议审核，教职工代表大会批准，由学生处归口并负责解释。

学生管理制度主要包括学生学籍管理、学习管理、奖励处分、资助、合法权益保护、公寓管理等制度。

制定学生管理制度应确立以学生为本的学生管理工作理念，与德育工作紧密结合，把握中职学生管理工作的特殊性，注重发挥中职学生的主体作用，结合区域和学校实际，有效引导学生自我教育、自我管理，优化学生管理工作效果，从而促进学生全面发展。

8.1 学生学籍管理

学校应当严格执行国家教育行政部门发布的中等职业学校学生学籍管理及其他有关规定，认真做好学生入学注册、课堂教学、成绩考核、实习实训、学籍变动、纪律与考勤、奖励与处分以及毕业、结业等各项管理工作。

——摘自《中等职业学校管理规程》第三十条

制度案例

上海信息技术学校学生学籍管理实施细则

大连市轻工业学校学生学籍管理实施细则

北京市商业学校学生学籍管理办法

厦门信息学校学籍管理规定

上海信息技术学校学生考勤办法

大连市轻工业学校学生请假与考勤制度

上海信息技术学校学生学籍管理实施细则

为落实教育部《关于实施素质教育深化中等职业教育教学改革的意见》，积极推进以学分制为重点的现代教学管理制度改革，以适应社会进步和经济发展对中等职业教育的要求，保证教学管理规范、有序，确保人才培养质量，必须加强和完善学生学籍管理工作。根据上海市教育委员会《上海市中等职业学校推行学分制的实施办法》(沪教委职成〔2004〕31号)、《关于上海市中等职业学校进行学分制试点工作的实施办法》和《上海市中等职业学校学生学籍管理实施办法》(沪教委职〔2010〕7号)精神，结合学校实施学分制的实际情况，特制定本实施细则。

第一章　入学与注册

第一条　凡学校按上海市招生规定录取的新生，必须持录取通知书和学校规定的有关证件，按规定日期到学校办理报到手续。因故不能按期报到者，必须凭有关证明向学校教务管理部门提出延期报到申请，经教务管理部门同意后方可延期。报到延期一般不得超过2周，无正当理由延期报到超过2周者，视为放弃入学资格。

第二条　学校应在新生报到1个月内按照规定进行新生健康复查，经健康检查合格，方可取得学籍。复查不符合条件者，学校将区别情况予以妥善处理，直至取消学籍。凡属徇私舞弊不符合招生条件者，一经查实，无论何时发现，一律注销学籍，情节恶劣者报请有关部门严肃处理。

第三条　在新生进行健康复查中证实患有疾病者，经二级及以上医疗单位证明，短期治疗可以达到健康标准的，经本人申请、学校批准，可准许保留入学资格1年，回家或回原单位治疗。保留入学资格的新生，应于下学年开学前，向学校提供二级及以上医疗单位证实其已恢复健康的书面证明，并提出入学申请，经学校医务室复查合格，可重新办理入学手续。复查仍不合格或延期不办理入学手续者，取消其学籍。

第四条　保留入学资格的新生，不享受在校学生和休学学生的待遇，在保留入学资格期间，如有违法乱纪行为，取消其入学资格。

第五条　保留新生入学资格，由教务管理部门会同有关部门研究后提出初步意见，报校长室批准。取消新生入学资格和学籍，由学校教务管理部门提出、招生部门会同录取新生所在省(自治区、直辖市)招生部门确定，并报学校主管部门和上海市教育委员会备案。

学校在开学后1个月内将取消入学资格和学籍的学生材料按原招生渠道退回招生主管部门。新生基本信息应在开学1个月内输入信息管理系统并完成校对，新生名册应由学校在1个月内报市教育行政部门备案。

第六条 每学期开学时，学生均应在学校规定的日期到学校报到，凭交费凭证注册，由教务管理部门组织在学生证内加盖“注册”章，并签署注册时间。本市与外省市联合招生合作办学招收的学生，在本市就读的，按本市生源办法进行注册；招生当年在非本市就读的学生，可采用预注册的办法取得本市中职预备学籍，预注册办法参照本市生源执行。未经注册者，不能取得新学期的学籍，因故不能按时报到者，必须履行请假手续，病假需二级及以上医疗单位证明，否则以旷课论。未经请假且逾期两周不注册者，按自动退学处理。

第七条 从学生入学之日起建立学生学籍档案，学生学籍档案内容包括：

1. 基本信息；
2. 体检表；
3. 思想品德评价材料；
4. 公共基础课程和专业技能课程成绩；
5. 享受国家助学金和学费减免的信息；
6. 在校期间的奖惩材料；
7. 毕业生信息登记表。

学籍档案由学生管理部门专人管理，学生离校时，由学校归档保存或移交相关部门。

第八条 已注册学生(含注册毕业学生)各项信息修改属于信息变更，主要包括学生姓名、性别、出生日期、家庭住址、身份证号码、户口性质等。对信息变更，应当由学生本人或监护人提供合法身份证明等相关资料，学校修改后及时报上海市教委备案。

第二章 成绩考核与记载

第九条 成绩考核包括学业和操行两个方面。学业方面，按照教学实施方案内容和学生选修的情况，考核学生的学习成绩；操行方面，通过对学生的思想品德、行为规范等方面的评价、德育学分获得情况进行综合评定。考核成绩记入学生本人的学籍档案。

第十条 学生所选学课程均应考核。参加考核后的成绩及所得学分载入学期成绩记分单、学生成绩总表。归入学生个人档案的学习成绩总表和学生出国成绩证明中的各科成绩，仅以总评成绩登录。成绩总表在学生离校时由学校档案室留存 1 份。

第十一条 总评成绩考核包括平时考核和期终考核。平时考核包括出勤、学习态度、作业、测验等，期终考核可根据各门课程的特点采用开卷、闭卷、口试、项目等形式，理论考核时间一般不少于 90 分钟，实践技能考核时间可按内容特点适当延长。教师在考核后 2 天内按权限自行登录校园网输入成绩，确认后的修改权限归教务管理部门。

第十二条 考核成绩采用能够反映“质”和“量”2 个方面的学分、绩点评价方法，即采用 5 等 11 级制记分法，并用绩点来评价学生的学习质量。

1. 考核成绩与绩点的关系

教师阅卷时，根据考核评价方案，课程成绩总评按百分制或 5 级制计分，再由成绩系统按规则自动折合成相应等级、绩点和学分。具体规定如下：

成绩	90～100	85～89.9	82～84.9	78～81.9	75～77.9	72～74.9	68～71.9	66～67.9	64～65.9	60～63	<60
成绩等级	A	A	B	B	B	C	C	C	D	D	F
绩点	4.0	3.7	3.3	3.0	2.7	2.3	2.0	1.7	1.5	1.0	0

等级	优	良	中	及格	不及格
百分制	95	85	75	65	45
成绩等级	A	A⁻	B⁻	D	F
绩点	4.0	3.7	2.7	1.5	0

补考评分方案和正考一致。社会考证或课程如只有“合格”和“不合格”，则分别按合格为80和不合格为45计。

2. 学分绩点、平均绩点的计算

将某一课程(环节)的学分乘以该课程所得的绩点，即为该课程(环节)所得的学分绩点。以学生所得全部课程(环节)的学分绩点之和，除以该学生同期修读课程(环节)的总学分数，即得该学生在该学期经学分加权的平均绩点。即：

课程学分绩点＝课程学分×课程绩点

平均绩点＝∑(课程学分×课程绩点)/∑课程学分

平均绩点是衡量学生学习质量的重要指标，每学期计算一次。平均绩点是学生评定奖学金、选拔学生干部、评选各类先进、免考勤、选读辅修专业、出国进修、推荐升学与就业等的重要依据。

第十三条　学生因病或其他特殊原因不能参加考核时，必须在考核前提出书面申请，病假必须有校医务室或二级及以上医疗单位病假证明，经班主任、教学系部主任和教务管理部门批准后方可安排一次缓考。特殊情况不能事先提出申请的学生，必须补办申请缓考手续，不办理申请缓考手续者按旷考处理。若缓考再次缺考，按旷考处理。

第十四条　学生必须严格遵守考场纪律，凡违反考场纪律，作弊者和协同作弊者，该课程(环节)成绩以零分计，并给予相应的纪律处分，具体规定见《上海信息技术学校考务管理办法》。

第十五条　学生缺课累计超过该课程教学时数的三分之一或缺交作业三分之一者，该课程无考核资格。

第三章　课程的选修、重修和免修

第十六条　选课的原则与程序规定见《上海信息技术学校学生选修管理办法》，在教务管理部门规定的时间段在内、外网上同时进行选课，选课结果按时间优先的原则。特殊情况可由教务管理部门组织人工选课，选课结果按名额分配或绩点优先原则。如上学期学生课程平均绩点大于3.0，经个人申请、教务管理部门审核同意，该学生可选修不同专业或同专业高于本届的课程。

第十七条　课程一般按学期计算学分，连续性课程在同一学年内按 1 门课程计算。基础教学阶段必修课程考核总评不合格给予 2 次补考机会，1 次在考核结束后，1 次在毕业前；基础教学阶段选修课程、专业教学阶段所有课程考核成绩为不及格者，给予一次补考机会，如补考仍不合格，不能取得学分，必修课必须重修，选修课可以重修、也可改选其他课程。

重修费由学生自理。重修费收费标准另定。

第十八条　实践教学环节不合格者，原则上随下一届学生在适当时间安排重修，人数较多时由教务管理部门单独安排，所需材料费用(包括重修费)由学生自理。

第十九条　前 2 次重修成绩按重修考核实际成绩登记，从第 3 次重修开始，重修成绩如合格仅以“合格”登录。

第二十条　体育课和体锻达标课为必修课，但体育课选项部分学生可按自己兴趣选择体育项目，体育课成绩按考勤、课内教学、课外练习等综合评定。体锻达标按《上海市中等职业学校学生体育锻炼标准》进行考核。

第二十一条　因患有某些疾病或生理缺陷等非主观原因，上体育课或体锻达标课确有困难者，经学生本人申请并持有效证明，班主任、学校医务室审核，体工会批准、教务管理部门备案，体育课可减少考核项目或申请免修。免修按学校体育工作委员会规定的有关条件。

第二十二条　学分认定和免修的其他有关规定如下：

1. 如果学生提前在校外通过自学考试、远程教学、短训班等形式学习了有关课程，其内容等于或高于相同或相近课程教学计划要求，出示有效的成绩证明，经相关课程任课教师认定，教务管理部门审核，可认定课程的同等学分，该课程作免修处理。

2. 如果学生提前在校外获得教学计划中规定的技能证书、从业证书，可作同等学分认定，相关课程和考证免修。如果获得更高等级的技能证书、从业证书，由相关教师审核、教务管理部门批准，除获得原要求等级的规定学分外，可以适当认定 1 ~6 奖励学分，奖励学分可替代必修和选修课程。

3. 如果学生在校内外经学习、考核获得教学计划规定外的技能证书、从业证书、课程，由相关教师审核，教务管理部门同意，可以适当认定 1 ~6 奖励学分，奖励学分可替代选修课程。

4. 学生参加由上海市中等职业学校学分制跨校协作组组织的各种形式学习，可视情况分别参照以上第 1、2、3 条。

5. 学生参加由省市级技能、才艺等竞赛，按获得的奖励等级可奖励 1 ~8 学分。参加国家级技能、才艺等竞赛，按获得的奖励等级可奖励 1 ~12 学分，经逐一认定，奖励学分可替代选修和部分必修课程。

6. 办理非竞赛类免修申请手续，须在课程开设前由学生向教务管理部门提出申请，由教务管理部门审核同意并通知相关教师，竞赛类免修申请手续由教务管理部门统一办理。

第四章　转专业与转学

第二十三条　在第一学年中，学校可根据学生至少 1 学期的学习成绩和专业适应情况，对已确定专业方向的学生，经学生本人提出申请，经导师提出、专业系同意、教务管理部门审核、主管校长批准，可调入其他专业的班级学习。

第二十四条　在专业学习 1 学期后，有下列情况之一者，准许转专业、转学。

1. 学校根据人才市场需求情况的变化，调整部分学生的专业方向；

2. 学生在某专业领域确有一定专长，并有充分理由证明拟转入的专业有特殊志趣和才能者；

3. 个别学生入学后发现有某种疾病或生理缺陷，经学校指定的医疗单位检查证明，不宜在原专业正常学习，但尚能在本校其他专业或其他中等职业技术学校学习者；

4. 经学校认可，学生确有某种特殊困难，不转专业或不转学则无法继续学习者；

5. 委托代培的学生原则上按招生时填报的专业就学，如在休学复学或留级时学校无后继专业，则按协商原则解决，但需技能加试的专业仍需加试，进行择优录取。

第二十五条　申请转专业或转学的学生，未经批准及办理有关手续前，必须参加原学校、原专业学习，否则以违反学校纪律论处，所学内容不予认定学分。

第二十六条　有下列情况之一者，不能转专业

1. 三年制专业经过专业学习满两学期及以上者；四年制专业经过专业学习满 3 学期及以上者；

2. 无正当理由者。

第二十七条　学生在本校范围内转专业手续，按下列顺序办理，并报学校主管部门、上海市教育委员会备案。

1. 学生本人和家长(或监护人)向所在专业系提出包含申请转专业的理由、转移方向和家长意见等内容的书面申请；

2. 符合转专业条件的，经拟转入专业的专业系同意、教务管理部门审核和主管校长批准，可转专业。

第二十八条　学生在本市中等职业学校中转学，必须经双方学校同意和学校主管部门同意，并报上海市教育委员会备案。

第二十九条　学生跨省市转学，必须经双方学校和学校主管部门审核，并报各自学校所在省(市)级教育行政部门核准。

第三十条　第一学期与毕业学年的学生原则上不得转学或转专业。

第三十一条　学校可以接受普通高中学校和中等职业学校转入的学生，并根据情况承认其相应的学习成绩或学分，但普通高中学校转入的学生学习时间不得少于一年半。外籍或无国籍人员申请进入学校就读，应当按照国家留学生管理办法办理就读手续。港、澳、台学生按照国家有关政策办理就读手续。

第五章 留级、休学、复学、退学

第三十二条 学校实行学分制，为了保证学分制改革的顺利进行，努力实现教学运行机制的有序过渡，学校暂保留学年制中留级制度。

学校实行学分学业情况的报告制度，每学年第一学期期末，根据学生考核情况，凡未取得所选学分的二分之一及以上的学生，教务管理部向学生及家长发出书面预警书。在接到学分学业预警书后的学生一学年后累计未取得所选学分的三分之一，原则上由学校将其编入同专业或其他相关专业下一届继续学习。

第三十三条 学生有下列情况之一者，应予以休学：

1. 学生因病或其他特殊困难不能继续学习者；

2. 请假缺课累计超过该学期三分之一学时(包括理论教学、实践教学环节)者；

3. 学生因依法服兵役者；

4. 学生在学期间申请出国者；

5. 学生因停学参加社会创业、就业实践活动者。学生休学，一般以1学年为期，在学期间3次为限。学生休学期间，不享受在校生待遇。学生管理由监护人负责。

第三十四条 经有关部门批准，学生在学期间可以服兵役。按国家、市有关部门证明或通知，班主任审核、学校保卫部门同意、学生达到顶岗实习条件，教务管理部门办理手续，服兵役阶段一般可认定为实习；如学生不符合顶岗实习条件的，学生服兵役须办理休学手续，复员后须申请复学，经批准后可继续学习。在某一需认定的时间段，凭连以上单位服兵役证明或学习成绩证书，由教务管理部门审核、登记，认定学分。

第三十五条 学生可根据自己的情况在学习过程中申请社会创业、就业实践活动，分阶段完成学业。

1. 从完成总学分25%起允许工学交替，每次一般为1年，最长不超过3年，逾期则办理退学手续，超过最长期限未办理退学手续者，视为自动退学；

2. 学生申请工学交替，必须由学生本人、家长共同申请，学校必须与学生本人及家长签订协议，对学生离校期间的管理作出明确约定，工学交替期间学生由家长(或其指定监护人)负责管理，学校对其在外的活动不承担管理责任。

第三十六条 因病休学的学生，应离校休养，病休期间的医疗费用由本人自理。

第三十七条 学生复学按下列规定办理：

1. 学生休学期满后，应于复学前向学校提出复学申请，经学校审核批准后可复学。因病休学的学生，在复学前必须持二级及以上医疗单位的健康证明，并经校医务室复查能坚持正常学习者，方可办理复学手续；

2. 复学的学生由教务管理部门编入原专业学习，原专业如无后续班，由教务管理部门编入其他专业。

第三十八条 学生在保留入学资格、休学期间，不得报考其他学校，但可参加其他学校不同形式的教学活动。

第三十九条　学生有下列情况之一者，应予以退学：

1. 未经请假又无正当理由，开学后逾期两周不报到；

2. 休学累计次数超过2次，不含2次；

3. 2次病休期满经复查仍未恢复健康；

4. 经过指定医院确诊患有精神病、癫痫、癔症、麻风等严重疾病及意外伤残不能坚持正常学习；

5. 在校期间又考入其他学校(指占用本校学习时间的各类学校)；

6. 在校期间，出现非法婚姻或生育；

7. 在休学期间有严重违法乱纪行为；

8. 经学校动员，因疾病应休学而不休学；

9. 1学期内旷课累计超过该学期总学时三分之一；

10. 本人申请退学并经批准。

本规定所作处理，不属于对学生的处分。

第四十条　学生退学处理，由系部同意、教务管理部门审核，报分管校长批准。

第四十一条　学生退学的善后问题，按下列规定办理。

1. 经诊断患精神病等不符合体检标准之疾病(包括意外伤残)者，由家长或监护人负责领回；

2. 退学学生发给肄业证明(学习满1年及以上)或学习证明书，未经学校批准，擅自离校的学生不发给肄业证明或学习证明书；

3. 学生档案材料由学生管理部门退回户籍所在地。

第四十二条　学生死亡，学校应当及时报主管部门和上海市教委备案。

第六章　考勤、免考勤与奖励、处分

第四十三条　考勤与免考勤：

1. 学生必须参加教学实施方案和学校统一安排、统一组织的活动。学生上课、实习、劳动、军训都实行考勤，不得迟到、早退。因故不能参加者，必须请假。凡未经请假或虽请假但未经批准，或超过假期而未办续假者，一律以旷课论处。

2. 学生上课实行电子一卡通考勤，任课教师有责任进行监督管理，并在课后及时通过校园网反馈考勤情况。学生旷课时间的计算以其个人课程表的课时数为准。对于学校按教学计划规定的实践活动和学校规定必须参加的其他集体活动，学生无故缺席者，1天按6学时计旷课。

3. 学生请假除急病或紧急事故外，均必须事先办理请假手续，出勤情况每天经电子考勤系统汇总并在校园网上公布。请病假须持学校医务室或二级及以上医疗单位证明，并经学校医务室认可。请事假亦需要有必要的证明，一般从严掌握。

4. 考核期间，除急病、紧急事故外一般不得请假，经教务管理部门批准后可安排一次缓考，未经批准者以旷考论处。

5. 教师有权确认按适当比例将学生的出勤率计入学生的平时成绩，其所分比例由教师自定，但最高不得超过学期总评成绩的10%，且必须在开学第一次课中，正式向学生宣布。

6. 凡上学期课程平均绩点3.0及以上且操行评定合格的学生，可向教务管理部门申请本学期部分课程免考勤，课程免考勤每学期办理1次。学生获免考勤后，持免考勤证自行安排活动，但必须参加本课程的实践内容，方能参加期末考核。

第四十四条　奖励与处分：

1. 对德、智、体全面发展或某一方面有突出表现的学生，可给予奖学金、三好学生、或各单项等奖励、荣誉称号，有关材料应存入学生的档案。如学生获得市级荣誉称号或单项奖励前三名，经学校批准，可奖励1～6选修学分；如学生获得国家级荣誉称号或单项奖励前六名，经学校批准，可奖励1～10选修学分，特殊情况另行认定；

2. 学生应严格遵守国家法律、法规和学校的各种规章制度，如有违反者，视情节轻重，给予批评教育，并视其情节和态度分别给予警告、严重警告、记过、留校察看、开除学籍等处分，具体办法另行制定；

3. 凡触犯国家宪法和刑律，构成刑事犯罪的学生，经人民法院判决生效后，可给予开除学籍处分；

4. 对学生的奖励、记过及以上处分有关资料应当存入学生学籍档案。对学生的处分撤销后，学校应当将原处分决定和有关资料从学生个人学籍档案中移出；

5. 对犯错误的学生的处理，要坚持实事求是的原则，慎重而适当。处理结论要同本人见面，允许本人申诉、申辩和保留意见。对开除学籍处分可以设立听证程序，充分听取本人申辩。对本人的申诉，学校有责任进行复议。对争议较大的决定，由学校主管部门负责进行调查，并按规定处理；

6. 有名额限制的选拔性机会，如出国进修、优先向用人单位推荐等，在同等条件下，学校按已学学期平均绩点和平均操行分综合排名进行选拔，但平均操行分75分以上者才有选拔资格。必修课尚有不合格者，学校原则上不安排其毕业实习推荐。

第七章　辅　修

第四十五条　从专业教学阶段开始，凡上一学期平均绩点3.0及以上、操行评定合格、身体健康、能胜任繁重学习任务的学生，可申请辅修另一专业。具体规定见《上海信息技术学校辅修试行办法》。

第八章　毕业和结业

第四十六条　学生毕生前应做全面鉴定，其内容包括德、智、体、美四方面，即包括政治态度、道德品质、学习成绩以及身体健康等方面。

第四十七条　具备学籍的学生，操行评定合格，修完教学实施方案所规定的全部内容，取得规定学分，准予毕业，发给由上海市教委根据国家教育行政部门统一格式印制的毕业证书。

第四十八条　基本学制四年的学生毕业必须修满220学分，其中24分为德育学分，196分为教学学分。基本学制三年的学生毕业必须修满170学分，其中18分为德育学分，152分为教学学分，基本学制为五年的五年一贯制学生，必须修满270学分，其中32分为德育学分，238分为教学学分。

第四十九条　对提前取得毕业资格者，可有如下选择：

1. 推荐提前就业或自主创业；

2. 辅修学校另一专业；

3. 提前参加上海市高等学校考试。

第五十条　在毕业预审查时，学生若未修满规定学分，未能毕业，作结业处理，发给结业证书。

第五十一条　结业生离校后，在离校2年内，可参加学校组织的补考或重修。参加学校认可的培训并考核通过，取得相关证明可申请替代学分。达到毕业规定条件者，向教务管理部门提出换发毕业证书的申请，经审核批准，方能换发毕业证书，毕业时间自换发毕业证书时间起。

第九章　其　他

第五十二条　学生专业咨询实行导师制，日常管理实行班主任制，具体办法另行制定。

第五十三条　教学时间和教学场所等配套管理办法另行制定。

第五十四条　本实施细则自发布之日起执行，解释权归上海信息技术学校教务管理部门。原上海信息技术学校学分制教学管理手册中的学分制实施办法停止执行。

大连市轻工业学校学生学籍管理实施细则

一、入学与注册

（一）学校按招生规定录取的新生，必须持录取通知书和学校规定的有关证件，按规定日期到学校办理入学手续，因故不能按期报到者，必须事先向学校提出延期报到的申请，无正当理由延期超过3周不报到者，取消入学资格。

（二）新生入学后由学校组织健康复查，合格者方可取得学籍。因病不能坚持学习的学生，应办理相关手续后去医院治疗，学校保留其入学资格 1 年，治疗期间，不享受在校生待遇。经县以上医院证明和学校健康复查确已病愈者，可重新办理入学手续。

（三）新生入学登记注册后，学校应在 2 个月内将取得学籍的学生名册，报到学校所属上级教育部门备案。学生科应建立学生学籍档案并颁发学生证。

（四）新生入学 3 个月内为考察期，在考察期内对严重违反校规校纪和触犯国家法律法规者，将取消其入学资格。

（五）每学期开学时，学生均应按学校规定的日期，凭交费凭证报到、注册。因故不能按时报到者，必须履行请假手续。否则以旷课论处。

二、关于学籍

（一）中等职业学校学历教育基本学制为 3 年，试行学分制后，学生可提前毕业或推迟毕业。提前毕业一般不超过 1 年，推迟毕业不超过 2 年。

（二）学习能力较强，学有余力的学生，可以提前选修后续课程，提前完成学业；也可以申请辅修第二专业课程，第二专业学分或课程学习达到规定要求时，可由学校发给第二专业学历证书或单科结业证明。

（三）凡在规定学制年限内完成应学课程、修满学分有困难的学生，可通过少选课程或重选部分课程等方法，减缓学习进度，适当延长学习时间，以完成学业。

（四）学生可根据自己的情况，在学习过程中申请参加社会创业、就业实践活动、工学交替，分阶段完成学业。

1. 参加社会创业或就业实践活动的时间一般不超过 2 年，逾期应办理退学手续。超过最长期限半年以上未办理退学手续者，则可视为自动退学。

2. 学生必须年满 16 周岁，入学 1 年后或获得必修课、限选课总学分 60% 者，方可申请参加创业、就业或社会实践活动。

3. 学生申请工学交替，离校参加创业或实践活动。必须由学生本人及家长共同申请，学校须与学生家长及家长签订协议，对学生离校期间离校管理作出明确的约定，工学交替离校期间学生由家长（或其指定监护人）负责管理，学校对其在外的活动不承担管理责任。

4. 学生参加社会创业或实践活动结束后，原则上参加同专业或相近专业下一年级学习。在离校间，通过自学或其他形式已达到同年级相同学习进度的，并经学校认定其成绩，可跟随同年级继续学习。

5. 相同教育层次学校校际间成绩和学分的互认，必须有两校互认协议，并以教学部门出具的正式成绩通知单为凭证。

三、转学与转专业

（一）学生可根据市场人才需求和本人实际情况转校或转专业学习。转校或转专业应在第二学年第一学期开学前办理。学生转校，原则上只能在同类学校的相同专业之间进行。

(二)学生转校、转专业均由本人向学校提出申请，然后按下列规定和程序办理：

1. 学生在本校范围内转专业，必须由本人向教务科提出转专业申请和正当理由，由主管校长批准并由学生科报上级教育行政部门备案。具有下列情况之一者，可转专业学习。

① 学生因疾病或生理缺陷经学校指定的医疗证明，不宜在原专业学习，但可在其他专业学习。

② 学校认定，学生在某些方面确有专长，转专业更有利于其能力发挥。

③ 学生休学复学后，本专业无后续班级。

2. 学生在本地区转入其他学校必须经转出学校和转入学校同意，报上级教育行政部门批准备案。

3. 学生跨地区转校，需经转出学校和转入学校同意后，并报转出学校和转入学校上级教育行政部门备案。

(三)学习到专业课阶段的学生，原则上只能转入相关专业。

(四)中等职业学校可以接受从普通高中或其他同层学校转入的学生。并根据实际情况，承认其相应的学习成绩或学分。普通高中转入到本校的学生，其主修专业，由本人申请，教务科批准。其分配年级，由教务科根据学生已取得成绩的课程等实际情况确定。

四、毕业

(一)学生完成所学专业教学计划规定必修课和限选课程，成绩及格；修满规定的学分；思想品德合格，准予毕业。经市教育行政部门审核验印后，学校应向学生颁发市级教育行政部门统一印制的毕业证书。

(二)学生在规定基本学制年限毕业时，仍有不及格课程或未修满规定的总学分者，不能毕业。学生可在两年内参加学校组织的(或学校认可的)培训和考核，成绩及格，达到学分标准，可在规定时间领取毕业证书。因成绩不及格、休学、勤工俭学等原因，不能按期毕业，可申请推迟毕业时间，在校重修不及格课程，全部课程及格并取得规定学分后，予以办理毕业证书。因思想品德不合格或毕业前受到处分未解除者，作结业处理。一年后，经用人单位或所在地区做出鉴定，达到合格者或撤销处分者，可发毕业证书。

(三)对于提前达到毕业标准的学生，应鼓励其修第二专业或复习参加高考，也可以申请提前毕业并提前办理毕业相关手续。对修满第二专业课程并取得学分的学生，可获双专业毕业证书。

(四)对于跨学校选择课程的学生，在给其颁发毕业证书的学校所取得的学分，原则上不得低于本专业总学分的60%。

(五)无正式学籍的学生，学校不发给任何形式的毕业证书。

五、休学与复学

(一)学生有下列情况之一者，经教务科审核、主管校长批准，可准予休学或令其休学并发给休学证明。

1. 因病或其他特殊原因不能继续学习者；

2. 请假、缺课累计超过该学期总学时的三分之一者(包括理论教学、实践教学环节)。

(二)学生休学，每次以1学期为期，1次为限。

(三)因病休学的学生，应回家休养，病休期间的医疗费用，由本人自理。

(四)学生休学期满后，应于学年或学期前1个月向学校提出复学申请，经学校审核批准后方可复学。因病休学的学生复学时，必须持县级以上医院的健康证明，并经学校复查能坚持正常学习者，方可办理复学手续。

(五)休学复学的学生，由教务科编入原专业下一年级学习。原专业无后续班，可编入相近专业。

(六)学校批准休学和复学的学生，均应报主管教育行政部门备案。

六、退学

(一)学生有下列情况之一者，经校长批准，可令其退学或准其退学，并通知家长或有关单位，报学校主管教育行政部门备案。

1. 休学次数超过规定者。

2. 因病应休学而不休学者，且在1学期内缺课超过该学期总学时的三分之一者。

3. 休学期满后不办理复学手续或申请复查不合格者。

4. 经指定医院确诊，患有精神病、癔症、癫痫、麻风病等严重疾病及意外伤残不能坚持学习者。

5. 自愿要求退学者。

按上述规定作出的处理，不属于对学生的处分。

(二)办理退学手时，学校应发给学生退学证明，并注明已学课程及相应学分。未经学校批准，擅自离校者，不发给退学证明。

北京市商业学校学生学籍管理办法

第一章　总　则

第一条　目的

为进一步完善我校学生学籍管理制度，加强学生学籍管理，以《中等职业学校学生学籍管理办法》(教职成〔2010〕7号)有关条款为依据，结合学校实际情况，制定学生学籍管理办法。

第二条 适用范围

本管理办法适用于北京市商业学校学生管理。

第三条 规范性引用文件

《学生工作管理制度》。

第四条 术语和定义

学籍是指一个学生属于某学校的一种法律上的身份或者资格。

第五条 职责

(一)学生处

1. 负责学生学籍管理。组织、实施学生学籍注册、清查工作，为休学、退学、转学、复学、参军入伍学生办理学籍变动手续，对学生学籍档案进行统一管理。

2. 对各系部学生学籍管理相关工作进行指导、检查、监督、考评。

(二)各系部副主任

1. 负责本系部学生学籍管理工作。

2. 配合学生处，指导本系部班主任做好学生学籍注册、变动和核查工作。

(三)班主任

认真贯彻执行学生学籍管理办法，做好本班学生的学籍注册、变动和核查工作。

(四)班委会

协助班主任老师，参与本班学籍管理工作。

第二章 北京市商业学校学生学籍管理办法

第一节 总 则

第六条 为加强我校学生学籍管理，保证学校正常的教育教学秩序，维护学生的合法权益，推进学校教育持续健康发展，依据《中华人民共和国教育法》《中华人民共和国职业教育法》和教育部《中等职业学校学生学籍管理办法》等法律法规，制定本办法。

第七条 本办法适用于北京市商业学校所有在校中职(普通中专、成人中专)学生。

第二节 入学与注册

第八条 学校应按照市教委行政部门有关招生政策规定录取新生，并发放录取通知书。

第九条 新生需持录取通知书及本人身份证或户籍簿等有关证件，按照学校规定时间到校报到，办理入学注册手续。因特殊情况，不能如期报到，应当持有关证明向学校提出书面申请。如在两周内不到学校办理相关手续，视为放弃入学资格。

第十条 新生入学后，学校应在3个月内按照相关规定进行审查，审查合格者，即办理注册手续，取得正式学籍，报北京市教育委员会备案。

第十一条　学校应当从学生入学之日起建立学生学籍档案，学生学籍档案内容包括：

1. 基本信息；
2. 思想品德评价材料；
3. 公共基础课程和专业技能课程成绩；
4. 享受国家助学金和学费减免的信息；
5. 在校期间的奖惩材料；
6. 毕业生信息登记表；
7. 中考志愿报名表；
8. 体格检查表；
9. 团组织关系。

学籍档案由专人管理，学生离校时，由学校归档保存或移交相关部门。

第十二条　学生入学后，经复查不符合招生条件者，由学校会同北京市中招委办公室确定，注销其学籍，并报教育主管部门备案。

第十三条　在新生健康复查中，如发现患有疾病，不能坚持学习，经三级以上医疗单位诊断，在短期内可以治愈者，由学校批准可回家治疗，保留入学资格 1 年。治疗期间，不享受在校生待遇。下学年开学前，经三级以上医疗单位诊断和学校复查可以入学者，应重新办理入学手续。复查仍不合格和逾期不办理入学手续者，取消入学资格。

第十四条　每学期开学时，学生应按规定日期到学校办理注册手续。因故不能如期注册者，必须履行请假手续，否则以旷课论。未经请假逾期两周不注册者，按自动退学处理。

第三节　学习形式与修业年限

第十五条　学校实施全日制学历教育，主要招收初中毕业生，基本学制以 4 年为主；招收普通高中毕业生，基本学制以 2 年为主。

第十六条　学校实行弹性学分制，允许学生在基本学制的基础上提前或推迟毕业，提前毕业一般不超过 1 年，推迟毕业一般不超过 2 年。

第四节　学籍变动与信息变更

第十七条　学生学籍变动包括转学、转专业、留级、休学、注销、复学及退学。

第十八条　学生因家庭搬迁或个人意愿等原因可以申请转学。转学由学生本人和监护人提出申请，经转出学校同意，再向转入学校提出转学申请，转入学校经审核符合转学资格，同意后办理转学手续，报教育行政部门备案。

本市学生转到外省、自治区、直辖市的学校学习，必须经本市教育行政部门同意。外省、自治区、直辖市的北京生源转入本市学校学习，必须经本市教育行政部门批准。

转入普通中等专业学校的学生涉及农户转非农户的按北京市公安局、北京市教委联合下发的京公人管〔2001〕570 号有关规定办。

在中等职业学校学习未满1学期的，不予转学；毕业年级学生不予转学；休学期间不予转学。

普通高中学生可以转入中等职业学校，但学习时间不得少于1.5年。

第十九条　有下列情况之一，经学校批准后可以转专业：

1. 学生确有某一方面特长或兴趣爱好，转专业后有利于学生就业或长远发展；

2. 学生有某一方面生理缺陷或患有某种疾病，经三级以上医院证明，不宜在原专业学习，可以转入本校其他专业学习；

3. 学生留级或休学，复学时原专业已停止招生。

已经享受免学费政策的相关专业学生原则上不得转入其他专业，特殊情况应当经市级教育行政部门批准。

转专业，原则上在一年级第一学期结束前办理。

第二十条　学生休学由学生本人和监护人提出申请，学校审核同意后，报教育行政部门备案。学生因病必须休学，应当持三级以上医院病情诊断证明书。

学生休学，以学年为期，但累计休学时间不能超过2年。因病休学必须回家休养。因依法服兵役而休学，休学期限与其服役期限相当。学生休学期间，不享受在校学生待遇。

第二十一条　学生退学由学生本人和监护人提出申请，经学校批准，可办理退学手续。学生退学后，学校应当及时报教育主管部门备案。

学生具有下列情况之一，学校可以作退学处理：

1. 休学期满无特殊情况两周内未办理复学手续；

2. 连续休学2年，仍不能复学；

3. 一学期旷课累计达90课时以上；

4. 擅自离校连续两周以上。

第二十二条　学生非正常死亡，学校应当及时报教育主管部门备案。

第二十三条　已注册学生(含注册毕业学生)各项信息修改属于信息变更，主要包括学生姓名、性别、出生日期、家庭住址、身份证号码、户口性质等。对信息变更，应当由监护人提供合法身份证明等相关资料，学校修改后及时报教育行政部门备案。

第二十四条　学生原则上1学期所学课程(含实践教学)考核经补考后仍有二分之一门数不及格者，应予留级。

第二十五条　同一学年内，经学期、学年补考后，累计不及格课程(含实践教学)未达到开设课程二分之一者(不含二分之一)可以继续跟班试读，超过二分之一以上者，应予以留级。留级次数最多不超过3次。

第二十六条　留级学生原则上随本专业下一年级继续学习。如果未遇连续招生专业，应服从学校统一安排，学校可视情况作如下处理：

1. 调整到其他相近专业继续学习；

2. 可继续随原年级试读，试读期间如又出现不及格课程，累计达到退学条件的作退学处理。休学期满，符合复学条件的学生，如果没有遇到连续招生的专业可参照本条处理。

第五节　成绩考核

第二十七条　学生应当按照学校规定参加教学活动。学生公共基础课程学习应当达到国家教育行政部门发布的教学大纲的基本要求，专业技能课程学习应当达到相应专业的教学要求。成绩考核包括学业和操行两个方面。

1. 学业方面：完成专业人才培养方案规定的课程及工学交替、顶岗实习等实践环节的考核，考核成绩纳入学生学业评价。

2. 操行方面：对学生的政治、思想、道德、法纪、心理健康等方面进行考核评价，学生毕业时应进行毕业综合鉴定。

考核成绩和鉴定结果应记入学生档案，作为学生毕业的重要依据。

第二十八条　考核分为考试和考查两种。考试、考查成绩是学生升学、留级、毕业的依据。考试成绩评定采取百分制和五级制(优秀、良好、中等、及格、不及格)。考查成绩可按合格、不合格评定(也可视专业情况百分制评定)。

考核成绩的评定，应将过程性考核和期中、期末考核相结合，将学生实习成绩(工学交替、顶岗实习等实践教学)纳入学生考核成绩中。

第二十九条　经市教委批准，学校可以实行学分制，实行学分制学校的学生，按照专业培养方案规定学完某门课程，经考核成绩合格，即获得该课程学分。学生按规定完成本专业全部课程的学习，成绩合格，取得规定的学分，即可准予毕业。

成绩不合格者，可以通过补考或申请重修，成绩合格之后方能取得相应学分。

第三十条　每学期或每学年考试和考查的课程门数，按教学计划的规定执行。考试内容和方法，根据教学大纲和教学计划的要求确定。

学校应按以下规定计算课程成绩：

1. 按教学计划，凡 1 门课程分学期完成、且每学期进行考核的，每学期必须按 1 门课程计算；

2. 凡教学计划规定的各种实践教学环节，如果单独进行考核的应按 1 门课程计算；

3. 毕业实习、毕业设计，应各按 1 门课程计算。

第三十一条　学生因故不能参加考核，需事先提出申请，经学校批准后方可补考。无故不参加考试或考试作弊者，该课程以零分计算，并视情节轻重给予纪律处分。确有悔改表现的，经学校批准，在毕业前可以补考一次。

第三十二条　学生有下列情况之一，可以申请免试或免修相应科目的课程：

1. 取得高中会考单科合格证书的学生，相应的文化基础课可以免试或免修；

2. 取得高等教育自学考试单科结业证书的学生，相应的文化基础课或专业基础课可以申请免试或免修；

3. 取得全国计算机等级考试二级以上证书的学生可以申请免试或免修非计算机类专业的相应科目的课程；

4. 取得全国公共英语等级考试二级以上证书的学生可以申请免试或免修非英语专业

的相应科目的课程；

5. 通过国家承认学历的高中阶段以上层次学校有关科目考核者，可以申请免试或免修相应科目的课程；

6. 取得国家有关部门颁发的中级以上职业资格证书的学生，可以申请免试或免修相应科目的课程；

7. 市教委规定的其他可以免试或免修的科目。学生申请课程免修或免试，必须在该课程开课前或考试前一个月提出。免试或免修必须经学校批准，并报区县教委和市教委备案。

第三十三条　公共体育课为必修课，不合格者应重修或补考。对不同体质的学生应有不同的要求，因患有某些疾病或有生理缺陷，上体育课确有困难者，经指定的区县以上医疗单位证明和学校批准，可调整或减少考查项目或免考。

第三十四条　学生因故不能参加考试时，必须经学校批准，凡擅自缺考或考试作弊者(包括协同作弊)该课程成绩以零分计，不准参加正常补考。如确有悔改表现，经本人申请、学校批准，可进行补考。考试作弊者，应视情节给予相应纪律处分。

第三十五条　学生要按时参加教学计划规定和学校统一安排组织的一切活动。旷课或无故缺作业及缺实验、实习报告达到三分之一及以上者，不准参加该课程的考试，该门课程的成绩按零分计算。

第六节　工学交替与顶岗实习

第三十六条　学校应当按照法律法规和国家教育行政部门文件规定组织学生顶岗实习。

第三十七条　学生顶岗实习和工学交替阶段结束后，应当由企业和学校共同完成学生实习鉴定。学校应当将学生实习单位、岗位、鉴定结果等情况记入学籍档案。

第七节　纪律与考勤

第三十八条　学生应严格遵守国家的法律、法规和学校的各种规章制度。学生不得有吸烟、喝酒、赌博、打架斗殴或其他违法违纪行为，如有违反者，视情节轻重，给予批评教育和相应处分。

第三十九条　学校应建立和完善考勤制度，学生上课、课操、自习、顶岗实习、工学交替、社会实践和参加学校组织的集体活动等均应进行考勤。因故不能参加者必须请假。凡未请假或超假者，均以旷课计算。学生课操、早读、上课迟到或早退2次，按旷课1节计算；1节课内迟到或早退10分钟以上，按旷课1节计算；缺勤1天，按旷课9节计算。对旷课学生应责令其检查，并根据其旷课的时数、情节和态度进行批评教育和纪律处分。

第八节　奖励与处分

第四十条　学生在德、智、体、美等方面表现突出，应当予以表彰和奖励。

学生奖励分为国家、市、区县(局)、校等层次，奖项包括单项奖和综合奖，具体办法见学校相关规定。

对学生的表彰和奖励应当予以公示。

第四十一条　学校对于有不良行为的学生，可以视其情节和态度分别给予警告、严重警告、记过、留校察看、开除学籍等处分。

学校作出开除学籍决定，应当报教育主管部门核准。

受警告、严重警告、记过、留校察看处分的学生，经过一段时间的教育，能深刻认识错误、确有改正进步的，应当撤销其处分。

第四十二条　学生受到校级及以上奖励或处分，学校应当及时通知学生及其监护人。学生对学校作出的处分决定有异议的，可以按照有关规定提出申诉。

学校应当依法建立学生申诉的程序与机构，受理并处理学生对处分不服提出的申诉。

学生对学校作出的申诉复查决定不服的，可以在收到复查决定之日起 15 个工作日内，向教育主管部门提出书面申诉。

第四十三条　对学生的奖励、记过及以上处分有关资料应当存入学生学籍档案。

对学生的处分撤销后，学校应当将原处分决定和有关资料从学生个人学籍档案中移出。

第四十四条　有下列情况之一的学生，可酌情给予开除学籍的处分：

1. 反对党的基本路线，组织煽动闹事，扰乱公共秩序，妨害公共安全，破坏民族团结和社会安定稳定，具有社会危害性；

2. 触犯国家法律，构成刑事犯罪；

3. 纠集他人结伙滋事，扰乱治安；

4. 携带管制刀具，屡教不改；

5. 多次拦截殴打他人、多次欺辱同学或变相欺辱同学、强行索要他人财物或变相强行索要他人财物，情节严重者；

6. 传播淫秽的读物或者音像制品，进行淫乱或者色情、卖淫活动；

7. 多次偷窃、国家、集体、个人财产，故意毁坏公共财产造成严重损失或危害；

8. 参与赌博、屡教不改；

9. 吸食、注射毒品；

10. 一学期旷课 90 学时以上或在校期间旷课累计超过 150 学时以上的；

11. 严重违反校规校纪，造成严重后果和其他危害社会的行为。

第四十五条　对学生作出开除学籍的处分，必须经校长办公会讨论决定，并报北京市教委备案。

第四十六条　对犯错误的学生，要热情帮助，严格要求。对认错好并有悔改或立功表现的可酌情减轻处分。对已受处分的学生，再犯错误应加重处分。对犯错误学生处理时要持慎重态度，坚持调查研究、实事求是，处理结论要送达本人，允许本人申诉、申辩和保留意见。对本人的申诉，学校有责任进行复查。

第九节 毕业与结业

第四十七条 学生达到以下要求，准予毕业：

1. 思想品德评价合格；

2. 修满教学计划规定的全部课程且成绩合格，或修满规定学分；

3. 顶岗实习或工学交替实习鉴定合格。

第四十八条 毕业证书由国家教育行政部门统一格式并监制，北京市教育委员会统一印制并进行电子注册，学校颁发。

第四十九条 对于在规定的学习年限内，考核成绩(含实习)仍有不及格且未达到留级规定，或思想品德评价不合格者，以及实行学分制的学校未修满规定学分的学生，发给结业证书。

第五十条 对未完成教学计划规定的课程而中途退学的学生，学校应当发给学生写实性学习证明。

第五十一条 毕业证书遗失可以由市级教育行政部门或其委托的机构出具学历证明书，补办学历证明书所需证明材料由市级教育行政部门规定。学历证明书与毕业证书具有同等效力。

第五十二条 对于毕业时经补考仍有不及格科目者，发给结业证书。离校后经补考成绩全部合格，两年内可换发毕业证书。学校应参照第五条规定于6月30日前将毕业证书发放情况报市教委备案。

逾期不补考或补考不及格，以后不再换发毕业证书。

第五十三条 学生毕业时因操行评定不合格(包括毕业时所受处分未撤销)者，作结业处理。学生可在两年内取得毕业资格后，换发毕业证书。

第五十四条 凡毕业时作结业处理、后又取得毕业资格者，毕业时间自换发毕业证书时算起。

第三章 附 则

第五十五条 学校应当运用北京市中等职业学校学生信息管理系统，及时准确填报、更新学生学籍信息。

第五十六条 制度的起草与归口管理

本管理办法由学生处负责起草，报教职工代表大会批准后正式下达，学生处归口管理。

第五十七条 制度的修订

本管理办法根据需要不定期进行修订。校属单位、相关部门均有权根据业务需要对本管理办法内容提出修改意见，并提交学生处。学生处负责收集整理校属单位、相关部门提出的修改意见，并安排有关人员进行专题讨论，对修改信息进行全面评估后组织修订本管理办法及相关文件。

第五十八条　本管理办法由学生处负责解释。

第五十九条　本管理办法自2013年2月1日起实施，原管理办法同时废止。

厦门信息学校学籍管理规定

为深化学校教育教学改革，维护中等职业学校学生的合法权利和学校正常的教育教学秩序，不断提高教育教学质量，促进学生全面发展，依据教育部《制定中等职业学校学生学籍管理原则意见》《福建省中等职业学校学生学籍管理和成绩考核办法》以及其他有关法律法规，制定本管理办法。

一、入学与注册

1. 按照学校招生规定录取的学生，持录取通知书及本人身份证或户籍簿，按学校有关要求和规定到学校办理报到、注册手续。

2. 新生应当按照学校招生办规定时间到校报到，办理入学注册手续。因特殊情况，不能如期报到，应当持有关证明向学校提出书面申请。如在学校规定期限内不到学校办理相关手续，视为放弃入学资格。

3. 学生入学后，学校发现其不符合招生条件，应当注销其学籍，并报教育主管部门备案。

二、转专业与转学

1. 一年级学生，有下列情况之一，经学校批准，可以转专业：

(1)学生确有某一方面特长或兴趣爱好，转专业后有利于学生就业或长远发展；

(2)学生有某一方面生理缺陷或患有某种疾病，经县级及以上医院证明，不宜在原专业学习，可以转入本校其他专业学习；

(3)学生休学，复学时原专业已停止招生或原专业已无学位。

跨专业大类转专业，原则上在一年级第一学期结束前办理，同一大类专业之间转专业，原则上在一年级第二学期结束前办理。第二学年不予转专业。

2. 学生因户籍迁移、家庭搬迁或个人意愿等原因可以申请转学。转学由学生本人和监护人提出申请，经转出学校同意，再向转入学校提出转学申请，转入学校同意后办理转学手续。跨省(市、自治区)转学的，经转出、转入学校同意，报转出、转入学校的主管部门批准后，由转入学校报其上级主管学籍教育行政部门备案。学生转学应当在每学期开学后1个月内；在中等职业学校学习未满一学期的，不予转学；二年级下学期和毕业年级学生不予转学；休学期间不予转学。

三、休学、复学与退学

1. 学生退学由学生本人和监护人提出申请，可办理退学手续。学生具有下列情况之一，学校可作退学处理：

(1) 休学期满无特殊情况两周内未办理复学手续；

(2) 连续休学 2 年，仍不能复学；

(3) 1 学期旷课累计达 90 课时以上；

(4) 擅自离校连续两周以上。

2. 有下列情况之一，经学校批准，可予休学或劝其休学：

(1) 因病经三级以上医疗单位诊断，必须停课治疗且时间超过 1 学期总学时三分之一以上者，应予休学；

(2) 患有不宜在校学习疾病的学生，学校应安排学生到三级以上医疗单位诊断确认后，通知家长，劝其休学治疗；

(3) 按国家规定(如服兵役)可予以休学者。

3. 学生休学期限为 1 年，1 年期满仍不能复学的，应办理继续休学手续。休学累计时间一般不得超过 2 年。依法服兵役而休学的，休学期限与其服役期限相当。学生休学期间，学校保留其学籍，但不承担管理责任。

4. 学生休学期满，应于开学前携带相关证明材料向学校申请复学，经学校审查批准后，原则上随下一年级同专业或相近专业学习。若同专业或相近专业已停止招生或无学位，学校可安排其在同专业部的其他专业学习。

5. 学生有退学的权力，退学不属于对学生的处分。有下列情况的学生，可视为自动退学，或经学生申请可准其退学。

(1) 休学期满，未按学校要求在规定的期限内办理复学手续者，视为自动退学；

(2) 开学 3 周后，仍未办理注册手续的；

(3) 经学校指定县级以上医院确诊，患有严重疾病不能坚持学习者，经学生申请可准其退学。

6. 学生退学，学校应报上级主管学籍教育行政部门备案。在办理退学手续时，在校学满一学年以上且成绩合格的退学学生，学校可发给肄业证书或写实性学习证明。退学的学生不得申请复学。

四、成绩考核

1. 学生应当按照学校规定参加教学活动。学生公共基础课程教学应当达到国家教育行政部门发布的教学大纲的基本要求，专业技能课程教学应当达到相应专业全日制的教学要求。

2. 学校成绩考核实行学分制管理。成绩考核包括学业考核和德育考核两个方面。学业考核是按照教学大纲要求和教学计划规定，对学生掌握知识和技能情况进行的考核；德育考核是按照国家和学校的要求，对学生的思想品德、组织纪律、行为习惯等方面进行的综合评定。

3.1 学期旷课累计超过十分之一或缺课累计超过三分之一的课程，该课程原则上不得合格；因学校批准参加技能大赛等集训缺课的，成绩等级按学校有关规定处理。

4. 无故不参加考试或考试作弊者，该课程成绩以零分计算，并视情节轻重给予纪律处分。

5. 学生所学课程考试、考查不合格，学校提供补考或重修机会，补考或重修次数和时间由学校确定。一年级和二年级在校生补考或重修一般安排在下一学期开学初的 3 周内，学生应主动与原任课教师联系。往届生和毕业班一般安排在每学年的第二学期，具体安排以学校的通知公告为准，经学生本人申请，学校安排补考或重修。原则上每门课程补考或重修累计次数不超过 3 次，每年补考或重修课程数不超过 6 门。无特殊原因，结业 3 年后不予补考或重修。

五、奖励、考勤与处分

1. 学校每学年根据学生在本学年的成绩综合考核情况，对在思想品德、学业成绩、科技创造、体育锻炼及社会服务等方面表现突出的学生，给予表彰和奖励。

2. 学校对于有不良行为的学生，可以视其情节和态度分别给予通报批评、警告、严重警告、记过、留校察看、开除学籍等处分。

学生违纪行为的处分根据学生管理部门相关规定执行。

3. 考勤

学生在学习过程中如果有事情要离开学校，必须办理请假手续。遇到紧急情况的，可以事后进行补假，补假时可以把病历卡附上。

学生考勤管理根据学生管理部门相关规定执行。

六、毕业与结业

1. 学生达到以下要求，准予毕业：

(1)具有学籍；

(2)操行总评合格〔凡受记过(含记过)以上处分未撤销者，操行总评一律不合格〕；

(3)修满教学计划规定的全部课程，取得规定的毕业学分，同时专业核心课程全部合格；

(4)各学期体育成绩合格，同时达到教育行政管理部门规定的体育测试要求；

(5)顶岗实习成绩合格；

(6)获得全国计算机等级考试一级证书和相关专业国家职业资格证书(或学校认可的技能等级证书)；

(7)符合设区市教育行政部门对毕业生资格审定的其他要求。

2. 在校时间符合规定要求而未达到毕业要求的，发给结业证书或结业证明。

3. 毕业证书遗失不予补发，可以由省教育厅或其委托的机构出具学历证明书，补办学历证明书所需证明材料由省教育厅规定。学历证明书与毕业证书具有同等效力。

七、附则

1. 本实施办法未涉及的其他学籍管理条例，按教育部《中等职业学校学生学籍管理办法》和《福建省中等职业学校学生学籍管理和成绩考核办法》。

2. 本实施办法自2016年9月实施。

上海信息技术学校学生考勤办法

为了完善学分制的教学管理工作，进一步加强学风建设，督促学生努力学习，规范任课教师及有关部门的学生考勤工作，特制定本办法。

一、考勤

1. 学生必须按时参加学校统一安排、组织的一切活动。学生上课(包括必修课和选修课)、自修(包括晚自修)、实验、实习、设计、早操、劳育、军训以及参加社会实践、素质拓展等活动，都应进行考勤，学生因故不能参加者，必须请假。凡未请假或虽请假但未经批准，或超过假期而未办理续假手续者，一律以旷课论处。考勤以学时计。学生旷课时间的计算以其个人课程表的课时数为准。对于学校按教学计划规定的实践活动和学校规定必须参加的其他各类活动，学生无故缺席一天者，按旷课6学时计。

2. 课堂(实验实训环节、选修课等)考勤：由任课教师负责组织学生在考勤机上考勤，并检查学生的出勤情况，因学生标志牌未带或丢失无法考勤，需及时向任课教师说明情况，否则按旷课处理。

(1)按授课计划中的教学单元进行考勤，1次教学单元考勤1次。上课前15分钟考勤为出勤；上课后15分钟内考勤为迟到；上课后15分钟之后为旷课(当次课不需要考勤，第二节课开始由任课教师修正考勤数据)；

(2)任课教师登录校园网对当天的考勤记录进行维护，确保考勤数据完整准确；

(3)各班应设立考勤班长(副班长)一人，协助任课教师做好考勤工作。

3. 其他教学环节(如早操、班会，自修、晚自修等)学生的考勤，以班级或者系部为主体，可指定考班或者其他学生干部进行考勤，考勤情况应及时反馈给班主任或者系部负责教师，班主任或者系部负责教师应及时上网进行登记。

4. 班主任老师应该每天上网查询班级学生的出勤情况，经核实如对考勤有疑问的可及时在网上进行情况说明；并对缺勤的学生及时进行原因核实、教育和处理。

5. 任课教师有权确认按适当比例将学生出勤率计入学生的平时成绩，所占比例由教师自定。但最高不得超过学期总评成绩的10%，且必须在开学第一堂课上正式向学生宣布。

6. 学生处每周对全校各班级学生考勤数据进行一次维护，每月对考勤数据进行一次汇总，按照学生行为规范评定标准进行扣分统计，结果计入班级日常考核。

7. 缺勤时间计算：每天以6学时计。晚自修、早操、课外活动等各以1学时计，劳动、社会实践及其他小型的素质教育等集体活动，不足2学时的每缺勤1次以2学时计，超过的按实际学时计，迟到、早退不到15分钟者，累计3次按旷课1学时计，超过15分钟按旷课1学时计。

8. 学生在下厂实习期间应严格遵守实习单位的各项制度。按时上下班，由实习单位和实习小组长对其进行考核考勤，如无故旷工1天，同样按旷课6节计算。未向学校提出申请或未经同意擅自不去上班者按旷课处理。

二、免考勤

1. 凡上学期课程(环节)平均绩点达3.0(课程、环节平均成绩78分)及以上的学生可在开学两周内向教务管理部申请本学期课程免考勤，学生获免修和免考勤后，可持免修和免考勤证在校自行安排活动，但必须参加课程的实验以及劳动教育、班会等学校规定每个学生必须参加的有关教育环节，并完成指定的作业，方能参加期末考核。

2. 课程免修和免考勤每学期办理免修手续一次，必须经学生家长同意方可，期间发生违纪者立即撤销其资格。

3. 凡参加第九节(17：20)以后课程或实践性环节，非限定选修课的项目活动(合计时间超过90分钟)的学生，晚自修免考勤。但不得影响正常教学秩序。

4. 专业教学阶段课程表中注明的自修课(不包括晚自修)，学生自行安排学习活动，可免考勤，但不得影响正常教学秩序。

三、请假规定

1. 学生在校期间，因故不能出勤的，必须办理请假手续，凡需请假者应由本人事先到班主任处办理请假手续，学生请假应说明理由，填写请假单，班主任不在时，可找专业系、部领导或学生处有关领导审批，按审批权限获得批准后，方为准假，并凭准假单向任课教师请假。

2. 凡未请假或请假未批准，或超过假期者均按《缺勤处理规定》进行处理。

3. 学生请病假须由校医务室检查证明，或区、县级以上医院证明，并经学校医务室认可，开出病假单，办理请假手续，办理请假后，学生原则上在校内休息，如确需离校休息者，也应由校医务室证明(1天内由班主任)核准。3天之内，由专业系部批准，1周之内由学生处批准，1周以上由主管校长批准，如需前往医院治疗的一般先与医务室取得联系，同意后前往。学生离校期间患病在当地医院治疗的，所开具的病假单应附带病历卡才为有效，时间较长的应及时与班主任联系，如需住院治疗的应及时和后勤保障部联系，以便落实有关保险理赔事宜。

4. 学生一般不准请事假。因故必须请假者，必须事先办理请假手续，除紧急事例外，一般不得事后请假，教学时间内请事假，1 天以内由班主任批准，3 天以内由专业系部领导批准，1 周内由学生处批准，1 周以上由主管校领导批准。

5. 学生确因特殊原因(急病或急事)来不及办理请假手续的应事先及时来电、来信与专业系、部、班主任联系，说明情况，征得同意方可准假，事后必须凭证明补办手续，不补办手续或补假未批准者，均按旷课论处。

6. 考核期间，除急病，紧急事故外，原则上不得请假，如确需请假者应及时到教务管理部办理请假手续，经批准方可安排缓考，否则以旷考论处。

7. 上课时迟到，中途外出及早退均应向任课教师报告原因，未经同意，学生不得私自离开课堂，中途外出按早退处理(学生因突然患病不能坚持等特殊情况例外)。

8. 如有特殊情况需让学生在上课时间离开教室、实验室等教学场所的，应征得教务管理部同意，并办理有关手续，考核期间无特殊情况，任何部门和个人不得让学生离开考场。

四、缺勤处理规定

1. 病假、事假等累计超过本学期三分之一者，应予休学。

2. 旷课处理

(1)学期内有旷课行为者，不能评为文明学生，其操行评定降等，取消各类先进和奖学金的评定资格。

(2)学期内的旷课处理，按照《上海信息技术学校学生违纪处理规定》的相应规定处理。

大连市轻工业学校学生请假与考勤制度

一、考勤范围

学生上课(含自习课、理论课、实践课、劳动课、内务整理课等)、实习、军训、宿舍及学校教育教学管理规定的早操、间操及其他活动、均实行考勤、如因故不能参加必须按要求履行请假手续。

二、请假规定

1. 必须事先请假、没有特殊原因不得事后补假。

2. 未经请假或请假未获批准而私自休假以及超过假期不续假、均按旷课论处。

3. 请假要填写请假条，一式三份，班级、宿舍及校园门卫各一份。

4. 请假要向班主任出示相应的证明。事假要有家长证明，病假须有县级以上医院的诊断证明(三天以内可有家长证明)。

5. 学生在校园、宿舍封闭时间出入，必须向门卫出示经年级管理办公室签字的假条。

6. 1 天一般按 8 学时计，早操、间操、内务整理课均按 1 学时计，迟到、早退三次作旷课 1 学时计，无故迟到、早退超过 20 分钟按旷课 1 学时计。

7. 住宿学生晚上必须按时归宿，寒暑假学生必须按时离校回家：双休日，节假日等短期假日，学生原则上应离校回家。

(1)家住大连地区的学生，因特殊原因需住校的，住校前必须履行住校申请手续(由学生本人申请，周四前家长给班主任老师打电话)后方可住校。

(2)家住大连地区以外的学生，短期假日、双休日应住校，因特殊原因需离校的，必须履行离校申请手续(由学生本人申请，周四前家长给班主任老师打电话)后方可回校。

8. 寒暑假或节假日，学生应按学校规定按时离校、返校，不得提前或拖后。

9. 各班级对学生的请假应严格掌握。一般情况下，同一时间内请假人数不得超过班级总人数的 10%。

三、具体请假程序

1. 一般情况

学生本人提出请假申请——班主任审核——两周以内由年级主任审批——超过两周由学生科审批——超过 1 个月还需经主管校长审批——学生返校后到年级管理办公室销假。

注：班主任不在的情况下，可到年级管理办公室请假。

2. 晚自习等班主任下班的情况

学生本人提出请假申请——班主任审核(电话沟通)——值班教师(或校医)审批。

(1)病假要外出就医(校医审批)：学生本人提出请假申请——电话沟通班主任了解情况——值班校医审批——学生持《诊断书》到医务室销假。

(2)病假要回寝休息(校医审批)：(学生必须出示诊断书或病志)——值班校医审批。

(3)事假外出(值班教师审批)：学生本人提出请假申请——电话沟通班主任了解情况——值班教师审批。

(4)晚就寝后，学生出现疾病或受伤等紧急情况：可先口头向值班教师提出就医申请，然后由家长或值班教师送伤病学生及时就医，后补书面请假手续。

3. 若学生在假期因生病不能按时返校，学生家长应通过电话等方式先向班主任请假，带学生返校时持县级以上医院的诊断证明销假。

四、旷课处理

对旷课学生将根据旷课时间，情节及认错态度，给予批评教育直至校纪处分。

8.2 学生学习管理

学校建立健全学生学习管理制度，加强学风建设，引导学生刻苦钻研理论和实践知识，努力提高综合职业素养。

——摘自《中等职业学校管理规程》第三十二条

制度案例

厦门信息学校学生学习、 生活常规管理制度

南京高等职业技术学校学生日常行为细则

大连市轻工业学校班级月量化考核与奖励办法

大连市轻工业学校关于加强劳动教育的实施办法

北京市商业学校校园管理有关规定

北京市商业学校教学场所使用管理规定

北京市商业学校学生校园生活一日常规

厦门信息学校学生学习、生活常规管理制度

一、学生请假手续和考勤制度

为严肃校纪，从严治校，培养高质量的社会有用人才。根据学校目前学生的实际情况，对学生请假手续和考勤制度规定如下。

1. 病假：学生在校期间因病不能上课，必须有校医证明，方予办理病假手续。学生因病在家不能到校上课，必须持医生证明和就诊病历，于回校2天内补假手续，否则均以旷课处理。

2. 事假：学生在校因事需要请假，必须先办好请假手续方能离校，非特殊情况和无足够的理由一律不予补假；学生在家因事不能到校上课，必须持家长书面证明，回校2天内补办请假手续。违者均以旷课处理。

3. 请假手续：学生因事需要请假，应按规定填写好请假单。请假1天以内(白天)由班主任审批；1天以上2天以内由班主任签意见送年段审批；2天以上5天以内由班主任、年段长签意见送德育处主任审批；5天以上由班主任、年段长、德育处主任签意见后送校长审批。然后交副班长登记，并送德育处存档。住宿生不住宿请假必须由班主任、年段长签意见送德育处主任审批。

4. 考勤：上课、早操、课间操、自习课(包括晚自习)、值周、劳动、开会以及各种有组织的集体活动，均做为课时考勤。由各学科任课教师、班主任、副班长、体育委员分别进行点名。副班长要严格按照课表安排，及时、客观、准确地记录本班的出勤情况，按记录符号实事求是地填入学生出勤表和周出勤统计表，于每周五上午课间操上报各年段长，年段长收齐后于11：00前送交德育处，由德育处考勤情况复核累计，于下周一公布。如有差错，自公布之日起，两天内由副班长到德育处找考勤人员核对、更正，过期不予受理。

5. 早操、课间操、上课、自习课、集会不准迟到，不准早退，不准旷课，不准接待客人。

凡迟到2次以旷课1节计算；迟到15分钟者、早退者均以旷课论处。1学期旷课累计达10节者，给予警告处分；旷课累计达20节者给予严重警告处分，旷课累计达30节者给予记过处分，旷课累计达50节者给予留校察看处分，旷课累计达70~90节者给予签订班级、年段协议处分，旷课累计达100节者予以劝退。

6. 各班考勤情况将作为评定文明班级的重要条件之一。班主任要严格把好批假关，督促副班长履行考勤职责，认真抓好学生的出勤工作。

二、升降国旗制度

1. 每周一早读时间全体学生集中举行升旗仪式。

2. 队伍必须按指定位置集中，集合速度做到快、齐、静。参加升旗仪式时，学生一定要穿整套校服。

3. 升国旗、奏国歌时，师生要肃立、脱帽、行注目礼，少先队员行队礼。

4. 升国旗迟到、正在行走或从事扫地及其他工作的师生应停止一切活动，就地立正，面向国旗行注目礼。

三、进校规定

1. 学生必须准时到校，不迟到、不早退、不无故缺勤。

2. 学生进校时必须背好书包，带齐学习用品。

3. 学生进校时穿校服。不得穿背心、拖鞋进校。

4. 学生进校时，必须佩戴好胸卡，不准佩戴装饰物。

5. 男生不准留长发，女生不准烫发或烫刘海，不准穿高跟鞋进校。

四、早读要求

1. 学生必须按规定时间参加早读。

2. 早读时间，学生不得讲话、跳位，要在教室安静自修，温习功课，不得看课外书。

3. 住家离学校很远、又无法乘车参加早读者，经班主任报告德育处，可免参加早读。

五、课堂学习守则

1. 课前两分钟预备铃响后，学生应迅速进入教室，保持安静，准备好上课所需要的书籍、文具。班干部或值日生要做好2分钟预备督促、检查工作。

2. 上课铃响后老师进入教室，班长（或值日生）喊起立，全体学生迅速起立，行注目礼（或师生互致问好），老师还礼后，班长（或值日生）喊坐下后，全体学生方可坐下。

3. 迟到的同学经老师同意后方可进入教室。进入教室时不得影响课堂秩序。

4. 上课坐态要端正。注意写字姿势，讲究用眼卫生。

5. 上课要专心听讲、积极思维，适当笔记、踊跃发言，不得随便讲话、做小动作或做与本课无关的事情。发问要先举手。回答教师提问应站直，声音响亮、清晰，注意礼貌。

6. 下课铃响后，教师宣布下课，班长（或值日生）喊起立，全体学生起立，行注目礼（或师生互致再见），老师还礼后，学生方可离开教室。

7. 上自习课要认真复习功课或做作业；要保持安静，不得喧哗吵闹；讨论问题要轻声，不得妨碍他人学习；不得无故缺席、迟到或早退。

8. 要保持教室整洁。每节课下课后，值日生及时擦净黑板，整理讲台，协助老师做好上课的准备工作。

六、眼操、课间操规定

1. 学生按照学校规定，眼保健操时间应认真准确做好眼操。

2. 学生按照学校规定，按时参加课间操，要求做到：集队快、静、齐，动作要准确、有劲。

3. 教师必须按时下课，督促学生参加两操。

七、图书馆、阅览室制度

1. 学生借书必须凭借书证，且按时归还。

2. 学生进入阅览室要保持安静。

3. 遗失或损坏图书，应按规定赔偿。

4. 学生转学或毕业离校时，必须把所借图书全部归还。

5. 盗窃、撕拆书报者，除加倍或数倍赔款外，情节严重者给予纪律处分。

八、实验室上课守则

1. 实验课前，应认真预习，明确目的要求，掌握方法、步骤和注意事项。

2. 实验室应保持肃静、整洁，实验时不得高声谈笑。不准在实验室内用食。

3. 学生应准时进实验室，按编组就位。未经允许不得动用任何实验器材。

4. 学生实验时，应按照教材和教师的指导认真操作，仔细观察现象，详细记录数据，积极思考，分析实验结果，及时填写好实验报告。

5. 应爱护实验器材，如有损坏、丢失，应及时报告，由实验教师按规定酌情处理。

6. 实验过程中，如发生故障或异常情况，应及时报告，妥善处理，防止意外事故发生。

7. 实验完毕，应及时清理，把器材归放原处，按规定处理好废物等，做好清洁卫生，并切断电源。

九、考试规则

1. 考生按规定的座位入座，不得随便调换位置。

2. 考生在预备铃前进入考场坐定，静候监考老师分发试卷，迟到超过规定时间者非经教务科同意不得参加考试。

3. 考生进入考场必须带好考试用品。与考试有关的书籍报刊，未经主考老师允许，不得带进考场；考生在规定时间内不得中途无故离开考场。

4. 考生在传递考卷时不得讲话，发现考卷有不清楚的地方，可举手询问监考老师，不得询问同学。

5. 考生在考试时必须独立答卷，不得出现交头接耳、偷看他人试卷、传递纸条等作弊行为，监考老师发现考生有上述行为，可立即停止该生答卷。

6. 考生交卷后立即离开考场，不得在考场四周议论试题，以免影响他人考试。

7. 考试结束铃响后，考生应立即停止答卷，不得拖延。

8. 经查实考生考试作弊，该科成绩作零分计算，并视情节轻重给予校纪处分。

十、集会纪律

1. 全校性或年段集合，全体同学必须准时参加，按要求排好队，集合时做到快、齐、静。

2. 听报告时，精神必须集中，不交头接耳议论，不看与报告无关的书报，不做小动作，不随便进出会场。

3. 注意礼貌，来宾、首长讲话开始与结束时，必须热烈鼓掌。

4. 开会时，必须保持会场的清洁卫生，不乱丢废纸，不随地吐痰。散会时，必须有秩序离开会场，并把垫纸捡干净。

十一、卫生制度

(一)公共卫生

1. 教室、环境区坚持每天打扫，每周评比，做到地面无废弃物、纸屑，沟渠无污水，桌面无灰尘，室内无杂物。

2. 讲究公共卫生，保持环境整洁，不乱丢果皮、纸屑，不随地吐痰，不在墙上踩脚印，不在墙壁或桌椅上乱涂写刻画。

3. 教室要保持整洁，注意配合有关部门，消灭“四害”。

(二)个人卫生

1. 养成良好的卫生习惯，勤洗澡、勤换衣、勤理发、勤剪指甲。

2. 讲究饮食卫生。不喝生水，不吃生冷和不清洁食物，不吸烟，不喝酒，饭后半小时内不做剧烈运动，不使用他人的碗、筷、茶杯和毛巾。

3. 注意保护眼睛，讲究用眼卫生。看书看报时做到“三个不”：不躺着看，不在强烈阳光下看，不在行驶的车船上看。要定期检查视力，及时矫治眼病。

不长时间看电视或看书报，认真做眼操。

十二、劳动纪律

1. 积极参加校内公益劳动，自觉培养热爱劳动成果和劳动人民的美德。自觉克服好逸恶劳，拈轻怕重，怕脏怕苦的思想。

2. 劳动时听从指挥，服从安排，团结协作，按质量完成任务。

3. 爱护劳动工具。工具的发放、收集应有专人负责，发现遗失损坏，按价赔偿。

4. 注意劳动安全，严防意外事故。

十三、爱护公物规定

1. 爱护公物，人人有责，学校的所有设施、器材、仪器、设备、劳动工具、一草一木都要爱护，不得损坏。

2. 教室财产管理责任到班，桌、椅管理责任到人，损坏者要赔偿。

3. 损坏公物者，视程度及情节分别处以赔偿；故意破坏者，应从重处罚，必要时给予纪律处分。

十四、部分违纪行为量化管理处分规定

学校设有7级处分对违纪行为进行管理，分别是警告、严重警告、记过、留校察看（1年）、跟班试读（签订协议书）、退学（保留学籍可以转学）、开除（取消学籍，不能转学）。处分的目的是教育，教育效果需要一定过程。

部分违纪行为量化处分表

处分等级	警告	严重警告	记过	留校察看一年	签协议	劝退
吸烟数量	第一根	第二根	第三根	第四根	第五根	第六根
旷课节数	10	20	30	50	70	90
夜不归宿				第一次		第二次
不雅行为	第一次	第二次（家长）	第三次			第四次
对老师公然不敬			第一次（家长来校）		第二次	第三次
课堂使用手机等	第二次	第三次（家长来取）	第四次（班主任保存1周）	第五次（班主任保存半月）	第六次（班主任保存1个月）	第七次
课堂违纪（被记录）	以周为单位统计，每周记录达到五次，加一级处分					
无故缺席班级及以上集体活动	每两次加一级处分					
打架	打群架：双方事主、动手者、联络校外人员参与者予以劝退；助阵未动手予以记过处分；围观未报告老师予以警告处分 多人打一人：多人方事主和多人方动手者予以劝退；助阵未动手予以记过处分；围观未报告老师予以警告处分 两人打斗：动器械予以劝退；致人受伤严重予以劝退					
对教师言行过激	辱骂教师：视影响轻重给予记过及以上处分 肢体冲撞：视情节轻重给予签订协议书、劝退或开除处分					

南京高等职业技术学校学生日常行为细则

一、开学

1. 新生凭入学通知书报到，交纳有关证件和费用，办理入学手续，并进行体验。其他学生按规定的时间到校报到，交纳有关费用、学生证和假期作业，办理注册手续。因病、因事不能到校，应及时办理请假手续。

2. 领取教材，添置必要的学习、生活用品，打扫宿舍和教室的卫生，做好上课前的准备工作。

3. 制定本学期的学习、工作和生活计划。

二、军训

4. 新生入校，必须参加学校组织的军事训练，接受国防教育，参加队列训练、内务整理等活动。

5. 在军训中要遵守军训条例，培养吃苦耐劳的精神，增强组织纪律观念，一切行动听指挥，接受军训考核。

三、起床和早锻炼

6. 按时起床，起床后按“宿舍管理规则”要求，做好宿舍和个人卫生工作。

7. 按时参加早操或晨跑，要求集合时做到静、快、齐，做操时动作到位。整齐有力。

四、升国旗

8. 尊敬国旗、国徽，会唱国歌。升国旗、奏国歌时要面向国旗，原地肃立，脱帽行注目礼。

五、上课和下课

9. 上课时，必须提前进入教室，做好上课准备。

10. 上课时，起立向教师致敬。下课时，请老师先行。

11. 因故迟到，应向教师报告，经教师同意后方可进入教室。

12. 上课专心听讲，勇于提出问题，敢于发表自己的见解，积极回答教师的提问。

13. 在教室内不得打闹喧哗，不吃零食，不乱扔杂物。

六、课间操和眼保健操

14. 认真做好课间操和眼保健操，做操要认真，动作要正确到位。

七、实验和实习

15. 实验前做好预习，实验时遵守实验室制度，爱惜实验器材，做好实验记录，实验后填好实验报告。

16. 遵守实习制度，做好实习日记，写好实习报告。遵守操作规程，注意安全，不违章作业。实习完毕后，把工具按指定位置摆放整齐，搞好实习场地卫生。

八、课余

17. 积极参加文体活动和第二课堂活动，培养和发展自己的兴趣、爱好，在学好本专业前提下，积极学习第二专业或其他各种有益技能。

18. 不吸烟、不喝酒，不谈恋爱，不赌博，不打架斗殴，不看黄色书刊、录像，不听不唱不健康的歌曲，不进营业性舞厅、营业性电子游戏厅、网吧、酒吧和音乐茶座。

九、自习

19. 自习课一律在规定的教室或场所进行，因故不能参加需按正课手续请假。

20. 自习时要按时独立完成作业，不大声喧哗，不进行娱乐活动。

十、就餐

21. 学生要文明就餐，依次排队买饭买菜，服从值勤人员管理。

22. 爱惜粮食，节约水电，不乱倒饭菜，保持食堂整洁。

23. 注意饮食卫生，及时洗刷餐具，不擅自用他人餐具。

十一、午休和就寝

24. 午休时不做有碍于他人的事情，保持宿舍安静。

25. 按时就寝，不得进行其他活动。

26. 未经允许不得在外住宿或留他人在学校宿舍住宿。

27. 不得私自调换床位，不得在宿舍内烧饭做菜，不得私自接电源或烧电炉。

十二、集体活动

28. 遵守集体纪律，维护集体荣誉，团结友爱，互相帮助，严于律己，共同前进。

29. 认真参加政治学习，积极参加学校，班级组织的活动和社会实践活动。学习时要理论联系实际，要将社会主义、爱国主义和集体主义的思想作为自己行动的指南。

30. 积极参加学先进活动，要以先进人物的思想和精神为榜样，树立崇高的理想，刻苦学习，为师生服务，为人民服务。

31. 积极参加美育和劳育的实践活动，培养健康的审美观点和热爱劳动、尊重劳动成果的劳动观点。

十三、着装和风纪

32. 保持服装整洁，不得卷裤管、歪戴帽、敞怀披衣，不得穿拖鞋、背心进入教学楼、办公室等公共场所。

33. 仪表端庄、大方、打扮得体。女生不佩戴首饰，头发干净整齐，不化妆、不烫发，不染彩色头发。男生不留长发，不留胡须，不理光头。

34. 自觉佩戴校徽、团徽或学生标志牌，主动接受学校进行的着装和风纪检查。

十四、举止和礼节

35. 尊重他人的人格、宗教信仰和民族习惯，谦虚礼让，敬老爱幼，尊重妇女，帮助残疾人。

36. 讲究文明卫生，勤洗澡，勤换衣，自己衣被自己洗，保持卫生和整洁。不随地吐痰，不向楼下倒水，保持宿舍和教室的卫生和整洁。

37. 自觉遵守社会公德、公共秩序，走路靠右行，上下楼梯不拥挤、不哄闹，乘车主动购票，不抢座位，主动为老弱病残者让座。

38. 爱护公物及文物古迹，保持公共场所的整洁，不乱涂乱写，不折枝摘花。

39. 养成拾金不昧的高尚品德，未经许可不动用他人的钱财物品，不私拆他人信件，不翻阅他人的日记，进入他人的房间要先敲门。

40. 尊重父母意见和教导，体贴帮助长辈，经常向父母汇报在校学习、生活情况。

41. 参加学校集会、观看演出和比赛，要整队入场，遵守会场秩序，不吹口哨，不鼓倒掌，不喝倒彩。

42. 同学之间相互尊重，正常交往，不叫侮辱性绰号，不欺侮同学，发生矛盾多做自我批评。

43. 尊敬师长，遇见教师和来宾要主动问好，进入教师办公室先报告或敲门，经允许后方可进入。师长进学生宿舍，学生应起立以示欢迎。

44. 维护学生利益，爱护学校荣誉，不做任何有损学校名誉的事，对来宾要以礼相待。

十五、遵纪守法

45. 自觉遵守学校各项规章制度，增强组织纪律观念。

46. 懂法守法，主持正义，见义勇为，对违反社会公德的现象和行为进行劝阻、举报，对违法犯罪行为敢于和善于斗争。

十六、复习和考试

47. 在教师的指导下认真复习，遵守考场纪律，不作弊。

十七、寒暑假和毕业离校

48. 学期结束前，认真做好教室、宿舍和环境的卫生清洁工作，移交财产，关好门窗。

49. 认真看书学习，关心国内外大事，积极参加社会实践活动和家务劳动，认真撰写调查报告，保质保量完成假期作业。

50. 学生毕业按规定办理离校手续，文明离校。

大连市轻工业学校班级月量化考核与奖励办法

为加强学生日常管理，提高学生自我管理、自我教育的能力，培养学生明礼守纪、遵章守法的良好行为习惯；使学生管理工作更加科学、规范，学校以量化的形式对各班级情况逐月考评，并予奖励。具体细节如下。

一、班级每日量化考核成绩是综合反映班级面貌的主要依据，考核工作由学生部门、教学部门、学生会组织实施。

二、考核工作按年级组进行，各年级按专业分A、B两组：

A组由数控、机电、模具、食品、生物专业组成；

B组由其他各专业组成。

三、各组考核评定比例为：

一等奖为组内班级数的5%，每班每人2.0元；

二等奖为组内班级数的15%，每班每人1.5元；

三等奖为组内班级数的30%，每班每人1.0元。

四、考核采取扣分制，各班按人均扣分值多少组内排序、奖评。具体计算方法如下：

班级月人均扣分值=月累计扣分/班级人数

五、当月班级同学有受到记过以上纪律处分的，取消该班评奖资格。但该班得分计入组内总分。

六、测算各组月总平均分，全校以组为单位横向排序，作为月末、期末班级及班主任工作评定重要依据之一。

七、班级月量化考核评分细则

(一)出勤

1. 旷课(早操、间操、早自习、内务整理课按1学时计)1学时扣3分/人次。

2. 迟到、早退扣1分/人次，时间超过半学时按旷课论。

3. 事假、病假每个检查环节各扣1分/(人次·天)；病假且能及时出示校医务室或县级以上医院诊断书的，不扣分。未按要求履行请假手续或手续不全按旷课论。

4. 在各项检查中，冒名顶替者双方各扣20分。

(二)文明与秩序

1. 公德

(1)破坏公物，视情节扣5~20分/人次。

(2)践踏、攀摘花草树木，随地吐痰、乱扔垃圾、往窗外泼水等扣5分/人次。

(3)在楼内进行体育运动，或有其他影响正常教学、生活、管理秩序等不文明行为的，视情节扣2~30分/人次。

2. 上课纪律：课堂及自习课不遵守纪律，有玩手机等与学习无关的行为，扣1分/人次；有喧哗、疯闹、随便走动等干扰他人的行为，扣2分/人次。

3. 仪表：校服缺1件扣2分，校服上有修改、涂抹或乱画现象，1件扣1分；发型不合格扣2分/人次；浓妆、首饰、长指甲、穿拖鞋及不戴胸卡等，扣1分/人次。

4. 物品摆放：教室、寝室等场所物品未按要求摆放整齐，一处扣 1 分。

5. 就餐：浪费粮食、乱倒饭菜扣 2 分/人次；带食品进入校园，扣 2 分/人次，禁食场所发现吃东西的迹象，扣 3 分。

6. 集体活动：班级集体不组织参加学校统一要求的环节(如晚自习、两操)及各项活动，每次扣 20 分；间操、升旗、集会等活动，集合慢或队伍不齐，扣 5 分；讲话造成影响或不做操的扣 1 分/人次。

7. 斗殴：同学之间或纠集校外人员滋事、打架、勒索、聚众闹事、持械群殴等视情节扣 10～70 分/人次。

8. 校纪处分：有开除学籍处分每班扣 35 分/人次，有留校察看处分每班扣 30 分/人次，有记过处分每班扣 25 分/人次，有严重警告处分每班扣 20 分/人次，有警告处分每班扣 15 分/人次，有通报批评处分每班扣 10 分/人次。

9. 违反校规后逃避检查或不如实提供班级、姓名，一经查实双倍扣分；不能严格自律又不服从管理，或对师长、管理人员有不尊敬的言行，视情节扣 10～30 分/人次。

10. 有其他违规违纪行为，视情节扣 2～50 分。

(三)卫生与安全

1. 教室、寝室有烟头、蜡烛等动明火迹象或有酒瓶、养动物，1 处(个)扣 5 分；有能造成伤害的棍棒、拉力器及管制器具等，每件扣 10 分。

2. 教室、寝室、分担区地面、墙面、门窗、讲桌等各处，1 处不净或不整扣 1 分，存垃圾扣 2 分，清扫不及时扣 3 分，不清扫扣 10 分。

3. 教室、寝室、分担区未按要求开、关窗户，不及时关灯，每次扣除 1 分。

4. 擅自动用、破坏消防、用电等安全设施视情节每次扣 20～50 分。

5. 在教室、寝室等场所违规携带、使用电器，扣 10 分/次。

6. 有其他违规违纪行为，视情节扣 2～50 分。

(四)寝室内务

1. 室内物品未按要求摆放整齐，每处扣 1 分；遮挡门玻璃每次扣 2 分，不按要求叠被，每人次扣 5 分。

2. 未按要求使用统一的被套、床单、被蒙等，每次 1 处扣 2 分，被套、床单等个人备品不净，每次 1 处扣 1 分。

3. 不按时离寝，每人次扣 2 分；私自在寝室逗留或中途擅自进入宿舍，每人次扣 5 分。

4. 未经允许私自调换寝室或床位，每人次扣 5 分。

5. 未及时上报寝室的节假日住校学生名单及其他材料，逾期每寝室每天扣 1 分。

6. 有其他违反寝室管理规定或影响正常生活、管理秩序现象，视情节扣 2～30 分。

(五)宣传

1. 板报未按要求及时更换扣 5 分/次；质量较差酌情扣 1～3 分。

2. 每班每周至少向广播室投稿一篇，不足者扣 2 分。

3. 不按要求召开班团会、交会议记录，扣 5 分/次。

(六)其他

1. 在学校组织的各项活动或日常考核中，表现极为突出的班级每次加 2 分。

2. 助人为乐、拾金不昧，视情节每人次加 2～3 分；见义勇为，视情节每人次加 3～5

分。引起良好社会反响的，双倍加分。

3. 班级主动申请参加学校公益劳动的，视情节每次加3~5分。

大连市轻工业学校关于加强劳动教育的实施办法

为了全面贯彻党的教育方针，更好地落实《辽宁省普通中等专业学校加强劳动教育的暂行规定》的精神，总结近年来进行劳动教育的经验，结合学校实际情况，特制定本实施办法。

一、劳动教育的目的、意义

进一步培养学生的职业意识、责任意识和吃苦耐劳精神，强化学生的劳动观念、劳动技能，为未来的职业生涯夯实基础。

《劳动课》是一门必修课，劳动时间为每学期一周。

二、劳动岗位的设置及管理部门

依据学校实际情况，设置下列劳动课岗位，每周由学生科卫生辅导员根据上课人数对学生进行统一分配。

(一)各楼固定岗48人(视具体情况调整)。

1. 教学楼固定岗：28名。

(1)1号教学楼8人，管理部门为学生科。

(2)2号教学楼6人，管理部门为学生科。

(3)综合楼5人，管理部门为楼内办公科室。

(4)实训楼3人，管理部门为楼内办公科室。

(5)图书信息楼4人，管理部门为楼内办公科室。

(6)服装楼2人，管理部门为楼内办公科室。

2. 宿舍楼固定岗位：16人。管理部门为学生科。1号宿舍楼7人，2号宿舍楼4人，3号宿舍楼5人。

3. 门卫固定岗4人，管理部门为学生科。北教学楼门卫1人，校园东门岗1人，实训楼门卫2人。

(二)环境卫生固定岗位12人，管理部门为学生科。

(三)机动岗，管理部门为劳动学生的使用部门。

各固定岗位安排完毕后，若还有剩余学生，则根据各部门工作需要和申请，对机动学生进行分配。

三、劳动课的作息时间及内容

(一)作息时间

早晨：宿舍楼固定岗7:10上岗报到；其余各岗7:55上岗报到；环卫上岗时间为早7:30，午12:30。

下午：各岗位13：00上岗报到。

周五下午第一节课后劳动任务结束。

其余遵守学校正常作息时间。

（二）劳动课的内容

1. 教学楼、宿舍楼固定岗位

（1）公共场所的卫生清扫、保洁，主要包括地面、墙面、暖气、管道、栏杆、楼梯、门、窗、踢脚线等处。要求做到“五无”：

① 地面无杂物、痰迹、口香糖等污迹；

② 墙面无蛛网、印痕；

③ 楼梯、暖气、门窗、消防设施等处清洁无积尘；

④ 楼内公共门窗玻璃明亮无灰迹；

⑤ 卫生无死角。

（2）随时发现、纠正破坏环境卫生等不文明行为，及时报学生科。

（3）其他临时性的工作。

2. 环境卫生固定岗位

（1）整个校园室外环境卫生清扫，随时保洁。

要求：地面无垃圾、杂草，有扫过的痕迹，卫生无死角。

（2）随时发现、纠正破坏环境卫生等不文明行为，及时报学生科。

（3）其他临时性的工作。

3. 门卫固定岗

（1）协助门卫做好外来人员的引导、接待、送报纸等工作。

（2）岗位周边环境卫生的清扫、保洁。

（3）随时发现、纠正破坏环境卫生等不文明行为，及时报学生科。

（4）其他临时性的工作。

4. 机动岗位

由各部门根据工作需要安排劳动课内容。

四、劳动课的要求

（一）对学生的要求

1. 服从所在劳动岗位指导教师、工作人员的管理和安排，未经允许不能擅自离开岗位；

2. 遵守作息时间，坚守岗位，不迟到、早退、脱岗、串岗，在规定的劳动时间内完成相应的劳动任务；

3. 参加早操、间操及晚自习；

4. 仪表整洁规范，穿校服，佩戴胸卡及袖标；

5. 在劳动课前一周的周五，到相关老师处报到，听取劳动课的安排。

（二）教育、管理、指导、考核的要求

1. 劳动之前，学生科卫生辅导员、班主任要结合劳动课的开设目的、纪律安全要求等内容，对学生进行劳动前的动员、教育。

2. 按“谁使用、谁负责”的原则，相关部门须指派专人负责本部门所用学生的劳动教育管理和指导考核。班主任应经常深入各岗位了解学生的劳动情况，配合各岗位指导教师做好学生的劳动教育、管理。

3. 劳动课过程中，各岗位指导教师对学生既要关心爱护，又要严格要求，避免出现学生早退、脱岗等管理失控现象。任务量要饱满，劳动强度以既能培养学生的能力、习惯，又不损害学生的健康为宜。注意加强安全教育，杜绝事故发生。

4. 各部门若有临时性工作需要劳动课学生协助，可提前与学生科卫生辅导员联系调配学生，工作任务完成后，要与卫生辅导员做好学生的管理交接，避免失控。

五、劳动课成绩评定细则

劳动课每学期占 1 学分，成绩采用五级评定，根据学生上劳动课期间的表现分别按：优 100 ~ 90 分，良 89 ~ 80 分，中 79 ~ 70 分，及格 69 ~ 60 分，不及格 0 分计算，细则如下。

1. 不穿校服或不佩戴胸卡、袖标 1 次扣 1 分。

2. 迟到或早退 1 次扣 2 分。

3. 旷课 1 学时扣 10 分，无故不参加劳动累计达 4 学时以上，成绩不及格，不予补考，需重修。

4. 因病假、事假 1 学时扣 4 分，累计达 10 学时以上，需在业余时间内补足劳动时间方可取得成绩。

5. 劳动期间不服从指导教师及相关人员安排，无理取闹，影响恶劣，成绩按不及格处理，并视情节给予相应纪律处分。

6. 劳动成绩由各岗位指导教师在劳动结束时评定，由学生科负责统一上报。

北京市商业学校校园管理有关规定

第一章　总　则

第一条　目的

为加强校园的管理，推动校园文化建设，保障校园的全面安全，维护学校正常教育教学和生活秩序。根据有关法律、行政法规，结合学校实际，特制定校园管理有关规定。

第二条　适用范围

本管理办法适用于北京市商业学校学生管理。

第三条　规范性引用文件

北京市商业学校《学生工作管理制度》。

第四条　术语和定义

无。

第五条　职责

(一)学生处

1. 负责学生日常的教育管理服务工作，以培养学生综合职业素养为核心的养成教育。

2. 对各系部德育及学生工作进行规划、指导、检查、监督、考评。

(二)各系部副主任

1. 负责本系班主任工作指导、培训、考核，班级日常管理与考核。

2. 学生日常综合职业素养考核评价、组织各项评优，对违纪学生进行教育、处理。

(三)班主任

1. 认真贯彻执行学校的各项规章制度，对学生进行遵守《中等专业学校学生守则》的教育。

2. 加强班级日常管理，建立班规，指导班委会和团支部的工作。

3. 严格执行学生综合素养评分制度，对学生进行及时有效的奖励和处罚。

(四)班委会

1. 严格检查、记录班级学生在校学习期间的情况，并如实向老师及系部汇报。

2. 协助老师，参与班集体的建设与管理。

第二章　校园管理有关规定

第六条　为加强校园的管理，推动校园文化建设，保障校园的全面安全，维护学校正常教育教学和生活秩序。根据有关法律、行政法规，结合本校实际，特制定校园管理有关规定。

1. 学生进入校园要主动出示学生证、胸卡、校园一卡通等有效证件；出校园要主动出示有效出门条。尊重门卫，配合检查，禁止擅闯校门，禁止攀越围墙和围栏。

2. 禁止擅自带校外人员进入校园，经允许进入校内的外来人员，按照要求办理相关登记手续。

3. 不准校外机动车进入校园，经学校允许进入校园内的车辆，车辆慢行，按指定地点停放，严格遵守校园车辆管理的相关规定。自行车按指定地点存放，不要随意摆放。

4. 遵守学校正常教育教学生活秩序。讲文明，有礼貌，校园行走相互礼让，轻声右行，不高声喧哗，不聚众起哄，不打架骂人。拾到物品归还失主或上交学生处，做到拾金不昧。

5. 爱护绿地树木及公共设施。不践踏草坪，不攀折花草树木和采摘果实。严禁破坏公物。不准喂养宠物。不随地吐痰，不乱扔杂物，不乱写乱画。不准擅自张贴各类宣传海报。

6. 爱护消防设施，正确使用消防器材、电器设备及其他设施。严禁毁坏消防器材，严禁私自使用各种电器设备，严禁吸烟，严禁携带易燃易爆物品，严禁动用明火。

7. 严禁携带管制刀具等危险品进入校园，严禁赌博、酗酒、寻衅滋事、聚众闹事、打架斗殴及其他带有黄、赌、毒性质的活动。

8. 严禁进行各种宗教宣传、传播活动。

全体学生应自觉遵守校园管理规定，维护和谐校园环境，发现校园安全隐患，及时向学校相关部门报告，确保校园安全、有序、和谐。

第三章　附　则

第七条　制度的起草与归口管理

本管理办法由学生处负责起草，报教职工代表大会批准后正式下达，学生处归口管理。

第八条　制度的修订

本管理办法根据需要不定期进行修订。校属单位、相关部门均有权根据业务需要对本管理办法内容提出修改意见，并提交学生处。学生处负责收集整理校属单位、相关部门提出的修改意见，并安排有关人员进行专题讨论，对修改信息进行全面评估后组织修订本管理办法及相关文件。

第九条　本管理办法由学生处负责解释。

第十条　本管理办法自2013年2月1日起实施，原管理办法同时废止。

北京市商业学校教学场所使用管理规定

第一章　总　则

第一条　目的

为保证学校教学的正常秩序，保持教学场所的整洁安静，营造学校优良的教学环境，特制定如下规定。

第二条　适用范围

本管理办法适用于北京市商业学校所有教学场所的管理。

第三条　规范性引用文件

北京市商业学校《学生工作管理制度》。

第四条　术语和定义

无。

第五条　职责

（一）学生处

1. 负责学生日常的教育管理服务工作，以培养学生综合职业素养为核心的养成教育。

2. 对各系部德育及学生工作进行规划、指导、检查、监督、考评。

（二）各系部副主任

1. 负责本系班主任工作指导、培训、考核，班级日常管理与考核。

2. 学生日常综合职业素养考核评价、组织各项评优，对违纪学生进行教育、处理。

（三）班主任

1. 认真贯彻执行学校的各项规章制度，对学生进行遵守《中等专业学校学生守则》的教育。

2. 加强班级日常管理，建立班规，指导班委会和团支部的工作。

3. 严格执行学生综合素养评分制度，对学生进行及时有效的奖励和处罚。

(四)班委会

1. 严格检查、记录班级学生在校学习期间的情况，并如实向老师及系部汇报。

2. 协助老师，参与班级集体建设与管理。

第二章　教学场所使用管理规定

第六条　教学场所是传授文化知识、专业技能的场所，包括教学(实训)楼以及楼内教室。为保证学校教学的正常秩序，保持教学场所的整洁安静，营造学校优良的教学环境，特制定如下规定。

一、教学(实训)楼

(一)严格遵守学校教学(实训)楼开放时间：星期一至星期四，6:30—21:30；星期五，6:30—15:00；星期日，15：30—21：30；特殊情况除外。

(二)楼内纪律

1. 进教学(实训)楼，必须穿校服或正装。

2. 不得带进笔记本电脑、平板电脑、游戏机等电器设备及贵重物品。

3. 不得带食品饮料进入教学场所；除学校组织的各种活动外，不得带入棋牌、化妆品、不健康刊物等与教学无关的用品。

4. 不准追跑打闹、大声喧哗；不准乱扔废弃物、随意吐痰等，不准在楼道墙壁上涂抹、刻画、张贴、蹬踏等，不许进行各种体育活动。

5. 未经允许，学生不得私自开启教室门窗，严禁坐、站窗台，严禁爬楼层栏杆及翻越门窗。

6. 严禁焚烧杂物，严禁放烟花、爆竹，严禁吸烟。

7. 未经允许，不得随意进入其他教室及实训室。

8. 学生原则上不准乘坐电梯。

9. 爱护楼内设备设施，如有损坏照价赔偿。

二、班级(实训)教室

(一)教室纪律

1. 严格遵守课堂纪律，不迟到、不早退，不随意换座位，不做与课堂教学无关的事情。未经允许，不得随意出入教室。

2. 课间不得大声喧哗、追跑打闹。

(二)教室环境

1. 严格遵守班级8S管理标准布置教室环境。

2. 建立班级卫生值日制度。各班生活委员每天要安排专人负责教室和保洁区的清扫，坚持早清扫、日保洁，下课、放学及晚自习后要做值日，做到“人走室净”，并每天检查卫生执行情况。

3. 全校各班坚持每周定期做好卫生大扫除，学校按照班级8S管理标准检查评比。

4. 教室内要保持清洁和空气流通，个人讲究卫生，摒弃陋习，预防疾病。

(三)教室安全

1. 教室内无人时，要关窗、锁门、断电，做到人走灯灭；要关好多媒体，关电扇、空调，拔掉电视插头等。晚自习后静楼，各班安全委员负责检查执行情况。

2. 爱护教室内公共财产，妥善保管使用课桌椅、电视机、空调、多媒体设备及实训设备等；未经允许，严禁使用教室内电源；如出现故障和损坏，及时报告、修理，因人为损坏造成损失的，要按规定赔偿。

3. 教室空调由班级安全委员负责，夏季温度不低于26℃。

三、违反以上规定者，视情节轻重，给予批评教育，直至纪律处分。

四、本规定最终解释权归学生处所有。

第三章　附　则

第七条　制度的起草与归口管理

本管理办法由学生处负责起草，报教职工代表大会批准后正式下达，学生处归口管理。

第八条　制度的修订

本管理办法根据需要不定期进行修订。校属单位、相关部门均有权根据业务需要对本管理办法内容提出修改意见，并提交学生处。学生处负责收集整理校属单位、相关部门提出的修改意见，并安排有关人员进行专题讨论，对修改信息进行全面评估后组织修订本管理办法及相关文件。

第九条　本管理办法由学生处负责解释。

第十条　本管理办法自2013年2月1日起实施，原管理办法同时废止。

北京市商业学校学生校园生活一日常规

第一章　总　则

第一条　目的

校园是供学生学习、生活的场所，为了维护学校教学秩序的正常进行，为学生营造优良的学习、生活环境，提高学生自主管理能力，以《北京地区普通中等专业学校学生学籍管理办法》有关条款为依据，并结合学校具体情况，特制定《学生校园生活一日常规》。

第二条　适用范围

本管理常规适用于北京市商业学校学生管理。

第三条　规范性引用文件

北京市商业学校《学生工作管理制度》。

第四条　术语和定义

无。

第五条　职责

(一)学生处

1. 负责学生日常的教育管理服务工作，以培养学生综合职业素养为核心的养成教育。

2. 对各系部德育及学生工作进行规划、指导、检查、监督、考评。

(二)各系部副主任

1. 负责本系班主任工作指导、培训、考核，班级日常管理与考核。

2. 学生日常综合职业素养考核评价、组织各项评优，对违纪学生进行教育、处理。

(三)班主任

1. 认真贯彻执行学校的各项规章制度，对学生进行遵守《中等专业学校学生守则》的教育。

2. 加强班级日常管理，对学生行为养成进行指导，建立班规，指导班委会和团支部的工作。

3. 严格执行学生综合素养评分制度，对学生进行及时有效的奖励和处罚。

(四)班委会

1. 严格检查、记录班级学生在校学习期间的表现，并如实向老师及系部汇报。

2. 协助老师，参与班集体的建设与管理。

第二章　学生校园生活一日常规

1. 清晨6:30全校住宿学生起床、洗漱、整理内务；检查仪表，穿校服、戴胸卡，共青团员要佩戴团徽；发型符合标准，不化妆，不戴饰物。各公寓楼、教学楼6:30开门。

2. 早餐7:00。按时吃早饭，食品不带进教学楼、实训楼。

3. 班级值日学生7:00—7:40分别打扫好宿舍、教室及责任区三大卫生区。宿舍做到开窗、擦地、擦净桌椅柜、整理床褥及室内物品等；教室内按照班级8S规定打扫卫生；校园责任区做到扫地、擦净等。公寓静楼7:40。

4. 走读学生7:40前到校，进校时主动出示走读“出入证”，骑车的学生必须下车，把车存放到指定地点，锁好车。

5. 升旗仪式7:40—7:50。升旗时全体学生立正站好，认真聆听国旗下讲话。

6. 学生要语言文明，讲究礼貌，见到老师主动问好，进入老师办公室前喊“报告”，经允许后方可进入。在校园、楼道遇到老师主动让路，遇到学校领导陪同来宾参观时热情问好。

7. 晨读、晨训7:55—8:15。按照学校要求，认真阅读《晨读时光》，做好晨训练，班长做好全天考勤。劳动实践课(值周)学生提前到岗位，做好各项准备，按时上岗。

8. 上午，第一、二节课8:30—10:00。严格遵守学校课堂规定。预备铃响后，学生应立即进入教室坐好，备齐学习用品码放好，按时上课。课堂上学习认真刻苦，思维敏捷，主动提问。课前每一个学生把应交作业放到组长桌上，组长收齐后交给科代表，科代表课后及时交到老师办公室。

9. 课间休息，在教室、楼道里慢步轻声，不追跑打闹，不大声喧哗，不随便进入其他教学楼和其他班教室；上下楼梯和楼内走路靠右行，礼让，严禁拥挤；不在楼道、教学区及校园内玩球。

10. 师生课间操10:00—10:25。各班级整队做到快、静、齐，做操时听从口令，动作认真、准确、整齐，操后有秩序地退出场地。

11. 第三、四节课10:30—12:00(体育课或机房课11：45下课)。学生在校上课期间，包括课间休息，不得随意出校门，如有特殊情况，需持有班主任或本系部主任签字的统一书面证明，方可离开学校，要遵守校规校纪，严格请假、销假制度。未经请假批准，不准出校外警示牌活动区域。

12. 学生上课期间生病，必须到校医务室看病，持医务室证明，系部或班主任签字，住宿学生方可回宿舍休息；走读学生方可回家休息。

13. 午餐午休12:00—13:30。第四节课后，有秩序地进入食堂。买饭要自觉排队，在窗口排单行，按顺序买饭，不插队、不拥挤、不喊叫、不敲餐具；就餐文明，不打闹、不合用餐具、不浪费粮食；用餐结束自觉将餐具送到收残台；讲究卫生，不乱丢垃圾。

14. 午休时间，必须保持教室、楼道、宿舍安静，学生可在校园内活动。走读学生中午在教室休息，禁止进入学生公寓。

15. 下午，第五、六节课13:30—15:00。按时上课，班长做好考勤。

16. 第七节课15:10—15:50。星期一、三按各系部的要求进行专业技能训练，星期二、四按学校要求及进度进行九种训练(简称“九训”)。

17. 训练课后班级或个人参加学校、系部、班级组织的各种会议、活动及收听广播等，集合迅速，遵守纪律，态度认真，专心听讲，不做其他事情。

18. 下午课后，班级做好教室卫生值日，扫除工具放在指定地点；不随便扔垃圾废弃物，更不向窗外抛废弃物品，要养成良好卫生习惯，全天保洁；自觉维护校园环境及公用设施，爱护公物，不在教室、桌椅、墙壁、地面上乱涂乱画、粘贴，不随地吐痰，要厉行节约，损坏公物照章赔偿。

19. 课外活动16:00—17:00。下午活动时间，不约外校学生、社会闲散人员进校，不干扰校内秩序；严禁带外人在校门口或校内滋事；不打架、骂人、不参与赌博和封建迷信活动，自觉抵制不正之风。

20. 下午放学后，走读学生按时离校，出校门请主动出示走读“出入证”，学生直接回家，注意交通安全。住宿学生外出必须请假，需持有值班老师或本系部主任签字的统一书面证明，方可出入学校，假条交门卫保安，务必按规定时间返回学校。

21. 注意饮食卫生，不吃校外无照摊点食品、特别是熟食、预防食物中毒及饮食疾病发生。

22. 晚餐17:30—18:40。按时吃晚饭，注意健康饮食。

23. 晚自习19:00—21:00。认真收看新闻联播、按时晚自习，按系部或班级要求进行专项活动，练专业基本功、做作业、复习功课，阅读有关刊物；晚自习要自觉遵守课堂纪律，不迟到、不早退、不旷课；晚自习期间不得随便出入教室，班主任安排好每日班委值班，系部加强监督检查。

24. 21:00晚自习后，各个班级指定专人关好电视、空调、所有灯，关好窗，锁好门，及时回公寓。各教学楼21:30按时静楼。

25. 住宿学生严格执行学生公寓管理制度，在规定时间内进学生宿舍，宿舍长点名、签到，报公寓办公室核实、检查；21:30—22:00晚间洗漱，尽量提前，在熄灯铃响前洗漱完毕，准备就寝。

26. 中专学生22:00熄灯。熄灯铃响后应迅速就寝，杜绝出现影响同学休息的行为。

27. 全体住宿学生要尊重老师及学生干部，服从学校管理，正确对待批评教育。

第三章 附 则

第六条 制度的起草与归口管理

本管理办法由学生处负责起草，报教职工代表大会批准后正式下达，学生处归口管理。

第七条 制度的修订

本管理办法根据需要不定期进行修订。校属单位、相关部门均有权根据业务需要对本管理办法内容提出修改意见，并提交学生处。学生处负责收集整理校属单位、相关部门提出的修改意见，并安排有关人员进行专题讨论，对修改信息进行全面评估后组织修订本管理办法及相关文件。

第八条 本管理办法由学生处负责解释。

第九条 本管理办法自2013年2月1日起实施，原管理办法同时废止。

8.3　学生奖惩和助学金

学校建立健全学生奖励和处分制度，学生奖学金、助学金、减免学费等制度。

——摘自《中等职业学校管理规程》第三十三条

制度案例

上海信息技术学校学生先进个人评审办法

上海信息技术学校优秀毕业生评比办法

上海信息技术学校学生奖学金评审办法

上海信息技术学校学生帮困助学管理暂行办法

大连市轻工业学校市政府奖学金评审发放方案

大连市轻工业学校国家助学金评审、 发放实施方案（试行）

大连市轻工业学校“校园之星”评选活动试行方案

北京市商业学校学生多元奖励实施细则

南京高等职业技术学校学生勤工俭学工作制度

南京高等职业技术学校五年制高职四、 五年级国家奖学金、 国家励志奖学金、 国家助学金管理制度(试行)

上海信息技术学校学生先进个人评审办法

为奖励在学校工作中做出贡献的先进个人和德、智、体、美、劳全面发展的优秀学生，在奖学金的评定基础上，学校进行三好学生、优秀学生干部及社会工作积极分子评比及单项先进积极分子评比工作。

一、三好学生评比条件

1. 政治思想：政治上积极要求上进，在党、团组织开展的各种教育活动中表现突出；熟悉和了解国际国内的时事政治，积极主动投身社会实践活动，在志愿者服务中起示范带头作用；能正确理解和宣传邓小平理论和“三个代表”重要思想和科学发展观，能观察和分析社会现象，自觉抵制和批评不良的思想和言行。

2. 道德品质：遵纪守法，做出表率；维护集体荣誉，乐意为集体工作；广泛团结同学，能全心全意为同学服务；尊老爱幼，关心他人，诚实守信，为人正直，处事公道；热爱劳动，有良好的生活方式和文明素养，获得学校、家庭、社区的好评。

3. 学业技艺：学习目的明确，有良好的学习习惯；虚心好学，刻苦钻研，牢固掌握基本知识和技能，且学有专长或有较宽的知识面，注重实践，具有较强的科学精神和创新意识，具备良好的审美情趣和能力，获得三等以上奖学金。

4. 身心素质：能认真刻苦地参加体育锻炼和军政训练，体锻达标成绩良好；具有坚强的意志品格和承受挫折的能力，具有自尊自爱，自强自立，乐观向上的良好个性心理品质。

5. 在全面发展基础上，某一方面有突出贡献，突出成绩，突出表现者。

6. 学生综合素质评价(操行评定)成绩优秀。

二、优秀学生干部评比条件

除应具备三好学生评选条件之外，还应具备下列条件。

1. 积极参与学校的教育教学实践活动，积极开展工作研究，及时关心了解同学的思想状况，为学校和社区建设提出意见和建议。

2. 积极、自立、有创造性地开展社会工作，认真完成学校交给的各项任务，在师生间起到桥梁和纽带作用，具有一定的语言表达，组织管理，协调合作的能力，并具备某方面的突出才能，有显著的工作成绩。

3. 民主作风较好，能正确地对待成绩和荣誉，积极开展批评与自我批评，密切联系群众，有广泛的群众基础，团结带领同学在班级，学校，社区活动中起示范带头作用。

4. 其班级工作成绩名列年级及专业前列，学生干部工作考评优秀。

5. 劳育课成绩优良。

6. 获得二等以上奖学金。

三、社会工作积极分子评比条件

1. 关心集体，团结同学，热心为同学服务。

2. 文明学生，以身作则，操行评定优秀。

3. 承担班级、专业系部或学校主要工作，主动做好社会工作并取得显著成绩。

4. 学习刻苦，成绩达到该专业系部学生中等水平。

四、单项积极分子评比办法

由专业系部依据学生在每门课程、科技小发明、学科竞赛、文体比赛，德育等表现某一方面取得的突出成绩进行评比。其评比条件如下。

1. 文明学生。

2. 操行评定合格。

3. 体育锻炼达标合格。

为鼓励学生进步，学校在单项奖中增设最快进步奖，鼓励在某一方面取得明显进步的学生。

五、先进个人评比标准及奖励金发放比例

1. 优秀学生干部占全校学生数的1%，每人发给奖励金×××元；

2. 三好学生，占全校学生数的3%，每人发给奖励金×××元；

3. 社会工作积极分子占全校学生数的3%，每人发给奖励金××元；

4. 单项奖占全校学生数10%，其中最快进步奖不超过学校学生数3%，每人发给奖励金××元；

5. 本学期班级被评为文明班级，其班长、团支部书记达到优秀学生干部评比条件者，为当然优秀学生干部，不占班级优秀学生干部的名额；

6. 系部级、校级学生干部凡达到优秀学生干部评比条件者，不占专业系优秀学生干部的名额，比例为系部级、校级干部的20%。

六、评审办法

1. 各专业系部根据三好学生、优秀学生干部的评比条件，重点考虑学生综合素质评价(操行评定)成绩和奖学金评比情况，根据比例和名额推荐三好学生、优秀学生干部候选人；

2. 学校社会工作积极分子由各专业系部、团委、学生会根据工作情况和考评结果，推荐候选人，例由团委与各系部协调决定(班级2%、专业系1%、校学生会干部名额30%)；

3. 上述各类先进个人由班级推荐，专业系部审核，学生工作例会审定，每学期评比表彰1次；

4. 被评为学校优秀学生干部、三好学生者，有资格参加普陀区、华谊集团公司、上海市各类先进个人的评比。

七、本办法自公布之日起实行。

之前相关文件与本办法不一致者，以本办法为准。

解释权归学生处。

上海信息技术学校优秀毕业生评比办法

为激励广大学生努力学习、全面提高学生综合素质，培养适应社会和经济发展需求的高素质劳动者，在应届毕业生中，对取得毕业资格且学习成绩名列前茅、或在其他方面表现突出的学生，学校授予“上海信息技术学校优秀毕业生”称号，并颁发荣誉证书予以奖励。

一、评选条件

1. 认真学习马列主义、毛泽东思想、邓小平理论和“三个代表”重要思想，坚持党的四项基本原则和科学发展观，思想进步，具有坚定正确的政治方向。

2. 遵守国家法律、法规和学校各项规章制度，品德优良、行为规范，未受过任何违纪处分。

3. 热爱所学专业，勤奋学习，成绩优异，名列班级前茅。

4. 具备正确的就业和升学态度，能圆满完成就业实习任务，表现优秀。

5. 除上述条件要求之外，还必须具备下列条件之一：

(1)曾获得上海市三好学生、上海市优秀学生干部、上海市优秀团员、上海市优秀团干部等称号者；

(2)曾获得上海华谊(集团)公司优秀学生干部、三好学生、优秀团员、优秀团干部等称号，同时近两年获得过校优秀学生干部和三好学生称号者；

(3)曾两次获得校优秀学生干部和三好学生称号者；

(4)某一方面表现突出，为学校在市级以上有关的技能比赛或活动中赢得荣誉者，且每学期都被评为文明学生，在校期间综合素质评价均为优秀者。

二、评选比例

评选比例为各系应届毕业生总数的5% ~10%，计算时按照四舍五入的原则。

三、评选办法

1. 凡符合评选条件5中(1)~(4)任何一条者，均为当然优秀毕业生。

2. 优秀毕业生评选程序。

(1)各班级严格按照评选条件和评定比例，确定评选名单，并填好《优秀毕业生申报表》。

(2)系部按照评选条件和评定比例，择优推荐候选学生名单。报学生处。

(3)学生处对各系推荐对象进行审核，召开学生工作例会进行审核确定，公示后报主管领导审定，确定优秀毕业生名单。

(4)优秀毕业生材料归入学生档案。

3. 优秀毕业生在报考高等院校时，学校给予重点推荐。

4. 优秀毕业生在就业时，学校将专门制作《上海信息技术学校优秀毕业生推荐表》，负责向用人单位推荐，并让该生有多次选择机会。

四、评选工作要求

1. 高度重视，广泛宣传。评选优秀毕业生，既是激励广大学生奋发向上的一项重要措施，又是对毕业生进行思想政治教育的一次极好机会。各系要结合评选工作，大力宣传优秀毕业生的先进事迹，广泛开展以世界观、人生观、价值观和择业观教育为主要内容的思想政治教育工作。

2. 严格标准，择优推荐。各系应加强对优秀毕业生评选工作的领导，认真组织实施。严格遵照评选条件择优选取，坚持公平、公正、公开的基本原则。

本办法解释权归学生处。

上海信息技术学校学生奖学金评审办法

进一步激励学生刻苦学习、提高技能，鼓励学生积极向上、确立正确的人生观和价值观，提高学生思想道德素质和专业水平，根据国家教育部门有关精神，结合学校实际情况，就各类奖学金评审工作特制定本办法。

一、上海信息技术学校学生学校奖学金

(一)等级：奖学金共分四个等级，特等奖每学期×××元，一等奖每学期×××元，二等奖每学期×××元，三等奖每学期×××元。

(二)比例：特等奖占专业系、部学生人数1%，一等奖占专业系、部学生人数3%，二等奖占专业系、部学生人数6%，三等奖占专业系、部学生人数10%。

(三)申请和评审条件：奖学金实行申请、审核制，凡本校在籍学生(注册)符合下列

基本条件的即可提出申请。

1. 热爱祖国，拥护党的基本路线，愿为社会主义现代化事业做贡献。

2. 注重个人的道德修养，讲文明，讲礼貌，关心集体，热爱劳动。操行评定成绩优良。

3. 积极参加体育锻炼，参加学校组织的各项必须参加的活动。身心健康，体锻达标成绩合格。(体质健康标准合格)(体锻达标免修者，奖学金降低一个等级)。

4. 学习认真，学期各门课程(必修课，限定选修课)总评成绩全部及格。

5. 特等奖、一等奖奖学金附加条件：

(1)操行评定优秀。

(2)体锻达标良好。

(3)学习成绩：专业阶段，特等奖学期成绩平均绩点3.5以上，一等奖学期成绩平均绩点3.0以上；基础阶段，特等奖学期平均成绩85分以上，一等奖学期平均成绩80分以上。

(四)评审方法。

1. 评审以专业或年级为单位，由教务处网上提供每个学生的学期各门课程成绩，平均绩点或平均分。

2. 学生进行奖学金申报，填写上海信息技术学校学生学校奖学金申请表(附件1)报专业系、部审批。

3. 专业系、部按专业或年级对学生学期平均绩点或平均分按从高到低进行排序，按各等第比例和评审条件及学生奖学金的申报情况确定获奖学生名单。专业系、部汇总审批后交学生工作例会核定。

二、上海市奖学金

根据《上海市人民政府关于建立健全普通本科高校高等职业学校和中等职业学校家庭经济困难学生资助政策体系实施意见》(沪府发〔2007〕35号)精神，每学年在本市全日制普通中等职业学校中进行一次上海市奖学金评审。

(一)申请和评审条件

凡本校在籍学生、品学兼优，并符合以下基本条件的学生，可申请上海市奖学金。

1. 遵纪守法，模范遵守《中等职业学校学生行为规范》；

2. 乐于奉献，团结同学，热心为集体服务；

3. 热爱劳动，积极投身社会实践和志愿服务活动；

4. 热爱专业，虚心好学，牢固掌握基本知识和技能，注重实践，学习成绩优良；

5. 获得本年度学校优秀学生干部、三好学生、特等奖学金的学生具有优先推荐评审。

(二)比例与标准

获得奖学金人数比例按在校生的5%计算。奖学金分设一、二、三等奖，获奖人数按各学校获奖总人数的20%、30%、50%比例分配。一等奖学金标准为每人1500元；二等奖学金标准为每人1000元，三等奖学金标准为每人500元。获得上海市奖学金的学生可同时享受免费教育政策和国家助学金政策。

（三）操作办法

1. 上海市奖学金每学年评定 1 次。市教委按各学校在校生总数 5% 的比例下达一、二、三等奖获奖人数。

2. 申请程序。符合申请上海市奖学金获得条件的学生，可向学校提出申请，并填写《上海市全日制普通中等职业学校上海市奖学金学生申请表》（附件 2），报校领导集体评审通过后，在校内公示一周。公示无异议后，报上海市学生事务中心备案。

3. 评审时间。每年 5 月中旬进行申报、评审，学校通过“上海市中等职业学校基本情况数据库”，将本校上海市奖学金获奖学生名单提交上海市学生事务中心备案。

（四）评审要求

1. 学校按照上海市奖学金评审要求，坚持公开、公平、公正的原则，认真做好上海市奖学金评审工作。

2. 学校成立由校长为第一责任人的评审工作小组，负责实施上海市奖学金评审工作。

三、上海市星光计划奖学金

（一）名额及标准

“星光计划”学生奖学金由上海市教育发展基金会每年出资，奖励在当年各项素质教育活动中表现优秀的本市中等职业学校在校生，每人奖励金额 500 元，名额总数 1000 名。学校根据上海市分配的名额进行评选。

（二）奖励范围

1. 参加本年度全国职业院校技能大赛和上海市“星光计划”技能大赛各项活动表现优秀学生；

2. 尚未纳入技能比赛项目的专业，在参加全国或本市组织的相关专业比赛或专项学生教育活动中获奖的优秀学生；

3. 本年度全国“文明风采”等各级各类素质教育活动中成绩突出表现优秀的学生。

（三）评选推荐条件

热爱祖国，遵纪守法，模范遵守《中职学生行为规范》；热爱专业，学习刻苦，成绩优秀；努力钻研技术，积极参加职业技能比赛和各级各类素质教育活动，表现优秀。

（四）评选程序

1. 按在校生 5‰的比例确定“星光计划”奖学金学生的推荐名额。经学校领导审核批准的推荐名单，必须在校内公示 3 个工作日，公示无异议后，填写上海市中等职业学校“星光计划”学生奖学金推荐表（附件 3），经学校主管单位审核同意盖章后上报市评选办公室。

2. 市评选办公室汇总各校上报材料后，报“星光计划”组委会批准。

四、表彰和奖励

学校召开表彰大会，对上述奖学金获得者进行表彰，颁发各类奖学金证书和奖金，有关材料归入学生档案中。若发现享受奖学金者有违反校纪校规现象，则视情节轻重取消其荣誉称号，收回奖学金和证书。

本评审办法自颁布之日起实施，解释权归学生处，之前相关文件与本办法不一致者，以本办法为准。

附件

1. 上海信息技术学校学生学校奖学金申请表
2. 上海市全日制普通中等职业学校上海市奖学金学生申请表
3. 上海市中等职业学校“星光计划”学生奖学金推荐表

附件1 上海信息技术学校学生学校奖学金学生申请表

（20—20 学年度第 学期）

<table>
<tr><td>班级</td><td></td><td>姓名</td><td></td><td>性别</td><td></td><td>学号</td><td></td></tr>
<tr><td>奖学金等第</td><td></td><td colspan="2">是否文明学生</td><td></td><td colspan="2">是否团员</td><td></td></tr>
<tr><td rowspan="8">学业成绩</td><td>课程名称</td><td>分数/绩点</td><td>说明</td><td>课程名称</td><td>分数/绩点</td><td colspan="2">说明</td></tr>
<tr><td></td><td></td><td></td><td></td><td></td><td colspan="2"></td></tr>
<tr><td></td><td></td><td></td><td></td><td></td><td colspan="2"></td></tr>
<tr><td></td><td></td><td></td><td></td><td></td><td colspan="2"></td></tr>
<tr><td></td><td></td><td></td><td></td><td></td><td colspan="2"></td></tr>
<tr><td></td><td></td><td></td><td></td><td></td><td colspan="2"></td></tr>
<tr><td></td><td></td><td></td><td></td><td></td><td colspan="2"></td></tr>
<tr><td></td><td></td><td></td><td></td><td></td><td colspan="2"></td></tr>
<tr><td>其他</td><td>综合评价</td><td></td><td>体锻达标</td><td></td><td>平均绩点</td><td colspan="2"></td></tr>
<tr><td>班主任意见</td><td colspan="7">班主任(签字)：
日　期：　　年　　月　　日</td></tr>
<tr><td>系部意见</td><td colspan="7">系部副主任(签字)：
日　期：　　年　　月　　日</td></tr>
<tr><td>学校意见</td><td colspan="7">学校主管(签字)：
日　期：　　年　　月　　日</td></tr>
</table>

附件2 上海市全日制普通中等职业学校

上海市奖学金学生申请表(20 学年)

<table>
<tr><td rowspan="5">申请人
基本情况</td><td>姓名</td><td></td><td>性别</td><td></td><td>出生年月</td><td></td><td>民族</td><td></td></tr>
<tr><td>入学时间</td><td></td><td>户籍性质</td><td></td><td>户籍所在地</td><td colspan="3"></td></tr>
<tr><td>身份证号</td><td colspan="2"></td><td>学籍号</td><td colspan="2"></td><td>党团员</td><td></td></tr>
<tr><td>学校名称</td><td colspan="2"></td><td>专业名称</td><td colspan="2"></td><td>班级</td><td></td></tr>
<tr><td>曾获何种奖励</td><td colspan="7"></td></tr>
<tr><td>主要
表现</td><td colspan="8">(附页)</td></tr>
<tr><td>班主任
评语</td><td colspan="8">班主任签名: 年 月 日</td></tr>
<tr><td>教务
部门
意见</td><td colspan="8">部门负责人签名: 年 月 日</td></tr>
<tr><td>学校
提出
等第
意见</td><td colspan="8">学校负责人签名(学校公章): 年 月 日</td></tr>
</table>

说明:1.“户籍性质”是指农业(含县镇)或非农业户口;

2.“户籍所在地”是指省(市)、县(区)、街道(乡镇);

3. 本表和申请人有关附件由学校负责保管,以便备查。

附件3 上海市中等职业学校“星光计划”学生奖学金推荐表

<table>
<tr><td>学生姓名</td><td></td><td>性别</td><td></td><td>年级</td><td></td><td>所学专业</td><td></td></tr>
<tr><td>家庭地址</td><td colspan="5"></td><td>联系电话</td><td></td></tr>
<tr><td colspan="8">主要事迹(另附500~800字书面材料)</td></tr>
<tr><td colspan="8">推荐理由</td></tr>
<tr><td colspan="3">学校意见:

学校(公章)
年 月 日</td><td colspan="3">审核意见:

学校主管单位意见(章)
年 月 日</td><td colspan="2">

评选办公室意见
年 月 日</td></tr>
</table>

注:1. 在校内公示后再填写表格;

2. 推荐理由请根据文件中“奖励对象”的三条按实填写。

上海信息技术学校学生帮困助学管理暂行办法

为了贯彻落实上海市教委、上海市财政局印发《上海市人民政府关于建立健全普通本科高校、高等职业学校和中等职业学校家庭经济困难学生资助政策体系的实施意见》的实施细则(暂行)、《上海市全日制普通中等职业学校对农村、海岛家庭学生和涉农专业学生实施免费教育的实施细则》(沪教委职〔2009〕38号)和《关于本市扩大中等职业学校免费政策覆盖范围的通知》(沪财教〔2010〕89号)等有关文件精神，保障学生的合法权益，规范资助管理工作和操作流程，特制定《上海信息技术学校学生帮困助学管理暂行办法》。具体如下。

一、组织机构

成立由校长担任组长，纪委书记、分管副校长为副组长，学生处、财务部主管及其帮困资助工作人员组成的上海信息技术学校学生资助工作小组，主要职责是负责学校家庭经济困难学生资助政策的解读，资助材料申报、审核、发放以及特殊情况的协商决策等工作。

二、资助类型和标准

受助类型	受助对象	受助内容	标准/[元/学期·生]	受助期限
免费教育(农村、海岛、低保家庭、奖励专业学生)	非毕业年级	免学费	2000	三年制4学期 四年制6学期
		免书本费(最高)	300	
		助学金(普惠金)	750	
	毕业年级	免学费	2000	2学期
		免书本费(最高)	300	
		助学金(普惠金)	0	
国家助学金(除免费教育外其他学生)	非毕业年级	助学金(纯普惠金)	500	三年制4学期 四年制6学期
	毕业年级	助学金(纯普惠金)	0	2学期
政府奖学金(品学兼优学生每学年评定1次)	20%(占奖学金总数)	一等奖	1500	三年制3学年 四年制4学年
	30%(占奖学金总数)	二等奖	1000	
	50%(占奖学金总数)	三等奖	500	
学校助学金(困难学生)	特别困难	第一类	1000	三年制4学期 四年制6学期
	其他困难	第二类	500	

三、资助申请和审核

（一）工作流程

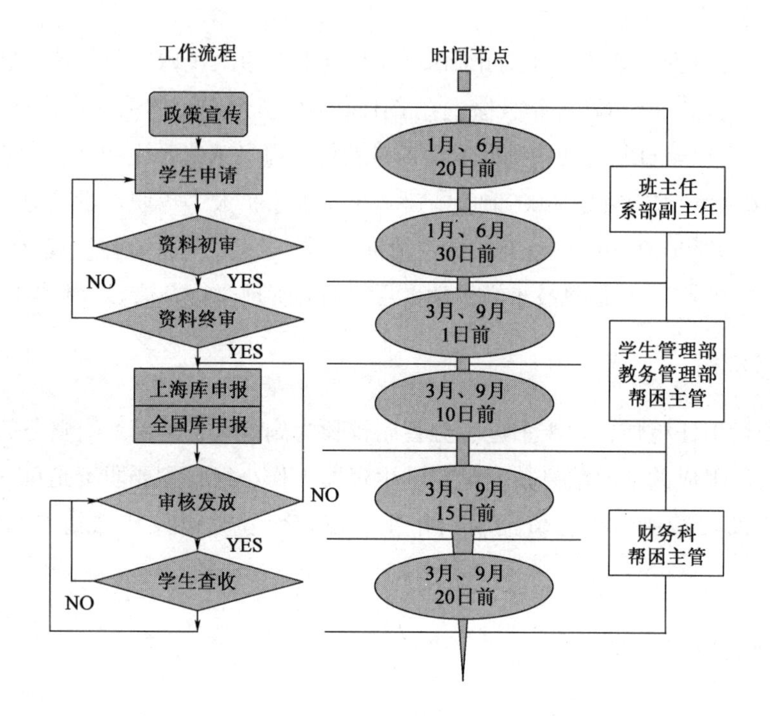

（二）政策宣传

1. 班主任认真学习领会《免费教育、国家助学金、奖学金和奖励专业政策解读》等资助政策精神，利用新生入学、军训、专业入门教育、报到注册、班会、家访、家长会等各种时间向学生和家长宣传。

2. 班主任按照资助政策解读要求，督促学生在规定时间内提出资助申请和出具相关材料，并做好学生家庭情况的了解和家访等工作。

3. 系部领导要督促和帮助班主任做好学生和家长的接待和政策解释工作，提醒班主任按要求及时提交学生申请表和相关材料，告知学生资助金的发放流程和查收等工作。

（三）学生申请

1. 免费教育和奖励专业：按学期申请，分为集中申请和随时申请两类。

(1)集中申请：每学期结束前 1 个月(即 1 月、6 月 30 日前)集中申请下学期的免费教育和奖励专业。

(2)随时申请：新学期开始后，需要补充申请免费教育和奖励专业(包括新生)，需在每月 30 日前办理申请手续。

(3)申报材料：学生按政策要求提交申请表和相关材料。

2. 国家助学金（普惠金）：学生不需要申请，由学校统一为学生集中申请，按照国家助学金政策进行审核，符合条件的学生享受国家助学金（普惠金）政策。不同性质的学生按政策规定享受的标准有所不同。

3. 政府奖学金：政府奖学金每学年评定奖励1次。上海市教委每年5月下达政府奖学金名额，学校按照政府奖学金政策要求进行评定。学生按政府奖学金政策要求，提交申请表和相关材料，符合条件的学生享受政府奖学金政策。

4. 学校助学金：学校助学金按学期申请。新学期开始，即2月、9月底前集中办理申请手续。学生按政策解读要求，提交申请表和相关材料。

（四）材料审核

1. 免费教育

（1）班主任审核

1）收发申请表：班主任在学生处指定的时间内，按照学生需要申请资助的类型发放相应的免费教育申请表，两周内收齐申请表和相关材料，同时提醒学生登录校园网门户（http：//portal. shitac. net），在“学生帮困助学”功能模块中进行学生资助申请确认（校园网提供申请表格下载）。

2）材料审核：班主任需按照资助政策要求，对申请表和相关的材料进行审核，确定需要资助的类型（农村家庭、海岛家庭、低保家庭），并在申请表“班主任意见”处注明资助类型和签字。如果情况不确定，需要电话联系其家长或家访进一步确定，资料不齐或不合格需及时补充。

3）材料申报：班主任需登录校园网门户（http：//portal. shitac. net），在“学生帮困助学”功能模块中进行资助学生信息录入和确认，主要有班级学生人数、受资助学生的资助类型（农村家庭、海岛家庭、低保家庭）。

4）材料上交：网上申报提交完毕后，班主任需将班级资助学生名单和相关材料交系部领导。

（2）系部审核

1）材料整理审核：系部领导在学生处指定的时间内，以班级为单位对学生的申报表和相关材料进行分类整理，并按照资助政策要求，对申请表和相关的材料进行审核，明确需要资助的类型（农村家庭、海岛家庭、低保家庭）。

2）材料申报：系部领导需登录校园网门户（http：//portal. shitac. net），在“学生帮困助学”功能模块中对各班级资助学生信息进行网上确认。

3）材料上交：网上申报提交完毕，系部领导需将本系部资助学生名单打印和相关材料交学生处。

（3）学生处审核

1）材料审核：学生处需在指定的时间内，以系部为单位对学生的申报表和相关材料进行分类整理，并按照资助政策要求，对申请表和相关的材料进行审核，明确需要资助的类型(农村家庭、海岛家庭、低保家庭)。

2)材料申报：学生处需登陆校园网门户(http：//portal. shitac. net)，在“学生帮困助学”功能模块中对各系部、各班级资助学生信息进行网上确认。

3)材料归档：对审核合格的资助资料，学生处负责签字并加盖学校公章，按系部、班级分类进行整理归档。档案卷内需附资助学生清单，档案卷封面需注明系部、班级、资助人数等信息。

2. 奖励专业

(1)班主任、系部审核

1)材料整理审核：班主任、系部领导在学生处指定的时间内，以班级为单位对学生的申报表和相关材料进行分类整理，并按照资助政策要求，对申请表和相关的材料进行审核、名单确定。

2)材料申报：系部领导需登录校园网门户(http：//portal. shitac. net)，在“学生帮困助学”功能模块中对各班级奖励专业学生信息进行网上确认。

3)材料上交：网上申报提交完毕，系部领导需将本系部各班级奖励专业学生名单和相关材料交教务处。

(2)教务处审核

1)材料审核：教务处需在指定的时间内，以专业为单位对学生的申报表和相关材料进行分类整理，并按照资助政策要求，对申请表和相关的材料进行审核，明确奖励专业学生名单。

2)材料申报：教务处需登录校园网门户(http：//portal. shitac. net)，在“学生帮困助学”功能模块中对享受奖励专业学生的信息进行网上确认。

3)材料归档：教务处对审核合格的资助资料，移交给学生处审核，由学生处主管负责签字并加盖学校公章，按主页分类进行整理归档。档案卷内需附奖励专业学生清单，档案卷封面需注明专业、班级、资助人数等信息。

3. 政府奖学金：政府奖学金每学年评定奖励 1 次，评定要求和具体细则每年按政府奖学金要求和学校奖学金有关政策另行制定。

4. 学校助学金：学校助学金申请和材料审核流程参照免费教育流程。

四、资助金申报和发放

(一)数据申报

1. 学生学籍确认(上海学籍库、全国学籍库进行维护)：教务处学籍负责人员在新学期开始，学生报到注册结束两周内，对全校学生的学籍进行确认，并准确维护好 3 个在沪在册就读学生学籍库(数字校园学生学籍库、上海库和全国库)。

2. 上海学籍库申报：学生处资助管理人员按照上海市资助管理中心的要求和时间节点，提前做好上海库维护和申报的各项工作。

(1)免费教育学生名单的确认和申报。

(2)奖励专业学生名单的确认和申报。

(3)助学金(普惠金、纯普惠金)学生的确认和申报。

(4)各类资助学生名单的统计汇总、打印和确认。

(5)为财务科提供资助政策中免费教育、奖励专业学生名单、汇总表和助学金发放名单、汇总表等，主管领导签字确认。

3. 全国学籍库申报：学生处资助管理人员按照上海市资助管理中心的要求和时间节点，对全国库数据进行维护和申报等工作。

(二)资助金发放

1. 学生处资助管理人员：协助财务科做好学生资助的减免和发放等工作。

(1)向财务科出具学校内部通知单，注明资助类型、减免和发放学生人数和金额。

(2)提供学生资助金减免和发放的名单，汇总表。

2. 财务科资助管理人员：做好学生资助金的转账和发放等工作。

(1)在规定时间内，按照学生处确定的减免和发放的名单，及时操作。

(2)在规定时间内，学生助学金进卡后，及时提醒学生处告知系部，由系部和班主任负责通知学生或家长查收金额。学生或家长在1周内有疑义，可到财务科核实，否则认为已收到助学金。

(3)各类资助金的发放，原则上必须按时打入学生本人的银行卡内。在发放所属学期结束前，因特殊情况确实无法办卡的学生，由学生本人提出发放现金申请，监护人确认，按规定程序上报学校资助工作及领导小组审批，并报上海市学生事务中心备案。

五、说明

1. 政府奖学金申报按照规定的比例自下而上的程序操作：学生申请—班级评比—学校评审—校内公示—校长批准，每年6月评定并发放。

2. 学校帮困助学金，与免费教育一起申报审核，每学期结束前发放。

3. 各班主任、系部领导、资助管理负责等人员对每环节进行把关、负责，严格操作程序，确保数据的准确无误。

4. 学生资助申请、审核、发放等环节有特殊情况，需经学校学生资助工作小组集体协商决定。

5. 上海市学生事务中心为学生负责资助管理工作的上级管理部门，国家或上海市资助政策如有变更，以新资助政策为准，学生处会及时通知变更。

6. 按上海银发〔2010〕204号与273号文，学校学生资助工作小组根据文中指定银行各自开卡手续的繁易，结合学校学生的实际情况，目前暂选中国邮政储蓄银行作为学校学生中职资助卡的开卡银行。

7. 未尽事宜，由学生处负责咨询和解读。

8. 本暂行办法解释权归属上海信息技术学校学生资助工作小组。

大连市轻工业学校市政府奖学金评审发放方案

为了认真贯彻大连市教育局关于《中等职业学校市政府奖学金政策说明》，激励学生刻苦学习、拼搏进取，全面提高综合素质，促进学生德、智、体、美全面发展，结合学校实际情况，特制定本方案。

一、组织领导

（一）领导小组

学校成立由校级领导组成的评审工作领导小组，负责政府奖学金的评审领导组织工作。

（二）工作办公室

主任：学生科负责人。

副主任：财务科负责人、教务科负责人。

成员：年级主任及内勤辅导员。

二、工作原则

坚持公开、公平、公正和择优的原则，广泛接受全校师生监督，认真贯彻落实上级文件精神。

三、申报条件及标准

（一）奖励对象及标准：有正式中专学籍的二年级以上（含二年级）的在校生中特别优秀的学生。每生每年 3000 元。

（二）基本申请条件

1. 热爱社会主义祖国，拥护中国共产党的领导；

2. 遵守宪法和法律，自觉遵守学校各项规章制度；

3. 诚实守信，道德品质优良；

4. 热爱所学专业，学习勤奋，在校期间学习成绩优异，专业技能娴熟，社会实践、创新能力、综合素质等方面特别突出；

5. 尊敬师长，团结同学，关心集体，热爱劳动，积极参加学校组织的军训和各种文体活动，身心健康；

6. 上学年操行成绩在 90 分（含 90 分）以上；

7. 上学年所有学科成绩在 90 分（含 90 分）以上且在同专业学生中成绩名列前茅，或上一学年中，获得校级一等奖学金 1 次，且另外 1 个学期至少获得校级二等奖学金 1 次；

8. 无旷课现象，无警告（含警告）以上处分，无违反校规校纪行为。

（三）具体遴选办法

以年级为单位，根据上级下达的名额数量（一般为年级人数的2%比例），在符合基本条件的申报学生中，按下列办法进行一轮或多轮择优遴选。

1. 按次序参照下列标准，各班级进行择优推荐或排序，各年级进行择优遴选，每轮每班最多选出一名候选人。

（1）上一学年的两个学期均获得校级一等奖学金的学生。

（2）上一学年的两个学期中，获得校级一等奖学金1次，且另外1个学期至少获得校级二等奖学金一次的工作满一年的现任优秀校级学生干部（指参与学校管理的学生会和纪检干部，下同）。

（3）若班级无符合第（1）、（2）条条件的学生，且上一年度班级被评为先进班级或先进团支部，则在第二轮可考虑获得校级一等奖学金1次，且另外1个学期至少获得校级二等奖学金一次的班级学生干部。

（4）依次类推。

2. 同等条件下的遴选次序

（1）同一轮次内，同等条件下优先考虑量化考核排序在前的班级的学生。

（2）同一条件下优先考虑学生干部和承担一定社会工作的学生，优先的次序为：校级学生干部、班级学生干部、寝室长、课代表。

四、工作程序

1. 政策宣传　工作办公室通过学校各种宣传媒体及各班班主任老师向学生进行广泛地政策宣传，使全校学生全面了解，掌握政策。

2. 学生申请　在了解有关文件及申报条件后，拟申报的学生本人提出申请，如实填写《大连市中等职业学校市政府奖学金申请表》。

3. 班级申报　班主任老师会同班委会对本班学生的申报情况进行审核，将符合基本条件的学生材料以班级为单位，于规定时间上报工作办公室（各年级管理办公室），申报人数超过1人必须按《具体遴选办法》进行班内排序。

4. 成绩认定　由教务科对提出申请的学生的成绩进行核对认定。

5. 学校审核　工作办公室负责受理评审各班级统一上报的申请材料，根据《具体遴选办法》提出遴选名单，并报领导小组审议，拟定受奖学生名单。

6. 民主公示　由工作办公室将拟获奖学生名单向全校师生公示不少于5个工作日。

7. 材料上报　公示无异议后，由工作办公室将拟获奖的学生名单及材料上报大连市教育局审批。

8. 奖学金发放　市政府奖学金资金拨付与发放实行“直通车”式管理，通过代理银行以银行卡形式发放给学生，不再经过学校和归口管理部门。

获奖学生领取中等职业学校市政府奖学金后，要在学校发放清单上签字。学校对获奖学生颁发统一印制的奖励证书，并记入学生学籍档案。

大连市轻工业学校国家助学金评审、发放实施方案（试行）

为贯彻落实上级文件精神，认真做好学校农村家庭经济困难学生认定工作，确保资助政策顺利实施，制定本办法。

一、组织领导

学校成立学生资助工作领导小组。

(一)领导小组，学校成立由校级领导组成的评审工作领导小组，负责资助的领导组织工作。

(二)下设学生资助工作办公室。

主任：学生科负责人；

副主任：财务科负责人；

成员：年级主任及学籍辅导员。

二、工作原则

以实事求是、扶贫济困、照顾弱势群体为基本原则，严格工作制度、规范工作程序，力求做到公平、公正、公开。

三、资助对象认定的范围与条件

具有我校全日制中专正式学籍，且学生本人及其家庭所能筹集到的资金难以支付其在校学习期间的学习和生活基本费用的一、二年级在校学生。享受资助政策的学生人数按照本年级在校生总数10%的比例确定。

四、资助对象评审办法

优先考虑享受低保、低收入、孤残学生、烈士子女，以及家庭成员长期患重病、遭遇自然灾害或突发变故等导致家庭困难的学生。

(一)根据控制比例，按次序参照下列标准认定：

1. 享受最低生活保障家庭子女；

2. 孤儿、残疾学生、烈士子女等无直接经济来源者；

3. 父母双方或一方有残疾，家庭无固定经济来源，基本生活难以维持的；

4. 家庭成员因患重大疾病需支付大额医疗费用，造成家庭经济困难的；

5. 学生家庭或本人突遭不幸(如家庭遭遇自然灾害，学生本人突发疾病或意外事故等)，超越家庭经济承受能力的；

6. 有其他特别困难情形者。

注：在家庭经济状况相近情况下，原则上父母一方辞世学生优先于正常家庭学生，无使用手机学生优先于使用手机学生，品学兼优学生优先于品学一般学生。

具备上述情形之一者，需提交县级人民政府民政等相关主管部门颁发的相关证件、证明材料或镇(乡)、村两级政府出具的有关证明(要有原件和复印件)以及反映本人家庭经济困难情况的相关证明材料以供核验。

(二)有下列情况之一者，不能认定为家庭经济困难学生：

1. 购买高档娱乐电器、高档时装或高档化妆品等奢侈品的；

2. 节假日经常外出旅游的；

3. 经常出入营业性网吧的；

4. 有其他高消费行为或奢侈消费行为的。

(三)有以下行为或表现的，停止免学费政策的资助：

1. 在校期间有违法行为或严重违纪行为的；

2. 中专未毕业，但终止了学业的；

3. 弄虚作假，提供的相关证明材料不真实的；

4. 家庭经济状况明显好转的。

五、认定工作的组织管理

实行三级管理负责制。

1. 以班级为单位，成立以班主任任组长，学生干部(不少于 5 人)和学生代表(10% 以内)担任成员的班级认定评议小组，负责本班级资助对象的认定与民主评议工作。认定评议小组成立后，其成员名单应在本班级范围内公示，期限不少于 3 天。

2. 学生资助工作办公室承担资助对象认定的组织与管理工作。以年级为单位负责审核各班级申报材料，提出本年级拟确认为资助对象的学生名单。

3. 学生资助工作领导小组负责制定本学校家庭经济困难学生的认定的实施办法，审批拟确认资助对象名单。

六、认定程序

家庭经济困难学生认定周期：每学年初。

1. 本人申报：每年 9 月 10 日前，本人填写《中等职业学校国家助学金申请表》，并提供有关家庭经济困难情况的真实、合法有效的证明材料。

2. 班级评议：根据学生提交的《中等职业学校国家助学金申请表》和相关证明材料，班级认定评议小组对照本校确定的认定标准，结合学生日常消费行为等情况，认真进行评议，按比例确定本班级免费生名单，并在班级范围内公示不少于 3 天。然后由班主任和班长签字后，于 9 月 16 日前报学校学生资助工作办公室即各年级处进行审核。

3. 资助工作办公室认定：认真审核各班级所申报的初步评议结果，如有异议，应征得认定班级意见后予以更正。根据本年级实际情况，结合学校资助认定条件和控制比例，各年级可以适当调整名额分配及名单确认，并于9月24日前提交学校学生资助工作领导小组审批。名单应在校内公示不少于5天。

4. 资助工作领导小组审批：经领导小组集体研究、审批后，由学生资助工作办公室按上级要求，通过学生资助管理系统逐级上报，并填写《中等职业学校家庭经济困难学生认定情况汇总表》等相关表格，并将最终结果通知被确认的家庭经济困难学生，建立家庭经济困难学生信息档案。

七、国家助学金的发放

拨付与发放实行“直通车”式管理，通过代理银行以银行卡形式发放给学生，不再经过学校和归口管理部门。

大连市轻工业学校“校园之星”评选活动试行方案

为深入开展“中国梦”主题教育活动，充分挖掘学生的闪光点，让学生们坚定“人人都有才、人人能成才”的信念，为学生们“人生出彩”搭建展示的平台，构筑起助推学生“全面发展、人人成才、尽展其才”的评价体系，培育、激发和传递学子正能量，特制定“校园之星”评选活动方案。

一、评选时间

每学期评选一次。

二、评选项目及条件

(一)勤奋好学之星

基本条件：有端正的学习态度、良好的学习习惯和刻苦的学习精神，成绩优良(荣获一等奖学金)。

下列条件必备其一：(1)在学校举行的各项学习、技能竞赛活动中成绩突出；(2)善于观察，勤于思考，经常在校园网、校报等处发表文章；(3)自主学习，拓展知识领域，取得学业以外的技能证书等。

(二)文明自律之星

基本条件：(1)举止文明，仪表端庄，行为规范；(2)尊重他人，礼貌待人，诚实守信；(3)讲究个人卫生，教室、寝室个人物品摆放规范；(4)无违纪行为。

下列条件必备其一：(1)保护环境，爱护公物，能主动清除不文明痕迹；(2)积极参加班级、学校组织的公益活动。

（三）专业技能之星

基本条件：热爱专业，专业知识学习扎实，任课老师反映好；

下列条件必备其二：（1）乐于操作实践，动手能力强，在实习实训中受到好评；（2）积极参加各级各类技能比赛，并取得优异成绩；（3）有自己的发明设想和作品设计，且获得校级以上的表奖。

（四）自强进取之星

基本条件：人生态度乐观向上，严格自律，自理自立能力强。

下列条件至少必备其一：（1）面对家庭困难、生活挫折，能以巨大的勇气去迎接挑战，用积极乐观的心态面对人生；（2）自强自立，勇于自食其力，积极参加勤工俭学活动；（3）有其他自强进取情节，事迹突出。

（五）突出进步之星

基本条件：能正视自身的不足，善于接受别人的意见，愿意接受帮助和监督，有改正缺点和不足的意识和行为。

必备条件：在某一方面或多方面有突出的进步。

（六）勤劳节约之星

下列条件必备其三：（1）热爱劳动，能积极参加学校、班级组织的各项劳动；（2）经常主动帮助班级同学或其他班级完成劳动任务；（3）爱惜公共资源，注意节水、节电、节约粮食，经常随手关闭水龙头、电源开关；（4）有节俭的习惯，生活朴素，不铺张浪费，能节约生活中的每样用品；（5）有其他勤俭节约行为，事迹突出。

（七）文体才艺之星

下列条件必备其一：（1）能积极参加阳光体育运动，在体育项目上有突出的表现及成绩，并能带动他人共同参与体育活动；（2）经常参加学校组织的文艺活动，能编排演出的节目或在比赛中成绩突出；（3）在美术、音乐、舞蹈、戏剧、摄影、书法等方面有突出特长，荣获过校级以上表奖。

（八）敬长孝亲之星

基本条件：尊敬师长，主动问候，老师们评价好。

下列条件必备其一：（1）存孝心，施孝行，不做让父母操心的事；（2）能提前担当起照顾父母的责任；（3）有其他敬长孝亲行为，事迹突出。

（九）友善互助之星

基本条件：有一颗乐观向上的心态，待人亲和、友爱谦让、诚实守信，同学评价好；

下列条件必备其二：（1）有较强的人际沟通能力，能与他人相互配合、相互支持、相互合作；（2）有良好的团队精神和责任意识，为学校和班级管理工作做出一定贡献；（3）乐于助人或拾金不昧、见义勇为，当别人遇到困难时能主动伸出友爱之手；（4）有其他友善互助行为，事迹突出。

（十）爱校如家之星

基本条件：有集体主义精神，热爱学校，关心班级，不做有损学校、班级荣誉和形象的事。

下列条件必备其一：(1)积极参与爱校宣传实践活动，成绩突出；(2)及时发现并报告不好苗头，使他人免受伤害，或使学校秩序免受影响，情节突出；(3)有其他热爱学校、关心班级行为，事迹突出。

三、评选、表彰方法

1. 根据评选条件，各班级通过召开班会、竞选演讲、民主推荐等途径开展班内评选，产生"班级之星"。

2. 在"班级之星"的基础上，逐级推荐其中全面发展或在某方面表现突出的学生，参评"年级之星"、"校园之星"，经学校综合各方审查、评选、公示意见后，评选产生。

3. 候选人要填写申报表，并另附500字左右事迹材料。上报材料要求真实可信，事迹生动，具有特色，有具体事例为佳。

4. "班级之星"班内表扬，"年级之星""校园之星"在全校公布、表彰，记入学籍档案。

北京市商业学校学生多元奖励实施细则

一、指导思想

以学生全面可持续发展为宗旨，以就业为导向，以"成人、成才、成功"为目标，运用多元智能理论，建立多元激励机制，充分激发学生的多元潜能，从行为表现、学习方法、生活习惯，兴趣爱好，特殊能力(如阅读、音乐、运算、运动能力)、学习成绩、竞赛获奖、突出表现、做事态度等诸多方面进行评比，对学生实施形式多样的奖励，实现培养德能兼备现代职业人的目标。

二、奖励类别

（一）集体奖励

1. 和谐班级、优秀班集体、文明班集体；
2. 优秀团支部、优秀学生社团；
3. 和谐宿舍、优秀文明宿舍、文明宿舍；
4. 综合职业素养训练单向流动红旗。

（二）个人奖励

1. 共青团评比系列：优秀团干部、优秀共青团员、优秀社团干部、优秀社团队员；

2. 综合评比系列：三好学生、综合职业素养优秀(达标)证书获得者；

3. 实习生评比系列：优秀实习生；

4. 学生干部评比系列：优秀学生干部、月度优秀学生干部、优秀宿舍长、学生干部单项奖励；

5. 校园文化活动评比系列：校园文化活动单项奖；

6. 校园之星评比系列：校园之星；

7. 社会工作单项奖；

8. 文明学生；

9. 礼仪标兵；

10. 内务标兵。

（三）奖学金

1. 政府奖学金；

2. 校级奖学金；

3. 职业技能奖学金；

4. 单科学习奖学金；

5. 学习进步奖。

三、奖励办法及实施细则

（一）集体奖励

1. 和谐班级

(1)评选标准

1)全班学生文明礼貌，严格遵守校规校级，模范执行学校各项规章制度，无严重违纪事件；

2)主动配合学生会各部工作；

3)有政治坚定、团结协作、以身作则、密切联系同学的班级学生干部队伍；

4)有团结友爱、和谐健康、积极向上的良好班风；

5)有诚信严谨、多能力行、勤奋进取的优良学风；

6)认真组织开展各种文化活动，积极组织学生参加社团组织和社会实践活动；

7)认真组织开展主题德育班会，每月至少2次以上；

8)教室文化环境高雅整洁，职业氛围浓厚；

9)班级常规工作出色，班级十项百分赛评比平均95分以上；

10)班级宿舍星级达标率为100%，优秀文明宿舍率在60%以上，和谐宿舍率在10%以上；

11)积极组织学生参加校内外各级各类文化和技能竞赛活动，并取得优异成绩。

(2)评选范围：在优秀班集体中选评。

(3)评定比例：优秀班集体总数的30%。

(4)评选时间：每学年评选1次，于下学年初评定。

(5)评选办法：依据评选标准，班主任申报，系部在评选优秀班集体的基础上，推荐和谐班级，报学生处审批。

2. 优秀班集体

(1)评选标准：同“文明班集体”评选标准。

(2)评选范围：在同一个学年内的两个学期均评为文明班集体的班级。

(3)评定比例：不超过全校班级总数的20%。

(4)评定方法：各班按条件自荐，各系部审核，报学生处批准。

(5)评选时间：每学年一次，于下学年初评定。

3. 文明班集体

(1)评选标准：

1)有政治坚定、团结协作、以身作则、密切联系同学的班级学生干部队伍；

2)有团结友爱、和谐健康、积极向上的良好班风；

3)有诚信严谨、多能力行、勤奋进取的优良学风；

4)认真组织开展各种文化活动，积极组织学生参加社团组织和社会实践活动；

5)认真组织开展主题德育班会，每月至少2次以上；

6)教室文化环境高雅整洁，职业氛围浓厚；

7)班级常规工作出色，班级十项百分赛评比平均90分以上；

8)班级文明学生率达85%以上；

9)班级宿舍星级达标率为100%，优秀文明宿舍率在60%以上，和谐宿舍率在10%以上；

10)班级学期中(末)考试及格率达85%以上，优良率40%以上；

11)无严重违纪事件(本学期班内无校内留察以上处分)；

12)积极组织学生参加校内外各级各类文化和技能竞赛活动(无缺席)，并取得优异成绩。

(2)评定办法：按照评选细则的要求，系部将各班1个学期主要考核内容进行量化核算评比；在此基础上，进行综合评定，经学生处审核。

(3)评定比例：不超过班级总数的20%。

(4)评选时间：每学期评选1次，在下学期初完成。

4. 优秀团支部

(1)评选标准

1)支部建设优：能够密切联系团员青年，为团员青年服务；团支部建设政治坚定，作风过硬，工作的制度健全，创新意识强，团支部有较强的凝聚力、战斗力；

2)坚持制度优：认真落实“三会一课一日”制度；很好地完成团员的教育管理、新团员的组织发展工作；认真完成团员注册、团费收缴等项工作；

3)开展活动优：定期开展团日活动，活动主题鲜明、组织周密、团员出勤率高、还能带动青年参加活动、活动取得良好效果，做到有计划、有过程、有记录、有总结；创造性的设计开展团的工作(活动)；

4)按时高质量完成上级团组织交办的各项任务；积极组织本支部的团员青年参加学校、系部、团委、团总支组织的各项活动；

5)发挥作用优：本支部在学校建设、系部建设中发挥共青团先锋模范作用；本支部团员能模范遵守校规校纪，严格履行团员的权利与义务，在日常学习、生活中发挥团员的先锋模范作用。

(2)评选范围：全校范围内所有团支部。

(3)评定比例：学校团支部总数的20%。

(4)评定方法：团支部提出书面申请，系部团总支推荐，报经校团委批准。

(5)评选时间：每年3~4月。

5. 优秀学生社团

(1)评选标准

1)组织机构健全，有完善的管理规章制度；

2)每学期有工作计划，学期末有工作总结；

3)每学期至少组织开展一次成果展示活动；

4)积极承担学校布置的各种任务，并能够出色完成；

5)能够主动组织开展不同类型的社会实践活动；

6)社团具有较强的凝聚力，成员之间能够和谐相处。

(2)评选范围：校、系两级学生社团。

(3)评定方法：各学生社团提出书面申请，报经校团委考核审批。

(4)评选时间：每年3~4月。

6. 和谐宿舍

(1)评选标准

1)一学期每月均为五星级宿舍；

2)宿舍全体成员遵纪守法，严格遵守校规校纪，遵守公寓各项管理和安全制度，确保无违纪、无安全事故；在公寓内起到引领示范作用；

3)宿舍成员和睦融洽，同学之间团结友爱、宽容理解、平等相处，尊重他人，尊重他人信仰，做到互相帮助、互相促进，思想、学习和生活三方面共同健康成长；宿舍之间关系友好，乐于助人，有互助和团队精神；

4)宿舍成员文明礼貌，举止适度，尊敬师长，爱护同学，不欺负弱小；每位成员在班级操行评分每月达到合格以上；

5)宿舍文化氛围强，积极参与创建公寓的文化建设，积极参加公寓组织的各项活动；

6)主动配合公寓管理老师和公管部学生干部工作。

(2)评选范围：在五星级宿舍中评选。

(3)评定比例：优秀宿舍总数的30%。

(4)评定方法：由学生公寓管理办公室推荐，报经学生处审批。

(5)评选时间：每学期评选一次，于下一个学期第一个月内评选。

7. 优秀文明宿舍

(1)评选标准：1学期每月均为五星级宿舍，可评为优秀文明宿舍。

(2)评选范围：在五星级宿舍中评选。

(3)评定比例：符合条件均可。

(4)评定方法：由学生公寓管理办公室推荐，报经学生处审批。

(5)评选时间：每学期评选1次，于下1个学期第1个月内评选。

8. 文明宿舍

文明宿舍，1学期按各月获得星级宿舍的综合情况，给予奖励。

(1)评选标准

1)五星级宿舍：当月宿舍卫生、纪律每天在98分(包括98分)以上，同学关系和睦、融洽，无违纪，可评为五星级宿舍。

2)四星级宿舍：当月宿舍卫生、纪律每天在95分(包括95分)以上98分(不包括98分)以下，同学关系和睦、融洽，无违纪，可评为四星级宿舍。

3)三星级宿舍：当月宿舍卫生、纪律每天在90分(包括90分)以上95分(不包括95分)以下，同学关系和睦、融洽，无违纪，可评为三星级宿舍。

(2)评选范围：在全校所有宿舍中评选。

(3)评定比例：符合条件均可。

(4)评定方法：由学生公寓管理办公室评选。

(5)评选时间：每学期评选1次，于下一个学期第1个月内评选。

9. 综合职业素养训练单向流动红旗。

(1)评选标准：根据“学生综合职业素养训练实施方案”和“班级十项百分赛评比实施细则”，评选月度综合职业素养训练单向流动红旗，项目包括素养课程、班级8S管理、晨训、礼训、校园文化活动、社会实践活动、实训8S管理、文明风采竞赛、安全能力训练、全勤、间操等11项。

(2)评选范围：在全校各班中评选。

(3)评定比例：每项流动红旗评定数量最多为全校班级总数的20%。

(4)评定方法：由学生处、团委会同德体美教学部、基础教学部、教务处、保卫处、各专业系部进行检查评定。

(5)评选时间：每月评选1次，下月初收回上月红旗，公布并颁发当月红旗。

(二)个人奖励

1. 共青团评比系列

(1)优秀团干部

1)评选标准

① 热爱党、热爱祖国、热爱社会主义，认真学习邓小平理论和“三个代表”重要思想，树立科学发展观，积极践行社会主义荣辱观，坚定理想信念，认真学习时事政治；具有较高的政治素养和思想素质；

② 严格履行团干部工作职责，按时高质完成上级团组织交办的各项任务；

③ 工作中有方法、讲创新，在学校和系部建设中、在团支部和班级建设中充分发挥团干部的模范带头作用；

④ 积极践行“诚信、敬业、负责”为主要内容的职业道德，能够做到“知荣辱，守法纪，有礼仪，讲和谐，精技能，善合作，懂感恩，勤敬业，敢负责，做表率”；

⑤ 热爱专业，学习刻苦，本年度每学期各科期末总评成绩均在70分以上(含70分)；每月综合职业素养评分均在85分以上(含85分)；

⑥ 认真组织开展团组织的各项活动，团员教育评议良好以上；

⑦ 自觉遵守国家法律，模范遵守学校的各项规章制度，勇于开展批评与自我批评；

⑧ 积极参加各种社会实践活动。

2)评选范围：团支部委员、团总支委员、校团委会委员。

3)评定比例：团支部委员总数的30%；团总支委员总数的30%；校团委会委员总数的30%。

4)评定方法：按照评选细则的要求，系部推荐，校团委考核审批。

5)评选时间：每年3~4月。

(2)优秀共青团员

1)评选标准

① 热爱党、热爱祖国、热爱社会主义，坚持“三个代表”重要思想和社会主义荣辱观，坚持社会主义科学发展观，坚定共产主义理想信念，认真学习时事政治；注重自身思想政治水平的提高；

② 能够以共青团员的标准自觉要求自己；积极践行“诚信、敬业、负责”为主要内容的职业道德，能够做到“知荣辱，守法纪，有礼仪，讲和谐，精技能，善合作，懂感恩，勤敬业，敢负责，做表率”，充分发挥共青团员先锋模范作用；

③ 热爱专业，学习刻苦，取得了良好的学习成绩；本年度每学期各科期末总评成绩均在70分以上(含70分)；每月综合职业素养评分均在80分以上(含80分)；

④ 认真履行团的章程，自觉缴纳团费，积极参加学校及团组织的各项活动，完成任务好，在同学中能够起到先锋模范作用；团员教育评议良好以上；

⑤ 自觉遵守国家法律，模范遵守学校的各项规章制度，勇于开展批评与自我批评；

⑥ 积极参加各种社会实践活动。

2)评选范围：全校共青团员。

3)评定比例：团支部团员总数的10%。

4)评定方法：按照评选细则的要求，团支部召开全体团员大会，充分讨论，民主选举符合评选条件的团员；班主任在此基础上，进行综合评定，报经团委审核。

5)评选时间：每年3～4月。

(3)优秀社团干部

1)评选标准

① 具有良好的思想政治素质，认真贯彻执行学校学生社团管理规定；

② 对社团工作有强烈的责任意识和使命感，愿意为社团为同学奉献自己的力量；

③ 严于律己，以身作则，注意维护社团形象，能够在同学中起到模范带头作用；

④ 积极参加社团活动，在社团活动中发挥突出作用，成绩显著；

⑤ 积极参加社团建设，主动献计献策，积极参与社团内部事务的管理；

⑥ 代表学校或社团参加校内外有关比赛或在某方面工作有突出成绩；

⑦ 社团负责人必须在学期开学前两周内向团委提交本社团本学期工作计划；

⑧ 能较好地完成工作计划中的规定活动，做到活动前有计划，活动后有总结；

⑨ 每学期活动结束前，各社团负责人必须向社团联合会提交本学期的工作总结；

⑩ 认真参加社团干部每周工作例会，出勤率80%以上；每月综合职业素养评分均在75分以上(含75分)。

2)评选范围：学生社团负责人。

3)评定比例：每个社团1～2名。

4)评定方法：按照评选细则的要求，经社团内部民主选举，指导教师推荐，团委会社团部进行综合评定，报经团委审核。

5)评选时间：每年3～4月。

(4)优秀社团队员

1)评选标准

① 具有良好的思想政治素质，认真贯彻执行学校学生社团管理规定；

② 积极参加社团活动，在社团活动中发挥突出作用，成绩显著；

③ 严于律己，以身作则，注意维护社团形象，能够在同学中起到模范带头作用；

④ 积极参加社团建设，主动献计献策，积极参与社团内部事务的管理；

⑤ 代表学校或社团参加校内外有关比赛或在某方面工作有突出成绩；

⑥ 认真参加社团活动，活动中积极配合指导教师和社团干部的工作，具有良好的团队精神与合作意识，每学期出勤率在80%以上；每月综合职业素养评分均在70分以上(含70分)。

2)评选范围：参加学生社团时间在1个学期以上的成员。

3)评定比例：每个社团成员30%。

4)评定方法：按照评选细则的要求，经过社团指导教师推荐，团委会社团部此基础上，进行综合评定，报经团委审核。

5)评选时间：每年3～4月。

2. 综合评比系列

(1)三好学生

1)评选标准

① 具有坚定正确的政治方向，坚持党的基本路线，认真学习马克思列宁主义、毛泽东思想、邓小平理论和“三个代表”重要思想(学年内应2次被评为文明学生，并无违反纪律现象)；

② 善于学习和吸收新知识，热爱所学专业，勤奋学习，成绩优异(学年内获1~2次奖学金，各科总评成绩在80分以上)，每月综合职业素养评分均在85分以上(含85分)；

③ 积极参加社会实践、技能竞赛及其他文化活动，有较强的运用知识分析解决问题的能力和开拓创新精神，在某一方面有突出成绩；

④ 积极参加集体活动和社会工作，有优良的道德品质和良好的文明行为，模范遵守和执行《中学生日常行为规范》和学校有关规章制度；

⑤ 积极参加体育锻炼，有健康的身体、良好的卫生习惯及心理素质，达到《国家体育锻炼标准》(体育课考勤95%，体育成绩在中以上)。

2)评选范围：全校学生。

3)评定比例：不超过全班总人数15%。

4)评定方法：各班按条件民主选举，各系部审核，报学生处批准。

5)每学年评定一次，于下学年初完成。

(2)学生综合职业素养优秀(达标)证书获得者

1)评选标准

① 根据“学生综合职业素养训练考核评价标准”和“学生综合职业素养评分实施细则”，以素养课程、班级8S管理、晨训、礼训、校园文化活动、社会实践活动、实训8S管理、文明风采竞赛、安全能力训练等“九训”载体对学生综合职业素养进行考核评价，评价结果分为“优秀”、“达标”和“需努力”三个等级，对前两个等级的学生分别颁发“××训练优秀证书”和“××训练达标证书”。

② 学校每年向“九训”达标的学生颁发“年度综合职业素养达标证书”，向获得五项及五项以上“九训”优秀证书者，颁发“年度综合职业素养优秀证书”。

③ 向连续三个学年获得“年度综合职业素养达标证书”的学生，颁发“北京市商业学校综合职业素养达标证书”，向获得2个及2个以上“年度综合职业素养优秀证书”的学生，颁发“北京市商业学校综合职业素养优秀证书”。

2)评选范围：在全校学生中评选。

3)评定比例：符合条件均可。

4)评定方法：由学生处、团委会同德体美教学部、基础教学部、教务处、保卫处、各专业系部进行检查评定。

5)评选时间：每年评选1次，下年初公布结果并颁发证书。

3. 实习生评比系列

优秀实习生

1)评选标准

(1)实习生在企业实习期间，模范遵守学生实习守则、学校及企业的规章制度；

(2)在实习过程中，能够团结同事，关心同学，顺利完成实习期间学业，通过自身的素质与技能为学校赢得荣誉；

(3)高质量完成实习论文及答辩且成绩优良；

(4)在企业实习期间，认真完成各项任务并受到单位好评或奖励，实习鉴定优秀；

(5)积极参加学校及企业组织的各项活动，并取得优异成绩。

2)评选范围：按学校要求进入企业实习的实习生。

3)评选时间：每年的5~6月。

4)评选办法：由实习班主任与实习指导教师共同推荐，经过实习企业认可，报招生就业处、学生处研究确定。

4. 学生干部评比系列

(1)优秀学生干部

1)评选标准

① 有较高的思想政治素质，尊敬师长，团结同学，学习勤奋，成绩考核合格；

② 模范遵守学校各项规章制度，无任何违纪行为；

③ 热心社会工作，积极承担学生干部工作，并在学习生活中充分发挥先锋模范作用和示范带头作用；

④ 积极组织开展各项活动，热心为同学服务，有较强的工作能力和突出的工作成绩，在同学中有较高的威信；

⑤ 有强烈的事业心和责任感，工作中注重方式方法，能够创造性开展工作；

⑥ 每月综合职业素养评分均在80分以上(含80分)。

2)评选范围：班委会干部、学生会(分会)干部。

3)评定比例：不超过班级干部或学生会(分会)干部总数的20%。

4)评定方法：各班或学生会(分会)按条件民主选举，各系部审核，报学生处批准。

5)评定时间：每学年评定1次，于下学年初完成。

(2)月度优秀学生干部

1)评选标准

① 在1个月度内，工作认真负责，积极主动，高效优质或创造性完成指导老师及相关老师安排的各项工作任务；

② 按照学生干部“三单”(任务单、奖励单、过失单)制度规定，获得相应奖励的学生干部。

2)评选范围：校、系、班三级学生干部。

3)评选比例：全校各级学生干部总数20%。

4)评选时间：每月一评。

(3)优秀宿舍长

1)评选标准

① 在宿舍评比中，被评为和谐宿舍和优秀文明宿舍的宿舍长；

② 个人无违纪现象，宿舍考勤无误报现象，每月综合职业素养评分均在75分以上(含75分)；

③ 主动配合公寓老师工作，积极支持公管部学生干部工作，宿舍卫生、纪律成绩突出。

2)评选范围：任期在1个学期以上的学生宿舍长。

3)评定比例：公寓学生宿舍长总数的20%。

4)评定方法：根据评选标准，由学生公寓管理办公室推荐，报学生处审批。

5)评选时间：每学期评选1次，于下1个学期第1个月内完成。

(4)学生干部单项奖励

奖励类型有诚信奖、敬业奖、负责奖、创新奖、组织奖、工作最佳绩效奖、特殊贡献奖、社会工作奖、示范表率奖、公益奖等。

1)评选标准：在专项工作中工作成绩突出，表现优异。

2)评奖范围：校、系、班三级学生干部。

5. 校园文化活动评比系列

校园文化活动单项奖

1)评奖范围：积极报名参加学校、系部、班级、学生社团组织的各种学生文化体育及社会实践活动，并获得规定名次和奖项的学生。

2)评比时间：根据具体活动时间而定。

3)评奖比例：根据具体活动评奖办法而定。

6. 校园之星评比系列

校园之星

1)评比标准

① 热爱班集体之星：热爱班集体，能够积极参加集体活动，积极参与班集体管理，为班集体建设做出自己应有的贡献；

② 团结友爱之星(和谐之星)：能主动团结同学，尊重同学，帮助同学，与同学友好相处，关系和谐融洽，同学之间讲宽容，讲友爱、讲和谐；

③ 安全之星：自觉维护学校、系部、班级、宿舍及同学安全，发现安全隐患，及时报告，有强烈的安全意识，有较强的安全能力，有良好的安全习惯；

④ 学习之星：学习勤奋、刻苦、努力，成绩突出者，或者某一单科成绩突出者，或者参加自学高考和其他考试成绩突出者；

⑤ 职业技能之星：熟练掌握本专业技能，专业技能操作水平高；

⑥ 助人为乐之星：关心同学，赋有爱心，能够主动帮助有困难的人；

⑦ 劳动之星：热爱劳动，能积极主动参加集体劳动，并有突出表现；

⑧ 文明礼仪之星：言语文明，举止得体，谈吐大方，穿着整洁、朴素大方，仪容仪

表规范；

⑨ 拾金不昧之星：拾到他人钱物能主动上交老师或归还失主；

⑩ 遵规守纪之星：严格遵守国家法律法规，模范遵守学校各项规章制度，1 个学期之内无任何违纪违法现象及行为；

⑪ 体育之星：积极参加体育锻炼，积极参加班、系、校组织的各项体育活动并取得突出成绩，参加校体育运动队并完成日常训练，或具有某一单项体育特长；

⑫ 文艺之星：积极参加班、系、校组织的各项文艺活动、社团活动，并取得突出成绩，或具有某一单项文艺特长；

⑬ 诚信之星：为人诚实，惜时守信；

⑭ 负责之星：有强烈的责任心，对待工作认真负责，对待上级交办的任务按时保质完成；

⑮ 全勤之星：1 个学年之内无任何缺勤现象，出勤率 100%；

⑯ 社会工作之星：主动担任班、系、校各级学生干部或积极承担其他社会工作，能够本着“来源于同学，服务与同学”的宗旨，开展工作，在同学中有较高威信，工作中有突出事迹和表现；

⑰ 志愿服务之星：热心社会公益事业，积极参加各种校内外志愿服务工作；

⑱ 社会实践之星：积极参加各种校内外社会实践活动，并能够通过实践活动提高自身能力与综合素质，在活动中表现突出；

⑲ 人际交往之星：具有良好的人际交往能力，交际广泛，有较强的语言表达能力和公关能力，与人关系融洽；

⑳ 演讲之星：普通话标准，口语表达能力强，积极参加各种演讲、比赛并有优异表现；

㉑ 计算机之星：喜爱计算机并能够熟练使用计算机，在计算机方面有特长；

㉒ 厨艺之星：热爱生活，烹饪技术高超，在“校园之星”厨艺大赛中获奖；

㉓ 其他个性特长之星：可根据候选人的具体情况申报相应的校园之星。

2）评选办法

① 所有候选人由班主任、同学推荐或由本人自荐，名额不限，方式不限，类别不限，一人可申报多项校园之星；

② 推荐人负责撰写候选人主要事迹材料，要突出候选人的个性特长和突出成绩（表现），填写“校园之星”申报表；

③ 班主任对候选人的事迹材料进行审核，在申报表中填写意见后报所属系部主管学生工作的副主任处；

④ 系部主管学生工作的副主任对班主任报送的材料进行审核，签署意见后报送校团委；

⑤ 校团委根据候选人的表现决定是否授予该同学“校园之星”称号。

3）评选时间：月度评比，学期表彰。

7. 社会工作单项奖

1) 评奖标准：积极参加学校组织的各种文化、体育、技能以及社会实践活动，在活动中表现优异。

2) 评选时间：每学期评选 1 次，于下学期第 1 个月内完成。

3) 评选范围：每学期至少参加 3 项以上学生活动，包括学生社团活动。

8. 文明学生

1) 评选标准

① 严格遵守《北京市商业学校学生礼仪规范》，在同学中起到模范先锋作用；

② 月度综合职业素养评分均在 80 分以上，学期平均分在 85 分以上者为候选人。

2) 评选办法：经班级民主选举产生，得票需达 50% 以上；凡受到学校通报批评和纪律处分的同学，取消候选人资格。

3) 评选时间：每学期评选 1 次，于下学期 2 周内完成。

9. 礼仪标兵

1) 评选标准

① 模范遵守学生礼仪规范，在同学中起到示范引领作用；

② 礼仪考核在 80 分以上，学期平均分在 85 分以上者为候选人。

2) 评选办法：经班级民主选举产生，得票需达 50% 以上；凡受到学校通报批评和纪律处分的同学，取消候选人资格。

3) 评选时间：每学期评选 1 次，于下学期两周内完成。

10. 内务标兵

1) 评选标准

① 遵守纪律的模范；

② 内务规范的模范；

③ 文明礼仪的模范；

④ 团结互助的模范；

⑤ 持之以恒的模范。

2) 评选办法：根据个人表现和成绩，月评比，年汇总。

3) 评选时间：每学年评选 1 次，于当年年底完成。

（三）奖学金评比系列

1. 政府奖学金

1) 基本条件

(1) 热爱祖国，诚实守信，关心集体，热爱劳动，尊敬师长，道德品质良好；

(2) 遵纪守法，遵守学校的各项规章制度，无任何违法违纪行为，积极参加学校的各项活动；

(3) 积极上进，刻苦学习，努力掌握专业知识、技能，专业知识扎实，职业技能熟练。

2）评定对象：具有本市正式学籍、具有本市户籍的在校学生。

3）评定标准

（1）凡符合奖学金评定对象的基本条件，并具备下列条件之一的可颁发奖学金：

① 上一学年内所学课程考试成绩平均在85分或优良等级以上；

② 上一学年内在市级以上职业技能比赛中获一、二、三等奖；

③ 上一学年内获市级以上表彰的优秀学生。

（2）凡违反校规校纪者，未参加考试或因病免体者，取消该学年奖学金评比资格。

4）奖学金评定

（1）奖学金每学年评定一次（最后一个学年度学生定岗实习不参加奖学金评定）。

（2）每年的九月份以班级为单位，按照《北京市商业学校政府奖学金评审》标准进行评选审报。入围学生填写《北京市中等职业学校政府奖学金审批表》，系部审核后上报学生处，学生处审核后报上一级部门审批。

（3）审批合格的学生进行不少于5天的公示。

2. 校级奖学金

1）基本条件

① 热爱祖国，热爱商校，诚实守信，关心集体，热爱劳动，尊敬师长，团结同学，道德品质良好；

② 遵纪守法，遵守学校的各项规章制度，无任何违法违纪行为；

③ 积极上进，刻苦学习，努力掌握专业知识、技能，专业知识扎实，职业技能熟练；

④ 积极参加体育锻炼和学校组织的各项活动；

⑤ 每月综合职业素养评分在80分以上。

2）评选范围：全校学生（不包括实习生）。

3）评定标准

① 一等奖学金：上一学期内所学课程考试总评成绩各科在85分以上，体育成绩为“优”含85分以上。

② 二等奖学金：上一学期内所学课程考试总评成绩各科在80分以上，体育成绩为“良”75～84分。

③ 三等奖学金：上一学期内所学课程考试总评成绩各科在75分以上，体育成绩为“中”65～74分。

各系部可根据各班获奖比例在系部中进行调整。

4）评选比例

① 一等奖学金比例为班级总人数的5%；

② 二等奖学金比例为班级总人数的10%；

③ 三等奖学金比例为班级总人数的15%；

5）评选办法

① 以班级为单位，凡符合基本条件规定，可颁发一、二、三等奖学金；

② 以系部为单位，各班获奖比例可进行调整；

③ 每学期评定 1 次，于下学期完成。

3. 职业技能奖学金

1) 评奖范围：积极参加全国、市、学校、系部、班级、学生社团组织的职业技能比赛、大赛等，并获得规定名次和奖项的学生。

2) 评比时间：根据具体比赛时间而定。

3) 评奖比例：根据具体活动评奖办法而定。

4. 单科学习奖学金

1) 评奖范围：单科学习优秀，名列前茅；积极参加全国、市、学校、系部、班级、学生社团组织的单项比赛活动，并获得规定名次和奖项的学生。

2) 评比时间：根据具体情况而定。

3) 评奖比例：根据具体评奖办法而定。

5. 学习进步奖

1) 基本条件

① 热爱祖国，热爱商校，诚实守信，关心集体，热爱劳动，尊敬师长，团结同学，道德品质良好；

② 遵纪守法，遵守学校的各项规章制度，无任何违法违纪行为；

③ 积极上进，认真学习，努力掌握专业知识、技能，专业知识扎实，职业技能熟练；

④ 积极参加体育锻炼和学校组织的各项活动；

⑤ 每月综合职业素养评分在 80 分以上。

2) 评选范围：全校学生(不包括实习生)。

3) 评定标准：进步奖，上一学期内所学课程考试总评成绩有明显进步，且各科成绩及格以上。

4) 评选比例：进步奖不超过班级总人数的 5%。

5) 评选办法：每学期评定 1 次，于下学期完成。

四、奖励形式

1. 荣誉称号、授予证书、挂荣誉牌、宣传表彰。

2. 物质奖励。

3. 参与社会实践

(1) 寒暑假：寒暑假社会实践、专业实习、拓展训练、参观考察访问等。

(2) 节假日社会实践：专业实习、参观考察访问、拓展训练等。

4. 优先享受校内外的学习培训，如专家讲座、企业家培训、优秀毕业生报告会、技能培训(计算机、英语等)。

5. 优先参与学校外事交流活动。

6. 推荐信

(1)校长推荐信；

(2)系部主任推荐信；

(3)班主任推荐信。

7. 就业择优推荐

(1)优先推荐；

(2)多次推荐；

(3)终身就业援助。

五、评审部门职责

(一)学生处

1. 负责三好学生、优秀学生干部、优秀班集体、文明班集体的评定。

2. 相关档案资料的收集、整理与归档工作。

(二)团委

1. 校级优秀团支部、优秀学生干部、优秀共青团干部、优秀共青团员、优秀学生社团、优秀社团干部、优秀社团队员、月度优秀学生干部、学生干部单项奖的评定及奖励。

2. 各种校级学生活动奖励，校园之星的评定。

3. 学校社会实践活动的组织安排。

4. 相关档案资料的收集、整理与归档工作。

(三)各系部

1. 系部学生活动奖励，系部优秀学生干部评定，月度优秀学生干部评定，学生干部单项奖评定，校园之星推荐，校级三好学生优秀学生干部、优秀班集体、文明班集体的初评。

2. 系部社会实践活动的组织安排。

3. 各种奖学金的初评、推荐，文明学生的评定。

4. 相关档案资料的收集、整理与归档工作。

(四)班主任

1. 认真贯彻执行学校的各项规章制度，对学生进行遵规守纪的教育。

2. 加强班级日常管理和考勤管理，建立班规，指导班委会和团支部的工作。

3. 严格执行学生综合职业素养评分制度，对学生进行及时有效的奖励和处罚。

六、附则

1. 本管理办法由学生处负责起草，报教职工代表大会批准后正式下达，学生处归口管理。

2. 本管理办法根据需要不定期进行修订。校属单位、相关部门均有权根据业务需要对本管理办法内容提出修改意见，并提交学生处。学生处负责收集整理校属单位、相关部门提出的修改意见，并安排有关人员进行专题讨论，对修改信息进行全面评估后组织修订本管理办法及相关文件。

3. 本管理办法由学生处负责解释。

4. 本管理办法自2013年2月1日起实施，原管理办法同时废止。

南京高等职业技术学校学生勤工俭学工作制度

一、适用对象

具有学校正式学籍、家庭经济状况比较困难的学生。

二、申报办法

1. 个人写出书面申请、填写《南京高等职业技术学校学生勤工俭学申请表》，如实反映家庭的经济状况，由各系学生工作部门审查，系学生工作负责人签署意见，报校团委审核，由学校审批。

2. 经学校批准后，由校团委安排具体工作岗位。

三、限定条件

1. 勤工俭学者上岗后，无特殊情况要保质保量地完成所承担的工作，如有故意不完成工作的情况，减发勤工俭学金，情节严重者取消资格。

2. 勤工俭学期间因违纪而受纪律处分者，终止其勤工俭学工作。

3. 勤工俭学人员每学期调整1次。

4. 学期内学习成绩有两科不及格者，无资格申请勤工俭学工作。

四、工作安排与勤工俭学金

1. 工作岗位一般安排在校内的有关场所，人员、岗位调整由校团委负责。

2. 工作内容应为学生力所能及的范围，工作强度不至于影响勤工俭学者完成正常的学习任务。

3. 勤工俭学金额度由学校统一制定标准，岗位工作量由有关部门审核确定。

4. 勤工俭学金每月发放1次。

五、附则

学校原则上不鼓励学生在校外勤工俭学，如果学生确实需要在校外勤工俭学，必须由本人提出申请，家长签署意见，各系审核，由各系汇总后交校团委备案。

本制度自公布之日起实施，由校团委负责解释。

南京高等职业技术学校五年制高职四、五年级国家奖学金、国家励志奖学金、国家助学金管理制度(试行)

第一条　为激励学校学生勤奋学习、努力进取，在德、智、体、美等方面得到全面发展，根据《国务院关于建立健全普通本科高校、高等职业学校和中等职业学校家庭经济困难学生资助政策体系的意见》(国发〔2007〕13 号)、为贯彻落实《省政府关于建立健全普通本科高校高等职业学校和中等职业学校家庭经济困难学生资助政策体系的实施意见》(苏政发〔2007〕94 号)，根据《江苏省普通高校国家奖学金实施细则(暂行)》(苏财教〔2007〕135 号)和《江苏省普通高校国家励志奖学金管理实施细则(暂行)》以及江苏联合职业技术学院文件苏联院办(〔2008〕51 号)，制定本办法。

第二条　国家奖学金由国家出资设立，用于奖励本校全日制高职四、五年级学生中特别优秀的学生。

第三条　申请条件

(一)国家奖助学金的基本申请条件

1. 热爱社会主义祖国，拥护中国共产党的领导；

2. 遵守宪法和法律，遵守学校规章制度；

3. 诚实守信，道德品质优良。

(二)国家奖学金申请条件

1. 符合国家奖助学金的基本申请条件；

2. 在校期间学习成绩优异(获得校一等奖学金)，社会实践、创新能力、综合素质等方面特别突出。

(三)国家励志奖学金的申请条件

1. 符合国家奖助学金的基本申请条件；

2. 在校期间学习成绩优秀(获得校奖学金)且学校认定的家庭经济困难学生，生活俭朴。

(四)国家助学金的基本申请条件

1. 符合国家奖助学金的基本申请条件；

2. 勤奋学习，积极上进且学校认定的家庭经济困难学生，生活俭朴。

第四条　国家奖学金、励志奖学金每学年评审 1 次，实行等额评审，坚持公开、公平、公正、择优的原则。

第五条　获得国家奖学金、励志奖学金的学生为本校全日制高职四、五年级学生。同一学年内，获得国家奖学金的家庭经济困难学生可以同时申请并获得国家助学金，但不能同时获得国家励志奖学金。

第六条　国家奖学金的奖励标准为每人每年8000元，励志奖学金为每人每年5000元，国家助学金每人每年1000元、2000元、3000元三个档次。

第七条　各系可按照上述国家奖助学金的基本申请条件，根据《南京高等职业技术学校家庭经济困难学生认定制度》思想道德、学习状况、遵守校规校纪等具体指标对申请的学生进行评审推荐。

第八条　国家奖学金、励志奖学金的评审程序如下。

一、参评学生应提交的材料

(一)国家奖学金申请表；

(二)获奖证书；

(三)由教务处提供的成绩证明。

二、根据上级主管部门下达的国家奖学金名额，校受理系学生的申请材料，并组织评审。

三、系初审应依照本办法规定的程序和要求进行，坚持客观、公正、公平的原则，对国家奖学金评选材料进行审查，并提出初审意见。

四、各系评审结束后将名单报学生工作部学生处复审，复审结束后，形成正式名单在全校进行不少于5天的公示，公示结束无异议后，由学生工作部学生处上报江苏联合职业技术学院。

第九条　国家奖学金、国家励志奖学金、国家助学金在资金到位后的15个工作日之内一次性以现金形式(家长携带户口本和身份证领取)发放完毕。

第十条　国家奖助学金的免除　获奖学生有以下情形的免除其助学金：

一、重大违纪，因违反学院的规章制度，情节严重的，以下发的处分文件为依据，免除其奖学金；

二、因各种原因离开学校，不再继续就读的，如退学、入伍、死亡、开除等。

第十一条　凡是奖学金免除后的空余名额，各系必须根据在校学生重新进行评选，并依据本条例相关规定确定受助学生，公示后报学生工作部学生处资助管理中心。

第十二条　学生资助管理中心工作人员具体负责助学工作，一律不得以实物或服务等形式，抵顶或扣减国家助学金。

第十三条　建立专门档案，将学生申请表、佐证材料、受理结果、资金发放等有关凭证和工作情况分年度建档备查。

第十四条　积极与财务部门沟通，对高职四、五年级奖学资金、励志奖学金实行分账核算，专款专用，要求财务部门按要求设置核算科目，实行专款专用、专账核算，并接受审计、纪察部门的检查和社会的监督。

第十五条　本条例由学生工作部、财务处负责解释。

第十六条　本办法自公布之日二○○八年十月十一日起开始执行，由学工部负责解释。

8.4 依法保护学生合法权益

学校应当依法保护学生合法权益，平等对待学生，尊重学生的个体差异，促进学生全面发展。

——摘自《中等职业学校管理规程》第二十九条

制度案例

北京市商业学校学生申诉办法

南京高等职业技术学校学生教学信息员制度（试行）

厦门信息学校违纪受处分学生申请撤销处分暂行办法

北京市商业学校学生申诉办法

第一章　总　则

第一条　目的

为了加强教育法制建设，进一步推进依法治校，依法执教，维护学生合法权益，根据《中华人民共和国教育法》及其他有关法律的规定，特制定本办法。

第二条　适用范围

本管理办法适用于北京市商业学校学生管理。

第三条　规范性引用文件

北京市商业学校《学生工作管理制度》。

第四条　术语和定义

无。

第五条　职责

(一)学生处

1. 负责学生日常的教育管理服务工作，培养学生综合职业素养为核心的养成教育。

2. 对各系部德育及学生工作进行规划、指导、检查、监督、考评。

(二)各系部副主任

1. 负责本系班主任工作指导、培训、考核，班级日常管理与考核。

2. 学生日常综合职业素养考核评价、组织各项评优，对违纪学生进行教育、处理。

(三)班主任

1. 认真贯彻执行学校的各项规章制度，对学生进行遵守《中等专业学校学生守则》的教育。

2. 加强班级日常管理，建立班规，指导班委会和团支部的工作。

3. 严格执行学生综合素养评分制度，对学生进行及时有效的奖励和处罚。

(四)班委会

1. 严格检查、记录班级学生在校学习期间的表现情况，并如实向老师及系部汇报。

2. 协助老师，参与班集体的建设与管理。

第二章　学生申诉办法

第六条　为了加强教育法制建设，进一步推进依法治校，依法执教，维护学生合法权益，根据《中华人民共和国教育法》及其他有关法律的规定，特制定本办法。

一、学生申诉委员会

学生申诉，是指学生在其合法权益受到侵害时，依照《中华人民共和国教育法》及其他有关法律的规定，向主管的行政机关申诉理由，请求处理。

学校设立校内学生申诉委员会，由校长办公室、学生处、团委、学生会、家长委员会等组织委派代表组成。校内学生申诉委员会是学校处理校内学生申诉的决策机构，其成员可以接受申诉人提出的书面申诉。

二、学生申诉范围

(一)对学校给予的处理，包括学籍状况、学业、思想品德成绩评定、违纪处理、按照国家有关规定获得奖学金、助学金的权利受侵害等，学生有异议，有权提出申诉。

(二)对学校、教师侵犯其人身权，提出申诉。

(三)对学校、教师侵犯其合法财产权利，提出申诉。

(四)对学校、教师侵犯其知识产权，提出申诉。

(五)对学校、教师侵犯其法律、法规规定的其他权利，提出申诉。

三、学生申诉处理程序

(一)学生提出申诉(口头或书面)。校内学生申诉委员会对符合条件的决定受理；不符合受理条件的通知被申诉人，不予受理，并说明理由。

(二)校内学生申诉委员会成立调查组，对申诉的内容调查、核实。

(三)在对申诉事项进行全面调查、核实的基础上，校内学生申诉委员会在收到申诉书的次日起30个工作日内，作出处理决定，并以书面形式通知当事人。

(四)申诉人服从处理决定，申诉案件终止；不服处理决定，申诉人可以自收到申诉处理决定书之日起15日内以书面形式再次提出申诉。校内学生申诉委员会30日内作出书面处理决定书。对再处理决定不服者，申诉人可以依法申请行政复议；或到人民法院提起行政诉讼。

(五)申诉人服从处理决定，申诉案件终止，整理案卷，归档；申诉人不服处理决定，经过复议、诉讼程序，最终结案。

第三章　附　则

第七条　制度的起草与归口管理。本管理办法由学生处负责起草，报教职工代表大会批准后正式下达，学生处归口管理。

第八条　制度的修订。本管理办法根据需要不定期进行修订。校属单位、相关部门均有权根据业务需要对本管理办法内容提出修改意见，并提交学生处。学生处负责收集整理校属单位、相关部门提出的修改意见，并安排有关人员进行专题讨论，对修改信息进行全面评估后组织修订本管理办法及相关文件。

第九条　本管理办法由学生处负责解释。

第十条　本管理办法自 2013 年 2 月 1 日起实施，原管理办法同时废止。

南京高等职业技术学校学生教学信息员制度（试行）

教学质量监控是教学质量管理的重要环节，是及时了解教学动态，反馈教学信息，指导师生改进教与学的重要手段。为进一步健全我校教学质量监控体系，了解我校教与学的实际情况，发挥教学质量监控的重要作用，特制定本制度。

一、学生教学信息员的工作职责

(一) 认真参加学校组织的相关教学培训，并将有关学习要求转达给本班同学。

(二) 经常了解本班同学对学校和任课教师教学工作的意见和建议，定期向学校教学管理部门汇报。

(三) 协助学校、专业系(部)、教研室、班主任和任课教师的教学工作。

(四) 协助学校教学管理部门做好每学期的学生评教工作。

二、学生教学信息员的任职条件

(一) 工作认真负责，具有一定的组织、协调和表达能力。

(二) 学习成绩优良，每学期无随意迟到、早退、旷课及其他违纪行为。

(三) 身体健康，精力充沛。

三、学生教学信息员的任命程序

根据任职条件，经班主任推荐、教学科研部批准后公布。

四、学生教学信息员的表彰

每学年对于工作表现较好，对学校教学工作提出建设性意见的信息员给予通报表扬，对其中工作成绩显著者给予一定的学分奖励。

本规定自下发之日起实施，由教学科研部负责解释。

厦门信息学校违纪受处分学生申请撤销处分暂行办法

第一条　申请撤销处分的条件

1. 违纪受处分学生申请撤销处分需积极参与学校各类志愿服务和社会实践活动，按时修满法治教育、校规校纪教育课时，方可申请撤销相应级别处分。

2. 各级处分申请撤销所需课时数：警告处分 5 个课时、严重警告处分 10 个课时、记过处分 15 个课时、留校察看 20 个课时，签订试读协议 25 个课时。

第二条　课时的分类和获得

1. 教育课时：学生受处分后，由专业部德育部长、班主任对其进行法治教育、校规校纪教育，经教育后学生对所犯错误有深刻的认识，并有改正错误的实际表现，经班主任签字确认即认为修满 2 个课时。

2. 学习课时：学生受处分后，课堂表现、学习成绩有明显进步，经科任老师签字确认即认为修满 2 个课时。

3. 获奖课时：积极参加由学校组织的各类学生专业技能、文化、艺术、体育竞赛等活动并获得荣誉奖项的(三等奖以上)，经德育部长签字确认，教学部级、校级荣誉认为修满 2 个课时，市级荣誉及以上认为修满 3 个课时。

4. 义工课时：参加学校的校园义工活动，获得相应的校园义工课时证明。

5. 其他课时：在学校重要活动中有立功表现的，经德育科签字确认认为修满 1 ~3 个课时。

第三条　申请撤销处分

1. 每申请撤销 1 个等级处分的所需课时中教育课时、学习课时均不超过 2 个课时，获奖课时不超过 3 个课时。

2. 申请撤销处分的课时不得重复使用。

3. 申请校园义工的同学向班主任、专业部德育部长、德育科、团委会、生管组等部门提出申请，由相关部门安排义工活动内容并负责活动成效考核。

4. 学生获取足够的课时后即可由班主任 OA 提交申请撤销相应的处分，并将课时证明作为附件一并提交。

8.5 学生公寓管理

学校应当加强后勤管理工作，创新后勤服务管理机制，促进后勤服务社会化，提高服务质量和效益。

——摘自《中等职业学校管理规程》第四十三条

学校应当依照有关规定，做好膳食、宿舍管理等后勤保障工作，为师生提供优质服务。

——摘自《中等职业学校管理规程》第四十四条

制度案例

上海信息技术学校学生公寓管理规则

上海信息技术学校学生公寓管理基本规范

北京市商业学校学生公寓管理规定

厦门信息学校住宿生量化管理办法

厦门信息学校宿舍安全制度及住宿生违纪处分办法

南京高等职业技术学校住校生管理办法

上海信息技术学校学生公寓管理规则

第一章　总　则

第一条　学生公寓是学生日常生活与学习的重要场所。为全面改进和加强学生公寓的物业管理和学生的日常行为管理，保证学生在公寓内人身和财物安全，维护公寓内的正常学习秩序和生活秩序，促进学生身心健康发展，特制定本条例。

第二条　本条例中，学生公寓是指学生居住的宿舍楼，寝室是指学生所居住公寓楼内的标准房间。

第二章　公寓内设施、物品的管理

第三条　为了便于管理，学生公寓由女生公寓楼和男生公寓楼构成。每个公寓均有出入口，并设有公寓管理值班室(含安保室)，根据场所设施条件逐步设置活动室、会客室；公寓管理楼值班人员负责管理区域内的学生日常管理和安全保障等工作；会客室用于学生接待来访客人和公寓内人员开会、培训，活动室用于公寓内学生文化创建活动。

第四条　学生公寓内设施因建设时间不同配置的设备不同。标准公寓每套设有房间、盥洗室和卫生间。每个房间按实际居住人数配备双层床或上床下桌、多用书橱桌、椅子；盥洗室配备洗漱用水龙头和冷水淋浴水龙头。

第五条　每栋公寓配备有开水间、热水淋浴间和洗衣房，学生热水沐浴，费用按规定收取，学生自行在“学生事务中心”购买充值卡或充值。

第六条　水、电由学校提供，提倡节约用水、用电，反对浪费。

第三章　学生住宿、退宿规范

第七条　新生入学后，必须到学生处学生事务中心公寓管理老师处办理住宿手续，填写《上海信息技术学校学生公寓住宿申请表》，并经系部、班主任、家长签字认可，学生处审核批准，到财务处交纳住宿费后，领取钥匙方可入住，管理老师负责统一安排入住并为每位同学填制床卡。住宿学生应服从并配合公寓管理值班人员的管理，按指定房间和床位住宿，未经管理人员同意，不得擅自调换或强占他人床位。

第八条　学生入住公寓的住宿费执行《上海信息技术学校学生公寓住宿费收费标准》，并按学期收取，必须在每学期开学时和学费一起交齐。

第九条　寒暑假期间学生留校，按照《上海信息技术学校学生申请住宿流程》执行。

先本人申请，并填写《上海信息技术学校学生公寓留宿申请表》，经系部审核、学生处批准后，由公寓管理老师负责统一安排住宿。

第十条　学生在休学、退学、出国、毕业时，应在接到通知后一周内到学生事务中心公寓管理老师处办理退宿手续，填写《上海信息技术学校学生公寓退宿申请表》，其所住寝室设施等经管理人员清点、检查，如有缺损，需按规定交纳赔偿金后方可办理退宿手续。学生未按规定办理退宿手续或退宿后未及时搬走者，其遗留物品因清扫、维修、寝室另作他用等原因造成的损失由其本人负责。

第十一条　学生公寓仅供就读期间的学生使用，其他人员一般不安排住宿。确需住宿的，应书面提出申请，填写《上海信息技术学校学生公寓特殊人员住宿申请表》，经相关部门负责人签署意见，学生处审核批准后，由公寓管理老师根据条件安排住宿，并按住宿标准收取住宿费。

第十二条　在校学习期间，家住外地或距离学校较远的学生，原则上不得提出校外住宿要求。学生如有特殊原因要求不在校内学生公寓住宿者，必须向学生处提出书面申请，系部、班主任、家长签字同意。学生处审批，并需签订校外住宿承诺协议，批准后学生在外住宿若发生违法违规问题，学校不承担法律责任。住宿学生办理了入住手续又私自到校外住宿者，一旦发现按照校纪校规处理，发生违法违规问题，责任由学生及家长承担。

第十三条　公寓管理老师有权对住宿床位实行动态调整。对因学生未报到、毕业、休学、退学、出国或其他等原因而空出的床位及时加以调整，住宿学生必须服从安排和调整。

第四章　公寓管理基本规范

第十四条　按照《上海信息技术学校学生公寓目标管理办法》执行。

第十五条　寝室内物品应按规定摆放整齐，保持整齐美观。盥洗间口杯、牙刷、脸盆毛巾、水瓶、箱包等按规定要求放置，书本等学习用品和茶杯等放置在本人自修桌上，寝室内的拖把、扫帚、簸箕等卫生工具放置在公用指定位置；被子统一叠成方块形放在床靠窗户一端，枕头放在另一端，床面清洁平整；双人床床下除并列摆放整齐的鞋子和衣箱外，不允许摆放或弃置其他物品。

第十六条　在季节更替时，各寝室挂蚊帐、收蚊帐应统一。夏季不用的垫被、盖被、棉衣等必须包裹捆扎好，装入行李袋放置指定的地方。

第十七条　寝室内门窗及所有物品必须保持清洁、透明，不得私自粘贴遮蔽。每周二下午进行彻底清扫，平时做好日常保洁，卫生标准：地面必须保持干净、无尘、无水、无纸屑杂物、无污迹；墙面清洁、无蛛网吊灰、墙壁上不乱贴、乱画；不允许敲钉入墙入门入床、乱挂衣物。卫生间(及女生公寓阳台)须保持卫生、整洁，无异味。自备的家具不得搬入寝室。走廊、盥洗室不得堆放杂物。

第十八条　桌椅、脸盆架、放物架、水龙头等公用设施必须按规定的方法正确使用，保持完好。门锁不得擅自更换，如有问题及时报修。

第五章　公寓学生行为规范

第十九条　自管社团。学生公寓成立学生公寓自管社团，协助物业公司、学生处做好本公寓的管理工作。各寝室长全面负责本寝室的纪律、卫生等日常管理工作。寝室长由班主任和宿管老师协商确定产生，任期一学年。

第二十条　组织安排。寝室长应排定卫生值日表和分工责任区；值日生每天负责拖扫本室及寝室内公共场所地面，擦洗门窗，督促本室成员整理好个人内务；值日生还须每天清扫卫生间，将废纸、垃圾装袋后放在指定地点；每周二下午寝室内全体成员彻底进行寝室卫生大扫除1次。

第二十一条　爱护公物。寝室内门窗、玻璃、桌椅、床橱、寝室标识牌、水电设施等公共设施应爱惜使用、保管，不得私自拆装或挪移。如有自然损坏，应及时与公寓管理(或值班室)老师联系报修。保持厕所内用水管道畅通，严禁向水池、厕所内乱扔杂物。

第二十二条　讲究卫生。学生公寓楼公共场所(包括走廊、楼梯)由物业管理公司清理；寝室内卫生由住宿学生轮流值日，共同保洁。不得向窗外、阳台外或走廊上泼水、乱丢果壳、纸屑等杂物。寝室内的垃圾清扫后应及时自行带至楼外垃圾桶处倾倒，保持公寓楼内走廊、楼梯全天24小时无垃圾。寝室内不得饲养任何宠物，禁止将饭菜带入寝室。

第二十三条　美化环境。寝室内家具和生活用具须擦拭干净、摆放整齐，保持整齐美观。室内布置力求简洁大方，格调健康。严禁在公寓楼内包括寝室内乱张贴、涂抹及其他污染寝室内外环境的行为。允许根据个人需要和爱好进行一些不破坏墙体和床具柜桌、不影响整洁的高雅高品位室内装饰物摆放和种植绿色盆栽。

第二十四条　文明习惯。合理安排作息时间，养成良好的生活习惯。按时起床，起床后整理好自己床铺，值日生清扫室内卫生后迅速离开寝室；公寓大门关闭时段禁止学生入内，特殊情况需办理有关请假手续并登记；晚熄灯后禁止大声喧哗、放音响等影响他人休息的活动。寝室内禁止赌博、酗酒，严禁起哄闹事、抛扔杂物。寝室内不准打球、踢球等。严禁在寝室内收藏、传播、观看危害国家安全或扰乱社会生活秩序或不健康的书刊、影碟、网上信息。住宿学生应自觉服从并配合卫生和秩序检查。在公寓内组织的集体活动须经学生处批准。未经学生处批准，不得私自张贴通知、海报等各类印刷品或宣传品。

第二十五条　节约水电。住宿学生应注意养成人离寝室随手关灯、断水的习惯。

第二十六条　注意安全和自我防范。离开寝室必须随手关、锁门；任何人不得将寝室钥匙转借他人，或带非住宿人员进入公寓，不得私自调换、配制门锁或另加门锁，如门锁有问题，报告公寓管理(或值班室)人员进行处理。个人贵重物品自行妥善保管，现金存入银行。发现可疑人员应及时报告值班人员或管理老师。

第二十七条　增强消防意识。任何人不得擅自挪用楼内消防器材，禁止在寝室内动用明火(如点蜡烛、燃烧纸张、垃圾、点煤油炉、酒精炉等)，严禁使用电炉、电热杯、热得快、电水壶、电熨斗、电饭锅、电褥子、电吹风等大功率加热电器。禁止私自拉接电源。任何人不得在寝室内烧煮饭菜。如遇火灾等紧急突发情况，请按《上海信息技术学校学生公寓消防逃生线路》，有序逃离危险现场。

第二十八条　禁止经营。学生公寓内严禁经商、做广告等活动。未经学生事务中心老师批准，任何人不得在公寓楼内从事销售、租赁、修理等一切经营活动。不准在寝室内散发、张贴广告和传单等。

第二十九条　门禁管理。积极维护公寓治安秩序。住寓学生出入公寓楼必须佩戴标志牌和住宿证明，服从值班人员的检查。除由学校、系部、班主任和维修人员进行的常规检查、维修等日常工作外，所有外来人员(包括学生家长)来访，必须持有效证件在公寓值班室进行登记，并注明进入和离开时间。会客时不得影响周围同学的正常作息。来访人员须在规定的时间前离开。任何人不得私自在寝室内留宿他人。严禁来访人员进入异性居住区。

第三十条　登记制度。学生迟回寝室，一律凭学校统一制作的学生标志牌登记并说明原因(因公迟回的学生必须持有关部门或系部、班主任出具的证明)方可进入公寓，禁止学生翻越公寓窗户进入。

第三十一条　就寝秩序。学生应按时回自己所住寝室就寝，严禁擅自夜不归宿。学生因故必须在外住宿的，必须事先办理有关请假手续，持有标志牌和住宿证明到所在公寓管理值班室处登记，返回后及时到所在公寓管理值班室登记销假；双休日及法定节假日回家住宿的学生，必须在双休日及法定节假日结束当天晚上9：00前及时返回学生公寓，晚回学生应到所在公寓管理值班室登记，说明原因，否则按逃夜处理。

第六章　公寓管理奖惩办法

第三十二条　每学年按《上海信息技术学校学生公寓文明寝室规范标准》对学生寝室进行考核评比。宿舍管理人员每天中午、下午两个时段对寝室进行检查评分，每学期进行一次评比，按得分高低确定文明寝室。凡荣获“文明寝室”称号的寝室，学校在每学期“创、建、做”表彰活动中，给予表彰和奖励。

凡未能达标的寝室，该寝室所有成员学期内8小时公益劳动德育学分认定为不合格，同时取消个人评奖评优资格。

第三十三条　故意损坏公寓内的公用设施以及造成他人财产、公共财产损失的，一经查实须照价赔偿；造成共有财产、公共财产损失、寝室内责任不清的，由寝室成员共同赔偿；对有故意损坏行为者，视情节轻重，依据《上海信息技术学校学生违纪处分条例》有关条款给予处分。

第三十四条　对在公寓内有违反《上海信息技术学校公寓管理条例》有关规定者，公寓管理老师有责任行使管理权和教育权，责令或帮助其纠正行为。对不服从管理者，公寓管理老师须及时向学生处和有关系部门反映，情节严重的，将依据《上海信息技术学校学生违纪处分条例》有关条款给予处分，或者劝其退宿。

第七章　附　则

第三十五条　相关附表(略)。

第三十六条　本《规则》由学生处负责解释。

第三十七条　本《规则》自颁布之日起试行。

上海信息技术学校学生公寓管理基本规范

一、总体要求

按照上海市《高等学校学生公寓管理服务规范》要求，根据学校学生公寓管理的实际情况，对部分内容进行修改，制定《上海信息技术学校学生公寓管理基本规范》(以下简称《基本规范》)。本《基本规范》对学校学生公寓管理服务的基本要求、配套设施、日常管理、安全管理、能源管理、服务要求、思想文化教育、突发公共事件应对、管理服务评估与改进等方面进行了具体的要求。

二、规范性引用文件

下列文件对本《基本规范》的应用必不可少。凡是注日期的使用文件，其所注日期的版本适用于本文件。凡是不注日期的引用文件，其最新版本(包括所有的修改单)适用于本文件。

1. GB 2894 安全标志及其使用导则；

2. GB 13495 消防安全标志；

3. DB 32/319.6 重点单位重要部位安全技术防范系统要求第 6 部分：学校、幼儿园；

4.《中华人民共和国消防法》；

5.《物业管理条例》；

6.《高等学校消防安全管理规定》；

7.《上海市突发公共事件总体应急预案》。

三、学生公寓管理服务内容

学生公寓管理服务是指对学生公寓配套的设施设备及相关场地进行安全检查、维护保养、报修和管理，预防为主，排除隐患，保证设施设备的正常运转；维护公寓区域内的环境卫生和生活秩序，并对住宿学生进行安全教育、违纪管理、生活指导和服务等活动的总和，有委托管理服务部门和学校有关部门分工协作完成。

四、学生公寓管理服务规范要求

（一）制度规范

1. 委托管理服务部门必须依法规范员工的工作和行为。

2. 定期对员工进行相应的岗位培训和考核，建立人员工作规范、质量管理目标、考核评估制度和奖惩办法。

3. 主要管理服务制度在显著位置公示，日常工作记录规范完整。

4. 学校建立学生公寓安全管理制度、日常生活管理服务制度、设备设施管理维护制度、学生公寓卫生检查制度、住宿与退宿管理制度等规范制度。

5. 建立学生公寓文明行为规范制度和学生自我管理组织规范制度。

6. 建立信息化管理、沟通平台和运行机制，形成具有学校学生管理服务特色的工作信息管理系统。

（二）管理规范

1. 委托管理服务部门需按照《基本规范》和管理服务承诺及确定的服务项目及质量标准，实施公寓管理区内管理、服务、育人工作。

2. 委托管理服务公司需要按照《委托管理服务合同》要求，配备相应的管理和工作人员，并制定相应的岗位职责和考核标准要求，必须将管理和工作人员信息情况送学校学生处备案。

3. 按照学校与住宿学生签订学生公寓住宿协议内容，进行管理和服务。

4. 管理服务人员应能辨识本公寓的住宿学生，并制止异性或外来人员留宿。

5. 做好假期留校学生的管理服务工作。

6. 做好新生入住、毕业生离校、学生搬迁调整等管理服务工作。

（三）工作规范

1. 门卫管理

(1)学生公寓实行 24 小时门卫值班制度，封闭式管理。学校师生进、出学生公寓需要凭有效证件，异性学生和外来人员不得随意进入学生公寓。管理员必须认真核对、登记证件，严格把关，并随时巡查；每天做好值班记录和交接班记录，发现异常情况及时上报学生处值班老师。遇突发事件需按照学生公寓突发事件处理预案及时处理，杜绝恶性治安事件发生，确保学生人身和财产安全。

(2)严格执行学生公寓作息时间。按时启、闭门。对会客、晚归、逃夜、请假等，坚持验证、登记制度，实施查夜制度，做好晚归、外出不归学生的统计工作并及时上报学生处。

(3)熟悉住宿学生情况，积极配合学校，按照学校学生行为规范标准要求，对标志牌、校服等规范进行督促、检查，不符合规范标准要求的学生进行登记、反馈；掌握学生的思想动态，及时做好引导、说服、教育工作，做到管理育人、服务育人，及时向学生处负责老师反映学生在公寓内的表现和动态。

(4)门岗值班人员坚守工作岗位、认真履行岗位职责，特别是重点时间段，不得随意离岗做其他无关事情。

2. 环境卫生管理

(1)学生公寓门厅内外及楼梯、走廊地面、墙面等公共场所清洁，无垃圾、无痰迹、污迹、蜘蛛网、积灰，门窗干净。保持学生公寓内外环境整洁，无脏乱现象。

(2)公共厕所、洗衣房、盥洗室、值班室清洁无异味、无积水、无痰迹污迹；墙面无蜘蛛网、无积灰、无乱悬挂、无乱张贴等现象；门窗干净，洁具定置到位。

(3)管理区域范围内的垃圾、垃圾桶及时清理，生活废水管道的定期疏通(不含化粪池粪水的清运)。

(4)管理人员每天(含双休日)对责任区域进行两次保洁工作，并达到规定的清洁标准。定期做好值班室被套、床单的换洗工作。每天清洗更换被套、床单一次，每年清洗窗帘一次。

3. 寝室内务管理

(1)每天督促学生按时起床、整理内务和卫生清扫。

(2)定时严格检查学生寝室、环境卫生，并公布卫生检查及目标管理成绩，对卫生不达标的寝室及时提醒、督促整改。

(3)每天定时巡视楼层，有效制止学生在公寓内吸烟、酗酒等不文明现象，促进学生文明行为的养成，对违纪和不文明行为学生进行批评教育，并将有关情况予以记载、上报。

4. 设施设备管理

(1)建立设施设备台账，编制维护保养计划及健全维护保养记录。

(2)严格报修制度，建立报修档案。报修及时、快速，紧急报修响应不超过半小时，一般报修半个工作日内，并督促完成，一般零星维修当日解决，其他维修约时解决。确保学生学习、生活正常。

(3)定期对水电设施、床铺、桌凳等各类公用设施进行检查、维护并做好台账记录。

(4)对维修工作进行监管、验收和评估，做好台账登记等工作。

(5)对学生进行节水、节能、环保等方面的宣传教育，做好相应的台账和数据管理。

5. 安全管理

(1)学生公寓内不得存放易燃、易爆、易腐蚀、细菌和病毒标本、剧毒及具有放射性等危险物品，不得在学生公寓楼内做实验。

(2)学生公寓内不得焚烧物品、私拉电线、私设灯头。

(3)学生公寓内不得使用燃气炉、酒精炉、蜡烛等明火器具。

(4)学生公寓内不得使用危害消防安全、人身安全等大功率电器。

(5)不得擅自挪动消防器材，做好消防器材保养保修，确保消防器材处于良好状态。

(6)经相关法律法规、本规范及学校保卫部门认定不得带入学生公寓或不得在学生公寓内使用的其他物品。

（7）学生公寓实行安全24小时值班，晚间设置安保、消防值班岗位，安保消防值班人员定时巡视，加强安全、消防管理，及时处理安全、违纪等事件，做好值班记录。

（8）消防值班管理人员，应熟练使用消防器材，指导学生掌握火灾逃生的方法。

（9）定期组织学生学习消防法规和各项规章制度，提高学生“识险避险，自救互救”的安全意识和防护能力。

（10）定期对学生进行消防安全教育培训，使学生掌握各类消防设施设备的使用方法，每学年至少进行1次消防应急逃生演练。

（11）防火门保持常闭，消防泵、应急照明、机械排烟送风、火灾事故广播等设施处于自动状态，并定期组织检查、测试、维护和保养。

（12）学校逐级落实安全责任制，坚持巡视、检查制度。学校安保部门每月至少进行1次全面的安全检查，检查内容包括疏散通道和安全出口畅通、疏散指示标志清晰、应急照明完好、消防器材齐全，发现问题应及时报告整改，并跟踪整改结果。

6. 生活指导服务

（1）学生公寓楼内为方便学生，提供开水、公共热水淋浴、洗衣等服务设施。

（2）学生公寓管理服务人员应及时向学生公布各类生活服务、指导信息。

（3）做好学生军训、开学、毕业离校等特殊时间节点的服务与管理工作。

（4）对生活困难、生病等特殊需要照顾的学生，及时提供帮助。

（5）鼓励系部领导、班主任等相关部门的工作人员深入学生公寓，开展思想文化教育。

（6）进驻学生公寓工作的学生干部和教师，在学生公寓的值班和住宿期间，应深入学生寝室，进行思想文化教育，维护学生公寓文明和谐、安全稳定的生活和学习环境。

（7）成立由学生参与民主管理的学生自主管理组织，倡导学生自我管理、自我教育与自我服务。

7. 寝室文化建设

（1）逐步设置专供开展文化活动的场地和相应的设施，开展学生公寓文化、艺术、体育和实践等活动。

（2）学生公寓的门厅、楼道、走廊环境、居住房间布置整洁美观，健康高雅，突出学校文化内涵和环境育人功能。

（3）定期修订、编印《学生公寓管理手册》、宣传资料，建立学生公寓信息管理与沟通平台，及时发布学生公寓信息与学生互动沟通。

（4）定期开展各类公寓主题活动和评比，宣传典型，表彰先进，营造良好的氛围。

（5）文化引领，指导住宿学生遵守学生公寓管理的相关规章制度，自觉履行义务，做到遵纪守法，文明住宿，培养学生养成良好的行为规范和生活习惯，引导同学之间团结友爱，和睦相处，互相关心和帮助。

（6）指导学生积极开展各类寝室文化创建活动。

（7）引导学生尊重学生公寓管理服务人员，配合管理服务人员工作，珍惜管理服务人员劳动成果。

8. 突发事件应急处理

(1)根据《上海信息技术校校园突发事件应急处置预案》〔沪信技校办〔2011〕32 号〕的要求，结合学生公寓特点，建立处置各类突发公共事件的应急预案，确保处置规范、及时。

(2)应急预案应规定处置的流程和方法，主要包括但不限于可能导致突发事件的相关信息、事件预警、预案启动、应急处置、善后处理、工作的评估与改进。

(3)应急处理流程如下图。

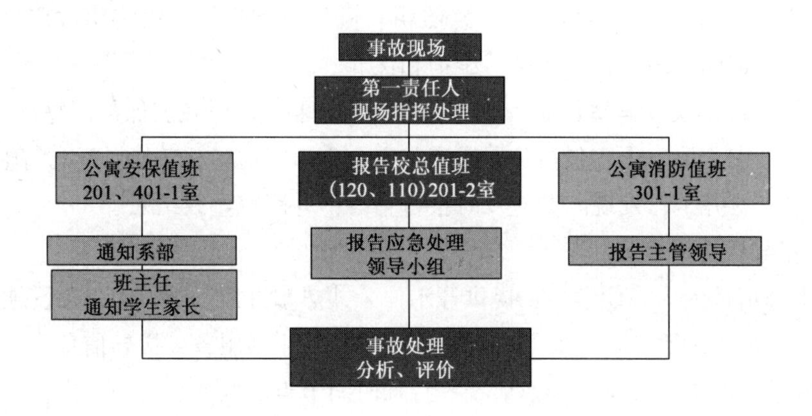

(4)在突发自然灾害、治安、消防安全事件和群体性事件等情况下，第一责任人现场统一指挥，按照《学生公寓消防逃生线路》或治安处理工作流程，及时引导、安抚学生，并根据《突发事件应急处理流程》妥善处置。

(5)治安违纪事件，报告公寓安保值班，由学生处值班或公寓安保负责老师处理，结果及时报学生处负责。

(6)消防安全事件，报告公寓消防值班，由安保部值班老师或负责人处理，结果及时报安保部负责。

(7)自然灾害和群体事件，报告总值班，由总值班领导处理，结果及时报校园应急处理领导小组主管领导。

9. 学生公寓管理服务评价

(1)学生公寓管理委员会每学期按照学生公寓管理服务目标内容，对管理服务的实施效果进行考核评价，评价对象主要为委托管理服务公司、学生处公寓管理、安保部和总务处。

(2)考核评价主要是对服务对象进行满意度测评，测评视具体情况采用自我测评、师生测评和第三方测评等多种方式进行。

评价满意度 = 自我评价 20% + 学生评价 30% + 班主任 20% + 公寓管理委员会 30%

由学生处负责测评和汇总，并提供原始数据分析，整改措施。

(3)根据测评结果，公寓管理委员会制定改进措施，完善服务规范，提高服务质量。

(4)管理服务工作考核评价目标。

① 委托管理服务单位(物业公司)：管理服务综合满意率90%，大于等于98%以上，给予一定费用的奖励。

② 学生处：一般学生治安违纪事件及时、妥善处理，无遗留问题。

③ 安保部：学生公寓无重大治安、消防安全责任事故。

④ 总务处：学生公寓设施设备维修及时，维修满意率90%。

⑤ 学生公寓管理委员会：服务对象投诉、处理率100%。

北京市商业学校学生公寓管理规定

第一章　总　则

第一条　目的

为加强学生公寓管理，保障学生生命及财产安全，营造整洁、温馨、高雅、团结、文明、和谐的学习生活环境和校园秩序，坚持“七化”原则和“8S”管理标准，特制定以下规定。

第二条　适用范围

本管理办法适用于北京市商业学校学生公寓管理。

第三条　规范性引用文件

北京市商业学校《学生工作管理制度》。

第四条　术语和定义

无。

第五条　职责

(一)学生处

1. 负责学生日常的教育管理服务工作，以培养学生综合职业素养为核心的养成教育。

2. 对各系部德育及学生工作进行规划、指导、检查、监督、考评。

(二)各系部副主任

1. 负责本系班主任工作指导、培训、考核，班级日常管理与考核。

2. 学生日常综合职业素养考核评价、组织各项评优，对违纪学生进行教育、处理。

(三)班主任

1. 认真贯彻执行学校的各项规章制度，对学生进行遵守《中等专业学校学生守则》的教育。

2. 加强班级日常管理，建立班规，对学生的住宿生活给予指导。

3. 严格执行学生综合素养评分制度，对学生进行及时有效的奖励和处罚。

(四)班委会

1. 严格检查、记录班级学生在校学习、生活期间的情况，并如实向老师及系部汇报。

2. 协助老师，参与班集体的建设与管理。

第二章　学生公寓管理规定

第六条　为加强学生公寓管理，保障学生生命及财产安全，营造整洁、温馨、高雅、团结、文明、和谐的学习生活环境和校园秩序，坚持“七化”原则和“8S”管理标准，特制定以下规定。

一、考勤管理

1. 严格遵守作息时间，按时起床、出操、上课、就寝；住宿学生必须在规定时间内离、返宿舍。

2. 上课或课间一律不准回宿舍，学生生病必须有医院诊断证明或校医务室诊断证明，并由班主任或系部副主任签字，方可进入公寓。特殊情况必须经班主任和系部副主任共同批准并签字，学生持批条才能进入公寓。

3. 周末或节假日留宿的学生，必须有《留宿证》方可留宿。对未经批准留宿的学生或违反留宿纪律的学生，进行批评教育，视情节轻重给予相应处理。

特殊情况需要留宿的学生，必须经公寓管理老师、班主任、系部、学生处批准，公寓管理办公室按规定办理留宿。

4. 留宿期间一律不准外出，特殊情况由公寓值班老师上报校总值班室批准。

5. 星期日返校时间为：冬季14：00—17：00，夏季14：00—17：30，不得提前或推迟返校。

二、纪律管理

1. 住宿学生必须服从学校统一安排的宿舍，不得私自调换房间和床位，不得随意进入他人宿舍。

2. 走读学生不准进入公寓，住宿学生不得私自留走读学生和校外人员住宿。

3. 男女学生不准互串公寓。

4. 家长及亲友进公寓看望学生，必须到公寓管理办公室登记，安排在公寓接待室接待。

5. 进入公寓内要保持安静，不得大声喧哗、打闹，不得影响他人学习和休息。公寓楼道和宿舍内务保持整洁、不得乱扔、乱吐、乱贴、乱挂。

6. 公寓内严禁私自安装和使用各种电器设备；严禁打架斗殴，严禁吸烟喝酒赌博，严禁点明火(包括蚊香)，严禁燃放鞭炮，严禁在宿舍区煮食物，严禁携带和收藏管制刀具、棍棒等；严禁传看、传听不健康的淫秽书籍和影音资料；严禁在宿舍内推销物品。

7. 公寓内不准蹬坐窗台，不准打闹玩笑，避免意外伤害；不准在公寓楼道和宿舍内进行各种体育活动，禁止剧烈活动；运动器材不得带回宿舍，必须放在指定地点，注意保存好。

8. 不准在宿舍内喂养宠物。

9. 宿舍长负责本宿舍内的生活、卫生、纪律、安全等，并安排宿舍轮流卫生值日；宿舍长兼安全员一职负责本宿舍内安全。宿舍长要把宿舍安全责任到人，加强督促和检查；每晚要认真如实地上报宿舍人数，认真签到，有情况及时向公寓办公室汇报。

三、财产管理

1. 爱护公寓内一切公共财产，损坏公物要照价赔偿。具体内容详见《学生公寓公共财产管理规定》。

2. 妥善保管好个人物品和现金，严禁将大量现金和贵重物品带入公寓，原则上同学之间不互借财物。

四、安全管理

1. 宿舍无人时，关闭电灯、空调、电扇等电器设备，并关好门窗。

2. 发现安全隐患，迅速报告老师，学生不得擅自处理。

3. 学生发生纠纷，及时报告老师，不得私自解决。

住宿生必须自觉遵守以上宿舍管理规定，如有违反，视情节严重按学校相关规定进行严肃处理。

第三章 附 则

第七条 制度的起草与归口管理。本管理办法由学生处负责起草，报教职工代表大会批准后正式下达，学生处归口管理。

第八条 制度的修订。本管理办法根据需要不定期进行修订。校属单位、相关部门均有权根据业务需要对本管理办法内容提出修改意见，并提交学生处。学生处负责收集整理校属单位、相关部门提出的修改意见，并安排有关人员进行专题讨论，对修改信息进行全面评估后组织修订本管理办法及相关文件。

第九条 本管理办法由学生处负责解释。

第十条 本管理办法自2013年2月1日起实施，原管理办法同时废止

厦门信息学校住宿生量化管理办法

为加强学校学生宿舍的管理，创造一个安全、文明、整洁的生活、学习环境，经学校研究决定，对本校住宿生量化管理，对住宿生的个人行为、卫生、文明行为进行综合评比制度。为加强同学们的集体意识，欢迎同学们参与监督管理，并实行一人违纪，集体被处分制度。如：破坏公物，抓到个人，处分个人；未抓到个人的，如果是宿舍公物，责任由宿舍全体成员共同承担；如果是楼道公物，责任由本楼层成员承担。

本条例采用积分制，每位同学一个学年满分为100分，违纪一次，由生管老师从中扣分，当分数被扣剩下60分及60分以下50分以上时，全校通报批评，并通知该生家长到学校递交保证书后，方可继续住宿；若继续违纪，分数被扣剩下50分及50分以下时，则视情况以退宿7天、15天、30天、60天、90天，违纪特别严重的(如：夜不归宿，在宿舍内吸烟、喝酒、赌博等)则取消住宿资格。一个学期量化分累计被扣至0分的，则取消住宿资格。

具体违反规定，扣分，处理细则如下。

1. 7：30(周一7：00)、14：20、18：20后不按时离开宿舍，22：30后在走廊、楼梯逗留、聊天，扣20分/次，批评教育。

2. 晚熄灯后打扑克、下棋、打闹、喧哗、打球、放音乐，扣10分/次，批评教育、公示检讨。

3. 未经允许，男生进入女生宿舍或女生进入男生宿舍；私自留宿客人；攀跃学校围墙、大门、阳台的，扣50分/次，通报批评、警告、公示检讨、停宿或退宿。

4. 上课、晚自习期间回宿舍未请假、回宿舍不登记的，扣20分/次，通报批评、警告、公示检讨。

5. 燃放烟花爆竹、焚烧杂物，扣40分/次，通报批评、警告、公示检讨、留宿察看。

6. 未经生管老师同意，私自调换床位，扣10分/次，批评教育，检讨。

7. 不按要求摆放室内物品、起床后不整理床上物品，扣5分/次，批评教育。

8. 不打报室内卫生、公共卫生、往室外阳台乱扔东西，扣10分/次，批评教育。

9. 夜不归宿、在宿舍内吸烟、喝酒、赌博(晚点名不在又无正当理由的视为夜不归宿)私自跑去上网的，扣50分/次，留宿察看，退宿。

10. 非法动用消防器材、私自使用消防水源，扣25分/次，通报批评、警告、公示检讨、停宿、留宿察看。

11. 私接电源、乱拉电线、私自使用违规电器、在宿舍内点蜡烛、蚊香，扣20分/次，通报批评、警告、公示检讨、停宿、留宿察看。

12. 盗窃、勒索他人财物，扣50分，退宿。

13. 回家未办理请假手续，扣20分/次，通报批评、警告、公示检讨。

14. 不服从生管老师、宿管干部、宿舍长的管理，扣20分，批评教育、检讨、停宿、留宿察看。

15. 加分、扣分办法如下：

(1)楼层长(干事)每月加10分(考核合格，考核不合格不予以加分)。宿舍区学生干部年度评先以此作为参考。

(2)月评为流动红旗宿舍舍长加10分、舍员加8分，月评为倒数3间的宿舍扣每人扣8分。

(3)做公区卫生每人加8分(由生管老师验收合格)。

厦门信息学校宿舍安全制度及住宿生违纪处分办法

为做好学生宿舍的安全工作，确保宿舍区域内学生个人和学校财产及设施的安全，防止外来人员影响正常生活秩序等，特制定以下安全制度。

一、非本宿舍学生及外来人员，未经允许不得进入宿舍区。

二、男生不得进入女生宿舍，女生进男生寝室必须登记同意后方可进入。

三、宿舍区内严禁偷盗行为，一经发现按学生违纪处分有关条例处理。

四、严禁在宿舍内私接电源及使用电炉、煤油炉、电吹风、电热杯、电热毯、电熨斗等，一经发现除没收上述物品外并给予相应的纪律处分。

五、严格遵守作息时间，晚点名后任何学生(除登记同意外)一律不准出学生宿舍大门。

六、严禁翻围墙、窗进出学生宿舍，一经发现按学生违纪处分有关条例处理。

七、寄宿生违纪处分条例。

(一)有下列情形之一者，给予通报批评或警告处分：

1. 上课时间无故逗留学生宿舍；

2. 擅自私接电源及使用电炉、煤油炉、电吹风、电热杯、电热毯、电熨斗等；

3. 随意抛撒垃圾、未依规定轮值整理宿舍；

4. 在宿舍内喝酒，喝酒组织者加重一级处分；

5. 窃取他人财物价值在50元以下尚知悔改；有意损坏公物或他人物品价值100元以下(除赔偿外)；

6. 未经许可擅自调整寝室床位；

7. 在宿舍、寝室内吸烟；

8. 欺负恐吓同学，情节轻微；

9. 妨碍他人睡眠且不听劝告；

10. 未按规定外宿，但经家长证明系返家；

11. 其他不良行为。

(二)有下列情形之一者，予以严重警告或记过处分：

1. 邀约异性同学及擅自邀约非本宿舍学生进入宿舍；

2. 有意损坏公物或他人物品100~500元的，除赔偿外；

3. 有不良行为不服管理员、学生宿管干部纠正或对管理员、学生宿管干部行为粗暴；

4. 在宿舍内赌博(含玩麻将)、赌博的组织者加重一级处分；

5. 唆使低年级学生行违纪事项；

6. 窃取他人财物价值在50~500元的；

7. 在宿舍内擅自设电炉、燃烧物品，足以引起公共危险；

8. 多次晚归或晚归拒不登记。

(三)有下列情形之一者给予记过或以上处分，在宿舍受记过及以上处分者，必须搬离宿舍，由家长带回家，自己解决住宿问题。

1. 容留非住宿人员住宿；

2. 住宿生夜不归寝；

3. 有偷盗行为屡劝不听，窃取他人财物价值500～1000元；

4. 在宿舍动手打人、斗殴；

5. 违犯宿舍制度规定，不接受处理而公开顶撞、辱骂、殴打老师、学生宿管干部；

6. 携带管制刀具入宿舍；

7. 轮值整理宿舍环境，未依规定实施，且屡劝不听。

南京高等职业技术学校住校生管理办法

为使学生有一个整洁美观、清洁卫生、安全舒适的生活环境，保证正常的教学，生活秩序和学生的身心健康，创建和谐宿舍。根据学校的现有条件，拟定以下管理条例。

一、住宿管理规定

(一)学生办理入住注册手续后方可入住，不得随意调换，凭住宿证进出宿舍楼，未经批准，不准带非住宿同学进入宿舍，严禁带外人留舍(包括家长、亲属、朋友)。

(二)学生毕业，退学、休学和退宿，必须到值班室办理有关离宿手续，凭值班室出据的出门证方可携带行李离校。

(三)住宿生应服从宿舍管理教师的统一管理，违者将给予相应的行政处分。

二、作息管理规定

(一)学生宿舍周一至周四、周日21:30查房。22:00熄灯(周六23:00熄灯)。

(二)周一至周五上午7:40离舍11:50开门。

周一至周四下午13:15离舍，15:10开门；

周一至周四、周日晚上18:30～20:30为晚自习时间。

上述时间为学生主要学习时间，学生一律不得留在宿舍。由管理教师统一关大门查房。违者填写迟走、早归登记表，累计达3次者需填写“违纪单”由管理教师对违者给予批评教育、并责令其改正，情节严重者将给予警告以上处分(有校医出据病休证明或班主任批准的请假条例外)。

(三)学生必须按规定作息时间归宿，如无特殊情况，一律不得迟归宿，迟归者将填写违记单，一学期累计填写违纪单达3次以上者将给予警告以上的处分。

(四)确保住宿生人身安全，严禁无故夜不归宿，如发现夜不归宿者须填写“违记单”。除批评教育外，将根据情节给予警告以上纪律处分。

(五)住宿学生节假日期间需留校住宿，应严格履行请假手续，自觉填写“节假日留舍登记表”，且需给班主任核准。

三、水电管理规定

提倡节约、反对浪费。要节约用水用电，杜绝长流水，长明灯等现象。如发现白天宿舍无人时一盏灯不关，除查房扣分外，累计三次追究全舍同学的责任，并报学生处处分。

四、卫生保洁规定

(一)学生宿舍实行卫生轮流制度，值日生负责当天的室内卫生，将垃圾送到指定的垃圾箱，寝室成员每周集体进行一次室内清洁大扫除。

(二)室成员应重视个人卫生，养成良好的个人卫生习惯，每天整理好个人卫生，做到床铺整洁、被子叠好，毛巾、茶缸、箱包等物摆放整齐。

(三)自觉维护公共环境卫生，不准随地吐痰，乱扔果壳、纸屑、饮料瓶罐等，不得在楼道、楼梯拐角等处堆放杂物，严禁向楼道、窗外、阳台外乱扔垃圾，乱泼污水，凡违反本条规定并造成不良影响者，一经发现即给予警告以上纪律处分。

1. 保持寝室外内、外墙面、门窗洁净，严禁乱涂乱画及随意张贴广告、标语、海报等。凡有故意故污损墙面、门窗及其他公共财物，且不接受教育者，将根据情节给予警告以上纪律处分。

2. 学生一律在学生食堂就餐，不准将饭菜带回宿舍。

五、爱护公物规定

(一)住宿生应自觉爱护寝室内所有设施和用具，如有损坏或丢失，依规定赔偿，如属个人造成的由个人负责赔偿，否则由该室全体人员共同负责赔偿。

(二)对于下列故意破坏公物的行为，一经发现，即给予严重警告以上纪律处分，并在照价赔偿的基础上给予2～5倍的罚款处理。

1. 用脚踹、踢门、窗、橱柜、桌椅、床铺、电器开关等造成损坏的。

2. 用棍棒、铁器等敲、砸、撬、扳宿舍设施并造成损坏的。

3. 破坏宿舍供电、供水设施并造成严重后果的。

4. 其他破坏公共财物行为。

学生毕业，休学、退学、退舍等，公用设施及个人保管的公用物品应及时上交，由管理教师确认完好无损后学生方可离舍。

六、治安管理规定

(一)服从宿舍管理人员管理，主动出示证件，携带物品出入时应主动接受值班教师的检查，严禁携带危险品进入宿舍。

（二）为确保全体住宿生的人身及财产安全，学生宿舍内严禁私拉私接电线及违章用电，不许使用任何电器，违者除没收相关器具外未造成严重后果，给予严重警告以上处分，造成严重后果者按有关治安条例处罚。

（三）严禁抽烟和酗酒滋事，违者将视情节给予严重警告以上处分。

（四）禁止赌博、斗殴、起哄和各种不健康的娱乐活动。违者将给予严重警告以上处分。

（五）有偷窃、诈骗财物行为者，视其作案情节给予记过以上处分。

（六）住宿生应增强安全防范意识，保管好个人物品，不在寝室内存放大额现金，出门及夜间休息时，应关闭好门窗。

（七）严禁翻围墙，攀爬宿舍楼，否则一经发现即给予记过以上纪律处分，由此造成的伤害事故，后果自负。

七、其他

（一）团结友爱，互帮互助，文明住宿，和睦相处，努力争创和谐宿舍。

（二）自我管理，自我服务，勇于同不良行为作斗争，鼓励大胆举报违纪行为和不良现象。

本条例自下发之日起实施、由学工部负责解释。

第9部分　招生与就业

招生管理是对学校招生工作、招生流程和招生工作纪律的管理，为确保招生质量和招生录取工作的规范有序进行提供保障。就业服务是教育教学过程中的重要环节，学生实习的稳定、实习的质量、实习中的安全和就业情况对学校的办学都将产生极大的影响。

教育部办公厅《关于进一步完善招生工作机制规范中等职业学校招生秩序的通知》(教职成〔2014〕4号)是对中等职业学校招生工作的规范要求。《职业学校学生实习管理规定》(教职成〔2016〕3号)是职业院校实施学生实习管理的指导文件。

招生管理和就业服务制度是为规范学校招生工作、学生实习工作、就业创业服务工作，维护学生、学校和实习及就业单位的合法权益，提高技术技能人才培养质量而制定。其一般由学校校长办公会提出、招生就业办公室起草、党委扩大会审核、教职工代表大会批准，由招生就业办公室归口并负责解释。

招生管理和就业服务制度主要包括招生管理制度、实习和就业管理制度。

制定招生管理制度应坚持依法依规，坚持德智体美全面考核，择优录取，公平竞争和公正选拔的原则，确保招生质量和招生录取工作规范有序进行，维护考生的合法权益。就业服务制度要坚持以服务为宗旨，以就业为导向的职业教育办学方针，增强学生社会责任感、创新精神和实践能力，更好地服务产业转型升级需要。

9.1 招生管理

学校应当根据有关规定，按照教育行政部门和招生管理部门的要求，明确学校招生管理部门职责，做好招生工作，严肃招生纪律，规范招生行为。坚决杜绝有偿招生和通过非法中介招生，不得与不具备中等职业学历教育资质的学校或机构联合招生。学校发布招生广告(含招生简单)，应当真实准确，并按照有关规定报教育行政部门备案。

——摘自《中等职业学校管理规程》第三十四条

制度案例

上海信息技术学校招生工作制度

厦门信息学校招生工作制度

南京高等职业技术学校招生工作流程和工作纪律

上海信息技术学校招生工作制度

第一章　总　则

第一条　为了加强学校招生工作管理，规范招生工作程序，保证国家中等职业学校招生法规、制度、政策和规定的贯彻落实、全面体现招生工作的公开、公平，特制定本制度。

第二条　招生录取工作应坚持公平竞争，择优录取，保证质量的原则。

第三条　学校根据自身办学条件和社会需求上报每年的招生计划数，由学校市场部根据上海市教委核定的年度招生计划指标制定年度招生计划，并组织实施。

第四条　学校市场部工作人员为招生工作政策执行者，负责组织招生录取、咨询及调整计划使用的方案建议，承担具体的招生工作，要严格执行有关程序和规定，依法正确履行职责。

第五条　对违反招生管理规定的行为，将依照国家有关规定做出行政处罚；构成违纪的，依照党和国家的有关规定，追究纪律责任；构成犯罪的，依法追究刑事责任。

第六条　招生工作人员不按招生录取程序和规定工作，造成考生、家长和社会不满，影响正常工作的，追究有关当事人的责任。

第二章　招生机构和职责

第七条　学校招生工作在学校招生领导工作组的领导下开展工作，市场部负责具体组织和落实工作，其职责确定如下：

1. 具体负责学校学历教育的招生工作。

2. 宣传、执行国家的有关招生政策，根据学校的实际情况，组织和参加各类招生宣传活动。

3. 与学校宣传部门共同做好每年度的广告宣传计划，负责各种媒体(包括电视、电台和报刊等)的广告宣传投放、跟踪工作。

4. 深入社会调查，提出开设新专业的设想和意见，申报每年度招生计划并认真编印各类招生简章、宣传资料。

5. 负责接待学生的咨询、报名等工作。

6. 负责接待有关合作办学单位参观、访问和业务联系。

7. 协助各部门做好新生的入学接待工作。

8. 负责新生的档案整理移交工作。

第八条　招生工作人员守则

1. 认真学习招生工作文件，掌握招生政策，熟悉招生业务，严格按招生政策办事，自觉维护公平竞争、公平选拔的招生录取原则，不得违反招生规定。

2. 服从组织领导，听从统一指挥，加强团结，明确分工，互相配合，履行工作职责，不得遇事推诿，贻误工作。

3. 坚持原则、廉洁自律，秉公办事，按程序、要求进行招生工作，不得弄虚作假，秉公办事，认真执行上海市教委的有关规定，模范遵守招生工作，不得徇私舞弊、不得擅自改变招生录取计划，不得点名录取不符合录取标准的学生入学。

4. 要高度负责，严肃认真地做好招生中各个环节的工作，做到工作认真、细致、一丝不苟。

5. 严格遵守请示报告制度。对工作中的重大问题，未经请示领导，不得自作主张随意答复处理。

6. 严守招生工作机密，提高安全防范意识。未正式公布或公开的招生录取信息，任何人不得提前向考生、家长和向社会泄露、公布。

7. 遵守工作制度，有事要请假；厉行节约，反对铺张浪费。

8. 热情接待学生、家长等的来电、来访，耐心解答对方的询问、质疑，虚心听取意见和批评。

9. 任何人不得更改考生的志愿、考分、档案等，不得失职和舞弊。

10. 保管好新生档案，并按规定移交、传递新生档案。

第三章　录取工作程序

第九条　学校招生工作组启动招生工作，组织学校相关工作人员进行培训，明确招生任务和当年学校有关招生的具体规定及注意事项，学习有关招生工作文件。

第十条　参与招生录取工作的人员，务必按时、按点参加相关会议，掌握录取进程、录取资料和动态，预测招生录取中的困难和问题，完成招生各项任务。

第十一条　录取人员须在规定时间内与招生办核对招生计划、统计报我校的考生人数、了解录取分数段等有关情况，并及时告知学校党政领导。

第十二条　投档之后，录取工作人员应全面细致地审阅招办提供的考生全部材料。

第十三条　审阅考生档案要及时，严格按招办规定的时间完成。不予录取的考生档案应按规定程序退还，以利招办档案的周转。

第十四条　在审阅考生档案过程中，应严格执行录取标准，坚持德智体全面考核，做到认真负责。

第十五条　新生录取完毕后要及时填写并邮寄录取通知书。

第十六条　新生录取完毕要及时统计数据，上报领导和各有关部门。

第十七条　新生录取完毕，要把考生档案整理好移交学生管理部。

第四章　附　则

第十八条　依据上海市教育考试院和学校的有关规定招收学生和开展自主招生等

工作。

第十九条 招生计划、收费标准等招生规定通过市教委教育主管部门公布。

第二十条 本工作制度由学校市场部负责解释，之前文件与本制度不一致者，以本制度为准。

厦门信息学校招生工作制度

学校的招生工作要坚持贯彻党的教育方针和国家、福建省、厦门市的中长期教育改革和发展规划纲要的精神，确保国家招生制度、政策、计划和规定的贯彻实施。为了维护招生工作的权威性、严肃性和均衡性，本着“公开、公正、公平”的招生原则，根据厦门市及学校有关招生文件精神，特制定如下招生管理暂行规定。

一、加强招生工作领导，明确招生工作职责

招生是一项政策性强、社会影响大的工作，做好招生工作是学校贯彻党的职业教育方针的具体体现。因此，要高度重视并严格监管招生工作，按照党风廉政建设责任制的要求，从组织机构、工作制度和操作程序上，采取切实有效的措施，确保招生的各项规定落到实处。

1. 建立学校招生工作领导小组。
2. 工作人员要认真执行党的路线、方针、政策，自觉遵守党纪、政纪、法规。
3. 坚持“为人民服务，对人民负责”的宗旨，办事公正、坚持原则。
4. 公开招生政策、招生条件及招生计划。
5. 规范招生行为，严禁任何形式的有偿招生。

二、完善招生工作管理，加强学校招生执行过程的监督

进一步建立和完善招生工作的各项监管制度，逐步建立和完善招生工作的监督机制。

1. 严格按照上级有关文件精神，认真研究、制定招生宣传方案，招生计划表，并上报招生工作领导小组审核。

2. 招生工作人员要熟悉和掌握招生过程的各项政策，及时处理招生过程中遇到的各类问题，遇到重大问题及时上报招生工作领导小组。

3. 做好招生宣传工作，招生宣传做到实事求是，不弄虚作假，不发布虚假招生信息。

4. 严禁违规收费，按照物价部门核准收费项目和标准收取学生费用。

5. 通过网络和媒体及时向社会公布招生计划、政策规定、录取条件、办事程序、就学场所、录取结果等相关信息，自觉接受家长、社会的监督。

6. 对违反招生管理制度的部门和个人，一经查实，就其情节，给予批评、教育、年

度考核降级、报送有关方面处理。

三、广泛开展招生咨询和宣传工作，努力完成学校招生计划

1. 通过学校校园网、宣传栏公布招生政策、招生计划等信息，让学生、家长及时了解学校招生动态。

2. 开展招生咨询工作，如实宣传学校的办学成果与特色，禁止弄虚作假。

3. 招生过程中，要坚持学生自愿的原则，尊重学生选择就读学校和专业，不误导学生，不违背学生意愿。

4. 工作人员要热情接待每一位学生、每一位家长，耐心解释招生政策，并对其相关问题进行详细解答，积极提高服务水平和工作效率。

南京高等职业技术学校招生工作流程和工作纪律

一、工作依据

根据学校的发展规划和相关要求、省及各市招办的各项招生政策，制定我校五年制高职和三年制中专招生录取的办法、实施意见，进行招生录取的各项工作。

二、负责部门

招生就业办公室，校纪委全程监督。

三、工作要求

贯彻落实教育部、省市教育行政主管部门及我校有关招生工作的方针、政策，制定学校招生章程，制定、调整、落实招生计划并组织实施，做好招生宣传，实施招生录取工作。统计各类招生数据，做好招生文件资料和新生名册的整理和归档工作，协调新生入学报到工作。

四、招生工作流程图

参照南京高等职业技术学校招生工作流程图。

五、招生工作纪律

第一条　为了更好的贯彻落实省教育厅和市教育局关于招生工作的有关规定，进一步完善学校招生录取工作的监督制约机制，确保招生质量和招生录取工作的规范有序的进行，结合学校实际，制定如下招生工作纪律。

第二条　招生录取工作，应坚持德智体美全面考核，择优录取，公平竞争和公正选拔的原则。全面贯彻有利于选拔符合培养要求的新生，维护广大考生的合法权益和教育事业良好形象的宗旨。

第三条　校纪委负责监督学校招生录取工作纪律的贯彻执行情况，依法对招生管理部门及其工作人员进行监督，支持招生工作人员正确履行职责，保证工作顺利完成。

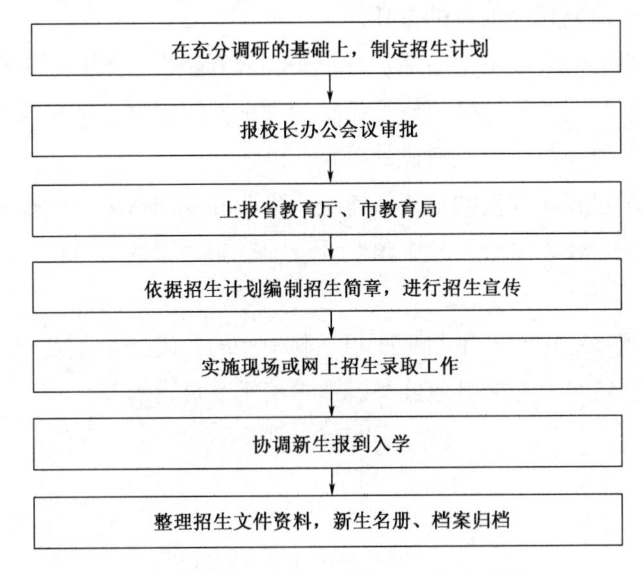

南京高等职业技术学校招生工作流程图

第四条　负责招生工作的领导干部及有关部门，要切实加强对招生工作的领导，严密组织，严格管理．严明纪律，按照党风廉政建设责任制的规定，切实负起责任，做好与招生工作有关的党风廉政建设工作。

第五条　学校招生主管部门要强化对工作人员的教育和培训，使每位工作人员都熟悉招生录取的各项政策和规定，明确自己的职责和任务。未参加岗前培训或虽参加培训但不合格者，一律不准参加招生录取工作。招生录取和纪检人员中直系亲属有参加当年招生考试的，必须实行回避制度。

第六条　参加招生录取工作的人员要严格遵守我校有关招生工作的相关纪律要求：

(一)不准擅自扩大招生计划；

(二)严格执行各项政策法规，坚持录取标准和条件，不得擅自录取未达到录取条件的学生入学，确保招生质量；

(三)不准利用职权和工作之便向招生录取工作人员递条子，打招呼；

(四)不准接受考生(家长)的钱物，宴请和向考生(家长)许愿；

(五)认真执行明主集中制，有问题要及时请示报告，重大问题要集体讨论决定，个人不得擅自做主；

(六)招生录取工作人员要遵守保密制度，不得将录取工作的进展情况泄漏给非招生录取工作人员。

第七条　招生录取工作中的各项收费要严格遵守国家财经纪律，按照上级和学校规定的项目和数额收费，由财务部门直接收费或由财务部门委托收费。要按规定严格经费的使用和管理，不准私存或截留费用，严禁发生违反财经纪律的行为。

第八条　坚持新生入学资格审查制度，各部门应按照招生规定在新生入学后的三个月内，对新生进行德、智、体等方面的复查；对有疑问或群众举报的学生，要进行调查核实，依据不同情况分别予以处理；如发现不符合录取条件的学生，一经查实，坚决取消其入学资格或学籍，并追究相关人员的责任。

第九条　学校设立并公开举报电话、举报箱，公开招生政策和办事程序，完善民主监督机制。纪委要认真坚持“全程参与，重点监督”的工作制度，积极参与招生的全过程，强化对重点环节，重点岗位，重点时段的监督。

第十条　对招生过程中发现的违规、违纪、失职和渎职行为，学校将依据有关规定进行严肃处理，对相关责任人给予党纪，政纪处分，触犯法律的交由司法机关追究其相关法律责任。

第十一条　本规定适用于五年制高职和三制中专的招生。

第十二条　本规定自发布之日起施行，由学校纪委负责解释。

9.2 就业服务

学校应当加强职业指导工作，做好毕业生就业、创业服务工作，维护毕业生的合法权益。

——摘自《中等职业学校管理规程》第三十五条

学校应当制定招生管理和就业服务的规章制度，对违反规定的，应当追究相关部门和人员的责任。

——摘自《中等职业学校管理规程》第三十六条

学校违反有关规定开展招生和就业服务活动的，教育行政部门应当依据法律和有关规定给予严肃处理；对涉嫌犯罪的，应当移送司法机关，依法追究有关人员的法律责任。

——摘自《中等职业学校管理规程》第三十七条

制度案例

上海信息技术学校学生毕业实习管理办法

北京市商业学校学生顶岗实习就业工作实施办法

北京市商业学校学生顶岗实习前综合职业素养达标考核办法

南京高等职业技术学校毕业实习指导教师工作职责及考核办法（试行）

南京高等职业技术学校校外实习管理细则

南京高等职业技术学校关于反馈就业信息的规定

上海信息技术学校学生毕业实习管理办法

为了积极贯彻落实教育部、财政部关于《中等职业学校学生实习管理办法》和上海市教职成〔2007〕4号文件的通知精神，进一步加强应届毕业生毕业实习管理和指导工作，同时切实维护学生的合法权益，认真完成毕业实习的教学任务，特制定本办法。

一、基本原则

1. 毕业实习与就业推荐相结合，主要是指学校组织应届毕业学生到用人单位进行的教学实习和顶岗实习。

2. 为保护学生权益，学校依法为学生办理学平险和其他相关实习保险。

3. 毕业实习管理工作由学生管理部总体负责，市场部负责就业推荐和市场开拓，教务管理部负责学生实习资格的确认和登记，专业系部负责具体安排和落实。

4. 毕业实习一般在学生完成专业主干课程和主要技能证书课程的学习后实行。

二、工作流程

1. 学生就业升学分流工作流程

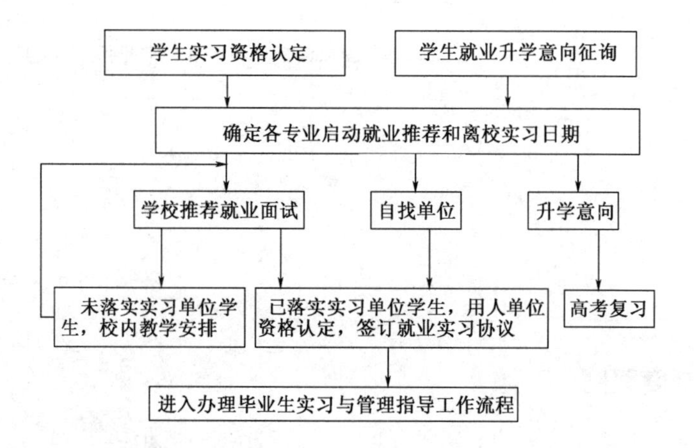

2. 办理毕业生实习与管理指导工作流程

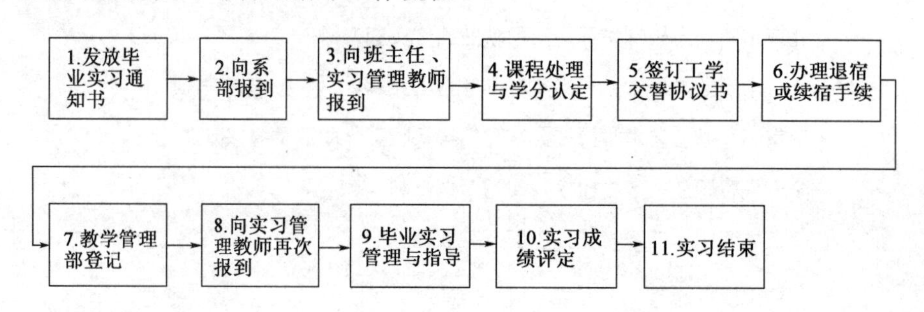

工作流程说明如下。

1. 学生实习资格认定

主要包括学分和操行两方面。以四年学制为例，学分认定由教务管理部在第6学期前4周内提供学分统计数据，以前5个学期至少取得应修学分的2/3学分为依据；操行认定由学生管理部在第6学期前4周内提供，以学生前5个学期操行评定合格为依据。两方面均达到要求的学生，具有毕业实习资格，由专业系(部)分管领导在学校数字校园网络上进行认定操作，可进入正常的毕业实习阶段。

2. 实习意向征询

学生必须在进入毕业实习前进行毕业分流选择。以四年学制为例，由班主任在第5学期结束时或第6学期前4周内，发放相关的毕业分流意向表和协议，并做好汇总统计工作。学生可以自主选择升学和就业，填写《升学意向与协议书》《学校就业推荐意向与协议书》或《自找单位意向与协议书》。在学生明确毕业分流意向后，一般情况下不做更改，特殊情况必须由学生本人提出申请，专业系(部)分管领导审核批准。

3. 就业面试

由市场部组织，积极开拓就业市场，做好毕业生就业推荐工作。以四年学制为例，一般在第6学期第3周后开始安排就业面试。市场部提供不低于1∶2的就业推荐岗位数，力求做到提供的就业推荐岗位与专业大类对口率为1∶1.2以上。

4. 用人单位资格认定与签订就业实习协议

用人单位资格由市场部认定，要求用人单位必须符合教育部和财政部《中等职业学校学生实习指导办法》的通知精神，用人单位必须与学生、家长和学校签订一式三份的《上海信息技术学校学生就业实习协议书》(以下简称《就业实习协议书》)。

签订就业实习协议由市场部负责组织落实，学生经过与用人单位供需见面、双向选择，明确就业实习意向后，由实习管理教师指导学生签订学生、实习单位和学校三方《就业实习协议书》，或由市场部落实签订学校与实习单位的双方协议(附学生名单)。一般在学生即将离校毕业实习前办理完毕，特殊情况可延迟至学生毕业实习开始后的第1周内完成。

5. 未落实毕业实习单位学生安排

在第7学期开学前，针对选择就业的学生，教务管理部统计未落实毕业实习单位学生人数和专业分布情况，并安排相关通用能力和专业能力的校内学习或实习，加强职业指导，也可进入由教务管理部和系部安排的实习单位进行教学实习。在此期间，由市场部继续组织学生就业面试。

6. 确定离校毕业实习日期

学生面试成功后，仍然在校内进行专业学习，离校毕业实习日期一般在第6学期结束前后，每个专业实际教学情况存在差异，故具体离校毕业实习日期由教务管理部与专业系部共同确定，并通知市场部。特殊情况需提前离校毕业实习，应由教务管理部、专业系部、市场部和企业共同协商解决，报校长室批准。

7. 发放毕业实习通知书

在学生即将离校毕业实习前，由市场部向实习学生发放毕业实习通知书、学生办理毕业实习手续流程、就业实习协议书。毕业实习通知书一式4份，其中1份市场部留存，其余3份分别交给教务管理部、专业系部和实习管理教师。

8. 系部报到

学生将一份毕业实习通知书交专业系部，由专业系部为学生安排实习管理教师，并将实习管理教师的安排通知教务管理部、班主任和市场部。

9. 实习管理教师报到

学生将一份毕业实习通知书交班主任签字后，再交给实习管理教师，由实习管理教师发放《毕业实习手册》，指导学生填写《毕业实习手册》、签订《就业实习协议书》，指导学生办理离校毕业实习手续，告之学生在实习管理过程中的有关要求。

10. 离校前课程处理与学分认定

学生在《毕业实习手册》上请导师确认离校前课程处理方案与学分情况，导师签署同意意见，最后由系部分管领导签署同意意见。

11. 签订工学交替协议书

学生和家长在《毕业实习手册》上的工学交替协议书(一式3份)签字，其中家长签字最迟可在毕业实习开始后的第1周内，请家长签好后交教务管理部。

12. 办理实习退宿或续宿手续

学生凭由专业系部签署同意的《毕业实习手册》，在后勤保障部宿管组办理退宿或续宿手续。

13. 教务管理部登记

学生将一份实习通知书交教务管理部，凭由导师和专业系签署同意的《毕业实习手册》，在教务管理部办理实习登记手续，教务管理部每月在校园网公告板上公布已经办理实习手续学生名单，并协助有关部门为学生办理学平险和其他相关实习保险。

14. 毕业实习管理与指导

学生进入实习单位后，必须服从实习单位的管理，自觉遵守实习单位的规章制度，认真完成学校与企业共同制定的实习任务。

毕业实习管理由班主任、实习管理教师、实习指导教师(实习单位指定的)共同管理。

实习单位的实习指导教师每月一次在学生《毕业实习手册》上，签署考评意见，在学生实习结束时，实习单位应当提供学生实习的考核意见和考核成绩。

(1)实习管理教师职责

实习管理教师全面负责下厂的学生(100~150名)实习管理工作，实习管理工作主要职责包括：

1)指导学生在《毕业实习手册》的相关栏目上认真记录实习情况，每学期批阅学生《毕业实习手册》不少于2次，并签署意见和签名；

2)每周实地走访实习单位不少于5次或者每月实地走访负责范围内的全部学生实习

单位，掌握学生实习情况，每次实地走访必须填写《实习学生联系信息反馈周报表》，并需实习单位盖章，每月交系部备案。

3)加强与班主任老师的联系，发现问题(如旷工、违纪、离职等)及时向系部及班主任反映。

4)保持与实习指导教师联系，做好学生实习情况的记载，填写《实习管理教师手册》。

5)每学期汇总1次学生实习成绩，并反馈给班主任老师。

(2)毕业班班主任职责

毕业班级班主任主要负责毕业班级学生就业实习前的安全教育、面试组织及实习期间学生的思想教育、违纪处理等工作，主要职责包括：

1)按照学校班主任的基本职责要求，认真履职，出色完成本职工作。主要有学生帮困资料收集整理、审核、上报；学生操行评定；补考、重修学生的通知和督促等班级管理常规工作(包含未下厂实习学生以及实习中途退回学生的管理)。

2)协同市场部、专业系部做好学生实习单位的推荐和学生面试的组织(含实习中途退回学生)，做好学生的职业生涯规划指导，学生思想教育、安全教育和健康教育。

3)每周至少与每位学生电话联系一次，详细记录学生实习期间思想动态。

4)除开学报到和毕业典礼外，每学期必须至少2次组织学生定期返校，了解学生实习习情况。

5)加强与实习管理教师的沟通，随时掌握学生实习动态，发现问题(如旷工、违纪、离职等)及时处理。

6)每学期根据学生的返校、电话联系和学生实习成绩(实习管理教师提供)等综合表现，评定学生实习成绩，并及时上网登记或者交教务管理部。

15. 实习成绩评定

每学期评定1次实习综合成绩。

毕业年第一学期：学生实习综合成绩由平时实习成绩和每周电话反馈及返校等情况两部分成绩组成。

(1)平时实习成绩50%：由实习管理教师根据实地走访实习单位时学生的实习态度、实习工作表现、实习手册填写、实习小结等情况评定。

(2)学生平时电话反馈和返校成绩50%：由班主任根据日常管理过程中学生电话联系和返校等情况进行评判，未返校学生此项成绩为零分。

毕业年第二学期：学生实习综合成绩依据平时实习成绩、每周电话反馈及返校等情况、汇报答辩和实习单位评价四个方面。

(1)平时实习成绩20%：由实习管理教师根据实地走访实习单位时学生的实习态度、实习工作表现、实习手册填写、实习小结等情况评定。

(2)学生平时电话反馈和返校成绩30%：由班主任根据日常管理过程中学生电话联系和返校等情况进行评判，未返校学生此项成绩为零分。

(3)实习单位评价占30%：由实习单位实习指导教师根据学生的实习表现、工作成绩等情况进行评定，提供学生实习的考核意见和考核成绩。

(4)汇报答辩成绩占20%：由专业导师在学生毕业前组织1次汇报答辩，并评定汇报答辩成绩成绩。

班主任老师每学期评定1次学生综合成绩，包括学生实习综合成绩和认定学分，经专业系部审核后，在校园网上输入成绩，并打印签字后交教学管理部。

实习成绩不合格的学生，不能取得实习阶段学分，需在学校继续重修，补习相关知识和能力，或延长实习期限，直至取得相应的学分。

16. 退回学生管理

由于学生本人主观原因(如违纪、怕吃苦等)，经学校推荐成功后无故返回的学生，实习成绩不合格，一般不再推荐就业单位，由学生自找就业单位实习或在学校和专业系指定单位实习。

在实习期间，如因非学生本人主观原因(如不符合企业用人标准、身体不适应等)，发生终止实习的情况，学生必须及时办理相应的退回手续后，由市场部和班主任再推荐实习单位。学生办理退回手续包括：

(1)学生需向实习管理教师提交终止在实习的申请书。

(2)实习单位在学生实习手册上要对学生的实习情况进行考评，并签署考评意见。

(3)实习管理教师在学生申请书上签署同意意见，并在《毕业实习手册》上作相应记载。

(4)专业系部指定专业教师对学生进行实习答辩，由班主任将学生的实习成绩和学分进行记录登记。

(5)学生凭班主任签署同意退回意见的《毕业实习手册》，分别到市场部和教学管理部、后保部等办理相关的退回实习手续。

(6)学生办理完退回手续后，由班主任进行日常管理，学生必须及时参加学校统一安排的教学实习，并积累相应的学分。在此期间，由班主任和市场部继续组织就业面试，若改就业意向为升学，必须由系分管领导审核批准。

三、教务管理部职责

1. 负责第七学期未落实就业实习毕业生的教学安排。
2. 负责落实安排实习学生返校进行专业汇报答辩的教育指导组织工作。
3. 负责学生实习资格学分的认定。
4. 每月在校园网公告板上公布已经办理实习手续学生名单。
5. 负责毕业生实习成绩和学分的汇总统计工作。
6. 负责毕业生教学总学分的核实、补课重修安排和毕业证的发放等工作。

四、学生管理部职责

1. 负责协调各部门学生毕业实习管理和指导工作。
2. 负责毕业班级班主任、实习管理教师工作的考核及津贴的发放。
3. 协助有关部门为学生办理学平险和其他相关实习保险。

4. 负责实习管理教师“学生实习信息的反馈表”的收集和车贴发放。

5. 负责毕业生档案的收集整理，优秀毕业生的评定等毕业生各项准备工作。

6. 做好毕业生档案地址的核实和档案递送工作。

五、市场部职责

1. 积极开拓就业市场，掌握市场动态，提供多于毕业学生人数20%的就业岗位，并定期发布单位招聘和面试信息。

2. 负责做好实习单位与学生、家长签订《就业实习协议书》工作。

3. 加强与实习单位的联系，及时了解实习单位对学生实习情况的反馈，发现问题及时与实习管理教师、专业系部、学生管理部沟通解决。

4. 会同学生管理部、专业系部重点走访10人以上的实习单位，及时了解实习单位要求和学生的实习表现，做好学生的实习指导和教育工作。

5. 做好学生职业生涯规划的指导工作，对暂未进入实习单位的学生协助专业系部做好日常指导，积极提供实习单位，做好就业服务工作。

六、专业系部职责

1. 本着公平、公正、公开的原则，如实向用人单位推荐合格的毕业生。按照学校对毕业生就业实习工作时间节点，推荐毕业生积极应聘，提高就业实习岗位利用率。以(升学学生+落实实习单位学生)/应届毕业学生为计算公式，以四年学制为例，力求在第7学期开学前就业推荐成功率不低于85%，在第7学期第8周前就业推荐成功不低于95%。

2. 会同学生管理部做好实习管理教师的应聘和日常管理工作的考核。

3. 做好对实习管理教师实习管理的工作指导，根据实习管理教师每周反馈毕业生实习信息，有针对性做好学生实习稳定工作。对于学生返校、违纪及其他突发情况，及时向学生管理部和教务管理部汇报，并会同实习管理教师处理相关事务。

4. 负责对实习管理教师的工作考核，核实和统计每月考核结果，发放实习管理教师津贴和车贴，提交学生管理部(附学生实习情况反馈表，并有单位的确认、签字)，经学生管理部核实按标准发放。

5. 加强对毕业生就业实习的跟踪考察和现场指导，每学期会同实习管理教师有重点走访实习单位，了解实习单位对学生职业思想和专业技能综合评价，为推进学校教育、教学改革提供第一手材料。

6. 做好毕业生实习档案管理工作，如《就业推荐协议书》《就业实习协议书》《毕业实习手册》《实习管理教师手册》、信息反馈周报表、专业系每月考评表等及时归档。

7. 毕业班级实习管理教师津贴标准

(1)毕业班级班主任：基础津贴×××元/班，绩效考核津贴×××元/班。班主任职责、考核和发放标准与其他班级班主任相同。

(2)实习管理教师津贴和车贴：基础津贴××××元/班，绩效考核津贴×××元/

班，车贴：车贴按××元/单位。按月考核发放，每年发放12个月。

(3)如果实习管理教师因特殊原因无法完成走访单位要求，需要向系部分管领导申请，同意后酌情发放实习管理津贴(缺少一次走访单位扣××元)。

(4)月考核及津贴发放汇总表，于次月5日前由系部计算统计，用A4纸打印，请系部分管领导签字后交学生管理部，学生管理部于8日前交财务科，财务科将津贴15日前打入班主任卡。

根据实习学生就业率、系部开拓市场情况、返校情况和毕业实习管理质量，按×××元/班的奖励额度计算系部总奖励额度，对系部进行一次性奖励，奖励方案由学生管理部和专业系部共同确定，学生管理部发放奖励津贴。

七、附则

1. 本暂行办法适用四年基本学制毕业学生实习管理，三年基本学制毕业学生实习管理参照执行。

2. 本办法自2011届学生开始试行，解释权归学生管理部。

附件1　应届毕业生学校推荐就业单位意向表与协议书

附件2　应届毕业生自找就业单位意向表与协议书

附件3　应届毕业生升学意向表与协议书

附件4　学生变更就业实习单位申请表

附件5　用人单位对毕业生就业实习情况综合评价表

附件6　实习管理教师月考核、实习管理津贴和车贴发放登记表(略)

附件1

上海信息技术学校应届毕业生学校推荐就业单位意向表

姓名		班级		学号	
家庭地址				邮编	
家庭电话		手机			
学生意愿	本人愿意遵照学校就业升学工作安排，努力学习，提高就业竞争能力，积极参加应聘，并希望学校推荐就业岗位。 学生签名： 年　月　日				
家长意见	家长签名： 年　月　日				
班主任意见	班主任签名： 年　月　日				
专业系意见	系分管领导签名： 年　月　日				

上海信息技术学校应届毕业生学校推荐就业单位协议书

甲方：上海信息技术学校　　　　　　　　　　　乙方：姓名________________

为确保毕业生就业指导工作的顺利进行，切实做好我校毕业生的就业推荐、应聘面试和实习、就业报到等工作。经甲、乙双方协商，订立以下协议：

1. 为乙方提供就业指导和就业推荐，积极引导乙方正确定位，组织乙方参加应聘适合自身生存发展的工作岗位，提高就业成功率。

2. 及时发布用人单位招聘信息和要求，负责组织用人单位与乙方的面试工作，并如实向用人单位提供反映乙方在学习过程的成绩、奖励和表现等有关资料。

3. 向乙方提供由其他人才中介公司介绍的招聘岗位。

4. 经甲方推荐，乙方到用人单位应聘面试后，甲方负责向乙方反馈用人单位的试用就业实习意向。

5. 甲方负责乙方在就业(毕业)实习阶段的管理及与用人单位的联系工作。

6. 在乙方经过用人单位试用实习并录取后，甲方负责为乙方开派《毕业生报到证》，负责办理其户口、档案等迁移手续。

7. 甲方为乙方提供不超过三次推荐面试，当乙方产生就业困难或不履行责任时，为提高乙方的就业能力和诚信程度，甲方开设相关的就业指导培训班。

8. 由于乙方个人原因产生就业困难，经甲方推荐无法就业，甲方向乙方提供人才中介公司介绍的招聘岗位。

9. 根据学校就业方面的有关制度及要求，在思想上积极做好就业前各方面的准备工作，同时拟写好《个人简历》和《自荐信》等材料。

10. 乙方须积极应聘甲方提供的就业岗位，不断调整求职目标，认真参与甲方组织的供需见面、双向选择活动。

11. 乙方在参加应聘面试后，应及时向班主任反馈用人单位面试录取意向。

12. 乙方若接受人才中介公司提供的就业推荐服务，需向人才中介公司支付中介服务费。

13. 乙方与用人单位签订实习协议或就业协议后，乙方应按所签订的协议规定执行。

14. 乙方与用人单位经双向选择，接受用人单位的录用意向后，在用人单位参加试用就业实习。在实习其间，应遵守用人单位的纪律和规章制度。

15. 乙方在用人单位实习期间，如有特殊原因或情况，必须向实习管理指导教师汇报，征得学校同意后，方可中止实习。

16. 乙方若因违反纪律与规章制度被用人单位退回或擅自离职，根据学籍管理规定，实习成绩以不及格计算。

17. 本协议自签订之日起生效，乙方毕业后终止。本协议一式二份，甲乙双方各执一份。

甲方：上海信息技术学校　　　　　　　　　乙方：学生签名

代表签名　　　　　　　　　　　　　　　　家长签名

日期：____年____月____日　　　　　　　　日期：____年____月____日

附件2

上海信息技术学校应届毕业生自找就业单位意向表

<table>
<tr><td>姓名</td><td></td><td>班级</td><td></td><td>学号</td><td colspan="2"></td></tr>
<tr><td>家庭地址</td><td colspan="3"></td><td>邮编</td><td colspan="2"></td></tr>
<tr><td>家庭电话</td><td></td><td>手机</td><td colspan="4"></td></tr>
<tr><td rowspan="4">学生意愿</td><td>单位名称</td><td colspan="2"></td><td>邮编</td><td colspan="2"></td></tr>
<tr><td>地址</td><td colspan="2"></td><td>电话</td><td colspan="2"></td></tr>
<tr><td>联系人</td><td colspan="2"></td><td></td><td colspan="2"></td></tr>
<tr><td colspan="6">本人愿意遵照学校就业升学工作安排，努力学习，提高就业竞争能力，并希望自己寻找就业岗位。
学生签名：
年　月　日</td></tr>
<tr><td>家长意见</td><td colspan="6">家长签名：
年　月　日</td></tr>
<tr><td>班主任意见</td><td colspan="6">班主任签名：
年　月　日</td></tr>
<tr><td>专业系意见</td><td colspan="6">系分管领导签名：
年　月　日</td></tr>
</table>

上海信息技术学校应届毕业生自找单位协议书

甲方：上海信息技术学校　　　　　　　　　　乙方：姓名________________

为确保毕业生就业指导工作的顺利进行，切实做好毕业生的就业推荐、应聘面试和实习、就业报到等工作。经甲、乙双方协商，订立以下协议：

1. 为了做好对乙方实习情况的把握，甲方定期与乙方联系。

2. 甲方将乙方的实习成绩记录在册，经审核归入学生的成绩卡。

3. 在乙方经过用人单位试用实习并录取后，甲方负责为乙方开派《毕业生报到证》，负责办理其户口、档案等迁移手续。

4. 乙方在实习期间，应自觉遵守国家法律法规，不得进行或参与违法乱纪活动。因违反国家法律、法规而受到刑事处分的，由乙方自己负责，学校不承担任何责任。

5. 乙方在实习期间，服从实习单位的管理，应遵守用人单位的纪律和规章制度，认真学习。

6. 每周至少主动与实习管理教师联系一次，以便甲方及时了解实习工作和生活情况。

7. 乙方在实习期间，应将安全文明生产放在首位，防止发生意外伤害事故。应为自身安全负责，增强自我保护意识。如发生意外事故，由乙方与实习单位协商处理，学校帮助协调，但不承担经济责任。

8. 乙方若因违反纪律与规章制度被用人单位退回或擅自离职，根据学籍管理规定，实习成绩以不及格计算。

9. 本协议自签订之日起生效，乙方毕业后终止。本协议一式二份，甲乙双方各执一份。

甲方：上海信息技术学校　　　　　　　　乙方：学生签名
　　　代表签名　　　　　　　　　　　　　　　家长签名
日期：____年____月____日　　　　　　日期：____年____月____日

附件3

上海信息技术学校应届毕业生升学意向表

<table>
<tr><td>姓名</td><td></td><td>班级</td><td></td><td>学号</td><td></td></tr>
<tr><td>家庭地址</td><td colspan="3"></td><td>邮编</td><td></td></tr>
<tr><td>家庭电话</td><td></td><td>手机</td><td colspan="3"></td></tr>
<tr><td rowspan="2">学生意愿</td><td colspan="2">三校五月高考(　)</td><td colspan="2">高中七月高考(　)</td><td>其他（　）</td></tr>
<tr><td colspan="5">本人愿意遵照学校就业升学工作安排，努力学习，提高升学竞争能力，并希望参加高考。
学生签名：
年　月　日</td></tr>
<tr><td>家长意见</td><td colspan="5">家长签名：
年　月　日</td></tr>
<tr><td>班主任意见</td><td colspan="5">班主任签名：
年　月　日</td></tr>
<tr><td>专业系意见</td><td colspan="5">系分管领导签名：
年　月　日</td></tr>
</table>

上海信息技术学校应届毕业生升学协议书

甲方：上海信息技术学校　　　　　　　　乙方：姓名________________

为确保毕业生就业升学工作的顺利进行，切实做好毕业生的升学和报到等工作。经甲、乙双方协商，订立以下协议：

1. 甲方定期与乙方联系。

2. 甲方为乙方提供高考报名证明。

3. 甲方为乙方联系体检等服务。

4. 甲方将乙方的考试成绩记录在册，经审核归入学生的成绩卡。

5. 乙方每学期需在规定的时间内到甲方指定的地点注册、缴纳学费。

6. 乙方在校外学习期间，应自觉遵守国家法律法规，不得进行或参与违法乱纪活动。因违反国家法律、法规而受到刑事处分的，由乙方自己负责，学校不承担任何责任。

7. 每周至少主动与班主任联系一次，以便甲方及时了解其学习和生活情况。

8. 乙方学业若达到上海市中等专业学校学籍管理制度规定的毕业要求，甲方为乙方发放毕业证书。

9. 本协议自签订之日起生效，乙方毕业后终止。本协议一式二份，甲乙双方各执一份。

甲方：上海信息技术学校　　　　　　乙方：学生签名
　　　代表签名　　　　　　　　　　　　　家长签名
日期：____年____月____日　　　　　日期：____年____月____日

附件 4

上海信息技术学校毕业生变更就业实习单位申请表

专业系：

姓名		专业	
户籍地		班级	
原单位名称		单位地址	
原就业实习起止时间	__年__月__日开始下厂实习，于__年__月__日退回。		
现单位名称		单位地址	
现就业实习开始时间	__年__月__日开始下厂实习。		
变更原因	申请人　（签字）　　　　　　年　　月　　日		

续表

专业系 审核意见	系主任（签字） 年 月 日
就业指导办 审核意见	负责人（签字） 年 月 日

附件5

上海信息技术学校用人单位对毕业生就业实习情况综合评价表

（用人单位填写）

<table>
<tr><td rowspan="2">学生姓名</td><td rowspan="2">性别</td><td rowspan="2">专业</td><td rowspan="2">工作时间</td><td colspan="4">思想政治素质</td><td colspan="4">身体心理素质</td><td colspan="4">专业理论基础</td><td colspan="4">职业技能应用能力</td><td colspan="4">组织沟通协调能力</td><td colspan="4">团队合作创新能力</td><td colspan="4">工作业绩</td><td colspan="3">综合评价</td></tr>
<tr><td>优</td><td>良</td><td>中</td><td>差</td><td>优</td><td>良</td><td>中</td><td>差</td><td>优</td><td>良</td><td>中</td><td>差</td><td>优</td><td>良</td><td>中</td><td>差</td><td>优</td><td>良</td><td>中</td><td>差</td><td>优</td><td>良</td><td>中</td><td>差</td><td>优</td><td>良</td><td>中</td><td>差</td><td>优秀</td><td>称职</td><td>不称职</td></tr>
<tr><td></td><td></td><td></td><td></td><td></td><td></td><td></td><td></td><td></td><td></td><td></td><td></td><td></td><td></td><td></td><td></td><td></td><td></td><td></td><td></td><td></td><td></td><td></td><td></td><td></td><td></td><td></td><td></td><td></td><td></td><td></td><td></td><td></td><td></td><td></td></tr>
<tr><td></td><td></td><td></td><td></td><td></td><td></td><td></td><td></td><td></td><td></td><td></td><td></td><td></td><td></td><td></td><td></td><td></td><td></td><td></td><td></td><td></td><td></td><td></td><td></td><td></td><td></td><td></td><td></td><td></td><td></td><td></td><td></td><td></td><td></td><td></td></tr>
<tr><td></td><td></td><td></td><td></td><td></td><td></td><td></td><td></td><td></td><td></td><td></td><td></td><td></td><td></td><td></td><td></td><td></td><td></td><td></td><td></td><td></td><td></td><td></td><td></td><td></td><td></td><td></td><td></td><td></td><td></td><td></td><td></td><td></td><td></td><td></td></tr>
<tr><td></td><td></td><td></td><td></td><td></td><td></td><td></td><td></td><td></td><td></td><td></td><td></td><td></td><td></td><td></td><td></td><td></td><td></td><td></td><td></td><td></td><td></td><td></td><td></td><td></td><td></td><td></td><td></td><td></td><td></td><td></td><td></td><td></td><td></td><td></td></tr>
<tr><td></td><td></td><td></td><td></td><td></td><td></td><td></td><td></td><td></td><td></td><td></td><td></td><td></td><td></td><td></td><td></td><td></td><td></td><td></td><td></td><td></td><td></td><td></td><td></td><td></td><td></td><td></td><td></td><td></td><td></td><td></td><td></td><td></td><td></td><td></td></tr>
<tr><td></td><td></td><td></td><td></td><td></td><td></td><td></td><td></td><td></td><td></td><td></td><td></td><td></td><td></td><td></td><td></td><td></td><td></td><td></td><td></td><td></td><td></td><td></td><td></td><td></td><td></td><td></td><td></td><td></td><td></td><td></td><td></td><td></td><td></td><td></td></tr>
<tr><td colspan="4" rowspan="2">对学校就业实习管理工作评价</td><td colspan="20" rowspan="2">包括对学校就业推荐工作质量、服务态度，就业指导工作、就业面试的组织、协调和实习管理等工作的综合满意度</td><td colspan="4">满意</td><td colspan="4">一般</td><td colspan="3">不满意</td></tr>
<tr><td colspan="4"></td><td colspan="4"></td><td colspan="3"></td></tr>
<tr><td>用人单位地址</td><td colspan="5"></td><td colspan="4">联系人</td><td colspan="6"></td><td colspan="6">联系电话</td><td colspan="6"></td><td colspan="4">邮编</td><td colspan="3"></td></tr>
<tr><td colspan="35">对学校专业建设和人才培养等方面的建议或意见：

单位(盖章) 年 月 日</td></tr>
</table>

北京市商业学校学生顶岗实习就业工作实施办法

第一章　总　则

第一条　目的

为保证学生顺利进入顶岗实习工作岗位，迅速适应企业工作岗位要求，全面提升学生综合职业能力，完成实习任务和实现就业，特制定本办法。

第二条　适用范围

本管理办法适用于学生顶岗实习安排工作。

第三条　规范性引用文件

关于“职业学校学生顶岗实习管理规定(试行)”2012年。

第四条　术语和定义

学生顶岗实习，主要是指中等职业学校按照专业培养目标要求和教学计划安排，组织在校学生到企(事)业等用人单位的实际工作岗位进行的实习。

第五条　职责

(一)招生就业处

1. 制定学生顶岗实习就业工作实施办法，并监督贯彻执行。

2. 负责学生顶岗实习工作的全面统筹、组织、协调工作。

3. 建立与企业共同对顶岗实习学生实施管理的机制。

4. 负责对实习管理教师的管理与考核。

(二)各系部

1. 做好学生顶岗实习前的职业指导工作。

2. 配合招生就业处做好学生实习安排工作。

3. 负责对专业技术指导教师的管理和考核。

第二章　顶岗实习安排工作内容和要求

第六条　职业指导和集中培训工作具体内容和要求

(一)各系组织学生开展一系列讲座，内容包括就业政策与就业形势、劳动力市场状况与行业需求、职业生涯设计、简历制作、面试技巧、如何提高个人的竞争能力、法规法纪教育、职业道德教育等。通过讲座使学生在思想上和认识上充分做好步入社会的心理和物质准备。

(二)各系部在学校“8S”管理要求的基础上，继续严格礼仪训练，内容包括礼仪礼貌、言谈举止、待人接物、服装服饰等。使学生了解掌握社会、行业礼仪标准和要求，强化学生社交能力。

(三)各系部组织学生参观企业、参加社会招聘会等社会实践活动。使学生广泛接触社会，了解社会人才需求现状、行业分工、岗位需求状况以及对人员素质要求。

(四)各系部组织主题班会、模拟面试，加强学生对顶岗实习和就业的认识，畅谈理想，规划职业生涯，增强创业意识，明确择业方向。

(五)各系部要按照学校关于达标验收的规定和要求，完成学生综合职业素养达标考核验收工作。

(六)各系学生实习前的职业指导培训要注重理论与实际的结合，特别要结合本专业就业岗位的要求，进行有目的、有针对性的培训。所有职业指导工作安排、培训内容等资料各系需存档，同时备份，报招生就业处存档。

(七)招生就业处和相关系部要加强对学生的个性化职业指导工作，在常规咨询指导的基础上，招生就业处及各系部负责对应届实习的学生开展“一对一”的实习就业咨询与指导工作，加强职业指导咨询教师力量和咨询值班，延长咨询指导时间。

(八)招生就业处要与各系部及时沟通信息，协助各系做好职业指导工作。

第七条　按照学校教学计划安排，结合当年就业市场实际需求及企业具体情况，确定学生顶岗实习时间。

第八条　学生顶岗实习前，学校各系部依据学校学生顶岗实习工作方案及各系部情况，制定系部学生顶岗实习工作方案，并交招生就业处存档。

第九条　各系部在顶岗实习前两个月向招生就业处报交学生实习情况一览表，前一个月报交学生实习调查申报表。

第十条　各系部必须将实习班主任名单和专业技术指导教师名单在学生顶岗实习前一个月报招生就业处，需要更换实习班主任的系部，需提前告知招生就业处。系部实习班主任需提前参与实习班主任培训及管理工作。招生就业处在学生顶岗实习前两周，确定实习学生管理教师名单并完成培训，建立实习学生档案。

第十一条　实习学生家长会由学校或由各系组织召开，要求在学生顶岗实习前一周完成。家长会应由招生就业处、学生处、教务处到会讲解学生实习期间学校相关安排和要求。

第十二条　要求各专业系部在学生顶岗实习前一周，与企业共同制定各专业学生专业实习计划与安排，计划与安排内容包括学生顶岗实习时间、培养目标、实习内容、轮岗要求、职业道德标准要求、顶岗实习成绩考核时间、方式、内容、标准等方面内容；确定实习学生专业指导教师名单。

第十三条　招生就业处、学生处负责为实习生进行集中培训，培训内容主要有邀请优秀毕业生、企业领导、专业培训人士作专题报告，讲解优秀毕业生成长历程、社会需求状况、社会求职经验以及相关法律知识。

第十四条　提前离校的学生，经学校批准后由学生处为学生提前办理离校手续；各系部要以“温情送别”为主题，做好学生离校工作；办理学生离校手续，要求采取各相关部门联合办公的形式，为学生提供一站式服务。

第十五条　招生就业处负责汇总招聘单位详细情况，包括单位名称、企业性质、录用岗位、录用条件、岗位要求、实习待遇等。汇集成册后，下发到各系部和班级，以便教师和学生全面了解企业招聘情况，同时为学生做出个性化择业、择岗指导。要求各系部主任、专业技术指导教师、班主任到招聘会现场为学生做好现场指导。

第十六条　学生将在期中考试后，以分批次安排或校园招聘会的形式，安排到企业顶岗实习。招生就业处要按照“三个把关”的要求，提前做好召开校园招聘会的各项准备工作。严把企业进校招聘关，严格审定企业招聘资质，以请“优质企业进校招聘、学生实习专业对口、实习学生起薪高、岗位发展有空间、学生权益有保证”为基本原则，选择优质企业到学校招聘。

第十七条　学生进入企业顶岗实习以后，学校各相关部门要严格按照学校实习管理规定中的“四个管理”的规定和要求，全面落实组织管理、过程管理、协议管理、考核管理，各类管理机构要充分发挥组织管理职能和机制，通过学生实习与就业管理平台等各种渠道，加强过程管理，落实学生顶岗实习期间各个不同阶段的管理、培训、考核、评价、成长记录，落实“三导师制”，实行“实习生召回制”。招生就业处代表学校要全面落实同用人单位签订的实习协议，以校企合作育人为主题，明确双方的责、权、利，保障学生实习安全和学生权益，要把为学生上实习责任险等相关条款写进协议，以确保落实。招生就业处全面负责实习班主任工作的日常管理和考核工作，定期召开工作会议研究通报实习管理的问题及时处理解决。学校教务处、招生就业处、学生处等职能部门要协调各专业系部，与企业合作落实实习生的成绩考核与管理，以促进学生在顶岗实习期间综合职业素养和能力的全面提高。

第十八条　招生就业处将于学生毕业前一个月组织实习管理教师培训，做好毕业生的就业指导工作。实习管理教师要向毕业生发放“三方协议”《毕业生调查问卷》，要求管理教师指导毕业生确定就业单位、指导学生签订并回收“三方协议”，回收《毕业生调查问卷》，收取《实习成绩手册》，向毕业生宣讲《办理毕业手续须知》及档案知识。

第十九条　学校教务处将于每年 6 月底将会同学生处、招生就业处，确认应届毕业生名单。7 月上旬，由学生处牵头，招生就业处、教务处及相关系部集中办公，为全体毕业生办理毕业手续。

第三章　学生顶岗实习安排工作原则

第二十条　为了更好的服务学生、服务企业、服务社会，学生顶岗实习安排工作原则如下。

(一)校企合作“校外实践教学班”“订单班”“冠名班”可按校企合作协议时间，由系部做好计划方案，报招生就业处、教务处、学生处协调安排，主管校长审批后，有序安排学生进入企业学习。

(二)对提供专业对口、高薪岗位、招聘人数多、规模大的知名企业，经招生就业处提出申请，主管领导批准后，可优先安排来校面试招聘。

(三)自谋企业实习(升学)的学生应履行如下手续：

(1)由系部向招生就业处统一申领自主择业(升学)申请表，并发放给学生本人；

(2)学生本人获取自谋企业(补习学校)的接收函；

(3)学生本人正确填写申请表，家长签字后连同接收函一同上报招生就业处；

(4)由招生就业处审验自谋实习企业(补习班)资质；

(5)经批准办理离校手续后，可到企业参加顶岗实习；

(6)自谋企业实习(升学)的学生在完整履行完学校规定的各类手续后，应严格按照学校教学计划规定时间进入企业顶岗实习(升学补习)。

第四章 附 则

第二十一条 制度的起草与归口管理

本管理办法由招生就业处负责起草，报校长批准后正式下达，招生就业处归口管理。

第二十二条 制度的修订

本管理办法根据需要不定期进行修订。校属单位、相关部门均有权根据业务需要对本管理办法内容提出修改意见，并提交招生就业处。招生就业处负责收集整理校属单位、相关部门提出的修改意见，并安排有关人员进行专题讨论，对修改信息进行全面评估后组织修订本管理办法及相关文件。

第二十三条 本管理办法由招生就业处负责解释。

第二十四条 本管理办法自2013年3月1日起实施，原管理办法同时废止。

北京市商业学校学生顶岗实习前综合职业素养达标考核办法

第一章 总 则

第一条 目的

为进一步提高顶岗实习学生的综合职业素养，增强学生就业竞争能力，为学生毕业后的持续就业和发展打下良好基础。学校招生就业处协同学校相关部室，在学生顶岗实习前，要进一步加强职业指导工作，对学生进行综合职业素养达标考核，要求学生“不达标、不上岗，不合格，不离校”。特制定本标准及办法。

第二条 适用范围

本考核办法适用于学生顶岗实习前综合职业素养达标考核工作。

第三条　规范性引用文件

无。

第四条　术语和定义

(一)综合职业素养

综合职业素养是人类在社会活动中需要遵守的行为规范，是职业内在的要求，是一个人在职业过程中表现出来的综合品质。职业素养具体量化表现为职商(英文 career quotient，简称 CQ)，体现一个社会人在职场中成功的素养及智慧。

(二)学生顶岗实习

学生顶岗实习，主要是指中等职业学校按照专业培养目标要求和教学计划安排，组织在校学生到企(事)业等用人单位的实际工作岗位进行的实习。

第五条　职责

(一)招生就业处

1. 制定学生顶岗实习前综合职业素养达标考核办法，并监督贯彻执行。

2. 参与各系部达标考核工作，给出指导性意见。

3. 做好各系部、各实习班综合职业素养达标考核表的审阅、接收、保存工作。

4. 根据综合职业素养达标考核表，完成《综合职业素养达标考核合格证书》的发放工作。

(二)各系部

1. 根据系部具体情况，制定系部达标考核计划安排，于学生达标开始前一周上交招生就业处。

2. 组织学生做好达标前的各项准备工作，并完成学生的平时考核成绩。

3. 邀请考核小组对学生进行现场考评，并参与现场考评，整理考评分数，填写综合职业素养达标考核表。

4. 上交综合职业素养达标考核表，并完成《综合职业素养达标考核合格证书》的填写及颁发工作。

第二章　考核内容

第六条　根据综合职业素养所包含的内容，结合学校学生具体情况，确定考核内容，构成包括下列九项内容。

(一)操行评定。

(二)职业道德。

(三)职业礼仪。

(四)社会实践能力。

(五)专业技能。

(六)简历制作能力。

(七)中英文表达能力。

（八）计算机应用能力。

（九）所缺学分情况。

第三章　考核方法

第七条　各项内容具体考核方法如下。

（一）操行评定考核：由学生所在各系考核。学生平时在校表现情况可作为评价依据，由班主任根据学生在校评优、遵纪守法等方面进行评价。

（二）职业道德考核：由班主任结合学生职业道德课、日常行为及表现，对学生作出综合评价。

（三）职业礼仪考核：由班主任结合学生的礼仪课和实践课成绩，对学生作出综合评价。

（四）社会实践能力考核：由学生所在各系和班主任共同考核，结合假期社会实践、校内外实践课、参加学校重大活动、承担校、系、班、各类社团等社会工作情况，对学生作出综合评价。

（五）专业技能考核：情况可由各系根据学生专业取证情况、专业技能实操考试成绩、技能大赛获奖综合素养考核现场技能展示情况进行评价。

（六）简历制作能力考核：由学生所在各系、班主任及招生就业处联合考核，针对学生对简历制作的重视程度、整体设计、内容涵盖是否全面等方面，对学生的简历制作作出综合评价。

（七）中英文表达能力考核：各系可根据学校统一制定的应届毕业生中、英文口语表述标准，对学生在达标现场进行考核。同时依据学生中、英文课程成绩、参加朗读或演讲比赛成绩，进行综合评价。

（八）计算机应用能力考核：可由各系根据学校统一制定的应届毕业生计算机操作水平标准，对学生进行统一测试。根据成绩进行评价。

（九）所缺学分情况由各系部依据教务处所提供学生所缺学分实际情况进行评价。

（十）综合评价：各系依照学生职业素养达标考核表对学生所有的九项评定完成以后，进行综合评定，并报到招生就业处。

第四章　考核形式

第八条　学生综合职业素养达标考核分为平时考核和现场考核两种，两者结合以确定综合评价成绩。

（一）平时考核

1. 主要内容：操行评定成绩；职业道德考核成绩；职业礼仪考核成绩；社会实践能力考核成绩；计算机应用能力考核成绩；所缺学分情况；专业技能。

2. 考核方法：参照上文所述“综合职业素养考核方法”。

（二）现场考核

1. 主要内容：中英文自我表述现场考核；个人简历制作评审；学生一项专业技能展示或学生现场答辩能力考核（内容包括专业知识、专业技能、自我认知等方面）。

2. 考核方法：由学校领导、招生就业处、教务处、学生处、团委、专业系部组成学生综合职业素养考核小组，对每一名应届毕业生进行现场考评。

第五章　考核结果

第九条　对平时考核及现场考核成绩进行归档整理，最后给出每名学生考核结果。

（一）综合职业素养达标考核的各项内容考核结果为百分制，综合评定为三项成绩的平均分，评定为优（90～100 分）、良（80～89 分）、合格（70～79 分）、不合格（70 分以下）。

（二）学生综合职业素养考核由系本部教师组成的考核小组进行。对考核合格的学生核发《综合职业素养达标考核合格证书》。职业素养考核各项内容分类综合为学生的通用能力、专业技能、职业道德能力三项，各系在综合职业素养达标考核合格证书上为学生各项能力考核打分，最后给出综合评定成绩。考核不合格的学生不予发放《综合职业素养达标考核合格证书》，暂不安排实习，由招生就业处与各系对学生进行培训，待合格取证后再予安排。

（三）学生综合职业素养达标考核工作，在学生离校前两周完成。

第六章　附　则

第十条　制度的起草与归口管理

本考核办法由招生就业处负责起草，报校长批准后正式下达，招生就业处归口管理。

第十一条　制度的修订

本考核办法根据需要不定期进行修订。校属单位、相关部门均有权根据业务需要对本考核办法内容提出修改意见，并提交招生就业处。招生就业处负责收集整理校属单位、相关部门提出的修改意见，并安排有关人员进行专题讨论，对修改信息进行全面评估后组织修订本考核办法及相关文件。

第十二条　本考核办法由招生就业处负责解释。

第十三条　本考核办法自 2013 年 2 月 1 日起实施，原考核办法同时废止。

南京高等职业技术学校毕业实习指导教师工作职责及考核办法（试行）

毕业实习是整个教学过程中的一个重要组成部分，学生实习的质量、实习的稳定、实习中的安全以及毕业后的就业情况，对学校的办学都将产生极大的影响。为使学校的校外实习管理进一步规范化，确保实习的质量，特制定本细则。

一、职业道德和就业指导的教育

(一)职业道德的教育。

(二)就业观念的教育。

(三)择业技巧的教育。

(四)创业知识的教育。

(五)职业生涯的教育。

二、毕业实习

(一)毕业实习安排的程序

1. 毕业实习原则上从第五学期(中专)，第九学期(高职)开始。

2. 所有需要学校安排毕业实习的同学，必须本人提出书面申请，家长签字，经班主任同意后，由各系汇总，于第四学期及第八学期结束前报学校招生就业办公室。

(二)毕业实习的推荐原则

1. 不能按时交纳学费的应届实习生，学校将不推荐其进行毕业实习。

2. 在毕业实习安排中，学校将根据“四优先”(三好学生、学生干部、团干部、有特殊贡献的学生等优于一般学生，农转非学生优于非农转非学生，专业对口优于非专业对口，家庭经济困难而表现好的学生优先)的原则进行实习推荐。

3. 经学校推荐，双向选择，被用人单位录用实习后，因个人原因离开或被退回学校的，学校不再推荐毕业实习，由家长自行解决其毕业实习和就业。

4. 有以下情况的学生，学校不推荐其毕业实习：四门以上主课不及格；受警告以上处分未撤销；有精神或传染病；无任何正当理由拒服从学校安排。

三、毕业实习工作职责

(一)自毕业实习起，实习指导教师必须及时了解学生的实习情况，随时掌握学生的思想动态，认真做好学生的思想工作，重大问题及时上报到系办或校招就办。认真、准确地填写《实习管理手册》，定期收回实习生《实习手册》，并认真批阅，完整填写《实习统计表》。

(二)在学生毕业实习期间，所有实习指导教师必须参加学校的升旗和周三的集中学习，特殊情况，必须提前办理请假手续，不得后补。必须按时参加系、招就办组织召开的例会。

(三)所有实习指导教师必须制定下实习企业的工作计划，按时完成学期工作总结(文本格式由各系自定，但必须统一)，并在规定的时间内上报到本系。专职业实习指导教师每周不得少于3次下实习企业，了解学生的实习现状；对校内课务较重的实习指导教师，每周不得少于1次下实习企业，了解学生的实习现状。并认真做好巡视记录，所有实习指导教师必须保证巡视记录的真实性(相关人员的签字、盖章、照片等真实性材料)，由各系实习就业干事进行及时统计，每月1次上报校招就办。

四、自谋毕业实习管理

(一)凡提出自谋实习的毕业生(必须是有就业意向的)，必须填写《自谋就业实习的申请表》，持接收单位的接收证明，与学校签订《自谋实习协议书》(一式2份)，经学生工作处、招就办同意后，方可进入自谋实习单位实习。

(二)自主创业者，必须交相关的合法材料复印件，由招就办进行统计，经学生工作处、招就办同意后，于最后一学年开始进行自主创业。

(三)对自谋实习或自主创业学生的实习情况，实习指导教师也可通过电话、QQ、信件等其他形式，了解其实习或创业情况。

(四)对自主创业、自谋就业失败者，经本人提出书面申请，报系实习就业部门，经校招就办同意后，可由学校推荐就业。

五、服务学生及了解信息

(一)指导毕业生与用人单位签订《就业协议书》及《劳动合同》。

要注意区别中专《推荐表》、高职的《就业协议书》及《双向选择表》的使用。在学生离校前，必须将上述的材料发给每个学生，确保每位同学顺利就业。

(二)实习、就业信息反馈。实习指导教师必须完整填写《实习名册》，在学生毕业后的当年内，对所有毕业生的就业情况进行跟踪调查，并获取相关就业材料，填报《就业统计表》(统计格式由招就办统一提供)，确保信息的准确率。

(三)生源信息审核。所有实习指导教师必须认真审核本班的生源情况(学生的基本信息由招就办提供)，确保信息的准确率。

(四)毕业生就业情况调查。在发放毕业证书时，必须100%收回《就业协议书》或其他代替材料。

六、其他情况

确因工作原因不能担任毕业实习指导教师的班主任，必须在本班进入毕业实习期前，书面向学校提出申请，由学校统一安排新的毕业实习指导教师，原班主任必须认真、负责任地向新接班主任做好移交工作。

七、津贴发放

(一)毕业实习指导教师津贴。

(二)其他津贴。对路途较远的实习单位，其往返的交通费(以公共交通为主，特殊情况另作处理)，经各系审核，由校招就办负责审批，根据巡视记录给予相应的补贴。需要出市区的，必须提前向系领导提出申请，后经系、校两级审核，给予报销处理。实习就业干事下企业的相关费用，经校招就办审核后，报校领导审批，给予报销处理。

(三)处罚。对不能按时完成本系、校招就办布置的工作，不参加例会的，相关材料不按时上报等，每次扣发津贴×××元；参加例会迟到10分钟以上，扣发津贴×××元；当月每少下1次企业，按×××元/次扣发。

(四)其他

毕业班最后一个月的实习指导教师津贴，经校招就办考核后，于当年9月份发放。

八、考核细则。

(略)

九、备注

(一)考核满分为120分，凡得分在95分以下者，不得参加当年度的评优和校内先进的评选。

(二)考核标准和办法的最终解释权归校招生就业培训部。

南京高等职业技术学校校外实习管理细则

为进一步提高学校的教学质量，提高学生的综合素质和职业能力，培养直接在生产、服务、技术和管理第一线工作的各类应用型人才和高素质劳动者，所有从事校外实习的学生，都应树立正确的就业观念，积极参加校外实习，并圆满地完成实习任务，为顺利走上就业岗位打下良好的基础。为此，特作如下要求。

一、所有参加实习的同学，必须按时交纳学费，在班主任的指导下，认真做好个人的自荐材料，积极参加学校安排的双向选择的应聘面试。

二、经面试被实习单位录用后，无论是教学性实习，还是就业性实习，实习生都必须服从实习单位的管理和工作安排，遵守实习单位的规章制度和劳动纪律，注重劳动安全，增强安全意识，确保不出安全事故。

三、实习学生应当严格遵守学校和实习单位的规章制度，服从管理。未经学校批准，不得擅自离开实习岗位和实习单位；不得自行在外联系住宿。违反实习纪律的学生，应接受指导教师、学校和实习单位的批评教育。凡擅自离开实习单位的同学，学校不再推荐第二次实习，并在离开岗位的第二天必须到校报到。学校在对其进行教育的基础上，将根据情节严重的程度，给予校纪校规的处理。

四、暂时还没有落实实习单位的同学，学校将为他们进行短期培训。对既无实习单位，又不参加短期培训的同学将视为旷课。于当年11月底前还未实习的同学，必须无条件服从学校安排，进入相应岗位实习。

五、学校原则上给每位同学提供1～2次的实习机会。凡因各种借口不参加实习的同学，学校将责令其在规定的时间内自行安排实习。过期不办者，将评为实习不及格。

六、对提出自谋实习的同学，必须填写《自谋实习申请表》，在实习单位与学校签订实习协议书后，方可进行自谋实习。家长对自谋实习的孩子负有监管的责任，学校将对其进行抽查。如发现长期不参加实习的，将评为实习不及格。

七、所有参加实习的同学，必须认真填写《实习手册》，并于实习结束时上交给班主任，作为实习评定的依据。

八、在实习结束后，学校将根据学生的实习表现，评出优秀实习生，发给相应的奖励证书，此奖励将带入毕业生档案。凡在实习过程中受到学校纪律处分或被评定实习不及格的同学，在毕业时学校将作缓发或不发毕业证书的处理。

九、本规定自下发之日起实施、由招生就业培训部负责解释。

南京高等职业技术学校关于反馈就业信息的规定

为及时了解每位毕业生的就业现状及学习情况，准确统计整个学校的就业率，以便进一步改进就业指导工作，更好地为毕业生服务，特作如下规定。

一、高职、普通中专的毕业生，在就业时必须与用人单位签订《江苏省毕业生就业协议书》，并将此协议书的第三联送交校招生就业办公室。

二、职业中专毕业生，必须将该合同的复印件送交各系办。

建议以上协议或合同中注明：工资待遇是否有“五险一金”，签约期限(原则上不低于1年)。

三、对不签协议或只是短期打工的毕业生，必须填写学校提供的就业证明，并送交各系办。

四、自主创业的毕业生，必须将有关的证明材料的复印件送交各系办，学校将作为典型材料进行备案。

五、凡是升入高一级学校学习的同学，必须交相关的入学证明的复印。

六、对有特殊去向的毕业生(如参军、出国等)，必须送交相关的证明材料。

七、以上材料的送达时间，必须在毕业当年的12月之前。如果毕业生未能按时送交相关的材料，经学校查实后，将扣发毕业生的个人档案，直到补交为止。

八、本规定自下发之日起实施、由招生就业培训部负责解释。

第10部分 安全管理

安全管理作为学校教育管理工作中的重要组成部分，对保障全体师生身体健康与生命安全，维护正常的教育教学秩序，促进学生身心健康发展，强化学生安全意识、培养安全行为、提升安全能力，保证学校各项工作顺利开展具有重要意义。

《职业学校学生实习管理规定》(教职成〔2016〕3号)是职业院校实施学生实习安全管理的规范性指导文件。《关于进一步落实职业院校网络安全工作的通知》(教职成司函〔2017〕100号)是职业院校网络安全管理的指导性文件。

安全管理制度是为营造安全健康育人环境、加强学校管理、保障师生人身及财物的安全而制定。安全管理制度一般由学生处或安保处负责起草，报教职工代表大会批准后正式下达，由学生处或安保处归口并负责解释。

安全管理制度主要包括安全预防、日常安全管理、应急处理等安全管理制度；还包括法制教育、安全教育、卫生防疫教育和学生实习实训安全管理制度。

制定安全管理制度要以预防为主，本着保护学生、教育先行、明确责任、教管结合、实事求是、妥善处理的原则，做好宣传教育、管理和处理工作。宣传贯彻国家有关安全管理工作的方针、政策、法律、法规，对师生进行安全教育及管理，妥善处理各类安全事故，引导学生健康成长，积极构建安全和谐稳定的校园。

10.1 日常安全和应急处理

学校应当制定安全预防、日常安全管理、应急处理等安全管理制度，落实安全责任制。设立安全管理机构，配备安全管理人员，全面开展安全管理工作。

——摘自《中等职业学校管理规程》第四十五条

制度案例

北京市商业学校学生安全教育及管理规定

上海信息技术学校关于组织大型活动安全管理暂行办法

北京市商业学校学生大型活动安全管理规定

北京市商业学校节假日学生活动安全管理规定

上海信息技术学校突发事件应急处置预案

厦门信息学校处置突发事件应急工作预案

厦门信息学校防暴应急预案

北京市商业学校学生安全和意外伤害事故应急处理办法

南京高等职业技术学校突发公共卫生事件应急预案

南京高等职业技术学校消防安全管理制度

南京高等职业技术学校学生外出活动安全管理规定

厦门信息学校安全工作岗位职责

北京市商业学校学生安全教育及管理规定

第一章　总　则

第一条　为了建立校园安全长效机制，营造安全健康育人环境，加强学校管理，维护正常的教学和生活秩序，保障学生人身及财物的安全，促进学生身心健康发展，强化学生安全意识、培养安全行为、养成安全习惯、提升安全能力，特制定本规定。

第二条　学生安全教育及管理的主要任务是：宣传贯彻国家有关安全管理工作的方针、政策、法律、法规，对学生进行安全教育及管理，深化学校“十个一”的安全教育，妥善处理各类安全事故，引导学生健康成长，积极构建安全和谐稳定的校园。

第三条　学生安全教育及管理，要以预防为主，本着保护学生、教育先行、明确责任、教管结合、实事求是、妥善处理的原则，做好宣传教育、管理和处理工作。

第二章　安全教育

第四条　学校将学生安全教育作为一项经常性工作，积极开展多种形式的安全教育，普及安全知识，增强学生的安全意识和法制观念，提高防范能力。

学校加强“十个一”的安全教育，即一本教育手册、一个广播宣传和安全专栏、一份安全教育期刊、一次消防和灭火演习、一次法制安全知识讲座、一次社会实践、一次安全法制黑板报设计大赛、一次主题班会、一次特别安全提示、一次安全法制影片等教育。

第五条　学生安全教育应根据不同专业及学生的特点，从学生入学到毕业，系部、班级在各种教学活动和日常生活中，特别是节假日前适时进行，教育学生防患于未然。学校应根据环境、季节及有关规律进行防盗、防火、防灾、防病、防事故等方面的教育，采取参观、听讲座、阅读安全期刊、观看安全影片、设立安全橱窗、安全知识问答与竞赛等多种形式，对学生进行各种安全知识教育与宣传，提高安全意识，养成安全习惯，并使之经常化、制度化。

第六条　对学生进行安全教育，必须注重心理疏导，加强思想政治工作，教育学生注意保持健康的心理状态，帮助学生克服各种原因造成的心理障碍，把事故消除在萌芽状态。

第三章　安全管理

第七条　学校要把安全教育及管理工作纳入工作责任目标，落实到学生处、系部、班主任及各有关部门，同时大力部署和开展学校及周边地区社会治安综合治理。学生处及各系部、班主任要做好学生日常安全管理工作，加强宣传，注意防范，建立和健全规章制度，严格管理。

同时，加大学生安全能力教育与训练实施的力度，进一步加强与完善学校“1－10－5”管理制度，进一步建立与完善值班和学校网格管理制度，进一步明确与完善学校安全工作流程，

第八条　学校要从关心学生、爱护学生出发，树立安全第一的思想，努力做好安全管理工作，不断改善环境与条件，千方百计保护学生人身和财产安全。

第九条　学生必须严格遵守国家法律、法规和学校的各项规章制度，注意自身的人身和财物安全，防止各种事故的发生。

第十条　学生发生意外事故，以及学生要求保护人身或财产安全等情况时，有关部门应迅速采取有效措施，并及时上报学生处及校领导。

第十一条　学生在日常教学及各项活动中，应遵守纪律和有关规定，听从指导，服从管理；在公共场所，要遵守社会公德，增强安全防范意识，提高自我保护能力。

第十二条　系部、班级组织集体或社会实践等活动，必须经学校同意，有关部门做好安全教育、管理工作，并按学校规定进行安全审查，报应急安全预案，确保学生安全。

第十三条　学生应严格遵守宿舍管理制度，严格执行住宿协议规定，自觉维护宿舍的安全与卫生，提高自我管理能力。

第十四条　建立安全责任制，签订安全协议，落实安全防范措施，学校内部安全保卫工作实施“五个一”工程，即：学校一套安全制度，学校一个安全机制，学生会设一安全部，各班设一安全班委，各宿舍设一安全员，并明确责任，尽职尽责。

第十五条　安全教育管理工作，要定期召开会议，定期布置工作。

第十六条　定期安全检查，层层负责，层层落实，做到“五有”，即有计划、有检查、有部署、有总结、有评比，特别是每年“五一”“十一”“元旦”“春节”、寒暑假前后，重点进行安全检查发现漏洞及时堵塞。

第十七条　发现交通、自然灾害或刑事、治安案件等事故，在场学生应保护现场，及时报告学校或公安部门，并协助处理，在学校范围内的，学校应迅速采取措施，控制事态发展，减轻伤害和损失。

第十八条　组织学生进行多项安全能力的训练，提高学生的防范能力和安全能力。训练内容包括：学生在不同场所的疏散演练，初级火灾灭火实操演练，消防水带的连接等。

第四章　事故处理

第十九条　学生人身和财产发生伤害后，系部、班主任及有关部门要及时报告校保卫处、学生处并协助调查处理，根据当事人或他人的责任，按有关规定及时处理。

第二十条　学生未经批准擅自离校不归，或因其他违纪行为，发生意外事故的，各系部要及时上报学校，并及时与学生家长联系，迅速处理；对擅自离校不归，不知去向的学生，系部应及时上报学生处并及时通知学生家长。

第二十一条　学校内正常生活及学校在校外组织的活动中，由于不能避免的原因或自

然灾害而发生的事故，学校依有关法律规定处理。

第五章　附　则

第二十二条　制度的起草与归口管理

本管理办法由学生处负责起草，报教职工代表大会批准后正式下达，学生处归口管理。

第二十三条　制度的修订

本管理办法根据需要不定期进行修订。校属单位、相关部门均有权根据业务需要对本管理办法内容提出修改意见，并提交学生处。学生处负责收集整理校属单位、相关部门提出的修改意见，并安排有关人员进行专题讨论，对修改信息进行全面评估后组织修订本管理办法及相关文件。

第二十四条　本管理办法由学生处负责解释。

第二十五条　本管理办法自2013年2月1日起实施，原管理办法同时废止。

上海信息技术学校关于组织大型活动安全管理暂行办法

为进一步加强学校安全工作，维护全校师生的合法权益，现就学校组织大型活动的安全管理特制定本办法。

一、大型活动及场所安全管理要求

1. 凡举办艺术节、博学节、运动会、军训、专业入门教育、素质拓展等各种大型活动，必须认真贯彻“谁主管，谁负责”原则，落实安全责任人，实行安全责任制。

2. 主管部门要根据大型活动安全要求，建立相应的管理组织和规章制度，并根据举办活动的地点、场所、人数、环境、气候等实际情况，制定切实可行的安全防范措施。

3. 举办大型活动，除保证活动的正常进行外，要严防发生各类事件，严防发生刑事案件、治安案件、治安灾害性事故和各类安全事故。

二、大型活动及场所安全防范措施

1. 对经常举办大型活动的场所，由校安全工作部门定期进行安全检查，发现隐患及时消除。

2. 举办活动前，主管和承办部门的负责人到现场进行认真细致的检查，开展事故预想活动，采取相应措施。

3. 对安全管理人员进行教育，增强其安全防范意识，明确安全防范任务、责任、要求。

4. 加强对活动场所火源、电源、气源、水源和易燃、易爆、危险物品管理，加强对活动用设施、设备、用具、用品管理，严防各类案件、事件、事故的发生。

5. 主办部门派出维持秩序人员，禁止无关人员入内，禁止携带易燃、易爆、危险物品入内，禁止打架斗殴、起哄闹事等各种违法违纪行为，创造文明祥和、秩序井然、有安全感的环境。

6. 妥善处置各类情况并及时请示、报告。

7. 校保卫科派出人员，实施检查、监督。

8. 对因违反大型活动管理制度、规定而造成的各类事故，举办大型活动的主管部门和主管人员负全部责任，视情节依据有关法规、规定处理。

三、举办大型活动审批手续

举办大型活动的部门必须在举办活动前一周提出书面申请(说明举办时间、地点、场所、人数、内容、负责人等)，分别向分管领导申报和校长办公会议会议讨论，经批准并向保卫科备案后方可举办。

本办法从公布之日执行。

北京市商业学校学生大型活动安全管理规定

第一章　总　则

第一条　目的

为规范学校开展校内外学生大型活动，增强学生的组织纪律观念，贯彻“安全第一，预防为主”的安全工作方针，确保全校师生参加各项大型活动安全，杜绝各类安全事故发生，保证良好的教学秩序和教学环境，特制定此规定。

第二条　适用范围

本管理办法适用于北京市商业学校学生管理。

第三条　规范性引用文件

北京市商业学校《学生工作管理制度》。

第四条　术语和定义

无。

第五条　职责

(一)学生处

1. 负责学生日常的教育管理服务工作，以培养学生综合职业素养为核心的养成教育。

2. 对各系部德育及学生工作进行规划、指导、检查、监督、考评。

（二）各系部副主任

1. 负责本系班主任工作指导、培训、考核，班级日常管理与考核。

2. 学生日常综合职业素养考核评价、组织各项评优，对违纪学生进行教育、处理。

（三）班主任

1. 认真贯彻执行学校的各项规章制度，对学生进行遵守《中等专业学校学生守则》的教育。

2. 加强班级日常管理，对学生进行安全教育，指导班委会和团支部的工作。

3. 严格执行学生综合素养评分制度，对学生进行及时有效的奖励和处罚。

（四）班委会

1. 严格检查、记录班级学生在校学习期间的情况，并如实向老师及系部汇报。

2. 协助老师，参与班集体的建设与管理。

第二章　学生大型活动安全管理规定

第六条　为规范学校开展校内外学生大型活动，增强学生的组织纪律观念，贯彻“安全第一，预防为主”的安全工作方针，坚持以人为本的原则，积极防范和及时处置在学生大型活动中发生的突发公共事件，确保学生安全有益的活动，确保全校师生参加各项大型活动安全，杜绝各类安全事故发生，保证良好的教学秩序和教学环境，特制此规定。

（一）学生大型活动原则上实行“一事一报”制。已形成规律的系列活动，如新生入学教育、全校运动会等，和必须由若干分项活动完成的大型活动，如篮球、排球赛等，按一项大型活动进行申请。

（二）所有学生大型活动，主办部门必须以书面形式制定应急预案，报校保卫处审批备案。内容包括举办部门、安全责任人、活动形式、参与人数、安全组织及措施、纪律要求、应急救援方案等内容。

（三）根据“谁主管谁负责”的原则，大型活动的组织者，是大型活动的安全责任人，负有保护国家财产、人员安全、维护治安秩序的主要责任。相关职能部门负有协助、检查、督促大型活动安全管理责任。

（四）在开展大型活动之前要对活动的场地、安全设施及消防设施进行全面检查，必须符合安全要求，经主管部门检查合格后方可开展活动。

（五）确保活动场地安全通道畅通，便于疏散。若晚上开展活动，必须有足够的照明设备和停电应急预案。若开展人数较多的活动，在活动前需检查场地的每个出入口，保证畅通，并做好应急撤离预案。

（六）组织者必须对活动的参与者、观众有明确的纪律要求，应指定区域安全负责人进行检查管理。必要时应联系保卫处派出执勤人员协助维护活动秩序。

（七）参加活动的学生及观众进入场地，严禁携带管制刀具和易燃、易爆、剧毒等危禁物品，自觉听从管理人员指挥，遵守社会公德，爱护人民公共财物，不准进行各类违法违纪活动，校外人员未经允许不得进入场所。

(八)若在校外进行大型活动应提前与有关部门沟通，如发生特殊情况立即向学校和有关部门报告。

(九)凡活动场地发生一切事故，由指定的安全负责人协助保卫处查处。凡因管理不善，秩序混乱而发生各类事故的，应追究主办单位负责人的责任。

(十)学生大型活动违纪处理办法。

(1)服从管理，文明礼貌，尊重他人，不起哄，不喝倒彩，不中途退场，一经发现马上制止，并进行批评教育。

(2)爱护卫生，不带食物进入活动区，不乱扔果皮纸屑等杂物，禁止吸烟，检查发现后没收食品，并活动后打扫活动场所。

(3)严禁穿背心、短裤、拖鞋等进入活动区域，违纪者必须马上更换服装方可进入活动场所。

(4)若对活动组织者有意见或建议，应向组织者提出，不得以任何借口，采用任何公开形式，干扰活动的正常进行。违纪者必须马上制止，如有不听劝阻者勒令其退出活动场所。

(5)参加活动的学生严禁携带管制刀具和易燃、易爆、剧毒等危禁物品，一经发现没收违禁物品，并对携带者进行批评教育。

(6)违纪情节严重或不服从管理者，根据学校《学生违纪处分条例》给予相应处分。

第三章　附　则

第七条　制度的起草与归口管理

本管理办法由学生处负责起草，报教职工代表大会批准后正式下达，学生处归口管理。

第八条　制度的修订

本管理办法根据需要不定期进行修订。校属单位、相关部门均有权根据业务需要对本管理办法内容提出修改意见，并提交学生处。学生处负责收集整理校属单位、相关部门提出的修改意见，并安排有关人员进行专题讨论，对修改信息进行全面评估后组织修订本管理办法及相关文件。

第九条　本管理办法由学生处负责解释。

第十条　本管理办法自 2013 年 2 月 1 日起实施，原管理办法同时废止。

北京市商业学校节假日学生活动安全管理规定

第一章　总　则

第一条　目的

为贯彻安全工作“预防为主”的方针，为确保学生在节假日活动中的安全，特作如下规定。

第二条　适用范围

本管理办法适用于北京市商业学校学生管理。

第三条　规范性引用文件

北京市商业学校《学生工作管理制度》。

第四条　术语和定义

无。

第五条　职责

（一）学生处

1. 负责学生日常的教育管理服务工作，以培养学生综合职业素养为核心的养成教育。

2. 对各系部德育及学生工作进行规划、指导、检查、监督、考评。

（二）各系部副主任

1. 负责本系班主任工作指导、培训、考核，班级日常管理与考核。

2. 学生日常综合职业素养考核评价、组织各项评优，对违纪学生进行教育、处理。

（三）班主任

1. 认真贯彻执行学校的各项规章制度，对学生进行遵守《中等专业学校学生守则》的教育。

2. 加强班级日常管理，对学生进行安全教育，指导班委会和团支部的工作。

3. 严格执行学生综合素养评分制度，对学生进行及时有效的奖励和处罚。

（四）班委会

严格检查、记录班级学生在校学习期间的情况，并如实向老师及系部汇报。协助老师，参与班集体的建设与管理。

第二章　节假日学生活动安全管理规定

第六条　为贯彻安全工作“预防为主”的方针，为确保学生在节假日活动中的安全，特作如下规定。

（一）认真贯彻、落实学校各项安全教育、管理规章制度。

（二）加强对学生的安全教育和管理力度，耐心教育引导学生遵章守纪、保障安全。

（三）加强值班及各岗工作，坚持“谁主管谁负责，谁值班谁负责”的原则。总值班、学生处、系部、班主任、公寓等值班人员原则不允许换班，工作期间准时到岗，坚守岗位，认真负责地开展工作。学生会安全部及公管部协助值班老师加强管理工作。

（四）系部工作及值班中发生重要情况，必须及时报告学生处，保卫处及总值班室带班的校领导，并积极协助处理。

（五）加强节假日安全宣传教育工作，确保重大节日活动校园安全。校园禁放烟花爆竹、禁带易燃易爆物品、禁动明火、禁吸烟喝酒；不嬉笑打闹、杜绝危险行为；不与校外闲杂人员交往、不吃无照摊点食品等，切实做好校园安全工作。

（六）要高度重视节假日留宿学生的身体健康状况，对有特异体质的学生进行排查登记并通报校医室；对生病的学生及时送诊治疗，体温在37.5℃以上的学生，按规定要求回家治疗休息。

（七）学校组织的大型活动，为保证学生的安全必须做好“突发事件”的安全预案工作，学生必须严格遵守会场纪律，听从指挥，特别是遇到紧急情况，不得擅自行动，做到临危不乱，井然有序，稳妥高效地撤离会场，保证活动中安全无事故。

（八）系部及班级组织的元旦联欢活动，高处不悬挂重物；禁止私拉乱接电线；禁止在灯管上缠绕易燃物；活动结束，应及时将易燃物清理干净，防止发生火灾。

（九）禁止带外校学生、外来人员进入学校；禁止已退学、实习及毕业学生无故进入学校。走读学生参加活动不能回家的，需提前写申请留宿，经班主任同意、系部核实、学生处审批，方可留宿。

（十）不能参加学校、班级活动的学生，必须经班主任同意，并按照正常手续，方可离校。各系部学生在室内外活动要遵守学校纪律，服从统一管理，除校级联欢集中管理外，每位同学均在本班活动。

（十一）个人物品和现金要保管好。活动中不要携带贵重物品和现金。

（十二）活动完毕，离开教室及活动场所注意关灯、断电、锁门。

（十三）外地学生假日不留宿，要到班主任处登记，注明去处和联系电话；外地学生留宿，每天到公寓管理办公室签到，如有特殊情况必须要外出，必须经总值班室批准，凭批条方可出校，并按规定时间返校，返校后及时到总值班室销假。

第三章　附　则

第七条　制度的起草与归口管理

本管理办法由学生处负责起草，报教职工代表大会批准后正式下达，学生处归口管理。

第八条　制度的修订

本管理办法根据需要不定期进行修订。校属单位、相关部门均有权根据业务需要对本管理办法内容提出修改意见，并提交学生处。学生处负责收集整理校属单位、相关部门提出的修改意见，并安排有关人员进行专题讨论，对修改信息进行全面评估后组织修订本管理办法及相关文件。

第九条　本管理办法由学生处负责解释。

第十条　本管理办法自2013年3月1日起实施，原管理办法同时废止。

上海信息技术学校突发事件应急处置预案

第一章　总　则

第一条　为确保学校能够及时、有序、高效地应对和处理突发事件，保护广大师生员工的生命安全和国家财产安全，尽最大可能避免和降低突发事件造成的损失，依据有关法律、法规和上级有关部门要求，结合学校实际，特制定本应急处置预案。

第二章　适用范围

第二条　本预案适用于学校发生的各类突发事件的处理工作。

第三条　本预案中的突发事件，是指在学校中发生的造成人员伤亡，造成重大经济损失，对学校正常的教学秩序造成重大影响的各类事件。包括：安全事故(火灾、公用设施故障、建筑物倒塌、集体挤踩压伤、大型活动伤亡事故、交通事故等)，公共卫生事件(食物中毒、传染性疾病、群体性不明原因疾病等)，群体性事件(闹事、打架斗殴、罢课、非法集会或游行等)，影响重大的治安案件，师生非正常死亡，自然灾害事故(洪水、台风、雷击、破坏性地震等)等。

第四条　本预案中突发事件按其严重程度和影响大小，分为一般性突发事件、较大突发事件和重大突发事件三个等级。

1. 符合下列情况之一的为一般性突发事件：无人员伤亡、经济损失较小的校园小范围火灾；师生在校园或学校组织的活动中发生无生命危险的伤害；学校车辆发生无师生伤亡的交通事故；校园内发生十人以下轻度症状的食物中毒；学校发生小范围的常见性传染病；其他对正常秩序造成一定影响但可短时间内解决的事件。

2. 符合下列情况之一的为较大突发事件：校舍倒塌；学校发生造成人员伤害或较大财产损失的火灾；在校园或学校组织的活动中发生师生严重伤害的事件；学校车辆发生师生伤害的交通事故；校园内发生症状严重的师生中毒或十人以上三十人以下中毒事件；学校发生不明原因的传染病且有进一步扩大的趋势，或发生较大范围的传染病；其他对学校正常秩序造成较大影响的事件。

3. 符合下列情况之一的为重大突发事件：造成学校重大财产损失的校舍倒塌或校园火灾；在校园或学校组织的活动中发生师生死亡的事件；学校车辆发生师生死亡的交通事故；校园内发生造成严重后果的师生中毒或三十人以上的中毒事件；学校发生数量较大的不明原因的传染病且进一步扩大的趋势；其他对学校正常秩序造成重大影响的事件。

第三章　组织管理

第五条　学校成立安全工作委员会，其组成如下：主任由校长和党委书记担任，副组长由学校党委副书记和分管学生工作副校长担任，成员由校务办、人财处、宣传科、团委、安保部、学生管理部、后勤保障部和各系部负责人组成。工作小组办公室设在学校安保部，具体负责全校的安全管理和突发事件的处理。

第六条　学校成立突发事件应急救援队，队长由安保部负责人担任，人员由学校相关系部负责人、学生管理部、安保部、后勤保障部有关人员和驾驶员、学生干部等组成，负责做好学校突发事件的应急救援工作。

第七条　突发事件发生时，由学校安全工作委员会统一负责突发事件的处理。学校相关部门职责如下：

后勤保障部负责突发事件处理的后勤保障工作。

学生管理部协调相关专业系部协助分管领导做好突发事件处理时的人员疏散、安置、救护及现场维护等工作。

校务办、宣传科负责向上级报告和对外接待(新闻媒体)等工作。

其他部门根据安全工作委员会安排和要求，做好突发事件处理的相关工作。

第八条　学校结合本校实际情况，依照本预案，明确职责，落实人员，确保在突发事件发生的第一时间迅速、有序启动应急预案。平时做好应急预案的演练与相关人员的培训工作。

第四章　突发事件的报告

第九条　学校要建立健全校园重大突发情况信息报告制度，确保信息畅通。学校发生突发事件后，校园突发事件知情者有义务在知情后的第一时间立即报告领导小组或相关人员。

一般性突发事件，学校要予以重视并采取相关措施妥善处理，严防事态扩大以避免造成严重影响和损失，并根据有关规定如实将处置情况在事故发生后的 2 小时内，将事故发生、处理情况向上级主管部门报告。

较大突发事件，学校要立即启动应急处置预案，安全工作小组要及时采取紧急措施，组织实施应急处置工作，并在第一时间向上级主管部门报告。

重大突发事件，学校必须在第一时间通过电话或传真等将简要情况迅速报告上级主管部门，限 1 小时内报事故详细情况。安全工作委员会要及时采取紧急措施，组织实施应急处置工作。

第十条　学校在事件处理完毕后，必须将本次事件的整体情况、处理结果及整改措施以书面形式报告上级主管部门。

第五章 突发事件的处理

第十一条 突发事件处理严格遵循“以人为本、生命第一”的原则，组织自身力量并迅速请求社会各有关方面快速开展各项救援工作，把损失降到最低限度。

第十二条 突发事件发生后，安委会、系部主要负责人必须第一时间赶到事发现场，立即指挥启动学校突发事件处理应急预案。

根据突发事件的等级，原则上分别采取以下处理办法：

1. 一般性突发事件：接到一般性突发事件的报告，由校安委会组织、协调对突发事件的处理，具体决定以下事宜：

① 了解学校对突发事件已经采取的相关措施，决定下一步处理的跟进措施；

② 根据事件情况决定亲自或派相关人员赴事发现场指导处理；

③ 决定并落实向上级有关部门报告事件的有关情况；

④ 决定突发事件处理的其他事宜。

2. 较大突发事件：接到较大突发事件的报告，由校长组织、协调对突发事件的处理，具体决定以下事宜：

① 迅速决定亲自或派相关领导带领人员赴事发现场指导、协调事件处理；

② 决定并落实报告相应的救援机构积极开展救援工作；

③ 决定并召集学校突发事件应急救援队赴事发现场协助参加救援工作；

④ 决定并落实向上级有关部门报告事件的情况；

⑤ 及时掌握突发事件的发展情况，并决定采取相应的措施。

3. 重大突发事件：接到重大突发事件的报告，校长和分管校长必须第一时间赶赴事发现场，指挥、组织、协调对突发事件的处理，具体决定以下事宜：

① 带领人员赴事发现场帮助协调事件处理；

② 决定并落实报告相应的救援机构，积极开展救援工作。

③ 决定是否指派相关人员去事发现场指导、帮助突发事件的处理。

④ 决定并落实向上级有关部门报告事件的有关情况；

⑤ 帮助协调新闻部门客观报道事件真相；

⑥ 及时掌握突发事件的发展情况，并决定采取相应的措施。

第十三条 突发事件的事态发展基本控制后，应成立调查组，调查事件发生的原因、经过、相关责任，认定事件性质，形成调查报告，并对事件提出处理意见和整改措施。

一般性突发事件的调查原则由学校组织调查，并向上级主管部门上报调查报告。较大突发事件和重大突发事件的调查原则上由校长和其他相关部门(必要时邀请系统外专家)组成调查组负责调查。学校各部门和个人要主动配合调查组的调查工作，不得阻碍、干扰事故的调查。

第六章　责任追究

第十四条　学校的有关人员违反本预案的有关规定，导致突发事件处理受到影响或者事态扩大，给予有关责任人及其主管人员相应的处分。

有下列情形之一的，从重处分：

(1)突发事件接报者未按规定及时上报学校领导，导致事件处理受影响的；

(2)有关人员处理不力，延误突发事件处理时机的；

(3)有关人员向上级部门报告事件信息未经领导审签，导致错报、漏报，造成严重影响的；

(4)有关人员未及时履行本预案规定的相关职责，导致事态扩大的。

第十五条　违反本预案规定，构成犯罪的，由司法机关依法追究刑事责任。

厦门信息学校处置突发事件应急工作预案

为确保学校在发生突发事件时，能够及时、迅速、高效、有序地做好应急处理工作，确保全校师生安全，保障师生员工身体健康，维护社会稳定。根据公安部关于校园周边治安整治的“八条措施”，以及厦门市教育局、省教育厅、省公安厅、省卫生厅有关指示精神，结合本校的实际，制定本预案，请认真学习并严格执行。

一、突发事件的概念

本预案所称突发事件，是指可能突然发生，造成或者可能造成学生健康损害和危及生命、财产安全的事件。它一般具有不可抗拒性、管理教育失误性、社会介入性等特点。它的本质特征性在于其突发性和危机性。它的发生往往给学校安全带来不利影响。当代社会中，学校面临各式各样的社会关系，身处极其复杂的社会环境，发生或面临“突发事件”的概率比以前明显地增大。因此，如何正确地对待和处理“突发事件”，是学校管理工作的一个重要内容。

二、突发事件的工作原则

(一)及时报告的原则。发现有突发事件隐患或已发生突发事件，全校任何一位师生员工，均有向学校有关部门和分管领导及时报告和即时制止或处理的义务。

(二)学校领导统一指挥的原则。重大事件的处理，一切行动，必须服从学校领导和相应领导机构的统一指挥。

(三)各科室主要领导负责制的原则。校内各种突发事件的防范，实行科室一把手责任制。各处、室负责人要从安全工作事关学校发展大局的高度，安全工作要常抓不懈，防患于未然。凡属安全事故，首先追究主要负责人的责任。

(四) 及时处置的原则。全校师生和教职员工平时要认真学习学校下发的各种安全防范处置程序，熟悉处置方案，一旦遇到突发事件，在及时报告的同时，要立即进行处置。

(五) 各科室协调一致的原则。一旦突发事件发生，应服从学校统一安排，相互配合，分工协作，共同处理好所发生的事件。决不允许各自为政、事不关己，隔岸观火和为维护小集体利益而损害学校整体利益的现象发生。

(六) 局部利益服从全局利益的原则。在突发事件的处置中，全校师生和教职员工要把个人利益放在服从学校整体利益上，决不允许因维护个人利益而导致事件扩大或造成学校和他人重大损失的情况发生。

三、各种突发事件类型及处理方法

(一) 恶性事故。当学校内发生恶性事故(建筑物倒塌、物体下落、运动意外、打架斗殴、酗酒闹事、聚众闹事、自杀等等)，有人员伤亡时，要立即保护现场，同时报告分管副校长、保卫科、门卫值班室、德育科、派出所和 110、120 等报警。同时，根据情况尽快救治受伤人员，采取恰当的应急处理措施。

(二) 急病。当学校内学生出现突发急病，应立即打校医室电话或请校医处理，夜间，同时报校值班室。如学生病情严重，应及时拨打 120，将生病学生送往医院，同时向班主任、德育科及分管校领导汇报。

(三) 失窃。当教室或宿舍内发生失窃现象，首先保护现场，并立即报保卫科和班主任处理。

(四) 火灾(火灾事故另有预案)。发现火情后，生管老师应立即组织防灾自救，必须迅速拨打保卫科及班主任的电话。当火情严重，无法自行扑灭时，应立即报警 119 的同时，应采取自救措施，疏散人员，切断电源。并立即报告分管领导，启动学校灭火预案。火灾扑灭后，向校领导、上级主管部门和消防管理部门进行书面汇报，并保护好现场。

(五) 地震。发生地震时，如正在上课，要在教师指挥下迅速抱头、闭眼、躲在各自的课桌下或有组织地迅速靠两侧墙壁撤离教室；在操场或室外时，可原地不动蹲下，双手保护头部，并注意避开高大建筑物或危险物，不要返回教室和宿舍。震后应当听从学校的统一指挥，有组织地安全撤离，并迅速有序地组织抢救伤员和被埋人员。

(六) 爆炸。发生爆炸时，应迅速组织抢救伤员及排除易发生火灾的火源，控制和消除一切不安全因素。如有毒气泄露时，应用湿毛巾捂住口、鼻，有序地组织撤离现场，并向有关部门报告对现场进行勘察处理。

(七) 学生斗殴。校内学生与学生之间发生斗殴或校外人员与学生发生斗殴时，在场教师、宿舍值班人员及现场同学应主动制止，并迅速向门卫值班的保安人员及有关部门报告处理；造成严重后果的，立即报告德育科、保卫科和学校领导，并保护好现场，同时拨打 110 或向当地派出所报案。迅速将伤员送往医院抢救，并做好学生及家属的思想稳定工作。

(八)食物中毒。发现食物中毒后，应立即停止可疑中毒食品的食用和销售，并进行封存，同时向班主任、保卫科报告，由保卫科和食管人员向学校领导报告。将中毒人员迅速送往就近医院抢救的同时，向当地卫生防疫部门报告。在防疫站人员未到达前，在场师生应协助保卫科保护好中毒现场，并禁止对盛放食品工具进行消毒。对中毒人员的排泄物应保留，以供采样检验，查找中毒原因。中毒人员应如实反映本次食物中毒情况，便于有关部门判断造成中毒原因。

(九)溺水。在游泳时，如果不注意安全，则有发生溺水的危险。一旦遇到有人溺水，就应立即向溺水者投以木板，木柱，粗竿，救生圈等物，便于间接搭救。倘若是靠近岸边，可把竹竿伸入水中，让溺水者抓住，用力拉扯上岸。参加救护的同学要熟悉水性，下水前最好先脱去外衣，如果来不及，则要把衣裤的口袋翻出来，以免装满水增加重量。下水后不要游到溺水者的面前，应从后面接近，否则他会把你紧紧抱住，不利于抢救。抢救时，救护人员可用一只手从后面托着溺水者的头或脖子，或抓住腋窝，把他的脸托出水面，自己用另一只手和两条腿仰着游。万一被溺水者抓住，应尽量摆脱，必要时可将溺水者击昏后施救。溺水者被救上岸后，救护人员应把溺水者的头朝下，腹部靠在自己的大腿上，让他把水尽量吐出来。同时拨通120前往抢救。如果溺水者已经昏迷，必须坚持做人工呼吸与心外按摩，直到醒来为止。苏醒后，适量给溺水者喝些浓茶、咖啡或白酒之类饮料。

(十)触电。发现有人触电，应采取紧急措施妥善处理：首先，不要直接去碰触电的人，否则自己也会触电，此时，应立即将电源关掉。如果是落下的电线，则应用干燥的木棍、竹竿等绝缘物将电线挑开。电源切断后，马上把触电者抬木板床上躺下，并立即进行人工呼吸。当患者恢复神志清醒时，可给他喝一点浓茶或酒。如果患者发生头晕、头痛的现象，可给他吃一片去痛片或三溴合剂，以达到止痛镇静的目的。

平时，注意用电安全。电线开关要常检查，防止漏电。不要用湿手去摸电灯及电器的开关；不要拆电器玩；不要将衣服晾在电线上；在下雨天，要注意防止雷电击中。

(十一)烫(烧)伤的处理。发现有人被烫伤或烧伤，应立即将患者有碍治疗的衣裤脱掉或剪开，以免粘在伤口上面。轻度的烫伤，宜将烫伤部位泡在干净的冷水中，一直泡到疼痛减缓时为止。然后在烫伤局部涂上消炎药膏，清凉油、菜油、蜂蜜或鸡蛋清。如果出现水泡，不要把水泡挑破，以防继发感染。疼痛比较厉害时，适当服些镇静止痛药，并少量喝些温开水以缓和紧张情绪。重症烫伤或烧伤者，应尽快地将其送往医院救治，不得延误病情。

(十二)中暑的处理。长时间地在烈日下玩耍或从事其他活动，常因体温过高而发生中暑的现象。中暑时，常出现头晕、头痛、眼花、心慌、呼吸表浅，脉搏快而微弱，血压下降等症状。如不及时抢救，就有死亡的危险。

一旦发现中暑者，应立即将其迅速抬到通风阴凉的地方，用凉水浇身，或者频频湿敷头部；还可用电风扇帮助散热降温，同时给患者喝些清凉的盐开水，绿豆汤，或口服十滴水，人丹。如果发生昏迷，应立即用手掐其人中，涌泉等穴位，或将姜、蒜捣汁滴入鼻内，刺激大脑神经以促其苏醒，若出现呕吐、腹痛，可口服颠茄合剂或手掐足三里、内关穴；对小腿抽筋者，宜进行按摩。如果出现虚脱，血压下降，应火速送医院抢救，切勿延误。

(十三)狗咬伤的处理。人被狗咬伤后，应将伤口上下方用止血带紧紧勒住，伤口要稍作扩大，吸出局部血液，并用高锰酸钾液或双氧水，肥皂水冲洗局部，然后用浓硝酸烧灼伤口。初步处理后，立即送医院检查观察，做进一步治疗。为了预防狂犬病，应到当地卫生防疫部门注射狂犬疫苗。

(十四)骨折与脱臼的处理。发生骨折或脱臼时，头脑要保持冷静，千万不要乱动，乱摸或乱按摩，也不要随便涂、擦白酒或药粉，弄得不好反而会加剧病情。最妥当的方法就是让伤者躺着不动，再去找校医来诊治或就近送往医院诊治。

(十五)煤气中毒的处理。一旦发现有人煤气中毒，必须立即打开门窗，迅速将煤气中毒者转移到空气新鲜的地方，同时解开患者的领扣，使之呼吸顺畅。但应注意保暖，不要让患者直接被寒风吹着。如果煤气中毒者呼吸已经停止，则应立即进行人工呼吸，直到苏醒过来，或立即拨打急救电话120。

(十六)出血。静脉血管破裂后流出来的血是暗红色的，流得比较慢，一点一点地往外流，可用消毒棉花和纱布紧压在伤口上，再稍用力包好。如果血淌得较多，那么还应加一条绷带包紧。动脉血管破裂后流出的血呈鲜红色，一阵阵地往外喷，好似喷泉似的，需要马上止住。具体方法是：先用消毒棉花和纱布压紧伤口，然后在伤口的上段即朝心脏的一端用力加压。动脉出血比较危险，在紧急处理的同时，应立即通知校医并送医院救治。

(十七)交通事故。遇有交通事故发生，只要本人没负重伤，神智还清楚，就应冷静、果断，求助于旁人打电话给学校、报警及送自己去医院，同时切记肇事车辆的牌照号。若有本校学生在场，应立即呼叫救护车或拦车送伤员去附近医院抢救，并通知学校及报警。不要在忙乱中破坏现场，应指定专人保护现场，以便调查(交通事故报警台电话是122)。

四、加强自我防范能力

(一)在校期间

1. 不要将钱款、存折、计算机、照相机、收录机、手机等贵重物品随意乱放在床头、褥子、枕头等处，应妥善存放在安全位置。

2. 假期结束，同学们返校后务必将带来的钱款迅速存入银行(加密码，不要用出生年月日)，不要随意存放在宿舍或衣物中，以防丢失、被盗。

3. 离开教室、宿舍室内无人时必须关闭电源、关锁好门窗，以防火灾或被盗。

4. 不要将门、箱锁钥匙随意乱放，发现丢失应及时更换门、箱锁，门窗不安全时应及时整修加固。

5. 将毛毯、皮衣、西服、风衣等贵重衣物晾晒在走廊或室外时，应注意看管，离开时及时收回，晒窗台绳上衣物要夹牢以免被风刮落丢失。

6. 到教室、图书馆学习时，不要将现金、存折、手机、计算机、收录机等放在占位子的书包内，离开时将书包带走。

7. 女生不要独自一人在教室、实验室内，夜间不要单独外出，睡觉时插好门窗。

8. 同学们要互相关心，共同搞好安全防范工作，发现可疑的人和事情立即报告校保卫科。

（二）外出旅游探假期间要特别注意人身财物安全

1. 外出前将不带走的贵重物品托可靠朋友保管或看管好房屋，外出时关闭电源、锁好门窗，确认安全后再离去。

2. 最好与多名同学结伴而行，带好身份证、学生证，并切实保管好自己的物品，大宗钱款最好分别存放在身上几个内衣兜内或分散到几个人保管。

3. 住旅馆时应将贵重物品存放在旅馆寄存处保管。

4. 在旅游中不要跟初相识的人到任何地方去，也不要吃喝不认识的人给的食物饮料，防止拐骗、抢劫、伤害等案件的发生。

5. 换乘车时，夜间不要离开车站候车室外出，有困难请向当地车站公安或工作人员说明情况，请求帮助。

6. 在旅途中遇到歹徒抢劫、伤害等突发事件，要冷静沉着，依靠乘警、军人和见义勇为群众，根据实际情况在保障自身安全的前提下，利用水果刀、铁器、木棒、酒瓶等物品同歹徒斗争或记住歹徒的面部特征、衣着、身高、年龄、人数、来去路线等及时向公安人员报警，积极协助抓获罪犯，为民除害。

7. 女生如遇歹徒性骚扰时，在无人的情况下，要冷静周旋，伺机逃脱或全力反抗，进行正当防卫，在有人的情况下，可大声呼救报警。一定要记住歹徒面部特征、衣着、身高、年龄等情况向当地公安机关报警，切不可隐案不报，放走歹徒继续伤害他人。

8. 如遇火灾不要慌张，在已不能从楼梯逃生的情况下，三楼以上不要跳窗，可先将房门关上并用物品将门缝封住，防止有毒烟雾进入房间，然后将床单、被罩、窗帘布等牢固连接在窗框后再随绳而下脱离险区。

9. 不要到危险的地段、海域、山区峡谷玩耍，以免发生意外伤害事故。

10. 不得参与赌博、盗窃、打架斗殴，看黄色音像、书籍等违法犯罪活动，应积极参与有益的社会活动，要树立厦门信息学校的良好形象。

厦门信息学校防暴应急预案

为应对可能发生的暴力恐怖事件，保证迅速、有序、有效地开展应急处置工作，最大限度的保护师生的生命、财产安全，提高全校师生的自救、互救及应对突发事件的综合反应能力，根据《中华人民共和国突发事件应对法》《中华人民共和国消防法》和《中华人民共和国企业事业单位内部保卫条例》等的相关规定，结合学校的实际特制定本预案。

一、处置原则

1. 以人为本，减少危害，确保安全。切实履行学校安全责任，以保障学校师生的安全为首要任务，最大限度地减少安全事件造成的人员伤亡和财产损失。

2. 依法处置，适度施策，有效打击。依据有关法律法规，在保证自身安全前提下，对施暴分子采取适度打击的措施，使应对突发事件的工作规范化，法制化。

3. 反应迅速，协同应对，有序疏散。突发暴恐事件发生时，各部门按照职责分工，形成统一指挥、反应灵敏、协调有序、运转高效的处置程序。

4. 居安思危，预防为主，保持警惕。现场局面控制后，需对学校的各个角落进行彻底搜查，防止其余暴恐分子躲避藏匿伺机伤人。

二、法律依据

1.《中华人民共和国突发事件应对法》

第十一条　公民、法人和其他组织有义务参与突发事件应对工作。

2.《中华人民共和国消防法》

第十六条　企业事业单位应当履行的职责中规定，各单位应制定灭火和应急疏散预案并定期组织演练。

3.《企业事业单位内部保卫条例》

第十五条　治安保卫重点单位应当在公安机关指导下制定单位内部治安突发事件处置预案并定期组织演练。

三、处置体系

（一）指挥报告体系

1. 领导小组人员设置

总指挥：校长。

副总指挥：分管副校长。

下设若干工作组。

(1)安保组：组长，保卫科科长；组员，当班保安、保卫科人员。

(2)救护组：组长，总务科科长；组员，医务室人员、总务科人员。

(3)疏散组

组长：教务科科长。

组员：教务科人员、各教学部部长和各班上课老师。

(4)增援组

组长：德育科科长。

组员：德育科人员、各教学部副部长和学校20名突击队员。

(5)保障组

组长：办公室主任。

组员：办公室人员、总务科人员。

2. 突发事件应急指挥部设置

地点：求真楼一楼保卫科监控室。

（二）职责分工

应急处置领导小组负责引导和指挥突发事件的应急处置，根据各自职责分工，加强突发事件监测预警能力，确保事件发生时信息沟通渠道畅通，协调解决处置过程中遇到的问题，促进突发事件快速稳妥得以处理，具体职责分工如下：

1. 总指挥：负责整个应急处突工作的指挥、协调。事件发生时，第一时间与公安机关取得联系，在应急指挥部通过观看现场监控视频掌握动态信息，与小组其他成员沟通并下达处置指令，同时通过广播引导师生实施自救与互救。

2. 安保组：负责指挥保安人员及保卫科人员行动方向。

3. 疏散组：负责组织学生从疏散通道疏散。

4. 救护组：负责带领总务科和医务室人员对现场伤员实施现场救护。

5. 保障组：负责设备等的保障；

6. 增援组：组长分别带领德育科人员、各教学部副部长，听从总指挥指令开展自我保护及人员的增援工作。

四、装备保障

1. 橡胶警棍10只；

2. 1.6米齐眉橡胶警棍20只；

3. 防暴钢叉10把；

4. 手提式扩音器6把。

5. 对讲机20部。

6. 其他可用装备(辣椒水、盾牌)。

五、应急装备存放位置

1. 橡胶警棍由岗位保安员随身携带；

2. 大门口保安室放置1.6米橡胶警棍3根、钢叉3把；

3. 保卫科监控室放置1.6米橡胶警棍5根、钢叉5把；

4. 后门保安室放置1.6米橡胶警棍2根、钢叉2把；

5. 其他装备放置保卫科监控室。

六、突发事件应急处置——应急处置方案一

(一)突发暴恐事件设定。××××年××月××日××时××分放学时间，大门保安发现几名不明身份男子在大门口突然拔刀伤人，学生惊恐、场面很乱，学生受伤情况

不详。

(二)现场处置。大门保安发现突发暴恐事件，立即报告带班领导和保卫科，同时拔打110报警，大门口其他保安持橡胶棍与暴徒保持对抗，并通过大声呼喊，引导学生迅速远离现场，就近躲避，同时立即关上学校大门，阻止暴徒冲进学校。

(三)带班领导或保卫科科长处置程序。带班领导或保卫科长接到报告后，立即报告总指挥(校长：有几名暴徒在学校大门口持刀伤人，请启动突发暴恐事件应急处置程序)，同时通过校广播呼叫全体保安和增援组老师到现场增援，围捕暴徒。

(四)总指挥处置暴恐事件应急程序。总指挥接突发暴恐事件后，指示启动暴恐事件应急处置预案，迅速带领副总指挥进入指挥部，并立即与江头派出所取得联系，实时通报现场情况、请求警力增援、向教育局报告情况，同时通过监控观察掌握现场情况、暴徒动向，指挥通过对讲调动保安围捕暴徒，组织疏导组、救护组展开应急处置，人员疏散方向。

(五)应急疏散组处置程序。疏散组接到总指挥启动暴恐事件应急处置预案指令后，带领应急疏散组迅速疏散学生回到班级，关闭教室门窗，严禁学生到处跑动。

(六)应急救护组处置程序。救护组接到总指挥启动暴恐事件应急处置预案指令后，迅速组织部门人员携带急救包赶赴突发暴恐现场，在保安人员的保护下展开伤员急救，120急救车到场时协助救治。

七、突发事件应急处置——应急处置方案二

(一)突发暴恐事件设定。××××年××月××日××时××分，几名暴徒冲进大门向“励志楼”方向砍杀学生，学生受伤情况不详。

(二)现场处置。大门保安发现突发暴恐事件，立即报告带班领导和保卫科，同时拔打110报警，大门口其他保安持橡胶棍与暴徒保持对抗，并通过大声呼喊，要求各班上课老师迅速关上教室门窗，阻止暴徒冲进教室。

(三)带班领导或保卫科科长处置程序。带班领导或保卫科长接到报告后，立即报告总指挥(校长：有几名暴徒在励志楼持刀伤人，请启动突发暴恐事件应急处置程序)，同时通过校广播呼叫全体保安和增援组老师到现场增援，突击队老师迅速带上器械围捕暴徒。

(四)总指挥处置暴恐事件应急程序。总指挥接突发暴恐事件后，指示启动暴恐事件应急处置预案，迅速带领副总指挥进入指挥部，并立即与江头派出所取得联系，实时通报现场情况、请求警力增援，向教育局报告情况，同时通过监控观察掌握现场情况、暴徒动向，指挥通过对讲调动保安围捕暴徒，组织疏导组、救护组展开应急处置，人员疏散方向。

(五)应急疏散组处置程序。疏散组接到总指挥启动暴恐事件应急处置预案指令后，带领应急疏散组迅速疏散学生回到班级，关闭教室门窗，严禁学生到处跑动。

(六)应急救护组处置程序。救护组接到总指挥启动暴恐事件应急处置预案指令后，

迅速组织部门人员携带急救包赶赴突发暴恐现场，在保安人员的保护下展开伤员急救，120 急救车到场时协助救治。

北京市商业学校学生安全和意外伤害事故应急处理办法

第一章　总　则

第一条　目的

为贯彻安全工作“预防为主”的方针，为确保学生在节假日活动中的安全，特作如下规定。

第二条　适用范围

本管理办法适用于北京市商业学校学生管理。

第三条　规范性引用文件

北京市商业学校《学生工作管理制度》。

第四条　术语和定义

无。

第五条　职责

(一)学生处

1. 负责学生日常的教育管理服务工作，以培养学生综合职业素养为核心的养成教育。

2. 对各系部德育及学生工作进行规划、指导、检查、监督、考评。

(二)各系部副主任

1. 负责本系班主任工作指导、培训、考核，班级日常管理与考核。

2. 学生日常综合职业素养考核评价、组织各项评优，对违纪学生进行教育、处理。

(三)班主任

1. 认真贯彻执行学校的各项规章制度，对学生进行遵守《中等专业学校学生守则》的教育。

2. 加强班级日常管理，对学生进行安全教育，指导班委会和团支部的工作。

3. 严格执行学生综合素养评分制度，对学生进行及时有效的奖励和处罚。

(四)班委会

严格检查、记录班级学生在校学习期间的情况，并如实向老师及系部汇报。协助老师，参与班集体的建设与管理。

第二章　节假日学生活动安全管理规定

第六条　为贯彻安全工作“预防为主”的方针，为确保学生在节假日活动中的安全，特作如下规定。

(一)认真贯彻、落实学校各项安全教育、管理规章制度。

(二)加强对学生的安全教育和管理力度，耐心教育引导学生遵章守纪、保障安全。

(三)加强值班及各岗工作，坚持“谁主管谁负责，谁值班谁负责”的原则。总值班、学生处、系部、班主任、公寓等值班人员原则不允许换班，工作期间准时到岗，坚守岗位，认真负责地开展工作。学生会安全部及公管部协助值班老师加强管理工作。

(四)系部工作及值班中发生重要情况，必须及时报告学生处，保卫处及总值班室带班的校领导，并积极协助处理。

(五)加强节假日安全宣传教育工作，确保重大节日活动校园安全。校园禁放烟花爆竹、禁带易燃易爆物品、禁动明火、禁吸烟喝酒；不嬉笑打闹、杜绝危险行为；不与校外闲杂人员交往、不吃无照摊点食品等，切实做好校园安全工作。

(六)要高度重视节假日留宿学生的身体健康状况，对有特异体质的学生进行排查登记并通报校医室；对生病的学生及时送诊治疗，体温在37.5℃以上的学生，按规定回家治疗休息。

(七)学校组织的大型活动，为保证学生的安全必须做好“突发事件”的安全预案工作，学生必须严格遵守会场纪律，听从指挥。特别是遇到紧急情况，不得擅自行动。做到临危不乱、井然有序、稳妥高效地撤离会场，保证活动中安全无事故。

(八)系部及班级组织的元旦联欢活动，高处不悬挂重物；禁止私拉乱接电线；禁止在灯管上缠绕易燃物；活动结束，应及时将易燃物清理干净，防止发生火灾。

(九)禁止带外校学生、外来人员进入学校；禁止已退学、实习及毕业学生无故进入学校。走读学生参加活动不能回家的，需提前写留宿申请，经班主任同意、系部核实、学生处审批后方可留宿。

(十)不能参加学校、班级活动的学生，必须经班主任同意，并按照正常手续，方可离校。各系部学生在室内外活动要遵守学校纪律，服从统一管理，除校级联欢集中管理外，每位同学均在本班活动。

(十一)个人物品和现金要保管好。活动中，不要携带贵重物品和现金。

(十二)活动完毕，离开教室及活动场所注意关灯、断电、锁门。

(十三)外地学生假日不留宿，要到班主任处登记，注明去处和联系电话；外地学生留宿，每天到公寓管理办公室签到，如有特殊情况须要外出，必须经总值班室批准，凭批条方可出校，并按规定时间返校，返校后及时到总值班室销假。

第三章　附　则

第七条　制度的起草与归口管理

本管理办法由学生处负责起草，报教职工代表大会批准后正式下达，学生处归口管理。

第八条　制度的修订

本管理办法根据需要不定期进行修订。校属单位、相关部门均有权根据业务需要对本管理办法内容提出修改意见，并提交学生处。学生处负责收集整理校属单位、相关部门提出的修改意见，并安排有关人员进行专题讨论，对修改信息进行全面评估后组织修订本管理办法及相关文件。

第九条　本管理办法由学生处负责解释。

第十条　本管理办法自2013年3月1日起实施，原管理办法同时废止。

南京高等职业技术学校突发公共卫生事件应急预案

依据南京市政府印发的《南京市突发公共卫生事件总体应急预案》(宁政发〔2006〕28号)、《南京市教育局突发公卫生事件应急预案》(宁教体〔2006〕20号)文件要求，学校以贯彻落实“学校教育要树立健康第一的指导思想”，提高学校对处置突发公共事件的能力，最大限度地预防和减少突发公共卫生事件及其造成的危害，保障广大师生的身体健康和生命安全，维护和稳定正常的教学秩序，制定学校突发公公卫生事件应急预案。

一、应急领导机构与职责

根据南京市教育局突发公共卫生事件应急处理工作的领导机构的设置要求以及突发公共卫生事件的级别，学校成立突发公共卫生事件领导小组，组长由校长担任，分管校级领导担任副组长并负责相关应急工作，成员由各系部和职能负责人担任。在校长的领导下，通过专题会议研究、决定、处置和部署本校突发公共卫生事件。同时在第一时间上报学校所在地卫生监督所、教育局主管部门。

应急工作组下设6个应急小组。

1. 应急综合协调组：负责重要会议和重大活动安排及相关重要文稿的起草；有关上级领导督导检查时间安排；相关文件的运转和整理归档；协调落实防控期间值班人员及值班电话的畅通；发挥综合协调、运转枢纽作用。

2. 应急防控组：负责了解、掌握、通报教育系统突发公共卫生事件的基本情况；(必要时)根据学校突发公共卫生事件的级别和情况，启动应急预案；应急防控、应急处置、调查评估等工作，防止突发事件在校内发生和流行。

3. 应急信息组：负责防控工作下情上达信息渠道的畅通；收集汇总(日报告、零报告)、分析和上报有关工作信息；应急处置工作的正面宣传报道；重要信息、工作简报和必要的宣传材料编印发放。

4. 应急督查组：负责督促落实省、市、局有关领导的批示、指示、决定的事项；汇总上报落实情况及存在问题；根据应急处置需要落实到学校各个系部。

5. 应急保障组：负责学校的通信畅通；组织、协调、保证突发公共卫生事件应急处置所需的医疗救护设备、救治药品、医疗器械、防护用品、消毒设备和药品等物资的采构、调度和供应；工作组及相关人员的生活保障、交通保障、卫生防护保障、医疗保障等各项后勤保障工作。

6. 应急教育教学管理组：负责停课、复课、考试、招生、实习、活动安排等教育教学工作的管理；停课不停学，做好学生、教职员工的宣传教育和校园秩序稳定工作。

二、运行机制

1. 监测：建立监测系统，完善监测机制。掌握了解各种传染病流行及食物中毒事故发生活可能突发等情况，整合监测信息，及时开展危害程度、可能发展趋势的风险分析。执行《南京市学校和托幼机构预防和控制传染病工作规范》。

2. 预警和发布：学校建立和完善预警机制。根据监测分析结果，对可能发生和可以预警的突发公共卫生事件及时做出预警。

预警级别依据学校、幼托机构突发公共卫生事件可能造成的危害程度、紧急程度和发展态势，一般划分为四级，即Ⅰ级(特别严重)、Ⅱ级(严重)、Ⅲ级(较重)和Ⅳ级(一般)，依次用红色、橙色、黄色和蓝色表示。

预警信息包括学校突发公共卫生事件的类别、预警级别、起始时间、可能影响范围、警示事项、应采取的预防控制措施和发布机关等。

3. 报告：学校突发公共卫生事件，做到早发现、早报告、早处理，学校责任报告人制度，不迟报、谎报、瞒报和漏报。特别重大和重大的学校突发公共卫生事件，及时报告市教育局。

三、应急处置

1. 先期处置：学校突发公共卫生事件发生后，按照分级响应的原则，根据相应级别做出应急反应。学校立即采取措施控制事态发展，组织开展应急救援工作，及时向市教育局报告。

2. 学校应急响应措施

(1)按照各级政府、各级教育和卫生行政部门的要求落实各项措施；

(2)根据突发公共卫生事件处理需要，调集各类人员、物资和相关设施、设备参加应急处理工作。必要时，教育和卫生行政部门及有关部门提出支援请求；

(3)紧急采取隔离阻断传染源、消毒等措施，封闭或者封存教室、公共饮用水源、食品以及相关物品等；

(4)严格晨检考勤制度，做到早发现、早报告、早隔离、早治疗；

(5)实施“日报告”“零报告”制度，24小时值班，密切保持与事件发生地的联系，及时了解情况，掌握突发事件动态信息；

(6)严格学校门卫管理制度，加强学校外来人员的管理；

(7)开展防治知识宣传和健康教育，提高广大师生自我保护意识和能力；

(8)部署做好师生和家长的稳定工作，维护学校正常的教育教学秩序，控制事态发展；

(9)督促学生监督人按照有关部门的要求做好预防性服药和预防性接种工作；

(10)及时向教育和卫生行政部门及有关部门报告应急处置情况。

3. 应急结束：学校、托幼机构突发公共卫生事件隐患或相关危险因素消除后，现场应急救援队伍予以撤离。

由市教育局负责处置的突发公共卫生事件应急状态解除，要根据区县教育局的请求，并征求同级卫生部门及有关专家意见，报市政府或者市相关应急指挥机构批准后宣布应急响应结束。

4. 善后处置与调查评估

学校积极稳妥、深入细致地做好善后处置工作。对特别重大、重大、较大突发公共卫生事件的起因、性质、影响、责任、经验教训等问题进行调查评估，并报市教育局等有关部门。

四、应急保障

学校按照职责分工和本预案做好突发公共卫生事件的应对工作，保障应急处置工作所需要的人力、物力、财力、交通、通信、医疗卫生等。

五、监督管理

学校各系部在职责范围内加强监督管理。认真实施健康教育，落实各项卫生安全管理制度，广泛开展应急法律法规和预防、避险、自救、互救、减灾等常识宣传教育活动，增强全体师生的忧患意识、责任意识和自救、互救能力。结合实际，有计划、有重点地对应急救援和管理人员进行培训，开展应急预案的演练，不断提高其专业技能。

六、责任追究

学校突发公共卫生事件应急处置工作实行行政领导负责制和责任追究制。对在学校突发公共卫生事件的预防、报告、调查、控制和处置过程中，有玩忽职守、失职、渎职等行为的，依据有关法律法规和省教育厅、省卫生厅印发《江苏省学校卫生防疫与食品卫生安全行政责任追究办法(试行)》追究当事人的责任。

七、附则

本预案由南京高等职业技术学校制定，按照本预案的规定履行职责，学校将根据实际情况的变化，及时修订本预案。

南京高等职业技术学校消防安全管理制度

一、总则

1. 为加强消防工作，预防和减少火灾事故，保障学校公共财产和师生员工生命财产安全，根据《中华人民共和国消防法》和《江苏省消防条例》及有关规定，结合本校实际情况制定本制度。

2. 消防工作贯彻“预防为主，防消结合”的方针。学校各部门和个人必须遵守消防法规，实行防火安全责任制，做好消防工作。

3. 校长是学校的消防安全责任人，对学校的消防安全工作全面负责，分管校长是学校的消防安全管理人，对学校的消防安全责任人负责，实施和组织落实消防安全管理工作。保卫处是学校消防工作职能部门，负责学校消防监督管理及具体工作。

二、防火巡查、检查制度

落实逐级消防安全责任制和岗位消防安全责任制，落实巡查检查制度。

消防工作检查小组每月及国家法定节假日如元旦、春节、五一、国庆等节日来临之前对本单位进行一次防火检查并复查追踪改善。

检查中发现火灾隐患，检查人员应填写防火检查记录，并按照规定要求有关人员在记录上签名。

检查小组应将检查情况及时通知受检部门，各部门负责人应每日将消防安全检查情况通知，若发现受检部门存在火灾隐患，应及时整改。

对检查中发现的火灾隐患未按规定时间及时整改的，根据奖惩制度给予处罚。

三、消防组织管理制度

1. 学校消防组织（义务消防队）受学校消防安全工作领导小组领导，学校消防组织的日常管理，由消防安全管理人负责。

2. 义务消防队，应编制名册，明确负责人，并随组成人员的变化而及时补充、调整。

3. 学校的义务消防队，每半年进行一次消防知识、消防法规、消防技能等方面的培训。培训应有培训情况记录并存入消防档案。

4. 学校的义务消防队员要熟悉本单位灭火与应急疏散预案，知道本人在义务消防组织中的职责分工。

5. 义务消防队员要参加消防业务培训及灭火和应急疏散演练，了解防火知识，掌握灭火与疏散技能，会使用灭火器材及消防设施。

6. 义务消防队要做好本部门、本岗位日常安全防火工作，宣传消防安全常识，督促他人共同遵守。

7. 发生火灾时，义务消防队必须立即赶赴现场，服从现场指挥，积极参加扑救火灾、疏散人员和物资、保护现场等工作。

四、安全疏散设施制度

1. 单位应保持疏散通道、安全出口畅通，严禁占用疏散通道，严禁在安全出口或疏散通道上安装栅栏等影响疏散的障碍物。

2. 应按规范设置符合国家规定的消防安全疏散指示标志和应急照明设施。

3. 应保持防火门、消防安全疏散指示标志、应急照明、机械排烟送风、火灾事故广播等设施处于正常状态，并定期组织检查、测试、维护和保养。

严禁在工作期间将安全出口上锁。

严禁在工作期间将安全疏散指示标志关闭、遮挡或覆盖。

五、消防设施、消防器材维护管理制度

消防设施及消防设备的技术性能的维修保养和定期技术检测由所在部门级安全工作检查小组负责，所在部门及检查小组应定期检查了解消防设备的运行情况，查看运行记录，听取值班人员意见，发现异常及时安排维修，使设备保持完好的技术状态。

消防器材管理：每年在冬防、夏防期间定期两次对灭火器进行普查换药。派专人管理，定期巡查消防器材，保证处于完好状态。对消防器材应经常检查，发现丢失，损坏应立即补充并上报领导。各部门的消防器材由本部门管理，并指定专人负责。

六、消防安全工作考评制度

1. 对在消防工作中有下列突出表现的部门和个人，给予表彰、奖励。

(1)全年无火灾事故，积极参与消防管理和各项消防安全活动，成绩显著。

(2)遵守消防法规，对查出火灾隐患能及时整改，预防措施到位，防火安全规章制度健全，消防设施完好无损。

(3)积极开展消防宣传教育活动，组织本部门人员定期学习消防知识和消防培训工作，事迹突出。

2. 对违反《学校消防安全管理标准》的行为，根据不同情况，给予相应处理。

(1)在一年内发生一次火灾事故的，除取消该个人评先资格外，还要对责任人给予处理。对造成火灾事故的当事人，视其情况给予相应处理。

(2)对故意造成火灾事故的人员，以及严重失职造成重大安全责任事故的人员，依法移送司法机关，由司法机关追究当事人的相关责任。

南京高等职业技术学校学生外出活动安全管理规定

第一章　总　则

第一条　为进一步推动学生校外活动规范开展，保障学生外出活动安全，根据《南京市学校安全管理工作制度（宁教安〔2014〕2 号）》文件精神，结合学校实际情况，制定本规定。

第二条　本规定适用于全校学生。

第三条　学生进行校外集体和其他个体活动均须按本办法中规定的审批程序、管理办法进行。未经批准的活动不得组织实施。

第二章　细　则

第四条　学生外出活动项目必须与教育教学密切相关，是有利于学生专业发展、技能培养、知识增长、人格健全、艺术审美等方面的有益项目，具有较强的必要性和可行性。

第五条　原则上，经批准的学生集体外出活动，必须由教师亲自带队，当天往返，未经批准不得在外住宿或露宿。

第六条　学生进行校外集体和个体活动时应牢固树立“安全第一”的思想。带队老师或负责人不得擅自更改活动内容与行程。

第三章　审　批

第七条　在教学时间段，组织学生校外集体活动（包括下企业参观、学习），都应按下列程序办理。

（1）5 人以内学生外出的，带队教师向系领导提出申请，经系主任和教务处审批，报安保处备案。

（2）5 人以上外出的，带队教师向系领导提出申请，经系主任、学生处、教务处领导审查后，主管校领导、校长审批后，报安保处备案。

（3）由任课教师及其他人员带学生出校的还必须征得班主任同意。

第八条　在非教学时间段（包含课间课后学生在校时间），组织学生校外集体活动的，都应按下列程序办理。

（1）5 人以内学生外出的，由带队老师向系领导提出申请，由系主任、学生处领导审批，报安保处备案。

（2）超过 5 人的外出集体活动还需向主管校领导提出申请，报校长室审批。

第九条　所有学生外出活动必须至少提前一周向系领导、校领导递交书面申请，申请时应陈述活动内容、活动路线、交通工具和安全防范措施等，并明确活动负责人。

第四章 责 任

第十条 凡未按本办法要求办理活动审批手续而擅自组织活动者，或假借外出活动名义从事审批范围之外并有违于师德规范、各项规章制度要求的，将追究个人或组织者的责任，并视情节轻重给予相应的纪律处分。

第十一条 本条例解释权归安保处。

附件 南京高等职业技术学校教学期间内学生外出活动审批表(略)。

厦门信息学校安全工作岗位职责

为进一步全面加强学校安全工作，全面实施学校安全网格化管理，明确学校各岗位的安全工作职责，增强全体教职工的安全工作责任感，营造安全工作人人有责的良好工作氛围，根据《中小学幼儿园安全管理办法》等安全工作法律法规，特制定《厦门信息学校安全工作岗位职责》。

一、校长安全工作职责

校长是学校行政负责人，对学校安全工作负全责，是学校安全工作的第一责任人，其安全工作职责如下：

(一)牢固树立“安全第一”的思想和法制观念，将安全工作列入重要工作日程，掌握和自觉遵守国家的各类安全法律、法规；

(二)全面负责领导学校安全工作，掌握学校安全工作总体情况和存在的主要问题，督促职能部门制定相应措施，落实各项安全工作；

(三)建立学校安全工作管理责任制度、安全工作考核奖惩制度和安全事故责任追究制度，与学校各部门和全体教职工签订安全工作责任书；建立完善学校及周边环境整治协作机制；

(四)组织全体师生学习、贯彻、执行上级有关安全工作的指示精神，对全体师生进行安全方面的教育；组织开展安全演练工作；

(五)参加上级有关安全工作会议及学习培训，定期组织召开安全工作会议，部署安全工作；

(六)定期检查学校安全工作，及时了解安全情况，及时整改安全隐患；落实学校各类大型活动安全措施和审批权限，指导安全工作；

(七)及时有效地处置学校安全事故和突发事件。组织协调学校重大安全事故的处置及善后工作，协助有关部门对重大责任事故进行责任追究；

(八)改善办学条件，加强学校安全基础设施建设，增加安全系数。

二、党委书记安全工作职责

党委书记是学校党组织的负责人，领导学校的思想政治教育工作，积极支持和配合校长做好学校安全工作，其安全工作职责如下：

(一)配合校长认真落实有关安全工作的政策法规；

(二)加强各处室部门联系，督促安全责任制的落实；

(三)加强教职工及学生政治思想教育，预防师生违法犯罪行为，杜绝学校安全事故的发生；

(四)加强教师职业道德教育，对校园不稳定因素做好分析、掌控工作；

(五)发挥党团员在学校安全管理工作中的先锋模范作用。

团委书记协助校长认真落实有关安全工作的政策法规，加强学生政治思想工作，充分发挥班团干部、团员、队员在安全纪律方面的先锋、带头作用及自我管理作用；对组织开展的学生活动认真做好安全防范工作。

三、副校长安全工作职责

（一）分管学校安全工作的副校长职责

分管安全的副校长对校长负责，协助校长主抓学校安全工作，其职责如下：

1. 组织实施上级有关安全工作意见，制定学校安全工作计划、措施及各种规章制度；

2. 组织开展多种形式的安全法规和安全知识的宣传、教育和培训工作，增强师生员工的安全意识；加强学校安全工作管理队伍建设；

3. 制定安全应急预案和组织开展演练，协助校长做好学校安全事故突发事件的应急处置工作；

4. 定期组织开展学校安全检查工作，检查学校各种设备设施和安全管理工作情况，及时进行安全隐患排查治理；

5. 落实校区安全值班巡逻工作，加强对各种执勤及巡逻人员的管理和检查；督促、检查其他有关安全管理人员履行职责的情况；

6. 负责学生接送车的管理工作，指导、协调相关处室具体做好相关工作；

7. 与有关部门取得联系，综合整治校园及周边治安环境；

8. 完成向上级主管部门报送计划、汇报、总结、调研执行、情况反映等专项材料；负责学校安全档案建设与管理工作；

9. 接受并处理学校安全工作紧急情况信息；

10. 完成上级交办的其他安全工作任务，并做好安全工作总结。

（二）分管教学副校长的安全工作职责

分管教学的副校长是学校教育教学工作的安全责任人，主要职责有：

1. 督促全校教师严格落实教学常规。特别是认真落实体育课、劳动课、实验(训)课等课的教学常规，防止学生意外伤害事故的发生；

2. 对必须在校外进行的教学活动要认真审批，要有严密的安全措施，确保活动安全进行；

3. 督促全校教师加强师德修养，关爱学生，不得体罚和变相体罚学生，切实减轻学生过重课业负担。要采取切实可行的措施，杜绝因体罚和心灵虐待造成对学生的伤害事件，确保学生身心健康发展；

4. 督促指导教师把学生安全作为教育教学的第一要事，摆在首位，认真落实各有关法规和上级文件对教育教学工作的安全规定，依法办事，依法执教；

5. 督查班主任、值班教师、值班职员对课间活动安全的教育管理，杜绝课间责任安全事故；

6. 完成上级交办的其他安全工作任务。

（三）分管后勤副校长的安全工作职责

分管后勤的副校长是学校设施设备安全责任人，其主要职责有：

1. 制定学校设施设备安全管理工作规章制度，做好学校设备设施安全管理工作；

2. 组织对学校建筑物、设施设备的安全检查，特别是消防安全检查，及时消除安全隐患，杜绝安全事故；

3. 加强对食堂、校园小卖部、自备水源的管理，确保学校食品及饮用水安全；加强学校卫生防疫工作；

4. 加强学校宿舍设施安全管理，确保师生宿舍安全；

5. 督促有关人员做好防盗工作，维护学校财产安全；

6. 加强全校的安全设施建设，确保校园安全；

7. 完成上级交办的其他安全工作任务。

四、工会主席安全工作职责

(一)发挥工会组织在校园安全管理工作中的监督作用；

(二)协助党组织摸排学校内部人员的不稳定因素，做好相关工作；

(三)关心教职工及家属，对家庭发生重大变化时，要及时慰问，以维护学校和谐稳定；

(四)完成上级交办的其他安全工作任务。

五、党政办公室安全工作职责

(一)适时建议召开学校安全工作会议，并为会议做好准备，形成会议记录；

(二)督促各处室、各岗位认真执行学校安全工作会议决定，落实各项安全措施；

(三)做好安全信息管理工作；

(四)安排值班工作；

(五)保证电传上通下达；

(六)妥善保管好公章及法人代表的印鉴，做好印章使用的登记工作；

(七)编制全体教职员工联络表。

六、保卫科安全工作职责

保卫科是学校安全综治工作的综合协调部门，主要职责是：

(一)具体负责对学校安全综治工作的指导、监督、检查和考核；

(二)全面掌握学校安全综治工作状况，负责制定学校安全和综治工作计划，定期分析和预测学校安全综治工作形势，提出学校安全综治工作的意见和建议，研究制定落实工作措施；期末做好安全综治工作总结；

(三)建立健全学校安全工作制度，及时做好有关信息、材料报送工作；

(四)定期组织师生安全教育和培训工作；制定完善学校安全的应急预案并进行演练，做好学校安全事故应急处理工作；

(五)组织、指导学校做好安全综治管理工作，协同有关处室对学校安全综治工作的督查，并做好检查记录；建立安全隐患档案，及时向学校及有关部门提出整改意见和建议，落实整改措施；

(六)加强与有关部门联系，综合整治校园及周边治安环境；

(七)全面组织落实安全综治工作目标管理责任制，认真贯彻落实上级及有关部门下达的安全综治工作任务；

(八)完善安全工作资料档案制度，及时做好学校安全工作各种台账资料的整理和保管；

(九)完成领导交办的其他安全工作任务，并做好相关部门的联系协调工作。

七、德育科安全工作职责

德育科是学校安全管理工作的重要职能部门，主要职责是：

(一)负责学生思想教育、行为习惯教育和文明礼仪教育，及时排查调处学生中的矛盾隐患，负责制止学生危险性游戏和管制刀具的收缴工作，杜绝打架斗殴等恶性事件的发生；

(二)重视对学生的自我保健和心理健康教育，建立心理偏差、特殊体质和行为偏差学生档案，落实帮教措施，促进学生身心健康发展；负责对学生禁毒、禁黄、禁赌教育；

(三)落实值周值日制度，督促指导值周值日人员做好课间课后学生安全管理工作；加强住校生特别是女生宿舍的安全防范及其他安全工作；

(四)负责抓好学生春秋游、野餐、夏令营等集体活动的安全工作；负责校内车辆和交通秩序的管理，做到停放有序，防范交通事故的发生；

(五)做好学校的安全保卫工作，加强门卫管理，落实值班制度、巡逻制度等各项安全保卫制度，落实安全责任；加强对保安人员、门卫管理员、住校生管理员等岗位的管理

和督查，严防偷盗现象和各种破坏活动发生，确保学校教育教学工作的正常进行；

（六）与保卫科共同做好与当地派出所、交警队等相关部门的联系和沟通工作，加强警校共建，维护学校治安稳定；

（七）指导班主任做好与家长的联系工作，以防意外事故发生；

（八）协助做好师生的应急疏散、消防逃生、紧急救护等应急演练活动；

（九）参与安全事故的紧急救援工作，做好安全防范工作；

（十）完成校领导交办的其他安全工作任务。

八、教务科、教研培训科安全工作职责

教务处、教研培训科在分管副校长领导下，具体负责学校教育教学活动的安全，主要职责是：

（一）加强对任课教师的安全意识教育，制定落实教学活动安全管理制度；

（二）监督检查教师教学活动安全状况；

（三）负责落实学校教学规范，把安全教育纳入教学计划，切实减轻学生过重学业负担，负责教育和监督教职工严格遵守职业道德和工作纪律，不得侮辱、殴打、体罚（或变相体罚）学生；

（四）负责全校实验室、仪器室的管理工作，建立健全实验室、仪器室各项安全管理制度，危险化学药品要专人负责、严格按规程管理和使用；

（五）负责师生参加各类教学活动、教科研活动、外出竞赛活动、学生社会实践（实习）活动的教师和学生的安全工作；

（六）及时处理在教学过程中出现的不安全行为和安全隐患；参与安全事故的紧急救援工作，协助做好安全防范工作；

（七）完成领导交办的其他安全工作任务。

九、总务科安全工作职责

总务科负责校舍、物资财务的安全，其主要职责是：

（一）落实后勤工作人员安全岗位责任，组织后勤工作人员安全法规、安全常识的学习培训，牢固树立为教师、学生服务的思想；

（二）加强校舍、食堂、设施设备等的管理，定期组织检查，定期维修保养，排除安全隐患；

（三）加强对食堂、校园放心店、自备水源等食品卫生安全的监督管理，确保不发生师生集体食物中毒事件；

（四）做好学校宿舍、食堂、实验室等重点场所消防安全管理，做到制度完善、设施完好、人员到位、责任落实；

（五）负责师生的用水、用电安全管理，对有安全隐患的水电设施及时排除；

（六）完成领导交办的其他安全工作任务。

十、值班领导安全工作职责

值班领导对值班期间学校安全工作负责，其主要职责是：

(一)值班期间随时听取值班人员汇报，及时处理偶发事件；

(二)随时检查值班教师上岗情况，发现问题及时提出指导性意见；

(三)组织值班教师检查学生早上到校、晚上放学、课间活动、午间活动、出操、晚自习、就寝等情况；在课间操、放学时组织学生上、下楼梯，若出现拥挤现象要及时组织疏散；

(四)值班期间24小时开通手机，保证信息畅通；

(五)负责节假日和课余时间滞留校园学生和住校生的管理。督促走读生及时离校返家，组织住校生开展有益活动；督促住校生管理员做好学生宿舍的卫生、防火、防盗和女生宿舍的治安防范及其他安全工作；

(六)负责值班当天学生接送车的监管工作；

(七)注意师生思想动态，及时搜集意见，并反馈给有关领导或部门；

(八)完成领导交办的其他安全工作任务。

十一、值日教工安全工作职责

值日教工负责维护值周值日期间的学校安全工作，其主要职责是：

(一)做好早晨上学、课间活动、午间活动、傍晚放学期间的安全巡查工作，维护校园秩序，发现问题及时采取有效措施，不能处理的及时反馈给值班领导处理，切实保证轮值时间内无责任安全事故；

(二)负责维护出操、食堂就餐、晚自习等秩序；在课间操、放学时组织学生上、下楼梯，若出现拥挤现象要及时组织疏散；

(三)做好值班和交接班记录，24小时开通手机，把值班记录交政教处；

(四)负责值班期间学生接送车的监管工作；

(五)切实加强课余时间滞留校园学生和住校生的管理。督促走读生及时离校返家，组织住校生开展有益活动；做好住校学生晚点名和定时查铺工作，协助生活教师管理学生就寝秩序，督促学生按时就寝；督促住校生管理员做好学生宿舍的卫生、防火、防盗和女生宿舍的安全防范及其他安全工作；

(六)注意师生思想动态，及时搜集意见、建议，向有关领导汇报并妥善处理；

(七)听从值班领导的临时性工作安排。

十二、班主任安全工作职责

班主任是本班学生安全责任人，负责对学生进行管理和教育，其主要职责是：

(一)采取多种形式广泛开展安全知识宣传教育，做到安全教育经常性、及时性和有针对性，增强学生的安全意识，掌握安全常识，提高学生自我保护能力；

（二）平时加强教室、宿舍等学生学习活动场所的安全检查，发现安全隐患立即向学校报告，及时采取措施；

（三）落实上级有关安全工作要求和学校安全工作规章制度，根据实际建立班级安全制度，做好班级安全日记记载；安排好班级宿舍的学生安全值日岗；

（四）加强对学生的思想教育和行为习惯教育，随时了解学生的思想动向，化解学生间的矛盾冲突，预防打架斗殴等伤害事故的发生；掌握本班学生午休、晚睡纪律、寝室卫生及其他安全情况，加强与住校生管理员的联系沟通，及时处理学生的不良行为；

（五）加强学生的心理健康教育，防止学生中出现严重的心理问题，杜绝隐性安全问题；

（六）了解掌握行为偏激学生、心理问题学生、特异疾病或特殊体质学生的情况，及时将情况通报相关科任老师和学校，建立档案并制定落实帮教措施；对有特殊体质、特异疾病的学生在安排体育、劳动、集会等活动时要予以照顾；

（七）组织学生参加校内外各类活动要首先检查场地、设备、工具等是否存在安全隐患，编制安全工作预案，并精心组织，亲自带队，确保学生人身安全；不得擅自组织学生校外活动；

（八）做好学生课间、午间活动的安全监管工作，随时了解学生上学、放学途中的安全情况，发现问题及时进行教育；

（九）密切与家长的联系，主动向家长反映学生在校情况，学校非正常放假、重大活动等信息要及时告知家长。认真落实晨检制度，学生非正常缺课、身体不适等要立即通知家长并报告学校；

（十）做好晨检、午检及全日观察工作并及时记录，对学生在校内发生的疾病或其他危险情况，要立即组织抢救，并及时报告学校，通知家长。

十三、任课教师安全工作职责

任课教师是课堂教学安全负责人，对本堂课教学学生的安全直接负责，并协助班主任做好各项安全管理教育工作，其主要职责有：

（一）坚持落实讲课前清点学生人数制度，如发现学生缺席，应及时与班主任联系查明原因；

（二）熟悉所教学科的教学常规，严格落实教学常规的有关规定，特别是要认真落实体育课、劳动课、实验（习）课、信息技术课、自然课等实践性课程的教学常规，防止学生意外伤害事故的发生；

（三）要随时留心课堂中出现的各种异常现象（如对体弱学生），出现异常要及时采取有效措施，处理好各种异常偶发事件，并报告班主任和学校；

（四）在课间操、放学时要协助值班值日教师组织学生上、下楼梯，若出现拥挤现象要及时组织疏散。尤其晚自习要待学生下楼后方可离岗；

（五）关心学生身心健康成长，不得体罚或变相体罚学生，不得用讽刺、挖苦、讥笑等侮辱性言语来批评学生；

（六）对必须外出进行校外教学活动的，必须要有安全防范措施，事先要报告学校，经批准后方可外出；未经允许不得外出；

（七）认真落实各项安全制度和上级有关安全工作规定；

（八）在本堂课以外发现各类安全隐患和事故，都必须及时处置、及时报告；

（九）实验课上课前必须检查设施设备的安全情况，严密组织实验实习教学，认真指导学生严格按规范操作；

（十）完成领导交办的其他安全工作任务。

十四、体育教师安全工作职责

（一）上体育课和从事其他体育活动前必须认真检查场地、设施、器械是否符合安全要求；器材使用后及时清点回收；

（二）要主动与班主任取得联系，掌握学生身体状况，对特异体质学生要安排适合的体育项目；

（三）严格考勤，课前对学生提出本堂体育课有关安全方面的具体要求；课中要认真组织学生有序练习、做好保护与帮助；课后要集合考勤。准备活动充分，不提前上下课，课中不擅离岗位；

（四）利用体育课对学生进行卫生保健知识的宣传教育、自救自护常识教育；

（五）在体育课上出现意外，立即组织施救并报告学校；

（六）完成领导交办的其他安全工作任务。

十五、学校财务人员的安全工作职责

（一）树立安全防范的意识，经常检查存放现金、票证的房屋门窗、保险柜和防盗设备，保证其安全、牢固、有效；

（二）现金、票证专人负责，妥善保管；

（三）会计、出纳人员必须严格执行国家银行和有关部门的规定，坚持按最低限额保存现金和票证；

（四）注意防火安全，经常检查防火设施是否安全有效，禁止将火种带入财务科。

十六、医务人员安全工作职责

医务人员负责学校师生保健卫生，其安全工作职责是：

（一）认真贯彻落实《学校卫生工作条例》，加强学校卫生工作，提高学生的健康水平；

（二）根据上级卫生部门的要求，制定学校年度卫生工作计划，完成年终卫生工作总结；

（三）监测学生健康状况，定期对学生进行全面健康检查，建立学生健康卡，负责学生健康卡的管理，并做好学生健康状况的统计、分析、上报工作；

（四）加强对学生进行生理卫生、青春期知识等卫生健康教育的宣传辅导工作，经常检查学生个人卫生，培养学生良好的卫生习惯；

（五）督促检查学校卫生环境和教室卫生条件；按时检查、评比卫生情况；配合上级和学校开展的爱国卫生、创建卫生单位等教育活动；

（六）做好传染病、常见病的预防工作。根据季节变化主动开展有效的预防措施和预防宣传工作，控制疾病的发生；落实晨检和因病缺课学生登记上报制度；落实新生入托、入学预防接种证查验制度；

（七）组织开展爱国卫生工作，做好灭鼠、灭蚊等宣传发动工作，防止发生食物中毒及肠道传染病；

（八）做好药品的采购和保管以及医疗器械设备的管理工作，能对学生突发性疾病进行正确及时处置；

（九）完成领导交办的其他安全工作任务。

十七、食堂管理人员安全工作职责

食堂管理人员负责师生用餐安全和食堂消防安全，其职责是：

（一）严格落实学校食堂“五常法”管理，严把三关：食品定点采购，餐具定时消毒，从业人员定期体检；

（二）做好食堂人员的晨检工作。如发现有身体不适人员应及时劝其休息，并到医院检查；

（三）定时组织食堂人员进行安全教育，重点学习食品卫生安全知识；

（四）严禁闲杂人员进入食堂；

（五）严格按学校食堂卫生有关规定执行操作程序，确保食品加工卫生，要做好个人卫生工作、食堂保洁工作和餐具消毒工作，保证无鼠、无蝇、无蟑、无卫生死角；

（六）定期对液化气瓶、输气管道、锅炉、电器设施等进行检查，保证安全使用；每天下班前需检查液化气、水源、电源有无关闭；

（七）配齐配足灭火器等消防器材，定期检查灭火器、消防栓等完好情况，并能正确使用；

（八）执行水源检测、食品留样、采购索证、消毒等项制度，做好相关台账记录。

十八、食堂从业人员安全工作职责

（一）食堂从业人员必须经过体检，没有体检或体检不合格者，不得从事学校食堂工作。食堂从业人员必须做好个人卫生，工作前、处理食品原料后、便后用肥皂及流动清水洗手；穿戴清洁的工作衣、帽，并把头发置于帽内；不得留长指甲、不涂指甲油、不戴戒指加工食品；不得在食品加工和销售场所内吸烟；

（二）自觉维护食堂设施（包括建筑物）的安全，要经常检查电路、水源和灭火设备，保证用电、用水、用火的安全；

（三）一切食品（包括大米、油料、蔬菜、调味品等）的领用要保证新鲜、品质优良。进厨房的食品有专人验收把关，食品领用要有台账，大宗采购应索要检验合格证。不得使用“三无”（无生产厂名、无生产地址、无生产日期）食品；食品加工要符合卫生管理程序。不得使用生榨猪油、棕榈油、变质油和不合格调味品，物品储藏需隔墙离地；

（四）蔬菜类食品煮前必须经过浸泡，做到一洗、二浸、三烫、四炒；生熟品要隔离分放，熟品在出售前要用网罩加盖，确保安全。每日餐点要留样，做到量足、样齐、密封、冷藏、标明日期、预留48小时，熟食品的容器和工具要有明显标志；

（五）食堂餐具要卫生、干净，每天必须进行消毒，泔水要加盖，并及时清除。食堂环境必须保持清洁、卫生，及时清理阴沟死角，要定期消毒消灭鼠蝇，防止鼠蝇传播疾病；

（六）发现异常情况必须立即报告，并主动配合有关部门调查处理。

十九、门卫、保安人员安全工作职责

（一）负责校门的守护和校园巡逻工作，校门要坚持24小时守护制度，严禁脱岗；要定时不定时地开展校园巡逻，对学生宿舍区、贵重物品存放处以及夜间等要增加巡逻次数和力度，发现异常情况要妥善处理并报告；

（二）对家长、客人及其他人进入校园要认真询问和登记，必要时要电话联系学校领导，核实并获准许后方可让其进入。坚决杜绝商人、闲散人员进入校园；

（三）严格控制机动车进校，经允许进入校园的车辆要按指定的路线和地点行驶停放；协助做好师生自行车管理工作；

（四）按要求控制学生进出校门，上课期间，学生一律不得外出，特殊情况外出需凭班主任及政教处批准的假条方可出校；

（五）做好重点时段（上学放学）师生进出校门的疏导工作。做好校门口的治安工作，维持校门口家长接送秩序，及时处理并报告发生在校门口的突发事件。对需要紧急处理的重大事件，及时上报有关部门妥善处理；

（六）经常检查校门的牢固程度，自觉做好维护工作，发现有异常现象及时报告后勤部门处理；

（七）承担临时性安全工作。

二十、学生宿舍管理员安全工作职责

（一）关心爱护学生，当好生活指导老师，耐心做好学生思想工作，及时有效处理好突发事件；

（二）指导督促学生严格遵守作息时间，认真搞好内务，每天定时不定时检查并做好记录。每天至少检查一次寝室内外有无不安全因素，如天花板、墙壁、门窗玻璃、电线电缆、明火驱蚊、私自使用电热器等。一经发现立即解决，不能解决的立即报告总务处和学校领导；

（三）随时做好安全教育，防止和杜绝意外事故的发生，一旦发现学生的危险行为，立即教育、制止和纠正，情况严重的报告值班领导。教育学生不在寝室内外打闹，不在楼道栏杆上攀坐，不向楼下抛丢实物，上下楼梯不拥挤、不打闹。教育学生爱护公物，注意节约，使学生养成良好的行为习惯。禁止学生在寝室抽烟、私接电线、使用明火及在晚上熄灯后用蜡烛照明；

（四）建立请假销假制度和夜间就寝点名制度。每晚清点学生就寝，发现情况及时处理和报告，并做好记录；做好周末节假日离校学生的记载；协助保安采取措施制止学生不请假外出行为，学生外出需写出书面申请，并经班主任同意后方可放行；

（五）对男、女生私自互串寝室要采取适当方式予以批评教育，切实做好女生宿舍的安全防范工作及女生生理健康的指导工作；

（六）教育学生自觉讲究卫生和勤换勤洗衣、被，室内、床上等物品整洁，应放置有序。指导学生做好室内通风换气，防止传染性疾病发生；

（七）加强学生寝室的防盗安全工作，督促学生及时关锁门窗，妥善保管和使用好寝室钥匙；记录特殊时段进出学生宿舍的情况，并及时与班主任联系；

（八）严禁非住校生尤其是校外人员在学生寝室留宿。

二十一、教学仪器、电教设备、实验管理员安全工作职责

（一）实验室门窗必须牢固，工作人员下班后必须关好门窗；

（二）录音机、摄像机、录像机、照相机等电教器材和精密仪器以及高档乐器，必须放置在安全可靠的地方，专人负责保管；

（三）各实验室应制定安全规则，张贴墙上，严格遵守。必须防范火灾、中毒和违规操作引发事故。禁止无关人员在实验室逗留；

（四）实验室中易燃、易爆、有毒物品的实行专人专柜和双人双锁管理，专人领用并做好使用记录；督促相关教师及时归还，以免发生安全责任事故。

10.2 卫生防疫

学校应当加强学生的法制、安全、卫生防疫等教育，开展逃生避险、救护演练消防演练等活动，增强学生的法制意识、安全意识、卫生意识。

——摘自《中等职业学校管理规程》第四十七条

学校应当保障校内活动中的学生的教职员工的安全，保障经由学校组织或批准的校外活动中学生和教职工员工的安全。

——摘自《中等职业学校管理规程》第四十八条

制度案例

上海信息技术学校确保学校膳食加工安全卫生和提高用餐服务质量的若干制度

北京市商业学校学生重大疾病与传染性疾病管理办法

南京高等职业技术学校食品安全制度

上海信息技术学校确保学校膳食加工安全卫生和提高用餐服务质量的若干制度

一、责任追究制度

学校食物中毒或食源性疾患等突发事件责任如下：

1. 切配操作人员必须保证食物新鲜、无霉变、无腐烂。蔬菜清洗，必须先浸10分钟，一旦发现违反立即整改，并扣除当月奖金。

2. 厨师要对食品有感观认识，发现有食品质量问题应立即销毁，不得继续加工，如有违者扣除当月奖金。

3. 采购员在指定单位进货需索证，如有违者，扣除当月奖金，违规2次以上扣除本学期奖金。

4. 仓库保管员应经常检查食品原料等保质期，如发现有使用过期食品现象，则扣除其当月奖金。

5. 食堂经理、卫生监督人员应严格把好食品卫生关，并严格执行《中华人民共和国食品安全法》、教委及食品监督部门制定的各项规章制度，如发现10人以上(含10人)有食物中毒或疑似有食物中毒事件，要承担法律责任，等待执法机构处理，造成严重后果的依法追究刑事责任。

二、预防食物中毒制度

1. 严格执行《中华人民共和国食品安全法》及相关卫生制度。

2. 防止细菌污染。

(1)盛放食品的容器要生、熟分开。

(2)烧好菜肴应放入备餐间，防止生、熟食品交叉污染。

(3)操作人员工作前后应勤洗手，操作生食品后再操作直接入口食品必须用消毒水洗手。

(4)改刀熟食品的炊具如刀、砧板、抹布必须专用，并严格消毒。

(5)操作人员应定期参加健康检查。

(6)操作直接进口食品时应穿戴清洁的工作衣帽和口罩。

3. 控制细菌繁殖。

4. 操作人员带菌应调离接触食品工作。

三、食品加工、销售、饮食卫生管理制度

1. 由原料到成品做到“四个不”，即：采购员不买变质的原料，保管验收员不收变质

原料，食堂工作人员不用变质原料，不出售变质食品。

2. 成品(食物)存放实行“四隔离”，即生食与熟食隔离；成品与半成品隔离，食品与杂物、药物隔离；食品与天然冰冻隔离。

3. 用(食)具实行“四过关”，即一洗，二刷，三冲，四消毒(蒸汽或开水)

4. 环境卫生采取“四定”，即定人，定物，定时间，定质量，划片分工，包干负责。

5. 个人卫生做到“四勤”，即勤洗手剪指甲，勤洗澡理发，勤洗衣服、被褥，勤换工作服。

四、食堂卫生制度

1. 环境卫生

(1)建立室内外卫生责任区，落实到班组，责任到人，每周安排一次大扫除，每日安排小扫，每班工作完毕后，要做到落手清。

(2)仓库必须保持通风、整洁，做到堆放规范化，表面无积灰，库内无异味。

(3)做好防疫灭害工作，常年有灭鼠措施，定期放好诱饵。夏秋和季节，做好灭蝇、灭蟑螂工作。放置好苍蝇笼、苍蝇纸，确实有效地做好食堂内外的工作。

(4)备餐间必须保持室内卫生，做到窗明、地净、无蟑螂、无苍蝇，纱窗纱门要密封。

(5)饭厅卫生要专人打扫，做到窗、地面、桌椅整齐干净，泔脚处要每日清扫、加盖、有灭害措施。

2. 食品卫生

(1)做好食品的验收，验发工作，从食品的采购、拣洗、切配、烧煮、供应都要层层把关。对有毒、有害、虫蛀、霉变的食品不得使用、出售。

(2)严格执行《中华人民共和国食品安全法》，食品必须煮熟烧透，隔顿回锅，食堂不得供应小水产及生冷拌菜，严防集体性食物中毒或食源性疾病的传播。食堂从业人员进入厨房操作不抽烟，不直接用勺尝味等，确保食品卫生。

(3)容器要上架，生熟盛器要分开，食具及备餐间的刀、砧板要清洗、消毒，做到一洗、二过、三消毒。

(4)仓库内的副食品必须加盖，堆放粮食要隔墙离地，离墙20厘米。冰库食品要有日期、标记、执行先进先出的原则，防止食品变质。

(5)进备餐间时要做到“三白”，出售前要洗手消毒，出售时要使用托盘、专用消毒抹布。

3. 个人卫生

(1)食堂从业人员，每年应定期健康检查，不适应食堂工作的应及时调离。

(2)个人卫生工作，要做到四勤三白，操作及出售时，不得带手链、戒指，不能涂指甲油，以防交叉感染。

五、食品留样管理制度

食品留样，是预防师生食品中毒的有效措施，是作为检验是否食物中毒的重要依据。为确保师生食品卫生安全，特制定食品留样制度。

1. 每餐坚持食品留样，并在留样容器盒上标明菜名、日期、时间等。

2. 食品留样应留足数量(不少于100克)，储存于专用冰箱，温度保持在2～8℃。

3. 每餐留样由管理人员指定专人分别进行，并用食品留样表进行逐项登记。

4. 食品留样必须存放48小时。

5. 学校分管领导不定期进行抽查并按食堂当天菜谱记载情况，逐一对照检查，若发现食堂没有食品留样，应按学校安全责任目标管理和食堂卫生责任追究制度，追究相关人员责任。

六、食品采购验收制度

为了保证食品卫生安全，加强过程管理，验收食物时一定要坚持“一看二闻三手感”的原则，有问题的食物坚决不能食用。

1. 定性包装食物的验收

(1)验包装上内容是否与检验报告内容相符；

(2)验生产日期、保质期，已超过保质期的决不能收；

(3)验包装是否有厂名、厂址；

(4)验食物外观：有无破损、污损、变形、杂物、霉变等；

(5)嗅气味，是否有异味；

(6)手感，是否有异样。

2. 非定性包装食物的验收

(1)看：是否有虫蛀、霉变的食物；

(2)闻：是否有异味；

(3)手感受有无异样；

(4)蔬菜感官是否新鲜。

七、食堂卫生检查制度

为保证食品卫生，保障师生身体健康，根据《中华人民共和国食品安全法》有关规定，制定如下卫生检查制度。

1. 食品安全有专人管理和负责。

2. 餐饮服务许可证应悬挂于醒目处，从业人员应体检，培训合格后，持有效的健康证方可上岗。

3. 从业人员每年体检一次，凡患有传染病都不得参加接触食品工作。

4. 工作人员上班时应穿戴整洁的工作衣帽，并保持个人卫生。

5. 做好食堂内外环境卫生，做到每餐一次打扫，每天一次清洗。

6. 食用工具每天用后应清洗，保持洁净。食(用)具做到“一刮、二洗、三过清、四消毒、五保洁。”

7. 不购进、不加工、不出售变质、有毒、有害、超过保质期的食物。

8. 生食品、熟食品、成品、半成品的加工和存放要有明显标记，分类存放，不得混放。

9. 搞好操作间卫生，保持仓库整洁，食品应做到有分类、有标志，离地离墙保管。

10. 食堂要有防蝇、防鼠等措施，严防生物污染。

11. 及时处理好垃圾，垃圾桶应有盖和标记，搞好“三防”工作。

12. 要求食堂管理人员每日自查1次，管理小组每周检查一次，管理领导小组每月检查一次，发现问题及时上报和处理。

八、原料采购索证登记制度

学校食堂的原料采购是保证学校食品卫生安全的重要环节。为了保证学校师生食品卫生安全，按照《中华人民共和国食品安全法》的规定，特制定食堂原料采购索证制度：

1. 食堂采购人员采购原材料时，为保证全校师生的食品卫生安全，必须定点采购食品。

2. 不采购不符合食品卫生标准的食品和原料。

3. 不采购不合格的食品生产经营者供应的食品及原材料。

4. 采购农贸市场的食品及原材料应当新鲜，价格合理，并按每天食谱所定数量合理采购，严禁购买病死畜禽等动物食品。

5. 采购食品，必须向食品经营者索取营业执照、卫生许可证和食品检验合格证、农药残留证复印件，粮油、调味食品要有QS标志(质量安全认证)。

6. 食品采购回来，要有二人以上的人验收，并有验收记载。

7. 凡无人验收或无验收记录，均视为不符合卫生标准的食品，食堂不得加工、使用。

九、食堂从业人员卫生知识培训制度

学校食堂从业人员必须了解食品卫生知识，学校必须对食堂从业人员进行卫生知识培训，确保学校食堂的食品卫生。为此特制定学校食堂从业人员卫生知识培训制度。

1. 食堂从业人员应坚持学习《中华人民共和国食品安全法》和相关卫生知识，增强卫生意识和安全法律意识。

2. 学校每学期对食堂从业人员进行卫生知识培训二次，做到时间落实、人员落实、培训内容落实。

3. 食堂从业人员必须积极认真参加培训，认真做好学习记录。

4. 每次培训之后，组织食堂从业人员进行一次卫生知识培训考核，凡不及格者，进行补考。如补考不及格，不予聘用。

5. 学校应收集好培训资料，做好培训记录，将考试试卷收集好，整理存档备案。

十、从业人员健康检查制度

学校食堂从业人员的健康，直接影响师生的健康。为此，特制定食堂从业人员的健康检查制度。

1. 食堂从业人员必须政治思想好，心理素质好，有健康的身体，责任心强。

2. 食堂从业人员由学校一年一聘，学年初，学校与食堂从业人员签订聘任合同。

3. 食堂从业人员必须具有有效健康证明，持证上岗。食堂从业人员每年到法定机构体检一次，体检符合要求，持健康证方可从事食堂工作。

4. 食堂从业人员一旦患上传染性疾病(痢疾、伤寒、病毒性肝炎、活动性肺结核、化脓性成渗性皮肤病等)不得从事食堂食品加工和销售工作。

5. 从业人员个人卫生应做四勤：勤洗手、勤剪指甲、勤洗澡理发、勤洗衣服，保持良好的个人卫生习惯。

6. 从业人员不能穿拖鞋上岗，不能戴首饰上岗。

7. 每天早上上岗前由学校医务室或食堂负责同志对从业人员进行晨检，凡是个人卫生不符合要求的，不得上岗。

十一、学校食堂经济核算管理制度

为了加强饮食管理，努力降低成本，提高伙食质量，最大限度地使食品价格与价值相等，特制定经济核算管理制度。

1. 物资采购

采购物资必须认真负责，精打细算，价格合理，减少浪费采购数量，价格必须与实物相符。如有质量问题，采购员必须负责处理。当造成损失时，由采购员承担必要的经济责任。

2. 仓库物资管理

(1)仓库物质储存必须做到账、卡、物三相符，发现误差应及时向主管记报，不得自行处理。

(2)执行完备的领、发料制度，每料必须填写领料单，领料核对正确后由领料签字，仓库保管员发料时要做好过称、点数工作，并做好记录。

(3)仓库保管员必须每天做好《领料物资核算表》，并将原始凭证交记账员记账。

(4)仓库保管员每天要根据原始凭证做好日记台账，发现问题及时反映，月底搞好物资盘点，做好“月盘”报表，交管负责。

3. 单价核算

各种点心、菜肴、主、副食品都要投入料的质量价格进行核价，制定统一的规格，做到价格合理。

4. 班清、日结、周核、月公布

(1)班清：食堂要做到“三清”，即领料数量清，成品数量清，回拢数有电脑仓库保管交来的领料核算及每日回拢报表数进行核算。

(2)日结：会计根据仓库保管员交来的领料核算表及每日回拢报表数进行核算。

(3)周核：会计根据日结，做好一周核算，并搞好一周盈亏分析，然后将周核结果反馈到各班进行适当调整。

(4)月公布：月10日前做好本月的《伙食团损益表》。

十二、学校食堂职工服务公约

1. 服务态度好。

待人诚恳，和和气气，服务主动，办事尽力，千方百计解决服务难点。

2. 时间观念强。

讲究准时，服务为先。急事急办，争分夺秒；缓事不拖，件件着落。

3. 遵守安全规定。

增强安全意识，遵守操作规程；管好开关、阀门，下班不留隐患，注意防火防盗，消灭事故苗子。

4. 讲究文明卫生。

着装整洁，言行文明，讲究卫生，不流动抽烟。

5. 重视工作质量。

钻研本职业务，讲究服务质量，节约能源消耗，降低服务成本，减少工作差错，开创优质服务。

6. 维护集体形象。

不拆台、不护短、不妒忌、不落伍。

北京市商业学校学生重大疾病与传染性疾病管理办法

第一章　总　则

第一条　目的

为进一步完善学校学生的重大疾病与传染性疾病防控，进一步提高师生的自我防护意识，做到早预防、早发现、早报告、早隔离、早治疗，积极预防和控制重大疾病和传染性疾病在校内的发生和蔓延，根据国务院《突发公共卫生事件应急条例》和《学校卫生工作条例》有关条款为依据，并结合本校具体情况，特制定学生疾病与传染病管理办法。

第二条　适用范围

本管理办法适用于北京市商业学校所有学生。

第三条　规范性引用文件

北京市商业学校《学生工作管理制度》。

第四条　术语和定义

无。

第五条　职责

(一)领导小组

1. 指导和落实学校重大疾病和传染病防控的各项工作。

2. 及时掌控学校重大疾病和传染病的信息，制定学校防控工作情况，提出防控的意见、建议和措施并组织实施。

(二)学生处

1. 协调有关部门做好学校重大疾病和传染病防控的各项工作。

2. 组织各系部进行有效开展重大疾病和传染病的卫生宣传教育工作。

3. 建立学生健康监控体系，及时了解学生身体状况，对有重大疾病和传染病症状的学生，及时督促到医院就诊。

4. 协调有关部门做好学生活动场所定期消毒的相关工作。

(三)系部副主任

1. 对本系部班主任、学生进行重大疾病和传染病防控知识的教育、宣传工作。

2. 配合执行上级部门关于重大疾病和传染病防控的各项工作。

3. 对本系部学生的健康情况进行监控，做到早预防、早发现、早报告、早隔离、早治疗。

4. 配合相关部门定期对教室实训场所进行消毒。

(四)班主任

1. 认真贯彻执行学校的各项规章制度，对学生进行遵守《学生校园生活一日常规》和《学生就医办法》的教育。

2. 加强对本班学生重大疾病和传染病防控知识的宣传教育。

3. 对本班学生的健康情况进行健康，做到每日“早、午、晚”三查，及时发现情况，及时处理、上报、监控。

4. 做好本班教室的卫生清洁和消毒。

(五)各班卫生委员

配合老师做好本班教室的卫生清洁和消毒工作，发现学生健康情况异常及时上报。

第二章　学生重大疾病与传染性疾病管理办法

第六条　为进一步完善我校学生的重大疾病与传染性疾病防控措施，进一步提高师生的自我防护意识，根据国务院《突发公共卫生事件应急条例》有关条款，结合学校具体情况，特制定本管理办法。

（一）组织管理

1. 健全学校卫生工作领导小组，明确分工。学校主要领导牵头，确保认识到位、职责到位、经费到位、检查到位、奖惩到位。

2. 建立完善的工作网络，充分调动全校教职员工参与学校重大疾病和传染病防控工作中来。

（二）教育宣传

1. 充分利用板报、校报、校园网、广播电视等多种形式对学生进行传染病预防知识教育，切实增强学生的卫生防病意识和社会公共卫生的责任感。

2. 教育学生做到“四勤”，即勤洗手脸、勤通风、勤晒衣被、勤锻炼；“四不”即不随地吐痰、不喝酒抽烟、不共用毛巾、不要过度紧张和疲劳；“一报告”，即发现传染病可疑者立即报告。

3. 根据传染病流行季节的特点，每年至少集中开展两次以预防呼吸道和消化道传染病为重点的卫生宣传教育。采取家长会、家长委员会、致家长信等形式，宣传传染病预防知识，以取得家长的配合与支持。

（三）防控措施

1. 早发现。坚持晨检制度并保持经常化。晨检应在校医的统一组织和指导下，由班主任或班级生活委员对早晨到校的每个学生进行观察、询问，特别是请病假的学生应及时查明病因。在传染病流行季节，还可增加午检。对可疑者应由校医做进一步检查、确认。在传染病流行季节，学校应以年级、班级或宿舍为单位，采取相应的排查措施，发现有传染病早期症状者，督促其立即到医院就诊。

2. 早隔离。对确诊病例、疑似病例和可疑病例的早期症状者，应立即采取隔离措施，确保其他学生不与之接触。根据传染病类型和传染性强弱，必要时对与病人接触的人员进行相应隔离。

3. 早报告。校长或主管领导为传染病疫情报告责任人。在确认疫情的第一时间内报当地疾病控制中心和上级教育行政主管部门，并按照当地疾病控制中心的要求做好疫情的登记、分析和整理工作。对报告的疑似病例被确诊或排除，要向上级机关发出更正报告。发生大面积疫情时，必须按市卫生部门的要求实行“零报告”和日报告制度。

4. 早治疗。对确诊病例、疑似病例和可疑病例的早期症状者，应根据不同类型传染病，及时将病人送定点医院隔离治疗或在家隔离治疗，同时在当地疾病控制中心的指导下，对病人所在场所进行消毒。发生大面积疫情时，可对与病人接触的其他人员进行预防性用药，对所在场所定期消毒。

（四）应急预案

1. 对重大疾病和传染病的发生有详细的应急预案。一旦发生疫情，专人指挥，专人值班，有隔离、消毒、防护、救护等具体措施和物质保证，确保在第一时间内控制疫情的发展。确保学校正常的教育教学秩序。

2. 保证疫情发生时有足够的消毒、防护用品以及应急工作所需的经费。

（五）日常防控

1. 严格执行国务院《突发公共卫生事件应急条例》的规定和学校《学生就医管理办法》的相关内容。

2. 建立晨检制度。

（1）每天进入校门前接受学校值班人员的晨检。

（2）各班班主任、生活委员负责在上课前对每位学生进行身体一般状况的询问检查。如有学生发生不良身体状况如发热、红眼睛、水痘等要及时报告医务室。

（3）各班主任负责每天班内因病缺课同学的联系工作，如有因传染性病缺课，要将情况报告医务室及学生处，并做进一步的家庭联系。

（4）告知学生每天起床后若感到不适，要及时测量体温。如有发热、出疹等可疑传染病情况，应及时报告公寓老师及班主任，在第一时间进行检查处理。走读学生由家长及时处理，不可在原因不明情况下带病到校上课。

（5）班主任对在校期间身体不适的学生，要及时与家长联系。对边治疗边要求上学的学生及其家长要做好说服劝阻工作，在家中治疗休息。在家就医的学生，要将传染病复学医学诊断上交医务室，经批准，方可复学。

（6）学校对因病缺课报告进行统计，并按要求上报有关部门。

（六）传染病的治疗和处理措施

1. 学生患病后，到校医务室就诊，并告知班主任或系部老师。

2. 经医务室诊断为传染性疾病，班主任或值班老师告诉学生家长及监护人，将学生接回家在三级甲等以上医院就诊，将医院诊断结果报班主任。

3. 班主任将学生病情，报告系部、学生公寓、学生处。

4. 班主任与学生家长联系，学生在家隔离治疗。

5. 学校教室、宿舍，开窗通风，彻底消毒。

6. 温馨提示其他学生，平常注意讲卫生，加强体质锻炼。

7. 班主任经常打电话，询问患病学生身体恢复情况；学生病好后，经医院检查痊愈后，要将传染病复学医学诊断证明上交学校医务室，经批准方可复学。

第三章　附　则

第七条　制度的起草与归口管理

本管理办法由学生处负责起草，报教职工代表大会批准后正式下达，学生处归口管理。

第八条　制度的修订

本管理办法根据需要不定期进行修订。校属单位、相关部门均有权根据业务需要对本管理办法内容提出修改意见，并提交学生处。学生处负责收集整理校属单位、相关部门提出的修改意见，并安排有关人员进行专题讨论，对修改信息进行全面评估后组织修订本管理办法及相关文件。

第九条 本管理办法由学生处负责解释。

第十条 本管理办法自2013年2月1日起实施，原管理办法同时废止。

南京高等职业技术学校食品安全制度

为切实搞好学校食品卫生管理工作，从源头防止食物中毒，为学校师生营造一个安全、卫生的环境，特制定本管理制度。

一、总则

(一)设置学校食品卫生管理机构：组长，校长；副组长，分管后勤副校长；小组成员，总务主任、食堂司务长。

(二)积极配合、主动接受卫生行政部门对学校食品卫生的监督检查，对卫生行政部门提出的意见和建议，及时采取措施进行整改。

(三)建立食品中毒或其他食源性疾患等突发事件应急处理机制，如发生上述事件，立即停止经营活动，并向学校和教育行政部门、卫生部门报告，不得缓报、瞒报、漏报。

(四)实行事故责任追查制度。事故责任追查做到“四不放过”，即：事故原因未查清不放过，事故整改措施未落实不放过，事故责任人未受处理不放过，教师、学生未受教育不放过。

二、学校食堂食品卫生管理要求

(一)必须具备的条件

1. 食品加工人员必备的卫生条件：从业人员必须经培训合格后持证上岗、有健康证，并随时保持个人衣帽、仪表整洁。

2. 操作间必备的卫生条件：设施布局合理，生熟分开，标志明显，餐具存放整齐，密闭保存。制作凉菜符合规范要求。

3. 食品采购、贮存必备的卫生条件：采购食品符合卫生标准，有检验证明，有冷藏冷冻设施。库房整洁通风，防鼠设施齐全，原料摆放整齐，标志明显，物品分类分架存放。

4. 食品原料符合规定：使用的原材料符合卫生要求，定型包装食品有厂名、品名、厂址、生产日期、保存期，无超过保存期或腐败变质食品。用于原料半成品、成品的容器、用具，分开使用，定位保洁。

5. 餐具消毒：消毒设施必须监测合格、符合要求，并正常运转，有专人负责餐饮具消毒并熟练掌握操作规程。

6. 环境卫生：环境整洁卫生，有防鼠、防蝇、防尘设施。

7. 餐厅卫生：餐厅店堂整洁卫生。

8. 卫生管理制度：有卫生许可证并进行年审，有专人分管食品卫生工作，并经常检查有记录，对从业人员定期培训。

（二）加工过程的卫生要求

1. 杜绝用腐败变质及其他不符合卫生要求的食品及其原料加工食品的行为。

2. 粗加工过程中动物性食品与植物性食品必须分开存放。

3. 用于原料、半成品、成品的工具不得混用，保持清洁。加工后的原料、半成品、成品存放，符合卫生要求，防止交叉污染。

4. 食物没有烧熟煮透不得食用。隔餐隔夜的熟制品食用前必须充分加热，加热不彻底的严禁食用。

5. 不得出售感观异常或变质食物。

本制度自下发之日起实施、由学工部负责解释。

10.3 学生实验、 实习实训安全管理

加强学生实验、实习实训安全管理。

——摘自《中等职业学校管理规程》第四十八条

制度案例

大连市轻工业学校实习教学安全管理制度

北京市商业学校学生工学交替实践教学安全管理规定

北京市商业学校学生顶岗实习期间突发事件应急预案

大连市轻工业学校实习教学安全管理制度

一、实习前，要对学生进行(科室、指导教师、班主任)三级安全教育。学生自愿签订安全保证书，否则不能参加实习。

二、进厂(进车间)前，厂方安全人员需对学生再进行安全教育，未受教育的学生不得进行实习。

三、生产实习及定岗实习期间，学校应采取措施保证技术人员及工人师傅对学生的安全进行监督。

四、学生进入工厂、车间要按规定穿好工作服，戴好工作帽，消除一切安全隐患。

五、实习期间，要按照规程操作，未经师傅允许，不得擅自乱动设备、电器等。

六、实习期间，要遵守劳动纪律，不得在实习场所内喧哗、打闹、聚堆儿，更不能做与实习内容无关的事情。

七、实习结束后，学生要写出实习安全总结(也可在实习总结中)，老师要认真评阅(对违反安全条例的，报主管科长，视情节予以处理)并将成绩记入实习成绩中。

北京市商业学校学生工学交替实践教学安全管理规定

第一章　总　则

第一条　目的

校外实践性教学、工学结合是培养中职学校学生实践能力的重要教学环节，对于提高学生专业技能与综合素质具有十分重要的作用。校外实践性教学是教学过程中的一个重要组成部分，是培养学生适应社会，锻炼学生综合技能与全面素质的重要实践性环节，也是提高教学质量和办学水平的重要保证。

第二条　适用范围

本管理办法适用于北京市商业学校各系部所有学生管理。

第三条　规范性引用文件

北京市商业学校《学生工作管理制度》。

第四条　术语和定义

无。

第五条　职责

（一）学生处

1. 负责学生工学交替教育管理服务工作。

2. 对各系部学生工学交替工作进行指导、检查、监督。

3. 与企业协商处理学生在工学交替中遇到的疑难问题。

（二）系部副主任

1. 负责本系实习指导老师的培训、指导和突发事件的处理。

2. 学生日常操行评定（激励导向评价）、组织各项评优，对违纪学生进行处理。

（三）实习指导教师

1. 加强学生的安全教育培训、组织学生学习学校的《安全管理手册》，学习企业的安全管理规定。

2. 对学生进行实习前工作上的指导和生活上的指导。

3. 经常下企业与企业领导沟通了解学生情况，遇到问题及时解决。

（四）各班班长

协助指导老师做好班级管理工作，工作上遇到情况及时向实习指导老师汇报。

第二章　学生工学交替实践教学安全管理规定

第六条　学生工学交替实践教学是培养中职学校学生实践能力的重要教学环节，对于提高学生专业技能与综合素质具有十分重要的作用。为做好学生工学交替实践教学的安全工作，特制定此规定。

1. 学生必须遵守实习单位的安全保卫规定、劳动纪律和操作规程。在劳动或操作前应接受安全技术训练，作业中应严格遵守操作规程，不得擅自调换工种和设备，更不得擅自动用与实习教学无关的设备、仪器和车辆等。

2. 上班期间认真完成企业交给的任务，不得有追、跑、打、闹等影响生产安全的行为。

3. 在企业工作生活期间，学生应注意饮食安全，严禁食用无照摊贩的食物。

4. 学生上下班回家，应注意交通安全，遵守交通法规，严禁乘坐无照经营车辆。

5. 不私自离开工作和住宿场所，如需要请假必须由指导老师审批，返回后必须主动到指导老师处销假。

6. 住宿期间严格遵守企业用电管理规定，不私接电源和随意使用电器。

7. 不得私自到企业施工、装修及严禁进入等场所，避免个人伤害。

8. 严禁在公共场所和宿舍吸烟、喝酒、打架。

9. 不得随意进入他人宿舍、不得影响同学休息。

10. 学生离开宿舍后，做到断电、关窗、锁门。

11. 工学交替期间的学生，要遵守企业所在地的地方法规，尊重群众的风俗习惯和宗教信仰，爱护老百姓的一草一木，避免与群众发生冲突，做到文明礼貌，维护学校声誉，树立良好形象。

第三章　附　则

第七条　制度的起草与归口管理

本管理办法由学生处负责起草，报教职工代表大会批准后正式下达，学生处归口管理。

第八条　制度的修订

本管理办法根据需要不定期进行修订。校属单位、相关部门均有权根据业务需要对本管理办法内容提出修改意见，并提交学生处。学生处负责收集整理校属单位、相关部门提出的修改意见，并安排有关人员进行专题讨论，对修改信息进行全面评估后组织修订本管理办法及相关文件。

第九条　本管理办法由学生处负责解释。

第十条　本管理办法自2013年2月1日起实施，原管理办法同时废止。

北京市商业学校学生顶岗实习期间突发事件应急预案

第一章　总　则

第一条　目的

为了确保学生校外顶岗实习期间的交通、生命、财产的安全，维护正常的校外顶岗实习的教学秩序，最大限度降低突发性事件的危害，根据中华人民共和国《突发公共卫生事件应急预案》有关规定，结合学校顶岗实习具体情况，特制定本应急预案。

第二条　适用范围

本管理办法适用于学校对学生在校外顶岗实习期间突发事件的处理。

第三条　规范性引用文件

《突发公共卫生事件应急预案》中华人民共和国国务院令第376号。

第四条　术语和定义

无。

第五条　职责

招生就业处

1. 指导学生顶岗实习管理教师对实习生进行安全教育，及时发现问题、解决问题，消除隐患。

2. 监督实习单位执行国家劳动安全法规，对实习生进行劳动安全教育与监护，保障学生在实习期间的安全。

3. 负责协调处理学生校外顶岗实习期间的各类安全突发事故、事件。

4. 应急事件发生后，召开通报会，提出预防措施，落实监督整改安全隐患。

5. 及时公布处理突发事故、事件结果并存档。

第二章 成立突发事件应急预案领导小组

第六条 领导小组组成

1. 组长：校长。

2. 副组长：副校长。

3. 组员：招生就业处主任、学生处主任、各专业系正副主任、学生实习管理教师、学生顶岗实习企业人事部门负责人。

4. 工作办公室：招生就业处。

第七条 领导小组职责

及时准确地掌握实习学生突发应急预案动态，提出预防控制对策和措施，组织指挥解决实习学生可能因交通、溺水、食物中毒、突发急病、打架、火灾、爆炸、野外安全、坠落、走失、社会不法分子绑架侮辱学生、疫病等原因出现的突发事件，与有关部门密切配合，保证实习工作高效、有序地进行。

第三章 预防措施

第八条 学生顶岗实习前专门召开日常安全和职业安全会议，增强师生安全防范意识。

第九条 学生顶岗实习前，各专业系部、学生顶岗实习管理教师在日常教育管理工作中要加强校外实习安全教育，教育学生参加校外实习和其他实践性教学活动时，要始终坚持“预防为主，安全第一”的原则，在思想上形成自我防护意识。

第十条 学生顶岗实习管理教师要树立责任安全意识，平时多走访，教育学生要严格按照工作规程操作，以及日常饮食安全、用电用火安全、财物安全、出行安全、交友安全等，发现学生在校外顶岗实习过程中存在不安全、不规范、不遵守纪律的行为时要及时制止，并立即向其家长、学校系部主任、招生就业处通报。

第十一条 招生就业处和学生处共同召开顶岗实习学生家长会，学校与家长和实习学生签订《安全协议书》及《实习承诺书》。同时，学校和学生实习单位签订《顶岗实习协议书》，保障学生在校外实习的合法权益。

第四章 预案启动

第十二条 发生安全事故后应立即启动本预案，本预案根据事件性质和影响程度分一、二、三、四级。

(一)四级预案

1. 发生实习学生严重违反学校实习管理规定或实习单位规章制度情况并造成影响，

启动四级预案。

2. 处置程序

(1)由学生顶岗实习管理教师和招生就业处与学生所在实习单位负责人联络协调，查清缘由，并做“问题实习生”召回处理，做好相关记录。

(2)招生就业处做好事后协调和教育工作。

(3)通知学生家长，与学生顶岗实习管理教师、企业指导教师共同做好事后协调和教育工作。

(二)三级预案

1. 发生学生与实习单位工作人员打架等纠，造成对立事态，启动三级预案。

2. 处置程序

(1)实习单位协助及时制止纠纷。

(2)如发生人身伤害，实习单位协助及时进行治疗。

(3)如单位工作人员受伤，协助用人单位解决治疗并做好善后工作。

(4)如学生是造成纠纷的主要责任人，招生就业处要对其进行严肃批评教育，通知家长，做好记录，及时上报应急小组领导。

(三)二级预案

1. 学生实习期间在岗位、交通、用电、生活等方面发生安全事件，受到轻度伤，启动二级预案。

2. 具体措施

(1)联系实习单位，在第一时间协助救治，尽可能保证学生人身安全。

(2)学生顶岗实习管理教师、招生就业处管理人员及时赶到现场，负责解决学生思想安抚工作。

(3)学生顶岗实习管理教师做好记录，并及时将事件情况汇报顶岗实习工作领导小组以便妥善处理。

(四)一级预案

1. 学生在实习期间发生人身伤亡、伤残事件，启动一级预案。

2. 处置程序

(1)联系学生实习单位，要求在第一时间协助抢救学生。

(2)顶岗实习领导小组决策具体处理方案，并及时到现场处，通知学生家长做好安抚工作。

(3)学生顶岗实习管理教师及招生就业处管理人员充分准备出事学生相关材料。

(4)负责协助做好工伤事故认定和保险索赔等工作。

第五章　责任追究

第十三条　学生和教师违反学校顶岗实习管理办法，按情节分别给予纪律处分和行政处分，触犯法律的，依法承担民事或刑事责任。

第十四条 突发事故、事件处置结束后，参与事故、事件处置人员，应如实向有关部门陈述所知事实，并配合调查处理。故意隐瞒、歪曲事实真相，触犯刑律的，要依法追究刑事责任。

第十五条 如果是工伤，学校派出专职人员协助家长、企业办好工伤认定及理赔工作，对事件造成伤亡的，学校派专职人员协助家属做好善后工作。

第六章 调查报告

第十六条 突发事故、事件调查处理后，招生就业处应撰写形成《突发事故、事件调查报告》，报送学校领导小组。报告应包括：事故事件性质、发生原因分析、现场处置措施或方法、事故事件责任、纠正预防措施等。

第七章 附 则

第十七条 制度的起草与归口管理

本管理办法由招生就业处负责起草，报校长批准后正式下达，招生就业处归口管理。

第十八条 制度的修订

本管理办法根据需要不定期进行修订。校、系两级管理部门均有权对本管理办法内容提出修改意见，并提交招生就业处。招生就业处负责收集整理校、系相关部门提出的修改意见，并安排有关人员进行专题讨论，对修改信息进行全面评估后组织修订本管理办法及相关文件。

第十九条 本管理办法由招生就业处负责解释。

第二十条 本管理办法自 2013 年 2 月 1 日起实施，原管理办法同时废止。

第11部分 国际交流

以国际交流与合作的战略规划统领全局，主动跟进“一带一路”建设“国际化人才”的客观要求，是新时代职业学校服务国家战略，从全球的视角出发认识职业教育的改革与发展，走向国际市场，提升国际化办学水平的重要使命。

《国务院关于加快发展现代职业教育的决定》《现代职业教育体系建设规划(2014—2020)》《关于做好新时期教育对外开放工作的若干意见》《中外合作办学条例》及其《实施办法》《推进共建“一带一路”教育行动计划》等是制定中等职业学校国际交流管理制度的指导性文件和基本依据。

国际交流管理制度是为规范中等职业学校国际化发展、国际合作交流平台和国际人才培养平台搭建、智力引进和人才交流、吸收和借鉴国际上先进的教育理念和成功实践经验而制定的。其一般由学校校长办公会提出、国际交流处(科)起草、教职工代表大会批准，由国际交流处(科)归口并负责解释。

国际交流管理制度主要包括国际合作与交流的管理制度、国际化专业建设与课程建设的管理办法、外籍教师聘任与管理制度(办法)、教师出国进修管理制度、学生境外培养或留学的管理制度、国际化合作办学与合作培养的有关规定等制度。

制定国际交流管理制度应从办学理念的国际化、管理模式的国际化、师资队伍的国际化、课程内容的国际化等方面着手，对接国际平台，瞄准世界水准，体现前瞻性、规范性和可持续性。有利于探索国际经验的本土化管理模式，实现管理模式国际化，引领探索多样的合作办学模式，增设“国际职业教育课程”，实现教育资源国际化的良性循环，有效引领“开放”发展，拓展职业教育资源的供给空间，促进人才培养目标、课程体系和课程标准、办学条件保障和师资队伍的国际化。

制度案例

上海信息技术学校外事工作管理（暂行）规定

上海信息技术学校外国文教专家管理和工作制度

上海信息技术学校外事工作涉密及纪律管理规定

南京高等职业技术学校国际合作工作管理制度

上海信息技术学校外事工作管理（暂行）规定

为了加强学校国际交流合作项目的广泛开展，根据国家的相关规定特制定此规定。

一、外事邀请工作

1. 为使学校能了解各系邀请意向，统筹规划和协调全校工作，各系应于每年初将“本系(部)本年度邀请外宾计划表”报到国际交流部。由国际交流部汇总后报校长审批。

2. 经学校同意邀请的外宾，需提供以下资料，提前一个月报到国际交流部，由国际交流部行文逐级上报审批，为来访外宾申请“外国专家来华工作许可证”。外国专家来华工作许可证所需资料包括外宾姓名(英文)、性别、国籍、职业、护照号码、中英文简历、拟入境时间、访问地点、访问事由、停留时间、来华费用支付情况等。

3. 经学校同意邀请的外宾属来我校工作的外籍文教专家，严格按照《上海信息技术学校外国文教专家管理办法(暂行)》的规定办理。

4. 根据上海市外事工作有关规定，邀请外宾来学校工作归口到上海市外专局、上海市外办、上海市教委、上海市出入境管理处等部门审批。来访外宾需持以上审批部门发给的“被授权单位签证通知书”到中国驻外各使、领馆签证处申请签证。

二、外事派出工作

1. 学校同意派出的因公出国团组，具体工作由校人财处处理。

2. 学校同意派出的因私出国团组，具体工作由校国际交流部处理。

3. 学校鼓励各学科加强国际交流合作，学习、引进国外先进的科学技术和成果，扩大学校在国际职教届的影响，促进学校的建设和发展。

三、外事合作工作

(一)合作形式

1. 外派人员；

2. 学习、进修、培训；

3. 学术会议；

4. 考察、访问；

5. 课题或项目合作。

(二)合作原则

1. 合作应在平等互助的基础上进行。

2. 合作应有利于促进我校建设和发展，加速学校与国际规则和科技水平接轨的步伐，扩大学校在国际国内的影响和知名度。

3. 合作应注意效益。

四、外事纪律

1. 认真贯彻执行国家对外方针政策和涉外法规，坚持一个中国的原则，维护祖国和民族的尊严。

2. 严格保守党和国家的机密，防止在涉外活动或国际通信中泄露密级资料、丢失密级文件。

3. 未经批准，不得擅自应邀出访。

4. 严格遵守护照管理规定，不得通过旅游渠道办理因私护照出国执行公务。

5. 在申办签证过程中，出国人员个人不得自行与外国驻华使馆联系，不得自行或委托其他任何中、外机构和人员申办、查询、领取签证。

6. 临时出国人员要选择经济合理的路线，根据学校的相关规定，原则上由校办负责购票。特殊情况，经校长同意后由国际交流部负责安排。

7. 出国人员不得擅自改变出访路线、增加出访地点或延长出访时间，不得借故绕道回国。如有特殊情况，应报上级主管部门审批。

8. 在境外应遵守所在国家和地区的法律法规，尊重当地的风俗习惯。

9. 对于出国人员违反外事纪律，有损国家安全等言行，要追究本人责任和团长的领导责任。

上海信息技术学校外国文教专家管理和工作制度

为确保学校长期、短期外国文教专家(含一般外籍教师，以下简称外专)管理工作更好地为教学服务，使专家管理工作更加科学化、规范化、法制化，最大限度地提高专家聘请效益，适应学校发展的需要，特制定本办法。

一、总则

1. 聘请外专来校工作，是学校教学和国际交流项目的重要组成部分，是学习外语、引进国外智力资源和进步文化、吸收先进教育理念和先进教学、科研方法的重要途径。同时，对宣传我国改革开放、提高我校国际知名度具有积极意义。这是一项长期的工作，必须切实做好。

2. 外专聘请工作应为加强师资队伍和学科建设服务，有利于提高学校的教学、科研水平，有利于学校培养社会主义现代化建设需要的国际化、复合型人才。

3. 聘请外专要贯彻“以我为主，按需聘请，择优选聘，保证质量，用其所长，讲求实效”的原则。在工作中要加强计划性，防止盲目聘用。

4. 外专聘请工作应在保证语言教学的同时，随着学校教学、科研工作的不断发展，逐渐扩大专业专家和短期专家的聘请比例。努力提高聘请效益、扩大社会影响。

5. 应根据外专的学术、业务专长，积极发挥其作用。聘请外专所在系部要主动多做工作，帮助他们正确认识我国国情和我校校情，熟悉所承担的工作，增进相互间的了解和友谊，并关心他们的生活和健康。

二、外国文教专家的类别

1. 长期专家和短期专家

聘期在一个学期及以上的各类专家称为长期专家；聘期在3个月以下的各类专家称为短期专家。

2. 长期外教和短期外教

聘期在一个学期及以上的各类外教称为长期外教；聘期在3个月以下的各类外教称为短期外教。

三、聘用条件

1. 聘请对象应对华友好，愿与学校合作交流，业务水平较高并符合学校实际需要。

2. 身心健康。长期外专属初次来华者，需持有符合资质要求医院的合格体检证明。

3. 聘请为外专者，应具有至少3~5年的教学、科研经历及相应的成绩。其中长期外专应具有硕士及以上学位或副教授及以上职称和相应水平；短期外专应具有博士学位或副教授及以上职称并在相应学术领域有良好造诣。

4. 聘请为一般外籍教师者，应有本科以上学历，并具有2年以上的相关教学经验。一般不聘请非语言类普通外籍教师。

四、聘用申报审批程序

1. 聘请各类长期外专(含语言类)的系，负责多渠道、多方位物色、筛选、考核、选定受聘外专人选。聘请外专所在系部可在国际交流部按有关政策确定的工资范围内，与拟聘人员商谈受聘期间的工资待遇。

2. 聘请短期外专项目采取按“计划立项、项目负责人负责、滚动调整”的管理办法。项目负责人对立项申报、专家聘请、项目实施、经费使用、汇报总结等全过程经有关系及国际交流部批准后负责。

3. 国际交流部负责具体申报立项手续，对各单位上报的聘请计划按规定进行审查，经主管校领导审定后，报上级主管部门审批实施。

五、管理

1. 合同管理：长期外专人选确定后，国际交流部、聘用外专所在系部需与应聘外专签署聘用标准合同及合同附件。短期外专的有关项目或聘用合同视情况由聘用外专所在系部与国际交流部商讨签订。

2. 教学、科研管理：

(1)外专的日常教学与科研等业务工作的管理以各聘用系为主，国际交流部进行监督协调，教务管理部也可指定相应专人负责协调。

(2)外专来校前，系部应做好教学教研工作计划和具体实施安排，并以书面形式报国际交流部。

(3)聘用外专所在系部负责向外专介绍本系的情况和相关规章制度，明确教学任务，确保教学的顺利实施。

(4)聘用外专所在系部负责审定外专、外教讲学计划和教学所使用的教材(包括音像资料及其他资料)。

(5)聘用外专所在系部应建立并实施对外专、外教的听课、评估制度，对教学态度和效果定期检查、评估。评估指标及表格由国际交流部负责制定。

(6)聘用外专所在系部负责受理外专请假事宜。病假3天以上、事假2天以上报国际交流部备案。

(7)聘用外专所在系部须要求外专在每学期末写出工作总结。聘期届满或项目实施完毕时，应写出外专工作总结上报国际交流部。

3. 国际交流部负责外专的管理工作包括：

(1)聘请计划的审查、申报受理工作，协助办理来华签证，申请办理外国专家证和居留许可。

(2)介绍我国国情和教育制度等，要求他们遵守中国有关法律规定，尊重中国的风俗习惯，遵守学校的各项规章制度。

(3)督促、检查有关聘请系对外专的使用情况，及时向主管校领导和上级主管部门汇报，反映专家的意见要求。

(4)负责长期外专的合同管理，根据聘用部门的检查、评估意见和国际交流部掌握的情况，按需要写实性推荐信。

(5)对工作认真、成绩显著的外专，根据系的推荐材料，负责向上级主管部门推荐，进行表彰奖励。

(6)按上海外国专家局的要求每年进行上交本年度外专聘请年度报告。

(7)协调解决外专工作和生活中遇到的特殊问题。

4. 其他管理。

(1)生活管理：生活管理是专家管理工作中一项十分重要的工作。做好生活管理、有计划地组织各种活动，有利于最大限度地调动他们工作的积极性和创造性。校后勤部门和安全部门要全力保证外专食宿的方便和安全。出现问题，及时解决。

(2)安全保卫：聘用系和国际交流部应保持与我校有关部门及校外有关职能机构的密切联系，与地方外办、公安、安全等有关部门的密切配合，作好保障国家安全及相关工作，并会同公安局、派出所做好外专的安全保障工作。

六、执行

本办法从发布之日起试行，由国际交流部负责解释。

本办法中若有与今后有关上级新颁布的政策规定不符之处，以上级政策为准。

上海信息技术学校外事工作涉密及纪律管理规定

为使学校涉外人员在对外交往中遵守外事纪律，维护国家安全，树立良好形象，现根据上级有关规定并结合学校实际情况，特制定本守则。

一、严守机密，妥善保管党和国家的机密文件，严禁向国(境)外人员泄漏有关内容。秘密文件、资料和记有内部保密情况的笔记本，原则上不能携带出国(境)或带入有国(境)外人员出入的场所。如确属工作需要必须携带的，应报经学校主管外事领导批准，并采取严格保密措施，严防失窃和遗失。

二、赴国(境)外时对身份不明的人不要接触，禁止为陌生人捎带或保管行李和物品(尤其在机场和海关)，严禁接受国(境)外敌对政治势力和邪教组织的宣传品。

三、涉外会谈时不得涉及内部机密。与国(境)外人员谈判不能把内部文件摆在桌上；不可自认为对方不懂中文而议论党和国家内部情况及其他属于机密的事项。如确需商量不能对外公开的问题应先向有关领导请示，获准后在有保密条件的地方进行。

四、在对外交往中既要站稳立场，又要注意策略，如遇政治敌对势力或种族歧视分子的言论攻击，可以严正表明态度，或恰当地予以批驳，但要避免发生行为冲突，如有必要尽快向有关领导汇报。

五、保持高度警惕，严防敌对势力、敌特分子和邪教分子的拉拢、引诱和胁迫。遇有突发事件必须冷静果断地处理，事后尽快向组织汇报。无论何种原因和背景下，一旦上当受骗做了错事，务必立即向有关领导如实汇报，以便在组织的指导和帮助下及时采取补救措施，避免被人讹诈、控制而给国家和个人造成更严重的危害。

六、注意培养自己具有国际主义精神和多元民族文化意识，对来自不同国家、属于不同种族的人士均应平等友好对待，不得嫌贫爱富，严禁种族歧视。

七、与国(境)外人员交朋友既要热情友好，又要内外有别，不谈论政治敏感问题，不冒犯国(境)外人员宗教、文化及生活习俗上的禁忌。

八、牢记“外事无小事”的原则，考虑工作周密细致。对国(境)外人员不越权许诺，不随意发表个人看法。涉外约会务必遵守时间，经上级批准答应为国(境)外人员办理的事情，须恪守承诺，及时完成，维护国家和我校的诚信形象。

九、国(境)外人员赠送的贵重物品应婉言谢绝，实在难以拒收的须如数上交；严禁接受国(境)外人员赠送的金钱、有价证券或珠宝。

十、本守则自公布之日起施行，解释权在国际交流部。

南京高等职业技术学校国际合作工作管理制度

为进一步加强学校国际合作工作的管理和领导，切实做好与汉斯·赛德尔基金会、歌德学院及各国外事工作的管理，特制定学校国际合作工作管理制度。

第一条　双元制协调部是对德合作外事职能部门和执行部门，是执行和处理对德外事工作的综合归口管理部门。本制度所指外事人员为双元制协调部专职和兼职工作人员。

第二条　外事工作原则

1. 坚持“四项基本原则”国策。

2. 外事无小事。

3. 内外有别。

4. 有限外事授权。

5. 及时向校领导请示汇报。

第三条　外事工作的主要任务

1. 负责与德国汉斯·赛德尔基金会合作的联络、协调，落实合作协议任务的执行。

2. 负责与歌德学院合作的联络、协调，并承担德语学习班的教学任务，执行合作协议中的相关内容。

3. 直接负责中德合作办学(与德资企业博西华的深度校企合作)的联络协调、协助招生、组织教学、组织德国工商行会的认证考试和师资培训等各项任务，落实双方合作协议的具体事项。

4. 中德学生、学校的国际交流。

5. 安排因公出国考察、访问和进修。

6. 办理聘请、邀请外专外教和德国志愿者的手续及管理。

第四条　外事人员守则

1. 学习和掌握最新的对外交流的政策、信息，利用互联网等现代科技手段，提高业务水平和工作效率。

2. 外事人员日常工作中应文明礼貌、热情友好、不卑不亢。

3. 接待外宾时，应提前了解来访人员所要交流的内容，来访团组级别和来访人员的风俗习惯与禁忌，以便制定出合适的交流议题、接待规格和行程安排，从而为增进彼此的情感和建立长期的友谊做出贡献。

4. 对短期专家的邀请，要明确任务、安排好其在华的工作和生活。要从教学、生活、人事、娱乐等方面着手，做到宽严得当、充分沟通、热情服务。

第五条　本制度自公布之日起实施，由双元制协调部负责解释。

第12部分　信息网络管理

实施信息网络管理是中等职业学校加快实现教育现代化的有力保障，信息网络管理制度直接影响为教学、科研、管理、公共服务、校园文化生活、社会服务和决策支持等方面提供数字化服务的质量和水平。

《教育信息化十年发展规划(2011—2020年)》、教育部关于发布《职业院校数字校园建设规范》的通知(教职成函〔2015〕1号)、教育部关于印发《教育信息化2.0行动计划》通知(教技〔2018〕6号)等是制定中等职业学校信息网络管理制度的规范性指导文件。

信息网络管理制度为建立科学、有效、安全、健康的运行和监控机制而制定的，其一般由学校校长办公会提出、信息中心起草，并通过学校相关制度的论证、审核和批复的程序后发布实施，由信息中心归口并负责解释。

信息网络管理制度主要包括教学应用服务制度、科研应用服务制度、管理应用服务制度、文化生活应用服务制度、公共服务制度、社会服务制度、决策支持应用服务管理制度等。本书中的案例侧重信息网络的日常维护和安全管理。

制度案例

上海信息技术学校网络管理与网络维护制度

上海信息技术学校蓝卓移动校园信息安全管理暂行办法

南京高等职业技术学校网络安全管理制度

北京市商业学校学生使用校园网络管理规定

北京市商业学校学生使用手机、 电子产品管理规定

上海信息技术学校网络管理与网络维护制度

一、网络运行管理制度

（一）总则

1. 网络运行管理是指对网络结构、网络设备、网络信息、网络安全及网络用户的管理。

2. 数字校园建设办公室负责校园网络的规划设计、建设，校务办公室负责制定校园网络管理与运行的机制，推进学校数字化、信息化管理，图文信息中心负责技术支持和日常网络维护和管理。

3. 学校的各个部门和个人在使用网络过程中必须遵守国家有关法律、法规和校园网管理制度的有关规定。

4. 用户在使用网络过程中违反校园网管理制度有关规定的，学校将视情节给予劝告、警告及冻结账号等相应处罚。

5. 用户在使用网络中违反国家法律和行政法规的，学校将视情节轻重给予警告、通报批评或冻结账户等处罚，情节特别严重构成犯罪的，报有关部门依法追究刑事责任。

（二）网络用户管理

1. 使用网络的部门及个人都是网络的用户。

2. 图文信息中心为需要接入网络的用户统一分配IP地址。

（三）网络设备管理

1. 网络设备管理指对接入网络的通信主干设备、公共服务器、计算机和打印机等设备的运行管理。

2. 网络的主干通信设备、网络线路、公共服务器及其他公共设备由图文信息中心管理。

（四）网络信息管理

1. 网络信息是指通过网络发布、传递及存储在网络设备中的信息。

2. 学校网络使用的Internet域名由数字校园办公室统一规划和管理。

3. 图文信息中心按照校园网管理制度负责学校网站的维护和日常管理。

4. 学校的Internet电子邮件服务仅限于与工作有关的通信业务，不得通过电子邮件传输涉密信息。

5. 学校的Internet信息服务主要用于与教学、管理工作有关的通信业务，用户应控制查阅娱乐性的内容和调阅下载大量占用网络通信流量的影视和音乐等多媒体信息。

6. 任何人不得利用学校网络提供的各种信息服务从事危害国家安全、泄露国家秘密等犯罪活动，不得制作、查阅、复制和传播危害国家安全、妨碍社会治安和淫秽色情的信息。

（五）网络安全管理

1. 网络安全管理是由图文信息中心负责实施的保证网络与网络信息安全进行的管理。

2. 网络用户必须按照所获得的权限使用网络的硬件资源、软件资源和信息资源，禁止未经授权或超出授权范围使用网络资源。

3. 网络用户必须妥善管理访问网络资源和用户名称和密码，长期使用网络资源的用户必须按时更换用户密码。凡因为管理不善导致密码泄露对网络安全造成严重危害的，应追究当事人责任。

4. 学校网络上不允许进行任何干扰网络用户、破坏网络设备和服务的活动，包括(但不局限于)在网上发布不真实的信息、散布计算机病毒、使用网络进入未经授权使用的计算机、不以真实身份使用网络资源、随意复制或使用未经安全检查的系统软件，以及盗用他人账号等。

5. 不得利用网络对他人进行诽谤、诬陷、欺诈和教唆等，不得侵犯他人的名誉权、肖像权和姓名权等人身权利，不得侵犯他人的商誉、商标、版权、专利、专有技术和商业秘密等各种知识产权。

二、信息上网与网站管理制度

（一）网站管理机构

1. 校务办负责制定网络管理办法，规划网站公共栏目的设置，负责审核批准外网公告栏和新闻类栏目上网内容。

2. 图文信息中心兼顾网络技术与网络编辑两种功能，负责校园网站的网页面设计、网页制作、网页更新、上网信息技术编辑、信息上网发布和网站技术管理。网站各承包栏目的上网信息由栏目的承包部门负责组织和审核(详见附件网络维护职责)。

（二）网站内容设置

1. 网站可设中文和外文版。

2. 网站的总体栏目设置由校务办提出方案，由各承包部门负责信息维护。

（三）信息发布管理

1. 学校网站栏目的信息上网发布实行分级管理，每个栏目均需设立负责部门和信息员。

2. 信息上网与网站运行的日常工作由图文信息中心技术人员负责。各部门信息员根据信息维护职责要求的时间节点和有关要求，向图文信息中心的网络管理员提供本部门分管栏目的上网稿件。部门上传信息需经过部门主管审核同意，网管在收到更新栏目需求后，应及时上传更新栏目信息。

3. 上网发布的信息不得违反国家和学校有关保密的规定。

4. 学校的新闻和外网的公告由校务办领导审核上传，校内公告由部门主管领导审核上传。为确保网站内容的时效性，上网信息要及时更新。

三、电子邮件使用管理制度

1. 网络中心负责电子邮件服务的管理。

2. 电子邮件的正式用户必须为学校的正式员工。

3. 各部门因工作需要使用电子邮件，可以申请开设公共电子信箱。

4. 图文信息中心根据学校要求为需要使用个人电子邮件服务的个人用户免费开通电子信箱。

5. 用户对自己的电子邮箱负有保护责任，要按照规定选择电子邮箱的口令，并且不得泄露给他人，如有泄露，应及时改变。禁止将电子邮箱转让给他人使用。

6. 单位职工离职或者退休以后，学校有权关闭其电子邮件账户。

四、信息安全保密管理制度

1. 为了处理工作中涉及的办公秘密信息和业务秘密信息，特制定计算机信息系统安全保密规定。

2. 涉密信息不得在与国际网络联网的计算机系统中存储、处理和传输。

3. 凡上网的信息，上网前必须进行审查，进行登记，“谁上网，谁负责”，确保国家机密不上网。

4. 不得利用校园网从事危害国家安全，泄露国家机密的活动。

5. 如在网上发现反动、黄色的宣传品和出版物，要及时向校保卫部门汇报，依据有关规定处理。对违反规定造成后果的，依据有关规定进行处理，并追究主管领导的责任。

6. 未经批准，任何人不得开设 BBS，一经发现立即依法取缔。

7. 对校园网内开设的合法论坛要积极推行论坛管理员负责制，论坛主持人经校园网领导小组批准备案。坚决取缔未经批准开设的非法论坛。

8. 校内各机房要严格管理制度，落实责任人。引导学生开展健康、文明的网上活动，杜绝将电子阅览室和计算机房变相为娱乐场所。

9. 发生重大突发事件期间，各管理部门要加强网络监控，及时、果断地处置网上突发事件，维护校内稳定。

附件　学校网络维护职责

校园网内网信息维护板块和栏目维护责任部门

板块	栏目	板块负责部门	栏目责任人
党群系统	组织	党办	组织员
	统战		组织员
	老干部		组织员
	宣传		宣传主管
	工会		工会主席
	团委		团委书记
教育运行	教学日常	教务管理部、学生管理部	教务管理部主任
	计划与任务		教务管理部主任
	课务管理		教务管理部主任
	考务管理		教务管理部主任
	学籍管理		教务管理部主任
	教师任职测评		教务管理部主任
	教学基础信息设置与查询		教务管理部主任
	纪保管理		学生管理部主任
	帮困管理		学生管理部主任
	奖学金管理		学生管理部主任
	德育管理		德育研究室主任
	班主任绩效		学生管理部主任
教育研发	教育研究(教师) 教育研究(管理)	教研室	教研室主任 教研室主任
市场拓展	招生	市场部	市场部主任
	实习与就业		市场部主任
	国际交流		国际交流部专员
	校友会		市场部主任
行政与保障	信息发布	校务办主任	校务办主任
	校办		校办主管
	财务		财务主管
	人事		人财处长
	安保		安保主管
资源服务	资源库	图文信息中心	图文信息主任
	其他资源		图文信息主任
	集成资源		图文信息主任
	网络技术维护		网络管理员
权限分配		数字校园办公室	图文信息中心

校园外网信息维护板块和栏目责任人

板块	栏目	板块负责部门	栏目责任人
关于学校		宣传科	宣传主管
专业介绍		教务管理部	教务管理部主任
师资队伍		人财处	人财处长
招生就业		市场部	市场部主任
校园服务		后勤保障部	后勤保障部长
学生风采		宣传科	宣传主管
合作交流	校企合作	教务管理部	教务管理部主任
	对外交流	国际交流部	国际交流部专员
课余生活	学生节日	团委	团委书记
	班班有网页	学生管理部	学生管理部主任
	中职易班	德育室	德育研究室主任
	社团活动	团委	团委书记
示范校		示范校建设办公室	示范校建设办公室主任
党群信息		党办	党办主任
校友会		市场部	市场部主任
网络学校		教务管理部	教务管理部主任
新闻		宣传科	宣传主管
公告		校务办	校务办主任

上海信息技术学校蓝卓移动校园信息安全管理暂行办法

按照中共中央办公厅、国务院办公厅《关于进一步加强互联网管理工作的意见》(中办发〔2004〕32号)和信息产业部关于《非经营性互联网信息备案管理办法》(信息产业部令33号)等法规和文件精神及学校对移动校园信息安全管理的要求，为了规范蓝卓移动校园的使用和管理，严格遵守国家的法律法规，杜绝违法违规行为发生，履行信息安全管理部门的各项规定，特制定蓝卓移动校园安全管理暂行办法。

一、责任人职责及要求

1. 蓝卓移动校园服务平台授权的账号及密码的使用对象必须是学校教职员工，即信息安全管理责任人，学生不能直接使用。

2. 蓝卓移动校园用于学校教育教学管理和服务工作，为确保移动校园信息安全管理、正常使用，信息安全管理责任人需要妥善保管蓝卓移动校园服务平台授权的账号及密码，不得将账号和密码告诉负责人以外的第三方。

3. 责任人要对授权管理的用户名、密码等严格保密，管理账户必须使用强密码并定期更换。由于责任人管理不善或用户名、密码泄密等造不良内容发布或信息丢失者，将追究其责任。

4. 责任人要定期对授权用户信息进行管理和维护，信息发布要用签名，做到安全、保密、准确。

5. 责任人不得利用移动校园服务平台向教职工或学生提供与学校教育管理相关业务之外的信息，否则所产生的一切后果由责任人自己承担。

6. 信息安全责任人要保证传输发布的信息真实、准确、安全。不发布虚假信息、不发布未经证实的信息、不发布侵权信息、不发布可能导致泄密或侵害学校利益的信息。

7. 责任人不得利用蓝卓移动校园服务平台发送私人短信，一经发现将严肃查处。

8. 蓝卓移动校园服务平台一般不应交给学生使用或代发短信，特殊情况一定要提前告知学生管理部负责人，并做好备案。

9. 信息安全管理责任人必须承担自有账号的一切相关的法律责任。

二、责任人的社会责任

信息安全管理责任人必须履行社会责任，不制作、复制、发布、传播以下内容的信息：

1. 反对宪法所规定的基本原则的；

2. 危害国家安全，泄露国家秘密，颠覆国家政权，破坏国家统一的；

3. 损害国家荣誉和利益的；

4. 煽动民族仇恨、民族歧视，破坏民族团结的；

5. 破坏国家宗教政策，宣扬邪教和封建迷信的；

6. 散布谣言，扰乱社会秩序，破坏社会稳定的；

7. 散布淫秽、色情、赌博、暴力、凶杀、恐怖或者教唆犯罪的；

8. 侮辱或者诽谤他人，侵害他人合法权益的；

9. 含有法律、行政法规禁止的其他内容。

三、建立和健全信息安全责任制，严格账号权限的管理和监督，做到信息安全责任到人，并与信息安全管理责任人签订信息安全管理责任书。因岗位变动等原因导致信息安全责任人变动的，需做好账号和密码的移交工作，并及时报学生管理部备案。

四、责任人要严格信息安全管理和使用，履行信息安全管理社会责任，确保蓝卓移动校园服务平台为教职工和学生提供优质服务。

五、本暂行办法解释权在学生管理部。

附件　上海信息技术学校蓝卓移动校园信息安全管理责任书

信息安全管理责任人：

按照中共中央办公厅、国务院办公厅《关于进一步加强互联网管理工作的意见》(中办发〔2004〕32号）和信息产业部关于《非经营性互联网信息备案管理办法》（信息产业部令33号）等法规和文件精神及学校对移动校园信息安全管理的要求，蓝卓移动校园的使用和管理，必须严格遵守国家的法律法规，不得从事任何违法行为，严格履行信息安全管理部门的各项规定，并承担以下义务和责任。

一、蓝卓移动校园用于学校教育教学管理和服务工作，为确保移动校园信息安全正常使用，定期对密码和授权用户信息进行管理和维护，信息发布要用签名，做到安全、保密、准确，不得借助移动校园作与学校教育管理无关的其他事情。

二、认真履行社会责任，不制作、复制、发布、传播以下内容的信息：

1. 反对宪法所规定的基本原则的；

2. 危害国家安全，泄露国家秘密，颠覆国家政权，破坏国家统一的；

3. 损害国家荣誉和利益的；

4. 煽动民族仇恨、民族歧视，破坏民族团结的；

5. 破坏国家宗教政策，宣扬邪教和封建迷信的；

6. 散布谣言，扰乱社会秩序，破坏社会稳定的；

7. 散布淫秽、色情、赌博、暴力、凶杀、恐怖或者教唆犯罪的；

8. 侮辱或者诽谤他人，侵害他人合法权益的；

9. 含有法律、行政法规禁止的其他内容。

三、保证传输发布的信息真实、准确、安全。不发布虚假信息、不发布未经证实的信息、不发布侵权信息、不发布可能导致泄密或侵害学校利益的信息。

四、建立和健全信息安全责任制，严格管理账号权限的管理和监督，做到信息安全责任到人。因岗位变动等原因导致信息安全责任人变动的，需做好工作移交并及时报学生管理部备案。

五、信息安全责任人要对授权管理的用户名、密码等严格保密，管理账户必须使用强密码，并定期更换。由于责任人管理不善或用户名、密码泄密等造成不良内容发布或信息丢失者，将追究责任。

六、对违反上述条款，造成严重不良影响或危害学校安全者，将追究其责任。

我作为蓝卓移动校园授权账号：________________的信息安全管理责任人，已认真阅读了上述责任书的全部内容，并同意遵守其所有规定。

负责人签字：

日期：　　年　　月　　日

南京高等职业技术学校网络安全管理制度

根据国家下发的《信息安全等级保护管理办法》精神，为规范校园网信息安全等级管理，提高信息安全保障能力和水平，及时有效地处置校园网信息安全方面可能发生的突发事件，保障和促进学校信息化建设，特制定本制度。

一、校园网信息安全突发事件处理，由校园网信息安全领导小组统一负责。学校党政主要领导和分管网络信息工作的学校领导为第一责任人和主要负责人。各部门(部)主任、各职能部门正职负责人为本单位网络安全第一责任人。信息设备中心负责校园网信息的管理、监控工作，利用网络监控设备监控内外网情况，加强对有害信息的跟踪、过滤、封堵和删除，并随时向校园网信息安全领导小组报告网上有害信息的情况和处理结果。

二、处置校园网信息安全突发事件所遵循的原则是：快速反应，及时删除有害信息；积极引导，弱化有害信息引发的焦点、热点问题；迅速查明有害信息来源，按照学校有关规定进行处理。

三、党委办公室、学工部、信息设备中心要密切关注国际形势的变化、国内外重大事件引起的反应。当国内外发生的一些事件引起网上广泛猜测、议论时，要及时组织引导，充分发挥校园网站和学生骨干的作用。在网上进行正面宣传，抵制负面影响，积极做好网上信息安全突发事件的预防工作。

四、具体处置措施

1. 网站、网页出现非法言论事件紧急处置措施

网站由主办部门网站管理员负责随时密切监视信息内容，发现在网页上出现非法信息时，相关人员应立即向学校网络信息安全负责人通报情况；网络信息安全负责人应在接到通知后立即赶到现场，做好必要记录，清理非法信息，妥善保存有关记录及日志或审计记录，强化安全防范措施，并将网站网页重新投入使用。由部门网络信息安全负责人组织技术人员追查非法信息来源，并将有关情况向学校网络信息安全领导小组汇报。网络信息安全领导小组组长召开小组会议，如认为事态严重，则立即向公安部门报警。

2. 黑客攻击事件紧急处置措施

当有关人员发现网页内容被篡改，或发现有黑客正在进行攻击时，应立即向校园网信息安全负责人通报情况。信息安全负责人应在接到通知后立即赶到现场，并首先将被攻击的服务器等设备从网络中隔离出来，保护现场，同时将有关情况向学校网络信息安全领导小组汇报。由相关网络信息安全负责人组织技术人员对现场进行分析，写出分析报告存档，并恢复与重建被攻击或破坏的系统。网络信息安全领导小组组长召开小组会议，如认为事态严重，则立即向公安部门报警。

3. 病毒事件紧急处置措施

校园网用户如发现有计算机被感染病毒，应立即向信息安全员报告，并将该机从网络上隔离开来。信息安全人员在接到通报后立即赶到现场，启用反病毒软件对该机进行杀毒处理，同时通过病毒检测软件对其他机器进行病毒扫描和清除工作。如果现行反病毒软件无法清除该病毒，应立即向学校网络信息安全领导小组报告，并迅速联系有关厂商研究解决。网络信息安全领导小组经会商，认为情况严重的，应立即向公安部门报警。如果感染病毒的设备是主服务器，经学校网络信息安全领导小组同意，应立即由相关主服务器管理责任部门负责人组织各下属单位做好相应的清查工作。

4. 软件系统遭破坏性攻击的紧急处置措施

重要的软件系统平时必须做好备份工作，并将它们保存到安全的地方；一旦软件遭到破坏性攻击，应立即向信息安全人员报告，并将该系统暂停运行；信息安全人员要认真检查信息系统的日志等资料，确定攻击来源，并将有关情况向网络信息安全领导小组汇报，再恢复软件系统和数据；网络信息安全领导小组组长召开小组会议，如认为事态严重，则立即向公安部门报警。

5. 数据库安全紧急处置措施

主要数据库系统应做多个数据库备份；一旦数据库崩溃，负责相应数据库系统维护和管理的人员应立即启动备用系统，并向网络信息安全负责人报告；在备用系统运行期间，信息安全工作人员应对主机系统进行维修并进行数据恢复工作。

6. 广域网外部线路中断紧急处置措施

广域网线路中断后，信息设备中心人员应立即向信息安全负责人报告。信息安全相关负责人员接到报告后，应迅速判断故障节点，查明故障原因。如属我方管辖范围，由信息安全工作人员立即予以恢复。如属电信部门管辖范围，立即与电信维护部门联系，要求修复。

7. 局域网中断紧急处置措施

设备管理部门平时应准备好网络备用设备，存放在指定的位置。局域网中断后，信息设备中心网络管理人员应立即判断故障节点，查明故障原因，有必要时并向网络信息安全领导小组汇报。如属线路故障，应重新安装线路。如属路由器、交换机等网络设备故障，应立即更换上备用设备并调试通畅。如属路由器、交换机配置文件破坏，应迅速按照要求重新配置，并调测通畅。如有必要，应向信息化主管部门汇报。

8. 设备安全紧急处置措施

如果发生局域网服务器等关键设备损坏的情况，值班人员应立即向网络信息安全负责人报告。网络信息安全相关人员要立即查明原因，如果能够自行恢复，应立即用备件替换受损部件。如属不能自行恢复的，立即与设备提供商联系，请求派维护人员前来维修。如果设备一时不能修复，应向本单位网络信息安全领导小组汇报。

五、本规定自发布之日起实施，由信息设备中心负责解释。

北京市商业学校学生使用校园网络管理规定

第一章　总　则

第一条　目的

为使学生正确使用先进实用的计算机技术和网络通信技术，增强法律意识，加强校园网的指导、教育、管理，提高学生网络素养，促进学生身心健康发展，依照《中华人民共和国计算机信息网络国际联网安全保护管理办法》和其他法律法规，特制定本规定。

第二条　适用范围

本管理办法适用于北京市商业学校学生管理。

第三条　规范性引用文件

北京市商业学校《学生工作管理制度》。

第四条　术语和定义

无。

第五条　职责

(一)学生处

负责协同学校有关部门对全校学生使用校园网络情况进行教育、管理、服务、指导、检查、监督、考评等工作。

(二)各系部副主任

1. 负责本系部学生使用校园网络情况进行教育、管理、服务、指导、检查、监督、考评等工作。

2. 负责指导本系部班主任管理校园网络使用工作。

(三)班主任

负责本班学生使用校园网络情况进行教育、管理、服务、指导、检查、监督、考评等工作。

第二章　学生使用校园网络管理规定

第六条　为使学生正确使用先进实用的计算机技术和网络通信技术，增强法律意识，加强校园网的指导、教育、管理，提高学生网络素养，促进学生身心健康发展，依照《中华人民共和国计算机信息网络国际联网安全保护管理办法》和其他法律法规，特制定本规定。

1. 学生使用网络，必须遵守国家的法律法规和北京市商业学校的有关规章制度，遵守社会道德和公共秩序。

2. 学生严禁利用网络制作、复制、查阅、发布和传播含有下列内容的信息：

(1)扰乱社会秩序，影响社会安全稳定；

(2)捏造或者歪曲事实、制造谣言、散布虚假和欺骗信息、散发恶意信息；

(3)宣传邪教、封建迷信、淫秽、色情、赌博、暴力、凶杀、恐怖或者教唆违法犯罪；

(4)影响学校、班级、宿舍和谐稳定；诋毁、损害学校、系部、班级、教师、同学的形象和声誉；

(5)法律、法规禁止发布的其他信息。

3. 学生不得从事下列危害计算机网络安全的行为：

(1)未经允许，对计算机网络功能进行删除、修改、增加、干扰或破坏；

(2)未经允许，对计算机网络中存储、处理或者传输的数据和应用程序进行删除、修改或者增加；

(3)故意制作、传播计算机病毒等破坏性程序，或发布、传播依附有计算机病毒的信息；

(4)切断他人的网络链接，或者故意进行违法链接；

(5)其他危害计算机网络安全的行为。

4. 学生不得从事下列侵犯他人权益的行为：

(1)盗用他人公共信息网络上网账号、密码上网；

(2)盗窃、挪用或转换电子货币；

(3)利用计算机网络侵犯他人的肖像权、通信自由权和通信秘密等；

(4)冒用他人名义发布信息；

(5)利用计算机网络对学校、系部、班级、教师、同学进行造谣、诽谤，毁损名誉；

(6)利用计算机网络采集、窃取或公布他人的隐私，侵害他人的隐私权；

(7)利用计算机网络对他人进行威胁、恐吓或骚扰；

(8)利用计算机网络侵犯学校、系部、班级、教师、同学合法权益的行为。

5. 学生违反本规定，按《学生违纪处分条例》相关规定处理；如违反国家法律法规，送交公安机关处理。

第三章　附　则

第七条　制度的起草与归口管理

本管理办法由学生处负责起草，报教职工代表大会批准后正式下达，学生处归口管理。

第八条　制度的修订

本管理办法根据需要不定期进行修订。校属单位、相关部门均有权根据业务需要对本管理办法内容提出修改意见，并提交学生处。学生处负责收集整理校属单位、相关部门提出的修改意见，并安排有关人员进行专题讨论，对修改信息进行全面评估后组织修订本管理办法及相关文件。

第九条　本管理办法由学生处负责解释。

第十条　本管理办法自2013年2月1日起实施，原管理办法同时废止。

北京市商业学校学生使用手机、电子产品管理规定

第一章　总　则

第一条　目的

为保障学生在校的正常学习和身心健康，维护学校正常的教育教学秩序，保证学生的财产安全，促进学生学业进步和全面发展，特制定本规定。

第二条　适用范围

本管理办法适用于北京市商业学校学生管理。

第三条　规范性引用文件

北京市商业学校《学生工作管理制度》。

第四条　术语和定义

无。

第五条　职责

(一) 学生处

1. 负责学生日常的教育管理服务工作，以培养学生综合职业素养为核心的养成教育。

2. 对各系部德育及学生工作进行规划、指导、检查、监督、考评。

(二) 各系部副主任

1. 负责本系班主任工作指导、培训、考核，班级日常管理与考核。

2. 学生日常综合职业素养考核评价、组织各项评优，对违纪学生进行教育、处理。

(三)班主任

1. 认真贯彻执行学校的各项规章制度，对学生进行遵守《中等专业学校学生守则》的教育。

2. 加强班级日常管理，建立班规，指导班委会和团支部的工作。

3. 严格执行学生综合素养评分制度，对学生进行及时有效的奖励和处罚。

(四)班委会

1. 严格检查、记录班级学生在校学习期间的表现，并如实向老师及系部汇报。

2. 协助老师，参与班集体的建设与管理。

第二章　学生使用手机、电子产品管理规定

第六条　为了保障学生在校的正常学习和身心健康，维护学校正常的教育教学秩序，促进学生学业进步和全面发展，特制定本规定。

1. 学生在上课及活动期间禁止使用手机及其他电子产品。

2. 考试期间，任何学生不得携带手机进入考场。违者，一律视为作弊行为，按照学校《学生违纪处分条例》处理。

3. 在各种学生集会场合，禁止使用手机。

4. 在公共场所使用手机时，应遵守使用手机礼仪，语言文明，不影响他人。

5. 未经允许，不得使用手机等电子类产品进行拍照、录像、录音，不得将拍照的照片、视频、音频上传到网络。

6. 禁止登录手机色情淫秽网站，不上传、不测览、不下载、不传播色情淫秽内容。

7. 手机等电子产品充电，必须在学校指定的场所充电，禁止在其他公共场所充电。不允许因给手机充电而私自乱接电源，一经发现，按照学校《学生违纪处分条例》处理。

8. 学生应妥善保管自己的财物，如有遗失手机等电子产品，及时上报班主任及相关部门备案。学校不承担保管及赔偿责任。

第三章　附　则

第七条　制度的起草与归口管理

本管理办法由学生处负责起草，报教职工代表大会批准后正式下达，学生处归口管理。

第八条　制度的修订

本管理办法根据需要不定期进行修订。校属单位、相关部门均有权根据业务需要对本管理办法内容提出修改意见，并提交学生处。学生处负责收集整理校属单位、相关部门提出的修改意见，并安排有关人员进行专题讨论，对修改信息进行全面评估后组织修订本管理办法及相关文件。

第九条　本管理办法由学生处负责解释。

第十条　本管理办法自 2013 年 2 月 1 日起实施，原管理办法同时废止。

附录　制度起草和执行依据的教育部相关政策文件

附录1　教育部关于印发《中等职业学校管理规程》的通知

教职成〔2010〕6号

各省、自治区、直辖市教育厅(教委)，各计划单列市教育局，新疆生产建设兵团教育局：

为全面贯彻落实党的教育方针，进一步加强中等职业学校管理，维护正常的教育教学秩序和生活秩序，全面提高教育教学质量和办学效益，促进中等职业教育更好地为经济社会发展服务，我部制定了《中等职业学校管理规程》。现将该规程印发给你们，请遵照执行。

附件：中等职业学校管理规程

中华人民共和国教育部

二〇一〇年五月十三日

中等职业学校管理规程

第一章　总　则

第一条　为进一步规范中等职业学校管理，全面提高管理水平、教育质量和办学效益，促进中等职业教育科学发展，依据《中华人民共和国教育法》《中华人民共和国职业教育法》等相关法律法规，制定本规程。

第二条　本规程适用于依法设立的各类中等职业学校(包括普通中等专业学校、成人中等专业学校、职业高中、技工学校)。中等职业学校的设立依据国家和省级教育行政部门发布的中等职业学校设置标准，其设立、变更、终止应当报省级教育行政部门依法审批或备案。

第三条　中等职业学校实行学历教育和职业培训相结合，职前教育和职后教育相结合。积极开展农村实用技术培训、农村劳动力转移培训、农民工培训、下岗再就业培训、社区居民培训等各类教育培训活动。

第四条　中等职业学校实行全日制和非全日制相结合的教育形式。实施学历教育，主要招收初中毕业生和具有同等学力的人员，基本学制以三年为主；招收高中毕业生，基本学制以一年为主。学校在对学生进行高中层次文化知识教育的同时，根据职业岗位的要求实施职业道德教育、职业知识教育和职业技能训练，培养与我国社会主义现代化建设要求相适应，具有综合职业能力，在生产、管理、服务一线工作的高素质劳动者和技能型人才。

第五条　各级教育行政部门负有中等职业学校管理和组织领导职责，其他相关部门按照各自职责负责中等职业学校相关管理工作。

省级教育行政部门应当加强对学校办学资质的审核和监管，在每年春季招生工作开始前，公布本地区本年度具有招生和享受国家助学政策的学校名单。

第六条　学校应当依法制定学校章程，按照章程自主办学。学校实行校长负责制，聘任具备法定任职条件、熟悉职业教育规律、敬业创新、管理能力强的人员担任校长。新任校长应当经过岗前培训，持证上岗。学校章程中应当明确校长在学校发展规划、行政管理、教育教学管理、人事管理、财务管理等方面的责任、权利和义务。

学校建立健全校长考核及激励约束机制。

第二章　学校内部管理体制

第七条　学校建立校长全面负责行政工作、党组织保障监督、教职工民主参与管理的内部管理体制。民办学校实行理事会或者董事会领导下的校长负责制。

学校建立党组织，并确保党组织发挥监督、保障和参与重大决策的作用。学校应当在党组织领导下，建立共青团、学生会组织，组织开展生动有效的思想政治教育活动。

第八条　学校建立和完善教职工代表大会制度，依法保障教职工参与民主管理和监督的权利，发挥教职工代表大会参与学校重大决策的作用。学校建立工会组织，维护教职工合法权益。

第九条　学校根据国家有关政策，结合自身发展实际，合理设置内部管理机构，并明确其职责，规模较大的学校可以设置若干专业部(系)，实行校、部(系)二级管理。

第三章　教职工管理

第十条　学校按照人事管理规定，科学设置各类岗位，公共基础课教师和专业技能课教师保持合理比例，实行固定岗位和流动岗位相结合、专职岗位和兼职岗位相结合的岗位管理办法，逐步提高同时具有教师资格证书和职业资格证书的“双师型”教师比例，不断优化教职工队伍结构。

第十一条　学校实行教师聘任制。根据《中华人民共和国教师法》和国家关于事业单位人员聘用制度的有关规定，科学制定学校教师聘任管理制度和具体管理办法。按照公开、平等、竞争、择优的原则，在定员、定岗、定责的基础上聘任、解聘或辞退教职工。学校应当建立健全保障教职工合法权益的程序和制度。

第十二条　学校实行教师职务制度。逐步提高同时具有中等职业学校教师职务和职业资格证书的专业课教师比例，实习指导教师应当具有相当于助理工程师及以上专业技术职务或者中级及以上工人技术等级。

学校建立有利于引进企业优秀专业技术人才到学校担任专、兼职教师的聘任制度。学校可以根据需要通过“特岗、特聘、特邀”等形式，向行业组织、企业和事业单位聘任专业课教师或实习指导教师。

第十三条　学校建立教师到企业实践制度。专业技能课教师、实习指导教师每两年应当有两个月以上时间到企业或生产服务一线实践。鼓励教师参加高一级学历进修或提高业务能力的培训。

第十四条　学校按照国家有关规定要求，建立健全师德考评奖励机制，开展师德师风教育、法制教育和安全教育。

学校应当加强班主任队伍建设，建立健全班主任业绩考核和激励约束机制。

第四章　教学管理

第十五条　学校应当设立教学管理机构，制定教学管理制度，建立健全教学管理运行机制，保证教学计划的实施。

第十六条　学校实行工学结合的人才培养模式，坚持专业教育与生产实践相结合。

第十七条　学校根据经济社会发展和劳动力市场需求，按照《中等职业学校专业目录》设置的专业，应当经学校主管部门同意，地市级以上教育行政部门核准，报省级教育行政部门备案。设置《中等职业学校专业目录》外专业，应当经省级教育行政部门核准，报国家教育行政部门备案。

学校应当与行业企业紧密合作，共同建立专业建设委员会和专业教学指导委员会，加强专业建设和教学指导。

第十八条　学校根据国家教育行政部门发布的指导性教学文件，制定实施性教学计划。

学校依据国家教育行政部门发布的教学大纲或教学指导方案组织教学、检查教学质量、评价教学效果、选编教材和装备教学设施。加强课程管理，严格执行国家教育行政部门设置的公共基础课程和专业技能课程，设置必修课和选修课。

第十九条　学校应当建立严格规范的教材管理制度。优先选用国家规划教材。根据培养目标和产业发展需要，可以开发使用校本教材。

第二十条　学校应当加强教学过程管理。建立健全教学质量监控与评价制度，有部门专门负责教学督导工作，定期组织实施综合性教学质量检查。

第二十一条　学校应当加强校内外实习实训基地的建设，加强对实践性教学环节的管理，保证实践教学的质量。建立健全学生实习就业管理制度，学校应有相应机构负责学生实习就业工作，加强对学生的安全教育，增强学生安全意识，提高学生自我防护能力。学校应当做好学生实习责任保险工作。

第二十二条　学校应当积极推行学历证书与职业资格证书并举的“双证书”制度。专业技能课程的教学内容应当与职业资格标准相结合，突出职业技能训练。学校应当组织学生参加职业技能鉴定，开展技能竞赛活动。

第二十三条　学校应当设立教学研究机构，加强教研和科研工作，积极组织教师参与国家和地方的教研活动。

第五章 德育管理

第二十四条 学校应当将德育工作放在首位，遵循学生身心发展规律，增强德育工作的针对性、实效性、时代性和吸引力，把社会主义核心价值体系融入职业教育人才培养的全过程，将德育全方位融入学校各方面工作。

第二十五条 学校应当加强对德育工作的组织和领导，明确各部门育人责任，设置德育和学生管理专门机构，建立专兼职学生管理队伍，使德育落实到教育教学工作的各个环节。

第二十六条 学校应当加强校园文化建设，优化校园人文环境和自然环境，完善校园文化活动设施，注重汲取产业文化的优秀成分，发挥文化、环境育人作用。

充分发挥共青团、学生会等学生社团组织在校园文化建设中的独特作用，开展丰富多彩的校园文化活动。

第二十七条 学校应当按照相关要求开足德育课课程，发挥德育课在德育工作的主渠道、主阵地作用。加强其他课程教学和实习实训等环节的德育工作，强化职业道德教育。加强学生的心理健康教育。

第二十八条 学校应当建立和完善学生思想道德评价制度，改革德育考核办法，加强德育过程的评价管理，建立学生德育档案。

第六章 学生管理

第二十九条 学校应当依法保护学生合法权益，平等对待学生，尊重学生的个体差异，促进学生全面发展。

第三十条 学校应当严格执行国家教育行政部门发布的中等职业学校学生学籍管理及其他有关规定，认真做好学生入学注册、课堂教学、成绩考核、实习实训、学籍变动、纪律与考勤、奖励与处分以及毕业、结业等各项管理工作。

第三十一条 学校根据《中等职业学校德育大纲》等规定，制定学生日常行为管理规范，做好学生日常行为管理工作。

第三十二条 学校建立健全学生学习管理制度，加强学风建设，引导学生刻苦钻研理论和实践知识，努力提高综合职业素养。

第三十三条 学校建立健全学生奖励和处分制度，学生奖学金、助学金、减免学费等制度。

第七章 招生管理与就业服务

第三十四条 学校应当根据有关规定，按照教育行政部门和招生管理部门的要求，明确学校招生管理部门职责，做好招生工作，严肃招生纪律，规范招生行为。坚决杜绝有偿招生和通过非法中介招生，不得与不具备中等职业学历教育资质的学校或机构联合招生。学校发布招生广告(含招生简章)，应当真实准确，并按照有关规定报教育行政部门备案。

第三十五条　学校应当加强职业指导工作，做好毕业生就业、创业服务工作，维护毕业生的合法权益。

第三十六条　学校应当制定招生管理和就业服务的规章制度，对违反规定的，应当追究相关部门和人员的责任。

第三十七条　学校违反有关规定开展招生和就业服务活动的，教育行政部门应当依据法律和有关规定给予严肃处理；对涉嫌犯罪的，应当移送司法机关，依法追究有关人员的法律责任。

第八章　资产管理与后勤服务

第三十八条　学校应当做好校园总体规划，做到功能分区合理，满足发展要求，体现职业教育特色。加强校园建设和管理，建设安全、整洁、文明、优美、和谐的学习、工作和生活环境。

第三十九条　学校应当依法建立健全财务、会计制度和资产管理制度，做好规范收费和财务公开，建立健全会计账簿，加强内部控制和审计制度。

第四十条　学校应当依照国家有关规定，加强和规范对国家助学金和免学费补助资金的管理，健全资助体系和监管机制，防范和杜绝违反国家有关规定骗取国家助学金和免学费补助资金等违规违法行为。

第四十一条　学校应当做好资产的登记、使用、维护、折旧和报废等资产管理工作。

第四十二条　学校应当按照规定，建立和完善设施设备采购、管理和使用制度。加强对教学设施，实习实训设施的管理。

第四十三条　学校应当加强后勤管理工作，创新后勤服务管理机制，促进后勤服务社会化，提高服务质量和效益。

第四十四条　学校应当依照有关规定，做好膳食、宿舍管理等后勤保障工作，为师生提供优质服务。

第九章　安全管理

第四十五条　学校应当制定安全预防、日常安全管理、应急处理等安全管理制度，落实安全责任制。设立安全管理机构，配备安全管理人员，全面开展安全管理工作。

第四十六条　学校应当保证校内建筑物及其附属设施、教学设备、土地、道路、绿化设施、交通工具等学校设施设备符合安全标准，定期检查，消除安全隐患。

第四十七条　学校应当加强学生的法制、安全、卫生防疫等教育，开展逃生避险、救护演练、消防演练等活动，增强学生的法制意识、安全意识、卫生意识。

第四十八条　学校应当保障校内活动中的学生和教职员工的安全，保障经由学校组织或批准的校外活动中学生和教职员工的安全。加强学生实验、实习实训安全管理。

第四十九条　学校应当加强与当地公安机关和社区的联系，建立校园安全联防制度和安全工作协调机制，加强学校周边环境综合治理。

第十章　附　则

第五十条　各省、自治区、直辖市教育行政部门可以依照本规程制定实施细则或相应的管理制度。

第五十一条　本规程从发布之日起施行。

附录2　教育部关于印发《职业院校管理水平提升行动计划（2015—2018年）》的通知

教职成〔2015〕7号

各省、自治区、直辖市教育厅(教委)，计划单列市教育局，新疆生产建设兵团教育局：

为深入贯彻落实全国职业教育工作会议精神和全国人大常委会职业教育法执法检查有关要求，推动职业院校以强化教育教学管理为重点，全面贯彻落实国家有关政策、制度、标准和要求，不断提高管理工作规范化、科学化、精细化水平，加快实现学校治理能力现代化，现将《职业院校管理水平提升行动计划(2015—2018年)》印发给你们，请认真贯彻执行。

中华人民共和国教育部

2015年8月28日

职业院校管理水平提升行动计划
（2015—2018年）

提升管理水平是促进职业院校内涵发展的现实要求，是提高人才培养质量的重要保障。近年来，职业院校依法治校意识日益增强，管理制度不断完善，管理工作得到普遍重视。但是，与加快推进依法治教和治理能力现代化的新要求相比，职业院校在管理理念、能力和信息化水平等方面仍有差距。为全面贯彻落实《国务院关于加快发展现代职业教育的决定》和全国人大常委会职业教育法执法检查有关要求，落实国家有关职业教育各项决策部署，发挥管理工作对职业教育改革发展的推动、引领和保障作用，不断提高职业院校管理规范化、精细化、科学化水平，自 2015 年秋季学期起，倡导践行“改变从今天开始”，实施职业院校管理水平提升行动计划(2015—2018 年)(以下简称行动计划)。

一、总体要求

（一）指导思想

全面贯彻党的十八大和十八届三中、四中全会精神，深入贯彻习近平总书记系列重要讲话精神，落细落小落实《国务院关于加快发展现代职业教育的决定》，坚持依法治校，建立和完善现代职业学校制度，以强化教育教学管理为重点，进一步更新管理理念、完善制度标准、创新运行机制、改进方式方法、提升管理水平，为基本实现职业院校治理能力现代化奠定坚实基础。

（二）工作目标

经过三年努力，职业院校以人为本管理理念更加巩固，现代学校制度逐步完善，办学行为更加规范，办学活力显著增强，办学质量不断提高，依法治校、自主办学、民主管理的运行机制基本建立，多元参与的职业院校质量评价与保障体系不断完善，职业院校自身吸引力、核心竞争力和社会美誉度明显提高。

——政策法规落实到位。国家职业教育有关法规、制度及标准得到落实，质量意识普遍增强，办学行为更加规范，学校常规管理，特别是学生、课程教学、招生、学籍、实习、安全等重点领域的管理有效加强。

——管理能力显著提升。学校章程普遍建立，治理结构不断完善，管理队伍专业化水平大幅提升，信息化管理手段广泛应用，管理工作的薄弱环节全面改善，办学活力显著增强，管理规范、特色鲜明、办学质量高、社会声誉好的典型学校不断涌现。

——质量保障机制更加完善。职业院校管理状态“大数据”初步建成，学校人才培养工作的自我诊断、反馈、改进机制基本形成，政府、行业、企业及社会等多方参与学校评价的机制更加健全，职业院校教育质量年度报告制度逐步完善。

（三）基本原则

——规范办学，激发活力。确立管理工作在职业院校办学中的基础性地位，落实国家职业教育有关法规、制度及标准，全面规范办学行为，不断激发办学活力，切实提高职业院校依法办学的能力和水平。

——问题导向，标本兼治。以教育教学管理为重点，针对学校常规管理中的薄弱环节和突出问题，立知、立行、立改，对症施治、标本兼治，全面提高职业院校管理工作的有效性。

——活动贯穿，全面行动。设计和开展灵活多样的活动，以活动促管理、以活动促落实，推动职教系统全员参与。充分调动社会各方力量，积极参与行动计划的实施，形成推动职业院校管理水平提升的良好氛围和工作合力。

——科研引领，注重长效。结合不同区域实际和中高职特点，加强职业院校管理的制度、标准、评价等理论与实践研究，引导和帮助职业院校建立自我诊断、自我改进和自我完善的长效机制。

二、重点任务

（一）突出问题专项治理行动

职业院校要对照国家职业教育有关法规、制度及标准，围绕以下重点领域，结合学校实际，全面查摆管理工作中存在的突出问题，有针对性地开展专项治理系列活动。

——诚信招生承诺活动。加强招生政策和工作纪律的宣传教育，面向社会公开承诺诚信招生、阳光招生，规范招生简章，学校主要领导和招生工作相关人员签订责任书，不以虚假宣传和欺骗手段进行招生，杜绝有偿招生等违规违纪现象。

——学籍信息核查活动。全面落实学籍电子注册和管理制度，严格执行《高等学校学生学籍学历电子注册办法》《中等职业学历教育学生学籍电子注册办法》。充分利用学生管理信息系统，加强学籍电子注册、学籍异动、学生信息变更等环节的管理，注重电子信息的核查，确保学籍电子档案数据准确、更新及时、程序规范，杜绝虚假学籍、重复注册等现象。

——教学标准落地活动。按照《教育部关于深化职业教育教学改革全面提高人才培养质量的若干意见》等文件要求，完善学校专业人才培养方案，强化教学过程管理，组织开展教学计划执行情况检查，注重教学效果的反馈与改进，杜绝课程开设与教学实施随意变动等现象。

——实习管理规范活动。严格执行学生实习管理相关规定，强化以育人为目标的实习过程管理和考核评价，完善学生实习责任保险、信息通报等安全制度，维护学生合法权益，改变学生顶岗实习的岗位与其所学专业面向的岗位群不一致等现象。

——平安校园创建活动。加强学校安全管理，落实“一岗双责”责任制，建立健全安全应急处置机制和人防、物防、技防“三防一体”的安全防范体系，消除水电、消防、餐饮、交通和实训等方面的安全隐患。

——财务管理规范活动。严格执行国家财经法律法规，建立健全学校财务管理制度；增强绩效意识，夯实会计基础工作；严格预算管理，强化预算约束；建立完善学校内部控制机制，强化财务风险防范意识；加强学生资助等专项资金的过程控制，规范会计行为，防止和杜绝虚报虚列、违规使用资金等现象的发生。

各级教育行政部门根据实际，针对重点领域和共性问题，加强对职业院校开展专项治理活动的调研、指导和检查，督促学校落实专项治理行动的各项要求，并建立长效机制。

（二）管理制度标准建设行动

职业院校要加快学校章程建设步伐，建立健全体现职业院校办学特点的内部管理制度、标准和运行机制，不断完善现代职业学校制度。

——加快学校章程建设。依法制定和完善具有各自特色的学校章程，中职学校加快推进章程建设工作，高职院校完成章程制定工作，按要求履行审批程序并实施。以章程建设为契机，加大行业、企业和社区等参与学校管理的力度，不断完善学校治理结构和决策机制。

——完善管理制度标准。以学校章程为基础，理顺和完善教学、学生、后勤、安全、科研和人事、财务、资产等方面的管理制度、标准，建立健全相应的工作规程，形成规范、科学的内部管理制度体系。

——强化制度标准落实。加强对管理制度、标准的宣传和学习，明确落实管理制度、标准的奖惩机制，强化管理制度、标准执行情况的监督、检查，确保落实到位。

各级教育行政部门要为职业院校制定章程搭建交流、咨询和服务平台，推动形成一校一章程的格局；组织开展职业院校管理指导手册研制工作，为完善学校管理制度提供科学指导。

（三）管理队伍能力建设行动

职业院校要适应发展需求，遵循管理人员成长规律，以提升岗位胜任力为重点，制定并实施学校管理队伍能力提升计划，不断提高管理人员的专业化水平。

——明确能力要求。按照国家对职业院校管理人员的专业标准和工作要求，围绕学校发展、育人文化、课程教学、教师成长、内部管理等方面，结合学校实际和不同管理岗位特点，细化院校长、中层管理人员和基层管理人员等能力要求，引导管理人员不断提升岗位胜任力。

——加强培养培训。以需求为导向，以能力要求为依据，科学制定各类管理人员培养培训方案，完成一轮管理人员全员培训；搭建学习平台，建立分层次、多形式的培训体系，做到日常培训与专题培训相结合，在职学习与脱产进修相结合，理论学习与经验交流相结合，不断提升管理人员的敬业精神和业务能力。

——强化激励保障。坚持民主、公开、竞争、择优的原则，选拔聘用管理人员，拓展管理人员的发展空间和上升通道，形成有利于优秀管理人才脱颖而出的机制；积极推进以岗位能力要求为依据的目标考核，把考核结果与干部任免、培养培训、收入分配等结合起来，强化管理人员的职业意识，激发管理人员的内在动力。

各级教育行政部门要把职业院校管理骨干培养培训纳入国家和省级校长能力提升、教师素质提高等培训计划统筹实施，组织开展管理经验交流活动，搭建管理专题网络学习平台，为职业院校管理队伍水平提升创造条件。

（四）管理信息化水平提升行动

职业院校要以落实《职业院校数字校园建设规范》为重点，加快信息化技术系统建设，建立健全信息化管理机制，增强信息化管理素养和能力，促进信息技术与教育教学的深度融合。

——强化管理信息化整体设计。制定和完善数字校园建设规划，做好管理信息系统整体设计，建设数据集中、系统集成的应用环境，实现教学、学生、后勤、安全、科研等各类数据管理的信息化和数据交换的规范化。

——健全管理信息化运行机制。建立基于信息化的管理制度，成立专门机构，确定专职人员，建立健全管理信息系统应用和技术支持服务体系，保证系统数据的全面、及时、准确和安全。

——提升管理信息化应用能力。强化管理人员信息化意识和应用能力培养，提高运用信息化手段对各类数据进行记录、更新、采集、分析，以及诊断和改进学校管理的能力。

各级教育行政部门要加强统筹协调，加大政策支持和经费投入力度，加快推进《职业院校数字校园建设规范》的贯彻实施，组织开展信息化管理创新经验交流与现场观摩等活动，促进职业院校管理信息化水平不断提高。

（五）学校文化育人创新行动

职业院校要坚持立德树人，积极培育和践行社会主义核心价值观，弘扬“劳动光荣、技能宝贵、创造伟大”的时代风尚，营造以文化人的氛围，从学校理念、校园环境、行为规范、管理制度等方面对学校文化进行系统设计，充分发挥学校文化育人的整体功能。

——凝练学校核心文化。总结体现现代职教思想、职业特质、学校特色、可传承发展的校训和校风、教风、学风等核心文化，形成独特的文化标识，并通过板报、橱窗、走廊、校史陈列室、广播电视和新媒体等平台进行传播，发挥其在学校管理中的熏陶、引领和激励作用。

——精选优秀文化进校园。弘扬中华优秀传统文化和现代工业文明，加强技术技能文化积累，开展劳模、技术能手、优秀毕业生等进学校活动，促进产业文化和优秀企业文化进校园、进课堂，着力培养学生的职业理想与职业精神。

——培养学生自主发展能力。创新德育实现形式，充分利用开学典礼和毕业典礼、入党入团、升国旗等仪式和重大纪念日、民族传统节日等时点，将社会主义核心价值观内化于心、外化于行。广泛组织丰富多彩的学生社团活动，深入开展学生文明礼仪教育、行为规范教育以及珍爱生命、防范风险教育，培养学生的社会责任感和自信心，促进守规、节俭、整洁、环保等优良习惯的养成，提升自我教育、自我管理、自我服务的能力。

各级教育行政部门要联合社会各方力量，因地制宜组织开展校训和校风、教风、学风及文化标识、优秀学生社团等遴选展示活动，持续组织“文明风采”竞赛等德育活动，推动职业院校文化育人工作创新，不断提高职业院校文化软实力。

（六）质量保证体系完善行动

职业院校要适应技术技能人才培养需要，不断完善产教融合、校企合作的人才培养机制，建立健全全员参与、全程控制、全面管理的质量保证体系。

——建立教育教学质量监控体系。确立全面质量管理理念，把学习者职业道德、技术技能水平和就业质量作为人才培养质量评价的重要标准，强化人才培养全程的质量监控，完善由学校、行业、企业和社会机构等共同参与的质量评价、反馈与改进机制，全面保证人才培养质量。

——完善职业教育质量年度报告制度。加强职业院校人才培养状态数据采集与分析，充分发挥数据平台在质量监控中的重要作用，进一步完善高职院校质量年度报告制度，逐步提高年度报告质量和水平；建立中职学校质量年度报告制度，国家中职示范(重点)学校自2016年起、其他中职学校自2017年起，每年发布质量年度报告。

各地教育行政部门要加大对本地区职业教育质量统筹监管的力度，建立和完善质量预警机制。省级教育行政部门要加强对本地区职业院校人才培养状态数据的审核，编制并发布省级职业教育质量年度报告。教育部定期组织质量年报的合规性审查，并将结果向社会公布。

三、保障措施

（一）加强组织领导

教育行政部门是组织实施行动计划的责任主体。教育部负责行动计划的总体设计、全面部署和监督指导，掌握重点任务推进节奏(重点任务分工及进度安排表见附件1)；省级教育行政部门要结合本地实际，研究制定行动计划实施方案并细化工作安排，将本地区行动计划实施方案报教育部备案，并加大统筹推进力度，加强对本行政区域各地市、县级教育行政部门组织实施行动计划和有关重点工作的检查指导。职业院校是具体落实行动计划的责任主体，根据行动计划整体部署，并结合学校管理工作实际，对照《职业院校管理工作主要参考点》(见附件2)，制定工作方案和年度推进计划，建立工作机制，明确目标任务和路线图、时间表、责任人，确保行动计划有序开展、有效落实。

（二）加强宣传发动

各级教育行政部门和职业院校要全面开展宣传教育活动，分层次、多形式地开展行动计划以及国家职业教育有关政策法规和制度标准的宣传解读活动，领会精神实质，明确工作要求，营造舆论氛围；创新宣传载体和方式，充分发挥专题网站、新媒体和公共数据平台等的作用，实施微学习、微传播，在各自门户网站设立“职业院校管理水平提升行动计划”专栏，并通过专家辅导、专题研讨和微电影、动画宣传片等师生喜闻乐见的形式，使国家有关职业院校管理政策要求入脑、入心；组织发动新闻媒体、社会团体和科研机构等各方力量，参与行动计划的宣传，不断扩大行动计划的参与度和影响力，形成实施行动计划的工作合力。

（三）加强督促检查

行动计划是现代职业教育质量提升计划的重要内容，各地各院校管理水平和质量将作为资金分配的重要因素。各级教育行政部门要建立督查调研、情况通报、限期报告、跟踪问效等制度，完善行动计划落实情况督促检查工作机制；职业院校要创新工作方法，采取实地检查、随机抽查、群众评议和走访行业企业、社区、家庭等方式，充分利用信息化等手段，全面了解和掌握职业院校管理工作实效，发现典型并及时予以总结推广，发现问题并迅速进行督促整改。教育部建立行动计划实施进展情况简报、通报和重大问题限期整改报告制度，并视情况组织专项督查；委托第三方依据学校管理工作实效及实施行动计划取得的实绩，分类遴选全国职业院校管理500强，充分发挥其示范、引领、辐射作用，确保行动计划提出的各项目标任务落到实处。

（四）加强指导服务

各级教育行政部门要发挥科研在职业院校管理中的引领作用，加强职业院校管理专家队伍建设，组织开展相关理论与实践研究，跟踪行动计划的实施进展情况，并及时提供专业指导；按照不同管理主题，广泛征集和宣传职业院校优秀管理案例。教育部组织专业力量设计面向学校管理者、教师、学生以及行业企业人员等的问卷，开展大样本网络调查，形成全国职业院校管理状态“大数据”及分析报告，为学校诊断、改进管理工作和教育行政部门宏观决策提供实证依据。

附件(略)。

附录3　教育部关于印发《普通高中校长专业标准》《中等职业学校校长专业标准》《幼儿园园长专业标准》的通知

（教师〔2015〕2号）

各省、自治区、直辖市教育厅(教委)，新疆生产建设兵团教育局：

为贯彻党的十八届三中、四中全会精神，落实教育规划纲要和《国务院关于加强教师队伍建设的意见》(国发〔2012〕41号)，构建教师队伍建设标准体系，建设高素质普通高中校长、中等职业学校校长、幼儿园园长队伍，我部研究制定了《普通高中校长专业标准》《中等职业学校校长专业标准》《幼儿园园长专业标准》，现印发给你们，请结合实际认真贯彻执行。

附件：普通高中校长专业标准(本书略)

中等职业学校校长专业标准

幼儿园园长专业标准(本书略)

中华人民共和国教育部

2015年1月10日

中等职业学校校长专业标准

为促进中等职业学校校长专业发展，建设高素质中等职业学校校长队伍，落实立德树人根本任务，加快发展现代职业教育，依据《中华人民共和国教育法》《中华人民共和国职业教育法》《中华人民共和国劳动法》，按照《国务院关于加快发展现代职业教育的决定》《现代职业教育体系建设规划(2014—2020年)》有关要求，特制定本标准。

校长是履行学校领导与管理工作职责的专业人员。本标准是对中等职业学校合格校长专业素质的基本要求，是制定中等职业学校校长任职资格标准、培训课程标准、考核评价标准等的重要依据。

一、办学理念

（一）以德为先

坚持社会主义办学方向和党对教育的领导，贯彻党和国家的教育方针政策，积极培育和践行社会主义核心价值观，将社会主义核心价值体系融入学校教育全过程，依法履行法律赋予的权利和义务；热爱职业教育事业和学校管理工作，具有服务国家、服务人民和服务经济社会的责任感和使命感；履行职业道德规范，为人师表，公正廉洁，关爱师生，尊重师生人格。

（二）育人为本

坚持育人为本的办学宗旨，将培养高素质劳动者和技术技能人才作为学校一切工作的出发点和落脚点，促进每个学生健康成长；扶持困难群体接受职业教育，促进教育公平；树立人人皆可成才的人才观，把提高职业技能和培养职业精神高度融合，为每个学生提供适合的教育，努力提高中等职业教育质量，促进学生德智体美等方面全面发展。

（三）引领发展

校长作为学校改革发展的带头人，担负着引领学校和教师发展、促进学生全面发展与个性发展的重任；坚持就业导向和特色办学，秉承先进职业教育理念和管理理念，坚持依法治校，建立健全学校各项规章制度，完善学校目标管理和绩效管理机制，实施科学管理、民主管理，推动学校可持续发展。

（四）能力为重

将职业教育管理理论和学校管理实践相结合，增强学校管理、校企合作的实践能力和创新能力；不断提高与完善规划学校发展、营造育人文化、领导课程教学、引领教师成长、优化内部管理和调适外部环境等方面的能力；坚持实践、反思、再实践、再反思，不断提升专业能力。

（五）终身学习

牢固树立终身学习的观念，将学习作为校长专业发展和改进工作的重要途径；优化知识结构，提高自身科技文化素养，增强法治观念；与时俱进，及时了解国内外职业教育改革与发展的趋势，关注产业发展、行业需求和职业岗位变化；注重学习型组织建设，使学校成为师生共同学习的家园。

二、专业要求

<table>
<tr><th>专业职责</th><th colspan="2">专业要求</th></tr>
<tr><td rowspan="3">一、规划学校发展</td><td>专业理解与认识</td><td>1. 明确学校办学定位，以促进就业为导向，适应技术进步和生产方式变革以及社会公共服务的需要。促进职业教育公平，着力保障困难群体平等接受职业教育。
2. 注重学校发展的战略规划，凝聚师生智慧，汇集行业企业力量，建立学校发展共同目标，形成学校发展合力。
3. 结合区域经济社会发展需要，立足学校办学传统和办学实际，提炼学校办学理念，办出学校特色</td></tr>
<tr><td>专业知识与方法</td><td>4. 熟悉国家相关的法律法规、教育方针政策、劳动人事制度和学校管理的规章制度。
5. 了解国内外职业学校改革和发展的基本趋势，熟悉区域经济和行业企业发展对人才需求的新动态。
6. 掌握学校发展规划制定、实施与测评的理论、方法与技术</td></tr>
<tr><td>专业能力与行为</td><td>7. 诊断学校发展现状，及时发现和研究分析学校发展面临的主要问题。
8. 组织多方参与制订学校发展规划，与社会需求紧密对接，确立学校中长期发展目标。
9. 分解和落实学校发展规划，制订学年、学期工作计划，指导教职工制定具体行动方案，并提供人、财、物等条件支持。
10. 监测学校发展规划的实施，根据实施情况修正学校发展规划，调整工作计划，完善行动方案</td></tr>
<tr><td rowspan="3">二、营造育人文化</td><td>专业理解与认识</td><td>11. 把立德树人作为中等职业学校教育的根本任务，把德育工作摆在素质教育的首要位置，全面加强学校德育体系建设。
12. 将学校文化建设作为学校德育工作的重要方面，注重农业、工业和服务业等不同产业领域文化育人的差异，把文化育人作为办学治校的重要内容与途径。
13. 积极培育和践行社会主义核心价值观，热爱与传承中华优秀传统文化，充分发挥中华优秀传统文化的时代意义与教育价值，重视地域优秀文化和优秀企业文化的重要价值</td></tr>
<tr><td>专业知识与方法</td><td>14. 广泛涉猎自然科学与人文社会科学知识，掌握必要的艺术基础知识，具有良好的艺术修养和艺术欣赏能力。
15. 了解学校文化建设的基本理论，掌握促进产业文化、企业文化、职业文化融入学校教育的方法和途径。
16. 掌握学生思想品德、职业道德形成以及健康心理发展的特点、规律及其教育方法</td></tr>
<tr><td>专业能力与行为</td><td>17. 加强校园自然环境和人文环境建设，以体现职业教育理念和学校办学特色的校训、校歌、校徽、校标等为重要载体，树立优良的校风、教风、学风。
18. 精心设计和组织丰富多彩、积极向上的文艺体育活动、技能展示活动和社会实践活动，积极组织开展创业创新、职业生涯规划、礼仪规范等主题教育活动，形成爱学习、爱劳动、爱祖国活动的有效形式和长效机制。
19. 建设绿色健康的校园信息网络，向师生推荐优秀的精神文化作品和劳动模范、创业典型、技术能手的先进事迹，努力防范不良的流行文化、网络文化和学校周边环境对学生的负面影响。
20. 凝聚学校文化建设力量，推进优秀企业文化进校园，发挥教师、学生及社团的主体作用，发挥各级各类公共文化设施、专业实践活动基地和实训基地的德育功能，为共青团、学生社团、班集体活动开展提供必要条件，保证活动时间</td></tr>
</table>

续表

专业职责	专业要求	
三、领导课程教学	专业理解与认识	21. 坚持产教融合、校企合作、工学结合、知行合一，面向全体学生，因材施教，在保障学生技术技能培养质量的基础上，加强文化基础教育。 22. 遵循职业教育教学规律和技术技能人才成长规律，着力培养学生的职业道德、职业精神、职业技能和就业创业能力。 23. 尊重教师的教学经验和智慧，注重行业企业专业技术人员的参与，积极推进职业教育教学改革与创新
	专业知识与方法	24. 掌握学校开设专业的培养目标和教学标准，了解国内外职业教育课程与教学改革经验。 25. 熟悉职业教育专业建设、课程开发、教材建设、教学实施与评价的相关政策和知识。 26. 掌握信息技术在教育领域应用的一般原理与方法
	专业能力与行为	27. 根据区域经济社会发展的需要，对接职业和岗位需求，在政府、行业、企业等方面指导下开展专业建设。 28. 认真落实国家颁布的中等职业学校专业教学标准，合理设置公共基础课和专业技能课，加强法治教育，关注学生心理健康和青春期教育，推动校本课程的开发与实施。落实综合实训、顶岗实习等实践教学的有关要求。 29. 建立听课与评课制度，深入课堂听课并对课堂教学进行指导，每学期听评课不低于地方教育行政部门规定的课时数量。 30. 积极组织开展教研活动和教学改革，推行项目教学、案例教学、工作过程导向教学等教学模式，推进信息技术与教育教学深度融合，建立健全教育教学评价制度
四、引领教师成长	专业理解与认识	31. 教师是学校改革发展和教育教学质量提高的主体，关心、尊重、信任、团结和赏识每一位教师。 32. 遵循职教教师成长发展规律，激发教师发展的内在动力。 33. 校长是教师专业发展的引领者和第一责任人，将学校与合作企业作为教师实现专业发展的主阵地
	专业知识与方法	34. 掌握中等职业学校教师专业标准，把握职业学校教师文化素养和职业素养要求，掌握“双师型”教师队伍建设的途径和方法。 35. 掌握职业学校教师专业发展的理论以及指导教师开展教育教学实践与研究的方法。 36. 掌握学习型组织建设的方法、教师继续教育的主要途径和激励教师主动发展的策略
	专业能力与行为	37. 建立健全教师专业发展的制度，落实五年一周期的教师全员培训制度和教师企业实践制度，推行校本教研，完善教研训一体的机制。 38. 关注每一位教师的发展，指导教师根据自身发展特点制定专业发展计划，加强专业带头人和青年教师培养，为兼职教师创造良好的工作环境。 39. 落实中等职业学校教师职业道德规范要求和违反职业道德行为处理办法，扎实开展师德师风教育，建立健全教育、宣传、考核、监督与奖惩相结合的师德建设工作机制，引导支持教师坚定理想信念、提高道德情操、掌握扎实学识、秉持仁爱之心，不断提升教师的精神境界。 40. 维护和保障教师合法权益和待遇，关心教师身心健康，建立优教优酬的激励机制

续表

专业职责	专业要求	
五、优化内部管理	专业理解与认识	41. 坚持依法治校，自觉接受师生员工、合作企业、合作机构以及社会的监督。 42. 崇尚以德立校，处事公正、严于律己、廉洁奉献。 43. 实行民主管理和科学管理，突出职业教育特色，坚持教书育人、管理育人、服务育人
	专业知识与方法	44. 把握国家相关政策对中等职业学校校长的职责定位和工作要求。 45. 掌握学校管理的基本理论与方法，了解现代企业管理的基本理论与方法，了解国内外中等职业学校管理的变化趋势。 46. 熟悉学校人事财务、资产后勤、校园网络、安全保卫、卫生健康、实习实训等管理实务
	专业能力与行为	47. 形成学校领导班子的凝聚力，充分听取党组织对学校重大决策的意见，发挥党组织的政治核心作用。 48. 尊重和支持教职工代表大会参与学校管理的民主权利，推行校务公开，定期向教职工代表大会报告工作，实行校务会议等管理制度。 49. 依法制定学校章程，建立健全学校人事、财务、资产管理、校企合作等规章制度，认真执行国家规范管理相关要求，提高学校管理规范化、信息化水平，不得违反国家规定收取费用，不得利用学校招生、学生顶岗实习、企业招工等谋取利益。 50. 努力打造平安校园，建立和完善学校各种应急管理机制，定期实施安全演练，正确应对和妥善处置学校突发事件
六、调适外部环境	专业理解与认识	51. 坚持把服务经济社会发展作为学校的重要功能，勇于承担社会责任。 52. 坚持把合作共赢作为学校对外关系准则，积极开展校企合作等校内外合作与交流。 53. 坚信学校与行业企业、家庭、社会(社区)的良性互动是提高办学水平的重要途径
	专业知识与方法	54. 掌握学校公共关系及校企合作的理论与方法。 55. 了解区域经济社会、产业和教育发展的基本情况，了解学生家庭、合作企业、合作机构和所在社区的基本情况，积极获取与学生成才、就业创业和学校发展相关的信息。 56. 熟悉各级各类社会公共服务机构的教育功能
	专业能力与行为	57. 努力争取地方政府、行业企业和社会力量对学校教育的支持，营造良好外部育人环境。 58. 建立学校、行业、企业、社区等共同参与的学校理事会或董事会。引导行业企业、社区和相关专业人员参与学校管理和监督，接受改进学校工作的合理建议。 59. 建立健全产教融合、校企合作育人机制，通过与行业企业共建实训实习基地、引企入校等形式，实现资源共建共享。 60. 积极发挥学校服务区域经济发展和促进就业的作用，鼓励并组织学校师生参与服务社会(社区)的有益活动

三、实施意见

(一)本标准适用于国家和社会力量举办的全日制中等职业学校的正、副校长。各省、自治区、直辖市教育行政部门可以依据本标准制定符合本地区实情的实施意见。

(二)各级教育行政部门要将本标准作为中等职业学校校长队伍建设和校长管理的重要依据。根据职业教育改革发展的需要，充分发挥本标准的引领和导向作用，制定中等职业学校校长队伍建设规划，严格中等职业学校校长任职资格标准，完善中等职业学校校长选拔任用制度，推行校长职级制，建立中等职业学校校长培养培训质量保障体系，形成科学有效的中等职业学校校长队伍建设与管理机制，为推动中等职业教育内涵发展提供制度保障。

（三）中等职业学校校长培养培训机构要将本标准作为中等职业学校校长培养培训工作的主要依据。重视中等职业学校校长职业特点，加强相关学科和专业建设。根据中等职业学校校长发展阶段的不同需求，完善培养培训方案，科学设置校长培养培训课程，改革教育教学方式。注重校长职业理想与职业道德教育，增强校长教书育人、管理育人的责任感和使命感。加强校长培养培训的师资队伍建设，开展校长专业成长的科学研究，促进校长专业发展。

（四）中等职业学校校长要将本标准作为自身专业发展的基本准则。制定自我专业发展规划，爱岗敬业，增强专业发展自觉性；大胆开展学校管理实践，不断创新；主动进行自我评价，积极参加校长培训和自主研修，不断提升专业发展水平，努力成为职业教育教学和学校管理专家。

附录4　教育部关于建立健全中小学师德建设长效机制的意见

教师〔2013〕10号

各省、自治区、直辖市教育厅（教委），新疆生产建设兵团教育局，部属师范大学：

教师是教育的根本，师德是教师的灵魂。长期以来，全国广大中小学教师教书育人，敬业奉献，为我国教育事业改革和发展作出了重要贡献，赢得了全社会的广泛赞誉和普遍尊重。但是，近年来极少数教师严重违反师德的现象时有发生，引起社会广泛关注，损害了教师队伍的整体形象。为贯彻落实《国务院关于加强教师队伍建设的意见》，以社会主义核心价值体系为引领，充分尊重教师主体地位，大力弘扬高尚师德，切实解决当前出现的师德突出问题，引导教师立德树人，为人师表，不断提升人格修养和学识修养，努力建设一支师德高尚、业务精湛、结构合理、充满活力的中小学教师队伍。现就建立健全教育、宣传、考核、监督与奖惩相结合的中小学师德建设长效机制提出如下意见：

一、创新师德教育，引导教师树立远大职业理想。将师德教育纳入教师教育课程体系。师范生培养必须开设师德教育课程，新任教师岗前培训开设师德教育专题，在职教师培训把师德教育作为重要内容，记入培训学分。重视法制教育、心理健康教育和民族团结教育。创新师德教育内容、模式和方法，突出针对性和实效性。采取实践反思，师德典型案例评析，情景教学等丰富师德教育形式，把教书育人楷模、一线优秀教师等请进课堂，用优秀教师的感人事迹诠释师德内涵。结合教育教学、社会实践活动开展师德教育，切实增强师德教育效果。

二、加强师德宣传，营造尊师重教社会氛围。将师德宣传作为教育行政部门和学校重点工作。坚持正确舆论导向，大力宣传教师的地位和作用，让全社会广泛了解教师工作的重要性和特殊性。大力树立和宣传优秀教师先进典型，通过组织举办形式多样、务实有效的活动，深入宣传优秀教师先进事迹，充分展现当代教师的精神风貌，弘扬高尚师德，弘扬主旋律，增强正能量。针对师德建设中出现的热点、难点问题，要及时应对并加以引导。充分利用教师节等重大节庆日、纪念日的契机，联合电视、广播、报纸、网络等多种媒体集中宣传优秀教师先进事迹，努力营造尊师重教的浓厚社会氛围。

三、严格师德考核，促进教师自觉加强师德修养。将师德考核作为教师考核的核心内容，摆在首要位置。各级教育行政部门要制定师德考核办法，学校制定具体的实施细则。师德考核应充分尊重教师主体地位，符合教师职业性质，促进教师专业发展；坚持公平、公正、公开原则；采取教师个人自评、家长和学生参与测评、考核工作小组综合评定等多种方式进行。考核结果一般分为优秀、合格、基本合格、不合格四个等次。考核结果公示后存入师德考核档案并报学校主管部门备案。师德考核不合格者年度考核应评定为不合格，并在教师资格定期注册、职务(职称)评审、岗位聘用、评优奖励和特级教师评选等环节实行一票否决。

四、突出师德激励，促进形成重德养德良好风气。将师德表彰奖励纳入教师和教育工作者奖励范围。完善师德表彰奖励制度。把师德表现作为评选教书育人楷模，模范教师、教育系统先进工作者，优秀教师、优秀教育工作者，中小学优秀班主任、中小学德育先进工作者等表彰奖励的必要条件。在同等条件下，师德表现突出的，优先评选特级教师和晋升教师职务(职称)、选培学科带头人和骨干教师。

五、强化师德监督，有效防止失德行为。教育行政部门和学校要建立健全师德年度评议制度，师德问题报告制度，师德状况定期调查分析制度和师德舆情快速反应制度，及时研究加强和改进师德建设的政策和措施。构建学校、教师、学生、家长和社会广泛参与的师德监督体系。教育行政部门和学校要建立行之有效的多种形式的师德投诉、举报平台，及时获取掌握师德信息动态，及时发现并纠正不良倾向和问题，将违反师德行为消除在萌芽状态。要将师德建设纳入教育督导评估体系。

六、规范师德惩处，坚决遏制失德行为蔓延。建立健全违反师德行为的惩处制度。依据有关法律法规和《中小学教师职业道德规范》，教育部研究制定《中小学教师违反职业道德行为处理办法》，明确教师不可触犯的师德禁行性行为，并提出相应处理办法。对危害严重、影响恶劣者，要坚决清除出教师队伍。建立问责制度。对教师严重违反师德行为监管不力、拒不处分、拖延处分或推诿隐瞒，造成不良影响或严重后果的，要追究学校或教育主管部门主要负责人的责任。对涉及违法犯罪的要及时移交司法部门。

七、注重师德保障，将师德建设工作落到实处。建立师德建设领导责任制度。地方各级教育行政部门负责对师德建设工作的指导和监管，主要负责人是师德建设工作第一责任人，有关职责要落实到具体的职能机构和人员。各地要结合实际，制定本地师德建设规划和实施方案。充分发挥教育工会等教师行业组织在师德建设中的积极作用。中小学校要把师德建设摆在教师工作首位，贯穿于管理工作全过程。中小学校长要亲自抓师德建设。学校基层党组织、广大党员教师要充分发挥政治核心和先锋模范作用。学校教代会和群团组织紧密配合，形成加强和推进师德建设合力。

中华人民共和国教育部

2013 年 9 月 2 日

附录 5　教育部关于印发《中等职业学校教师专业标准（试行）》的通知

教师〔2013〕12 号

各省、自治区、直辖市教育厅(教委)，各计划单列市教育局，新疆生产建设兵团教育局：

为贯彻党的十八大关于加快发展现代职业教育的重大部署，落实教育规划纲要和《国务院关于加强教师队伍建设的意见》(国发〔2012〕41 号)精神，构建教师队伍建设标准体系，建设高素质“双师型”中等职业学校教师队伍，教育部制定了《中等职业学校教师专业标准(试行)》(以下简称《专业标准》)。现印发给你们，请结合实际认真贯彻执行。并就有关事项通知如下：

《专业标准》是国家对合格中等职业学校教师专业素质的基本要求，是中等职业学校教师开展教育教学活动的基本规范，是引领中等职业学校教师专业发展的基本准则，是中等职业学校教师培养、准入、培训、考核等工作的基本依据。各地教育行政部门、中等职业学校师资培养培训院校(机构)、中等职业学校要把贯彻落实《专业标准》作为加强教师队伍建设的重要任务和举措，认真制定工作方案，精心组织实施，务求取得实效。

各地、各校要采取多种形式组织开展《专业标准》学习宣传活动，帮助广大中等职业学校教师和师范生准确理解《专业标准》的基本理念，全面把握《专业标准》的内容要求，把《专业标准》作为开展教育教学实践、提升专业发展水平的行为准则。要紧密结合实际，抓紧制定贯彻落实《专业标准》的具体措施。依据《专业标准》调整中等职业学校教师培养方案，科学设置教师教育课程，改革教育教学方式。将《专业标准》作为教师培训的重要内容，依据《专业标准》制定教师培训课程指南。将《专业标准》作为中等职业学校教师考核的重要依据，进一步完善考核的内容和指标。

中华人民共和国教育部

2013 年 9 月 20 日

中等职业学校教师专业标准(试行)

为促进中等职业学校教师专业发展，建设高素质“双师型”教师队伍，根据《中华人民共和国教师法》《中华人民共和国职业教育法》《中华人民共和国劳动法》，特制定《中等职业学校教师专业标准(试行)》(以下简称《专业标准》)。

中等职业学校教师是履行中等职业学校教育教学工作职责的专业人员，要经过系统的培养与培训，具有良好的职业道德，掌握系统的专业知识和专业技能，专业课教师和实习指导教师要具有企事业单位工作经历或实践经验并达到一定的职业技能水平。《专业标准》是国家对合格中等职业学校教师专业素质的基本要求，是中等职业学校教师开展教育教学活动的基本规范，是引领中等职业学校教师专业发展的基本准则，是中等职业学校教师培养、准入、培训、考核等工作的基本依据。

一、基本理念

(一)师德为先

热爱职业教育事业，具有职业理想、敬业精神和奉献精神，践行社会主义核心价值体系，履行教师职业道德规范，依法执教。立德树人，为人师表，教书育人，自尊自律，关爱学生，团结协作。以人格魅力、学识魅力、职业魅力教育和感染学生，做学生职业生涯发展的指导者和健康成长的引路人。

(二)学生为本

树立人人皆可成才的职业教育观。遵循学生身心发展规律，以学生发展为本，培养学生的职业兴趣、学习兴趣和自信心，激发学生的主动性和创造性，发挥学生特长，挖掘学生潜质，为每一个学生提供适合的教育，提高学生的就业能力、创业能力和终身学习能力，促进学生健康快乐成长，学有所长，全面发展。

(三)能力为重

在教学和育人过程中，把专业理论与职业实践相结合、职业教育理论与教育实践相结合；遵循职业教育规律和技术技能人才成长规律，提升教育教学专业化水平；坚持实践、反思、再实践、再反思，不断提高专业能力。

(四)终身学习

学习专业知识、职业教育理论与职业技能，学习和吸收国内外先进职业教育理念与经验；参与职业实践活动，了解产业发展、行业需求和职业岗位变化，不断跟进技术进步和工艺更新；优化知识结构和能力结构，提高文化素养和职业素养；具有终身学习与持续发展的意识和能力，做终身学习的典范。

二、基本内容

维度	领域	基本要求
专业理念与师德	（一）职业理解与认识	1. 贯彻党和国家教育方针政策，遵守教育法律法规。 2. 理解职业教育工作的意义，把立德树人作为职业教育的根本任务。 3. 认同中等职业学校教师的专业性和独特性，注重自身专业发展。 4. 注重团队合作，积极开展协作与交流
	（二）对学生的态度与行为	5. 关爱学生，重视学生身心健康发展，保护学生人身与生命安全。 6. 尊重学生，维护学生合法权益，平等对待每一个学生，采用正确的方式方法引导和教育学生。 7. 信任学生，积极创造条件，促进学生的自主发展
	（三）教育教学态度与行为	8. 树立育人为本、德育为先、能力为重的理念，将学生的知识学习、技能训练与品德养成相结合，重视学生的全面发展。 9. 遵循职业教育规律、技术技能人才成长规律和学生身心发展规律，促进学生职业能力的形成。 10. 营造勇于探索、积极实践、敢于创新的氛围，培养学生的动手能力、人文素养、规范意识和创新意识。 11. 引导学生自主学习、自强自立，养成良好的学习习惯和职业习惯
	（四）个人修养与行为	12. 富有爱心、责任心，具有让每一个学生都能成为有用之才的坚定信念。 13. 坚持实践导向，身体力行，做中教，做中学。 14. 善于自我调节，保持平和心态。 15. 乐观向上、细心耐心，有亲和力。 16. 衣着整洁得体，语言规范健康，举止文明礼貌
专业知识	（五）教育知识	17. 熟悉技术技能人才成长规律，掌握学生身心发展规律与特点。 18. 了解学生思想品德和职业道德形成的过程及其教育方法。 19. 了解学生不同教育阶段以及从学校到工作岗位过渡阶段的心理特点和学习特点，并掌握相关教育方法。 20. 了解学生集体活动特点和组织管理方式
	（六）职业背景知识	21. 了解所在区域经济发展情况、相关行业现状趋势与人才需求、世界技术技能前沿水平等基本情况。 22. 了解所教专业与相关职业的关系。 23. 掌握所教专业涉及的职业资格及其标准。 24. 了解学校毕业生对口单位的用人标准、岗位职责等情况。 25. 掌握所教专业的知识体系和基本规律
	（七）课程教学知识	26. 熟悉所教课程在专业人才培养中的地位和作用。 27. 掌握所教课程的理论体系、实践体系及课程标准。 28. 掌握学生专业学习认知特点和技术技能形成的过程及特点。 29. 掌握所教课程的教学方法与策略
	（八）通识性知识	30. 具有相应的自然科学和人文社会科学知识。 31. 了解中国经济、社会及教育发展的基本情况。 32. 具有一定的艺术欣赏与表现知识。 33. 具有适应教育现代化的信息技术知识

续表

维度	领域	基本要求
专业能力	（九）教学设计	34. 根据培养目标设计教学目标和教学计划。 35. 基于职业岗位工作过程设计教学过程和教学情境。 36. 引导和帮助学生设计个性化的学习计划。 37. 参与校本课程开发
	（十）教学实施	38. 营造良好的学习环境与氛围，培养学生的职业兴趣、学习兴趣和自信心。 39. 运用讲练结合、工学结合等多种理论与实践相结合的方式方法，有效实施教学。 40. 指导学生主动学习和技术技能训练，有效调控教学过程。 41. 应用现代教育技术手段实施教学
	（十一）实训实习组织	42. 掌握组织学生进行校内外实训实习的方法，安排好实训实习计划，保证实训实习效果。 43. 具有与实训实习单位沟通合作的能力，全程参与实训实习。 44. 熟悉有关法律和规章制度，保护学生的人身安全，维护学生的合法权益
	（十二）班级管理与教育活动	45. 结合课程教学并根据学生思想品德和职业道德形成的特点开展育人和德育活动。 46. 发挥共青团和各类学生组织自我教育、管理与服务作用，开展有益于学生身心健康的教育活动。 47. 为学生提供必要的职业生涯规划、就业创业指导。 48. 为学生提供学习和生活方面的心理疏导。 49. 妥善应对突发事件
	（十三）教育教学评价	50. 运用多元评价方法，结合技术技能人才培养规律，多视角、全过程评价学生发展。 51. 引导学生进行自我评价和相互评价。 52. 开展自我评价、相互评价与学生对教师评价，及时调整和改进教育教学工作
	（十四）沟通与合作	53. 了解学生，平等地与学生进行沟通交流，建立良好的师生关系。 54. 与同事合作交流，分享经验和资源，共同发展。 55. 与家长进行沟通合作，共同促进学生发展。 56. 配合和推动学校与企业、社区建立合作互助的关系，促进校企合作，提供社会服务
	（十五）教学研究与专业发展	57. 主动收集分析毕业生就业信息和行业企业用人需求等相关信息，不断反思和改进教育教学工作。 58. 针对教育教学工作中的现实需要与问题，进行探索和研究。 59. 参加校本教学研究和教学改革。 60. 结合行业企业需求和专业发展需要，制定个人专业发展规划，通过参加专业培训和企业实践等多种途径，不断提高自身专业素质

三、实施要求

（一）各级教育行政部门要将《专业标准》作为中等职业学校教师队伍建设的基本依据。根据中等职业学校教育改革发展的需要，充分发挥《专业标准》的引领和导向作用，深化教师教育改革，建立教师教育质量保障体系，不断提高教师培养培训质量。制定中等职业学校教师准入标准，严把教师入口关；制定中等职业学校教师聘任（聘用）、考核、退出等管理制度，保障教师合法权益，形成科学有效的中等职业学校教师队伍管理和督导机制。

（二）开展中等职业学校教师教育的院校要将《专业标准》作为教师培养培训的主要依据。重视中等职业学校教师职业特点，加强专业建设，深化校企合作；完善教师培养培训方案，科学设置教师教育课程，改革教育教学方式；重视教师职业道德教育，重视职业实践、社会实践和教育实习；加强从事中等职业学校教师教育的师资队伍建设，建立科学的质量评价制度。

（三）中等职业学校要将《专业标准》作为教师管理的重要依据。制定中等职业学校教师专业发展规划，注重教师职业理想与职业道德教育，增强教师育人的责任感与使命感；开展校本研修，促进教师专业发展；完善教师岗位职责和考核评价制度，健全中等职业学校教师绩效管理机制。

（四）中等职业学校教师要将《专业标准》作为自身专业发展的基本依据。制定个人专业发展规划，爱岗敬业，增强专业发展自觉性；大胆开展教育教学改革，不断创新；积极进行自我评价，主动参加教师培训和自主研修，逐步提升专业发展水平。

附录6　教育部等七部门关于印发《职业学校教师企业实践规定》的通知

教师〔2016〕3号

各省（自治区、直辖市）教育厅（教委）、国资委、发展改革委、工业和信息化主管部门、财政厅（局）、人力资源社会保障厅（局）、税务局，新疆生产建设兵团教育局、国资委、发展改革委、工信委、财务局、人力资源社会保障局：

为贯彻落实全国职业教育工作会议精神以及《国务院关于加快发展现代职业教育的决定》（国发〔2014〕19号）要求，进一步加强职业学校“双师型”教师队伍建设，促进职业学校教师专业发展，提升教师实践教学水平，特制定《职业学校教师企业实践规定》。现印发给你们，请遵照执行。

执行中如遇问题，请及时反馈。

教育部　国务院国有资产监督管理委员会
国家发展和改革委员会　工业和信息化部 财政部
人力资源和社会保障部　国家税务总局
2016年5月11日

职业学校教师企业实践规定

第一章　总　则

第一条　为建设高水平职业教育教师队伍，根据《中华人民共和国职业教育法》《中华人民共和国教师法》《国家中长期教育改革和发展规划纲要(2010—2020 年)》《国务院关于加快发展现代职业教育的决定》，制定本规定。

第二条　组织教师企业实践，是加强职业学校“双师型”教师队伍建设，实行工学结合、校企合作人才培养模式，提高职业教育质量的重要举措。企业依法应当接纳职业学校教师进行实践。地方各级人民政府及有关部门、行业组织、职业学校和企业要高度重视，采取切实有效措施，完善相关支持政策，有效推进教师企业实践工作。

第三条　定期到企业实践，是促进职业学校教师专业发展、提升教师实践教学能力的重要形式和有效举措。职业学校应当保障教师定期参加企业实践的权利。各级教育行政部门和职业学校要制定具体办法，不断完善教师定期到企业实践制度。

第二章　内容和形式

第四条　职业学校专业课教师(含实习指导教师)要根据专业特点每 5 年必须累计不少于 6 个月到企业或生产服务一线实践，没有企业工作经历的新任教师应先实践再上岗。公共基础课教师也应定期到企业进行考察、调研和学习。

第五条　教师企业实践的主要内容，包括了解企业的生产组织方式、工艺流程、产业发展趋势等基本情况，熟悉企业相关岗位职责、操作规范、技能要求、用人标准、管理制度、企业文化等，学习所教专业在生产实践中应用的新知识、新技术、新工艺、新材料、新设备、新标准等。

第六条　教师企业实践的形式，包括到企业考察观摩、接受企业组织的技能培训、在企业的生产和管理岗位兼职或任职、参与企业产品研发和技术创新等。鼓励探索教师企业实践的多种实现形式。

第七条　教师企业实践要有针对性和实效性。职业学校要会同企业结合教师专业水平制定企业实践方案，根据教师教学实践和教研科研需要，确定教师企业实践的重点内容，解决教学和科研中的实际问题。要将组织教师企业实践与学生实习有机结合、有效对接，安排教师有计划、有针对性地进行企业实践，同时协助企业管理、指导学生实习。企业实践结束后，要及时总结，把企业实践收获转化为教学资源，推动教育教学改革与产业转型升级衔接配套。

第三章　组织与管理

第八条　各地要将教师企业实践工作列为职业教育工作部门联席会议的重要内容，组织教育、发展改革、工业和信息化、财政、人力资源社会保障等相关部门定期研究，将教师企业实践纳入教师培训规划，加强与行业主管部门和行业组织的沟通与协调，建立健全教师企业实践的激励机制和保障体系，统筹管理和组织实施教师企业实践工作。

第九条　省级教育行政部门负责制定本省(区、市)教师企业实践工作总体规划和管理办法，依托现有资源建立信息化管理平台，制定教师企业实践基地遴选条件及淘汰机制，确定教师企业实践时间折算为教师培训学时(学分)的具体标准，对各地(市)教师企业实践工作进行指导、监督和评估，会同人力资源社会保障、财政、发展改革等相关部门研究制定支持教师企业实践的政策措施。

第十条　地(市)级教育行政部门负责制定本地区教师企业实践实施细则和鼓励支持政策，建立区域内行业组织、企业与职业学校的沟通、磋商、联动机制，管理和组织实施教师企业实践工作。

第十一条　各行业主管部门和行业组织应积极引导支持行业内企业开展教师企业实践活动，配合教育行政部门、人力资源社会保障行政部门落实教师企业实践基地，对行业内企业承担教师企业实践任务进行协调、指导与监督。

第十二条　企业应根据自身实际情况发挥接收教师企业实践的主体作用，积极承担教师企业实践任务。承担教师企业实践任务的企业，将其列入企业人力资源部门工作职责，完善教师企业实践工作管理制度和保障机制，并与教育、人力资源社会保障部门联合制定教师企业实践计划，按照“对口”原则提供技术性岗位(工种)，解决教师企业实践必需的办公、生活条件，明确管理责任人和指导人员(师傅)，实施过程管理和绩效评估。

第十三条　职业学校要做好本校教师企业实践规划、实施计划、组织管理、考核评价等工作。除组织教师参加教育行政部门统一安排的教师企业实践外，职业学校还应自主组织教师定期到企业实践。

第十四条　教师参加企业实践，要充分发挥自身优势，积极承担企业职工教育与培训、产品研发、技术改造与推广等工作，严格遵守相关法律法规及企业生产、管理、安全、保密、知识产权及专利保护等各方面规定，必要时双方应签订相关协议。

第四章　保障措施

第十五条　建立政府、学校、企业和社会力量各方多渠道筹措经费机制，推动职业学校教师企业实践工作。鼓励引导社会各方通过设立专项基金、捐资赞助等方式支持教师企业实践。

第十六条　教师企业实践所需的设施、设备、工具和劳保用品等，由接收企业按在岗职工岗位标准配置。企业因接收教师实践所实际发生的有关合理支出，按现行税收法律规定在计算应纳税所得额时扣除。

第十七条　鼓励支持具有行业代表性的规模以上企业在接收教师企业实践方面发挥示范作用。

第十八条　国家和省级教育行政部门应会同行业主管部门依托现有资源，遴选一批共享开放的示范性教师企业实践基地，引导职业学校整合校内外企业资源建设具备生产能力的校级教师企业实践基地，逐步建立和完善教师企业实践体系。

第十九条　经学校批准到企业实践的教师，实践期间享受学校在岗人员同等的工资福利待遇，培训费、差旅费及相关费用按各地有关规定支付。教师参加企业实践应根据实际需要办理意外伤害保险。

第五章　考核与奖惩

第二十条　各地要将教师企业实践工作情况纳入对办学主管部门和职业学校的督导考核内容，对于工作成绩突出的基层部门、学校按照国家有关规定给予表彰，并予以鼓励宣传。

第二十一条　省级教育行政部门应会同有关行政部门和行业组织定期对所辖企业的教师企业实践工作进行监督、指导、考核，对工作成绩突出的企业、个人按照国家有关规定予以表彰奖励。采取有效措施，鼓励支持有条件的企业常设一批教师企业实践岗位。

第二十二条　地方各级教育行政部门要会同人力资源社会保障行政部门建立教师企业实践考核和成绩登记制度，把教师企业实践学时(学分)纳入教师考核内容。引导支持有条件的企业对参加实践的教师进行职业技能鉴定，取得相应职业资格证书。

第二十三条　职业学校要会同企业对教师企业实践情况进行考核，对取得突出成绩、重大成果的教师给予表彰奖励。

第二十四条　教师无正当理由拒不参加企业实践或参加企业实践期间违反有关纪律规定的，所在学校应督促其改正，并视情节给予批评教育；有违法行为的，按照有关规定处理。

第六章　附　则

第二十五条　本规定所称职业学校教师指中等职业学校和高等职业学校教师。技工院校教师企业实践有关工作由各级人力资源社会保障行政部门负责。

第二十六条　本规定所称企业指在各级工商行政管理部门登记注册的各类企业。教师到机关、事业单位、社会团体和组织、境外企业等其他单位或机构实践，参照本规定执行。

第二十七条　本规定由教育部等部门根据职责分工，对本部门职责范围内事项负责解释。

第二十八条　本规定自公布之日起施行。

附录 7　教育部等五部门关于印发《教师教育振兴行动计划（2018—2022 年）》的通知

教师〔2018〕2 号

各省、自治区、直辖市教育厅(教委)、发展改革委、财政厅(局)、人力资源和社会保障厅(局)、编办，新疆生产建设兵团教育局、发展改革委、财政局、人事局、劳动和社会保障局、编办：

现将《教师教育振兴行动计划(2018—2022 年)》印发给你们，请结合实际认真贯彻执行。

教育部　国家发展改革委
财政部　人力资源社会保障部　中央编办
2018 年 2 月 11 日

教师教育振兴行动计划
(2018—2022 年)

教师教育是教育事业的工作母机，是提升教育质量的动力源泉。为深入认真贯彻习近平新时代中国特色社会主义思想和党的十九大精神，根据《中共中央 国务院关于全面深化新时代教师队伍建设改革的意见》(中发〔2018〕4 号)的决策部署，按照国民经济和社会发展第十三个五年规划纲要及国家教育事业发展“十三五”规划工作要求，采取切实措施建强做优教师教育，推动教师教育改革发展，全面提升教师素质能力，努力建设一支高素质专业化创新型教师队伍，特制定教师教育振兴行动计划。

一、指导思想

以习近平新时代中国特色社会主义思想为指导，全面学习贯彻党的十九大精神，紧紧围绕统筹推进“五位一体”总体布局和协调推进“四个全面”战略布局，坚持和加强党的全面领导，坚持以人民为中心的发展思想，坚持全面深化改革，牢固树立新发展理念，全面贯彻党的教育方针，坚持社会主义办学方向，落实立德树人根本任务，主动适应教育现代化对教师队伍的新要求，遵循教育规律和教师成长发展规律，着眼长远，立足当前，以提升教师教育质量为核心，以加强教师教育体系建设为支撑，以教师教育供给侧结构性改革为动力，推进教师教育创新、协调、绿色、开放、共享发展，从源头上加强教师队伍建设，着力培养造就党和人民满意的师德高尚、业务精湛、结构合理、充满活力的教师队伍。

二、目标任务

经过 5 年左右努力，办好一批高水平、有特色的教师教育院校和师范类专业，教师培养培训体系基本健全，为我国教师教育的长期可持续发展奠定坚实基础。师德教育显著加强，教师培养培训的内容方式不断优化，教师综合素质、专业化水平和创新能力显著提升，为发展更高质量更加公平的教育提供强有力的师资保障和人才支撑。

——落实师德教育新要求，增强师德教育实效性。将学习贯彻习近平总书记对教师的殷切希望和要求作为教师师德教育的首要任务和重点内容。加强师德养成教育，用“四有好老师”标准、“四个引路人”、“四个相统一”和“四个服务”等要求，统领教师成长发展，细化落实到教师教育课程，引导教师以德立身、以德立学、以德施教、以德育德。

——提升培养规格层次，夯实国民教育保障基础。全面提高师范生的综合素养与能力水平。根据各地实际，为义务教育学校培养更多接受过高质量教师教育的素质全面、业务见长的本科层次教师，为普通高中培养更多专业突出、底蕴深厚的研究生层次教师，为中等职业学校(含技工学校，下同)大幅增加培养具有精湛实践技能的“双师型”专业课教师，为幼儿园培养一大批关爱幼儿、擅长保教的学前教育专业专科以上学历教师，教师培养规格层次满足保障国民教育和创新人才培养的需要。

——改善教师资源供给，促进教育公平发展。加强中西部地区和乡村学校教师培养，重点为边远、贫困、民族地区教育精准扶贫提供师资保障。支持中西部地区提升师范专业办学能力。推进本土化培养，面向师资补充困难地区逐步扩大乡村教师公费定向培养规模，为乡村学校培养“下得去、留得住、教得好、有发展”的合格教师。建立健全乡村教师成长发展的支持服务体系，高质量开展乡村教师全员培训，培训的针对性和实效性不断提高。

——创新教师教育模式，培养未来卓越教师。吸引优秀人才从教，师范生生源质量显著提高，用优秀的人去培养更优秀的人。注重协同育人，注重教学基本功训练和实践教学，注重课程内容不断更新，注重信息技术应用能力，教师教育新形态基本形成。师范生与在职教师的社会责任感、创新精神和实践能力不断增强。

——发挥师范院校主体作用，加强教师教育体系建设。加大对师范院校的支持力度，不断优化教师教育布局结构，基本形成以国家教师教育基地为引领、师范院校为主体、高水平综合大学参与、教师发展机构为纽带、优质中小学为实践基地的开放、协同、联动的现代教师教育体系。

三、主要措施

(一)师德养成教育全面推进行动。研制出台在教师培养培训中加强师德教育的文件和师德修养教师培训课程指导标准。将师德教育贯穿教师教育全过程，作为师范生培养和教师培训课程的必修模块。培育和践行社会主义核心价值观，引导教师全面落实到教育教学实践中。制定教师法治培训大纲，开展法治教育，提升教师法治素养和依法执教能力。在师范生和在职教师中广泛开展中华优秀传统文化教育，注重通过中华优秀传统文化涵养师德，通过经典诵读、开设专门课程、组织专题培训等形式，汲取文化精髓，传承中华师道。将教书育人楷模、一线优秀教师校长请进课堂，采取组织公益支教、志愿服务等方式，着力培育师范生的教师职业认同和社会责任感。借助新闻媒体平台，组织开展师范生“师德第一课”系列活动。每年利用教师节后一周时间开展“师德活动周”活动。发掘师德先进典型，弘扬当代教师风采，大力宣传阳光美丽、爱岗敬业、默默奉献的新时代优秀教师形象。

(二)教师培养层次提升行动。引导支持办好师范类本科专业，加大义务教育阶段学校本科层次教师培养力度。按照有关程序办法，增加一批教育硕士专业学位授权点。引导鼓励有关高校扩大教育硕士招生规模，对教师教育院校研究生推免指标予以统筹支持。支持探索普通高中、中等职业学校教师本科和教育硕士研究生阶段整体设计、分段考核、有机衔接的培养模式。适当增加教育博士专业学位授权点，引导鼓励有关高校扩大教育博士招生规模，面向基础教育、职业教育教师校长，完善教育博士选拔培养方案。办好一批幼儿师范高等专科学校和若干所幼儿师范学院。各地根据学前教育发展的实际需求，扩大专科以上层次幼儿园教师培养规模。支持师范院校扩大特殊教育专业招生规模，加大特殊教育领域教育硕士培养力度。

(三)乡村教师素质提高行动。各地要以集中连片特困地区县和国家级贫困县为重点，通过公费定向培养、到岗退费等多种方式，为乡村小学培养补充全科教师，为乡村初中培养补充"一专多能"教师，优先满足老少边穷岛等边远贫困地区教师补充需要。加大紧缺薄弱学科教师和民族地区双语教师培养力度。加强县区乡村教师专业发展支持服务体系建设，强化县级教师发展机构在培训乡村教师方面的作用。培训内容针对教育教学实际需要，注重新课标新教材和教育观念、教学方法培训，赋予乡村教师更多选择权，提升乡村教师培训实效。推进乡村教师到城镇学校跟岗学习，鼓励引导师范生到乡村学校进行教育实践。"国培计划"集中支持中西部乡村教师校长培训。

(四)师范生生源质量改善行动。依法保障和提高教师的地位待遇，通过多种方式吸引优质生源报考师范专业。改进完善教育部直属师范大学师范生免费教育政策，将"免费师范生"改称为"公费师范生"，履约任教服务期调整为6年。推进地方积极开展师范生公费教育工作。积极推行初中毕业起点五年制专科层次幼儿园教师培养。部分办学条件好、教学质量高的高校师范专业实行提前批次录取。加大入校后二次选拔力度，鼓励设立面试考核环节，考察学生的综合素养和从教潜质，招收乐教适教善教的优秀学生就读师范专业。鼓励高水平综合性大学成立教师教育学院，设立师范类专业，招收学科知识扎实、专业能力突出、具有教育情怀的学生，重点培养教育硕士，适度培养教育博士。建立健全符合教育行业特点的教师招聘办法，畅通优秀师范毕业生就业渠道。

(五)"互联网+教师教育"创新行动。充分利用云计算、大数据、虚拟现实、人工智能等新技术，推进教师教育信息化教学服务平台建设和应用，推动以自主、合作、探究为主要特征的教学方式变革。启动实施教师教育在线开放课程建设计划，遴选认定200门教师教育国家精品在线开放课程，推动在线开放课程广泛应用共享。实施新一周期中小学教师信息技术应用能力提升工程，引领带动中小学教师校长将现代信息技术有效运用于教育教学和学校管理。研究制定师范生信息技术应用能力标准，提高师范生信息素养和信息化教学能力。依托全国教师管理信息系统，加强在职教师培训信息化管理，建设教师专业发展"学分银行"。

(六)教师教育改革实验区建设行动。支持建设一批由地方政府统筹，教育、发展改革、财政、人力资源社会保障、编制等部门密切配合，高校与中小学协同开展教师培养培训、职前与职后相互衔接的教师教育改革实验区，带动区域教师教育综合改革，全面提升教师培养培训质量。深入实施"卓越教师培养计划"，建设一流师范院校和一流师范专业，分类推进教师培养模式改革。推动实践导向的教师教育课程内容改革和以师范生为中心的教学方法变革。发挥“国培计划”示范引领作用，加强教师培训需求诊断，优化培训内容，推动信息技术与教师培训的有机融合，实行线上线下相结合的混合式培训。实施新一周期职业院校教师素质提高计划，引领带动高层次“双师型”教师队伍建设。实施中小学名师名校长领航工程，培养造就一批具有较大社会影响力、能够在基础教育领域发挥示范引领作用的领军人才。加强教育行政部门对新教师入职教育的统筹规划，推行集中培训和跟岗实践相结合的新教师入职教育模式。

（七）高水平教师教育基地建设行动。综合考虑区域布局、层次结构、师范生招生规模、校内教师教育资源整合、办学水平等因素，重点建设一批师范教育基地，发挥高水平、有特色教师教育院校的示范引领作用。加强教师教育院校师范生教育教学技能实训平台建设。国家和地方有关重大项目充分考虑教师教育院校特色，在规划建设方面予以倾斜。推动高校有效整合校内资源，鼓励有条件的高校依托现有资源组建实体化的教师教育学院。制定县级教师发展中心建设标准。以优质市县教师发展机构为引领，推动整合教师培训机构、教研室、教科所（室）、电教馆的职能和资源，按照精简、统一、效能原则建设研训一体的市县教师发展机构，更好地为区域教师专业发展服务。高校与地方教育行政部门依托优质中小学，开展师范生见习实习、教师跟岗培训和教研教改工作。

（八）教师教育师资队伍优化行动。国家和省级教育行政部门加大对教师教育师资国内外访学支持力度。引导支持高校加大学科课程与教学论博士生培养力度。高校对教师教育师资的工作量计算、业绩考核等评价与管理，应充分体现教师教育工作特点。在岗位聘用、绩效工资分配等方面，对学科课程与教学论教师实行倾斜政策。推进职业学校、高等学校与大中型企业共建共享师资，允许职业学校、高等学校依法依规自主聘请兼职教师，支持有条件的地方探索产业导师特设岗位计划。推进高校与中小学教师、企业人员双向交流。高校与中小学、高校与企业采取双向挂职、兼职等方式，建立教师教育师资共同体。实施骨干培训者队伍建设工程，开展万名专兼职教师培训者培训能力提升专项培训。组建中小学名师工作室、特级教师流动站、企业导师人才库，充分发挥教研员、学科带头人、特级教师、高技能人才在师范生培养和在职教师常态化研修中的重要作用。

（九）教师教育学科专业建设行动。建立健全教师教育本专科和研究生培养的学科专业体系。鼓励支持有条件的高校自主设置“教师教育学”二级学科，国家定期公布高校在教育学一级学科设立“教师教育学”二级学科情况，加强教师教育的学术研究和人才培养。明确教育实践的目标任务，构建全方位教育实践内容体系，与基础教育、职业教育课程教学改革相衔接，强化“三字一话”等师范生教学基本功训练。修订《教师教育课程标准》，组织编写或精选推荐一批主干课教材和精品课程资源。发布《中小学幼儿园教师培训课程指导标准》。开发中等职业学校教师教育课程和特殊教育课程资源。鼓励高校针对有从教意愿的非师范类专业学生开设教师教育课程，协助参加必要的教育实践。建设公益性教师教育在线学习中心，提供教师教育核心课程资源，供非师范类专业学生及社会人士修习。

（十）教师教育质量保障体系构建行动。建设全国教师教育基本状态数据库，建立教师培养培训质量监测机制，发布《中国教师教育质量年度报告》。出台《普通高等学校师范类专业认证标准》，启动开展师范类专业认证，将认证结果作为师范类专业准入、质量评价和教师资格认定的重要依据，并向社会公布。建立高校教师教育质量自我评估制度。建立健全教育专业学位认证评估制度和动态调整机制，推动完善教育硕士培养方案，聚焦中小学教师培养，逐步实现教育硕士培养与教师资格认定相衔接。建立健全教师培训质量评估制度。高校教学、学科评估要考虑教师教育院校的实际，将教师培养培训工作纳入评估体系，体现激励导向。

四、组织实施

(一)明确责任主体。要加强组织领导，把振兴教师教育作为全面深化新时代教师队伍建设改革的重大举措，列入重要议事日程，切实将计划落到实处。教育行政部门要加强对教师教育工作的统筹管理和指导，发展改革、财政、人力资源社会保障、编制部门要密切配合、主动履职尽责，共同为教师教育振兴发展营造良好的法治和政策环境。成立国家教师教育咨询专家委员会，为教师教育重大决策提供有力支撑。

(二)加强经费保障。要加大教师教育财政经费投入力度，提升教师教育保障水平。根据教师教育发展以及财力状况，适时提高师范生生均拨款标准。教师培训经费要列入财政预算。幼儿园、中小学和中等职业学校按照年度公用经费预算总额的5%安排教师培训经费。中央财政通过现行政策和资金渠道对教师教育加大支持力度。在相关重大教育发展项目中将教师培养培训作为资金使用的重要方向。积极争取社会支持，建立多元化筹资渠道。

(三)开展督导检查。建立教师教育项目实施情况的跟踪、督导机制。国家有关部门组织开展对教师教育振兴行动计划实施情况的专项督导检查，确保各项政策举措落到实处。按照国家有关规定对先进典型予以表彰奖励，对实施不到位、敷衍塞责的，要追究相关部门负责人的领导责任。

各省、自治区、直辖市要因地制宜提出符合本地实际的实施办法，将本计划的要求落到实处。

附录8　教育部办公厅关于印发《中等职业学校专业设置管理办法（试行）》的通知

教职成厅〔2010〕9号

各省、自治区、直辖市教育厅(教委)，各计划单列市教育局，新疆生产建设兵团教育局：

为贯彻落实《国家中长期教育改革和发展规划纲要(2010—2020年)》，进一步扩大中等职业学校专业设置自主权，规范和完善中等职业学校专业设置管理，引导中等职业学校依法自主设置专业，我部制定了《中等职业学校专业设置管理办法(试行)》，现印发给你们，请认真执行。

附件：1. 中等职业学校专业设置管理办法(试行)

2.《中等职业学校专业目录》外专业报表(略)

教育部办公厅

二○一○年九月十日

中等职业学校专业设置管理办法(试行)

第一章　总　则

第一条　为进一步规范和完善中等职业学校专业设置管理，引导中等职业学校依法自主设置专业，促进人才培养质量和办学水平的提高，根据《中华人民共和国职业教育法》和有关规定，制定本办法。

第二条　中等职业学校专业设置要以科学发展观为指导，坚持以服务为宗旨，以就业为导向，适应经济社会发展、科技进步，特别是经济发展方式转变和产业结构调整升级的需要，适应各地、各行业对生产、服务一线高素质劳动者和技能型人才培养的需要，适应学生职业生涯发展的需要。

第三条　国家鼓励中等职业学校设置符合国家重点产业、新兴产业和区域支柱产业、特色产业的发展需求以及就业前景良好的专业。

第四条　中等职业学校依照相关规定要求，可自主开设、调整和停办专业。

第五条　中等职业学校设置专业应以教育部发布的《中等职业学校专业目录》(以下简称《目录》)为基本依据。

第六条　各地和中等职业学校应做好专业建设规划，优化资源配置和专业结构，根据学校办学条件和区域产业结构情况设置专业，避免专业盲目设置和重复建设。

第七条　国务院教育行政部门负责全国中等职业学校专业设置的宏观指导，制定并定期修订《目录》。

行业主管部门负责本行业领域中等职业学校相关专业设置的指导工作。

第八条　省级教育行政部门负责本行政区域中等职业学校专业设置的统筹管理。

市(地)、县级教育行政部门管理中等职业学校专业设置的职责由各省(区、市)自行确定。

第二章　设置条件

第九条　中等职业学校设置专业须具备以下条件：

(一)依据国家有关文件规定制定的、符合专业培养目标的完整的实施性教学计划和相关教学文件；

(二)开设专业必需的经费和校舍、仪器设备、实习实训场所，以及图书资料、数字化教学资源等基本办学条件；

(三)完成所开设专业教学任务所必需的教师队伍、教学辅助人员和相关行业、企业兼职专业教师；

(四)具有中级以上专业技术职务(职称)、从事该专业教学的专业教师，行业、企业兼职教师应保持相对稳定。

各地应根据区域经济社会发展实际，结合专业特点，进一步明确上述基本条件的相关细化指标，使专业设置条件要求具体化。

第十条　各地教育行政部门在审查、备案新设专业时，应优先考虑有相关专业建设基础的学校；中等职业学校设置专业应注重结合自身的专业优势，重点建设与学校分类属性相一致的专业，以利于办出特色，培育专业品牌。

第三章　设置程序

第十一条　中等职业学校设置专业应遵循以下程序：

(一)开展行业、企业、就业市场调研，做好人才需求分析和预测；

(二)进行专业设置必要性和可行性论证；

(三)根据国家有关文件规定，制定符合专业培养目标的完整的实施性教学计划和相关教学文件；

(四)经相关行业、企业、教学、课程专家论证；

(五)征求相关部门意见，报教育行政部门备案。

第十二条　中等职业学校开设《目录》内专业，须经学校主管部门同意，报省级教育行政部门备案；开设《目录》外专业，须经省级教育行政部门备案后试办，按国家有关规定进行管理。

第十三条　中等职业学校开设医药卫生、公安司法、教育类等国家控制专业，应严格审查其办学资质。开设“保安”、“学前教育”专业以及“农村医学”、“中医”等医学类专业，应当符合相关行业主管部门规定的相关条件，报省级教育行政部门备案后开设。

第十四条　中等职业学校应根据经济社会发展、职业岗位和就业市场需求变化，及时对已开设专业的专业内涵、专业教学内容等进行调整。

中等职业学校根据办学实际停办已开设的专业，报市(地)级教育行政部门备案。

第四章　指导与检查

第十五条　省级教育行政部门对本行政区域内的中等职业学校专业设置实行指导、检查和监督。各地要定期对本地区中等职业学校专业设置管理情况进行检查指导，对试办的《目录》外专业要限期检查评估。新设《目录》外专业，由省级教育行政部门于每年3月报教育部备案。

第十六条　各地要建立由行业、企业、教科研机构和教育行政部门等组成的中等职业学校专业建设指导组织或机构，充分发挥其在中等职业学校专业建设中的作用。

中等职业学校应建立专业设置评议委员会，根据学校专业建设规划，定期对学校专业设置情况进行审议。

第十七条　省级教育行政部门每年要对本行政区域内的中等职业学校专业设置情况进行汇总，并向社会集中公布当年具有招生资格的学校和专业。对专业办学条件不达标、教学管理混乱、教学质量低下、就业率过低的，主管教育行政部门应责令学校限期整改；整改后仍达不到要求的，应暂停该专业招生。

第五章　附　则

第十八条　省级教育行政部门应根据本办法要求，制定本行政区域中等职业学校专业设置管理实施细则，并报教育部备案。

第十九条　本办法适用于实施中等职业学历教育的各类中等职业学校。

第二十条　本办法自发布之日起施行，教育部印发的《关于中等职业学校专业设置管理的原则意见》(教职成〔2000〕8号)同时废止。

附录9　教育部 人力资源社会保障部关于加强中等职业学校班主任工作的意见

教职成〔2010〕14号

各省、自治区、直辖市教育厅(教委)，人力资源社会保障厅(局)，福建省公务员局，各计划单列市教育局、人力资源社会保障(人事、劳动保障)局，新疆生产建设兵团教育局、人事局、劳动保障局：

为深入贯彻《中共中央国务院关于进一步加强和改进未成年人思想道德建设的若干意见》(中发〔2004〕8号)和《国家中长期教育改革和发展规划纲要(2010—2020年)》精神，落实教育部等六部门《关于加强和改进中等职业学校学生思想道德教育的意见》(教职成〔2009〕11号)，现就加强中等职业学校班主任工作提出以下意见。

一、充分认识中等职业学校班主任工作的重要性。中等职业学校班主任是中职学生管理工作的主要实施者，是中职学生思想道德教育的骨干力量，是中职学生健康成长的引领者。中等职业学校班主任工作是重要的育人工作，在学校实施教书育人、管理育人、服务育人，沟通学校、家庭和用人单位等方面发挥着重要的作用。加强中等职业学校班主任工作，对于贯彻落实党的教育方针，提高中职学生管理和德育工作水平，促进中等职业教育科学发展，具有十分重要的意义。

二、进一步明确中等职业学校班主任的工作职责。中等职业学校班主任岗位是重要的专业性岗位，班主任要在学校统一领导下，按照学校相关规章制度和培养目标要求，与任课教师和其他有关人员一道，认真履行以下主要工作职责：

——学生思想工作。深入了解分析学生的思想、心理、学习、生活状况，开展思想道德教育，提升学生思想道德品质。针对学生在成长过程中遇到的实际问题，进行教育、引导和援助，帮助学生提高应对挫折、适应岗位、融入社会的能力。

——班级管理工作。组建班委会，制定班级公约和学生自律规范，维护良好的教育教学秩序和生活秩序。客观、公正地做好学生的综合素质评价工作，对学生进行表扬和批评教育，向学校提出奖惩建议。加强安全教育，维护班级和学生安全。

——组织班级活动。指导班委会、团支部开展工作，引导学生参加有利于健康成长的课外兴趣小组、社团活动、文体活动以及志愿者服务等社会实践活动。根据学校培养目标，针对班级特点，开展形式多样的主题班(团)会活动。

——职业指导工作。教育、引导学生树立正确的职业理想和职业观念，形成良好的职业道德，提升职业素养与职业生涯规划能力。指导学生根据社会需要和自身特点选择职业发展方向，顺利实现就业、创业或升学。

——沟通协调工作。全面及时了解学生在家庭和社区的表现，帮助、引导家长和社区配合学校做好学生的教育和管理工作。根据学校安排，组织学生参加实习实训活动，并在学生顶岗实习期间，与实习单位共同做好学生的教育和管理工作。

三、认真做好中等职业学校班主任的配备和选聘工作。每个班级必须配备一名班主任，学校根据需要可以配备助理班主任。助理班主任协助班主任工作。班主任应从本校在职教师中选聘，助理班主任可从本校党政干部、共青团干部、教学辅助人员、退休教师和学校外聘教师中选聘。校长负责班主任和助理班主任的选聘工作。班主任和助理班主任的聘期由学校确定。

四、严格中等职业学校班主任任职资格和条件。中等职业学校班主任应由取得教师资格、思想道德素质好、业务水平高、身心健康、经过相关培训的教师担任。班主任要忠诚党的教育事业，热爱学生，乐于奉献，掌握教育学、心理学、职业指导等方面的基本知识和方法，熟悉相关法律法规，具有较强的教育教学能力、组织管理能力、人际沟通能力和职业指导能力。助理班主任任职资格和条件由各地参照班主任任职资格和条件作出具体规定。

五、保障中等职业学校班主任待遇。学校在教育管理工作中应充分发挥班主任的骨干作用，注重听取班主任意见，营造以从事班主任工作为荣的氛围。要合理安排班主任的教学任务，保证班主任有更多的时间和精力做好班主任工作。进一步发挥工资分配的激励作用，学校内部绩效工资分配要适当向班主任倾斜。教师高级岗位聘用应向优秀班主任倾斜。

六、加强中等职业学校班主任培训。各级教育、人力资源社会保障行政部门要将班主任培训纳入教师全员培训计划，组织开展国家级、省级、地(市)级、县级班主任培训，努力提高他们的思想水平和业务能力，建设一支高水平的班主任队伍。教育部负责对全国中等职业学校班主任培训工作进行宏观指导，教育部、人力资源社会保障部负责对全国中等职业学校班主任培训工作进行协调和质量监控。学校要制定本校班主任培训计划，积极组织本校班主任参加各层次的培训活动。初次担任班主任的教师必须进行岗前培训，做到先培训后上岗。认真执行职业教育教师到企业实践制度，把班主任到企业实践或考察纳入计划，与专业教师到企业实践有机结合，与学生到企业实习有机结合。班主任培训所需经费在教师培训专项经费中列支。

七、加强中等职业学校班主任表彰奖励工作。各级教育行政部门、人力资源社会保障行政部门和中等职业学校要将班主任的表彰奖励纳入教师、教育工作者的表彰奖励体系，对长期从事班主任工作或在班主任工作岗位上做出突出贡献的教师按照国家有关规定予以奖励。

八、加强中等职业学校班主任管理。学校应完善班主任日常管理制度，建立班主任工作档案和考核机制，定期组织对班主任的考核工作。班主任工作考核结果作为教师聘用(聘任)、奖励、工资发放的重要依据。学校选拔管理干部应优先考虑长期从事班主任工作的优秀班主任。对不能履行班主任职责的，应调整其岗位。

九、加强对中等职业学校班主任工作的领导。各地教育行政部门、人力资源社会保障部门落实有关班主任工作的政策保障措施，履行班主任管理工作职责，定期检查学校班主任管理工作，切实维护班主任的合法权益。学校要建立健全班主任工作管理体制和运行机制，学校领导和有关方面负责人要将班主任工作管理纳入职责范围，定期听取班主任工作汇报，研究班主任工作中遇到的新情况、新问题，及时指导班主任工作。要建立健全校园突发事件应急预案，妥善处理班主任在工作中遇到的困难，支持班主任工作。

十、加强中等职业学校班主任工作的科学研究。教育科研机构和学校要加强班主任工作理论研究，提供经费、条件保障，积极探索班主任工作的规律，创新班主任工作方法，提高班主任工作的实效。

各地、各学校可根据本意见，结合本地实际，积极探索班主任工作的新途径、新方式和新方法，制定加强中等职业学校班主任工作的具体实施意见或细则。

中华人民共和国教育部
中华人民共和国人力资源和社会保障部
二〇一〇年九月二十六日

附录 10　教育部等六部门关于印发《职业学校校企合作促进办法》的通知

教职成〔2018〕1 号

各省、自治区、直辖市教育厅(教委)、发展改革委、工业和信息化厅(经济信息化委)、财政厅(局)、人力资源社会保障厅(局)、国家税务局、地方税务局，新疆生产建设兵团教育局、发展改革委、工信委、财政局、人力资源社会保障局，有关单位：

产教融合、校企合作是职业教育的基本办学模式，是办好职业教育的关键所在。为深入贯彻落实党的十九大精神，落实《国务院关于加快发展现代职业教育的决定》要求，完善职业教育和培训体系，深化产教融合、校企合作，教育部会同国家发展改革委、工业和信息化部、财政部、人力资源社会保障部、国家税务总局制定了《职业学校校企合作促进办法》(以下简称《办法》)。现将《办法》印发给你们，请结合本地区、本部门实际情况贯彻落实。

教育部　国家发展改革委

工业和信息化部　财政部

人力资源社会保障部　国家税务总局

2018 年 2 月 5 日

职业学校校企合作促进办法

第一章　总　则

第一条　为促进、规范、保障职业学校校企合作，发挥企业在实施职业教育中的重要办学主体作用，推动形成产教融合、校企合作、工学结合、知行合一的共同育人机制，建设知识型、技能型、创新型劳动者大军，完善现代职业教育制度，根据《教育法》《劳动法》《职业教育法》等有关法律法规，制定本办法。

第二条　本办法所称校企合作是指职业学校和企业通过共同育人、合作研究、共建机构、共享资源等方式实施的合作活动。

第三条　校企合作实行校企主导、政府推动、行业指导、学校企业双主体实施的合作机制。国务院相关部门和地方各级人民政府应当建立健全校企合作的促进支持政策、服务平台和保障机制。

第四条　开展校企合作应当坚持育人为本，贯彻国家教育方针，致力于培养高素质劳动者和技术技能人才；坚持依法实施，遵守国家法律法规和合作协议，保障合作各方的合法权益；坚持平等自愿，调动校企双方积极性，实现共同发展。

第五条　国务院教育行政部门负责职业学校校企合作工作的综合协调和宏观管理，会同有关部门做好相关工作。

县级以上地方人民政府教育行政部门负责本行政区域内校企合作工作的统筹协调、规划指导、综合管理和服务保障；会同其他有关部门根据本办法以及地方人民政府确定的职责分工，做好本地校企合作有关工作。

行业主管部门和行业组织应当统筹、指导和推动本行业的校企合作。

第二章　合作形式

第六条　职业学校应当根据自身特点和人才培养需要，主动与具备条件的企业开展合作，积极为企业提供所需的课程、师资等资源。

企业应当依法履行实施职业教育的义务，利用资本、技术、知识、设施、设备和管理等要素参与校企合作，促进人力资源开发。

第七条　职业学校和企业可以结合实际在人才培养、技术创新、就业创业、社会服务、文化传承等方面，开展以下合作：

(一)根据就业市场需求，合作设置专业、研发专业标准，开发课程体系、教学标准以及教材、教学辅助产品，开展专业建设；

(二)合作制定人才培养或职工培训方案，实现人员互相兼职，相互为学生实习实训、教师实践、学生就业创业、员工培训、企业技术和产品研发、成果转移转化等提供支持；

(三)根据企业工作岗位需求，开展学徒制合作，联合招收学员，按照工学结合模式，实行校企双主体育人；

(四)以多种形式合作办学，合作创建并共同管理教学和科研机构，建设实习实训基地、技术工艺和产品开发中心及学生创新创业、员工培训、技能鉴定等机构；

(五)合作研发岗位规范、质量标准等；

(六)组织开展技能竞赛、产教融合型企业建设试点、优秀企业文化传承和社会服务等活动；

(七)法律法规未禁止的其他合作方式和内容。

第八条　职业学校应当制定校企合作规划，建立适应开展校企合作的教育教学组织方式和管理制度，明确相关机构和人员，改革教学内容和方式方法、健全质量评价制度，为合作企业的人力资源开发和技术升级提供支持与服务；增强服务企业特别是中小微企业的技术和产品研发的能力。

第九条　职业学校和企业开展合作，应当通过平等协商签订合作协议。合作协议应当明确规定合作的目标任务、内容形式、权利义务等必要事项，并根据合作的内容，合理确定协议履行期限，其中企业接收实习生的，合作期限应当不低于3年。

第十条　鼓励有条件的企业举办或者参与举办职业学校，设置学生实习、学徒培养、教师实践岗位；鼓励规模以上企业在职业学校设置职工培训和继续教育机构。企业职工培训和继续教育的学习成果，可以依照有关规定和办法与职业学校教育实现互认和衔接。

企业开展校企合作的情况应当纳入企业社会责任报告。

第十一条　职业学校主管部门应当会同有关部门、行业组织，鼓励和支持职业学校与相关企业以组建职业教育集团等方式，建立长期、稳定合作关系。

职业教育集团应当以章程或者多方协议等方式，约定集团成员之间合作的方式、内容以及权利义务关系等事项。

第十二条　职业学校和企业应建立校企合作的过程管理和绩效评价制度，定期对合作成效进行总结，共同解决合作中的问题，不断提高合作水平，拓展合作领域。

第三章 促进措施

第十三条 鼓励东部地区的职业学校、企业与中西部地区的职业学校、企业开展跨区校企合作，带动贫困地区、民族地区和革命老区职业教育的发展。

第十四条 地方人民政府有关部门在制定产业发展规划、产业激励政策、脱贫攻坚规划时，应当将促进企业参与校企合作、培养技术技能人才作为重要内容，加强指导、支持和服务。

第十五条 教育、人力资源社会保障部门应当会同有关部门，建立产教融合信息服务平台，指导、协助职业学校与相关企业建立合作关系。

行业主管部门和行业组织应当充分发挥作用，根据行业特点和发展需要，组织和指导企业提出校企合作意向或者规划，参与校企合作绩效评价，并提供相应支持和服务，推进校企合作。

鼓励有关部门、行业、企业共同建设互联互通的校企合作信息化平台，引导各类社会主体参与平台发展、实现信息共享。

第十六条 教育行政部门应当把校企合作作为衡量职业学校办学水平的基本指标，在院校设置、专业审批、招生计划、教学评价、教师配备、项目支持、学校评价、人员考核等方面提出相应要求；对校企合作设置的适应就业市场需求的新专业，应当予以支持；应当鼓励和支持职业学校与企业合作开设专业，制定专业标准、培养方案等。

第十七条 职业学校应当吸纳合作关系紧密、稳定的企业代表加入理事会(董事会)，参与学校重大事项的审议。

职业学校设置专业，制定培养方案、课程标准等，应当充分听取合作企业的意见。

第十八条 鼓励职业学校与企业合作开展学徒制培养。开展学徒制培养的学校，在招生专业、名额等方面应当听取企业意见。有技术技能人才培养能力和需求的企业，可以与职业学校合作设立学徒岗位，联合招收学员，共同确定培养方案，以工学结合方式进行培养。

教育行政部门、人力资源社会保障部门应当在招生计划安排、学籍管理等方面予以倾斜和支持。

第十九条 国家发展改革委、教育部会同人力资源社会保障部、工业和信息化部、财政部等部门建立工作协调机制，鼓励省级人民政府开展产教融合型企业建设试点，对深度参与校企合作，行为规范、成效显著、具有较大影响力的企业，按照国家有关规定予以表彰和相应政策支持。各级工业和信息化行政部门应当把企业参与校企合作的情况，作为服务型制造示范企业及其他有关示范企业评选的重要指标。

第二十条 鼓励各地通过政府和社会资本合作、购买服务等形式支持校企合作。鼓励各地采取竞争性方式选择社会资本，建设或者支持企业、学校建设公共性实习实训、创新创业基地、研发实践课程、教学资源等公共服务项目。按规定落实财税用地等政策，积极支持职业教育发展和企业参与办学。

鼓励金融机构依法依规审慎授信管理，为校企合作提供相关信贷和融资支持。

第二十一条　企业因接收学生实习所实际发生的与取得收入有关的合理支出，以及企业发生的职工教育经费支出，依法在计算应纳税所得额时扣除。

第二十二条　县级以上地方人民政府对校企合作成效显著的企业，可以按规定给予相应的优惠政策；应当鼓励职业学校通过场地、设备租赁等方式与企业共建生产型实训基地，并按规定给予相应的政策优惠。

第二十三条　各级人民政府教育、人力资源社会保障等部门应当采取措施，促进职业学校与企业人才的合理流动、有效配置。

职业学校可在教职工总额中安排一定比例或者通过流动岗位等形式，用于面向社会和企业聘用经营管理人员、专业技术人员、高技能人才等担任兼职教师。

第二十四条　开展校企合作企业中的经营管理人员、专业技术人员、高技能人才，具备职业学校相应岗位任职条件，经过职业学校认定和聘任，可担任专兼职教师，并享受相关待遇。上述企业人员在校企合作中取得的教育教学成果，可视同相应的技术或科研成果，按规定予以奖励。

职业学校应当将参与校企合作作为教师业绩考核的内容，具有相关企业或生产经营管理一线工作经历的专业教师在评聘和晋升职务(职称)、评优表彰等方面，同等条件下优先对待。

第二十五条　经所在学校或企业同意，职业学校教师和管理人员、企业经营管理和技术人员根据合作协议，分别到企业、职业学校兼职的，可根据有关规定和双方约定确定薪酬。

职业学校及教师、学生拥有知识产权的技术开发、产品设计等成果，可依法依规在企业作价入股。职业学校和企业对合作开发的专利及产品，根据双方协议，享有使用、处置和收益管理的自主权。

第二十六条　职业学校与企业就学生参加跟岗实习、顶岗实习和学徒培养达成合作协议的，应当签订学校、企业、学生三方协议，并明确学校与企业在保障学生合法权益方面的责任。

企业应当依法依规保障顶岗实习学生或者学徒的基本劳动权益，并按照有关规定及时足额支付报酬。任何单位和个人不得克扣。

第二十七条　推动建立学生实习强制保险制度。职业学校和实习单位应根据有关规定，为实习学生投保实习责任保险。职业学校、企业应当在协议中约定为实习学生投保实习责任保险的义务与责任，健全学生权益保障和风险分担机制。

第四章　监督检查

第二十八条　各级人民政府教育督导委员会负责对职业学校、政府落实校企合作职责的情况进行专项督导，定期发布督导报告。

第二十九条　各级教育、人力资源社会保障部门应当将校企合作情况作为职业学校办学业绩和水平评价、工作目标考核的重要内容。

各级人民政府教育行政部门会同相关部门以及行业组织，加强对企业开展校企合作的监督、指导，推广效益明显的模式和做法，推进企业诚信体系建设，做好管理和服务。

第三十条　职业学校、企业在合作过程中不得损害学生、教师、企业员工等的合法权益；违反相关法律法规规定的，由相关主管部门责令整改，并依法追究相关单位和人员责任。

第三十一条　职业学校、企业骗取和套取政府资金的，有关主管部门应当责令限期退还，并依法依规追究单位及其主要负责人、直接负责人的责任；构成犯罪的，依法追究刑事责任。

第五章　附　则

第三十二条　本办法所称的职业学校，是指依法设立的中等职业学校(包括普通中等专业学校、成人中等专业学校、职业高中学校、技工学校)和高等职业学校。

本办法所称的企业，指在各级工商行政管理部门登记注册的各类企业。

第三十三条　其他层次类型的高等学校开展校企合作，职业学校与机关、事业单位、社会团体等机构开展合作，可参照本办法执行。

第三十四条　本办法自 2018 年 3 月 1 日起施行。

附录 11　教育部等五部门关于印发《职业学校学生实习管理规定》的通知

教职成〔2016〕3 号

各省、自治区、直辖市教育厅(教委)、发展改革委、工业和信息化厅(经济信息化委)、财政厅(局)、人力资源社会保障厅(局)、国家税务局、地方税务局，新疆生产建设兵团教育局、发展改革委、工信委、财政局、人力资源社会保障局，有关单位：

产教融合、校企合作是职业教育的基本办学模式，是办好职业教育的关键所在。为深入贯彻落实党的十九大精神，落实《国务院关于加快发展现代职业教育的决定》要求，完善职业教育和培训体系，深化产教融合、校企合作，教育部会同国家发展改革委、工业和信息化部、财政部、人力资源社会保障部、国家税务总局制定了《职业学校校企合作促进办法》(以下简称《办法》)。现将《办法》印发给你们，请结合本地区、本部门实际情况贯彻落实。

教育部　国家发展改革委

工业和信息化部　财政部

人力资源社会保障部 国家税务总局
2018 年 2 月 5 日

职业学校校企合作促进办法

第一章 总 则

第一条 为促进、规范、保障职业学校校企合作，发挥企业在实施职业教育中的重要办学主体作用，推动形成产教融合、校企合作、工学结合、知行合一的共同育人机制，建设知识型、技能型、创新型劳动者大军，完善现代职业教育制度，根据《中华人民共和国教育法》《中华人民共和国劳动法》《中华人民共和国职业教育法》等有关法律法规，制定本办法。

第二条 本办法所称校企合作是指职业学校和企业通过共同育人、合作研究、共建机构、共享资源等方式实施的合作活动。

第三条 校企合作实行校企主导、政府推动、行业指导、学校企业双主体实施的合作机制。国务院相关部门和地方各级人民政府应当建立健全校企合作的促进支持政策、服务平台和保障机制。

第四条 开展校企合作应当坚持育人为本，贯彻国家教育方针，致力于培养高素质劳动者和技术技能人才；坚持依法实施，遵守国家法律法规和合作协议，保障合作各方的合法权益；坚持平等自愿，调动校企双方积极性，实现共同发展。

第五条 国务院教育行政部门负责职业学校校企合作工作的综合协调和宏观管理，会同有关部门做好相关工作。

县级以上地方人民政府教育行政部门负责本行政区域内校企合作工作的统筹协调、规划指导、综合管理和服务保障；会同其他有关部门根据本办法以及地方人民政府确定的职责分工，做好本地校企合作有关工作。

行业主管部门和行业组织应当统筹、指导和推动本行业的校企合作。

第二章 合作形式

第六条 职业学校应当根据自身特点和人才培养需要，主动与具备条件的企业开展合作，积极为企业提供所需的课程、师资等资源。

企业应当依法履行实施职业教育的义务，利用资本、技术、知识、设施、设备和管理等要素参与校企合作，促进人力资源开发。

第七条 职业学校和企业可以结合实际在人才培养、技术创新、就业创业、社会服务、文化传承等方面，开展以下合作：

（一）根据就业市场需求，合作设置专业、研发专业标准，开发课程体系、教学标准以及教材、教学辅助产品，开展专业建设；

（二）合作制定人才培养或职工培训方案，实现人员互相兼职，相互为学生实习实训、教师实践、学生就业创业、员工培训、企业技术和产品研发、成果转移转化等提供支持；

（三）根据企业工作岗位需求，开展学徒制合作，联合招收学员，按照工学结合模式，实行校企双主体育人；

（四）以多种形式合作办学，合作创建并共同管理教学和科研机构，建设实习实训基地、技术工艺和产品开发中心及学生创新创业、员工培训、技能鉴定等机构；

（五）合作研发岗位规范、质量标准等；

（六）组织开展技能竞赛、产教融合型企业建设试点、优秀企业文化传承和社会服务等活动；

（七）法律法规未禁止的其他合作方式和内容。

第八条　职业学校应当制定校企合作规划，建立适应开展校企合作的教育教学组织方式和管理制度，明确相关机构和人员，改革教学内容和方式方法、健全质量评价制度，为合作企业的人力资源开发和技术升级提供支持与服务；增强服务企业特别是中小微企业的技术和产品研发的能力。

第九条　职业学校和企业开展合作，应当通过平等协商签订合作协议。合作协议应当明确规定合作的目标任务、内容形式、权利义务等必要事项，并根据合作的内容，合理确定协议履行期限，其中企业接收实习生的，合作期限应当不低于3年。

第十条　鼓励有条件的企业举办或者参与举办职业学校，设置学生实习、学徒培养、教师实践岗位；鼓励规模以上企业在职业学校设置职工培训和继续教育机构。企业职工培训和继续教育的学习成果，可以依照有关规定和办法与职业学校教育实现互认和衔接。

企业开展校企合作的情况应当纳入企业社会责任报告。

第十一条　职业学校主管部门应当会同有关部门、行业组织，鼓励和支持职业学校与相关企业以组建职业教育集团等方式，建立长期、稳定合作关系。

职业教育集团应当以章程或者多方协议等方式，约定集团成员之间合作的方式、内容以及权利义务关系等事项。

第十二条　职业学校和企业应建立校企合作的过程管理和绩效评价制度，定期对合作成效进行总结，共同解决合作中的问题，不断提高合作水平，拓展合作领域。

第三章　促进措施

第十三条　鼓励东部地区的职业学校、企业与中西部地区的职业学校、企业开展跨区校企合作，带动贫困地区、民族地区和革命老区职业教育的发展。

第十四条　地方人民政府有关部门在制定产业发展规划、产业激励政策、脱贫攻坚规划时，应当将促进企业参与校企合作、培养技术技能人才作为重要内容，加强指导、支持和服务。

第十五条　教育、人力资源社会保障部门应当会同有关部门，建立产教融合信息服务平台，指导、协助职业学校与相关企业建立合作关系。

行业主管部门和行业组织应当充分发挥作用，根据行业特点和发展需要，组织和指导企业提出校企合作意向或者规划，参与校企合作绩效评价，并提供相应支持和服务，推进校企合作。

鼓励有关部门、行业、企业共同建设互联互通的校企合作信息化平台，引导各类社会主体参与平台发展、实现信息共享。

第十六条　教育行政部门应当把校企合作作为衡量职业学校办学水平的基本指标，在院校设置、专业审批、招生计划、教学评价、教师配备、项目支持、学校评价、人员考核等方面提出相应要求；对校企合作设置的适应就业市场需求的新专业，应当予以支持；应当鼓励和支持职业学校与企业合作开设专业，制定专业标准、培养方案等。

第十七条　职业学校应当吸纳合作关系紧密、稳定的企业代表加入理事会（董事会），参与学校重大事项的审议。

职业学校设置专业，制定培养方案、课程标准等，应当充分听取合作企业的意见。

第十八条　鼓励职业学校与企业合作开展学徒制培养。开展学徒制培养的学校，在招生专业、名额等方面应当听取企业意见。有技术技能人才培养能力和需求的企业，可以与职业学校合作设立学徒岗位，联合招收学员，共同确定培养方案，以工学结合方式进行培养。

教育行政部门、人力资源社会保障部门应当在招生计划安排、学籍管理等方面予以倾斜和支持。

第十九条　国家发展改革委、教育部会同人力资源社会保障部、工业和信息化部、财政部等部门建立工作协调机制，鼓励省级人民政府开展产教融合型企业建设试点，对深度参与校企合作，行为规范、成效显著、具有较大影响力的企业，按照国家有关规定予以表彰和相应政策支持。各级工业和信息化行政部门应当把企业参与校企合作的情况，作为服务型制造示范企业及其他有关示范企业评选的重要指标。

第二十条　鼓励各地通过政府和社会资本合作、购买服务等形式支持校企合作。鼓励各地采取竞争性方式选择社会资本，建设或者支持企业、学校建设公共性实习实训、创新创业基地、研发实践课程、教学资源等公共服务项目。按规定落实财税用地等政策，积极支持职业教育发展和企业参与办学。

鼓励金融机构依法依规审慎授信管理，为校企合作提供相关信贷和融资支持。

第二十一条　企业因接收学生实习所实际发生的与取得收入有关的合理支出，以及企业发生的职工教育经费支出，依法在计算应纳税所得额时扣除。

第二十二条　县级以上地方人民政府对校企合作成效显著的企业，可以按规定给予相应的优惠政策；应当鼓励职业学校通过场地、设备租赁等方式与企业共建生产型实训基地，并按规定给予相应的政策优惠。

第二十三条　各级人民政府教育、人力资源社会保障等部门应当采取措施，促进职业学校与企业人才的合理流动、有效配置。

职业学校可在教职工总额中安排一定比例或者通过流动岗位等形式，用于面向社会和企业聘用经营管理人员、专业技术人员、高技能人才等担任兼职教师。

第二十四条　开展校企合作企业中的经营管理人员、专业技术人员、高技能人才，具备职业学校相应岗位任职条件，经过职业学校认定和聘任，可担任专兼职教师，并享受相关待遇。上述企业人员在校企合作中取得的教育教学成果，可视同相应的技术或科研成果，按规定予以奖励。

职业学校应当将参与校企合作作为教师业绩考核的内容，具有相关企业或生产经营管理一线工作经历的专业教师在评聘和晋升职务(职称)、评优表彰等方面，同等条件下优先对待。

第二十五条　经所在学校或企业同意，职业学校教师和管理人员、企业经营管理和技术人员根据合作协议，分别到企业、职业学校兼职的，可根据有关规定和双方约定确定薪酬。

职业学校及教师、学生拥有知识产权的技术开发、产品设计等成果，可依法依规在企业作价入股。职业学校和企业对合作开发的专利及产品，根据双方协议，享有使用、处置和收益管理的自主权。

第二十六条　职业学校与企业就学生参加跟岗实习、顶岗实习和学徒培养达成合作协议的，应当签订学校、企业、学生三方协议，并明确学校与企业在保障学生合法权益方面的责任。

企业应当依法依规保障顶岗实习学生或者学徒的基本劳动权益，并按照有关规定及时足额支付报酬。任何单位和个人不得克扣。

第二十七条　推动建立学生实习强制保险制度。职业学校和实习单位应根据有关规定，为实习学生投保实习责任保险。职业学校、企业应当在协议中约定为实习学生投保实习责任保险的义务与责任，健全学生权益保障和风险分担机制。

第四章　监督检查

第二十八条　各级人民政府教育督导委员会负责对职业学校、政府落实校企合作职责的情况进行专项督导，定期发布督导报告。

第二十九条　各级教育、人力资源社会保障部门应当将校企合作情况作为职业学校办学业绩和水平评价、工作目标考核的重要内容。

各级人民政府教育行政部门会同相关部门以及行业组织，加强对企业开展校企合作的监督、指导，推广效益明显的模式和做法，推进企业诚信体系建设，做好管理和服务。

第三十条　职业学校、企业在合作过程中不得损害学生、教师、企业员工等的合法权益；违反相关法律法规规定的，由相关主管部门责令整改，并依法追究相关单位和人员责任。

第三十一条　职业学校、企业骗取和套取政府资金的，有关主管部门应当责令限期退还，并依法依规追究单位及其主要负责人、直接负责人的责任；构成犯罪的，依法追究刑事责任。

第五章　附　则

第三十二条　本办法所称的职业学校，是指依法设立的中等职业学校(包括普通中等专业学校、成人中等专业学校、职业高中学校、技工学校)和高等职业学校。

本办法所称的企业，指在各级工商行政管理部门登记注册的各类企业。

第三十三条　其他层次类型的高等学校开展校企合作，职业学校与机关、事业单位、社会团体等机构开展合作，可参照本办法执行。

第三十四条　本办法自2018年3月1日起施行。

附录12　教育部关于印发《中等职业学校学生学籍管理办法》的通知

教职成〔2010〕7号

各省、自治区、直辖市教育厅(教委)，各计划单列市教育局，新疆生产建设兵团教育局：

为切实做好中等职业学校学生学籍管理工作，保障正常的教育教学秩序，提高教育质量，加强对中等职业教育资助和免学费工作的管理，我部制定了《中等职业学校学生学籍管理办法》，现将该办法印发给你们，请结合当地实际做好中等职业学校学生学籍管理工作。

附件：中等职业学校学生学籍管理办法

中华人民共和国教育部
二〇一〇年五月十三日

中等职业学校学生学籍管理办法

第一章　总　则

第一条　为加强中等职业学校学生学籍管理，保证学校正常的教育教学秩序，维护学生的合法权益，推进中等职业教育持续健康发展，依据《中华人民共和国教育法》《中华人民共和国职业教育法》及其他有关法律法规，制定本办法。

第二条　本办法适用于中等职业学历教育学生的学籍管理，“3+2”分段五年制高等职业教育学生前三年学籍管理依照本办法执行。

第三条　中等职业学校应当加强学生学籍管理，建立健全学籍管理部门和相关制度，保障基本工作条件，落实管理责任，切实加强学籍管理。国家、省(区、市)、市(州)、县(市、区)教育行政部门对学校学籍管理工作实行分级管理，省级教育行政部门具有统筹管理的责任。

第二章　入学与注册

第四条　按照省级有关部门职业教育招生规定录取的学生，持录取通知书及本人身份证或户籍簿，按学校有关要求和规定到学校办理报到、注册手续。新生在办理报到、注册手续后取得学籍。

第五条　学校应当从学生入学之日起建立学生学籍档案，学生学籍档案内容包括：

1. 基本信息；
2. 思想品德评价材料；
3. 公共基础课程和专业技能课程成绩；
4. 享受国家助学金和学费减免的信息；
5. 在校期间的奖惩材料；
6. 毕业生信息登记表。

学籍档案由专人管理，学生离校时，由学校归档保存或移交相关部门。

第六条　学校应当将新生基本信息，各年级学生变动名册(包括转入、转出、留级、休学、退学、注销、复学、死亡的学生等情况)及时输入中等职业学校学生信息管理系统，并报教育主管部门。教育主管部门逐级审核后上报至国家教育行政部门。

第七条　新生应当按照学校规定时间到校报到，办理入学注册手续。因特殊情况，不能如期报到，应当持有关证明向学校提出书面申请。如在学校规定期限内不到学校办理相关手续，视为放弃入学资格。

第八条　学生入学后，学校发现其不符合招生条件，应当注销其学籍，并报教育主管部门备案。

第九条　新生实行春、秋两季注册，春季注册截止日期为4月20日(限非应届初中毕业生)；秋季注册截止日期为11月20日。

第十条　外籍或无国籍人员进入中等职业学校就读，应当按照国家留学生管理办法办理就读手续。港、澳、台学生按照国家有关政策办理就读手续。

第十一条　东部、中部和西部联合招生合作办学招收的学生，注册及学籍管理由学生当前就读学校按学校所在省(区、市)有关规定执行，不得重复注册学籍。

学校不得以虚假学生信息注册学生学籍，不得为同一学生以不同类型的高中阶段教育学校身份分别注册学籍，不得以不同类型职业学校身份分别向教育部门和人力资源社会保障部门申报学生学籍。

第三章　学习形式与修业年限

第十二条　学校实施全日制学历教育，主要招收初中毕业生或具有同等学力者，基本学制以 3 年为主；招收普通高中毕业生或同等学力者，基本学制以 1 年为主。

采用弹性学习形式的学生的修业年限，初中毕业起点或具有同等学力人员，学习时间原则上为 3 至 6 年；高中毕业起点或具有同等学力人员，学习时间原则上为 1 至 3 年。

第十三条　学校对实行学分制的学生，允许其在基本学制的基础上提前或推迟毕业，提前毕业一般不超过 1 年，推迟毕业一般不超过 3 年。

第四章　学籍变动与信息变更

第十四条　学生学籍变动包括转学、转专业、留级、休学、注销、复学及退学。采用弹性学习形式的学生，原则上不予转学、转专业或休学。

第十五条　学生因户籍迁移、家庭搬迁或个人意愿等原因可以申请转学。转学由学生本人和监护人提出申请，经转出学校同意，再向转入学校提出转学申请，转入学校同意后办理转学手续。对跨省转学的学生，由转入、转出学校分别报所在市级和省级教育行政部门备案。

在中等职业学校学习未满一学期的，不予转学；毕业年级学生不予转学；休学期间不予转学。

普通高中学生可以转入中等职业学校，但学习时间不得少于 1 年半。

第十六条　有下列情况之一，经学校批准，可以转专业：

1. 学生确有某一方面特长或兴趣爱好，转专业后有利于学生就业或长远发展；

2. 学生有某一方面生理缺陷或患有某种疾病，经县级及以上医院证明，不宜在原专业学习，可以转入本校其他专业学习；

3. 学生留级或休学，复学时原专业已停止招生。

已经享受免学费政策的涉农专业学生原则上不得转入其他专业，特殊情况应当经省级教育行政部门批准。

跨专业大类转专业，原则上在一年级第一学期结束前办理；同一专业大类转专业原则上在二年级第一学期结束前办理。毕业年级学生不得转专业。

第十七条　学生休学由学生本人和监护人提出申请，学校审核同意后，报教育行政部门备案。学生因病必须休学，应当持县级及以上医院病情诊断证明书。

学生休学期限、次数由学校规定。因依法服兵役而休学，休学期限与其服役期限相当。学生休学期间，不享受在校学生待遇。

第十八条　学生退学由学生本人和监护人提出申请，经学校批准，可办理退学手续。学生退学后，学校应当及时报教育主管部门备案。

学生具有下列情况之一，学校可以做退学处理：

1. 休学期满无特殊情况两周内未办理复学手续；

2. 连续休学两年，仍不能复学；

3. 一学期旷课累计达 90 课时以上；

4. 擅自离校连续两周以上。

第十九条　学生非正常死亡，学校应当及时报教育主管部门备案，教育主管部门逐级上报至省级教育行政部门备案。

第二十条　已注册学生(含注册毕业学生)各项信息修改属于信息变更，主要包括学生姓名、性别、出生日期、家庭住址、身份证号码、户口性质等。对信息变更，应当由学生本人或监护人提供合法身份证明等相关资料，学校修改后及时报教育行政部门备案。

第五章　成绩考核

第二十一条　学生应当按照学校规定参加教学活动。采用弹性学习形式的学生公共基础课程教学应当达到国家教育行政部门发布的教学大纲的基本要求，专业技能课程教学应当达到相应专业全日制的教学要求。

第二十二条　学校按照国家或行业有关标准和要求组织考试、考查。采用弹性学习形式的学生的专业能力评价可以视其工作经历、获得职业资格证书情况，折算相应学分或免于相关专业技能课程考试、考查。

第二十三条　学业成绩优秀的学生，由本人申请，经学校审批后，可以参加高一年级的课程考核，合格者可以获得相应的成绩或学分。

第二十四条　学生所学课程考试、考查不合格，学校应当提供补考机会，补考次数和时间由学校确定。学生缓考、留级由学校规定。学校应当及时将留级学生情况报教育主管部门备案。

第二十五条　考试、考查和学生思想品德评价结果，学校应当及时记入学生学籍档案。

第六章　工学交替与顶岗实习

第二十六条　学校应当按照法律法规和国家教育行政部门文件规定组织学生顶岗实习。实施工学交替的学校应当制定具体的实施方案，并报教育主管部门备案。

第二十七条　学生顶岗实习和工学交替阶段结束后，应当由企业和学校共同完成学生实习鉴定。学校应当将学生实习单位、岗位、鉴定结果等情况记入学籍档案。

第二十八条　采用弹性学习形式的学生有与所学专业相关工作经历的，学校可以视情况减少顶岗实习时间或免除顶岗实习。

第七章　奖励与处分

第二十九条　学生在德、智、体、美等方面表现突出，应当予以表彰和奖励。

学生奖励分为国家、省、市、县、校等层次，奖项包括单项奖和综合奖，具体办法由各级教育行政部门和学校分别制定。

对学生的表彰和奖励应当予以公示。

第三十条　学校对于有不良行为的学生，可以视其情节和态度分别给予警告、严重警告、记过、留校察看、开除学籍等处分。

学校做出开除学籍决定，应当报教育主管部门核准。

受警告、严重警告、记过、留校察看处分的学生，经过一段时间的教育，能深刻认识错误、确有改正进步的，应当撤销其处分。

第三十一条　学生受到校级及以上奖励或处分，学校应当及时通知学生或其监护人。学生对学校做出的处分决定有异议的，可以按照有关规定提出申诉。

学校应当依法建立学生申诉的程序与机构，受理并处理学生对处分不服提出的申诉。

学生对学校做出的申诉复查决定不服的，可以在收到复查决定之日起15个工作日内，向教育主管部门提出书面申诉。

教育主管部门应当在收到申诉申请之日起30个工作日内做出处理并答复。

第三十二条　对学生的奖励、记过及以上处分有关资料应当存入学生学籍档案。

对学生的处分撤销后，学校应当将原处分决定和有关资料从学生个人学籍档案中移出。

第八章　毕业与结业

第三十三条　学生达到以下要求，准予毕业：

1. 思想品德评价合格；

2. 修满教学计划规定的全部课程且成绩合格，或修满规定学分；

3. 顶岗实习或工学交替实习鉴定合格。

第三十四条　学生如提前修满教学计划规定的全部课程且达到毕业条件，经本人申请，学校同意，可以在学制规定年限内提前毕业。

第三十五条　毕业证书由国家教育行政部门统一格式并监制，省级教育行政部门统一印制，学校颁发。采用弹性学习形式的学生毕业证书应当注明学习形式和修业时间。

第三十六条　对于在规定的学习年限内，考核成绩（含实习）仍有不及格且未达到留级规定，或思想品德评价不合格者，以及实行学分制的学校未修满规定学分的学生，发给结业证书。

第三十七条　对未完成教学计划规定的课程而中途退学的学生，学校应当发给学生写实性学习证明。

第三十八条　毕业证书遗失可以由省级教育行政部门或其委托的机构出具学历证明书，补办学历证明书所需证明材料由省级教育行政部门规定。学历证明书与毕业证书具有同等效力。

第九章　附　则

第三十九条　各级教育行政部门和学校应当运用全国中等职业学校学生信息管理系统，及时准确填报、更新学生学籍信息。

第四十条　省级教育行政部门和学校应当根据本办法结合实际需要制定具体实施细则，并报上级教育行政部门备案。

第四十一条 本办法自发布之日起施行，教育部发布的原中等职业学校学生学籍管理相关规定同时废止。

附录 13 教育部关于印发《中等职业学历教育学生学籍电子注册办法（试行）》的通知

（教职成〔2014〕12 号）

各省、自治区、直辖市教育厅(教委)，各计划单列市教育局，新疆生产建设兵团教育局：

现将《中等职业学历教育学生学籍电子注册办法(试行)》印发给你们，请遵照执行。

中华人民共和国教育部

2014 年 11 月 15 日

中等职业学历教育学生学籍电子注册办法

（试行）

第一章 总 则

第一条 为适应加快发展现代职业教育和教育管理信息化的需要，提高职业教育信息化管理和服务水平，提升中等职业教育治理能力，完善中等职业教育制度体系，保证学校正常的教育教学秩序和人才培养质量，维护学生的合法权益，依据《中等职业学校学生学籍管理办法》及相关规章制度，制定本办法。

第二条 本办法适用于普通中等专业学校、成人中等专业学校、职业高中、技工学校等中等职业学历教育学生，含各类跨阶段学习形式的中等职业教育阶段学生。

第三条 教育行政部门和学校通过全国中等职业学校学生管理信息系统(以下简称学生系统)为每名中等职业学校学生建立学籍电子档案。学籍电子档案和学籍纸质档案基本信息一致。

学生学籍号以学生居民身份证号为基础，按照学校(机构)人员基础信息代码编制规则生成，一人一号，终身不变。

第四条 学生系统建设、维护、使用实行分级负责，国家宏观指导、省级统筹、属地管理、学校负责的管理制度。

第五条 国务院教育行政部门宏观指导各地中等职业学校学生学籍电子注册管理工作，负责组织建设学生系统和全国中等职业学校学生数据库(以下简称学生数据库)，制订相关技术标准和实施办法。

省级教育行政部门统筹本行政区域内中等职业学校学生学籍电子注册管理工作，制定学籍电子注册管理实施细则，指导、监督、检查本行政区域内各地和中等职业学校学生学籍电子注册管理工作；按照国家要求建设学生系统运行环境和学生数据库，确保系统正常运行和数据实时交换与更新；作为学籍主管部门指导其直管中等职业学校的学籍管理工作并使用学生系统进行相应管理。

地(市)级教育行政部门负责指导本地(市)，并督促县级教育行政部门认真落实国家和本省(区、市)关于中等职业学校学生学籍电子注册管理的各项规定和要求；指导、监督、检查本行政区域内所辖中等职业学校使用学生系统做好学生学籍电子注册管理工作；作为学籍主管部门指导其直管中等职业学校的学籍管理工作并使用学生系统进行相应管理。

县级教育行政部门具体负责所属中等职业学校的学生学籍电子注册管理工作；督促中等职业学校使用学生系统做好学生学籍的日常管理工作。

中等职业学校为学籍电子注册的实施主体，负责应用学生系统对按照国家规定录取的学历教育学生学籍的取得、异动和毕(结)业进行在线审核、维护、数据备案和网上查询。

第二章 新生学籍电子注册

第六条 新生办理入学手续后，学校应在20个工作日内通过学生系统为其建立学籍电子档案。中等职业学校新生秋季学籍电子注册截止日期为当年11月20日，春季学籍电子注册截止日期为当年4月20日。

第七条 学校注册新生学籍时，对之前在其他教育阶段取得学籍的学生，直接接续学籍电子档案，并按学生系统要求补充学籍所需其他信息。

第八条 新生学籍电子注册之前，国家和省级学生系统自动在全国不同教育阶段学生数据库中对新建学生学籍信息进行查重，对信息重复的学生暂不予注册。

第九条 学校和学籍主管部门经学生系统对学生学籍电子注册信息进行审核，并通过身份证信息认证后，学生获得正式学籍号。

第十条 中等职业学历教育在校生不得同时注册和拥有多个学历教育学籍。不得以虚假信息建立学生学籍。

第十一条 无法通过学生系统完成学籍电子注册的，由学校在学生系统中发起修改或佐证学籍电子注册申请，上传证明材料，经学籍主管部门核准通过且无争议的学生予以注册；对重复注册且双方学籍主管部门都核准通过的，提交双方共同上级学籍主管部门审定。

第三章 在校生学籍电子注册维护

第十二条 在校生学籍电子注册维护包含新学期学籍电子注册、学籍异动(含留级、转学、转专业、转学习形式、休学、复学、退学、注销、死亡等)和学生信息变更。学校和学籍主管部门要应用学生系统办理相关业务，维护学籍电子信息，并将证明材料归入学生学籍档案。

学生离校的，学生学籍电子档案应按相关规定办理。学校合并的，学生学籍电子档案移交并入的学校管理。学校终止办学或撤销的，学生学籍电子档案管理按省级教育行政部门规定办理。

第十三条　中等职业学校学生从入学起至毕业，每学期要进行学籍电子注册。在校生每学期学籍电子注册在开学后 20 个工作日内完成。

第十四条　学生在中等职业学校之间转学的，由转出学校通过学生系统发起转学申请，上传证明材料，转出学校、转入学校和双方学籍主管部门应分别在 10 个工作日内完成核办手续。跨省转学，由转出学校和转入学校报双方省级学籍主管部门备案。

学生在中等职业学校与普通中学之间转学的，由转入学校发起申请，转入、转出学校和双方学籍主管部门应分别在 10 个工作日内完成核办手续。

第十五条　办理学生留级、转专业、转学习形式、休学、复学、退学、注销、死亡等学籍异动业务时，由学校在学生系统启动相关业务办理程序，上传证明材料，学校和学籍主管部门必须依次在 10 个工作日内核办完成。

第十六条　学生个人信息变更，学校在学生或监护人按有关规定提供相应证明后的 10 个工作日内，通过学生系统启动信息变更手续，上传证明材料，学校和学籍主管部门必须依次在 10 个工作日内核办完成。

第十七条　中等职业学校联合招生合作办学招收的学生，在就读学校进行学籍电子注册。学生从就读学校进入联办学校学习，按转学程序办理。

第四章　学生毕（结）业档案维护

第十八条　在学生离校前 20 个工作日内，学校应通过学生系统办理完成学生毕业或结业，按相关规定归档并永久保存毕(结)业学生学籍电子档案。

第十九条　学生系统根据学生毕(结)业信息自动生成毕业证书或结业证书。证书内容包括姓名、性别、出生日期、身份证号、学籍号、学习起止年月、专业(专业技能方向)、学制、学习形式、照片、毕(结)业、学校名称、毕(结)业日期等。证书编号的具体生成规则由国务院教育行政部门另行制定。

第二十条　结业学生三年内通过考试考核符合毕业条件，学校可准许其毕业，并及时在学生系统中更新学生相关信息，毕业时间为学校同意其毕业的时间。

第二十一条　学历证书遗失不予补办，可由学籍主管部门依据学生系统的学籍电子档案出具学历证明书。学历证明书与毕业证书具有同等效力。

第五章　信息服务

第二十二条　国务院教育行政部门和省级教育行政部门应依据学生系统，建立学历信息查询网站，为学生和社会提供查询公益性服务。

第二十三条　学生可免费查询本人学籍电子档案，社会其他部门及个人可依据学生提供的相关信息对学生学籍档案进行查询、验证。

第六章　保障措施

第二十四条　各级教育行政部门和学校应加强制度建设，规范工作流程，强化管理与服务。地方教育行政部门和学校要为学生学籍电子注册管理提供必要的保障条件，依托学籍管理部门和信息技术部门，配备学籍管理人员和技术支持服务人员，完善管理制度，建立工作机制，落实系统培训、运行维护、技术支持等经费。学籍管理人员和技术支持服务人员应当实行先培训后上岗，并保持相对稳定。

第二十五条　国务院教育行政部门和省级教育行政部门要根据国家有关信息安全等级保护的政策、规范和技术标准，统一规划建设覆盖机房、网络、主机、应用、数据的信息安全保障体系。各级教育行政部门和学校建立安全组织机构，制定明确的安全岗位职责，制定可落实的安全管理、安全运行维护、数据使用与保护等安全管理制度，确保学生系统及学生学籍数据安全。不得以任何形式公开展示、发布或分发学生个人信息，不得用于营利性活动。

第二十六条　有下列情形的，一经查实，追究有关人员和单位负责人的责任：

(一)以虚假信息注册学籍的；

(二)因管理不善造成学生信息违规变更的；

(三)泄露或将学生信息用于非法目的的；

(四)违反本办法的其他行为的。

第七章　附　则

第二十七条　进入中等职业学校就读的港澳台学生、外籍学生或无国籍学生的学籍电子注册管理参照本办法执行。

第二十八条　省级教育行政部门应当根据本办法结合实际需要制定具体实施细则，并报国务院教育行政部门备案。

第二十九条　本办法自发布之日起实施。

附录 14　教育部等 37 部门关于印发《全国职业院校技能大赛章程》的通知

教职成函〔2018〕4 号

各省、自治区、直辖市教育厅(教委)，各计划单列市教育局，新疆生产建设兵团教育局，有关单位：

为贯彻落实习近平新时代中国特色社会主义思想和党的十九大精神，完善职业教育和培训体系，深化产教融合、校企合作，推进全国职业院校技能大赛科学化、制度化、规范化建设，全国职业院校技能大赛组委会研究制定了《全国职业院校技能大赛章程》。现印发给你们，请遵照执行。

教育部　发展改革委　科技部
工业和信息化部　国家民委　民政部
财政部　人力资源社会保障部　国土资源部
环境保护部　住房城乡建设部　交通运输部
水利部　农业部　商务部
文化部　卫生计生委　国资委
安全监管总局　旅游局　粮食局
测绘地信局　民航局　中医药局
国务院扶贫办　中华全国总工会　共青团中央
中华职业教育社　中国职业技术教育学会
中华全国供销合作总社　中国机械工业联合会
中国有色金属工业协会　中国石油和化学工业联合会
中国物流与采购联合会　中国纺织工业联合会
中国煤炭工业协会　天津市人民政府
2018 年 2 月 7 日

全国职业院校技能大赛章程

为贯彻落实习近平新时代中国特色社会主义思想和党的十九大精神，完善职业教育和培训体系，加强全国职业院校技能大赛规范化建设，提高制度化水平，特制定本章程。

第一章　总　则

第一条　全国职业院校技能大赛(简称大赛)是教育部发起并牵头，联合国务院有关部门以及有关行业、人民团体、学术团体和地方共同举办的一项公益性、全国性职业院校学生综合技能竞赛活动。每年举办一届。

第二条　大赛是职业院校教育教学活动的一种重要形式和有效延伸，是提升技术技能人才培养质量的重要抓手。大赛以提升职业院校学生技能水平、培育工匠精神为宗旨，以促进职业教育专业建设和教学改革、提高教育教学质量为导向，面向职业院校在校学生，基本覆盖职业院校主要专业群，是对接产业需求、反映国家职业教育教学水平的学生技能赛事。

第三条　大赛坚持德技并修、工学结合，深化产教融合、校企合作，弘扬劳动光荣、技能宝贵、创造伟大的时代风尚，推动人人皆可成才、人人尽展其才的局面形成，引导社会了解、支持和参与职业教育。

第四条 大赛坚持以赛促教、以赛促学、以赛促改，坚持政府主导、行业指导、企业参与，坚持联合办赛、开放办赛，坚持办出特色、办出水平、办出影响。大赛分设中等职业学校（简称中职）和高等职业院校（简称高职）两个组别，以校级赛、省（地市）级赛两级选拔的方式确定参赛选手。大赛采用主赛区和分赛区制，天津市是大赛的主赛区。

第五条 大赛的内容设计围绕专业教学标准和真实工作的过程、任务与要求，重点考查选手的职业素养、实践动手能力、规范操作程度、精细工作质量、创新创意水平、工作组织能力和团队合作精神。

第六条 大赛经费来自各级政府为举办大赛投入的财政资金、比赛项目（简称赛项）承办单位自筹资金和按规定取得的社会捐赠资金等。

第二章 组织机构

第七条 大赛设立全国职业院校技能大赛组织委员会（简称大赛组委会）。大赛组委会是大赛的最高领导决策机构，由联办单位有关领导同志组成。大赛组委会设主任、委员若干名。大赛组委会任期一届 5 年，委员可以连任。

第八条 大赛组委会主要职责包括：

1. 确定大赛定位、办赛原则及组织形式。
2. 顶层设计大赛制度安排。
3. 审定赛事规划。
4. 审定大赛设赛范围及实施方案。
5. 发布年度赛事公告。
6. 指导开展大赛。
7. 审定发布大赛最终成绩等。

第九条 大赛组委会设秘书处，负责大赛组委会日常事务。大赛组委会秘书处设在教育部职业教育与成人教育司。秘书处设秘书长一名。

第十条 大赛设立全国职业院校技能大赛执行委员会（简称大赛执委会）。大赛执委会由联办单位代表、分赛区执委会主任、赛项专家组组长等组成，在大赛组委会领导下开展工作，负责具体赛事组织与管理。大赛执委会设主任、副主任、委员若干名。大赛执委会任期与大赛组委会一致，委员可以连任。

第十一条 大赛执委会主要职责包括：

1. 制定赛事管理制度。
2. 制定分赛区方案。
3. 组织赛项申报与遴选。
4. 审定赛项规程。
5. 审定赛项组织机构，审核赛项执委会、专家、裁判、监督、仲裁人员资格及确定具体人员。

6. 负责部本资金和社会捐赠货币资金的使用并按规定做好监管和绩效考核等工作。

7. 统筹大赛同期活动。

8. 监督各赛区汇总比赛相关资料，并存档备案。

9. 聘请法律顾问，对赛事规则、程序、经费管理等进行合法性审查，负责处理相关法律事务。

10. 做好大赛年度总结。

第十二条　大赛执委会设办公室，负责大赛日常管理。大赛执委会办公室设在教育部职业技术教育中心研究所。办公室设主任一名。

第十三条　大赛执委会设经费管理委员会。负责对执委会办公室提交的赛事公共运转支出预(决)算和具体赛项补助经费预(决)算提出审核意见，供执委会决策参考。经费管理委员会设主任一名，委员若干名。经费管理委员会任期与大赛执委会一致。

第十四条　大赛组委会秘书处每年对大赛组委会、执委会和经费管理委员会成员名单重新核实、更新、确定一次，结果与年度大赛通知一并发布。

第十五条　大赛分赛区指主赛区以外承办赛项的省(区、市)或计划单列市。省级教育行政部门可根据自身条件和承办意愿，向大赛执委会提出赛项承办申请。大赛分赛区每年确定一次。计划单列市、新疆生产建设兵团只能以分赛区名义申请承办中职组比赛。

第十六条　大赛分赛区设组织委员会(简称分赛区组委会)。分赛区组委会是各分赛区赛事组织的领导决策机构，负责监督分赛区承办赛项的各项工作及经费使用。分赛区组委会设主任一名，原则上由承办地分管教育的副省级(计划单列市可为副市级)领导担任。

第十七条　大赛分赛区设执行委员会(简称分赛区执委会)。分赛区执委会在分赛区组委会领导下开展工作，负责本分赛区的具体赛事组织。分赛区执委会设主任一名。

第十八条　分赛区执委会主要职责包括：

1. 落实申办承诺，组织协调本分赛区承办赛项的筹备工作。

2. 协调赛场所在地人民政府、赛项执行委员会(简称赛项执委会)和承办院校落实赛场、赛务以及安全保障工作。

3. 按规定负责本分赛区承办赛项经费的使用与管理，委托会计师事务所进行赛项经费收支审计。

4. 负责宣传方案设计。

5. 做好本分赛区的比赛资料汇总工作。

6. 落实大赛执委会安排的其他工作。

第十九条　大赛各赛项设赛项执委会。赛项执委会在大赛执委会领导下开展工作，并接受赛项所在分赛区执委会的协调和指导。各赛项组织机构须经大赛执委会核准后成立。

第二十条　赛项执委会主要职责包括：

1. 全面负责本赛项的筹备和实施工作。

2. 编制赛项经费预(决)算，监督赛项预算执行以及经费的使用与管理。

3. 向大赛执委会推荐赛项专家工作组成员、裁判和仲裁人员。

4. 赛项展示体验和宣传工作。

5. 统筹赛事安全保障工作。

6. 统筹实施赛项资源转化工作。

7. 做好赛项年度总结。

8. 落实分赛区执委会安排的其他工作。

第二十一条　赛项执委会下设赛项专家工作组。赛项专家工作组在赛项执委会领导下开展工作。赛项专家工作组主要职责包括：赛项技术文件编撰、赛题设计、赛场设计、赛事咨询、竞赛成绩分析和技术点评、资源转化、裁判人员培训等竞赛技术工作。

第二十二条　大赛赛项主要由职业院校承办。赛项承办院校在分赛区执委会和赛项执委会领导下开展工作，负责赛项的具体实施和保障。

第二十三条　赛项承办院校遴选原则是：

1. 主赛区优先，同等条件下向中西部地区和民族地区倾斜。

2. 院校优势专业及当地优势产业与赛项内容相关度高。

3. 分赛区中，同一院校同一届大赛承办赛项不超过 2 个；新承办比赛的院校当届大赛承办赛项不超过 1 个。

4. 分赛区中，同一院校承办同一赛项连续不超过 2 届。优先考虑承办院校第二年对同一赛项的承办申请。

第二十四条　赛项承办院校主要职责包括：

1. 按照赛项技术方案落实比赛场地以及基础设施。

2. 配合赛项执委会做好比赛的组织、接待工作。

3. 配合分赛区执委会做好比赛的宣传工作。

4. 维持赛场秩序，保障赛事安全。

5. 参与赛项经费预算编制和管理，执行赛项预算支出。

6. 比赛过程文件存档和赛后资料上报等。

第三章　赛项设置

第二十五条　每 5 年制定一次大赛执行规划，规划以后 5 年的赛项设置方向和大赛发展重点。大赛年度赛项以大赛执行规划为依据，每年遴选确定一次。

第二十六条　大赛赛项设置须对应职业院校主要专业群，对接产业需求、行业标准和企业主流技术水平。大赛赛项分为常规赛项和行业特色赛项两类。中职组赛项和高职组赛项数量大体相当。

第二十七条　常规赛项指面向的专业全国布点较多、产业行业需求较大、比赛内容成熟、比赛用设备相对稳定、适当兼顾专业大类平衡的赛项；行业特色赛项指面向的专业对国家基础性、战略性产业起重要支持作用，行业特色突出、全国布点较少，由大赛组委会根据需要核准委托行业设计实施，大赛统一管理的赛项。

第二十八条　中职赛项设计突出岗位针对性；高职赛项设计注重考查选手的综合技术

应用能力与水平及团队合作能力，除岗位针对性极强的专业外，不做单一技能测试。比赛形式鼓励团体赛，可根据需要设置个人赛。

第二十九条　赛项申报单位主要包括：

1. 全国行业职业教育教学指导委员会。

2. 教育部职业院校教学(教育)指导委员会。

3. 全国性行业学会(协会)。

4. 其他全国性的职业教育学术组织。

第三十条　赛项申报与遴选基本流程：

1. 大赛执委会发布赛项征集通知。

2. 申报单位成立赛项申报工作专家组，编制赛项方案申报书，提交大赛执委会办公室。

3. 大赛执委会对申报赛项开展材料有效性核定，组织赛项初审、专家评议、答辩评审和综合评议，形成拟设年度赛项建议。

4. 大赛组委会核准确定年度赛项。

5. 大赛执委会组织征集和遴选合作企业、承办院校，形成年度赛项合作企业和承办院校建议名单。

6. 大赛组委会秘书处核准确定年度赛项合作企业和承办院校。

第四章　参赛规则与奖项设置

第三十一条　省级教育行政部门负责分别组队参加中、高职组的比赛，计划单列市只可以单独组队参加中职组比赛。团体赛不跨校组队，同一学校相同项目报名参赛队不超过1支；个人赛同一学校相同项目报名参赛不超过2人。团体赛和个人赛参赛选手均可配指导教师。

第三十二条　高职选手应为普通高等学校全日制在籍高职学生，比赛当年一般不超过25周岁。中职选手应为中等职业学校全日制在籍学生，比赛当年一般不超过21周岁。五年制高职一、二、三年级学生参加中职组比赛，四、五年级学生参加高职组比赛。往届大赛获得过一等奖的学生不再参加同一项目相同组别的比赛。超出年龄的报名选手，须经赛项组委会专门确认其全日制在籍学生身份，并在赛前一个月报大赛执委会批准。

第三十三条　大赛不向参赛选手和学校收取参赛费用。

第三十四条　大赛面向参赛选手设立奖励，对做出突出贡献的专家、裁判员、监督员、仲裁员、工作人员、合作企业、承办院校及获奖选手(个人赛)或参赛队(团体赛)指导教师颁发写实性证书。比赛以赛项实际参赛队(团体赛)或参赛选手(个人赛)总数为基数设团体赛或个人赛一、二、三等奖，获奖比例分别控制在10%、20%、30%；涉及专业布点数过少的行业特色赛项的设奖比例由大赛执委会根据常规赛项相应情况适当核减。各赛区和赛项不得以技能大赛名义另外设奖。大赛不进行省市总成绩排名。

第三十五条　大赛组委会每年向各赛区组委会授分赛区旗，年度赛事结束后收回。连续承办5年比赛的分赛区，可永久保留。

第五章　宣传与资源转化

第三十六条　大赛设官方网站，并通过各类媒体深入开展多种形式的宣传推广。提升大赛管理的信息化水平。

第三十七条　大赛坚持加强与其他国际及区域性学生技能比赛的联系，建立交流渠道，促进相互了解，探索合作方式；及时借鉴国（境）外先进成熟赛事的标准、规范、经验；探索邀请国（境）外学校组队参赛的机制。

第三十八条　大赛坚持资源转化与赛项筹办统筹设计、协调实施、相互驱动，将竞赛内容转化为教学资源，推动大赛成果在专业教学领域的推广和应用。

第六章　规范廉洁办赛

第三十九条　大赛坚持公平、公正、安全、有序。公开遴选赛项、承办单位，根据赛项方案公开征集合作企业，公开遴聘专家、裁判。赛前公开赛项规程、赛题或题库、比赛时间、比赛方式、比赛规则、比赛环境、技术规范、技术平台、评分标准等内容。公开申诉程序，建立畅通的申诉渠道。

第四十条　大赛坚持规范赛项设备与设施管理，规范赛项规程编制，规范专家和裁判管理，规范赛题管理。实施赛项监督与仲裁制度。

第四十一条　大赛结束后公示和公开发布获奖名单。公示期内，大赛组委会秘书处接受实名书面形式投诉或异议反映，不接受匿名投诉。大赛组委会保护实名投诉人的合法权益。

第四十二条　大赛坚持规范经费的筹集、使用和管理，加强大赛经费管理，按相关规定严格执行捐赠、拨付、使用及审计等程序。

第四十三条　严格执行大赛纪律。严禁铺张浪费，严格执行用餐、住宿、交通规定。严格贯彻落实中央八项规定精神、执行六项禁令和中纪委九个严禁要求。

第七章　附　则

第四十四条　大赛执委会应健全议事制度，依据本章程制定和公布大赛有关工作的具体规定、规则、办法、标准等规范性文件，严格遵守大赛经费管理办法。各赛区、赛项均要制定经费管理细则，并针对实施中新发现的问题适时修订。

第四十五条　本章程的修订工作由大赛组委会秘书处根据需要启动和组织，修订内容须经组委会成员单位三分之二以上同意。

第四十六条　本章程自发布之日起生效，由大赛组委会秘书处负责解释。

附录 15　关于进一步加强对中等职业教育教材管理工作的通知

教职成司函〔2006〕80 号

各省、自治区、直辖市教育厅（教委），新疆生产建设兵团教育局，计划单列市教育局，有关单位：

"十五"期间，教育部立项并组织开发、编写、出版了包括德育课、文化基础课及重点建设专业骨干课程在内的1000多种中等职业教育国家规划教材；2004年我司又组织立项、编写并出版了一批推荐的教材。这些教材对深化中等职业教育教学改革，提高教学质量起到了重要作用。但是也必须看到，在教材质量和教材管理方面还存在着一些亟待解决的问题，如部分国家规划教材因调整和修订工作不及时，不能很好地适应以就业为导向，深化职业教育教学改革的需要；个别地方、学校和出版单位无视教育部有关政策规定，自行编写、出版、使用了包括德育课、文化基础课在内的一些教材，甚至有些学校使用盗版、盗印教材等。因此，进一步加强对中等职业教育教材管理工作的指导，提高教材质量已是迫在眉睫。

为贯彻落实《国务院关于大力发展职业教育的决定》（国发〔2005〕35号）和党中央、国务院关于进一步加强对各级各类教育教材建设工作的指导，认真抓好对政治思想、意识形态属性较强的学科及有关课程教材的编写、审定等工作的一系列指示精神，经我司研究决定，"十一五"期间，以服务为宗旨，以就业为导向，启动新一轮职业教育教学改革和教材建设工作。现将有关事宜通知如下：

一、深化职业教育教学改革，制定"十一五"职业教育教材建设新规划

根据《国务院关于大力发展职业教育的决定》提出的："进一步深化职业教育教学改革，根据市场和社会需要，不断更新教学内容，改进教学方法。合理调整专业结构，大力发展面向新兴产业和现代服务业的专业，大力推进精品专业、精品课程和教材建设"要求，从2007年开始，教育部将对现有《中等职业学校专业目录》进行调整与修订，取消不适应经济和社会发展需要的专业，增加新的专业，颁布新的《中等职业学校专业目录》，制定《五年制高等职业教育专业目录》；确定一批面广、量大、急需的专业为职业教育重点建设专业，制定并颁布新的教学大纲和教学指导方案；开发、立项"十一五"职业教育国家规划教材新选题；调整"十五"期间参与中等职业教育国家规划和推荐教材编写、出版工作的出版基地；开展"十五"中等职业教育国家规划精品教材的评选工作。

二、"十一五"职业教育国家规划教材的申报、立项、审定及使用

1. 中等职业教育国家规划德育课教材的编写、审定及使用

中等职业教育德育课教材的编写、审定及使用，必须严格按照2005年颁发的《教育部

办公厅关于规范中等职业学校德育课程设置与教材编写使用的通知》(教职成厅函[2005]15号)要求，由我部根据中等职业教育部颁德育课大纲，统一组织编写、审定德育课教材。任何单位不得擅自编写、出版德育课教材及教辅读物，彻底杜绝自编德育课教材及教辅读物的现象。各级教育行政部门及学校不得擅自确定或更改德育课程设置及学习内容。

各级教育行政部门对中等职业教育德育课教材的使用要严格管理，要求学校必须使用由我部重新修订、经审定合格的中等职业教育国家规划德育课教材，并认真组织教学。必须对本地区有些单位或学校有令不行、有禁不止的行为，提出批评并进行严肃处理。

2. 中等职业教育国家规划文化基础课及重点建设专业主干课程教材的修订、申报、立项、审定及使用

凡承担了“十五”期间中等职业教育国家规划文化基础课教材(简称“文化基础课教材”)及重点建设专业主干课程教材(简称“专业课教材”)编写、出版任务的出版单位，均要按照教育部新的专业课程教学大纲或教学指导方案，进行文化基础课及专业课教材的修订工作。修订后的教材要向教育部重新申报、立项及审定(办法另定)。审定通过后的教材将列入“十一五”职业教育教材建设新规划。

未承担“十五”期间文化基础课和专业课规划教材编写、出版任务的其他有关出版单位，亦可参加“十一五”职业教育国家规划教材的申报和立项。在新的国家规划教材未出版前，各地中等职业学校仍可选用现国家规划教材进行教学。

(1)文化基础课教材的规划、编写、审定及使用

“十一五”期间，国家将对文化基础课教材进行重新规划。凡国家规划、编写、审定和出版的文化基础课教材，原则上地方不再另行规划、编写和出版。各地教育行政部门必须加强对国家规划文化基础课教材的使用指导，并要求学校使用国家规划教材出版单位编写的相关课程的教辅读物。

(2)专业课教材的规划、编写、审定及使用

“十一五”期间，我司还将根据经济和社会发展的需要，特别是技能型紧缺人才和农村新型农民培养培训的需求，及时编制、颁布新的专业课程教学指导方案；组织编写、出版新的国家规划专业课教材。

专业课教材的规划、编写与审定，仍实行“两级规划、两级审定”的原则。各地如果规划了与国家规划专业课相同的教材选题，需将教材选题报至我司，经同意后方可进行编写，并由省级职业教育教材审定委员会审定，通过后可在本省内使用。国家规划专业课教材中涉及思想政治、意识形态属性较强的学科及有关课程，如历史、政治经济、法律等文科类课程教材，由教育部组织有关出版单位进行编写或修订，编写后的教材由全国中等职业教育教材审定委员会进行审定。教材内容不得出现与国家法律、法规、制度及政策相违背的内容。

3. 推荐教材的编写、审定及使用

2004年以来，在我司立项并已被职业学校选用的中等职业教育和五年制高等职业教育推荐教材，为培养培训技能型紧缺人才发挥了较大作用。但由于立项推荐教材的出版单

位和教材种类过多，教材编写质量不高，为此，在“十一五”期间，我司将重新规划职业教育推荐教材选题。

目前，已经专家审定通过并被职业学校选用了的推荐教材，可继续使用到“十一五”新的推荐教材正式出版之前。还未编写或未经审定的推荐教材，请暂时停止编写及审定等工作，待“十一五”期间规划新的推荐教材选题时，可重新参与新一轮推荐教材的申报、立项等工作。于本通知下发之日起，我司将不再受理推荐教材的任何材料。

今后，已立项的推荐教材经过几年的使用后，得到社会和职业学校的普遍好评，我司可将其推荐至全国中等职业教育教材审定委员会进行审定，通过后可作为国家规划教材选题正式立项并供职业学校选用。

三、加强指导与管理

“十一五”期间，将通过新一轮国家规划教材的启动，重新调整确定职业教育教材出版基地，以加强对编写、出版等工作的管理，确保职业教育教材的编写、出版质量。

目前，对个别在编写、审定和使用国家规划及推荐教材过程中，严重违规操作，经规劝仍不改正的出版单位，将取消其目前以及今后参与“十一五”职业教育国家规划教材的立项资格，不得再上《全国职业教育与成人教育教学用书目录》；不得继续在教材封面上出现教育部规定的标志和“中等职业教育国家规划教材”及“教育部职业教育与成人教育司推荐”等字样。

我司将在适当的时机，对各地中等职业教育教材的编写、审定及使用情况进行一次全面检查，对违规者将追究其领导责任，并向全国通报批评。

各级教育行政部门和教材出版单位，一定要高度重视，加强对中等职业教育教材编写、审定及使用工作的指导与管理，建立社会监督机制，为提高教育教材质量做出应有贡献。

教育部

职业教育与成人教育司

二○○六年十二月二十二日

附录16　教育部　财政部　中国保险监督管理委员会　关于在中等职业学校推行学生实习责任保险的通知

教职成〔2009〕13号

各省、自治区、直辖市教育厅(教委)、财政厅(局)，各计划单列市教育局、财政局，新疆生产建设兵团教育局、财务局，各保监局：

为全面贯彻落实党的十七大精神，深入学习实践科学发展观，坚持教育以人为本、以学生为主体，进一步落实以服务为宗旨、以就业为导向的职业教育办学方针，为推行工学结合、校企合作、顶岗实习的职业教育人才培养模式提供制度保障，促进我国中等职业教育又好又快发展，按照《国务院关于大力发展职业教育的决定》(国发〔2005〕35号)《国务院关于保险业改革发展的若干意见》(国发〔2006〕23号)、《教育部、中国保险监督管理委员会关于加强学校保险教育有关工作的指导意见》(教基〔2006〕24号)、《中等职业学校学生实习管理办法》(教职成〔2007〕4号)等相关文件要求，在历时两年多调查研究的基础上，根据中等职业学校学生实训实习特别是顶岗实习的实际和特点，教育部、财政部、中国保险监督委员会现就在中等职业学校推行学生实习责任保险问题通知如下：

一、充分认识在中等职业学校推行学生实习责任保险的重要意义

近年来，在党中央、国务院高度重视和大力推动下，我国中等职业教育事业发展迅速，规模不断扩大，质量稳步提高，工学结合、校企合作、顶岗实习的人才培养模式基本确立。2008年，全国中等职业学校招生达到812万人，在校生达到2087万人，实现了高中阶段教育中职业教育与普通高中教育规模大体相当的目标。按照《国务院关于大力发展职业教育的决定》(国发〔2005〕35号)关于“中等职业学校在校学生最后一年要到企业等用人单位顶岗实习”的要求，每年约有800万左右中等职业学校学生要参加顶岗实习。推进和完善中等职业学校学生顶岗实习的制度建设，要求我们必须高度重视学生实习期间的风险管理工作。

保险是市场经济体制下进行风险管理和控制的基本手段，在中等职业学校推行学生实习责任保险，对于有效防范和妥善化解学生实习的责任风险，保障广大实习学生的权益，消除学校、企业、家长的后顾之忧，解决实习期间意外伤害事故可能引发的社会矛盾，维护中等职业学校正常的教育教学秩序，保障“工学结合、校企合作、顶岗实习”人才培养模式的全面推行，提高我国高素质劳动者和技能型人才的培养水平，推动中等职业教育又好又快发展，具有十分重要的意义。

二、在中等职业学校推行学生实习责任保险的基本要求

1. 保险责任范围。应覆盖学生实习活动的全过程，包括学生实习期间遭受人身意外事故和法律法规行政规章认定为工伤情形下校方依法应承担的责任，以及相关法律费用和学生实习第三者责任。

教育部将组织有关专家按照职业学校学生实习责任保险的责任范围对保险实施方案进行选择，选中的保险实施方案将下发各地供地方教育行政部门和中等职业学校参照执行。

2. 投保主体和保障对象。投保主体原则上为政府有关部门批准设立的实施学历教育的各类中等职业学校，保障对象为参加顶岗实习和教学实训的中等职业学校在籍学生。

3. 投保方式。中等职业学校可以根据自身专业设置、教学安排等实际情况，选择为最后一年学生投保全年学生实习责任保险，或者为全部学生投保与其实习期间相对应的学生实习责任保险。

4. 经费保障。在中等职业学校推行学生实习责任保险，是职业教育顶岗实习制度建设的重要内容，是职业学校教育教学活动的重要组成部分，学生实习责任保险的经费可从职业学校学费中列支；免除学费的可从免学费补助资金中列支，不得向学生另行收费。如果职业学校与企业达成协议由企业支付的，企业支付的实习责任保险费据实从企业成本(费用)中列支。

5. 保险机构。各省级教育行政部门应参照教育部推荐的保险实施方案，通过招标或竞争性谈判方式选择承保机构。承担中等职业学校学生实习责任险的保险机构应具有多年从事教育行业保险事务的经历，经验丰富，经营管理规范，具备充足的偿付能力，服务网点遍布城乡，能够及时支持异地理赔服务。可选择有经验和能力的保险中介机构提供保险中介服务。

三、加强领导，切实做好中等职业学校学生实习责任保险工作

各省级教育行政部门、财政部门和保险监督机构及各中等职业学校要充分认识做好学生实习责任保险工作、加快建立中等职业学校学生实习风险管理制度的重要性，坚持以人为本，本着对学生负责、对事业负责的精神，切实把学生实习责任保险工作纳入当地职业教育和学校发展的整体规划，认真扎实地做好有关工作。

各地职业教育管理部门是推进中等职业学校学生实习责任保险工作的牵头部门，要积极协调各方面力量，逐步建立起基本覆盖城乡、贯穿学生实习实训全过程的中等职业学校学生实习风险管理机制。要把建立和完善中等职业学校学生实习风险管理机制与推行“工学结合、校企合作、顶岗实习”的人才培养模式，与深化以就业为导向的职业教育教学改革，与促进中等职业教育的科学发展紧密结合起来，形成整体推进态势，真正做到中等职业学校参加实习的学生人人参保、应保尽保。要针对招生就业规模较大的专业类别，认真收集整理和研究分析相关行业企业的生产安全事故案例，组织编写分行业、分企业、分岗位的案例培训教程，广泛开展有针对性的宣传教育活动，着力提高学校和实习学生的风险识别能力和事故处理能力。

各中等职业学校校长是学生实习风险管理工作的第一责任人，要以落实学生实习责任保险为切入点，抓紧建立学生实习风险管理组织机构，完善学生实习风险管理机制，形成实习前有专门培训、实习中有过程管理、出险后及时赔付的全流程风险管理服务制度。要培养培训一批责任心强、熟悉安全生产常识、懂得用保险手段进行风险管理的实习指导教师，努力完善学生实习管理办法、提高管理水平，为学生参加实习实训提供有效的安全保障。

各省级教育行政部门、财政部门和保险监督机构要按照本《通知》的精神和要求，广泛宣传，深入发动，周密部署，狠抓落实，积极稳妥地推进此项工作。要充分发挥中等职业学校学生实习责任保险在加强学校风险管理、降低企业接收学生实习的风险、增加中等职业学校学生实习岗位和就业机会等方面的重要作用，为推进中等职业学校学生实习实训特别是顶岗实习的健康开展，提供有力的政策支撑和制度保障，以促进我国中等职业教育在新的形势下取得更大发展。

工作落实中如有什么问题和建议，请及时与教育部职业教育与成人教育司联系。

教育部
财政部
中国保险监督管理委员会
二〇〇九年十一月二十日

附录 17　关于印发《中等职业学校学生实习责任保险实施方案》的通知

教职成司函〔2010〕8 号

各省、自治区、直辖市教育厅(教委)、各计划单列市教育局、新疆生产建设兵团教育局、各有关单位：

为认真贯彻教育部、财政部、中国保险监督管理委员会联合印发的《关于在中等职业学校推行学生实习责任保险的通知》(教职成〔2009〕13 号)(以下简称《通知》)的精神，加快建设基本覆盖城乡、贯穿学生实习实训全过程的中等职业学校学生实习风险管理机制，切实做到中等职业学校参加实习的学生人人参保、应保尽保，充分发挥责任保险机制在化解学生实习责任风险中的作用，确保中等职业教育健康发展，教育部职业教育与成人教育司最近组织了有关保险专家、相关法律专家、职教行政管理部门和部分中等职业学校代表，对相关保险机构开发的"中等职业学校学生实习责任保险实施方案"(以下简称"保险方案")进行了详细论证。现将经我司审定的保险方案印发你们参照执行，并就有关事项通知如下。

一、保险方案

目前选择的中等职业学校学生实习保险方案是在英硕(北京)保险经纪有限公司的协调下，由中国人民财产保险股份有限公司和中国平安财产保险股份有限公司联合组织开发的保险方案。本方案采取联合共保的方式，具有保障范围广、保险费率低、服务标准统一等特点。按照"同命同价"的原则，在全国范围内实行当地投保、当地和异地均可赔付的制度，所使用的《中等职业学校学生实习责任保险》条款已在中国保险监督管理委员会备案。本方案填补了职业学校学生实习工作方面相关法律法规的空白，较好地保障了中等职业学校及实习学生的权益，符合三部委通知的规定。

二、风险管理机制

(一) 救助基金

中等职业学校学生实习责任保险制度运行采取"保险 + 基金"的模式。由英硕保险经纪公司建立"中等职业学校风险管理基金"，并委托"中国儿童少年基金会"进行管理，在全国范围内进行调剂使用，专款专用于中等职业学校学生实习风险管理工作。

（二）风险管理课程开发

为帮助中等职业学校了解风险管理和安全应急知识，提高中等职业学校的风险管理能力，我司将组织相关专家针对招生就业规模较大的专业类别，编写具有行业工作特点的案例培训教程，对各职业学校的负责人及教师进行培训，以预防职业学校在实习教学各个环节事故的发生，维护实习学生的切身利益。

三、组织实施

各地职业教育管理部门是推进中等职业学校学生实习责任保险工作的牵头部门。各地职业教育管理部门要把建立和完善中等职业学校学生实习风险管理机制与推行“工学结合、校企合作、顶岗实习”的人才培养模式，与深化以就业为导向的职业教育教学改革，与促进中等职业教育的科学发展紧密结合起来，形成整体推进态势，真正做到中等职业学校参加实习实训的学生人人参保、应保尽保；要认真做好宣传、检查、培训、引导等相关工作，协调好学校、经纪公司和保险机构的关系，提高工作效率，为尽快建立起全国统一的中等职业学校风险管理制度创造条件；要积极协调各方面力量，逐步建立“中等职业学校学生实习风险管理委员会”，更好地服务于各职业学校的风险管理工作，提高中等职业学校风险管理水平和抗风险能力。

各地接到本《通知》后，要尽快组织协调相关部门和职业学校制定具体实施方案，与相关保险经纪机构和保险机构加强沟通协调，落实好承保及后续服务等工作，争取在2010年春季开学前使此项工作得以有效落实。

本保险方案将试行两年，并根据试行情况进行相应调整。试行期间，请英硕(北京)保险经纪有限公司作为中等职业学校学生实习风险管理和保险咨询的顾问。在执行过程中有何问题，请及时与我司联系。

附件：中等职业学校学生实习责任保险实施方案

教育部职业教育与成人教育司

二〇一〇年一月十五日

中等职业学校学生实习责任保险实施方案

一、被保险人

全国范围内由国家或社会力量举办的各类中等职业学校。

二、保险标的

学生在实习实训全过程中造成的人身伤害，依法应由校方承担的经济赔偿责任。

三、适用条款

主　险：《职业院校学生实习责任保险条款》

附加险：1.《附加教学实训责任保险条款》

2.《附加学生实习第三者责任保险条款》

四、保障内容

1. 学生顶岗实习期间遭受人身伤害的校方责任。在保险期间内，在中华人民共和国境内(港澳台地区除外)，被保险人的注册学生在实习单位顶岗实习期间，因实习原因遭受意外事故而导致伤残或死亡，依法应由被保险人承担的经济赔偿责任，保险人按照保险合同的约定负责赔偿。

2. 学生顶岗实习期间遭受人身伤害的工伤责任。在保险期间内，被保险人的注册学生在中华人民共和国境内(港澳台地区除外)顶岗实习期间，因发生认定或视同为工伤的情形导致伤残或死亡，保险人按照保险合同约定负责赔偿。

3. 学生教学实训期间的校方责任。被保险人的注册学生在被保险人组织或安排的校内教学实训活动中，因遭受意外事故而导致伤残或死亡，依法应由被保险人承担的经济赔偿责任，保险人按照附加险合同的约定负责赔偿。

4. 学生实习第三者责任。被保险人的注册学生在实习期间，因疏忽或过失造成其他第三者的人身伤亡，依法应由被保险人承担的经济赔偿责任，保险人依照附加保险合同的约定负责赔偿。

5. 法律费用。保险事故发生后，被保险人因保险事故而被提起仲裁或者诉讼的，对应由被保险人支付的仲裁或诉讼费用以及其他必要的、合理的费用，经保险人事先书面同意，保险人按照保险合同约定也负责赔偿。

五、保险期限

一年和半年

六、保费及保险金额

中等职业学校学生实习责任保险的保费及保险金额，是以职业学校为全部在校注册学生投保为基础制定的，并按照保险期限分为一年及半年两种投保缴费办法。

1. 投保一年缴费办法

<table>
<tr><th rowspan="2">保费(元/人)</th><th colspan="3">顶岗实习责任及教学实训责任(主险及附加险)</th><th colspan="2">学生实习第三者责任(附加险)</th></tr>
<tr><th>每个学生每年责任限额(万元)</th><th>每个学生每年医疗费用责任限额(万元)</th><th>每所学校每次事故责任限额(万元)</th><th>每人责任限额(万元)</th><th>累计责任限额(万元)</th></tr>
<tr><td>70</td><td>50</td><td>5</td><td>1200</td><td>10</td><td>100</td></tr>
</table>

注：每个学生每年医疗费用责任限额包含在每个学生责任限额内。

2. 投保半年缴费办法

保费（元/人）	顶岗实习责任及教学实训责任（主险及附加险）			学生实习第三者责任(附加险)	
	每个学生每年责任限额(万元)	每个学生每年医疗费用责任限额（万元）	每所学校每次事故责任限额(万元)	每人责任限额（万元）	累计责任限额（万元）
40	50	5	1200	10	100

注：每个学生每年医疗费用责任限额包含在每个学生责任限额内。

附录18　教育部关于印发《中等职业学校德育大纲（2014年修订）》的通知

教职成〔2014〕14号

各省、自治区、直辖市教育厅(教委)，各计划单列市教育局，新疆生产建设兵团教育局：

为贯彻落实党的十八大和十八届三中、四中全会精神，深入贯彻习近平总书记系列重要讲话精神，进一步加强和改进新形势下中等职业学校德育工作，我部对2004年发布的《中等职业学校德育大纲》(以下简称《大纲》)进行了修订，现印发给你们，请认真贯彻落实，并提出以下要求。

一、新修订的《大纲》在基本保持原《大纲》的框架体例、保留原《大纲》中行之有效内容的基础上，根据党和国家在新形势下提出的新要求以及各地在实施《大纲》中形成的经验做法作了必要的修改完善。新修订的《大纲》体现了十八大以来党和国家的新精神及对教育工作的新要求，是新形势下进一步做好中等职业学校德育工作的重要基础性文件，各地要结合工作实际，认真贯彻执行。

二、各地要组织好新修订《大纲》的实施工作，不断提高中等职业学校德育工作水平。要组织教育部门有关领导干部、工作人员和学校全体教职工学习新修订《大纲》，做好班主任、德育课教师及其他德育工作者的培训工作，努力提高德育工作队伍的整体素质和水平。要进一步加强对德育工作的领导与管理，不断健全和完善体现现代职业教育要求、符合中职学生身心成长规律的中等职业学校德育工作机制，发挥好党团组织、妇联、关工委、社区等各方面的作用，形成工作合力。要结合实际制定新修订《大纲》实施指导意见或工作计划。教育部将适时对新修订《大纲》实施情况进行督查。

各地在贯彻执行过程中要注意研究新情况，总结新经验，及时将有关情况报告我部。

教育部

2014年12月22日

中等职业学校德育大纲

（2014 年修订）

德育对学生健康成长和学校工作具有重要的导向、动力和保证作用。中等职业学校德育要以马克思列宁主义、毛泽东思想、邓小平理论、“三个代表”重要思想、科学发展观为指导，深入贯彻习近平总书记系列重要讲话精神，全面贯彻党的教育方针，紧密联系实现“两个一百年”奋斗目标和中国梦的实际，遵循学生身心发展的特点和规律，按照培育和践行社会主义核心价值观的要求，坚持以人为本、德育为先、能力为重、全面发展，努力培养德智体美全面发展的社会主义建设者和接班人。

本大纲规定了国家对中等职业学校德育工作和学生德育的基本要求，是中等职业学校开展德育工作的基本规范，是各级教育部门对中等职业学校德育工作实行科学管理和督导评估的基本标准，也是社会和家庭紧密配合学校对学生进行教育的基本依据。

一、德育目标

中等职业学校德育目标是：把学生培养成为爱党爱国、拥有梦想、遵纪守法、具有良好道德品质和文明行为习惯的社会主义合格公民，成为敬业爱岗、诚信友善，具有社会责任感、创新精神和实践能力的高素质劳动者和技术技能人才，成为中国特色社会主义事业合格建设者和可靠接班人。

具体要求如下：

1. 树立实现中国梦的远大理想，牢固树立中国特色社会主义道路自信、理论自信、制度自信，热爱祖国，热爱人民，热爱中国共产党，拥护党的领导。

2. 培育和践行社会主义核心价值观，勤学、修德、明辨、笃实，使社会主义核心价值观成为自己的基本遵循，内化于心，外化于行。养成科学的思想方法。

3. 养成良好的法治意识和文明行为习惯，提高道德素质和法律素质，增强公民意识，依法办事，待人友善。

4. 树立正确的职业观和职业理想，提高综合职业素质和能力，热爱劳动，崇尚实践，奉献社会。

5. 养成自尊、自信、自强、乐群的心理品质，提高心理健康水平和职业心理素质，人格健全，乐观向上。

6. 树立安全意识、环保意识、节俭意识、廉洁意识，珍爱生命，尊重自然。

二、德育内容

以中国特色社会主义理论体系为统领，科学设置教育教学内容。

1. 理想信念教育

中国特色社会主义和中国梦教育；倡导“富强、民主、文明、和谐，自由、平等、公正、法治，爱国、敬业、诚信、友善”的社会主义核心价值观教育；马克思主义哲学教育；立足岗位、奉献社会的职业理想教育。

2. 中国精神教育

以爱国主义为核心的民族精神教育；以改革创新为核心的时代精神教育；中华优秀传统文化教育；中共党史与国情教育。

3. 道德品行教育

社会公德、职业道德、家庭美德、个人品德教育；学生日常行为规范、文明礼仪教育与训练；生命安全、艾滋病预防、毒品预防、环境保护等专题教育。

4. 法治知识教育

宪法法律基础知识教育；职业纪律和岗位规范教育；校纪校规教育。

5. 职业生涯教育

职业精神教育；就业创业准备教育；终身学习和职业生涯可持续发展教育。

6. 心理健康教育

心理健康基本知识和方法教育；青春期心理健康教育；职业心理素质教育；心理咨询、辅导和援助。

除以上各系列教育内容外，学校还要根据国家形势发展需要进行时事政策教育。

三、德育原则

中等职业学校德育要遵循以下基本原则：

1. 方向性和时代性相结合原则。要坚持正确的政治方向和育人导向，紧密结合社会需要和时代发展的要求，增强针对性和实效性。

2. 贴近实际、贴近生活、贴近学生原则。要遵循思想道德教育的普遍规律，尊重学生自我教育的主体性，适应学生身心成长的特点，开展富有成效的教育和引导活动，提高吸引力和感染力。

3. 知行统一原则。要重视知识传授、观念树立，重视情感体验和行为养成，引导学生形成知行统一、言行一致的优良品质。

4. 教育与管理相结合原则。要进行深入细致的思想教育，同时要加强科学严格的管理，增强学生接受教育的主动性，实现教育与自我教育、自律与他律、激励与约束有机结合。

5. 解决思想问题与解决实际问题相结合原则。既要做到以理服人、以情感人，又要切实帮助学生解决学习、生活中遇到的实际困难和问题，增强教育的实际效果。

四、德育途径

学校要充分发挥主导作用，与家庭、社会密切配合，拓宽德育途径，实现全员、全程、全方位育人。

1. 课程教学

德育课是各专业学生必修的公共基础课，是学校德育的主渠道。德育课教学应充分体现社会主义教育的方向和本质要求，充分反映马克思主义中国化的最新成果，全面反映中国特色社会主义理论体系的基本内容、社会主义核心价值观的基本要求。要紧密联系实际，坚持以价值观教育引领知识教育，改进教育教学方法，注重实践教育、体验教育、养成教育，做到知识学习、情感培养和行为养成相统一，切实增强针对性、实效性和时代感。

其他公共基础课和专业技能课等课程教学要结合课程特点，充分挖掘德育因素，有机渗透德育内容，结合专业特点和岗位工作要求，寓德育于教学内容和教学过程之中。

2. 实训实习

实训实习是学校教育教学的基本环节。学校要结合实训实习的特点和内容，抓住中职学生与社会实际、生产实际、岗位实际以及一线劳动者密切接触的时机，进行以敬业爱岗、诚实守信为重点的职业道德教育，进行职业纪律和安全生产教育，培养学生爱劳动、爱劳动人民的情感，增强学生讲安全、守纪律、重质量、求效率的意识。学校和企业要共同组织开展实训实习期间的德育工作，学校要安排专人负责实训实习期间的教学管理和德育工作。学生要撰写实习日记和实习报告。

3. 学校管理

班级是学校德育工作的基层单位，班主任是组织班级管理和德育的直接实施者。班主任应结合专业特点和学生实际，充分利用家长、用人单位、行业及社区等资源，开展学生思想教育、班级管理、班级活动组织、职业指导、沟通协调工作，发挥学生的主动性创造性，培养良好的班风学风。

学校要加强党组织、共青团工作，举办业余党校、团校，组织学生特别是入党、入团积极分子学习党的基本理论和基本知识以及团的基本知识，发展符合条件的优秀学生入党、入团。充分发挥团组织团结青年、组织青年、引导青年、服务青年和维护青少年合法权益的职能。要加强学生会和学生社团的管理与服务工作，指导建立各类社团和课外兴趣小组，积极开展各种有益学生身心健康的活动，充分发挥学生自我服务、自我管理、自我教育的作用。

学校各项管理和服务工作都要发挥德育功能，促进学生良好行为习惯的养成。学校要按照有关法律法规，建立健全学校班级管理、课堂教学、实训实习、社团活动、校园安全、后勤服务、突发事件应急等管理制度并严格执行。要强化全员育人理念，充分调动全体教职工言传身教、教书育人的自觉性，以良好的思想政治素质和道德风范影响教育学生。

4. 校园文化

校园文化具有重要的育人功能。学校要凝练具有职教特色的办学理念和学校精神，建设体现学校特色的校园文化，形成优良的校风、教风和学风。要结合开学及毕业典礼、升旗仪式、成人仪式、入党入团仪式以及民族传统节日、重要节庆日、纪念日等，开展礼节礼仪教育，开展特色鲜明的主题教育活动；结合技能竞赛、创新创业创意创效竞赛、“文明风采”竞赛等开展丰富多彩的校园文化活动。要积极推进优秀企业文化进校园，通过宣传学习行业劳动模范、学校优秀毕业生事迹等，培养学生职业兴趣和职业精神，增强就业创业信心。培育和弘扬劳动光荣、技能宝贵、创造伟大的时代风尚。

要加强互联网等新媒体的建设与管理，优化校园网络环境，建设校园网络宣传队伍，加强正面信息的网络传播，杜绝不良信息在校园网上传播，重点加强对校园网公告栏、留言板、贴吧等交互栏目的管理，发挥社交网站、微博、微信等对学生的教育引导作用。要培养学生良好的网络道德，帮助学生做到文明上网、依法上网，及时发现并主动帮助网络成瘾学生。

5. 志愿服务

志愿服务是德育的重要载体。学校要把志愿服务纳入教育计划，要依托各类青少年爱国主义教育基地、科技场馆等课外活动阵地，发挥学生专业技能特长，组织学生深入城乡社区、厂矿企业等，广泛开展各类志愿服务和社会实践活动。要把学雷锋活动和志愿服务结合起来，建立完善志愿服务长效工作机制和活动运行机制，弘扬“奉献、友爱、互助、进步”的志愿精神，推动志愿服务活动广泛深入开展，把志愿服务活动做到社区、做进家庭。大力组织学生向道德模范、劳动模范、最美人物、身边好人等先进典型学习。

6. 职业指导

学校要在职业指导工作中全面渗透德育内容，加强职业意识、职业理想、职业道德和创业教育，引导学生树立正确的择业观，养成良好的职业道德行为，提高就业创业能力。加强就业服务，提高就业服务的水平和质量。

7. 心理辅导

学校要根据学生生理、心理特点，合理设置心理健康教育内容，针对学生在学习、生活和求职就业等方面可能遇到的心理问题，开展心理辅导或援助，加强人文关怀和心理疏导，培养学生良好的心理素质，促进学生身心健康发展。要配置必要的心理健康教育专业人员以及心理健康教育和服务设施。

8. 家庭和社会

家庭和社会在德育中具有特殊重要作用。学校要通过家长委员会、家长学校、家长接待日、家访等，密切与家长联系，指导和改进家庭教育，促使家长协助配合学校开展德育工作。要特别关心单亲家庭、经济困难家庭、留守儿童家庭、流动人口家庭的子女教育。

教育部门和学校应采取积极措施，充分依靠共青团、妇联、关工委、社区以及各种社会团体，并同所在地的党政机关、企事业单位、部队等建立固定联系，发动、协调社会力量支持和参与德育工作，建立完善学校与社会相互协作的社会教育网络。要主动会同有关部门重点加强校园周边环境治理，为学生健康成长创造良好的文化环境、治安环境和社会环境。

五、德育评价

中等职业学校德育评价由学校工作评价和学生品德评定两方面组成。

1. 学校工作评价

各地教育部门应结合本地区教育实际情况，科学制定德育工作评价指标体系，建立健全行业企业、用人单位、学生家长等深度参与的德育评价机制，定期对学校德育工作进行评价。德育工作评价的主要内容包括：工作机构和队伍建设情况、规章制度建设及执行情况、德育课开设情况及课程教学情况、党团组织和学生会工作情况、社会实践活动开展情况、校园文化建设情况、实训实习期间的德育工作情况等。学校实施本大纲的情况应作为考核校长和学校工作的重要依据。

学校要加强对德育课教学质量、其他课程德育渗透、班级德育工作、部门及教职工育人质量的考核评价，把德育工作实绩作为对部门及教职工考核、职务聘任、表彰奖励的重要内容。

评价与创建相结合。通过创建先进学校、文明班级和评选优秀学生、优秀学生干部等活动，形成有效的竞争激励机制。对成绩突出的学校、班级和个人要及时给予表彰奖励。

2. 学生品德评定

要结合学生思想实际和行为表现，对每个学生做出客观公正的品德评定。学校要把学生品德的评定情况作为学生综合素质评价的重要内容，作为学生评优评奖等的重要依据，发挥品德评定对学生成长成才的积极引导作用。学校要结合行业和用人单位对从业者的职业素养要求，在德育方面提出明确要求，制定具体评定办法。对实训实习学生的品德评定应由学校和实训实习单位共同完成。

六、德育实施

1. 组织管理

各地教育部门应有明确的机构负责中等职业学校德育工作。应根据本大纲规定，结合本地区和不同类型学校的实际，制定本大纲实施细则，定期对本大纲的实施情况进行检查。

中等职业学校实行校长负责的德育工作管理体制。学校党组织要发挥政治核心和监督保证作用，支持和协助校长做好德育工作。校长要把德育与其他各项工作结合起来，同部署、同检查、同评估。要有一名校级领导分管德育工作。学校要建立贯彻实施本大纲的岗位责任制及考核奖励办法，明确各部门的育人责任，形成全员、全程、全方位育人格局。

2. 队伍建设

各地教育部门和学校要严格队伍选拔标准，优化队伍结构，制定班主任、德育课教师及其他德育工作者的培养培训规划，切实采取措施解决德育工作者在工作、生活等方面的实际问题，建设一支政治坚定、业务精湛、功能互补的德育工作队伍。要加强班主任队伍建设，选聘好班主任，每班应至少配备一名班主任，可根据需要配备班主任助理，班主任工作计入教师基本工作量，学校绩效工资分配要适当向班主任倾斜，教师高级岗位聘任应向优秀班主任倾斜。要充分发挥学校团组织和团干部在德育工作中的作用。

3. 经费保障

德育经费要列入预算。学校德育经费包括德育教学、管理和学生日常德育活动方面的经费。教学、管理经费包括德育课教学、德育课教师和德育工作者培训、社会考察与调研、有关教研室的业务条件建设和图书资料购置、德育科研经费等。日常德育活动经费包括对学生的日常思想道德教育、学生社会实践、大型德育活动以及表彰奖励等所需经费。要把德育活动场所、基地建设和德育设施、设备购置维修纳入学校总体建设规划，并从基本建设费和设备费中给予保证。

4. 德育科研

各地教育部门和学校要把德育研究项目列入科研规划，加强课题研究，定期开展学生思想道德状况和德育工作调研，交流德育工作经验，不断提高研究和实际工作水平。要发挥教育科研机构和学术团体的作用，加强中等职业学校德育研究。各地教育部门和学校应建立和完善德育研究成果的鉴定、奖励、推广机制。

附录 19　教育部办公厅关于开展学习签署践行《中等职业学校学生公约》活动的通知

教职成厅〔2016〕2 号

各省、自治区、直辖市教育厅(教委)，各计划单列市教育局，新疆生产建设兵团教育局：

为全面落实党的十八大和十八届三中、四中、五中全会精神，深入贯彻习近平总书记系列重要讲话精神，积极培育和践行社会主义核心价值观，增强中等职业学校德育的针对性、实效性，教育引导学生自觉养成良好的思想品质和行为习惯，我部在广泛发动中职学生、教师参与讨论、征求意见的基础上，形成了《中等职业学校学生公约》(以下简称《公约》)文本。为推动广大中职学生知晓了解、自觉践行《公约》，经研究决定在全国中等职业学校开展学习、签署、践行《公约》活动。现将有关事项通知如下。

一、深入学习宣传《公约》。《公约》是对中等职业学校学生思想品质和行为习惯的基本要求，是引导学生健康成长的基本规范。各地各校要通过多种方式宣传《公约》，在教室、走廊、宣传栏、学生宿舍等处张贴《公约》挂图，让学生随时随处能见，营造潜移默化氛围。要将《公约》作为新学期开学主题教育内容之一，组织全体学生学习，开展集体诵读、征文演讲等学习教育活动，做到全体学生知晓了解公约、认同公约。

二、组织共同签署《公约》。《公约》突出了学生主体理念，是学生自我约束、自我管理的共同约定。学校要在学生认同公约的基础上，举办签约仪式，让全体学生签署《公约》，共同做出承诺，使《公约》真正成为学生共同遵守的约定。各地各校要将举办《公约》签约仪式作为学校德育和校园文化建设常规活动之一。

三、督促指导践行《公约》。学生既是《公约》的立约主体，又是《公约》的践约主体。各地各校要将实施《公约》作为学校德育工作和常规管理的重要内容，指导督促学生自觉践行《公约》，相互监督、共同遵守，实现从“要我做”向“我要做”的转变，教育引导学生自觉养成良好思想品质和行为习惯。

本《公约》是参考性文本，各地各校可结合实际对文本进行调整和细化。

附件：中等职业学校学生公约

教育部办公厅

2016年9月1日

中等职业学校学生公约

1. 爱祖国，有梦想。热爱祖国，热爱人民，热爱中国共产党。志存高远，服务人民，奉献社会。

2. 爱学习，有专长。崇尚科学，追求真知；勤学苦练，精益求精；不会就学，不懂就问。

3. 爱劳动，图自强。尊重劳动，勇于创造；艰苦奋斗，勤俭节约；从我做起，脚踏实地。

4. 讲文明，重修养。尊师孝亲，友善待人；诚实守信，言行一致；知错就改，见贤思齐。

5. 遵法纪，守规章。遵守法律，依法做事；遵守校纪，依纪行为；遵守行规，依规行事。

6. 辨美丑，立形象。情趣健康，向善向美；仪容整洁，衣着得体；举止文明，落落大方。

7. 强体魄，保健康。按时作息，坚持锻炼；讲究卫生，保持清洁；珍爱生命，注意安全。

8. 树自信，勇担当。自尊自信，乐观向上；珍惜青春，不怕挫折；敬业乐群，勇担责任。

附录20 教育部关于印发《中等职业学校职业指导工作规定》的通知

（教职成〔2018〕4号）

各省、自治区、直辖市教育厅（教委），各计划单列市教育局，新疆生产建设兵团教育局：

为深入学习贯彻习近平新时代中国特色社会主义思想，全面贯彻党的十九大精神，进一步加强中等职业学校职业指导工作，增强职业指导的针对性、实效性，我部制定了《中等职业学校职业指导工作规定》（以下简称《规定》），现印发给你们，请结合实际认真贯彻实施。

一、充分认识做好职业指导工作的重要意义。职业指导是职业教育的重要内容，是职业学校的基础性工作，是帮助引导学生树立正确职业观、就业观和创业观的重要途径。各地各校要高度重视，把职业指导摆在人才培养的重要位置，贯穿于教育教学全过程，不断提高职业指导工作水平。

二、切实贯彻落实《规定》各项要求。《规定》是中等职业学校开展职业指导工作的基本规范。各地各校要认真组织学习宣传贯彻，将《规定》纳入中等职业学校校长、教师培训的重要内容，让广大校长、教师充分了解和掌握《规定》的要求，深入开展职业指导工作，使职业指导服务于学校人才培养，服务于学生职业精神的培育，服务于学生职业生涯的可持续发展。

三、注意研究新情况总结新经验。当前，中等职业学校普遍开展了职业指导工作，具有较好的工作基础，但仍存在职业指导针对性不强、师资比较薄弱等问题。各地各校在贯彻《规定》的过程中要注意研究新情况，总结新经验，并及时将有关情况报告我部。

联系人：职业教育与成人教育司　卢昊

电话 010-66097143 传真：010-66020434

电子邮箱：zzxxc@ moe. edu. cn

教育部

2018 年 4 月 20 日

中等职业学校职业指导工作规定

第一章　总　则

第一条　为规范和加强中等职业学校职业指导工作，不断提高人才培养质量，扩大优质职业教育资源供给，依据《中华人民共和国职业教育法》等法律法规，制定本规定。

第二条　职业指导是职业教育的重要内容，是职业学校的基础性工作。在中等职业学校开展职业指导工作，主要是通过学业辅导、职业指导教育、职业生涯咨询、创新创业教育和就业服务等，培养学生规划管理学业、职业生涯的意识和能力，培育学生的工匠精神和质量意识，为适应融入社会、就业创业和职业生涯可持续发展做好准备。

第三条　中等职业学校职业指导工作应深入贯彻习近平新时代中国特色社会主义思想，坚持立德树人、育人为本，遵循职业教育规律和学生成长规律，适应经济社会发展需求，完善机制、整合资源，构建全方位职业指导工作体系，动员学校全员参与、全程服务，持续提升职业指导工作水平。

第四条　中等职业学校职业指导工作应坚持以下原则：

（一）以学生为本原则。通过开展生动活泼的教学与实践活动，充分调动学生的积极性、主动性，引导学生参与体验，激发职业兴趣，增强职业认同，帮助学生形成职业生涯决策和规划能力。

(二)循序渐进原则。坚持从经济社会发展、学校办学水平以及学生自身实际出发，遵循学生身心发展和职业生涯发展规律，循序渐进开展有针对性的职业指导。

(三)教育与服务相结合原则。面向全体学生开展职业生涯教育，帮助学生树立正确的职业理想，学会职业选择。根据学生个体差异，开展有针对性的职业指导服务，为学生就业、择业、创业提供帮助，促进学生顺利就业创业和可持续发展。

(四)协同推进原则。职业指导工作应贯穿学校教育教学和管理服务的全过程，融入课程教学、实训实习、校企合作、校园文化活动和学生日常管理中，全员全程协同推进。

第二章 主要任务

第五条 开展学业辅导。激发学生的学习兴趣，帮助学生结合自身特点及专业，进行学业规划与管理，养成良好的学习习惯和行为，培养学生终身学习的意识与能力。

第六条 开展职业指导教育。帮助学生认识自我，了解社会，了解专业和职业，增强职业意识，树立正确的职业观和职业理想，增强学生提高职业素养的自觉性，培育职业精神；引导学生选择职业、规划职业，提高求职择业过程中的抗挫折能力和职业转换的适应能力，更好地适应和融入社会。

第七条 提供就业服务。帮助学生了解就业信息、就业有关法律法规，掌握求职技巧，疏导求职心理，促进顺利就业。鼓励开展就业后的跟踪指导。

第八条 开展职业生涯咨询。通过面谈或小组辅导，开展有针对性的职业咨询辅导，满足学生的个性化需求。鼓励有条件的学校面向社会开展职业生涯咨询服务和面向中小学生开展职业启蒙教育。

第九条 开展创新创业教育。帮助学生学习创新创业知识，了解创新创业的途径和方法，树立创新创业意识，提高创新创业能力。

第三章 主要途径

第十条 课程教学是职业指导的主渠道。中等职业学校应根据学生认知规律和身心特点，在开设应有的职业生涯规划课程基础上，采取必修、选修相结合的方式开设就业指导、创新创业等课程。持续改进教学方式方法，注重采用案例教学、情景模拟、行动教学等，提高教学效果。

第十一条 实践活动是职业指导的重要载体。中等职业学校可通过开展实训实习以及组织学生参加校内外拓展活动、企业现场参观培训、观摩人才招聘会等活动，强化学生的职业体验，提升职业素养。

第十二条 中等职业学校可通过职业心理倾向测评、创新创业能力测评、自我分析、角色扮演等个性化服务，帮助学生正确认识自我和社会，解决在择业和成长中的问题。

第十三条 中等职业学校应主动加强与行业、企业的合作，提供有效就业信息。组织供需见面会等，帮助学生推荐实习和就业单位。

第十四条　中等职业学校应充分利用各种优质网络资源，运用信息化手段开展职业指导服务。鼓励有条件的地区建立适合本地区需要的人才就业网络平台，发布毕业生信息和社会人才需求信息，为学生就业提供高效便捷的服务。

第四章　师资队伍

第十五条　中等职业学校应在核定的编制内至少配备1名具有一定专业水准的专兼职教师从事职业指导。鼓励选聘行业、企业优秀人员担任兼职职业指导教师。

第十六条　中等职业学校职业指导教师负责课程教学、活动组织、咨询服务等，其主要职责如下：

(一)了解学生的职业心理和职业认知情况，建立学生职业生涯档案，跟踪指导学生成长。

(二)根据学生职业认知水平，开展职业生涯规划、就业指导、创新创业等课程教学。

(三)策划和组织开展就业讲座、供需见面会、职业访谈等活动。

(四)结合学生个性化需要，提供有针对性的咨询服务或小组辅导。

(五)积极参加职业指导相关业务培训、教研活动、企业实践等，及时更新职业指导信息，提高职业指导的专业能力和教学科研水平。

(六)跟踪调查毕业生就业状况，做好总结分析反馈，为专业设置、招生、课程改革等提供合理化建议。

(七)配合做好其他职业指导相关工作。

第十七条　中等职业学校应加强职业指导教师的业务培训和考核。对职业指导教师的考核，注重过程性评价。

第五章　工作机制

第十八条　中等职业学校职业指导工作实行校长负责制。学校应建立专门工作机构，形成以专兼职职业指导教师为主体，班主任、思想政治课教师、学生管理人员等为辅助的职业指导工作体系。

第十九条　中等职业学校职业指导涉及教学管理、学生管理等工作领域，相关部门应积极配合支持。学校应主动对接行业组织、企业、家长委员会等，协同推进职业指导工作。

第二十条　中等职业学校应建立职业指导考核评价体系，定期开展职业指导工作评价，对在职业指导工作中做出突出贡献的，应予以相应激励。

第二十一条　中等职业学校应建立毕业生就业统计公告制度，按规定向上级主管部门报送并及时向社会发布毕业生就业情况。

第二十二条　中等职业学校应结合举办“职业教育活动周”等活动，积极展示优秀毕业生风采，广泛宣传高素质劳动者和技术技能人才先进事迹，大力弘扬劳模精神和工匠精神，营造劳动光荣的社会风尚和精益求精的敬业风气。

第六章　实施保障

第二十三条　各地教育行政部门和中等职业学校应为职业指导工作提供必要的人力、物力和经费保障，确保职业指导工作有序开展。

第二十四条　各地教育行政部门应加强对中等职业学校校长、职业指导教师、其他管理人员的职业指导业务培训，将职业指导纳入教师培训的必修内容。

第二十五条　各地教育行政部门应当积极协调人社、税务、金融等部门，为中等职业学校毕业生就业创业创造良好的政策环境。

第二十六条　中等职业学校应拓展和用足用好校内外职业指导场所、机构等资源。有条件的学校可建立学生创新创业孵化基地。

第二十七条　中等职业学校应将职业指导信息化建设统筹纳入学校整体信息化建设中，建立健全职业指导信息服务平台。

第二十八条　中等职业学校应加强职业指导的教学科研工作，与相关专业机构合作开展职业指导研究和课程建设，不断提高职业指导工作专业化水平。

第七章　附　则

第二十九条　各省、自治区、直辖市教育行政部门可依据本规定制定实施细则。

第三十条　本规定由教育部负责解释，自发布之日起施行。

附录 21　教育部　人力资源社会保障部关于加强中等职业学校校园文化建设的意见

教职成〔2010〕8 号

各省、自治区、直辖市教育厅(教委)、人力资源社会保障厅(局)，各计划单列市教育局、人力资源社会保障(人事、劳动保障)局，新疆生产建设兵团教育局、人事局、劳动保障局：

为深入贯彻《中共中央国务院关于进一步加强和改进未成年人思想道德建设的若干意见》(中发〔2004〕8 号)精神，落实教育部等六部门《关于加强和改进中等职业学校学生思想道德教育的意见》(教职成〔2009〕11 号)，现就加强中等职业学校校园文化建设提出以下意见。

一、加强中等职业学校校园文化建设的总体要求

(一)充分认识加强中等职业学校校园文化建设的重要性。校园文化是学校教育的重

要组成部分，是学校精神、学校活动、学校秩序和学校环境的集中体现，具有重要的育人功能。加强中等职业学校校园文化建设，对于贯彻落实党的教育方针，优化育人环境，促进中职学生全面发展具有十分重要的意义。

（二）明确加强中等职业学校校园文化建设的指导思想。以邓小平理论和“三个代表”重要思想为指导，深入贯彻落实科学发展观，坚持育人为本，德育为先，弘扬社会主义先进文化，建设平安、健康、文明、和谐校园，推动学校形成务实向上的校园文明风尚，建设体现社会主义特点、时代特征和职业学校特色的校园文化，促进学生全面发展和健康成长。

（三）中等职业学校校园文化建设要坚持以下基本原则：

——育人为本的原则。校园文化建设要以育人为目标，充分发挥校园文化的导向、陶冶、凝聚、约束的教育作用。

——师生主体，校企共建的原则。师生员工是校园文化建设的主体，要充分发挥学校、行业、企业的各自优势，共同建设校园文化。

——贴近社会，贴近职业，贴近学生的原则。认真分析研究学生的思想实际和生活实际，结合专业培养目标要求，体现民族文化特点、体现行业、企业文化特征，体现时代精神，开展学生喜闻乐见、富有成效的教育教学活动。

——继承与创新相结合的原则。继承学校优秀文化传统，适应职业教育发展的新需要，不断创新，跟上时代的步伐。

二、扎实推进中等职业学校校园文化建设

（四）全面加强校风、教风、学风建设。要在规范办学行为、继承优良传统的基础上，弘扬社会主义先进文化，把社会主义核心价值体系融入学校教育教学、管理服务、实践活动的全过程，通过多种形式，建设务实向上、积极进取、敬业乐群、遵纪守法、崇尚实践的校风。要深入开展师德师风教育，提高教职员工的综合素质和育人能力，建设热爱职教、关爱学生、为人师表、教书育人、钻研业务的教风。要加强学生思想道德教育和文明行为习惯养成，严格班级和教学秩序管理，建设知荣明耻、乐观向上、热爱专业、勤奋好学、苦练技能的学风。要提炼体现学校特色和学校精神的校训，精心设计校徽，创作校歌。

（五）广泛开展丰富多彩的校园文化活动。要把学生思想道德教育和综合职业能力培养有机融入各项活动之中，开展丰富多彩、积极向上的技能竞赛、文体活动和社会实践活动。积极组织“弘扬和培育民族精神月”宣传教育活动和“文明风采”竞赛等活动。要充分利用重大节庆日、民族传统节日，开展爱国主义教育、民族团结教育。结合开学典礼、毕业典礼、升旗仪式、成人仪式、入党入团仪式等，开展特色鲜明的主题教育活动。加强对学生社团和课外兴趣小组的指导和管理，开展有益于学生身心健康的多种活动。定期组织师生参观德育基地、生产性实训基地，瞻仰革命圣地，祭扫烈士墓，参观名胜古迹；组织学生参加公益活动、志愿服务等社会实践活动，提高学生的自我教育能力和社会实践

能力。

（六）高度重视校园自然环境和人文环境建设。加强校园自然环境建设，完善校园文化活动设施。校园的整体环境要做到功能齐全、安全有序、节能环保、室外绿化、室内美化、环境净化。重点加强校园人文环境建设，体现社会主义特点和时代特征，积极吸纳优秀的地域文化、民族文化和行业、企业文化，结合学校特点，突出专业培养目标，集中反映学校的办学理念和学校精神。充分发挥板报、橱窗、图书馆、陈列室及模拟职业场景的宣传作用和校训、校徽、校歌、校报及校史等对学生的激励作用。精心布置各种场所，张贴富有职业特色的标语、名言以及劳动模范、创业典型、技术能手、优秀毕业生的画像，建造具有专业特色的雕塑、碑铭等，使校园的一草一木、一砖一石都有利于学生明确职业发展方向，增强就业创业信心。

（七）积极推动优秀企业文化进校园。积极推进校企合作，引进和融合优秀企业文化，促使学生养成良好的职业道德和职业行为习惯，帮助学生顺利实现从学校到企业的跨越。加强学校教室环境建设，使之成为职业氛围浓厚、专业特色鲜明的学习场所。重视实习实训基地环境建设，通过展示企业生产、经营、管理、服务一线的纪律、规范、流程，展示学生在实习实训中的优秀成果，展示行业劳动模范和学校优秀毕业生的事迹，加强学生的职业养成训练，增强学生立志成才的信心。培养学生树立牢固的职业意识，提高学生适应未来工作环境的综合素质和职业能力。

（八）充分发挥校园网络的育人作用。学校要根据网络特点，按照网上信息传播规律，加强网上正面宣传，建设融思想性、职业性、知识性、服务性于一体的校园网络文化平台，积极开展健康向上、丰富多彩的网络文化活动，为师生创造良好的网络文化氛围。要加强对校园网站的管理，重点加强对校园网电子公告栏、留言板、贴吧、聊天室等交互栏目的管理，规范上网内容，杜绝各种违法有害信息在校园网上传播。要教育师生自觉遵守网络法规及有关规定，文明上网、依法上网。要密切关注网上动态，了解学生思想状况，加强网上与学生的沟通与交流。

三、加强中等职业学校校园文化建设的领导、管理和保障

（九）加强对校园文化建设的领导。各地教育行政部门和人力资源社会保障行政部门要会同有关部门结合本地实际，制定切实可行的校园文化建设规划，建立切合实际的校园文化建设评估指标体系，定期开展校园文化建设的指导与检查，将校园文化建设工作作为对学校综合考核的重要指标。对成绩突出的单位和个人及时给予表彰奖励。学校领导班子要把校园文化建设列入议事日程，统筹规划，组织实施校园文化建设，充分发挥学校党团组织、学生会和学生社团在校园文化建设中的作用。

（十）加强对校园文化建设的管理。学校要完善各项管理制度，加强对师生员工的教育和管理，加强对校园活动、校园设施、校园秩序和学生社团等的管理，坚决抵制各种有害文化和腐朽生活方式对学生的侵蚀和影响，坚决禁止在学校传播宗教。加强校园内部安全保卫工作，及时处理侵害学生合法权益、身心健康的事件和影响学校稳定的事端。积极

争取家长和社会各方面力量支持参与校园文化建设。

（十一）加强校园文化建设的保障工作。学校主管部门要为学校校园文化建设提供必要的经费支持。学校要把校园文化建设经费列入预算，保证各项工作顺利开展。各级教育督导部门要把校园文化建设作为学校建设的重要内容，纳入中职学校综合督导评估体系。教育科研部门和学校要加强对校园文化建设的理论研究，积极探索新形势下加强和改进校园文化建设的新思路、新举措。

各地教育行政部门、人力资源社会保障行政部门及中等职业学校要根据本意见，结合实际，制定具体实施意见或细则。

教育部
人力资源和社会保障部
二○一○年五月二十日

附录22　教育部关于进一步推进职业教育信息化发展的指导意见

教职成〔2017〕4号

各省、自治区、直辖市教育厅（教委），各计划单列市教育局，新疆生产建设兵团教育局：

为深入贯彻落实《教育信息化“十三五”规划》，全面提升信息技术支撑和引领职业教育创新发展的能力，加快推进职业教育现代化，现就进一步推进职业教育信息化发展提出如下意见：

一、准确把握进一步推进职业教育信息化发展的重要机遇与基本要求

1.“十二五”以来，职业教育信息化发展取得了较大的进展。职业教育信息化的战略部署初步形成，基础设施建设进一步加强，管理规范和技术标准不断健全，数字教育资源开发和应用持续深入，教育资源和教育管理平台建设扎实推进，教师信息化意识与能力显著增强。但从总体来看，与国家实施“互联网+”等重大战略的需求相比，与世界数字化、网络化、智能化发展的趋势相比，与实现职业教育现代化的要求相比，职业教育信息化发展水平还亟待提升。进一步推进我国职业教育信息化发展，是适应当今教育改革和信息技术创新应用趋势，如期实现职业教育现代化，为国家经济社会发展提供有力技术技能人才支撑的必然选择和战略举措。

2. 深入学习贯彻习近平总书记系列重要讲话精神，坚持服务全局、突出特色，统筹规划、协调推进，深化应用、融合创新，完善机制、持续发展，努力改善职业教育服务供给方式，提升现代化水平。职业教育信息化工作要围绕经济社会发展大局，主动服务国家重大发展战略，加大云计算、大数据、物联网、虚拟现实/增强现实、人工智能等新技术

的应用，体现产教融合、校企合作、工学结合、知行合一等职业教育特色。要适应科技革命和产业革命要求，突出行业与区域特点，注重对薄弱学校的帮扶，推动协调发展。要面向职业教育各领域、各环节，以应用促融合、以融合促创新、以创新促发展，创新教学、服务和治理模式。要探索建立共建共享、开放合作新机制，鼓励行业、企业和社会参与职业教育信息化建设。

3. 到2020年，全面完成《教育信息化“十三五”规划》提出的目标任务。基础能力明显改善，落实“三通两平台”建设要求，90%以上的职业院校建成不低于《职业院校数字校园建设规范》要求的数字校园，各地普遍建立推进职业教育信息化持续健康发展的政策机制；数字教育资源更加丰富，数字教育资源基本覆盖职业院校公共基础课程和各专业领域，政府引导、市场参与的数字教育资源共建共享平台、认证标准和交易机制初步形成；应用水平显著提高，网络学习空间全面普及，线上线下混合教学模式广泛应用，自主、泛在、个性化的学习普遍开展，大数据、云计算等现代信息技术在职业院校决策、管理与服务中的应用水平普遍提升；信息素养全面提升，信息技术应用能力提升培训实现常态化，职业教育行政管理者和院(校)长的信息化领导力、保障支撑队伍的技术服务能力、教师的信息化教学能力和学生的信息素养全面提升。

二、全面落实推进职业教育信息化发展的重点任务

4. 提升职业教育信息化基础能力。广泛宣传和落实《职业院校数字校园建设规范》，采取“政府引导、标准引领、项目示范、分步实施”的方式，推进职业院校数字校园建设。加快建设具有职业教育特色的管理服务与资源服务信息化支撑平台。推动各地建设有线、无线一体化认证，高速、稳定、安全的校园网络，加强数字媒体制作室、数字化教室等教育信息化硬件基础建设，进一步优化职业院校信息化教学环境。在全国遴选推广一批示范性虚拟仿真实训基地，重点解决实训教学中“进不去、看不见、动不了、难再现”的难题。把信息化帮扶纳入职业教育东西协作行动计划，进一步加大政策、资金、技术、人才向中西部职业院校倾斜力度，采取送教上门、资源共享、教师结对等方式开展信息化帮扶，缩小区域间发展差距，实现职业教育信息化建设的均衡发展。

5. 推动优质数字教育资源共建共享。继续推进建设国家级职业教育专业教学资源库，引导各地各职业院校根据区域、行业特点建设和完善省级、校级资源库，突出资源库“能学、辅教”的功能定位。支持行业、企业与职业院校共同建设面向社会服务的企业信息库、岗位技能标准库、人才需求信息库、创新创业案例库等开放资源。根据需要，有序引导各地各职业院校开发基于职场环境与工作过程的虚拟仿真实训资源和个性化自主学习系统。探索建设政府引导、市场参与的数字教育资源共建共享平台，服务课程开发、教学设计、教学实施与教学评价。依托专业机构，建立健全共建共享平台的资源认证标准和交易机制，进一步扩大优质资源覆盖面，强化优质资源在教育教学中的实际应用。

6. 深化教育教学模式创新。开展信息化环境下的职业教育教学模式创新研究与实践，大力推进信息技术与教育教学深度融合。着力优化人才培养模式，建设适应信息化教学需

要的专业课程体系，用信息技术改造传统教学。推进网络学习空间的建设与应用，加强教与学全过程的数据采集和效果分析。鼓励教师充分、合理运用数字教育资源开展教学，解决技能培养中的重点、难点问题。推广远程协作、实时互动、翻转课堂、移动学习等信息化教学模式，最大限度地调动学习者的主观能动性，促进教与学、教与教、学与学的全面互动，进一步提高教学质量与人才培养质量。

7. 加快管理服务平台建设与应用。鼓励职业院校建成集行政、教学、科研、学生和后勤管理于一体的信息服务平台，支持学校实施校企合作信息发布、项目管理、顶岗实习管理、人力资源信息管理、就业信息分析等。推进平安校园、节能校园平台建设，实现对校园安全、能源管理过程跟踪、精准监控和数据分析。推动职业院校加强管理信息化应用，做好信息采集、统计和更新工作，提高管理效能。统筹完善信息化管理服务平台建设，建立统一集中的基础数据库，提高全国职业教育数据共享水平。充分发挥管理信息系统在学籍管理、人员管理、资产及设备管理、日常教学、实习跟踪、流程监控等重点工作中的作用，提高教育行政部门管理、服务与决策水平，推动职业教育治理能力现代化。

8. 提升师生和管理者信息素养。将信息技术应用能力纳入教师评聘考核内容。开展以深度融合信息技术为特点的培训，帮助教师树立正确的信息化教学理念、改进教学方法、提高教学质量，提高教师信息技术应用水平。进一步完善信息化教学大赛制度，国家与地方每年举办职业院校信息化教学大赛，提高参与率，积极转化大赛成果并广泛共享。推动职业院校增加信息技术在基础类课程教学中的应用，加强学生使用信息技术的综合应用训练，提高各专业学生信息化职业能力、数字化学习能力和综合信息素养。开展管理人员教育信息化领导力培训，增强各级教育行政部门、专业机构和职业院校管理者的信息化意识，提升其规划能力、执行能力和评价能力。在职业院校推广建立校领导担任首席信息官(CIO)的制度，全面负责本校信息化工作；建立信息化部门和业务部门的分工协作机制，统筹规划、归口管理。各地要将职业教育管理部门和职业院校的信息化建设效果、信息化发展水平纳入管理者绩效考核。

9. 增强网络与信息安全管控能力。各地各职业院校要按照《网络安全法》等法律法规政策要求，建立主要负责人为第一责任人的网络安全工作体系，落实网络安全责任制。结合职业教育实际，制定并完善相关规章制度，开展多种形式的教育和培训。全面实施信息安全等级保护制度，制定方案，建立多层次网络与信息安全技术防护体系，按需配置网络与信息安全防护设备和软件，构建可信、可控、可查的网络与信息安全技术防护环境。完善各地各职业院校信息公开与发布的流程、职责及相关制度，向社会各界展示成果、提供服务，努力提升职业教育吸引力。各地要制定网络与信息安全应急预案，明确应急处置流程和权限，落实应急处置技术支撑队伍，开展安全应急演练，提高网络与信息安全应急处置能力。

三、着力完善推进职业教育信息化发展的各项保障措施

10. 明确发展责任。各地要把发展职业教育信息化纳入职业教育和教育信息化的总体

规划，各地教育行政部门要加强区域统筹，组织、推动、落实、监管职业教育信息化各项工作。职业院校要深化信息技术在人才培养、技术技能传承和促进创新创业中的应用，加强优质数字教育资源的开发和使用。鼓励各类信息技术企业、专业机构、行业组织等积极有序平等参与职业教育信息化建设。支持社会组织开展战略研究，提供政策建议、决策支持和咨询评估。将教育信息化作为职业院校基本办学条件纳入办学评估指标体系并开展督导。引入第三方评测，建立科学的绩效指标体系，形成制度化的评估机制。

11. 健全工作机制。职业院校要健全信息化工作组织机构，建立信息化运维管理、安全保障、人员培训、经费保障等机制。将信息化教学研究列入职业院校科研课题，将信息化应用能力要求作为教师评聘考核的重要依据。职业院校要重视信息化专门人才的引进和培养，建立和完善信息化人才考评和激励机制，增强专业化技术支撑队伍服务能力。持续开展教育信息化专业人员能力培训，培养一批具有较强能力的信息化人才，形成结构合理的专业队伍。

12. 调动多方参与。通过生均拨款、专项经费、购买服务等方式，加大财政对职业教育信息化建设与应用的支持力度。充分发挥市场在资源配置中的决定性作用，鼓励社会资本参与职业教育信息化建设。建立健全相关信息化产品与服务的准入机制、知识产权保护机制和利益分配机制，调动参与各方的积极性。

13. 完善服务保障。鼓励各地各职业院校开展职业教育信息化的政策研究、应用研究以及相关标准规范研究，设立信息技术教育管理和教学改革专项课题，形成一批有利于职业教育信息化发展的研究成果。指导职业院校把信息化发展情况纳入年度质量报告。充分发挥信息化相关专业机构与社会组织的作用，建立信息技术交流及信息化应用推广平台，加强与行业、企业合作，定期举办职业教育信息化创新发展交流、研讨、培训以及典型应用的推广活动。

教育部

2017 年 8 月 31 日

后　记

《中等职业学校管理制度选辑》从酝酿方案到具体实施，与读者特别是与从事中等职业教育事业的同仁见面，除了些许成就感之外，更多的是一种感激和忐忑。

初始，我们在网络上搜索了一下有否类似的专辑，看能否提供一些启示性的帮助。结果很失望，没有这样的专辑，即使有一些文字，也是非常碎片的。因此编写只能是探索性和尝试性的了。

我们的编写工作很顺利：得到了教育部职成司有关领导的支持和指导；得到了中国职业技术教育学会领导的具体帮助；审稿会上听到很多深受启发和帮助的建设性意见，有的还亲自参与文案的指导编写修改；得到了学校的支持，无私和慷慨地提供制度素材，这些素材都是他们多年来办学的心血结晶，学校管理的实践硕果。在此向他们表示由衷的感激。

在编写工作中，上海信息技术学校蒋国民、北京市商业学校胡健梅、大连市轻工业学校郑兴华、南京高等职业学校陈育中、厦门信息学校廖怀东、开封卫生学校臧建峰等不辞辛劳，认真负责地完成了每一个制度素材的整理、校对、补正等一系列卓有成效的工作；中国职业技术教育学会中职分会秘书处冯琨、许铭等做了大量联络工作，在此一并向他们表示由衷的感谢。

出版本书是一项尝试性、探索性的工作，加上我们的经验不足、能力有限和时间仓促，本书一定会有不尽如人意之处，在此敬请读者不吝斧正。

《中等职业学校管理制度选辑》编审委员会

2018 年 5 月